de Gruyter Studium

Peter Eisenberg

Das Fremdwort im Deutschen

Peter Eisenberg

Das Fremdwort im Deutschen

2., überarbeitete Auflage

De Gruyter

ISBN 978-3-11-028841-4
e-ISBN 978-3-11-028842-1

Bibliografische Information der Deutschen Bibliothek
Die Deutsche Bibliothek verzeichnet diese Publikation in der Deutschen Nationalbibliographie; detaillierte bibliografische Daten sind im Internet über http://dnb.ddb.de abrufbar

Satz: pagina GmbH, Tübingen
Druck: Hubert & Co. GmbH & Co. KG, Göttingen
∞ Gedruckt auf säurefreiem Papier.
Printed in Germany
www.degruyter.com

Für Johann, Anton, Nora und Milan

Inhalt

Vorwort

Seit langem bewegt das Fremdwort die deutsche Sprache wie ihre Sprecher. Die Bewegung geht nicht immer in dieselbe Richtung, auch für das Fremdwort ändern sich die Zeiten. Aber aus größerer Entfernung entsteht doch der Eindruck, fast alles sei schon einmal oder mehrmals da gewesen.

Auch die Wissenschaft von der deutschen Sprache beschäftigt sich seit mindestens zweihundert Jahren intensiv mit Fremdwörtern, sie gehören zur Mitte ihres Gegenstandes. Sprachwissenschaftliches berührt sich mit dem Interesse einer größeren Öffentlichkeit. Beide Seiten haben die Gemeinsamkeit immer wieder zur Sprache gebracht, teilweise geradezu beschworen. Selten haben sie sich jedoch darüber verständigt, wie mit der Gemeinsamkeit umzugehen sei. Es gibt Streit, der bis an den Rand gegenseitiger Verachtung gehen kann.

Meiner Meinung nach hat die Sprachwissenschaft eine Bringschuld, wie sie auch bei anderen Themen des öffentlichen Sprachdiskurses eine Bringschuld hat. Diese kann nicht in Besserwisserei bestehen, aber auch nicht darin, dass wir Sprachwissenschaftler im öffentlichen Diskurs vergessen, was wir über die Sprache wissen. Zwar war das meiste schon einmal da, aber zum Rest gehören ein paar Fortschritte, was das Wissen über Fremdwörter betrifft. Diese Forschritte ermutigen zu dem Versuch, öffentliches mit wissenschaftlichem Interesse zu vermitteln.

Das Fremdwortprojekt liegt mir seit vielen Jahren am Herzen. Sein Abschluss in einer zusammenfassenden Darstellung musste mehrfach verschoben werden und konnte nun erst nach der Emeritierung des Autors verwirklicht werden. Ein Emeritus macht fast alles selbst, von der Korpusrecherche bis zur Korrektur des fertigen Textes. Umso größer ist der Dank für Vermittlungen, Hinweise, Auskünfte, Ratschläge und Literatur. Er geht namentlich an Uriel Adiv, Irmhild Barz, Anne Betten, Monika Böhm, Walther Dieckmann, Ludwig M. Eichinger, Gabriele Eisenberg, Hans-Werner Eroms, Nanna Fuhrhop, Helmut Glück, Mathilde Hennig, Wolfgang Klein, Wolf Peter Klein, Peter O. Müller, Martin Ostermeyer, Carmen Scherer, Jürgen Schiewe, Hartmut Schmidt, Bernhard Schrammek, George Smith, Gerhard Stickel und Anja Vöste. Ohne die freundliche und geduldige Hilfe der Bibliothekare an der phantastisch ausgestatteten Philologischen Bibliothek der Freien Universität, ganz besonders von Barbara König, wäre manches noch viel umständlicher geworden. Die Deutsche Forschungsgemeinschaft hat das Projekt an der Universität Potsdam gefördert und damit angeschoben. An die DFG geht ein später, aber sehr herzlicher Dank. Dem Verlag Walter de Gruyter gebührt Dank und Anerkennung für eine ebenso freundliche wie reibungslose Zusammenarbeit beim Herstellen der Druckvorlage.

Wie nicht anders zu erwarten, wird diese Hommage an die deutsche Sprache meinen Enkeln gewidmet.

Berlin, im Januar 2011 Peter Eisenberg

Vorwort zur 2. Auflage

Für die Neuauflage wurde der Text durchgesehen und an einigen Stellen korrigiert oder aus anderen Gründen leicht verändert. Der Umbruch bleibt unverändert. Eine Reihe von Lesern, unter ihnen die Rezensenten, hat sich die Mühe sachdienlicher Hinweise gemacht. Namentlich geht der Dank an Kristian Berg, Ulrich Damm, Gottfried Haber, Theodor Ickler, Daniel Jach, Dirk Müller, Horst Haider Munske, Hans-Herbert Räkel und Anja Voeste.

Bücher haben ihre Schicksale, das kann schon bei der Hauptüberschrift anfangen. Im Jahr 1896 erschien ein Göschen-Bändchen mit dem Titel ‚Das Fremdwort im Deutschen' (3. Auflage 1905). Sein Autor ist der weitgereiste Schriftsteller, Philologe und Naturwissenschaftler Rudolf Kleinpaul. Meines Wissens wird das Buch in der neueren einschlägigen Literatur nicht mehr zitiert – zu Unrecht. Denn es ist gerade auf dem Hintergrund des Fremdwortdiskurses seiner Zeit höchst lesenswert.

Berlin, im April 2012 Peter Eisenberg

Hinweise für die Benutzung

Der Entschluss, ein Buch über die Fremdwörter zu schreiben, geht auf die Arbeiten an Band 1 des ‚Grundriss der deutschen Grammatik' zurück, der im Jahr 1998 erstmals erschien und im Literaturverzeichnis als Eisenberg 2006a ausgewiesen ist. Fremdwörter kommen dort vor, nehmen aber nicht den Raum ein, der ihnen angesichts ihrer Bedeutung wie ihres Anteils am Wortschatz des Deutschen zukommt. Im Mittelpunkt des Grundriss steht selbstverständlich der Kernwortschatz mitsamt den Voraussetzungen theoretischer, begrifflicher und methodischer Art, die seinerzeit zur systematischen Beschreibung notwendig erschienen. Eine Beschreibung der Fremdwörter kann auf der Folie des Kernwortschatzes erfolgen. Was man von ihm wissen muss, wird im vorliegenden Buch gerafft vermittelt und sollte zum Verständnis des Ganzen ausreichen. Trotzdem ergibt sich immer wieder die Notwendigkeit von Verweisen. Das liegt in der Natur der Sache.

Mit seinen 8 Kapiteln hat das Buch zwei deutlich unterschiedene Hauptteile. Kapitel 1 bis 3 thematisieren in erster Linie die begriffliche, historische und politische Seite des öffentlichen wie fachgebundenen Fremdwortdiskurses. In Kapitel 4 bis 7 wird eine Grammatik der fremden Wörter vorgetragen, die wo immer möglich Anschluss an den ersten Teil des Buches sucht. Das letzte Kapitel formuliert dieses Anliegen noch einmal unter einheitlicher Perspektive aus.

Angesichts der sachlichen Heterogenität des Themas verbietet sich auch für die systematischen Teile eine starre Gliederung. Jedes Kapitel erhält deshalb eine kurze Begründung dafür, wie verfahren wird. Zur inhaltlichen Abrundung der einzelnen Kapitel werden gelegentliche kurze Wiederholungen in Kauf genommen. Der Aufbau des Buches verbietet auch, Themen wie ‚Internationalismen' oder ‚Anglizismen' in einem Textteil zusammenhängend abzuhandeln. Dazu wäre eine Gliederung erforderlich, die angesichts des Gesamtkonzepts ihrerseits schwerwiegende Nachteile mit sich brächte. Große Mühe wurde deshalb auf ein übersichtliches Inhaltsverzeichnis und aussagekräftige Register verwandt. Der Umfang des Sachregisters bleibt im Interesse einer effektiven Nutzung begrenzt. Auch das Wort- und Affixregister nennt nicht jedes Vorkommen, sollte aber vollständig erfassen, was überhaupt vorkommt. Wörter erscheinen wie üblich in der Grundform,

Affixe sind durch Angabe der internen morphologischen Grenze als Präfix (z.B. in+) oder Suffix (z.B. +ion) gekennzeichnet.

In den Text sind kurze Geschichten über einzelne Wörter eingeschoben, über Wörter, an denen besonders viel gezeigt werden kann. Kursiver Fettdruck des Lemmas sowie eine Leerzeile hebt sie aus dem übrigen Text heraus. Sie bilden jeweils genau einen Absatz, so dass kenntlich wird, wo der Text weitergeht. Es handelt sich um echte Einschübe im Sinne einer Unterbrechung des laufenden Textes. Das erste Stichwort dieser Art ist ***Hängematte*** auf S. 7. Im Wörterverzeichnis sind diese Stichwörter durch Fettdruck markiert.

Im Literaturverzeichnis ist die im Text zitierte wissenschaftliche Literatur aufgeführt, dazu ausdrücklich Literatur bis weit über Wissenschaftliches im engeren Sinn hinaus. Ohne sie wäre das Konzept des Buches nicht zu verwirklichen. Auf Literatur anderer Art verweist der Text an Ort und Stelle.

Kommt ein Werk in mehreren Ausgaben oder Auflagen zur Sprache, werden diese durch Schrägstrich verbunden und am Ende der Literaturangabe genannt, z.B. „Erben, Johannes (1993/2006): Einführung in die deutsche Wortbildungslehre. Berlin. 3. und 5. Aufl.“.

Ähnlich wird bei mehrbändigen Werken verfahren, deren Einzelbände nicht im selben Jahr erschienen sind. Die Jahre des Erscheinungszeitraums werden durch Bindestrich verbunden, z.B. besagt „Carstensen, Broder/Busse, Ulrich (1993–1996): Anglizismenwörterbuch. Der Einfluß des Englischen auf den deutschen Wortschatz nach 1945. 3 Bde. Berlin/New York.“, dass das Werk in drei Bänden in den Jahren 1993 bis 1996 erschienen ist.

Für einige Werke finden sich im Text abgekürzte Verweise. Das Literaturverzeichnis enthält dann einen Hinweis auf den entsprechenden Titel, z.B. „Anglizismenindex → Junker Hg. 2009“.

Akzentzeichen und Auszeichnungen werden verwendet, wo es sinnvoll erscheint. Beispielsweise erscheinen spitze Klammern < > als Auszeichnung graphematischer Einheiten nur, wo diese zur Vermeidung von Missverständnissen und Verwechslungen mit phonetischen oder phonologischen Einheiten notwendig sind. Unkommentierte eckige Klammern im Text schließen Kurzkommentare des Autors ein, z.B. [!].

Von den systematischen Teilen ist zuerst der zur Aussprache (Kap. 4) entstanden. Ein Teil wurde in veränderter Form unter dem Titel ‚Xenophonie und Xenophobie‘ in der Festschrift für Helmut Glück (Eins/Schmöe Hg. 2009) veröffentlicht.

Wenige Themen bieten so viel Gelegenheit, sich trotz aller Recherche zu irren oder sich in Kontroversen auf die falsche Seite zu schlagen. Der geneigte Leser wird um Nachsicht und entsprechende Hinweise gebeten. Über vieles kann man reden, über manches allerdings auch nicht.

Abkürzungen und Symbole

Adj	Adjektiv
ADSV	Allgemeiner Deutscher Sprachverein
afrz.	altfranzösisch
ahd.	althochdeutsch
Akk	Akkusativ
Akt	Aktiv
arab.	arabisch
dän.	dänisch
Dat	Dativ
DSV	Deutscher Sprachverein
dt.	deutsch
engl.	englisch
eskim.	eskimoisch, heute meist ‚inuit'
Fem	Femininum
fin.	finnisch
frz.	französisch
Fut	Futur
GfdS	Gesellschaft für Deutsche Sprache
gr.	griechisch
Gen	Genitiv
hebr.	hebräisch
IDS	Institut für deutsche Sprache
Ind	Indikativ
Inf	Infinitiv
ital.	italienisch
jap.	japanisch
jid.	jiddisch
Komp	Komparativ
Konj	Konjunktiv
lat.	lateinisch
mal.	malaiisch
mhd.	mittelhochdeutsch
Mask	Maskulinum

mlat.	mittellateinisch
ndl.	niederländisch
Neut	Neutrum
Ngr	Nominalgruppe
Nom	Nominativ
norw.	norwegisch
Part	Partizip
Pas	Passiv
pers.	persisch
Pf	Perfekt
Pl	Plural
poln.	polnisch
polynes.	polynesisch
port.	portugiesisch
Pos	Positiv
Pr	Präposition
Präs	Präsens
PrGr	Präpositionalgruppe
rum.	rumänisch
russ.	russisch
Sbst	Substantiv
serb.	serbisch
Sg	Singular
span.	spanisch
Sup	Superlativ
türk.	türkisch
tsch.	tschechisch
Vb	Verb
VDS	Verein Deutsche Sprache

[ ]	phonetische Einheit
//	phonologische Einheit
<>	graphematische Einheit
+	Grenze zwischen Morphemen, z.B. Acht+ung, freund+lich
–	Grenze zwischen Schreibsilben, z.B. Ach-tung, freund-lich
.	Grenze zwischen Sprechsilben, z.B. [ʔax.tʊŋ] (Ach-tung)
*	ungrammatischer Ausdruck; auch: nicht belegte, d.h. historisch rekonstruierte Form
a > b	b stammt historisch oder morphologisch von a
a < b	a stammt historisch oder morphologisch von b

1. Fremdwortfragen

1.1 Fremdwörter sind Wörter der deutschen Sprache

Thema Fremdwort

Es gibt zwei wichtige Gründe dafür, den Fremdwörtern ein eigenes Buch zu widmen, ein Buch, in dem sie ganz im Mittelpunkt stehen. Der erste ist sprachwissenschaftlicher Art. Die Fremdwörter stellen einen erheblichen Anteil am Gesamtwortschatz dar. Um abzuschätzen, wie hoch er tatsächlich ist, muss man sich nicht nur über einen Fremdwortbegriff verständigen, sondern auch vereinbaren, in welchen Verwendungen des Deutschen man nach Fremdwörtern sucht. Jedenfalls ist ihr Anteil am Wortschatz hoch. Gängige Fremdwörterbücher des Gegenwartsdeutschen, die sich nicht an Spezialisten wenden, sondern für den allgemeinen Gebrauch bestimmt sind und auch viel verwendet werden, enthalten Zehntausende von Einträgen.

Trotz seines Umfangs und trotz seiner weiten Verbreitung in der Sprachgemeinschaft ist der Fremdwortschatz bis vor wenigen Jahren stiefmütterlich behandelt worden. Verglichen mit den übrigen Wörtern war das sprachwissenschaftliche Interesse an Fremdwörtern beschränkt, um nicht zu sagen einseitig. Einiges ist über ihre Herkunft geschrieben worden, jedoch kaum etwas darüber, wie sie gebaut sind, wie sie ausgesprochen und geschrieben werden oder wie sie sich in den Gesamtwortschatz einfügen. Erst während der vergangenen Jahre hat das Interesse an solchen Fragen zugenommen, die Grammatik der Fremdwörter hat Forschritte gemacht. Das vorliegende Buch möchte wichtige Ergebnisse zusammenfassen und übersichtlich darstellen. Es möchte dazu beitragen, das Wissen über Fremdwörter weiter zu entwickeln und zu verbreiten. Denn was immer man über die Zukunft der deutschen Sprache denkt: Die Fremdwörter werden wir nicht los, ganz im Gegenteil tun wir gut daran, uns auf einen noch umfangreicheren Fremdwortschatz einzustellen, als wir ihn heute haben. Das wird uns umso besser gelingen, je mehr wir über ihn wissen.

Damit sind wir beim zweiten wichtigen Grund. Wörter sind in bestimmter Hinsicht nicht nur Grundbausteine, sondern auch die wichtigsten Bestandteile einer Sprache überhaupt. Sprachwissenschaftlich lässt sich durchaus darüber streiten, ob Wörter tatsächlich die Mitte einer Sprache bilden, nicht streiten lässt sich über das Ausmaß öffentlicher Aufmerksamkeit. An den Wörtern besteht das größte Interesse. Man denke nur an Sprachglossen, die in Zeitungen und Zeitschriften über Wörter geschrieben werden, man denke an Aktionen wie die über das schönste deutsche Wort, das beste ausgewanderte und das beste eingewanderte deutsche Wort, Wort und Unwort des Jahres und so fort. Besondere Aufmerksamkeit richtet sich auf die Fremdwörter. Es gibt in Deutschland Dutzende von Institutionen, die der Frage nachgehen, welche Fremdwörter gut und welche schlecht sind, welche wir brauchen und welche nicht, welche wir in welchen Verwendungen eigentlich gesetzlich verbieten sollten und was man tun kann, um sie zu verdeutschen oder einzudeutschen. Brauchen wir dazu eine Akademie, sollen wir Duden oder Wahrig damit betrauen, sollen wir private Vereine wie die Stiftung Deutsche Sprache oder den Verein deutsche Sprache beauftragen oder ist das alles überflüssig? Sollen wir die Sprachgemeinschaft ihren Weg gehen lassen und darauf vertrauen, dass Sprecherinnen und Sprecher schon wissen, was sie tun? Und brauchen wir die Sprachwissenschaft, um derartige Fragen zu beantworten?

Bei keiner überhaupt denkbaren Antwort wird man innerhalb eines größeren Kreises von Interessierten Einigkeit erzielen können, seien sie Durchschnittssprecher, Sprachfreunde, Sprachexperten, Sprachforscher, Linguisten oder Sprachwissenschaftler. Aber vielleicht lässt sich Einigkeit darüber herstellen, dass der öffentlichen Aufmerksamkeit eine sachliche Fundierung nützt, dass es dem öffentlichen Sprachdiskurs hilft, wenn nicht jeder Zornesausbruch einer prominenten Sprachfreundin sich zu radikaler Kulturkritik auswachsen darf. Auf vielen Gebieten führt öffentliche Aufmerksamkeit zu mehr sachlicher Information, und vielleicht kann die Sprachwissenschaft etwas dazu beitragen, dass es sich auch bei den Fremdwörtern irgendwann so verhält.

Aus den beiden Gründen ergibt sich unmittelbar, unter welchen Gesichtspunkten Fremdwörter behandelt werden, was im Mittelpunkt der Darstellung steht. Das Wichtigste: Es geht um Fremdwörter als Bestandteil des deutschen Wortschatzes und damit als Bestandteil der deutschen Sprache. Mit diesem Ansatz ist eine Reihe von Voraussetzungen und Festlegungen verbunden, die nicht unbedingt selbstverständlich sind und keineswegs überall akzeptiert werden, wo man sich mit Fremdwörtern beschäftigt. Es sind die folgenden.

1. Fremdwörter sind Wörter des Deutschen, auch wenn sie ganz oder teilweise aus anderen Sprachen übernommen sind. Ein Fremdwort aus dem Englischen bezeichnet man als Anglizismus und bringt damit zum Aus-

druck, dass es sich nicht um ein Wort des Englischen handelt, sondern um eines, das ganz oder in Teilen aus dem Englischen stammt. Der Anglizismus *Computer* beispielsweise ist insofern ein Wort des Deutschen, als er, anders als im Englischen, großgeschrieben wird und einen Genitiv auf *s* (*des Computers*) hat. Wir kommen auf solche Eigenschaften von Fremdwörtern ausführlich zu sprechen. Im Augenblick soll klargestellt werden, dass es immer um Wörter des Deutschen geht. Zwar lassen sich die Eigenschaften und das Verhalten von Fremdwörtern erst verstehen, wenn berücksichtigt wird, woher sie stammen. Aber das ist nur die eine Seite. Die andere ist eben, dass sie sich jetzt im Deutschen befinden und damit in aller Regel auch Eigenschaften haben, die sie in der Sprache, aus der sie kommen (der sog. Gebersprache), nicht haben.

Durchaus möglich ist allerdings, ein Wort aus einer anderen Sprache so zu verwenden, dass es in seiner Sprache bleibt und nicht zum Fremdwort im Deutschen wird. Jemand schreibe beispielsweise: „Das britische Schul- und Universitätssystem unterscheidet sich in einigen wichtigen Punkten vom deutschen. Normalerweise geht ein Kind dort sieben Jahre zur *high school* und besucht danach für zwei Jahre ein *college*, erst danach beginnt das Studium an der Universität." Der Schreiber verwendet *high school* und *college* als englische Wörter innerhalb des deutschen Textes. Er möchte die Wörter genau so verstanden wissen, wie sie im Englischen verwendet werden und macht dies formal deutlich. In einem solchen Fall spricht man von Zitatwörtern aus dem Englischen, nicht von Anglizismen oder von Fremdwörtern. Der Unterschied zwischen Fremdwörtern und Zitatwörtern ist wichtig, weil in Fremdwortdebatten manchmal gesagt wird, man solle einen bestimmten Anglizismus nicht so und so verwenden, weil das mit seiner Verwendung im Englischen nichts zu tun habe. Wir kommen darauf zurück.

2. Fremdwörter sind zwar Wörter des Deutschen, aber sie bilden einen besonderen Teil seines Wortschatzes. Es lohnt sich, diesen Teil für sich zu betrachten und den Nichtfremdwörtern gegenüberzustellen. Die Nichtfremdwörter bilden den Kernwortschatz des Deutschen. Wörter des Kernwortschatzes sind vergleichsweise einfach und einheitlich aufgebaut. Man versteht ihre Einfachheit und Einheitlichkeit erst, wenn sie den Fremdwörtern gegenübergestellt werden. Die Fremdwörter sind ihrerseits uneinheitlich und teilweise komplexer aufgebaut, aber auch ihre Eigenschaften versteht man als besondere erst, wenn sie den Kernwörtern gegenüberstellt werden. Was unter Kernwörtern und dem Kernwortschatz zu verstehen ist, erläutert Abschnitt 1.3.

Wir vertreten die Auffassung, dass sowohl im Gegenwartsdeutschen als auch für eine absehbare Zukunft unserer Sprache eine Unterscheidung der beiden Hauptteile des Wortschatzes sachlich angemessen und, was die sprachwissenschaftliche Beschreibung betrifft, von unschätzbarem Vorteil ist. Diese Auffassung wird durchaus nicht überall geteilt. Manche meinen, Fremdwörter seien letztlich immer auf dem Weg in den Kernwortschatz und sollten oder würden sich ihm irgendwann angleichen. Andere meinen, Fremdwörter und Kernwörter beeinflussten sich gegenseitig so, dass daraus eine einheitliche Mischsprache entsteht. So schreibt der Fremdwortspezialist Horst Haider Munske am Ende einer Arbeit über den Status der Fremdwörter in der Geschichte des Deutschen (2001: 27): „Bald wird die Unterscheidung von Erbwort, Lehnwort und Fremdwort nur noch eine lexikographische Reminiszenz sein.“ Sein Standpunkt ist gut begründet, aber wir teilen ihn nicht (weiter Kap. 3).

3. Fast der gesamte zweite Hauptteil des Buches ist den sprachlichen Eigenschaften von Fremdwörtern im Gegenwartsdeutschen gewidmet. Es geht also zuerst um die Sprache selbst, danach um Aspekte des Sprachgebrauchs. Im Zentrum stehen auch nicht Geschichte und Entlehnungswege, die Fremdwörter hinter sich haben, bevor sie bei uns ankommen. Eine Konzentration auf lautliche, morphologische und orthographische Eigenschaften der Fremdwörter ist jedoch keineswegs Selbstzweck. Sie erlaubt einmal, Unterschiede zu den übrigen Wörtern zu erfassen und sie erlaubt außerdem, viele Seiten des Fremdwortgebrauchs besser zu verstehen. Die Sprache liegt dem Sprachgebrauch zugrunde, das ist eine sprachwissenschaftliche Binsenweisheit. Ihr soll auch bei den Fremdwörtern zu mehr Geltung verholfen werden.

Mit der Konzentration auf die Gegenwartssprache ist ein bestimmter Fremdwortbegriff verbunden, der sich in den vergangenen Jahren innerhalb der Sprachwissenschaft mehr und mehr durchsetzt. Wie wir begrifflich verfahren, wird ausführlich in Abschnitt 1.4 dargelegt.

4. Auch wenn man sich auf das im engeren Sinn Sprachliche und auf das Gegenwartdeutsche konzentriert, bleibt zum Verständnis der Gesamtsituation unerlässlich, den Kontakt des Deutschen zu anderen Sprachen so weit zu thematisieren, dass deutlich wird, aus welchen Gründen und mit welchen Wirkungen es zu Entlehnungen kommt (Kap. 2). Die Art des Sprachkontaktes, die beteiligten Sprechergruppen, die Verwendung der vorhandenen und der neu aufgenommenen Wörter lassen teilweise direkte Rückschlüsse oder doch plausible Annahmen darüber zu, wie sich der Fremdwortschatz entwickelt hat und was wir heute davon vorfinden. Insofern wird der Sprachgebrauch keineswegs gegen die Sprache ausgespielt. Sie gemeinsam zu thematisieren, soll dem Verständnis beider Seiten dienen.

5. Die anhaltende öffentliche Aufmerksamkeit für Fremdwörter speist sich in erster Linie aus der Frage, ob sie in besonderer Weise zu bewerten sind und wie eine solche Bewertung auszusehen hätte. Wenn bewertet wird: Beeinflusst eine Bewertung den Fremdwortgebrauch oder hat sie mit dem tatsächlichen Gebrauch wenig zu tun? Gerade im Deutschen ist der Streit über Fremdwörter so alt und so andauernd, dass er zu ihnen gehört wie die Angst zum Elfmeter (1.2; 3.2). Und natürlich besteht die Hoffnung, man werde mit sprachwissenschaftlicher Arbeit über Fremdwörter auch ein wenig zur Aufklärung über sie beitragen.

6. Eher der Vollständigkeit halber wird klargestellt, dass wir uns mit Fremdwörtern und nicht auch mit dem Einfluss anderer Sprachen auf die Syntax des Deutschen befassen. Verdanken wir unseren AcI (Akkusativ mit Infinitiv wie in *Sie sieht ihn kommen*) dem Lateinischen? Geht *in 2011* anstelle von *im Jahr 2011* oder *Das macht Sinn* anstelle von *Das hat Sinn* auf das Englische zurück? Hat das Englische vielleicht sogar einen Einfluss auf die Syntax des Deutschen? Zur Klärung von Fragen dieser Art bedarf es einer eigenen Methodik und umfangreicher sprachhistorischer Untersuchungen, die man nicht nebenbei mit erledigen kann (Zifonun 2010). Wir bleiben bei den Wörtern.

Veränderung: Bedeutungswandel, Reanalyse, Volksetymologie

Sprachliche Veränderungen werden gerade von gebildeten Sprechern bewusst wahrgenommen und kritisiert, ob sie nun Fremdwörter betreffen oder nicht. Wie man mit auf gute Sprachkenntnis gegründete Kritik an Veränderungen allgemein umgehen soll, kann an dieser Stelle nicht erörtert werden. Es ist ein Gegenstand in eigenem Recht. Bedacht werden muss jedoch, dass sich Fremdwörter im Allgemeinen schneller verändern als Wörter des Kernwortschatzes und dass schon dies ein Grund sein kann, sprachkritisch mit ihnen anders umzuspringen als mit Kernwörtern. Andererseits verändern sich Fremdwörter in vieler Hinsicht in derselben Weise wie Kernwörter. Das liegt eben daran, dass beide zur selben Sprache gehören und der eine Teil des Wortschatzes nicht so tut, als habe er mit dem anderen nichts zu schaffen. Fremdwörter und Kernwörter sind zur Kohabitation gezwungen. Sie bewegen sich in der Sprache derselben Sprecher, jedenfalls im Prinzip. Bleiben wir einen Augenblick bei einigen Beispielen zu Sprachveränderungen.

Verstärkende und gleichzeitig wertende Wörter werden zum Gebrauch in der Jugend- oder Werbesprache in größerer Zahl durch Bedeutungsveränderung aus anderen Wörtern gewonnen unabhängig davon, ob sie Fremdwörter sind oder nicht. Fritz (2005: 34; 62ff.) etwa nennt *prima, toll, klasse, super, geil, cool, fett, genial*, unter denen nicht nur Kern- und Fremdwörter, sondern auch schon recht unterschiedliche Typen der letzteren vertreten sind (weiter Keller/Kirschbaum 2003). Die besondere Verwendung nimmt darauf keine Rücksicht.

Aber verhalten sich Fremdwörter nicht in formaler Hinsicht anders als Kernwörter, sind sie nicht undurchsichtig im Bau? Für einen Teil von ihnen trifft das zu, und möglicherweise liegt hier tatsächlich einer der Gründe dafür, dass sie häufig ausgegrenzt wurden und immer noch werden (3.3). Neben solchen Besonderheiten gibt es aber strukturelle Gemeinsamkeiten aller Wörter, und diese betreffen auch Veränderungen der Form. Dazu gehören etwa Veränderungen der morphologischen Segmentierung, also der Gliederung von Wörtern in Morpheme (‚Wortbausteine').

In der Kerngrammatik des Deutschen gibt es das Suffix *erei* wie in *Lauferei, Hehlerei, Prahlerei.* So weit wir wissen, ist es durch Verschmelzung zweier Suffixe entstanden. Sein erster Bestandteil entstammt dem Verbsuffix *(e)r*, das früher in größerer Zahl als heute Verbstämme aus anderen Verbstämmen bilden konnte. Man erkennt das noch in Paaren wie *kletten – klettern, klappen – klappern.* Dieses Verbsuffix zog häufig das aus dem Französischen als *ie* entlehnte und zu *ei* eingedeutschte Suffix von Feminina nach sich, das bis heute in Substantiven wie *Kartei, Vogtei* erkennbar ist, und bildete eine Einheit *erei.* Das Suffix *erei* tritt als Ganzes an Verbstämme, es ergibt sich z.B. *backen > Backerei.* Daneben tritt *ei* für sich an Substantive wie *Bäcker* und bildet *Bäckerei.* Der Unterschied in der Bedeutung von *Backerei* und *Bäckerei* ist deutlich und beruht eben darauf, dass im ersten Fall *erei* nicht in zwei Bestandteile zerlegt werden kann, im zweiten sehr wohl.

Ähnliche Vorgänge spielen sich bei reinen Fremdsuffixen ab. In Wörtern wie *Aktivator, Operator, Terminator* ist ein Suffix *ator* enthalten, das im Lateinischen einen verbalen und einen substantivischen Bestandteil hatte. Im Deutschen sind die beiden Bestandteile zu einem einzigen, nicht mehr zerlegbaren Suffix verschmolzen, das direkt an den Adjektiv- oder Verbstamm tritt, z.B. *oper+ieren – Oper+ator.* Wir werden solche Strukturen in Kap. 6 genauer beschreiben. Im Augenblick soll aber schon betont werden, dass es recht komplexe Vorgänge im Sprachwandel gibt, die auch Fremdwörter erfassen können (Eisenberg 1992; Fuhrhop 1998).

Unmittelbaren Ausdruck findet die Interaktion von Fremd- und Kernwortschatz in zahlreichen Fällen von Volksetymologie. Das Volk, so sagt der Begriff, kann mit einem Wort wenig anfangen, wenn seine Form nicht zu seiner Bedeutung passt. Irgendjemand hört die Form dann so, dass eine Beziehung zur Bedeutung entsteht. Die Form wird neu gedeutet und dabei mehr oder weniger stark verändert (reanalysiert), die Bedeutung vielleicht auch, aber nicht unbedingt. Eine Volksetymologie kann als Ergebnis eines Aneignungsprozesses verstanden werden, mit der wahren Herkunft des Wortes (gr. *etymon* ‚das Wahre') hat sie nichts zu tun. Sie beruht auf einer Fehlanalyse und wurde deshalb nicht nur von Leuten, die es besser wissen, sondern mit prinzipiellen Erwägungen auch von Sprachwissenschaftlern regelrecht bekämpft. Ferdinand de Saussure arbeitet in seinen ‚Grundfragen der allgemeinen Sprachwissenschaft', deren französische Erstausgabe im Jahr 1916 erschien, gerade den Unterschied zu anderen Sprachwandelprozessen heraus und kommt zu dem Schluss: „Die Volksetymologie ist eine pathologische Erscheinung; sie wirkt nur unter besonderen Umständen und ergreift nur seltene, technische oder fremde Wörter, die die Sprechenden sich nur unvollkommen aneignen." (Saussure 1967: 210). Dagegen betont Hermann Paul in seinen 1880 erschienenen ‚Prinzipien der Sprachgeschichte' die Normalität des Vorgangs, denn ganz allgemein „kann sich gleich beim ersten Hören statt eines für sich sinnlosen Teils eines grösseren Wortes ein ähnlich klingendes übliches Wort unterschieben. … Und wenn erst einmal … eine solche Unterschiebung stattgefunden hat, so hat das Untergeschobene vor dem Echten den Vorteil, dass es sich besser dem Gedächtnis einprägt." (Paul 1975: 221).

Für jede Beschäftigung mit Fremdwörtern ist die Art von Saussures Kritik lehrreich. Denn zur Grundlage seiner Bewertung wird ein Sprachbegriff, der bestimmte Fakten nicht anerkennen möchte. Pauls Position ist stark, weil ja auch viele andere sprachliche Veränderungen auf ‚Fehlanalysen' beruhen, beispielsweise die oben beschriebenen morphologischen Reanalysen. Inwiefern sie etwas prinzipiell anderes sind als Volksetymologien, kann mit Saussures Berufung auf Analogie nicht gezeigt werden. Sehen wir uns die berühmte *Hängematte* an. (Beispiele teilweise nach Olschansky 1996, einer umfassenden Darstellung zum Deutschen; s.a. Olschansky 2004).

Hängematte. Das Quellwort wird in seiner Ursprungsform als *hamaca* oder *amáca* angegeben, diese stammt aus dem Haitianischen oder Karibischen, „wo das Wort die schwebenden Schlaf- und Tragnetze der Wilden [!] bezeichnet." (Gamilschegg 1969: 514). Nach Eroberung der Karibik ist das Wort zuerst ins amerikanische Spanisch entlehnt worden. Im Italienischen findet sich *amaca*, im Französischen zunächst (16. Jhdt.) *amacca* und *hamaca*, ab dem 17. Jhdt. *hamaque* und das heute gültige *hamac.* Deutsche Reisebeschreibungen verwenden Pluralformen wie *Hamacos* und *Hamakken*, als Singulare *Hamacca* und *Hamach.* Im Jahr 1627 ist die Form *Hengmatten* belegt. Die Etymologen streiten darüber, ob die volksetymologische Reanalyse zuerst im Deutschen oder im Niederländischen vollzogen wurde. Im

Ndl. gibt es seit Beginn des 17. Jhdts. *hangmak* und dann *hangmat*. Die Reanalyse könnte von dort ins Deutsche gelangt, sie könnte aber auch unabhängig vom Niederländischen durchgeführt worden sein. Ein Vergleich der älteren Formen (z.B. *hamac* > *hangmak* > *hangmat* oder *Hamakken* > *Hengmatten*) zeigt immerhin, dass die Umdeutung mit relativ wenig Formveränderung (im Niederländischen noch weniger als im Deutschen) einherging und im Deutschen jedenfalls weitere Integrationsschritte mit Umlaut, Fuge und auslautendem Schwa (Murmellaut) in der Singularform (Grundform) erforderlich waren. Volksetymologien dieser Art können sehr wohl in kleinen Schritten erfolgen, von denen jeder einzelne auch sonst im Sprachwandel vorkommt. Der Gesamtprozess vollzieht die Eindeutschung eines Fremdwortes zu einem Kernwort.

Volksetymologien sind keineswegs auf Fremdwörter beschränkt, auch müssen sie nicht mit lautlichen Veränderungen einhergehen. Olschansky (1996: 185f.) zeigt beides an der möglichen Neuzuordnung des Stammes *Sucht*. Ursprünglich gehört er zu *siech* ‚Krankheit'. Das Verb *siechen* beruht auf einem gemeingermanischen Adjektivstamm **seuka*, ahd. *sioh* ‚krank', althochdeutsches Verb *siuchan* ‚krank sein'. Davon sind die Substantive *Seuche* und *Sucht* abgeleitet. Die Zuordnung zu *suchen*, das etymologisch nichts mit *siech* zu tun hat, wird im 18. Jhdt. beispielsweise an der Verwendung *suchen nach* > *Sucht nach* sichtbar, außerdem an Komposita, die sich kaum auf *siech* beziehen lassen: *Gefallsucht, Herrschsucht, Vergnügungssucht*. Ob die Neuzuordnung eindeutig und endgültig ist, bleibt aber offen. Komposita wie *Magersucht* oder *Suchtfürsorge* sind ja mit der alten Zuordnung durchaus verträglich. Wie komplex und differenziert die Zuordnung von Substantiven mit dem alten, nicht mehr produktiven Suffix *t* zu ihren Basisverben (*fahren* > *Fahrt, sehen* > *Sicht, pflegen* > *Pflicht, drehen* > *Draht*) generell ist und wie unsicher deshalb Herkunftsanalysen sein können, wird von Raffelsiefen (1998) gezeigt.

Die Beispiele mögen zur ersten Demonstration von Unterschieden und Gemeinsamkeiten fremder Wörter zu und mit Kernwörtern genügen. Strukturelle und semantische Veränderungen erfassen Wörter des gesamten Wortschatzes, Fremdwörter ebenso wie Kernwörter.

1.2 Meinungen, Ansichten und Einstellungen

Wortführer und Durchschnittssprecher im öffentlichen Sprachdiskurs

Fremdwörter stellen im Gesamtwortschatz eine Minderheit dar, aber über den Fremdwortschatz wird öffentlich mehr gesprochen und geschrieben als über den Kernwortschatz. Sehr viele Sprecher haben ausgeprägte Ansichten über Umfang und Bedeutung des Fremdwortschatzes.

Der Gesamtwortschatz des Deutschen wird seit Jahrhunderten größer. Diese Feststellung lässt sich insbesondere dann vertreten, wenn man spezielle Wortschätze wie die von Fach- und Wissenschaftssprachen berücksichtigt, sie gilt aber auch für die Allgemeinsprache. Gute Gründe sprechen für die Annahme, dass unser Inventar an Fremdwörtern nicht nur mit dem Gesamtwortschatz wächst, sondern dass sein Anteil zunimmt. Zahlen, die für längere Zeiträume darüber zuverlässig Auskunft geben, stehen zwar nicht zur Verfügung und insofern ist Vorsicht geboten. Wir verfügen aber über eine Reihe von Indikatoren für den Schluss, dass der Fremdwortschatz innerhalb der Allgemeinsprache schneller wächst als deren Gesamtwortschatz, exemplarisch dazu Abschnitt 3.1.

Trotzdem bleibt eine Verstehenslücke, vor allem dann, wenn man sich den Fremdwortdiskurs vor Augen führt. Er verläuft seit Jahrhunderten überwiegend in derselben Richtung: Fremdwörter werden beschimpft, bekämpft, verachtet, ridikülisiert, diskriminiert, verboten, ver- und eingedeutscht (Übersicht mit vielen schönen Beispielen in Bär 2001). Und wenn die externen Bedingungen es zulassen, wird das Eine oder Andere durchaus von den Wörtern auf ihre Sprecher übertragen. Die Gegenseite artikuliert sich weniger und weniger eindeutig. Bei den Verteidigern ist meist nur davon die Rede, es gebe auch nützliche Fremdwörter, die Sprache verändere sich nach eigenen Gesetzmäßigkeiten mehr oder weniger unbeeinflussbar oder auch man könne der zunehmenden Internationalisierung nicht entgegenarbeiten und solle dies auch nicht versuchen (3.2; 3.3).

Die Entwicklung des Wortschatzes scheint über alle Arten von Fremdwortkritik weitgehend hinwegzugehen. Aufs Ganze gesehen bewirkt die Kritik wenig, was vielleicht damit erklärt werden kann, dass der öffentliche Diskurs von einer verschwindend kleinen Schicht von Sprechern getragen wird, die an der großen Zahl der Sprachteilhaber vorbeireden, deren Sprachgebrauch und Sprachauffassungen gar nicht erreichen. Wäre dies der Fall, dann käme es eher auf die Spracheinstellung des einzelnen, durchschnittlichen Sprechers als Mitglied der Sprachgemeinschaft an als auf die Ansichten einer selbsternannten Sprachelite. Möglicherweise versteht man mit einer solchen Hypothese besser, warum der Fremdwortschatz wächst.

Im Folgenden führen wir das Thema eng auf den neueren Diskurs über Anglizismen. Ihm kommt gegenwärtig mit Abstand die höchste Intensität zu, er ist wegen des einseitigen Kontakts des Deutschen zum Englischen besonders wichtig, umfangreich und ausführlich beschrieben. Bis zum Ende der 80er Jahre wird auf Jung 1995, für die Zeit bis 2001 auf Spitzmüller 2005 verwiesen, wo der Diskurs quantitativ und qualitativ aufgearbeitet ist. Ausgespart bleiben an dieser Stelle die puristische Seite und daran anschließende Verdeutschungsbemühungen (3.2.1; 3.3).

Einen Schritt in Richtung Sprechereinstellungen macht die frühe Untersuchung von Gerhard Stickel (1984). An einem begrenzten Korpus von Zeitungstexten wird die Bewertung von Anglizismen durch Schreiber von Leserbriefen und Sprachglossen ermittelt. Die Texte stammen aus den Jahren 1979 bis 1983, ihre Aussagen sind eindeutig: Leserbriefe bewerten Anglizismen durchweg negativ mit Duckmäusertum, Unterwürfigkeit oder Anbiederung bei den Siegermächten sowie mit Bequemlichkeit, Imponiergehabe oder dem Willen zur sprachlicher Verschleierung. Bei den Glossen, die ja meist von professionellen Schreibern stammen, sieht es etwas anders aus. Zwei Drittel der Texte enthalten ausschließlich negative, ein Drittel ‚abgewogene' und teilweise positive Urteile, wobei Internationalität und Lücken im vorhandenen Wortschatz häufiger als Kriterien genannt werden. Stickel misst der Untersuchung zu Recht keine allgemeine Aussagekraft zu. Sie ist dennoch von Interesse, weil etwas wie Flucht aus der deutschen in die englische Sprache schon damals von niemandem thematisiert wird. Das Bewusstsein einer Anpassung an das Englische als Sprache von Siegermächten ist vorhanden. Wer sich überhaupt äußert, bewertet diesen Einfluss aber kritisch.

Ein anderer Weg zur Ermittlung von Spracheinstellungen wurde und wird über die Analyse von Texten beschritten. Man sieht sich an, wie jemand schreibt, welche Wörter er in welchem Kontext verwendet und versucht, daraus Gründe für die Verwendung und damit für Einstellungen abzuleiten. Bei geeignetem Aufbau von Korpora und entsprechender methodischer Fundierung lassen sich so Spracheinstellungen ermitteln, die tatsächlich dem Sprachgebrauch zugrunde liegen. Untersuchungen dieser Art sind von Interesse, stehen u.W. aber noch am Anfang. Seit längerem werden wissenschaftliche Analysen von Werbematerial durchgeführt (Fink 1980, ausführlich Bratschi 2005). Was Fink an Aussagen über die Funktion von Anglizismen herausfindet, beruht auf mehr oder weniger naheliegenden Schlüssen oder Behauptungen, die methodisch wenig ausgewiesen sind. Das ist dem Autor durchaus bewusst, wenn er die Funktionen vorkommender Wörter in vier Hauptklassen ordnet nach: A. übersteigerte Wirkung beim Leser, B. Euphemismus, C. Sachlichkeit, D. Textgestalt, E. Ausdrucksbedürfnis, F. Anbiederung. Im Funktionsbereich A. geht es weiter mit Effekthascherei, Blickfang, Auffälligkeit, interessant machend, Übertreibung. Das alles sind Zuschreibungen, deren Berechtigung man plausibel finden oder bestreiten kann.

Mit dem Aufleben der Anglizismendebatte nach der Wende scheint sich, was solche Schlüsse auf Sprecherintentionen betrifft, auch ein verstärktes Interesse der außerwissenschaftlichen Sprachkritik zu artikulieren. Während neuere wissenschaftliche Arbeiten vor allem den Gebrauch von Anglizismen in seinen Facetten untersuchen (Beispiele zur Pressesprache in Abschnitt 3.1), wird im populären Sprachdiskurs nicht lange gefackelt. Man weiß einfach, warum so viele Anglizismen verwendet werden: „Sie müssen sich doch nur ansehen, wer dieses Geschwafel in unserem Land eigentlich verzapft. ... Das sind Leute, die glauben, ihre Halbbildung könnten sie dadurch steigern, daß sie sich ... nicht mehr in Deutsch ausdrücken." (Helmut Schäfer, von 1987 bis 1998 Staatsminister im Auswärtigen Amt). Oder „Amerikanische Wörter haben von vornherein eine gewisse Aura, die sie attraktiv macht ... Sie haben Appeal und verleihen Appeal." (Dieter E. Zimmer). Oder „Ich glaube nun, dass diese Erinnerung, das Gefühl der Schuld und der Scham, eine spezifisch deutsche ‚Sprachscham', die sprachhistorischen Veränderungen, die derzeit ähnlich auch in anderen europäischen Sprachgemeinschaften stattfinden, stark beeinflusst. Die deutsche Sprachscham gibt diesen sprachhistorischen Entwicklungen hierzuland ihre ganz besondere Dynamik." (Jürgen Trabant; Zitate nach Eisenberg 2009).

Das Urteil über Wörter wird in solchen Fällen zum Urteil über die Sprecher. Deren – ja nur vermutete – Einstellung zu Anglizismen erweist sie als halbgebildete Angeber und Selbstdarsteller, die gleichzeitig verdecken wollen, dass die ‚gebellte Sprache der KZ-Aufseher' ihre Muttersprache ist. An solchen Urteilen über den Gebrauch von Anglizismen ist möglicherweise etwas Wahres, aber was und wie viel es ist, wissen wir nicht.

Zuschreibungen und Funktionsbestimmungen der bisher besprochenen Art sollen zum Teil als Bewertungen von Textautoren erkennbar sein, zum Teil betreffen sie erwartete Bewertungen durch den Leser, zum Teil sind sie anders begründet. Wer einen Text mit Anglizismen analysiert, kann lediglich hoffen, mit seiner Analyse zutreffende Bewertungen zu erzielen. Wenn man allerdings wirklich an Einstellungen der Sprecher oder Schreiber herankommen will, lautet die Frage nicht einmal, was diese über ihre Befindlichkeit bei Rezeption und Gebrauch von Wörtern sagen. Die Frage wäre vielmehr, ob man irgendwie direkt an ihre Einstellungen herankommt. Sie könnte beispielsweise auf etwas abzielen, das uns die Psycholinguistik über Affekte bei der Verwendung von Anglizismen zu sagen hat (z.B. Altleitner 2007; Zimmerer 2006). Damit ist eine Forschungsperspektive angesprochen, die einmal zu handfesten Ergebnissen führen könnte.

Tun die Sprecher, was sie sagen?

Vorerst bleibt das Mittel der Umfrage zur Ermittlung von Sprechereinstellungen. Wie Sprecher ihre Sprache bewerten, ist auch dann von Interesse, wenn zwischen geäußerten und das Sprachverhalten tatsächlich bestimmenden Einstellungen unterschieden wird. Auf der einen Seite hat man versucht, Textschreiber nach ihren Motiven zu fragen und auf diese Weise herauszufinden, warum Wörter Wirkung entfalten. Der Weg wurde vor allem für Werbetexte beschritten, hat aber bezüglich des Anglizismengebrauchs bisher wenig erbracht. Offenbar wissen Werbetexter häufig selbst nicht genau, was sie tun, wenn sie einem vermeintlich großen Bedarf an neuen Wörtern gerecht werden wollen (so schon Fink 1976). Oder sie sagen nicht, was sie tun, weil es gerade auf Unverständlichkeit ankommt wie etwa bei der Werbung für Wertpapierderivate (3.2.2). Auch in Stickel 1984 heißt es, auf diesem Weg sei wohl wenig zu holen. Daran dürfte sich inzwischen kaum etwas geändert haben.

Also fragen wir die Sprecher selbst, was sie von diesen oder jenen Wörtern halten. Dazu wurde in den Jahren 1997/98 eine erste Erhebung in der gesamten Bundesrepublik durchgeführt. Ungefähr 2.000 Personen, je zur Hälfte in den alten und den neuen Ländern, bat man um Auskunft zu ihrer Sprachbefindlichkeit allgemein und zu Sprachveränderungen im Besonderen. Die Frage, ob jemandem „in den letzten etwa 5 bis 10 Jahren Veränderungen aufgefallen“ seien, beantwortet fast die Hälfte der Befragten mit Ja, und als Beispiele nennen sie mit großem Abstand zuerst Anglizismen: „Besonders deutlich hebt sich die generelle Ablehnung von Anglizismen heraus. Sie nehmen in der Häufigkeitstabelle die erste Stelle ein.“ (Stickel 1999: 24).

Im Jahr 2008 führte man eine neue Umfrage mit der gleichen Zahl von befragten Personen durch, die inhaltlich detailliert und methodisch weiter professionalisiert sowohl Einstellungen zum Deutschen allgemein als auch zu seinen Dialekten und zu Sprachveränderungen ermitteln soll (Eichinger u.a. 2009). Einer satten Mehrheit von 87% der Befragten gefällt die deutsche Sprache gut oder sehr gut. Stark angestiegen ist der Anteil derer, die Veränderungen wahrgenommen haben, es sind nicht weniger als 84%. Aufgefallen waren ihnen an erster Stelle Veränderungen in der Orthographie. Das ist insofern bemerkenswert, als die Neuregelung der Orthographie im Jahr 2006 zu einem erheblichen Teil rückgebaut worden war, d.h. man kann seitdem weitgehend so schreiben wie vor 1996. Die Wahrnehmung von Veränderungen erfolgt spät und bedarf in Hinsicht auf die tatsächlichen sprachlichen Gegebenheiten einer sorgfältigen Interpretation. Anglizismen folgen jetzt an zweiter Stelle. Ob ihre Bedeutung für den durchschnittlichen Sprecher in dem vorausgegangenen Jahrzehnt zu- oder abgenommen hat, lässt sich auf Basis der Umfrageergebnisse allerdings nicht feststellen. Sie zeigen ja nur, wie das Verhältnis zu anderen Veränderungen im Jahr 2008 aussieht. Solide Anzeichen dafür, dass die Deutschen ihre Anglizismen neuerdings eher lieben, gibt es nicht.

Damit sind wir noch einmal bei der Frage, ob man einem Wissen über Spracheinstellungen etwas über die Sprache selbst, hier die Anglizismen, entnehmen kann. Unsere These, das sei kaum möglich, kollidiert mit starken Aussagen in der Literatur und kann deshalb nicht kommentarlos stehen bleiben. So zitiert Spitzmüller 2005 an prominenter Stelle aus Gardt 2001: „Das Phänomen des Fremdworts belegt wie nur wenige, dass die Geschichte einer Sprache ganz entscheidend auch von den Einstellungen ihrer Sprecher geprägt wird." Bei der allgemeinen Beschreibung von Entlehnungsvorgängen referiert Spitzmüller (2005: 11f.) Positionen, die noch einen Schritt weiter gehen. Spracheinstellungen und ihr besonderer Ausdruck als Purismus werden zum entscheidenden Movens: „Nach anfänglich zögerlicher Ausbreitung [von Entlehnungen] steigt die Frequenz rapide an, lässt dann aber zu einem gewissen Zeitpunkt wieder nach und nähert sich einem Grenzwert an. Daraus hat man ein mathematisch formuliertes Gesetzt (sog. ‚Piotrowski-Gesetz') abgeleitet. Im Fall von Entlehnungsvorgängen nimmt man an, dass Spracheinstellungen und Purismus der wesentliche Grund für den zweiten (rückläufigen) Teil der Verlaufskurve sind, dass es also innerhalb einer Sprechergemeinschaft eine Toleranzgrenze gebe, nach deren Überschreitung die Entlehnungsintensität zurück- und über einen Sättigungswert nicht hinausginge."

Mit dem Piotrowski-Gesetz werden ganz allgemein Übergänge sprachlicher Einheiten von einer Klasse in eine andere erfasst. Solche Prozesse laufen im Prinzip wie die Ausbreitung von Epidemien ab, eine Klasse steckt sich sozusagen bei der anderen an. Beöthy/Altmann 1982 haben gezeigt, dass man Entlehnungsprozesse mit diesem Gesetz erfassen kann, wobei sie allerdings hinzufügen: „Die Hypothese erklärt den Übernahmemechanismus, aber nicht ihre [sic] Ursachen." Das ist angesichts der Vielfalt von sprachinternen und sprachexternen Ursachen, die in der Sprachkontaktforschung als kausal für Entlehnungsprozesse angesehen werden, realistisch (3.1). Um einige der möglichen Ursachen geht es hier, nicht um das Piotrowski-Gesetz als solches, dessen Anwendungsdomänen durchaus auch zu diskutieren wären. Wir werden immer wieder und besonders bei den Versuchen, die Wirkung von Sprachpurismus mit seinen Materialisierungen in Verdeutschungs- und Fremdwörterbüchern abzuschätzen, auf große Schwierigkeiten stoßen. Einmal abgesehen davon, dass der Fremdwortbestand in einer Sprache wie dem Deutschen längst nicht mehr ausschließlich oder auch nur überwiegend auf Entlehnungen, sondern auch auf Fremdwortbildungen beruht, kann man zeigen, dass puristische Bestrebungen unter bestimmten Bedingungen wie in Deutschland nach der Reichsgründung 1871 Wirkung auf den Wortschatz haben, unter anderen jedoch nicht.

Was Spracheinstellungen allgemein betrifft, ist der Zusammenhang wohl noch unsicherer, zumindest noch komplizierter. Dass er bestehen kann, wollen wir nicht bestreiten, wohl aber, dass wir wissen, wie der Zusammenhang aussieht. Man sollte auch nicht vergessen, dass innerhalb der Sprachgeschichtsschreibung gelegentlich eine Tendenz besteht, die Geschichte sprachlicher Erscheinungen mit der Geschichte ihrer metasprachlichen Erörterung zu verwechseln. So wurde die Geschichte der Orthographie lange Zeit hindurch wesentlich auch als Geschichte der Auffassungen über die Orthographie geschrieben. Erst in den vergangenen etwa 20 Jahren hat sich das grundlegend geändert.

Wer etwas über die Wirkung von Spracheinstellungen auf den Fremdwortschatz erfahren möchte, muss jedenfalls über den Fremdwortschatz selbst Bescheid wissen. Insofern fühlen wir uns auch dem Ziel verpflichtet, zur Klärung des Zusammenhangs von Wortschatzentwicklung mit Spracheinstellungen beizutragen. Allerdings soll man nicht wissenschaftliche Fragen aufwerfen, deren Beantwortung bestenfalls etwas bestätigt, das eigentlich bekannt ist. Theodor Fontane, Meister der literarischen Verarbeitung von Spracheinstellungen und Sprachbewertungen was Stil, Syntax, Orthographie und Wortschatz betrifft, kommt in seinem letzten Roman (1897) auf unsere Frage zu sprechen. Der alternde Schlossherr Dubslav von Stechlin möchte sich mit Hauptmann von Czako im Freien zum Frühstück niederlassen und macht sich Gedanken über den richtigen Platz. Er nimmt Czakos Arm und sagt: „Nun kommen Sie, Hauptmann, wir wollen derweilen ein bißchen recherchieren und uns einen guten Platz aussuchen. Mit der ewigen Veranda, das ist nichts; unter der Markise steht die Luft wie ne Mauer, und ich muß frische Luft haben. Vielleicht erstes Zeichen von Hydropsie. Kann eigentlich Fremdwörter nicht leiden. Aber mitunter sind sie doch ein Segen. Wenn ich so zwischen Hydropsie und Wassersucht die Wahl habe, bin ich immer für Hydropsie. Wassersucht hat so was kolossal Anschauliches."

Dass Kernwörter gelegentlich etwas kolossal Anschauliches haben, kann durchaus dazu führen, dass sich jemand hinter einem Fremdwort versteckt.

Er sagt dann lieber *Tumor* als *Geschwulst* oder lieber *Holocaust* als *Judenvernichtung*. Die schlagende Wirkung von Dubslavs Äußerung erreicht Fontane aber dadurch, dass er den Leser mit dem formal unübersehbaren und semantisch schwergewichtigen Fremdwort *kolossal* auf den Sprachgebrauch des Protagonisten aufmerksam macht: Dubslavs Äußerung ist voll von Fremdwörtern. Was er am Beispiel von *Hydropsie* über seine Einstellung sagt, hat mit dem eigenen Sprachgebrauch wenig zu tun. Und damit steht er nicht allein (zu den Fremdworttypen *recherchieren* 6.2.4; *Veranda* 5.2.2; *Markise* 6.2.3; *kolossal* 6.2.4; 7.3, *Hydropsie* 6.2.4).

1.3 Wortschatz: Kernwort und fremdes Wort

Kernwortschatz, Fremdwortschatz

Es gibt zahlreiche Vorschläge, wie der Begriff Fremdwort zu definieren sei, aber eine irgendwie ‚richtige' Definition gibt es nicht. Entweder man setzt bewusst am Alltagsbegriff an und versucht herauszufinden, was die Leute meinen, wenn sie das Wort gebrauchen. Oder man verwendet den Begriff so, wie er für den gegebenen Zweck am besten passt. Wir gehen den zweiten Weg, kommen aber zu einem Ergebnis, das sich weitgehend mit dem Alltagsbegriff verträgt.

Man stelle sich Sprecher vor, die zur Einnahme von Medikamenten Beipackzettel lesen. Zwei Wörterbücher stehen zur Verfügung, ein allgemeines Wörterbuch des Deutschen wie der Große Wahrig (Wahrig 2006) oder der Paul (Paul 2002), dazu ein Fremdwörterbuch wie Duden 1997 oder Wahrig 2000. Nachzuschlagen gibt es genug, z.B. die Wörter in 1. Vielleicht stellt sich bald heraus, dass man nur mit einem medizinischen Fachwörterbuch wie dem Pschyrembel (2007) weiterkommt, aber darum geht es im Augenblick nicht.

(1) Wörter, fremd und nicht fremd
  a. *Herzmuskelentzündung, Säurebindungsmittel, Nebennierenschwäche*
  b. *Hypolyseninsuffizienz, Thyroxintherapie, Osteoporoseminimierung*
  c. *Herzrhythmusstörung, Plasmaeiweißbindung, Schilddrüsenunterfunktion*

Ein Durchschnittssprecher wird bei den Wörtern in 1a versuchen, mit dem allgemeinen Wörterbuch zurechtzukommen. Das allgemeine Wörterbuch enthält auch Fremdwörter, aber sozusagen nur nebenbei. Für die Wörter in 1b wird der Sprecher deshalb auf das Fremdwörterbuch zurückgreifen. Wir nehmen an, dass er keines der Wörter ohne weiteres versteht. Er greift zum

Fremdwörterbuch nicht etwa, weil Fremdwörter besonders schwer verständlich sind, sondern weil er erkennt, dass sie fremd sind. Woher sie kommen, weiß er nicht. Das ist auch nicht notwendig, denn das Fremdwörterbuch enthält Wörter unabhängig von ihrer Herkunft. Der Sprecher erkennt, welche der Wörter fremde Bestandteile enthalten und welche nicht, ohne sie zu verstehen. Auch die Wörter in 1c enthalten fremde Bestandteile, gemischt mit nichtfremden. Bei ihnen wird man ebenfalls zuerst zum Fremdwörterbuch greifen.

Von Interesse ist das Wissen des normalen Sprechers. Er kann vielleicht noch andere Sprachen als Deutsch, aber Fremdsprachenkenntnisse braucht er nicht. Um ein Fremdwort zu erkennen, genügen seine Deutschkenntnisse. Insbesondere ist ihm als implizites Sprachwissen bekannt, wie die Nichtfremdwörter aussehen. Alles, was anders aussieht, ist ihm fremd.

Für die Nichtfremdwörter sind unterschiedliche Bezeichnungen gebräuchlich, man nennt sie heimische oder muttersprachliche Wörter, Erbwörter, Kernwörter, indigene oder native Wörter. Die Ausdrücke heimisches Wort und Erbwort verweisen auf die Herkunft, ebenso indigenes Wort (von lat. *indigena* ‚inländisch, Eingeborener'). Mit *muttersprachlich* wird sogar insinuiert, Fremdwörter seien Wörter anderer Sprachen und nicht Wörter unserer Muttersprache. Weil es uns in erster Linie auf die Wörter im Gegenwartsdeutschen ankommt und gerade nicht darauf, woher sie stammen, verwenden wir im Allgemeinen die Bezeichnung Kernwort oder natives Wort. Auch dem Adjektiv *nativ*, von lat. *natus* ‚geboren', *nativus* ‚natürlich entstanden', haftet etwas von der Herkunft an. Das Wort lässt sich aber noch am ehesten neutral verwenden.

Die Unterscheidung von nativen Wörtern und nichtnativen Wörtern über ihre einem normalen Sprecher zugänglichen strukturellen Eigenschaften findet sich ausformuliert und theoretisch begründet bereits in Wurzel 1981 (Grundzüge: 909). Wurzel zeigt, dass Wörter wie *Hermelin* oder *Wacholder* durchaus fremde Eigenschaften haben (s.u.), aber beim Ansatz der üblichen Zeitverhältnisse nicht entlehnt sind, und fährt fort: „Wörter solcherart sind für den normalen Sprecher ohne sprachhistorische Kenntnisse nicht von wirklichen [d.h. entlehnten] Fremdwörtern zu unterscheiden. ... Wir wollen deshalb eine andere, streng synchron motivierte Klassifizierung an ihre Stelle setzen, die Trennung in native und nichtnative Wörter. Native Wörter sind (völlig unabhängig von ihrer Herkunft) solche Wörter, die den generellen grammatischen Regularitäten des Deutschen entsprechen; nichtnative Wörter sind (wiederum ungeachtet ihrer Herkunft) solche Wörter, die diesen Regularitäten nicht entsprechen."

Obwohl hier von „generellen grammatischen Regularitäten“ die Rede ist, wird in den Grundzügen nicht für alle Teile der Wortstruktur, sondern im Wesentlichen beschränkt auf die Lautstruktur nach nativ vs. nichtnativ oder fremd vs. nichtfremd verfahren. Der Ansatz entspricht aber im Prinzip genau dem, was sich in den vergangenen Jahren mehr und mehr als synchron fundierter Begriff von fremdes Wort etabliert hat (zum Begrifflichen weiter 1.4).

Um die beiden Teile des Wortschatzes übersichtlich ins Verhältnis zu setzen, bedient man sich am besten der traditionellen Einteilung in Wortarten. Jeder Sprecher erinnert sich an eine solche Klassifikation, die er im Deutschunterricht gelernt hat, und er weiß auch, wie schwierig es ist, sie im Einzelnen zu begründen. Als Grundklassifizierung stehen sich für eine Sprache wie das Deutsche zwei Möglichkeiten gegenüber. (1) Man teilt die Wörter danach ein, ob sie offene oder geschlossene Klassen bilden. Offene Klassen verändern ihren Umfang schnell, sei es durch Entlehnung, Wortbildung oder Wortverlust. Zu den offenen Klassen des Deutschen gehören die Substantive, Adjektive, Verben, Numeralia und Adverbien. Die übrigen sind geschlossen, auch Funktionswörter genannt. Dazu gehören nach einer verbreiteten Einteilung die Artikel/Pronomina, Konjunktionen, Partikeln und Präpositionen, wobei die Partikeln möglicherweise einen Sonder- und die Präpositionen möglicherweise einen Grenzfall darstellen (Satz: 190ff.; 231ff.). (2) Das Deutsche gehört zu den flektierenden Sprachen, aber nicht alle seine Wörter flektieren. Das lässt sich auf die Wortart beziehen. Substantive, Adjektive, Verben, Numeralia, Artikel und Pronomina flektieren. Ein flektierendes Wort hat mehrere Wortformen, das Substantiv *Bein* hat die Formen *Bein, Beines, Beine, Beinen.* Das Verb *sprechen* hat noch wesentlich mehr Formen, z.B. *sprechen, sprich, sprichst, sprecht, sprach, spräche* usw. Adverbien, Konjunktionen, Partikeln und Präpositionen flektieren nicht, sie haben genau eine Wortform. Das Adverb *heute* hat diese eine Form, entsprechend die Präposition *ohne*, die Konjunktion *wenn* und die Partikel *ja* (weiter 5.1). Die Wortartenlehre stellt ein riesiges Forschungsgebiet dar, weil man trefflich darüber streiten kann, wie die Wörter einer Einzelsprache, einer Gruppe von Sprachen oder gar aller menschlichen Sprachen ‚richtig‘ einzuteilen sind (Vogel/Comrie Hg. 2000; Hoffmann Hg. 2007).

Zur Behandlung der Fremdwörter einer Einzelsprache bleibt man am besten ganz praktisch. Die Fremdwörter des Deutschen gehören fast durchweg zu den offenen und flektierenden Klassen Substantiv, Adjektiv und Verb. Darüber hinaus gibt es im Alltagswortschatz einige Adverbien, Präpositionen und Partikeln, die gelegentlich mit zur Sprache kommen. Die Numeralia stellen einen Sonderfall dar, insofern sie einen alten und stabilen

Bestand an Fremdwörtern wie *Million, Billion* aufweisen, gleichzeitig einen ebenso stabilen Bestand an Kernwörtern. Beide Gruppen wirken in gut beschriebenen Bildungsmustern zusammen (Wiese 1997; Ahn 2003; jetzt vor allem Seiffert 2008). Im Mittelpunkt der weiteren Darstellung stehen die drei zuerst genannten, also Substantive, Adjektive und Verben, dazu mit Einschränkungen die Präpositionen. Die ersten drei sind nicht nur besonders umfangreich, sondern durch ihre Flexion auch komplizierter als die übrigen.

Einfache Wörter des Kernwortschatzes

Der Kernwortschatz des Deutschen umfasst zwischen 8.000 und 9.000 Wörter mit einfachen Stämmen, das sind Stämme ohne interne morphologische Grenze. Sie bestehen aus genau einer morphologischen Einheit, genannt Morphem, und verteilen sich auf alle Wortarten. Für die einzelnen Wortarten ergibt sich bei komprimierter Erfassung der Prototypen folgendes Bild (Augst 1975).

Die mit Abstand größte Wortklasse stellen die Substantive dar. Im Kernwortschatz finden sich in der Grundform zwei Haupttypen, der Einsilber (2a) und der Zweisilber (2b).

(2) Kernwortschatz, einfache Substantive
  a. *Baum, Mensch, Strich, Hand, Frist, Buch, Kind*
  b. Mask *Hase, Falke, Anker, Krater, Hobel, Igel, Graben, Faden*
     Fem *Farbe, Hose, Elster, Kelter, Amsel, Sichel*
     Neut *Auge, Erbe, Leder, Wasser, Kabel, Rudel, Becken, Wappen*

Die Einsilber sind auf alle Genera verteilt, Ungleichheiten spielen für unseren Zusammenhang keine wichtige Rolle. Die Zweisilber bestehen aus einer Silbe mit Vollvokal gefolgt von einer Silbe mit dem Reduktionsvokal Schwa (auch Murmelvokal), nach dem internationalen phonetischen Alphabet IPA, das wir generell für die Lautschrift verwenden, das [ə]. Dieser Vokal ist niemals betont. Er bildet entweder das Wortende in einer offenen Silbe *(Hase, Farbe, Erbe)* oder die zweite Silbe wird mit einem Sonoranten geschlossen, also mit [ʀ], [l] oder [n]. Das [m] kommt so gut wie gar nicht vor, wir finden es nur im Substantiv *Atem* (weiter 4.1). Die Reduktionssilben sind ungleichmäßig auf die Genera verteilt. Offene Silben (*Hase*) sind im Maskulinum selten, im Femininum sehr verbreitet. Es gibt ungefähr 2.000 einfache Substantive des Typs *die Farbe.* Dagegen gibt es Substantive auf *en* im Femininum nicht. Auch andere Wortenden sind ungleichmäßig verteilt. So ist *er* bei den Maskulina häufig, bei den Neutra selten. Solche Ungleichheiten beruhen darauf, dass die Substantive in den drei Genera unterschiedlich flektieren und mit unterschiedlichen Wortbildungssuffixen verbunden werden können. Wir kommen darauf in verschiedenen Zusammenhängen zurück.

Das typische Kernsubstantiv besteht also in der Grundform entweder aus einer Silbe oder aus zwei Silben, wobei die zweite Silbe eine Schwachsilbe ist. Sie ist unbetont, d.h. der Wortakzent liegt hier auf der vorletzten Silbe. Beide Silben bilden innerhalb der Gesamtform einen prosodischen Fuß aus betonter und unbetonter Silbe, der in der Metrik Trochäus genannt wird. Die Wortprosodie, d.h. die Abfolge von betonten und unbetonten Silben, ist für die Wortstruktur des Deutschen von überragender Bedeutung.

Ein ganz ähnliches Bild ergibt sich bei den Adjektiven. Die meisten einfachen Adjektive sind in der Grundform einsilbig (3a), aber auch Stämme aus Vollsilbe und Reduktionssilbe kommen häufig vor (3b). Sie bilden wie beim Substantiv einen Trochäus. Adjektive auf *em* gibt es im Kernwortschatz nicht.

(3) Kernwortschatz, einfache Adjektive
  a. *blau, heiß, klein, lang, nackt, schön, stolz, wild*
  b. *lose, müde, heiter, mager, edel, nobel, eben, offen*

Auf den ersten Blick etwas anders sehen die Grundformen des Verbs aus. Der Infinitiv hat im einfachsten Fall zwei Silben, wobei aber die zweite eine Schwasilbe ist, zu der die Infinitivendung *en* gehört. Die Grundform *laufen* enthält den einfachen Verbstamm *lauf* sowie die Endung *en*. Wir machen das, wenn es von Bedeutung ist, durch die Schreibweise *lauf+en* deutlich, wobei + die morphologische Grenze zwischen Stamm und Endung markiert. Eine große Zahl von Verben weist einfache und einsilbige Stämme dieser Art auf (4a).

(4) Kernwortschatz, einfache Verben
  a. *baden, denken, leben, schieben, stehen, tragen, wohnen*
  b. *rudern, hadern, zetern, bügeln, jubeln, segeln*
  c. *atmen, ordnen, öffnen, regnen, zeichnen*

Die Verben in 4b haben zweisilbige Stämme bestehend aus Vollsilbe und Schwasilbe, wie wir es schon kennen. Dem Schwa folgt entweder ein *r* oder ein *l*. Morphologisch sind diese Formen als *ruder+n, bügel+n* zu segmentieren, d.h. die Infinitivendung besteht nur aus *n*. Viele der Verbstämme sind aus entsprechenden Substantivstämmen abgeleitet, z.B. *Ruder* > *rudern, Jubel* > *jubeln*. Die Verbstämme sind trotzdem morphologisch einfach in dem Sinn, dass sie keine interne morphologische Grenze aufweisen.

Bei den Verben in 4c endet der Stamm auf *m* oder *n*, ihre morphologische Segmentierung ist *atm+en, regn+en*. Auch sie sind häufig abgeleitet, z.B.

Atem > *atmen*, *Regen* > *regnen*, ihr Stamm ist aber einfach. Warum sich *m* und *n* im Stammauslaut anders verhalten als *r* und *l*, wird deutlich, wenn man die Stämme in 4c nach dem Muster von 4b zu bilden versucht. Es würden sich ergeben *Atem* > **atemen* und *Regen* > **regenen*, die Formen wären dreisilbig. Damit ginge die Einheitlichkeit der Prosodie einfacher Verbstämme verloren, auch würden sich bei der Flexion weitere Konsequenzen ergeben. Das System vermeidet dies durch Weglassen des Schwa vor dem Sonoranten (Wort: 189f.).

Gleichgültig, wie die Verbformen im Einzelnen gebaut sind, bestehen sie sämtlich aus einem einfachen Stamm und einer Flexionsendung, in der Grundform ist das die Endung des Infinitivs. Wenn ein Stamm mit einer Flexionsendung eine vollständige Wortform bilden kann, nennen wir ihn einen wortfähigen Stamm. Alle Substantiv-, Adjektiv- und Verbstämme, die bisher genannt wurden, sind wortfähig in diesem Sinn. Das ist – als notwendige Bedingung – ein Merkmal ihrer Zugehörigkeit zum Kernwortschatz.

Adverbien und Präpositionen betrachten wir gemeinsam. Beide Klassen teilen eine Reihe von Eigenschaften, beispielsweise haben beide Klassen Wörter mit lokaler Bedeutung (*dort, hier* vs. *an, bei*), mit temporaler Bedeutung (*bald, oft* vs. *nach, seit*) oder mit kausaler Bedeutung (*also, deswegen* vs. *wegen, aufgrund*). Syntaktisch besteht der Hauptunterschied darin, dass das Adverb für sich ein Satzglied bilden kann (*dort, hier, bald, gern*), während die Präposition in der Regel zusammen mit einer Nominalgruppe (NGr) eine Präpositionalgruppe (PrGr) bildet (*an der Mauer, ohne das Auto*). Man hat deshalb vorgeschlagen, Adverbien als Präpositionen ohne nominale Ergänzung anzusehen, sie im Übrigen aber derselben Hauptklasse von Wörtern zuzuordnen (Wunderlich 1984). Ihre gemeinsame Behandlung lässt sich durchaus rechtfertigen. Die Bestände an Adverbien und Präpositionen sind weniger umfangreich als die der bisher genannten Wortklassen und ihre formale Heterogenität ist größer (Schmöe 2002; Di Meola 2000, Satz: 190ff.; 208ff.). Trotzdem sind die für den Kernwortschatz typischen Formen auch bei ihnen gut vertreten. 5a,b bringt Beispiele für Adverbien, 6a,b für Präpositionen.

(5) Kernwortsschatz: Adverbien
  a. *bald, da, dort, her, hier, hin, kaum, nie, noch, oft, schon, so, weit, vorn*
  b. *heute, immer, draußen, eben, hinten, morgen, selten, oben, unten*

(6) Kernwortschatz: Präpositionen
  a. *an, auf, aus, bei, bis, durch, für, in, mit, nach, um, von, vor, zu*
  b. *ohne, außer, hinter, über, unter, gegen, neben, wegen, zwischen*

Ähnliche Feststellungen lassen sich auch für die beiden verbleibenden Hauptwortarten machen, die Artikel/Pronomina und die Konjunktionen. Bei den Artikeln und Pronomina gibt es im Kernbereich zahlreiche einsilbige wie zweisilbige Formen (*die, kein, wer, was, wem* vs. *dieser, jenem, welches, seiner*). Auch bei den Konjunktionen findet man solche Formen (*und, dass, ob, wenn* vs. *aber, sondern, oder*). Insgesamt würde es jedoch einen etwas größeren Aufwand erfordern, diese beiden Klassen in Hinsicht auf die Struktur des Kernwortschatzes angemessen zu beschreiben. Wir überspringen das, weil beide für den Fremdwortschatz kaum eine Rolle spielen.

Der Kernwortschatz des Deutschen weist bei den einfachen Wortstämmen eine über die Wortarten hinweg recht weitgehende Einheitlichkeit auf. Die weitaus meisten einfachen Stämme sind Einsilber entsprechend den Regularitäten des Silbenbaus oder sie sind Zweisilber aus Vollsilbe und Reduktionssilbe. Dies ist die strukturelle Grundlage dafür, dass ein Sprecher schnell erkennt, ob ein Wort dem Kernwortschatz angehört oder nicht.

Für das Thema Fremdwort ist nun von Bedeutung, dass ein erheblicher Teil des Kernwortschatzes aus anderen Sprachen ins Deutsche übernommen wurde. Dabei gibt es Fälle, in denen die entlehnten Wörter schon bei der Übernahme so aussahen wie Wörter des Kernwortschatzes, aber meistens wurden sie im Gebrauch verändert, sie wurden integriert. Solche Wörter heißen Lehnwörter. Wo sie ursprünglich herkommen, ist nicht mehr erkennbar, aber natürlich weiß man häufig gut darüber Bescheid, wann und auf welchen Wegen sie ins Deutsche gelangt sind (2.1). Einige Beispiele in 7 (soweit erforderlich in vorgefundener Transliteration).

(7) a. Englisch
Akte, Boss, Film, grillen, Lift, Rocker, sponsern, starten, streiken, Stress, tippen, Toner, Tunnel

b. Französisch
Bluse, Dame, Droge, Lärm, Möbel, Mode, nett, nobel, Onkel, Plüsch, Puder, Robe, Soße, Suppe, Tante, Tasse, Torte, Weste

c. Italienisch
Bank, Barke, Bratsche, Bronze, Fuge, Kasse, Kurs, Kuppel, Lanze, Liste, Mole, Null, Oper, Paste, Posten, Putte, Reis, Rest

d. Griechisch
Arzt, Ball, Engel, Fieber, Leier, Ketzer, Kirche, Lesbe, Meter, Pfarrer, Pflaster, Sarg, taufen, Teufel, Tisch, Zone

e. Lateinisch
Eimer, Esel, Fenster, Kerker, krass, Kreuz, Küche, Mauer, Meile, Mühle, recht, Schule, Straße, Wanne, Wein, Ziegel

f. Hebräisch
Bammel (*baal* ‚Herr', *ema* ‚Angst'), *dufte* (*tov* ‚gut'), *Jubel* (*jobel* ‚Schall des Widderhorns'), *Kaff* (*kufar* ‚Dorf'), *kotzen* (*qoz* ‚Ekel'), *koscher* (*kascher* ‚erlaubt'), *Nepp* (*na'aph* ‚unkeusch sein'), *petzen* (*pazah* ‚den Mund öffnen'), *Ramsch* (*ramanth* ‚Betrug'), *schofel* (*schafal* ‚niedrig'), *Zoff* (*saáf* ‚Streit'). Eins der am häufigsten verwendeten Kernwörter hebräischen Ursprungs ist *mauscheln.*

mauscheln. Bei den Bedeutungsangaben zu diesem Verb springt ein Unterschied zwischen Klappenbach/Steinitz einerseits sowie Duden und Wahrig andererseits ins Auge. Bei Klappenbach/Steinitz heißt es kurz und bündig „salopp abwertend *undurchsichtige, unsaubere Geschäfte machen.*" Wahrig 2006 gibt an „1. <urspr.> *jiddisch sprechen* 2. <Kart.> *Mauscheln spielen* 3. <umg.> *sich heimlich absprechen, heimlich Vereinbarungen treffen.*" Ähnlich wird als erste Bedeutung in Duden 1996 angegeben: „(ugs. abwertend) a) *unter der Hand in undurchsichtiger Weise Vorteile aushandeln, begünstigende Vereinbarungen treffen* … b) (ugs.) *beim [Karten]spiel betrügen.*" Beide Wörterbücher stellen das Verb zum Substantiv *Mausche* bzw. *Mauschel*, das jiddischen Ursprungs ist und sich vom Namen *Mose/Mosche/Mausche* (Diminutiv *Mauschel*) herleitet. Es fungierte nicht lediglich als Name im Jiddischen, sondern auch als Substantiv mit der Bedeutung ‚Jude, Handelsjude, Betrüger'. Das Verb *mauscheln* ist nicht jiddischen Ursprungs, sondern es wurde im Deutschen gebildet. Wahrscheinlich handelt es sich um eine Wortbildung auf der Basis von *Mausche/Mauschel.* In der älteren deutschen Lexikographie wird es auch auf *muscheln* oder *mogeln* sowie das hebräische *mâschal* ‚Herrscher' bezogen. Hans Peter Althaus (2002) beschreibt in seiner ausführlichen Darstellung der Lexikographie und Verwendung von *mauscheln* die Besonderheit dieses Verbs: Vor Beginn des 19. Jhdts. wurde es von Nichtjuden zur Bezeichnung jüdischer Verhaltens- und Redeweisen gebraucht und etablierte sich während des 19. Jhdts. so weit, dass es allgemein, d.h. durchaus auch für deutsche assimilierte Juden, jüdische Verhaltens- und Redeweisen bezeichnete. Meist wurde es dem Ostjiddischen zugeschrieben, das mit 10 Millionen Sprechern als das Jiddische schlechthin galt, so wie seine Sprecher als die Juden schlechthin galten. Althaus verweist beispielsweise auf Heinrich Heine und Karl Kraus: „Schon Heine griff zu dem Wort, um die Redewiese polnischer Juden zu charakterisieren …", und Kraus spreche davon, „er habe die ‚jüdischen Ekelworte' benutzen müssen, um das Schreckliche ‚mit dessen eigenen Farben' zu malen." (Althaus 2002: 404ff.). Nach dem Zweiten Weltkrieg war das Wort wegen seiner eindeutig antisemitischen Verwendung während und vor der Nazizeit eine zeitlang weitgehend außer Gebrauch. „In den frühen siebziger Jahren wurde das

Wort *mauscheln* im studentischen Milieu reaktiviert. Durch diese Generation wurde es in Presse und Politik exportiert und breitete sich dort erneut aus. Der jüdische und antisemitische Hintergrund des Wortgebrauchs wurde nicht wieder belebt.“ (Althaus 2002: 411). Das war auch deshalb möglich, weil *mauscheln* im Bewusstsein des Durchschnittssprechers nicht zu den belasteten Wörtern gehört. Sein eigenartiger Status spiegelt sich in den o.g. Wörterbucheinträgen. Althaus selbst weist ihm ebenfalls zwei Bedeutungen zu, wobei die zweite, heute allein gültige lautet „jetzt: ‚sich gegen Regeln und Gepflogenheiten zum Nachteil Dritter heimlich verabreden‘.“

g. Polnisch
Droschke, Graupel, Grenze, Gurke, Hamster, Jauche, Knute, Peitsche, Säbel

h. Arabisch
Jacke (*shakk* ‚Brünne, Nackenschutz‘), *Kabel* (*kabl* ‚Seil‘), *Koffer* (*quffa* ‚Flechtkorb‘), *Lack* (*lakk* ‚Lack‘), *Laute* (*al oud* ‚das Holz‘), *Mütze* (*mustaqah* ‚Pelzmantel‘), *Rasse* (*ra's* ‚Kopf, Ursprung‘), *Ziffer* (*sifr* ‚Null‘), *Zucker* (*al sukkar*)

Einige der Zuweisungen sind unsicher. So könnten manche Polonismen zuerst aus dem Russischen oder Tschechischen ins Deutsche gelangt sein. Andere der Wörter haben zwar ihren Ursprung in der angegebenen Sprache, sind aber nicht direkt von dort, sondern über eine dritte oder dritte und vierte Sprache ins Deutsche gewandert (2.1). Vollintegrierte Wörter gibt es in Einzelfällen aus zahlreichen weiteren Sprachen, so über das Ungarische (*Kutsche*), aus dem Russischen (*Datsche, Juchten, Pope, Steppe, Zobel*), dem Niederländischen (*Auster, Ritter*), dem Türkischen (*Köfte, Döner*), dem Spanischen (*Mais, Neger*), dem Persischen (*Schach, Tulpe*), um nur einige zu nennen. Insgesamt ergibt sich, was die Herkunft der Kernwörter betrifft, doch ein ziemlich buntes Bild. Vielleicht sollte einmal jemand auszählen, wie viele der einfachen Stämme des Kernwortschatzes nicht entlehnt sind. Selbst wenn man als nicht entlehnt alles ansieht, was es nachweisbar schon im Germanischen gab, könnte das Ergebnis überraschend sein (2.5).

Komplexe Wörter des Kernwortschatzes

Der Stamm eines komplexen Wortes hat zwei oder mehr morphologische Bestandteile, von denen mindestens einer seinerseits ein einfacher Stamm ist. Grundtypen von Wortbildungsmustern sind Suffigierung (*Stör+ung*), Präfigierung (*zer+stören*) und Komposition (*Stör+fall*). Die Konversion, bei der ein Stamm ohne ein spezifisches Wortbildungsmittel in eine andere Kategorie umgesetzt wird (*wandern* > *das Wandern, alt* > *der Alte*), betrachten wir nicht. Sie ist für den Fremdwortschatz weniger wichtig, oder besser gesagt: Sie funktioniert bei Fremdwörtern im Allgemeinen so wie bei Kernwörtern. Die kombinatorischen Möglichkeiten der ungefähr zwei Dutzend produktiver Affixe und über 8.000 Stämme sind gewaltig. Auf der Grundlage von Affigierung und Komposition verfügt der Kernwortschatz nicht nur über zehntausende von komplexen Wörtern, sondern der Kerngrammatik steht auch ein riesiges Reservoir an möglichen neuen Wörtern zu Gebote, an Wörtern, die es nicht gibt, die aber jederzeit gebildet werden können.

Im Regelfall beruht die Bedeutung eines komplexen Stammes auf den Beiträgen, die von den einzelnen Bestandteilen geliefert werden. Bei den Affixen (Suffixen und Präfixen) besteht der Beitrag in der Festlegung eines semantischen Typs des abgeleiteten Wortes. So bildet das Suffix *ung* Substantive aus Verben (genauer: Substantivstämme aus Verbstämmen, wir brauchen diese exakte Redeweise aber im Allgemeinen nicht). Das Substantiv *Störung* bezeichnet eine Handlung oder einen Vorgang (Nomen Actionis) der Art, wie sie der Verbstamm *stör* bezeichnet. Dagegen bezeichnet das Substantiv *Störer* Personen, die das tun, was der Verbstamm bezeichnet (Nomen Agentis). Auch die Grammatik des komplexen Stammes wird vom Suffix bestimmt. Substantive auf *ung* sind Feminina und flektieren auch so, Substantive auf *er* sind Maskulina usw. Das Suffix wird deshalb der morphologische Kopf des komplexen Stammes genannt (Wort: 217ff.).

Wortbildungspräfixe sind prinzipiell ähnlich zu charakterisieren wie Suffixe, nur ist ihr Bestand insgesamt geringer und viele von ihnen ändern die Wortart nicht. So macht *zer* aus einem Verb wieder ein Verb, wobei das Ergebnis bei Verben wie *zerstören, zertreten, zerdrücken* eine Verbalhandlung bezeichnet, bei der etwas beschädigt wird. Eine ganz andere, in gewissem Sinne gegenteilige Wirkung hat hier das Präfix *ent*, mit dem wir *entstören*, aber nicht **enttreten* und **entdrücken* bilden können. Auch Präfixe haben ihre Grammatik.

Der mit Abstand produktivste Wortbildungstyp des Deutschen ist die Komposition. Am häufigsten ist das Determinativkompositum mit zwei substantivischen Bestandteilen, deren erster die Bedeutung des Zweitgliedes näher bestimmt. So ist ein Küchentisch ein Tisch bestimmter Art, eine Kreisstadt ist eine Stadt bestimmter Art. Die Grammatik des Kompositums nach außen ist die des Zweitgliedes. *Küchentisch* ist wie *Tisch* ein Maskulinum und flektiert auch so, *Kreisstadt* ist entsprechend ein Femininum. Das Zweitglied fungiert als morphologischer Kopf.

Einen besonderen Typ stellt das sog. Rektionskompositum dar, dessen Zweitglied meist von einem Verb abgeleitet ist, z.B. mit *ung* wie *Pla-*

nung < *planen* oder *Strahlung* < *strahlen*. Im Fall von *planen* ist das Verb transitiv (*etwas planen*), im Fall von *strahlen* ist es intransitiv. Dieser Unterschied wirkt sich im Kompositum so aus, dass der erste Bestandteil einmal als Objekt gelesen wird (*Verkehrsplanung* < *Planung des Verkehrs* < *den Verkehr planen*), im anderen Fall wird der erste Bestandteil als Subjekt gelesen (*Körperstrahlung* < *der Körper strahlt*). Natürlich ist diese ‚Vererbung' von Eigenschaften des Verbs auf solche des Kompositums nicht mechanisch geregelt, aber in vielen Fällen ergeben sich nützliche Hinweise darauf, wie ein Kompositum zu verstehen ist (Wort: 230ff.; Satz: 249ff.).

Als Charakteristikum der Wortbildung im Kernwortschatz halten wir Folgendes fest. Produktive Wortbildungsmuster, d.h. Wortbildungsmuster, von denen im Gegenwartsdeutschen zur Vermehrung des Wortbestandes Gebrauch gemacht wird, operieren mit echten Wortstämmen. Ein komplexes Wort des Kernwortschatzes enthält mindestens einen Stamm, der auch als wortfähiger Stamm verwendet wird. Es wird auf Wörter zurückgegriffen, die als solche auch tatsächlich vorkommen und in diesem Sinne bekannt sind. Die Wortbildung wird ausführlicher in Kap. 6 behandelt. Die wenigen Hinweise auf Wortbildungsmuster der Kerngrammatik sollen nur den Aufweis ermöglichen, inwiefern ein solches Muster fremd sein kann (s.u.).

Fremd oder nicht fremd?

Es gibt nun eine größere Zahl von Wörtern, die ganz gebräuchlich sind, von den Prototypen des Kernwortschatzes formal abweichen und vielen Sprechern trotzdem nicht unbedingt als fremd gelten. Einige Beispiele unterschiedlicher Art in 7.

(7) Wörter mit mehrsilbigen Stämmen
   a. *Arbeit, Bischof, Echo, Efeu, Gulasch, Heimat, Oma, Pfirsich, Uhu*
   b. *Forelle, Holunder, Hornisse, Kaliber, Kamille, Marone, Maschine*
   c. *Ameise, Abenteuer, Akelei, Kehricht, Kleinod, Kobold, Nachtigall*
   d. *Azur, Bovist, Delfin, Granit, Kanal, Hermelin, Humor, Taifun, Topas*

Die Wörter der ersten Gruppe bestehen aus zwei Vollsilben und haben den normalen Wortakzent, d.h. sie werden auf der vorletzten Silbe betont. Ungewöhnlich an ihnen ist die zweite Silbe, die nicht den Reduktionsvokal als Kern hat, sondern einen Vollvokal. Einige von ihnen sind nicht entlehnt, viele sind entlehnt, z.B. auch *Iglu, Saldo, Sirup* oder *Stigma*. Offenbar verlässt sich ein Normalsprecher nicht immer auf die Form allein, sondern gelegentlich auf etwas, das er über die Wörter weiß oder zu wissen glaubt. Mit dem Begriff ‚fremd' soll nicht einer Mechanik das Wort geredet werden. Mechanische Klassifikationen von Einheiten natürlicher Sprachen führen selten zum Ziel. Bei der Unterscheidung von fremder und nichtfremder Form geht es um einen Ansatz, dessen Fruchtbarkeit jedenfalls nicht durch einige Zweifelsfälle infrage gestellt wird.

Einen Iglu gibt es bei uns normalerweise nicht, und was ein Stigma ist, muss auch erst einmal herausgefunden werden. Vielleicht genügt das zusammen mit der fremden Form bereits, in solchen Fällen von Fremdheit zu sprechen. Die Wörter in 7a gehören dagegen dem Alltagswortschatz an und sind möglicherweise deshalb für viele Sprecher nicht fremd. Mit Entlehnung hätte das nichts zu tun. Ein Wort wie *Efeu* wird vielleicht sogar für eine Entlehnung gehalten, es geht aber wahrscheinlich auf einen germanischen Stamm zurück.

In der zweiten Gruppe haben wir es mit Wörtern zu tun, die vom Ende her gesehen wie Kernwörter aussehen. Sie enden auf Schwasilbe und sind auf der vorletzten Silbe betont, haben am Anfang aber sozusagen eine Silbe zu viel. Mancher wird vielleicht *Kaliber* und *Marone* am ehesten als entlehnt ansehen und hätte damit recht.

Die Wörter in 7c machen den Eindruck von Komposita, bei denen nur noch ein Bestandteil zu erkennen ist. Auch sie sind teilweise entlehnt. So geht *Abenteuer* auf frz. *aventure* und von dort weiter auf das Lateinische zurück. Nicht entlehnt sind dagegen zum Beispiel *Kleinod* und *Kobold.*

In 7d schließlich finden sich Wörter, die auf der letzten Silbe betont sind und so aussehen, als hätten sie eine für Fremdwörter typische Endung. Aber das trifft nur teilweise zu. *Bovist* und *Hermelin* sind nicht entlehnt.

Auch den umgekehrten Fall gibt es. Manche Wörter sehen gar nicht fremd aus, aber trotzdem behandelt man sie so. Das aus dem Englischen entlehnte Farbadjektiv *pink* hat keinerlei Besonderheiten. Seine Bestandteile sehen aus und werden ausgesprochen wie in anderen Adjektiven auch, etwa wie in *plump, flink* und *krank.* Fast jeder weiß aber, dass das Wort entlehnt ist, was beispielsweise dazu führt, dass es wie andere entlehnte Farbadjektive noch kaum als Attribut verwendet wird. *Der Rock ist pink* kann man sagen, aber auch schon *der pinke Rock*? (5.3).

Es ist nicht möglich, die Form eines Wortes zum absoluten Kriterium für Fremdheit zu machen und dann unter Fremdheit etwas für alle Sprecher in derselben Weise Gültiges zu verstehen. Viele Sprecher wissen vieles über viele Wörter und tauschen explizit oder implizit Ansichten über sie aus. Wörter haben ein Image oder auch eine Aura, die ihnen dazu verhelfen, bei bestimmten Sprechergruppen als grob, ungebräuchlich, hochgestochen, schön, wohlklingend, prätentiös, ungebildet, hochgebildet, kindisch, komisch, fachsprachlich oder eben fremd zu gelten. Wir kommen auf solche Eigenschaften wie auf strukturelle Zweifelsfälle immer wieder ausdrücklich zu sprechen, um dem Wissen oder den Ansichten von Sprechern gerecht zu werden. Das ändert aber nichts daran, dass Form und grammatisches Verhalten von Wörtern für Normalsprecherinnen und Normalsprecher bei weitem die wichtigsten Anzeichen dafür liefern, ob ein Wort für sie fremd ist oder nicht. Als analytische Kriterien sind sie unserer Auffassung und Erfahrung nach besser als alle anderen dazu geeignet, einen realistischen und fruchtbaren Fremdwortbegriff zu fundieren.

Fremde Eigenschaften von Wörtern

Es folgen nun einige Beispiele für fremde Worteigenschaften. Der Einfachheit und Klarheit halber sind die Beispiele so gewählt, dass sie sich in genau einer Eigenschaft von entsprechenden Kernwörtern unterscheiden. Die fremde Eigenschaft kann phonologischer, morphologischer oder orthographischer Natur sein.

Der einfachste Fall von lautlicher (phonologischer) Fremdheit liegt vor, wenn ein Wort fremde Laute enthält. Ein fremder Laut kommt in Wörtern des Kernwortschatzes nicht vor, er ist in Hinsicht auf bestimmte Merkmale aus einer oder aus mehreren anderen Sprachen übernommen. Im Deutschen ähnelt er dem Ursprungslaut weitgehend, aber natürlich ist nicht gesagt, dass wir ihn genau so aussprechen wie in der Gebersprache. Einen Fall dieser Art haben wir in Wörtern wie *Loge, Rage* oder *Page* vor uns. Sie sehen aus wie Kernwörter des Typs *Lage, Frage* und *Lüge*, werden aber nicht wie sie mit einem [g], sondern mit einem [ʒ] ausgesprochen. Dieser Laut ist das stimmhafte Gegenstück zum [ʃ] wie in *Dusche, Rüsche.* Meist weist [ʒ] auf Französisch als Gebersprache hin.

Phonologische Fremdheit entsteht nicht nur durch fremde Laute, sondern auch durch andere Eigenschaften der Lautform von Wörtern. Insbesondere können Silbenbau, Silbenfolge und Wortakzent fremd sein. In Abschnitt 4.1 wird dies genauer dargelegt.

Manche Wörter sehen in der Grundform nichtfremd aus, erweisen sich aber als fremd, wenn man ihre Flexionsformen betrachtet. So haben *Tipp* und *Stopp* nichts Auffälliges, es gibt ja zahlreiche Kernwörter dieses Typs wie *Brett, Depp, Fell, Stoff.* Bildet man jedoch den Genitiv, dann zeigt sich ein Unterschied. Native Maskulina und Neutra, deren Stamm mit einem Doppelkonsonantbuchstaben endet, haben einen silbischen Genitiv. Der einsilbigen Grundform kann oder muss im Genitiv eine zweite Silbe hinzugefügt werden. Bei *Brett* lautet der Gen *Bretts* oder *Brettes*, bei *Depp* lautet er *Deppen* (im Umgangsdeutsch auch *Depps* oder *Deppes*). Dagegen ist bei *Tipp* nur *Tipps* möglich, nicht auch **Tippes*, und ebenso bei *Stopp.* Diese Wörter sind flexionsmorphologisch fremd. Wie phonologische, hat flexionsmorphologische Fremdheit viele Seiten. Wir besprechen sie in Kap. 5.

Fremde Wortbildung ergibt sich im einfachsten Fall daraus, dass ein Affix als fremd bekannt ist. Das gilt etwa für das Präfix *kon* in Latinismen (*Konsens, Kontrakt*) oder für das Suffix *eur* in Gallizismen (*Friseur, Monteur*). Bei *eur* kommt als fremd hinzu, dass es am Wortende den Akzent auf sich zieht (*Friséur, Montéur*), was native Suffixe nicht tun (weiter Kap. 6).

Schließlich kann ein Wort allein aufgrund seiner Schreibweise fremd sein. Das trifft beispielsweise zu für Einsilber wie *Beat, Chlor, Tour* oder *Typ*. Solche Schreibungen gibt es im Kernwortschatz nicht, wir hätten dort *Biet, Klor/Klohr, Tur/Tuhr* und *Tüp* zu erwarten. Allein das Vorkommen des Buchstaben *y* wie in *Myrte, Typ, syrisch, hyper* macht die Schreibweise eines Wortes fremd. Das *y* wurde schon im Lateinischen zur Schreibung von Entlehnungen aus dem Griechischen verwendet. Es war im Lateinischen ein Fremdgraphem und ist es in vielen Sprachen, die das lateinische Alphabet verwenden, geblieben.

Die Fremdwortschreibung und mit ihr die verschiedenen Seiten von orthographischer Fremdheit behandeln wir genauer in Kap. 7. Eine Behandlung der Fremdwortschreibung ist nicht nur von hohem praktischen Interesse, sondern sie zeigt auch besonders deutlich, worin die erste Voraussetzung einer Grammatik fremder Wörter besteht: Das Fremde bekommt nur zu fassen, wer über das Nichtfremde verfügt. Wie weit die Fremdwortschreibung überhaupt systematisch geregelt ist, lässt sich erst auf Grundlage einer Systematik der Kernorthographie ermitteln.

Wortart, Affixtyp und Fremdheitsmerkmale bestimmen gemeinsam, wie aufwendig der Übergang von einer Sprache in eine andere ist. Für die große Zahl von Entlehnungen gilt, dass Wörter aus offenen Klassen leichter entlehnt werden als solche aus geschlossenen Klassen und dass Wörter leichter entlehnt werden als Affixe. Unter diesen stehen Derivationsaffixe über Flexionsaffixen und ganz am Ende der Hierarchie befinden sich die Laute. Sie werden als fremde Elemente am schwersten in einer Nehmersprache akzeptiert.

(8) Hierarchie zur Entlehnbarkeit
Substantiv > Adjektiv > Verb > Adverb > Präposition > andere Funktionswörter > Derivation > Flexion > Laut

Diese Hierarchie ist insbesondere im Bereich der offenen Klassen umstritten, manchmal werden beispielsweise die Verben vor die Adjektive gestellt. Selbstverständlich spielen Bau und Entwicklungsstand der beteiligten Sprachen sowie Einzelheiten von Entlehnungsvorgängen eine differenzierende Rolle (zu den typologischen Aspekten Field 2002; Wohlgemuth 2009). Unter den über 40 Sprachen, deren Entlehnungen in Haspelmath/Tadmor Hg. 2009 beschrieben werden, findet sich das Gegenwartsdeutsche leider nicht. Man wird der Hierarchie in 8 aber eine hohe Plausibilität für das Deutsche zusprechen dürfen. Unbestritten ist auch, dass eine Entlehnung umso schwieriger wird, je tiefer sie in die Grammatik und damit in die Satz- oder Wortstruktur eingreift.

1.4 Zusammenfassung und Begriffe

Fremdwort, Lehnwort, Ismus

Mit der Beschreibung von Fremdwörtern geht in der Literatur ein fast unübersehbares Dickicht von Begriffen einher, das man für die eigenen Zwecke zu lichten hat. Die wichtigste Entscheidung in der Sache ist, dass wir fremde Worteigenschaften (nach 1.3) als Ausgangspunkt aller Überlegungen zur Begrifflichkeit nehmen. Ein Wort ist im gegenwärtigen Deutschen fremd, wenn es Eigenschaften hat, die es von den Wörtern des Kernwortschatzes unterscheidet. Darauf beruht die Unterscheidung von Kern- oder nativem Wort einerseits und fremdem Wort andererseits.

Von einem **Fremdwort** sprechen wir, wenn ein Wort fremde Eigenschaften hat, die der Normalsprecher einer fremden Sprache zuschreibt. So verbinden wir zahlreiche Präfixe wie *ex* (*Exgatte, extern*) oder *prä* (*Präskript, präsent*) mit dem Lateinischen und zahlreiche Suffixe wie *age* (*Massage, Passage*) oder *iere* (*Portiere, Premiere*) mit dem Französischen. Natürlich weiß nicht jeder Sprecher bei jedem Wort, Affix, Laut usw., aus **welcher** Sprache sie stammen. Manchmal ist auch gar nicht sicher, dass man sie, was ihre Rolle im Deutschen betrifft, an genau eine Sprache binden kann. Beispielsweise kommt das Präfix *in* bei Fremdwörtern ganz unterschiedlicher Art vor (*inaktiv, independent, indoor, ingeniös, initiativ*), am Fremdwortcharakter jedes einzelnen Wortes ändert das nichts. Es muss ja auch falsch sein, ‚Fremdwort im Gegenwartsdeutschen' so zu definieren, dass nur Leute mit entsprechenden Sprachkenntnissen wissen, was gemeint ist. Fremdwörter können nicht vollständig in der Kerngrammatik beschrieben werden. Das ist alles.

Besonders bei den Anglizismen, aber nicht nur dort, stößt man auf Bezeichnungen wie **Pseudofremdwort**, Scheinentlehnung, falscher Freund, Fauxami (Klein 1975 für die Gallizismen), Falsefriend oder eben Pseudoanglizismus. Mit solchen Ausdrücken wird Unterschiedliches bezeichnet, bei den Anglizismen sind meist Wörter wie *Dressman* gemeint, die nach Entlehnungen aus dem Englischen aussehen, es aber nicht sind. Wir verwenden den Begriff Pseudofremdwort nicht, denn *Dressman* ist ein ganz normales Fremdwort. Wohl ist von Interesse, welche Wörter direkt aus anderen Sprachen übernommen und welche im Deutschen gebildet sind, für das Deutsche selbst bleibt das aber meistens bedeutungslos. Man sollte sich auch vor Augen führen, dass die meisten Latinismen und Gräzismen des Gegenwartsdeutschen nicht direkte Entlehnungen, sondern Fremdwortbildungen (s.u.) sind. Ein Wort wie *Universitätspräsident* gibt es im Lateinischen ebenso wenig wie es *Chaostheorie* im Griechischen gibt. Wenn man von Pseudofremdwörtern spricht, müsste man sie einen Pseudolatinismus bzw. Pseudogräzismus nennen. So wird aber fast nie verfahren, d.h. die ‚klassischen' Fremdwörter werden anders behandelt als die ‚modernen'. Dafür gibt es auch Gründe, denn die Beziehung des Deutschen zu alten Sprachen ist eine andere als zu lebenden Nachbarsprachen, mit denen sprachliche Beziehungen fortwährend abgeglichen werden. Aber der begriffliche Schluss auf Pseudofremdwort ist nicht sinnvoll.

Jeder kennt Geschichten, in denen jemand einen im Deutschen gebildeten Anglizismus als Wort des Englischen verwendet und sich blamiert. Das ist Pech, aber kein Grund, von Pseudoanglizismen zu sprechen. Viel Aufregung hat es in letzter Zeit um den wahrscheinlich im Deutschen gebildeten Ausdruck *Public Viewing* gegeben. Was bei uns ‚öffentliches Fernsehvergnügen' bedeutet, hat im amerikanischen Englisch eine viel weitere Verwendung, zu der auch ‚öffentliche Aufbahrung eines Verstorbenen' gehört. Ähnlich unser Neologismus *Body Bag* mit der intendierten Bedeutung ‚Rucksack', engl. jedoch ‚Leichensack'. Fälle dieser Art gibt es, solange es Fremdwörter gibt. Sie sind weder erfreulich noch fördern sie die deutsch-englische Kommunikation per Anglizismen. Sie machen rigoros deutlich, dass ein deutscher Anglizismus etwas anderes als ein englisches Wort ist. Wir wollen ja gerade zeigen, was das Deutsche mit seinen Fremdwörtern macht, und nicht etwa Nachhilfestunden in Englisch oder Griechisch geben. Schon deshalb behandeln wir alle fremden Wörter terminologisch gleich. Die Besonderheiten einzelner Gruppen von ihnen kommen selbstverständlich trotzdem zur Sprache.

Bleiben wir noch einen Moment bei den Pseudoanglizismen, weil sie einige sehr allgemeine Probleme der Fremdwortanalyse sichtbar machen. Der Begriff oder ein entsprechender wie Scheinentlehnung wird mal enger und mal weiter gefasst, weil man nur schwer zu einem befriedigenden Ende kommt. Ein alter Anglizismus wie *Keks* ist nach Form und Bedeutung weit entfernt vom englischen *cakes*, dem er entstammt. So wie *Keks, Streik, Start* heute aussehen und sich verhalten, sind sie Wörter des Deutschen, sie sind entlehnt, aber nicht Scheinentlehnungen. Manchmal wird der Begriff aber so weit gefasst, dass sie dazugehören. Das deutsche *Pulli* stammt von *Pullover* und dies von engl. *pullover*; *Gin-Tonic* von engl. *gin and tonic; Dressman* ist eine deutsche Analogiebildung zu den Entlehnungen von engl. *businessman, stuntman*; ganz entsprechend ist dt. *Showmaster* analog zur Entlehnung von engl. *quizmaster* gebildet, dt. *Twen* analog zu engl. *teen, Discounter* ist eine *er*-Bildung auf substantivischer Basis usw. (6.2.2; zu den Typen siehe Anglizismenwörterbuch: 63ff.; Muhr 2008). Die nähere Beschäftigung mit der Grammatik von Anglizismen wird zeigen, dass es wahrscheinlich überhaupt kein Wort gibt, das ohne Veränderung aus dem Englischen ins Deutsche gelangt, und sei es nur, dass es als Substantiv großgeschrieben oder als Verb schwach flektiert wird (5.2; 5.4). Selbst wenn man allein geschriebene Grundform und Herkunft betrachtet, tappt man häufig im Dunkeln und hat es eigentlich immer nur mit Pseudoanglizismen zu tun. Dazu betrachten wir den berühmtesten aller vermeintlichen Pseudoanglizismen überhaupt, die Bezeichnung *Handy* für Mobiltelefon.

Handy. Was der Deutsche *Handy* nennt, ist im Englischen ein *mobile (phone)* und das englische *handy* bedeutet ‚handlich' und nicht ‚Mobiltelefon'. Damit sind die Voraussetzungen für *Handy* als Pseudoanglizismus gegeben, jedenfalls sieht es so aus. Im Rechtschreibduden von 1991 ist das Wort nicht enthalten, wohl aber im Reformduden aus dem Jahr 1996. Es trägt dort den Zusatz ‚englisch', in späteren Auflagen ‚anglisierend'. Die Form *Handy* war durchaus nicht überall willkommen. Im Jahr 1995 startete die Gesellschaft für deutsche Sprache eine öffentliche Ausschreibung für ein Ersatzwort, wurde aber bei über 1.000 Einsendungen nicht fündig. So hatte *Handy* die Chance, sowohl Wort als auch Unwort des Jahres zu werden. Letzteres hängt sicher mit seinem Status als vermeintlicher Pseudoanglizismus zusammen. Im von ihr herausgegebenen Wörterbuch stellt die GfdS noch im Jahr 2000 fest „aus dem Englischen stammt das Wort nicht" (GfdS Hg. 2000: 96). Inzwischen hatte das Gerät mit seiner Bezeichnung längst Karriere gemacht. Man spricht seit Jahren von einer Generation Handy, deren Kommunikations- und Sozialverhalten zu einem wesentlichen Teil von den Zwängen und Möglichkeiten des Mobiltelefons geprägt ist (z.B. Burkart 2007; Kaiser Hg. 2009). Was die Herkunft des Wortes betrifft, gibt es zahlreiche Spekulationen. Verlässlich scheint etwa die Arbeit von Wolfgang Näser zu sein (http://staff-www.uni-marburg.de/~naeser/handie.htm). Danach wurde im Jahr 1940 im amerikanischen Militär ein tragbares Sprechfunkgerät unter der Bezeichnung *handie-talkie* eingeführt, aus der noch vor 1990 die Kurzvariante *handy* (Pl. *handies*) zur Bezeichnung von sehr kleinen Funkgeräten hervorging. Ebenfalls in den späten achtziger

Jahren taucht das Wort als Bezeichnung für entsprechende Geräte in Anzeigen deutscher Funkzeitschriften auf. Führt man sich die Rolle des Suffixes *y* im Englischen vor Augen, mit dem nicht nur Adjektive wie *groovy, sexy, teeny, trendy, tricky*, sondern auch Diminutiva wie *Tommy, Sammy, mummy, daddy* gebildet werden, dann ist die Bildung von *handy* im Englischen morphologisch keineswegs ausgeschlossen. Wo es tatsächlich das erste Mal verwendet wurde, bleibt wohl offen. Und welche sprachliche oder sprachwissenschaftliche Bedeutung hätte es, wenn die Frage beantwortet werden könnte?

Zurück zu den terminologischen Fragen. Anders als das Fremdwort ist ein **Lehnwort** in den Kernwortschatz integriert. Dass sein Stamm aus einer anderen Sprache stammt, bleibt als Tatbestand von Interesse, wenn es um sprachhistorische und allgemeinhistorische Fragen geht. Auch für den öffentlichen Sprachdiskurs über das Gegenwartsdeutsche ist es alles andere als unwichtig, sich vor Augen zu führen, welchen Umfang der entlehnte Teil des Kernwortschatzes hat (1.3). Gerade deshalb sollten Lehnwörter als vollständig integriert angesehen und nicht als irgendwie fremd hingestellt werden (3.2.1). Der Normalsprecher behandelt sie ja auch als nichtfremd.

Ein verwandtes begriffliches Problem verbindet sich mit den sog. **Ismen** wie Anglizismen (zum Suffix *ismus* 6.2.4). Die wohl allgemeinste Explikation für ‚Anglizismus im Deutschen' meint „ ... jede Erscheinung der deutschen Sprache ..., die auf Transferenz der englischen Sprache zurückgeht" (Busse 2001: 134). Damit sind auch syntaktische Einflüsse des Englischen eingeschlossen, der Ismus geht bei dieser Verwendung über Wörter hinaus (1.1).

Mit Anglizismus, Russizismus, Gallizismus usw. verweist man häufig auf einzelne Herkunftssprachen, auch Gebersprachen genannt. Wir verwenden die Begriffe auf der Wortebene nur in Anlehnung an die Literatur mit dieser umfassenden Bedeutung für Wörter, die aus der betreffenden Sprache entlehnt sind (*Dame* und *Soße* stammen aus dem Französischen, sie werden deshalb häufig Gallizismen genannt, obwohl sie Kernwörter des Deutschen sind). Zum anderen verwenden wir die Begriffe in exakterer Redeweise für die entsprechenden Fremdwörter. Danach sind *Montage, Monteur, Kanaille* und *Bredouille* Gallizismen im engeren Sinn. Wenn es auf den Unterschied ankommt, sprechen wir einerseits von Entlehnungen aus dem Französischen und andererseits von Gallizismen als von den Wörtern, bei denen man fremde Eigenschaften aus dem Französischen erkennt.

Wie wichtig der Unterschied ist, kann an bestimmten Latinismen gezeigt werden. Das Lateinische als ‚Muttersprache Europas' (3.1) ist Quelle für

Wörter in vielen europäischen Sprachen. Das Suffix *ismus* selbst ist ein Beispiel dafür. *Pluralismus* und *Anachronismus* sind aus dem Lateinischen ins Deutsche gekommen. Dagegen stammen *Humanismus* und *Verismus* aus dem Italienischen, *Parallelismus* und *Synchronimus* aus dem Griechischen, *Strukturalismus* und *Monarchismus* aus dem Französischen, *Konservatismus* und *Vulgarismus* aus dem Englischen. *Urbanismus, Revisionismus, Materialismus* und viele andere sind im Deutschen gebildet worden. Die unterschiedliche Herkunft ist den Wörtern jedenfalls nicht in der tatsächlichen Differenziertheit anzusehen, sie sind samt und sonders Latinismen. Wir werden jeweils deutlich machen, wenn *Ismus* in diesem engen, auf die Form bezogenen Sinn verwendet wird.

Gelegentlich spricht man von Latinismen und Gräzismen gemeinsam als von Klassizismen, die entsprechenden Fremdwörter werden auch Gräkolatinismen, klassische oder traditionelle Fremdwörter genannt. Das Reden von Klassizismen kann seinen Sinn haben, denn häufig stehen diese Wörter dem ganzen Rest von Fremdwörtern gegenüber, auch was das Sprachwissen des Normalsprechers betrifft. Sehr häufig werden in der Fremdwortbildung auch Bestandteile des Griechischen und des Lateinischen gemischt, das reicht von *Automobil* (ein ‚Selbstbeweger' mit gr. *autos* ‚selbst' und lat. *movere* ‚bewegen') bis zu *Monokel* (mit gr. *monos* ‚einzig, allein' und lat. *oculus* ‚Auge'; 6.4). Wo es sinnvoll ist, fassen wir Latinismen und Gräzismen zusammen und sprechen auch von Gräkolatinismen oder Latinismen im weiteren Sinn, zum Verhältnis von Latinismen und Gräzismen auch 2.5 und 2.6.

Als allgemeinere Begriffe auf *ismus* finden sich Exotismus und Internationalismus. Als **Exotismen** werden meist Wörter bezeichnet, deren Bedeutung auf etwas Exotisches verweist, auf etwas, das es bei uns nicht oder nicht in der Weise wie irgendwo sonst gibt. Typische Wörter dieser Art sind *Siesta, Colonel, Geisha, Harem, Mumie, Karawane, Amulett, Pyramide.* Sie gelten als fremd mindestens aufgrund ihrer Bedeutung, wobei die Fremdheit zumal in Zeiten einer Globalisierung schnell verloren gehen kann. Zur Zeit unserer Kindheit waren eine Pizza und eine Ananas etwas absolut Exotisches. Genauso exotisch war die Nietenhose, obwohl man sie sprachlich gleich integriert hatte. So etwas ist kulturhistorisch interessant, sprachwissenschaftlich weniger. Den **Internationalismen** wird dagegen in letzter Zeit einige Aufmerksamkeit entgegengebracht. Viele Fachwortschätze in vielen Sprachen, durchaus aber auch die Alltagssprache, verwenden heute immer größere Mengen von Wörtern mit ähnlichen Bestandteilen und ähnlicher Bedeutung. Was im Deutschen *Chemie* heißt, wird im Französischen *chimie,* im Englischen *chemistry,* im Spanischen *química,* im Türkischen *kimya* und im

Russischen *chimija* genannt. Welche Bedeutung Internationalismen als solche für die Einzelsprache und für die internationale Kommunikation spielen, ist durchaus unklar. Wir kommen darauf in Abschnitt 3.1 und bei gegebenem Anlass zurück.

Weitere Begriffe

Von den in der Fremdwortliteratur verwendeten Begriffen erläutern wir noch einige der wichtigsten und weit verbreiteten. Besonders für die Erfassung von Anglizismen sind zahlreiche Termini vorgeschlagen worden, die man vor allem dann benötigt, wenn fremde Einflüsse ausdrücklich unter historischer Perspektive oder als an der Form nicht erkennbare betrachtet werden (Haugen 1950 mit Berücksichtigung der Mikrostruktur von Entlehnungen und ihren Wirkungen auf verschiedenen sprachlichen Beschreibungsebenen; Betz 1974 ausgerichtet auf Stand und Zielsetzungen der deutschen Sprachgeschichtsschreibung; Jorgensen/Moraco 1984 und Busse 2001 insbesondere für Anglizismen). Sie werden so erläutert, wie wir sie im Weiteren verwenden und verstehen (oder gerade nicht selbst verwenden). Speziellere Begriffe etwa aus der Phonologie oder Morphologie finden Ihre Erklärung an Ort und Stelle im Text.

Fremdwortbildungen sind Wortbildungsprodukte, die ganz oder teilweise aus fremden Bestandteilen wie fremden Stämmen oder Affixen bestehen. Sie sind als ganze Wörter nicht entlehnt, sondern im Deutschen (oder einer anderen Nehmersprache) gebildet. Dazu gehören beispielsweise Latinismen wie *Materialismus, transkulturell,* Gallizismen wie *Blamage, Friseur* und Anglizismen wie *Dressman, Webseite.* Alle morphologisch komplexen Pseudofremdwörter gehören zu den Fremdwortbildungen. In der Literatur ist häufig nicht von Fremd-, sondern von Lehnwortbildungen die Rede. Das ist insofern schwierig, als solche Wörter ja im Allgemeinen fremde Eigenschaften haben und gerade nicht Lehnwörter sind (P.O. Müller 2000).

Lehnübersetzungen sind Wörter, deren Bestandteile Einheit für Einheit aus einer fremden Sprache übersetzt wurden. Meist stellen sie den Versuch dar, Fremdwörter nach Form und Bedeutung mit Mitteln der Kerngrammatik abzubilden. Beispiele sind *Rechtschreibung/Orthographie, Arbeitsessen/working dinner, Hexenjagd/witch hunt.* Die meisten Lehnübersetzungen des Deutschen sind Komposita, es gibt aber keinen Grund, Wörter wie *Brüderlichkeit/fraternité* nicht dazuzuzählen.

Unter einer **Lehnübertragung** verstehen wir eine vom zu verdeutschenden Wort mindestens teilweise unabhängige Neubildung, mit der dessen Bedeutung förmlich ausgedrückt wird, z.B *Halbinsel/paeninsula* (eig. ‚Beinahe-Insel'), *Vaterland/patria, Zartgefühl/délicatesse.* Auch Lehnübertragungen gehören zu den Kernwörtern.

Lehnbedeutungen haben Wörter, die formal Kernwörter sind, aber durch fremden Einfluss eine Bedeutungsveränderung erfahren oder eine zusätzliche, neue Bedeutung erhalten haben, z.B *feuern/to fire* (‚entlassen'), *Wanze/bug* (‚Abhörgerät'), *Papier/Paper/paper* (‚geschriebener Arbeitstext').

Lehnübersetzungen, Lehnübertragungen und Lehnbedeutungen fassen wir unter der Bezeichnung **Lehnprägung** zusammen. Der Form nach handelt es sich um Kernwörter, und in der Regel entsprechen sie den Wortbildungsregeln der Kerngrammatik. Dass sie etwas mit der Bedeutung von Wörtern anderer Sprachen zu tun haben, erschließt sich aus der Form nicht, es muss mit besonderen Methoden und teilweise großem Aufwand erwiesen werden. Das ist gerade bei verwandten Sprachen wie Englisch und Deutsch nicht immer einfach, man spricht hier gern von verborgenen Einflüssen.

Für alles, was nicht entlehnt ist, wird häufig zusammenfassend der Terminus inneres Lehngut verwendet. Wir vermeiden ihn im Allgemeinen. Im Mittelpunkt stehen für uns Entlehnungen (die übrigens kaum einmal als äußeres Lehngut bezeichnet werden) und bei den Nichtentlehnten die Fremdwortbildungen. Und im Mittelpunkt stehen, wie gesagt, Wörter, nicht Phrasen oder feste Syntagmen, die man ohne Weiteres in die genannten Begriffe einschließen kann.

Eine terminologische Unterscheidung wird in der neueren Literatur zwischen Verdeutschung und Eindeutschung vorgenommen. Unter **Verdeutschungen** versteht man Wörter, die Bedeutungen fremder Wörter (oder in geringerem Umfang auch Wörter anderer Sprachen) formal als Kernwort des Deutschen fassen möchten, z.B. *Fürwort* statt *Pronomen*, *Anschrift* statt *Adresse*. Bei Verdeutschungen steht nicht der Typ des Kernworts oder des zu verdeutschenden Wortes im Vordergrund, sondern die Intention. Verdeutschungen sind bewusst hergestellt.

Unter einer **Eindeutschung** wird dagegen meist eine Anpassung der orthographischen Form eines Fremdwortes an die Orthographie der Kernwörter verstanden, z.B. *Shawl* zu *Schal* oder *Bureau* zu *Büro*. Gemeint ist hier orthographische Integration. Warum man Integration mit dem Terminus ‚Eindeutschung' in einem großen Teil der Literatur bis heute auf Orthographisches beschränken und nicht auch bei phonologischer und morphologischer Integration von Eindeutschung sprechen möchte, bleibt unklar. Wir vermeiden den Begriff weitgehend und sprechen meist von Integration in dieser oder jener Hinsicht.

Als Begriff verträgt sich weder ‚Verdeutschung' noch ‚Eindeutschung' mit unserer Herangehensweise an die Fremdwörter. Beide Begriffe suggerieren, dass das Fremde dem Deutschen gegenüberstehe, eine Sichtweise, die wir vermeiden möchten. Fremdwörter gehören dem Deutschen an, gleichgültig, wie fremd sie sind. Sind sie als Fremdwörter vorhanden, dann werden sie nicht eingedeutscht, sondern in die Grammatik des Kernwortschatzes integriert. Und sie werden nicht verdeutscht, sondern ihre fremde Form wird durch eine ersetzt, der mit den Mitteln der Kerngrammatik beschrieben werden kann. Den Begriff ‚Eindeutschung' kann man ohne Schwierigkeiten vermeiden, den Begriff ‚Verdeutschung' nicht. Wir verwenden ihn in der üblichen Weise, behalten die Vorbehalte aber im Gedächtnis (weiter 3.3).

Historisch von besonderem Interesse sind **Rückentlehnungen.** Bei den verschlungenen Wegen von Wörterwanderungen kommt es gar nicht selten vor, dass ein Wort entlehnt wird und nach einiger Zeit als Fremdwort zurückkehrt. So ist ndl. oder mhd. *bolwerc* (nhd. *Bollwerk*) ins Französische übernommen worden und im 16. Jhdt. als *boulevard* rückentlehnt worden. Systematisch ist der Vorgang von geringerem Interesse. Für das deutsche Fremdwort *Boulevard* bleibt die Entlehnung entscheidend, nicht die Rückentlehnung. Noch deutlicher wird das an einem Wort wie *schick.* Der deutsche Stamm *schick* (*schicklich,* auch *der Schick*) wurde erst zu Beginn des 19. Jhdts. ins Französische entlehnt und kam gegen Ende des Jahrhunderts als *chic* zurück. Inzwischen ist der Gallizismus ins Deutsche zur selben Form *schick/Schick* wie vorher integriert, wird aber nicht auf den alten Stamm bezogen. Gerade aus dem Französischen ist immer wieder rückentlehnt worden. Wörter wie *Fauteuil, Emaille, Loge, Salon, brunett* sind rückentlehnt, aber trotzdem echte Gallizismen.

2. Gebersprachen

2.1 Vielfalt der Gebersprachen

Entlehnung, Herkunft, Verwandtschaft

Seit ungefähr zweitausend Jahren entlehnen das Deutsche und seine Vorgänger aus einer größeren Zahl von Sprachen. Die wichtigsten von ihnen werden in diesem Kapitel kurz als Gebersprachen für das Deutsche besprochen, einige weitere werden erwähnt.

Die Bezeichnung **Gebersprache** ist zu Recht kritisiert worden, insofern sie suggeriert, dass diese Sprache eine irgendwie aktive Rolle bei der Übergabe spiele. Als Alternativen wurden unter anderem Kontaktsprache und Vermittlersprache vorgeschlagen, aber auch sie haben ihre Probleme. Der Begriff Sprachkontakt wird auf so vielfältige Weise verwendet, dass er in unserem Zusammenhang ohne weitere Qualifizierung wenig besagt (3.1), und *Vermittlersprache* versteht man von vornherein nicht recht. Das umso mehr, als diese Bezeichnung auch gleichbedeutend mit *Relaissprache* dann verwendet wird, wenn **über** eine Sprache in eine andere entlehnt wird, z.B. aus dem Lateinischen über das Französische ins Deutsche. Wir bleiben bei *Gebersprache* und meinen damit solche Sprachen, aus denen die Nehmersprache zumindest auch direkt entlehnt. Den damit verbundenen komplexen Vorgang kann man gut als Entlehnung bezeichnen, weil *Entlehnung* im Gegenwartsdeutschen sonst nicht mehr verwendet wird und, anders als Geber- und Nehmersprache, kaum irreführende Bedeutungsanteile oder Konnotationen hat.

Von besonderem Interesse ist zunächst, in welchem Umfang aus der Gebersprache direkt entlehnt wird. Das Deutsche Fremdwörterbuch (1988) führt beispielsweise *Atheist* und *Parabel* als aus dem Lateinischen entlehnt, obwohl man sie im Gegenwartsdeutschen eher als Gräzismen bezeichnen würde. Ihre Bestandteile stammen zwar aus dem Griechischen, ins Deutsche sind sie jedoch aus dem Lateinischen gelangt. Wörter wie *Teleologe* oder *tyrannisch* wird man ebenfalls als Gräzismen ansehen. Im Fremdwörterbuch tragen sie die Herkunftsbezeichnung dt., weil sie im Deutschen als Fremdwortbildungen entstanden sind. Direkte Entlehnungen stehen neben anderen Wegen in die Nehmersprache.

Die Frage, was man unter der Herkunft eines Wortes verstehen sollte, hat keine triviale Antwort. Zählt eher die Quelle eines Wortes oder kommt es auf den Weg an, den es bis zur Ankunft in der Nehmersprache nimmt? Auch neuere etymologische Wörterbücher versuchen häufig, Entlehnungswege zu beschreiben. Das gelingt aber keineswegs durchgängig und war in älteren Fassungen solcher Wörterbücher nicht das primäre Ziel. Sogar wenn sie Herkunftswörterbuch heißen, beschreiben sie längst nicht immer die Geschichte der Entlehnung. Der Eintrag für *Acker* in Kluge 1975 beginnt so:

(1) *Acker* im etymologischen Wörterbuch
Acker *m.* Mhd. mnd. mnl. *acker,* ahd. *ackar, acchar, ahhar,* asächs. *akkar,* nnl. *akker,* afries. *ekker* (alle mit westgerm. Kons.-Dehnung unmittelbar vor *r*), ags. *æcer,* engl. *acre* (hieraus im 12. Jh. frz. *acre*), anord. *akr,* norw. *aaker,* schwed. *åker* (beide mit Vokaldehnung in offener Silbe), dän. *ager,* got. *akrs* führen auf germ. **akra-,* idg. **agro-* ‚Trift'.

Wir wissen damit, dass unser Kernwort *Acker* verwandte Stämme im Mittelhochdeutschen, Mittelniederdeutschen, Mittelniederländischen, Althochdeutschen, Altsächsischen, Altfriesischen usw. hat und letztlich auf eine germanische bzw. indoeuropäische (*idg.* für *indogermanisch*) Wurzel zurückgeht. Wir sehen auch, dass die Stämme formal und semantisch verwandt sind. Die Beschreibung bleibt abstrakt, insofern sie erst einmal offen lässt, wie der Stamm ins Gegenwartsdeutsche gelangt und welchen Einflüssen er auf dem Weg dorthin ausgesetzt war. Der Fachmann kann den Angaben einiges darüber entnehmen, in welchen Schritten der Vorgang möglicherweise abgelaufen ist, aber sicher ist auch er im Einzelfall nicht. Die Wanderung von Wörtern kann verschlungen und höchst individuell sein. Damit ist ein weitläufiges und häufig nur tentativ lösbares Problem der historischen Sprachwissenschaft verbunden. Als entscheidend gilt ihr häufig noch immer die Herkunft im Sinne der ältesten Vorfahren. Das Etymon (gr. ‚das Wahre') liegt in dieser Herkunft und der ursprünglichen Bedeutung.

Wenn man nicht einfach Verwandtschaften feststellen, sondern Wortgeschichten als Geschichten der Wanderung von Wörtern erzählen möchte, kann das nur relativ zu einem Korpus von Sprachdaten geschehen, das der Untersuchung zugrunde liegt. Das Deutsche Fremdwörterbuch verfährt so. Es sagt, welche Texte ausgewertet wurden und gibt an, wann ein Wort zum ersten Mal im Deutschen (d.h. im Korpus) auftaucht und woher es kommt. Zu diesem Zeitpunkt ist es im Korpus ein sog. Hapaxlegomenon (von gr. *hapax* ‚einmal' und *legomenon* ‚gesagt'), ein Wort, das genau einmal vorkommt. Je umfangreicher das Korpus und je besser die Suchwerkzeuge, desto risikoloser lässt sich vom ersten Auftreten eines Wortes ‚im Deutschen' sprechen. Aber sicher ist man nicht. Es gibt in dieser Hinsicht zahlreiche berühmte Irrtümer sogar aus der jüngsten Vergangenheit. Hartmut Schmidt (2007) zeigt beispielsweise, dass viele Annahmen darüber, was ein DDR-Wort sei, unzutreffend sind, wenn man annimmt, diese Wörter seien in der DDR entstanden. So stammen die ersten Belege für *Nasszelle* und *Großvieheinheit* nicht aus der DDR, und sogar *Plast* war als Bestandteil von *Thermoplast, Leukoplast* und vielen anderen längst vorhanden. Nur als Wort für sich (freies Vorkommen) stammt es, so weit jetzt bekannt, aus der DDR. Weitaus überwiegend gibt es DDR-Wörter im Sinne einer bestimmten Sprachverwendung, aber nicht im Sinne ihrer Entstehung.

Dass wir uns in den folgenden Abschnitten (2.2 bis 2.6) trotz solcher Unsicherheiten in erster Linie auf Entlehnungsvorgänge konzentrieren, hat folgenden Grund. Entlehnungen laufen häufig unter speziellen historischen Bedingungen ab, die unverwechselbare Spuren hinterlassen. Damit kann gemeint sein, dass Wörter aus bestimmten Gebieten entlehnt werden, dass die Entlehnung einen gewissen Umfang erreicht, dass sie eine bestimmte Zeit über andauert und vor allem, dass sie bestimmte strukturelle Wirkungen in der Nehmersprache entfaltet.

Im Deutschen ist all das zu finden. Die Heterogenität des Fremdwortschatzes, die verschiedenen Grade und Typen von Integration, der soziolinguistische Status sowie die relative Einheitlichkeit großer Mengen von Fremdwörtern in struktureller und semantischer Hinsicht erschließen sich zu einem guten Teil über den jeweiligen Entlehnungsvorgang. Wir wollen im Folgenden alles andere als einer teilweise weit ausgebauten Sprachgeschichtsschreibung das Wasser reichen. Versucht wird lediglich, einige ihrer Ergebnisse für unseren Zweck zu nutzen. Der Hinweis auf Charakteristika von Entlehnungsvorgängen soll dazu beitragen, die Verhältnisse im Gegenwartsdeutschen durchsichtig zu machen.

Selbstverständlich soll ‚Entlehnung' nicht auf ‚direkte Entlehnung' eingeschränkt werden. Damit könnte man die Verhältnisse im gegenwärtigen Deutsch nicht angemessen beschreiben. Wo immer möglich, wird jedoch klargestellt, womit man es in dieser Hinsicht jeweils zu tun hat.

Eine weitere Vorbemerkung ist zur Auswahl der in 2.2 bis 2.6 behandelten Sprachen notwendig, denn ins Deutsche sind ja Wörter aus aller Welt eingewandert. Wir haben allein zehn unmittelbar benachbarte und Dutzende anderer Kontaktsprachen, zu deren Wortschätzen man Wörter des Deutschen zurückverfolgen kann. Keine von ihnen erreicht aber annähernd die Wirkung des Englischen, Französischen, Italienischen, Lateinischen und Griechischen. Einige der weiteren, wichtigen Gebersprachen werden wenigstens kurz besprochen, schon damit die Fülle der Sprachkontakte im

Ansatz vor Augen tritt. In Kap. 1.3 sind schon vollständig integrierte Wörter (Kernwörter) dieser Art zusammengestellt worden, deshalb enthalten die folgenden Beispiellisten vor allem Wörter, die nicht vollständig integriert sind.

Größere Zahl von Gebersprachen

Von den Nachbarsprachen **Tschechisch** und **Polnisch** ist der überwiegende Teil an Entlehnungen über direkten Kontakt in den Grenzregionen zustande gekommen. Da die Sprachen miteinander verwandt sind und beide das lateinische Alphabet verwenden, ist die tatsächliche Herkunft in manchen Fällen nicht zu klären. Als Bohemismen werden beispielsweise gebucht *Pistole, Roboter, Trabant,* als Polonismen *Kalesche, Penunze, Stieglitz* (Müller 1995).

Der Kontakt mit dem **Russischen** wurde in der frühen Neuzeit vor allem über Handelsbeziehungen hergestellt. Entlehnungen gingen in beide Richtungen, das Deutsche übernahm beispielsweise Fachwörter aus der Schifffahrt und dem Pelztierhandel. Ab dem 17. Jhdt. ergaben sich Entlehnungen über den Ausbau diplomatischer Kontakte und eine zunehmende Reisetätigkeit. Dass im 18. und 19. Jhdt. größere Gruppen von Deutschen nach Russland ausgewandert sind, spielt für das Deutsche in Mitteleuropa keine Rolle. Die Wolgadeutschen waren von Deutschland weitgehend isoliert. Als Russizismen (manchmal wird auch von Russismen gesprochen) haben wir Wörter wie *Burka, Mammut, Pogrom, Samowar, Sputnik, Taiga, Troika, Tundra* (Bielfeldt 1965; Pirojkov 2002; Bellmann 2004). Sog. Sowjetismen sind einmal Wörter, die im 19. Jhdt. aus dem Heimatland von Marx und Engels nach Russland ausgewandert sind und im 20. Jhdt. mit neuer Bedeutung aus der Sowjetunion zurückkehrten. Lassen wir dahingestellt, ob man sie als Rückentlehnungen ansehen sollte. Auch viele traditionelle Internationalismen erhielten eine neue Bedeutung, beispielsweise *Brigade, Aktiv* und *Apparat* als Personenbezeichnungen bestimmter Art. Neubildungen vom Typ *Agitprop, Histomat, Kombinat,* die als Internationalismen in der DDR verwendet wurden, sind zahlreich. Im Übrigen blieb der Einfluss des Russischen auf den Wortschatz der DDR eher gering (Moser 1961; Dieckmann 1967, Fleischer 1987; Wolf 2000).

Mit dem **Ungarischen** lief der Kontakt in erster Linie über das benachbarte bzw. lange mit Ungarn politisch vereinigte Österreich. Im österreichischen Deutsch ist er sehr viel wirksamer geworden als im sog. Binnendeutsch (Mollay/Bassola 2004). Standardsprachlich haben wir als Hungarismen (die teilweise aus anderen Sprachen ins Ungarische übernommen sind) Wörter wie *Dolmetscher, Gulasch, Husar, Kandare, Paprika* und vor allen anderen *Tollpatsch.*

Tolpatsch/Tollpatsch. Das Wort beruht auf dem ungarischen *talp* 'Sohle', zu dem ein abgeleitetes Adjektiv *talpas* gehört. Die Bedeutung der Ableitung ist von sehr allgemeiner Art, etwa ‚hat etwas zu tun mit', im Deutschen am ehesten vergleichbar mit *ig* (*glasig, körnig, leichtfüßig*) oder *lich* (*leiblich, sachlich, stofflich*). Es kam im 17. Jhdt. über Österreich mit mehreren Formen ins Deutsche, unter ihnen *Dolpatsch* und *Talpatsch.* Zunächst wurden damit ungarische Fußsoldaten bezeichnet. Nach Grimm (Bd. 21: 650) war es „eigentlich ein spottname, der wol auf die fuszbekleidung der betreffenden soldaten abzielt: statt der schuhe trugen sie nämlich ... breite mit schnüren befestigte sohlen. der name wurde daher auch als beschimpfung empfunden und war verboten." Das Wort wurde zunächst schwach flektiert (*des Tolpatschen, die Tolpatschen*), dann setzte sich starke Flexion durch (*des Tolpatschs, die Tolpatsche*). Die Bedeutungserweiterung zur Bezeichnung von Personen schritt voran bis zu ‚ungeschickter, unbeholfener Mensch' (Wahrig 2006). Schon im 18. Jhdt. kommt es zu ersten volksetymologischen Umdeutungen mit der Schreibweise *Tollpatsch.* Im Grimm heißt es dazu: „das so umgedeutete wort ist in den meisten hoch- und niederdeutschen mundarten zu finden." Über die Verbreitung der Schreibung mit Doppel-*l* im Gegenwartsdeutschen vor der Neuregelung der Orthographie ist u.W. nichts bekannt, bis 1996 galt nur die etymologische Schreibung *Tolpatsch* als korrekt. Sie wurde zugunsten von *Tollpatsch* abgeschafft. Willkürlich festgesetzte volksetymologische Schreibungen vom Typ *Tollpatsch* oder *Quäntchen* (etymologisch *Quentchen* von lat. *quintus*) haben die Neuregelung der Orthographie vor allem bei Sprechern mit klassischer Bildung in Verruf gebracht, denn man hat nicht nur neue Schreibungen zugelassen, sondern die etymologischen verboten. Kritiker sprachen von einem „abenteuerlichen Zwang zu Fehlschreibungen" und von „Staatsetymologie statt Volksetymologie". Im April 2008 wurde *Tollpatsch* in seiner volksetymologischen Schreibung von einer Jury des Goethe-Instituts und des Deutschen Sprachrats auch noch zum ‚besten eingewanderten Wort' des Deutschen gekürt, eine überflüssige Provokation der Reformkritiker. – Weiter mit den Gebersprachen, zunächst dem Hebräischen.

Kontakte des Deutschen zum **Hebräischen** sind von spezieller Art. Es gab einmal Entlehnungen über das Lateinische und Griechische der frühen christlichen Kirche (*Amen, Messias, Rabbi, Tohuwabohu*). Sehr viel später und umfangreicher nahm das Deutsche Hebraismen über das Jiddische auf. Aber auch die Jiddismen kamen zu einem guten Teil nicht direkt ins Deutsche, sondern waren über das Rotwelsch vermittelt. Fahrendes Volk, Gauner und Rechtlose bedienten sich eines Vokabulars, das nicht jeder verstand.

Jiddismen im Gegenwartsdeutschen sind z.B. *Chuzpe, Maloche, meschugge, Mischpoke, Schickse, Schlamassel, Schmonses, Tacheles, Tinnef* (Althaus 1995; 2004; Stern 2000; Rosten 2007).

Das **Arabische** hatte Einfluss auf zahlreiche europäische Sprachen, insofern es dem Wissenstransfer diente. Im Mittelalter (hier 10. bis 13. Jhdt.) wurden mehrere wissenschaftliche Disziplinen in Europa nach arabischem Vorbild entwickelt, weil die Araber das wissenschaftliche Erbe der Antike bewahrt und in arabischer Sprache fortgeführt hatten. Das betraf vor allem Philosophie, Mathematik, Alchimie und Medizin. Ins Deutsche sind Arabismen meist indirekt (z.B. über das Relais Italienisch) gelangt und haben sich in größerer Zahl bis heute erhalten, darunter *Admiral, Algebra, Balsam, Chemie, Hazard, Havarie, Kaffee, Karat, Magazin, Matratze, Natron, Sesam, Tarif, Theodolit, Zenit* (Tazi 1998; Osman 2002; Unger 2007).

Von großer Vielfalt ist der Kontakt zum **Türkischen** und weiteren Turksprachen. Das Türkische tritt nicht nur als Gebersprache, sondern auch als Relaissprache insbesondere für den Vorderen Orient in Erscheinung. Sein Einfluss auf den Südosten des deutschen Sprachgebiets endet keineswegs mit dem Rückzug des osmanischen Reiches zu Ende des 17. Jhdts. So gründet Maria Theresia eine Orientalische Akademie, kulturelle Kontakte bleiben über das 19. Jhdt. hinweg von Bedeutung. Die kemalistische Schriftreform mit der Ersetzung des arabischen durch das lateinische Alphabet (1928) übernimmt einiges von der deutschen Orthographie. Gegenwärtig besteht ein vielseitiger Kontakt über wirtschaftlichen und kulturellen Austausch, Tourismus und natürlich die türkischstämmige Bevölkerung in Deutschland. Hier nur einige Beispiele zu den Türkismen. Das Kernwort *Horde* (türk. *ordu* ‚Heer') gelangt über das Mongolische und verschiedene Turksprachen nach Westen, ins Deutsche im 15. Jhdt. über den Ritterorden. *Kaviar* (türk. *chaviar*) kommt über das Türkische aus dem Persischen, das Deutsche kennt es seit dem 16. Jhdt. als *Caviard*, dann *Caviar*. Unser *Kiosk* wandert aus dem Persischen über türk. *kyösk* (‚Gartenpavillon') und frz. *kiosque*, deutsch im 18. Jhdt. *Dolmetscher* (türk. *dilmaç* ‚Vermittler') kommt über das Ungarische. Die Türkismen der Speisekarte reichen von echten Kern- zu ziemlich fremden Wörtern, z.B. *Köfte, Döner, Pide, Manti* (‚türkische Nudeltäschchen'), *Raki, Joghurt, Menemen* (‚Rührei mit Gemüse'), *Lahmacun* (‚anatolischer Fleischkuchen, türkische Pizza'). Das Türkendeutsche mit Varianten wie der Kanaksprak und der Kiezsprache wird längst auch von Jugendlichen mit Deutsch als Muttersprache gesprochen (Dirim/Auer 2004; Wiese 2009). Sein Einfluss zeigt sich bisher vor allem im Gesprochenen, z.B. mit Diskurspartikeln. So meint *lan* etwas Ähnliches wie *ei Mann* und *wallah* fungiert als ein Verstärkungssignal. Man darf gespannt sein, wie sich der Einfluss des Türkischen auf das Deutsche entwickeln wird.

So wichtig die Verbindungen zu diesen und weiteren Sprachen waren oder sind, haben sie im Gegenwartsdeutschen doch kaum sichtbare strukturelle Spuren hinterlassen. Natürlich kann man sich gerade mit einer derartigen Aussage irren. Die Beschreibung der Fremdwörter hat eine Geschichte mit vielen Irrtümern, vorangekommen ist sie trotzdem.

Deutsch als Gebersprache

Der Vollständigkeit halber kommen wir kurz darauf zu sprechen, dass Deutsch selbstverständlich auch als Gebersprache eine Rolle spielt. Beispielsweise hat es (Mittelniederdeutsch) während der Blütezeit der Hanse als Verkehrssprache in den skandinavischen und baltischen Ländern eine bedeutende Rolle gespielt, ebenso während des jahrhundertelangen Zusammenlebens von Tschechen und Deutschen in Böhmen oder der jahrhundertelangen Nachbarschaft von Deutschen und Polen. In Japan hat es Entlehnungen im Zuge der Meiji-Reformen des späten 19. Jhdts. gegeben, als Deutschland erheblichen Einfluss etwa auf das japanische Rechtswesen hatte. Die hohe Bedeutung des Deutschen als Wissenschaftssprache zwischen der Mitte des 19. Jhdts. und dem Ersten Weltkrieg führte ebenso wie deutsche Besetzungen während des Zweiten Weltkriegs zur Hinterlassenschaft je charakteristischer Germanismen.

Deutsche Auswanderer haben Spuren unter anderem in Russland, in Südosteuropa, Südafrika, Nord- und Südamerika sowie Australien hinterlassen. Auch größere Gruppen von Auswanderern haben keineswegs automatisch Einfluss auf die umgebende Mehrheitssprache (z.B. Földes 2002; Trenina 2004), aber in zahlreichen Fällen ergibt er sich zwangsläufig. Der Einfluss des Deutschen auf umgebende Mehrheitssprachen ist teilweise genau beschrieben, in Mitzka Hg. 1968: 445ff. und Elmentaler Hg. 2010 für unsere Nachbarsprachen, in Bieswanger 2007 für das Australische Englisch oder in Stanforth 1996; 2009 für das Englische allgemein sowie das Amerikanische Englisch. Auch das moderne Hebräisch (Ivrit) hat trotz der manchmal herausgestellten Abkapselung der von den Nationalsozialisten vertriebenen deutschsprachigen Juden in Israel einiges aus dem Deutschen bzw. Jiddischen entlehnt. Viele der Jeckes haben ihr Deutsch lange bewahrt und gepflegt, wenn auch unter den Bedingungen einer Sprachinsel, die mit der Entwicklung im Herkunftsland wenig Verbindung hat (Betten/Mauser 2002). Die Beispiele in 2c wurden zum größten Teil freundlicherweise von Uriel Adiv (Jerusalem) zur Verfügung gestellt. Adiv verfügt mit etwa 1.300 Wörtern und Wendungen wohl über die umfangreichste Sammlung in diesem Bereich überhaupt. Die Wörter in 2d sind einer engen Alphabetstrecke des sorgfältig gearbeiteten Wörterbuchs Hentschel/Vincenz 2010 entnommen, das bis Mitte des 20. Jhdts. über 2.400 Entlehnungen aus dem Deutschen ins Polnische enthält, davon etwa die Hälfte nach 1780.

Gegenwärtig werden einzelne Wörter aus dem Deutschen vor allem über Medienkontake, an erster Stelle die Presse, entlehnt. Auch Sprachmoden wie zeitweise an der amerikanischen Ostküste oder derzeit in Japan führen zur Verwendung deutscher Wörter, bleiben aber meist ephemer (Zusammenstellungen in Stiberc 1999; Limbach Hg. 2009; Siedenberg 2009; C. Keller 1999 als Beispiel für die Reihe ‚(Neue) Germanismen in Time'). Bewusst bleiben sollte auch, dass viele der entlehnten Wörter neben alteingesessenen der jeweiligen Sprache stehen, d.h. nur unter besonderen Bedingungen verwendet werden oder verwendet wurden. Andererseits sieht ein genauerer Blick – wie er oben für das Hebräische und Polnische erwähnt wurde und wie er in Sarcher 2001 das Französische betrifft – trotz aller notwendigen Relativierungen eine insgesamt überraschend große Zahl von Übernahmen aus dem Deutschen. Es gibt auch Wörter, die in mehrere Sprachen entlehnt wurden, unter ihnen *Nickel, Quarz, Zickzack, Walzer, Lied, Hinterland* und natürlich *Weltanschauung* (Bär 2001: 175). Die Beispiele in 2 sind wie immer pragmatisch transliteriert, wo das erforderlich war.

(2) Deutsch als Gebersprache

a. Englisch
poltergeist, kindergarten, berufsverbot, angst, schadenfreude, wunderkind, kaffeeklatching, zeitgeist, to shlep ‚schleppen', *gemuetlichkeit* ‚Volksfest', *eigenvalue* ‚Eigenwert'

b. Französisch
waldsterben, wasisdas, schnorchel, kermess, handball, leitmotiv, lied, kaputt, ersatz, chic (von dt. *schicklich, der Schick*), *valise* ‚Koffer' (von dt. *Felleisen*; die Etymologie ist umstritten), *quiche* (von *Kuchen*, elsässisch *Küchen*, mit *Küche* hat es nichts zu tun)

c. Modernes Hebräisch
falsh ‚Fehler, verlogen', *klamra* ‚Klammer', *kuter* ‚Nörgler' (von *Kater*), *loch* ‚Loch, gottverlassener Ort', *pompa* ‚Pumpe, Herz', *punkshwais* ‚Punktschweißen', *tsaitnot, tsugtswang* (die Begriffe aus dem Schach), *wish* ‚Ohrfeige, eilig, oberflächlich reinigen, kurzer Besuch', *wisher* ‚Scheibenwischer', *biss* ‚Stückchen', *shlafstunde* ‚Mittagsschlaf', *strudel* (E-Mail-Zeichen @), *alte Sachen* (was der Althändler aufkauft)

d. Polnisch
abcug, abdruk, abfal, abgang, ablegier, abrys, abszlag, abszlus, absznit, abszyt, anlaga, anlaufrad, anszlag, anszlus, anzac

e. Russisch
konzertmester, postamt, butterbrot, luftschiff, kartofel, ruksak, šlagbaum, blitz(krieg), šlafmits, luft (‚Abstand zwischen Werkstücken'), *stabel* ‚Stapel', *buchhalter* ‚Buchhalter'

f. Tschechisch
hrbitov (‚Friedhof'), *pluh* (‚Pflug'), *šore* (‚Schürze'), *forman* (‚Fuhrmann'), *perkmistr* (‚Bergmeister'), *piglovat* (‚bügeln'), *plech* (‚Blech'), *flikovat* (‚flicken'), *flaster* (‚Flaster'), *hic* (‚Hitze')

Die Zahl der Sprachen, in die aus dem Deutschen entlehnt wurde und entlehnt wird, ist beinahe ebenso groß wie die der Gebersprachen für das Deutsche. Von einem strukturellen Einfluss kann aber wohl nirgendwo mehr gesprochen werden.

2.2 Englisch

Womit bei Anglizismen zu rechnen ist

Als weltweit größte Gebersprache fungiert das Englische in vielen Bereichen auch als globale Lingua franca. Immer mehr Sprachen kommen in Kontakt mit dem Englischen und es stellt sich die Frage, in welcher Weise und in welchem Umfang sie von dieser Sprache beeinflusst werden. Natürlich bleibt die weltweite Verwendung auch nicht ohne Einfluss auf das Englische selbst. Das zeigt sich schon daran, dass kaum eine Sprache über die Vielfalt von Verwendungen eine vergleichbare Vielfalt von Varietäten jeder Art entwickelt hat (Kortmann u.a. 2004; Schneider u.a. 2004).

Wie überall in Kapitel 3 stehen für das Englische Entlehnungen und Fremdwortbildungen im Vordergrund, die wir im Deutschen vorfinden. Und gerade bei den Anglizismen ist auch von Interesse, welche strukturelle Wirkung sie im Deutschen entfalten. Der Einfluss des Englischen gilt ja häufig als besonders weitreichend wenn nicht letztlich zerstörerisch. Die Frage bleibt im vorliegenden Abschnitt präsent, aber implizit. Wir gehen ihr explizit vor allem in den Abschnitten 4.2 und 6.2.2 nach.

Regelmäßige Entlehnungen finden sich seit Mitte des 17. Jhdts. Zum Verständnis der Besonderheiten des englischen Einflusses empfiehlt es sich jedoch, sehr viel weiter zurückzugehen und die sprachlichen Folgen der normannischen Eroberung ins Auge zu fassen (z.B. Baugh/Cable 2002: 108ff.; 127ff.; Gelderen 2006: 99ff.).

Nach dem Sieg bei Hastings 1066 vergibt Wilhelm der Eroberer die Lehen für englische Grafschaften an seine normannischen Landsleute. Damit spricht die Oberschicht Französisch und es kommt zur Entlehnung von einigen hundert Gallizismen in die Landessprache Mittelenglisch. Die Art des französischen Einflusses verändert sich vor der Mitte des 13. Jhdts., nachdem zu Beginn des Jahrhunderts die Normandie und andere Gebiete in Frankreich verloren gegangen waren. Adel und Kirche hatten dem englischen König im Jahr 1215 die Magna Charta Libertatum zur Sicherung ihrer Rechte abgerungen. Die Oberschicht richtet sich ganz auf das Leben in England ein und beginnt Englisch zu sprechen. Sie bringt bis zum Beginn des 15. Jhdts. tausende von Entlehnungen romanischer Herkunft mit ins Englische und überformt damit auch dessen Phonologie, Morphologie und Syntax. Große Bereiche des Wortschatzes weisen nun neben älteren nativen Wörtern auch entlehnte romanische Neologismen mit ähnlicher Bedeutung auf. Vor allem auf der Wortebene beeinflussen romanische und native englische Elemente einander und werden in weiten Bereichen strukturell ununterscheidbar. Was häufig als größere Integrationskraft des Englischen (nativizing force, z.B. Berg 1997: 17f.) im Vergleich zur ‚Hermetik' des Deutschen bezeichnet wird, beruht auf einer Überformung der Landessprache durch eine von Hause aus fremdsprachige Oberschicht. Bezogen auf das Französische entwickelt sich das Englische zur Mischsprache, während das Deutsche in dieser Hinsicht stets ‚introvertiert' geblieben ist (z.B. Braun 1979).

Der spezifische Umgang des Englischen mit Entlehnungen aus dem Französischen und damit den Romanismen überhaupt führt für eine Nehmersprache wie Deutsch dazu, dass sie auch Latinismen in anglisierter Form übernimmt. Der klassische Fremdwortschatz erweitert sich im Deutschen über direkte Entlehnung hinaus durch Fremdwortbildung, daneben gibt es aber verwandte Formen aus dem Französischen und schließlich auch aus dem Englischen. Wortbestandteile erscheinen im Deutschen in unterschiedlicher Form, je nachdem, auf welchem Weg sie zu uns gelangen. Das ist an sich nichts Besonderes, wirkt sich aber gerade bei den Anglizismen in vielfältiger Weise und systematisch im Auftreten von Analog- oder Parallelformen aus wie *Publicity – Publizität, commercial – kommerziell.* Auch Dreifachformen sind ohne weiteres auffindbar, besonders wenn die Aussprache als Latinismus, Gallizismus und Anglizismus berücksichtigt wird (4.2, 4.3; 6.2.2, 6.2.3). Anglizismen wie *Publicity* und *commercial*, die sowohl ihre englischen als auch ihre romanischen Wurzeln erkennen lassen, bezeichnen wir als **Angloromanismen**, wenn es auf dies besondere Verhältnis ankommt. Wenn nicht, zählen wir sie selbstverständlich zu den Anglizismen und besprechen sie auch dort. Zurück zur Geschichte der Entlehnungen.

Entlehnungen bis zum Ende des 19. Jahrhunderts

Die regelmäßige Entlehnung aus dem Englischen (Viereck 2004) beginnt um die Mitte des 17. Jhdts. mit der sog. englischen Revolution. Nach Beseitigung von König Karl I. 1649 und der Machtübernahme durch Cromwell als Lordprotektor von England im Jahr 1653 verstärkte das Land seine außenpolitischen Aktivitäten, vor allem über Ausbau der Kriegsflotte, aber auch durch Entwicklung der Beziehungen zum kontinentalen Europa innerhalb und außerhalb der Politik. Die Kontinentaleuropäer waren an England mit seinem Parlamentarismus und auf Individualrechte gerichteten Rechtssystem höchst interessiert. England galt in vieler Hinsicht als modern, gerade im Vergleich zu den kontinentaleuropäischen absolutistischen Regimes.

Bis etwa 1720 tröpfelten die Entlehnungen. Eine nach Jahrzehnten geordnete Liste, die Peter von Polenz (1994: 103f.) für das 17./18. Jhdt. aus mehreren Quellen kompiliert, weist weniger als zwei Dutzend Einträge auf, z.B. *Akte, Debatte, Jury, Parlament, Separatist,* aber auch *Flanell, Pudding, Punsch, Rachitis, Rum.* Eine Dominanz des politischen Vokabulars ist mit gutem Willen erkennbar, aber das gilt nicht für den Rest des 18. Jhdts. Sachlich ist das Vokabular bunt gemischt und nicht wie bei den Italianismen (2.4) auf wenige Inhaltsbereiche verteilt, deren jeweilige historische Bedeutung zu Tage liegt. Für die Beispiele in 1 wählen wir als Ordnungskriterium deshalb auch ein internes, für Anglizismen aussagekräftiges. 1a enthält Wörter mit erkennbar im Englischen integrierten Stämmen, 1b enthält Latinismen, 1c Lehnübersetzungen (s.a. Deutsches Fremdwörterbuch 1995, Einleitung: 20).

(1) Entlehnungen aus dem Englischen im 18. Jhdt.
  a. *Bowle, boxen, Brise, City, Clan, Club, Elfe, Farmer, Grog, Jobber, Meeting, Mob, Mull, Pony, Sandwich, Schal, Stopp, Spleen, Ticket, Toast, Trick, Twist*
  b. *Agitator, Barometer, Idiot, Materialist, Minorität, Nonkonformist, positiv, Rationalist, Spektrum, Transfer, Tutor, Ventilator, Zirkulation*
  c. *lightning-conductor/Blitzableiter, freethinker/Freidenker, ship of the line/Linienschiff, high treason/Hochverrat, coffehouse/Kaffeehaus, visiting card/Visitenkarte*

Soweit die Wörter der ersten Gruppe nicht im Deutschen voll integriert sind (wie z.B. *Brise, Elfe* und *Mull*), bleiben sie als Anglizismen erkennbar. Viele sind morphologisch einfach und sogar Einsilber, das teilen sie mit den einfachen Stämmen des Kernwortschatzes. Dagegen sind die Latinismen fast durchweg morphologisch komplex. Sie sehen aus wie Latinismen des Deutschen sonst auch, ihre Übernahme aus dem Englischen ist an nichts zu erkennen. Ein früher Angloromanismus ist *Jury*. Das Wort wurde Anfang des 18. Jhdts. zur Bezeichnung des englischen Geschworenengerichts ins Deutsche entlehnt. Die Bedeutung ‚Preisrichterkollegium' hat es seit Ende des 19. Jhdts. 1b zeigt, dass der Anteil von Latinismen an den aus dem Englischen übernommenen Wörtern von Beginn an erheblich ist.

Komposita wie in 1c werden vor allem in literarischen Übersetzungen verwendet, wo man sich der Bedeutung des entlehnten Ausdrucks auf diese Weise annähern möchte. Ein probates, im Deutschen viel verwendetes Mittel, das wir immer wieder erwähnen und illustrieren, systematisch aber nicht weiter verfolgen.

Der Siegeszug des Englischen als Gebersprache beginnt um die Wende zum 19. Jhdt. und wurde seitdem so gut wie nicht verlangsamt, geschweige denn angehalten. Von den Entlehnungen des Deutschen entfallen um 1800 etwa 8% auf das Englische, 26% auf das Lateinische und 58% auf das Französische. Am Ende des Jahrhunderts liegen Englisch und Französisch mit je etwa 40% gleichauf, bis 1920 hat das Englische auf 55% weiter zu- und das Französische mit 35% weiter abgenommen. Allerdings ist bei diesen Zahlen zu berücksichtigen, dass schon seit der Mitte des 19. Jhdts. der Anteil an im Deutschen gebildeten Fremdwörtern alle Entlehnungen zusammen übersteigt und um 1920 bei fast 80% liegt. Das Deutsche hatte sich eine Fremdwortbildung zugelegt, die den weitaus größten Teil des Bedarfs an fremden Wörtern decken konnte (2.7).

Gründe für den wachsenden Anteil von Anglizismen sind sowohl in der nachlassenden Stärke bzw. der im gesamten Jahrhundert anhaltenden Bekämpfung des Französischen (2.3, 3.3) als auch in der führenden Rolle Englands auf mehr und mehr Feldern von Politik, Wirtschaft und Lebensstil zu suchen. Daneben spielt der dringlicher werdende Bedarf an einer global verwendbaren Sprache eine immer bedeutendere Rolle.

Mit der frühen Industrialisierung hatte England gegenüber den Ländern des Kontinents bis in die zweite Hälfte des Jahrhunderts hinein einen Vorsprung in der Technik, in seiner Folge aber auch beim Ausbau der Infrastruktur. Das betraf vor allem das Transportwesen (Eisenbahn und Post), im weiteren Sinn auch den Schiffbau. Dieser trug als eine der technischen Grundlagen für überseeische Kolonialpolitik erheblich zum internationalen Renommee des Landes bei. Dasselbe gilt für ein ausgebautes Bildungssystem und – gerade im Verhältnis zu Deutschland – einen Lebensstil, der als Alternative zum französischen modern war. In der zweiten Hälfte des Jahrhunderts entwickelte sich Englisch zur führenden modernen Fremdsprache in Deutschland. Man fühlte sich den Engländern eher verwandt als den Franzosen, schickte höhere Töchter für einige Zeit auf die Insel und nahm bei der allmählichen Entwicklung des Parlamentarismus Maß an den englischen Verhältnissen.

Unter den zahlreichen guten, teilweise wechselnden Gründen, die man für den zunehmenden Einfluss des Englischen auf das Deutsche im 19. Jhdt. genannt hat, verdient einer besondere Beachtung, der gerade nicht für das Deutsche allein gilt. Er wird sichtbar am Kampf mehrerer Sprachen nicht um den Status **einer**, sondern **der** Weltsprache in der Zeit des ersten Globalisierungsschubes. Man spricht ja für die zweite Hälfte des 19. Jhdts. auch vom Zeitalter des Imperialismus mit seinen Weltreichen, in denen Englisch, Französisch, Spanisch und Portugiesisch gesprochen werden sollte und zu einem guten Teil gesprochen wurde. Gleichzeitig diskutierte man heftig die Möglichkeit oder auch Notwendigkeit von sog. Welthilfssprachen wie Esperanto und Volapük. Die Idee hatte es schon früher gegeben, sie war im ausgehenden 19. Jhdt. aber unmittelbar politisch begründet und der Einsicht geschuldet, dass man einer Lingua franca jedenfalls bedürfe. Auch die Konzipierung des Internationalen Phonetischen Alphabets gehört in diesen Zusammenhang. Es wurde in den 1880er Jahren von einer Gruppe französischer Fremdsprachenlehrer zur Verbesserung der Aussprache besonders der Lernersprache Englisch entworfen, gewann seine bis heute anhaltende Bedeutung aber aus dem Anspruch, für die Wiedergabe von phonetischen/phonologischen Wörtern und Texten **aller** Sprachen geeignet zu sein. Die Internationalisierung des Sprachlichen stand unter mehreren Gesichtspunkten auf der Tagesordnung. Anders gesagt: es gab einen Globalisierungsdruck und nicht nur den spezifischen Bedarf einer bestimmten Sprache, aus einer bestimmten anderen zu entlehnen. Das Deutsche steht damit in einem größeren Zusammenhang, der es von vornherein bedenklich erscheinen lässt, seine Lage in der ‚Fremdwortfrage' als besonders prekär anzusehen (weiter 3.1).

Um zu illustrieren, welche Art von Wörtern im 19. Jhdt. aus dem Englischen entlehnt wurden, geben wir in 2, 3 und 4 jeweils einige Beispiele aus den wichtigen Bereichen Technik und Verkehr, Wirtschaft und Finanzwesen sowie Politik. Sie sind kompiliert aus den Registern des Deutschen Fremdwörterbuchs 1988. Unter 2b, 3b, und 4b sind jeweils die Wörter aufgeführt, die wir als Latinismen im weiteren Sinne ansehen, in c finden sich Angloromanismen.

(2) Technik und Verkehr
   a. *Tender, Waggon, Lift, Pier, Start, Stewardess, Trimmer, Tunnel, Cab, Tramp*
   b. *Express, Viadukt, Pneumatik, Telegramm, Teleskop, Traktion, Zentrifuge*

c. *Komfort, Lokomotive, Kabine, Magazin, Plattform, Propeller, Pullman, via*

(3) Wirtschaft und Finanzen
a. *Budget, Pantry, Pool, Trust, Scheck, Safe, Shop, Standard*
b. *Abstinenz, Portfolio, Präserven, Prolongation, Transaktion*
c. *Lombard, Rekord, Konsols, Partner*

(4) Politik
a. *Boykott, Mob, Streik, Rowdy, Show, Tabu*
b. *Agitation, Demonstration, radikal, Imperialismus, international, konservativ, Legislatur, Sozialismus, Vulgarismus*
c. *Interview, Report, Verdikt, Pamphlet, Snobismus*

Der Anteil an Latinismen ist nach wie vor hoch, eine Reihe von Anglromanismen ist gut erkennbar. Die Abgrenzung gelingt allerdings nicht immer und manchmal nur, wenn eine anglisierende Aussprache berücksichtigt wird. An der Grundklassifikation bestehen jedoch wenig Zweifel.

Die Flut

Für die Zeit zwischen der Wende zum 20. Jhdt. und dem Ende des Zweiten Weltkrieges ist es nicht ganz einfach, Zahlen über die Entwicklung des Anglizismenbestandes zu ermitteln. Die Erstbelege des Deutschen Fremdwörterbuchs 1988 zeigen trotz zunehmender Kritik an der Engländerei steigende Tendenz. Im Rechtschreibduden schlägt sich das aber nur bedingt nieder. Nach Busse (1993: 61ff.), der Anglizismen ausschließlich nach der Herkunftsangabe im Wörterbuch selbst auszählt, weist etwa die 10. Auflage von 1929, die erste seit 1915, einen außergewöhnlich hohen Zuwachs von Anglizismen auf (nämlich 275 von 1.400 neuen Wörtern), die 11. aus dem Jahr 1934 aber so gut wie keinen. 183 Neuaufnahmen stehen 160 Streichungen gegenüber. Dazu kommt, dass eine größere Zahl von Herkunftsangaben insbesondere von griechisch und lateinisch zu englisch geändert wurde und auch so in der Statistik erscheint. Busse sieht hier keine direkte politische Einflussnahme. Das ändert sich mit der 12. Auflage von 1941, in der die 323 Anglizismen wieder über 20% der Neuaufnahmen ausmachen. Das wird unmittelbar auf die veränderte Fremdwortpolitik der Nationalsozialisten seit 1940 zurückgeführt (3.2) und im Vorwort des Duden auch so bestätigt. Das Beispiel Duden zeigt, wie interpretationsbedürftig eine Zählung sein kann.

Von Bedeutung für Entlehnungen seit Ende des Ersten Weltkriegs ist der zunehmende Einfluss des Amerikanischen: „Der amerikanische Anteil ist dabei kaum vom britischen zu unterscheiden, da das britische Englisch seit dem Eingreifen in den europäischen Krieg (1917) ebenfalls unter starkem amerikanischem Einfluss steht." (Polenz 1999: 401). Wir sprechen im Folgenden weiter von Anglizismen und versuchen gar nicht, den Anteil der Amerikanismen besonders zu thematisieren. Hier einige Anglizismen, die zwischen der Jahrhundertwende und dem Ende der 20er Jahre entlehnt wurden.

(5) Entlehnungen bis zum Ende der 20er Jahre
   a. *Bluff, Outsider, parken, Party, Poker, Pullover, Pumps, Rate, Set, Slogan, Spray, Sprint, Spurt, Tank, Taxi, Team, Test, Thriller, Trenchcoat, Trend, Vamp, Weekend*
   b. *Attraktion, Chiropraktik, Mentalität, Reservation, Stenotypist, Technokratie, Telepath*
   c. *Globetrotter, Prosperity, Radio, Service, Sex-Appeal, Society, Spiritual, Vitamin*

Der unumgänglichen Behandlung des riesigen Themas Anglizismen nach 1945 ist noch einmal vorauszuschicken, dass es um Anglizismen und nicht um das Verhältnis von Englisch und Deutsch allgemein geht (Ammon 1991; 2009; Durrell 2011). Dieses Verhältnis hat wohl seine Rückwirkungen auf den Anglizismenbestand, etwa wenn das Deutsche vom Englischen als Sprache der Wissenschaften oder als Lernersprache (Ammon 2004; 2008; Ehlich/Heller Hg. 2006; Glück 2009; Thielmann 2009) zunehmend verdrängt wird. Wir bleiben im Folgenden aber beim lexikalischen Bestand selbst.

In einer ausführlicheren Darstellung sollten in diesem Zusammenhang zwei Themenkreise zur Sprache kommen. Einmal wäre es instruktiv, die deutschen Verhältnisse mit denen anderer Länder, vor allem den französischen, zu vergleichen. Denn die Verhältnisse in Frankreich werden, was die Suche und die Durchsetzung von ‚Ersatzwörtern' für Anglizismen betrifft, immer wieder als in mancher Hinsicht vorbildlich dargestellt (dazu z.B. Braselmann 1999; Fuchs 2010). Zweitens wären Unterschiede in den deutschsprachigen Ländern zu berücksichtigen. Sie lassen sich für Österreich und die Schweiz (Muhr 2004; 2009; Dalcher 2000; Moraldo 2008; Rash 2009) unter anderem schon auf die Nichtbeteiligung am reichsdeutschen Purismus nach 1871 (3.2), für die DDR teilweise auf den Entlehnungsweg über das Russische zurückführen (Langner 1986; Stiller 1986; Fink u.a. 1997). Ausmaß und allgemeine Tendenz der Anglizismenflut unterscheiden sich in den deutschsprachigen Ländern nicht.

Als externe Hauptgründe für den sich intensivierenden Kontakt des Binnendeutschen zum Englischen gelten einerseits ein spezifisch deutscher Nachholbedarf und andererseits eine Teilhabe an der zunehmenden Internationalisierung fast aller europäischen Länder. Der Nachholbedarf geht in Deutschland mit einer Distanzierung von der Zeit des Nationalsozialismus einher, werde diese bewusst oder als Verdrängung vollzogen. Wie weit die damit verbundene Amerikanisierung der Lebensverhältnisse analytisch tatsächlich auf zwei Säulen gestellt werden kann, ist eher unsicher. Wichtig erscheint aber Folgendes. (1) Bei der Wahrnehmung und Bewertung des englischen Einflusses nach 1945 stehen sich bis heute zwei Positionen gegenüber, deren eine das deutsche Sprachtrauma in den Mittelpunkt stellt, während die andere eher von ‚normalen', d.h. mit anderen Sprachen vergleichbaren Verhältnissen sprechen möchte (1.2). (2) Der Einfluss des Englischen ist so umfassend, dass es wenig Sinn hat, nach typischen Inhaltsbereichen zu fragen. Er reicht vom alltäglichen Leben über viele Bereiche des Kulturbetriebs bis weit in die Wissenschaft hinein. Wörter werden mit den Dingen neu eingeführt (*Assembler, Beatnik, Cornflakes, Digest*), wobei das neue Wort seine Bedeutung rasch verändern kann und das alte entweder verschwindet oder mit spezieller Bedeutung erhalten bleibt (*Waldlauf/Jogging, Zelten/Camping, Steckenpferd/Hobby, Liebhaber/Fan*). Am häufigsten ist aber der Fall, dass Anglizismen sich in einem Wortfeld mit spezieller Bedeutung etablieren, ohne dass vorhandene Wörter wesentlich verändert oder verdrängt werden (*Kid, Mall, Job, Song, cool, clever*).

Als Beispiel für Nachholbedarf im Sinne einer Erneuerung der wissenschaftlichen Begrifflichkeit bleiben wir bei der eigenen Disziplin, der Sprachwissenschaft, die wie viele andere während des Nationalsozialismus ziemlich isoliert war. Die Neuorientierung war theoretischer wie methodischer Natur und kann in einem wichtigen Bereich als Abkehr von der sog. inhaltsbezogenen Grammatik (z.B. Arbeiten in Moser Hg. 1962) und Hinwendung zum Strukturalismus gekennzeichnet werden, der als europäischer mit der Neuausgabe von Ferdinand de Saussures ‚Grundfragen der Allgemeinen Sprachwissenschaft' durch Peter von Polenz im Jahr 1967 in Erscheinung trat und als amerikanischer zu einer breiten Rezeption von Arbeiten aus den 30er und 40er Jahren führte (z.B. Joos Hg. 1957, Verdeutschungen nach Bense u.a. Hg. 1972). Es standen sich Begriffe wie die folgenden gegenüber.

(6) Begriffe der inhaltsbezogenen Grammatik und des (amerikanischen) Strukturalismus

a. *das Worten der Welt, Bestandstück der Sprache, Zusammenordnung, Sinnbezirk, Wortstand, Wurzelwort, Stammwort, geistiger Gehalt des Satzbauplans, Satzwert, Satzwort, Signalwort, Geleitwort, Beziehungswort, Einheit und Vielheit*

b. *Allomorph, Alternante, Distribution, exozentrisch, Junktur, Konstituente, Kontrast, Minimalpaar, Morph, Morphem, Phon, Phonologie, Referenz, rekursiv, Substitution, suprasegmental, tagmatisch, Variation*

Man sieht, dass sich im strukturalistischen Vokabular wieder ein erheblicher Anteil von Latinismen befindet, denen die Übernahme aus dem Englischen nicht anzusehen ist. Die strukturalistische Grammatik knüpft damit an die traditionelle Terminologie mit ihren Latinismen an, die natürlich auch im nationalsozialistischen Deutschland nicht einfach verschwunden war, sondern neben verschiedenen Varianten der inhaltsbezogenen stand, nun aber an Bedeutung gewann.

Um der Materialfülle einigermaßen sowohl gerecht als auch Herr zu werden, kompilieren wir im Folgenden vier Hauptgruppen von Anglizismen aus Einträgen unter dem Buchstaben *S* des Anglizismenwörterbuchs. Zur ersten dieser Gruppen gehören Einsilber unterschiedlicher Kategorie (7, es zählt die Sprechsilbe).

(7) Einsilber
Scene, Scout, Set, Sex (der Einsilber wurde später als das Kompositum *Sex-Appeal* entlehnt), *Shake, Share, Shift, Show, Slot, Slum, Smog, Snack, soft, Song, Sound, Spot, Squash, Steak, Stick, Stress, Stretch, Strike, Swing*

Diesem Kernbestand an ‚echten' Anglizismen kommt nach verbreiteter Auffassung in verschiedener Hinsicht besondere Bedeutung zu (Polenz 1999: 403f.; Munske 2004: 159). Die Einsilbigkeit teilen sie mit zahlreichen Stämmen des Kernwortschatzes. Ihre Entlehnung trägt dazu bei, den Bestand an unmotivierten kurzen Wörtern zu erhöhen und so der dem Deutschen eigenen Tendenz zu morphologischer Komplexität und längeren Wörtern entgegenzuwirken. Das umso mehr, als solche Stämme im Allgemeinen problemlos in produktive Wortbildungsregeln eingehen (6.2.2, 6.4). Auf der anderen Seite ist man der Auffassung, das Deutsche integriere solche Wörter heute phonologisch und orthographisch weniger als früher. Als Beispiele dienen etwa engl. *strike* zu dt. *Streik* oder die Gruppe um engl. *cakes, slips*, bei der ein Plural-*s* in den Stamm des Deutschen integriert wurde zu *Keks, Schlips*, ähnlich *Koks*. Wegener 1999 und Harnisch 2001 zeigen allerdings, dass dieser Mechanismus weiter wirksam ist, etwa in engl. *shrimps, straps, chips* zu dt. *Schrimpse, Strapse, Chipse* als Pluralformen und *Schrimps, Straps, Chips* als Grundformen. Die Eindeutschung des in den 1840er Jahren entlehnten Wortes *strike* als politischer Begriff wurde wahrscheinlich wie viele andere in den 1870er Jahren vorgenommen. Denn welcher deutsche Arbeiter will auf die Dauer nach englischem Vorbild striken, vielleicht sogar noch in englischer Aussprache? Es gibt ein paar weitere Fälle aus dieser Zeit, z.B. engl. *shawl* zu dt. *Schal* (Heinrich Heine gibt den guten Rat „Trägt nach einem Shawl Verlangen deine Frau, dann kauf ihr zwei"). Beide Wörter haben den *s*-Plural bis heute bewahrt.

Ob die wenigen Beispiele ausreichen, von einer generellen Integrationsvermeidung des Gegenwartsdeutschen zu sprechen, lassen wir dahingestellt. Zur Einfachheit eines Stammes gehört jedenfalls nicht unbedingt Einfachheit seines Gebrauchs, wie das Beispiel *Kid/Kids* zeigt.

Kid/Kids. Die englische Form *kid* wird in gängigen Wörterbüchern mit zwei Grundbedeutungen geführt, einmal als Verb *to kid* ‚herumalbern, foppen, schwindeln', das als Anglizismus kaum eine Rolle spielt. Im Deutschen findet sich allenfalls die Form *kidding.* Zweitens als Substantiv *kid* mit der Bedeutung ‚Zicklein' (*kid leather* ‚Ziegenleder') und mit der weiteren Bedeutung ‚Junge, Mädchen, Kind', wobei Wörterbucheinträgen häufig Hinweise wie umgangssprachlich oder sogar Slang beigefügt werden. Dazu gibt es ein Verb *to kid* ‚zicken, zickeln'. Uns interessiert weiter nur das Substantiv. Als Anglizismus taucht der Stamm zuerst als Bestandteil von *Kidnapper* ‚Menschenräuber' und *Kidnapping* ‚Menschenraub' auf. Heute ist der einfache Stamm im selbständigen Wort ebenso gebräuchlich wie als zweiter Bestandteil von Komposita. Wahrig 2000 nennt das Beispiel *Computerkid*, als Bedeutung für *Kid* findet sich dort einfach ‚Kind'. Andere Wörterbücher sehen das etwas anders und geben an ‚Kind, Jugendlicher'. Wahrig 2009a sieht als Bedeutung ‚heranwachsendes, unternehmungslustiges Kind'. Auch bezüglich des Numerus bestehen unterschiedliche Auffassungen. Wahrig 2006 sieht keine Besonderheiten und bucht als Grundform *Kid.* Das Universalwörterbuch von Duden (1996) vermerkt „meist Pl." und im Anglizismenwörterbuch findet sich „nur Pl.". Auch Duden 2009 bucht nur die Pluralform *Kids* und erläutert sie mit *„ugs. für* Jugendliche, Kinder". In dieser Bedeutung wäre *Kids* ein Pluraletantum, was sich gut beispielsweise mit dem Befund in Onysko 2007 verträgt, wo als Vorkommen im ‚Spiegel' Wörter wie *Wunderkids, Großstadtkids, Luxuskids, Konsumkids, Motorradkids* genannt werden (3.1). Es besteht also weder über die Bedeutung noch über die Grammatik des Wortes Einigkeit, obwohl es zu den meistgenannten unter den ‚überflüssigen Anglizismen' gehört. Das lässt für Verdeutschungsversuche wenig Gutes erwarten. Niehr (2002: 6) zitiert als Kernwörter, die *Kids* nach Meinung von Sprachkritikern ersetzen sollen, Vorschläge wie *Kinder, Kleine, Jugendliche, Gören, Rangen* und hat keine Mühe mit dem Aufweis, dass sie ungeeignet sind, weil sie an der Bedeutung und an den Verwendungen von *Kids* vorbeigehen.

Zurück zu den unter dem Buchstaben *S* des Anglizismenwörterbuchs gebuchten Worttypen, das sind Latinismen (8), Angloromanismen (9) sowie typische Lehnübersetzungen (10a) und -übertragungen (10b).

(8) Latinismen
Sensor, Skript, Stagflation, Status, Symposium

(9) Angloromanismen
Science-Fiction, Scientology, Sequencer, Serial, Server, Session, Single, Snobiety, Snobismus, sophisticated, special, Spiritual, Statement, Synthesizer, Synthetics

(10) Lehnübersetzungen und Lehnübertragungen
a. *Satellitenschüssel/sattelite dish, Schau/show, Schnee/snow* (‚pulverisiertes Rauschgift'), *Schrittmacher/pace maker, Seifenoper/soap opera, Sexbombe/sex bomb, Switchgeschäft/switch dealing, Szene/scene*
b. *Schönheitsfarm/health farm, Selbstbedienung/self service, Senkrechtstarter/VTOL (vertical take-off and landing), Surfbrett/surfboard*

Ob die geringe Zahl von Latinismen in 8 im Vergleich zu den Angloromanismen in 9 Zufall ist, bleibe dahingestellt. Möglicherweise zeigt sich auch hier, dass das Deutsche seine Latinismen im Wesentlichen selbst bildet. Was die Inhaltsbereiche all solcher Wörter betrifft, lässt sich – wie gesagt – für den Allgemeinwortschatz im Anglizismenwörterbuch kaum von etwas Typischem sprechen. Das ist anders in der wissenschaftlichen Literatur zu den Anglizimen. Hier fällt auf, dass die Sprache der Presse besondere Aufmerksamkeit findet und zu umfangreichen Untersuchungen über Quantitäten, Inhaltsbereiche und Entwicklungen geführt hat (3.1).

Schlussbemerkungen

Das Deutsche hat es einerseits mit Entlehnungen aus dem Englischen leicht, weil beide Sprachen historisch und typologisch eng verwandt sind. In den Debatten über den Einfluss des Englischen auf das Deutsche wird in der Syntax manches dem Englischen zugeschrieben, was bestens ins Deutsche passt und was das Deutsche auch ohne das Englische hätte entwickeln können.

Dasselbe gilt für die Wörter. Auch hier gibt es so viele Gemeinsamkeiten, dass ein Hin und Her zwischen den Sprachen ohne Schwierigkeiten möglich ist. Gerade deshalb sind die bestehenden Unterschiede besonders wichtig, auch für Entlehnungsvorgänge. Ein Unterschied springt besonders ins Auge, das ist die Integration bzw. Nichtintegration von Fremdwörtern, besonders solchen aus dem Lateinischen, Griechischen und Französischen. Die Entlehnungsvorgänge haben unter historisch derart unterschiedlichen Bedingungen stattgefunden, dass sie zu unterschiedlichen Konsequenzen in den beiden Sprachen geführt haben.

Eine Folge anderer Art ist, dass die Wortgeschichte des Englischen sich seit langem für die Integration von fremden Eigenschaften interessiert. Für das Deutsche liegen seit mehreren hundert Jahren Untersuchungen zur Etymologie und Wanderung von fremden Wörtern und Wortbestandteilen vor, aber die Erforschung ihrer Stellung im phonologischen und morphologischen System ist jung, viel jünger als im Englischen. Zumindest einen Grund hat man darin zu suchen, dass die Grammatik des Kernwortschatzes und die der fremden Wörter weiter voneinander getrennt geblieben sind als im Englischen. Die Bedeutung der Grammatik fremder Wörter für das Deutsche insgesamt ist lange kaum erkannt worden. Realhistorisches, Sprachverwendung, Sprachsystematisches und Wissenschaftshistorisches hängen hier auf das Engste zusammen und bedingen sich gegenseitig. Ihr Zusammenhang wirkt sich bis heute auf das Verhältnis des Deutschen zum Englischen und auf dessen Wahrnehmung aus.

Die neuere Entwicklung des Anglizismenbestandes wurde im vorausgehenden Text vor allem auf bestimmte Eigenschaften von Entlehnungen konzentriert. Weitere Angaben zum Umfang des Anglizismenbestandes finden sich in den Abschnitten 2.7, 3.1, 3.4 und in Kap. 8.

2.3 Französisch

Das Deutsche hat aus keiner seiner Nachbarsprachen in größerem Umfang entlehnt, mit zwei Ausnahmen. Die erste betrifft den frühen Kontakt mit dem Latein, zu dem es eine echte Nachbarschaftsbeziehung gab. Römer und Germanen lebten in sich berührenden oder überlappenden Gebieten, der Sprachkontakt ergab sich aus dem alltäglichen Kontakt der Bevölkerungen (2.6). Die zweite betrifft das Französische, aber hier hatten die Entlehnungen mit der unmittelbaren Nachbarschaft weniger zu tun. Direkte Kontakte wie in der Westschweiz, in Elsaß-Lothringen, im Rheinland und in Ostbelgien waren regional von erheblicher Bedeutung, blieben für das Deutsche insgesamt aber vergleichsweise wirkungslos (dazu mehrere Beiträge in Kramer/Winkelmann Hg. 1990). Wirkung erlangten Sprachkontakte dadurch, dass eine Oberschicht französische Lebensart und Kultur übernehmen wollte, weitgehend unabhängig davon, wo innerhalb des deutschen Sprachgebiets sie lebte (Zollna 2004: 3192ff.).

Gerade beim Verhältnis des Französischen zum Deutschen ist daran zu erinnern, dass nicht die Vielfalt der Kontakte zwischen beiden Sprachen im Mittelpunkt steht, sondern der Einfluss des Französischen auf den Wortschatz des Deutschen, wie er sich bis in die Gegenwart der Allgemeinsprache zeigt. Eine Ausnahme machen wir mit einer kurzen Darstellung des sprachlichen Einflusses französischer Immigranten, der jeweils regional begrenzt blieb, aber in den Regionen doch einige Wirkung entfaltet hat. Er stellt insofern nach Qualität und Umfang eine Besonderheit für das Deutsche als Nehmersprache dar, die am Beispiel des Berlinischen verdeutlicht wird.

Die Beispiellisten, mit denen der französische Einfluss im Folgenden illustriert wird, sind aus der einschlägigen Literatur kompiliert, vornehmlich aus Telling 1987; Deutsches Fremdwörterbuch 1988; 1995; Dahmen u.a. Hg. 1993; Polenz 1994; 2000.

Entlehnungen ins höfische Mittelhochdeutsche

Ein erster Entlehnungsschub beginnt im 11. und findet seinen Höhepunkt im 12./13. Jhdt. Frankreich hatte als Zentrum der europäischen höfischen und Ritterkultur Einfluss auf viele Sprachen, wobei sich der Kontakt über persönlichen Austausch zwischen den Höfen, über gemeinsame Unternehmungen wie Kreuzzüge und über eine größere Zahl von Lehrern herstellte, die von der Oberschicht an vielen Orten für den Erwerb des prestigeträchtigen Französischen engagiert waren.

Eine starke Wirkung ging von der französischen Literatur aus, die als Vorbild ebenso wie durch adaptierende Übersetzungen und Übertragungen viel zur Blüte der deutschen Literatur des Hochmittelalters beitrug. Artusepik (Iwein, Tristan, Parzival), die Übertragung des Rolandliedes, die Lyrik der Troubadours und Trouvères als Vorbild des Minnesangs sind Beispiele dafür. In deutschen Texten des 13. Jhdts. zählt man etwa 700 Erstbelege von französischen Ausdrücken (Besch/Wolf 2009: 97). Bis in die deutsche Gegenwartssprache haben sich Entlehnungen wie die in 1a und Lehnübertragungen wie die in 1b erhalten (zu den im vorliegenden Abschnitt nicht weiter thematisierten Lehnübersetzungen Kowallik 1993).

(1) Gallizismen aus dem Hochmittelalter
   a. *Banner, Brosche, Harnisch, Kavalier, Kumpan, Lanze, Manier, Parole, polieren, Tresor, Turnier, Wams*
   b. *Tölpel* (zu afrz. *vilain*), *höfisch* (zu afrz. *cortois*), *hofieren* (zu afrz. *cortoiier*), *mein Herr* (zu *mes sire*)

Mit Beginn des 14. Jhdts. geht der Einfluss des Französischen vor allem zugunsten des Neulateinischen und Italienischen zurück, ohne aber ganz zu versiegen. Polenz (2000: 220) nennt als Beispiel für seine andauernde Wirksamkeit im 15. Jhdt. die Herausbildung einer europäischen Militärterminologie auf französischer Grundlage nach dem Aufkommen der Söldnerheere mit Wörtern wie *Artillerie, Fort, Garnison, Leutnant, Palisade, Patrone, Regiment* und *Visier*. Die zweite und umfangreichste Entlehnungswelle setzt mit der Etablierung des Absolutismus in Frankreich während des 17. Jhdts. ein, verstärkt sich weiter während des 18. und beginnt mit dem Ende der Befreiungskriege allmählich abzunehmen (s.a. kleine Statistik in Abschnitt 2.7).

Vom Dreißigjährigen Krieg bis zur Französischen Revolution

Das französisch basierte Militärvokabular wird während des Dreißigjährigen Krieges weiter ausgebaut, und gleichzeitig findet eine sachliche Verbreiterung der Entlehnungsprozesse statt. Der Versailler Hof wird führend in Europa, er bestimmt die Lebensform an den Höfen und bei dem nach höfischem Vorbild lebenden städtischen Bürgertum, man lebt à la mode. Wichtig ist, dass nicht nur die Lebensform nachgeahmt wird, sondern dass Frankreich sich während dieser Zeit auch zum Hauptlieferanten der notwendigen Waren entwickelt. Französisch steigt zur internationalen Verkehrssprache auf und wird allmählich auch für einige Wissenschaften wichtiger, vor allem auf Kosten des Lateinischen. Der sich herausbildende Alamodestil „zeichnet sich durch den gehäuften Gebrauch von Gallizismen bis zu stark französisch anmutenden syntaktischen Konstruktionen aus." (Helfrich 1990: 77). Der sachlichen Breite von Entlehnungen sind wenig Grenzen gesetzt, wie etwa die Darstellung des französischen Einflusses auf den Wortschatz des Deutschen für die Zeit zwischen 1649 und 1735 in Brunt 1983 zeigt.

Viele Entlehnungen aus jener Zeit sind heute vollständig ins Deutsche integriert (z.B. Verwandtschaftsbezeichnungen wie *Neffe, Onkel, Tante* oder Substantive und Adjektive aus verschiedenen Bereichen wie *Ball, Dame, Garde, Lüster, nett, nobel*), aber die meisten bleiben als Gallizismen erkennbar. Bei Brunt finden sich, ergänzt aus dem Deutschen Fremdwörterbuch (1988; 1995), bis heute gebräuchliche Gallizismen der folgenden Art (wie immer orthographisch adaptiert und ohne Angaben zur Bedeutungsveränderung).

(2) Gallizismen aus der Alamode-Zeit

a. Handel und Transport *Adresse, Bankier, Billet, Equipage, engagieren, en gros, Etablissement, Fonds, Karosse, Oktroi, Tour*

b. Diplomatie, Verwaltung, Militär *Appell, avancieren, Blessur, Bombardement, Depesche, Deserteur, Etappe, Finesse, Garantie, Gendarm, Kompliment, patrouillieren, sondieren*
c. Architektur und Landschaftsgärtnerei *Balkon, Balustrade, Bassin, Etage, Fassade, Fontaine, Galerie, Mansarde, Orangerie, Palais, Rabatte, Reservoir, Suite, Souterrain, Spalier, Terrasse*
d. Künste und Musik *Allemande, Barock, Bourrée, Facette, Gavotte, Graveur, Kolorit, Medaillon, Menuett, Ouvertüre, Palette, Porträt, Quadrille, Skizze*
e. Speisen und Getränke *Biskuit, Bouillon, Delikatesse, garnieren, Frikassee, Gelee, Kompott, Konfitüre, Kotelett, Likör, Marmelade, Omelett, Ragout*

Damit ist die sachliche Breite noch immer nicht abgedeckt, es finden sich Bezeichnungen für Kleidung (*Garderobe, Korsett, Krawatte, Manschette*), das Leben bei Hofe (*Etikette, Intrige, charmant, kapriziös, maliziös, Mätresse, raffiniert*) und vieles andere. Hunderte von Wörtern lassen sich nennen, denn es gab nur weniges, was die feine Gesellschaft nicht mit einem Gallizismus bezeichnen wollte. Wie das Leben auch mit Wörtern spielt, zeigt schön die über Jahrhunderte hinweg aktuelle Mätresse.

Mätresse. Das Wort ist wahrscheinlich während des Dreißigjährigen Krieges ins Deutsche entlehnt worden, schon damals ohne militärischen Hintersinn. Das französische Substantiv *maîtresse* hat als movierte Form zu *maître* (‚Meister, Lehrer') die erwartbare Bedeutung ‚Herrin, Meisterin', daneben aber auch die Bedeutung ‚Geliebte'. Der *maître* geht auf lat. *magister*, dieser auf lat. *magnus* ‚groß' zurück und ist als *Meister* ins Deutsche gelangt, dagegen wurde *maître* nur in Wendungen wie *Maître de Plaisir* übernommen. Im Französischen hat *maîtresse* bis heute sowohl die ‚neutrale' Bedeutung ‚Herrin' als auch die Bedeutung ‚Geliebte', im Deutschen dagegen nur letztere. Unsere Wörterbücher spezifizieren sie sogar näher als ‚Geliebte eines Fürsten'. Der Mätresse wird ein gewisser sozialer Status zuerkannt, der sich etwa von dem einer Prostituierten klar unterscheidet. Was Sprecher des Deutschen unter einer Mätresse verstehen, lässt sich an den Einsendungen zu einem Wettbewerb erkennen, den der Fernsehsender 3sat vor einiger Zeit unter dem Titel ‚Uns fehlen die Worte' veranstaltete. Die Zuschauer wurden aufgefordert, Wortvorschläge für angegebene Wortbedeutungen zu machen, z.B. für ‚das Gegenteil von *dauern*' oder ‚der Prozess der schnell fortschreitenden digitalen Erfassung und Vernetzung von Daten und Informationen über Personen, Gegenstände und unsere Umwelt'. Eine der Wortbedeutungen war beschrieben als ‚eine männliche Mätresse' und führte zu folgenden Vorschlägen:

a. *Beischläfer, Lustgesell, Kurverspringer, Bettwärmer, Abrufliebhaber, Teilzeitliebhaber, Vielbeischläfer, Lustknabe, Spieljunge, Bettmännchen*
b. *Mätre, Mätreur, Mätrax, Mätrass, Mätress, Mätresser, Mätresseur, Mätressant*
c. *Mantresse, Omtresse, Manutte, Patras, Madomme, Matratzo*

Wir haben die Vorschläge nach verdeutschenden Lehnübersetzungen für das nichtexistente Fremdwort (a) und nach mehr oder weniger weitgehenden Eindeutschungen geordnet, die entweder den ersten Wortbestandteil *Mätr* beibehalten (b) oder gerade mit ihm spielen (c). Die Vielfalt regelhaft verwendeter Wortbildungsmittel ist eindrucksvoll und in dem Bändchen ‚Uns fehlen die Worte' (München, dtv 2009: 19ff.) im Ansatz erläutert. Sie zeigen, wie ein als fremd unterstelltes Wort angeeignet werden kann. Das Rennen machte *Matratzo.*

Zur oben beschriebenen breiten Entlehnungsfront kommen im Laufe des 18. Jhdts. weitere Bereiche verstärkt hinzu, die bei Literatur und Theater, bei Abstrakta im Zusammenhang aufklärererischen Denkens und schließlich bei politischen Begriffen im Umfeld der Französischen Revolution gewisse Schwerpunkte bilden.

(3) Gallizismen aus dem 18. Jhdt.
a. Literatur und Theater *Akteur, Atelier, Ballade, Dilettant, Elegie, Ensemble, Essay, Genre, Grimasse, Jongleur, Kulisse, Persiflage, Regie, Regisseur, soufflieren*
b. Abstrakta *Eleganz, Esprit, Idee, Interesse, intolerant, Moral, originell, Prüderie, Toleranz, Transzendenz*
c. Politische Begriffe *Debatte, Despot, Elite, fraternisieren, Bourgeoisie, Chauvinismus, Kommune, Guillotine, Komitee*

Vergleicht man die Wortgruppen in 2 und 3 innerhalb der jeweiligen Gesamtmenge von Entlehnungen, dann fällt auf, dass der Anteil von heute noch erkennbaren Gallizismen aus der Alamode-Zeit höher ist als der aus dem späten 18. Jhdt. Der Einfluss des Französischen war so groß geworden, dass er strukturelle Wirkung zeigte. Diese Wirkung bestand vor allem in zweierlei, einmal in Veränderungen von Entlehnungen aus dem Lateinischen und zweitens im Anstoßen der Fremdwortbildung.

Uniformität von Latinismen, Fremdwortbildung, späte Entlehnungen

Eine nach den Einzelwörtern ziemlich willkürlich zusammengestellte Liste von Entlehnungen aus der zweiten Hälfte des 18. Jhdts. weist zwei Haupttypen auf.

(4) Entlehnungen zweite Hälfte des 18. Jhdts.
   a. *Branche, Café, Chaussee, Fete, Feuilleton, Gourmand, goutieren, Hotel, Jargon, Papiermachee, Phrase, Silhouette, Monstre*
   b. *Artist, Biograph, Deklamation, Dividende, Exkursion, generalisieren, komponieren, kontrastieren, Manipulation, monoton, Neologismus, organisieren, permanent, Progression*

4a enthält Gallizismen aus verschiedenen Bereichen, während man die aus 4b im Gegenwartsdeutschen ohne Umschweife als Latinismen oder Gräzismen bezeichnen wird (bleiben wir der Einfachheit halber beim weiten Begriff von Latinismus). Ihre französische Herkunft ist nicht ohne weiteres erkennbar. Der Grund ist darin zu suchen, dass die Herausbildung von Lehnaffixen des Deutschen in vielen Fällen unter dem Einfluss des Französischen stattgefunden hat. So vertritt Öhmann (1967) die Auffassung, dass etwa das Suffix *ität*, das lateinische Wörter auf *itas* zu Entlehnungen im Deutschen macht (*solemnitas* > *Solemnität, trinitas* > *Trinität*), durch Kontamination der lateinischen Akkusativform *solemnitatem* mit der französischen Form *solemnité* entstanden sei. Es gibt auch andere Erklärungen für die Entstehung dieses Suffixes. Öhmann schreibt dazu „Die Kontaminationstheorie bin ich aber nach wie vor geneigt, für möglich zu halten …". Späteren Entlehnungen sieht man jedenfalls nicht mehr an, ob sie dem Französischen oder dem Lateinischen entstammen, wir beschreiben das Suffix bei den Latinismen (6.2.4).

Ähnlich beim Verbalisierer *ier*, der nach Öhmann (1970) über französische Nomina Agentis wie *soldier, chevalier* ins Deutsche gelangt und dann als Verbalisierer verwendet wurde. Verben auf *ier* wie *gravieren, salutieren, punieren* sieht man wiederum nicht an, ob sie aus dem Lateinischen oder dem Französischen übernommen sind. Polenz schreibt dazu (2000: 220): „Auf dem Wege zu einer modernen internationalen Verkehrssprache in Wissenschaft, Recht, Politik und Hochkultur wirkt nun französisches Sprachvorbild auch auf die Entlehnungsprinzipien für lateinische Wörter stark ein, so dass in vielen Fällen die Herkunft aus Latein, Französisch oder Italienisch nicht mehr klar zu unterscheiden ist."

Ein Unterschied zu Entlehnungen aus dem Englischen besteht darin, dass von dort mehr und mehr anglisierte Romanismen ins Deutsche übernommen werden, die wir in Abschnitt 2.2 Angloromanismen genannt haben

(*Publicity, Support, Connection*). Dagegen nehmen bei Entlehnungen aus dem Französischen im späten 18. Jhdt. die Latinismen erst einmal zu.

Zweite strukturelle Folge der massenhaften Entlehnung aus dem Französischen (und Lateinischen) ist die schon mehrfach erwähnte Herausbildung einer Fremdwortbildung, die Bildung von Wörtern im Deutschen unter Verwendung entlehnter Bestandteile. Wie die Statistik in Abschnitt 2.7 zeigt, hat die Wortbildung mit fremden Stämmen und Affixen innerhalb des Deutschen während des 18. Jhdts. die Zahl der Entlehnungen aus dem Lateinischen überholt und die aus dem Französischen fast erreicht (Grundsätzliches zur Fremdwortbildung in Abschnitt 6.1 und 6.2, zu den Gallizismen vor allem 6.2.3). Um zu zeigen, wie sich das Verhältnis weiter entwickelt, werfen wir noch einen Blick auf die Rolle des Französischen als Gebersprache im 19. und 20. Jhdt.

5a bringt eine ziemlich vollständige Liste von Erstbelegen der Jahre 1820 bis 1835, 5b der Jahre 1900 bis 1930 aus dem Deutschen Fremdwörterbuch. Die Wörter werden in der Reihenfolge ihres Auftretens aufgeführt. Was heute nicht mehr geläufig oder nicht mit Sicherheit aus dem Französischen stammt, wurde weggelassen.

(5) Entlehnungen frühes 19. und frühes 20. Jhdt.
  a. *integrierend, Loyalität, Expansion, Attaché, Bluse, Kollier, Plumeau, Depression, normieren, Chaiselongue, Elan, Masseur, Restaurateur, Claqueur, Gastronom, virtuell, banal, flanieren, Prestige, repressiv, Beau, doktrinär, Hausse, markant*
  b. *Œuvre, Pazifist, Voyeur, Charmeur, Reportage, Semantik, sportiv, Sabotage, Tristesse, Surrealismus*

Man sieht, wie sich die Bereiche verengen, aus denen entlehnt wird, und wie weit die Zahl der Übernahmen im ersten Drittel des 20. Jhdts. zurückgegangen ist. Auch der Anteil an Latinismen hat sich jetzt reduziert. Das Deutsche übernimmt seit Beginn des 19. Jhdts. seine Latinismen eher direkt oder es gewinnt sie als Fremdwortbildungen. Die Rolle des Französischen als Gebersprache reduziert sich, was Inhalte und sprachliche Formen betrifft, mehr und mehr auf etwas, das man als typisch für das Land und die Sprache ansieht. So ist es im Wesentlichen bis heute mit *Baguettebrötchen* und *Mousse au Chocolat* geblieben, der Rest fällt den Anglizismen anheim (z.B. O'Halloran 2002; Eroms 2006; zur Rolle des Französischen im 19. und 20. Jhdt. s.a. 3.2 und 3.3).

Französisch in deutschen Dialekten, Berliner Französisch

Französische Sprachinseln im deutschen Sprachgebiet sind in erster Linie das Ergebnis religiöser Verfolgung (Kramer 1992; Zollna 2004). Schon im 13. Jhdt. flohen größere Gruppen von Waldensern aus Südfrankreich vor der Inquisition und ließen sich u.a. im deutschen Sprachgebiet nieder. Als Ludwig XIV. im Jahr 1685 das Edikt von Nantes aufhob und damit die Religionsfreiheit in Frankreich offiziell abschaffte, kam es zur Massenflucht von Protestanten. Erneut waren die Waldenser betroffen und neben ihnen vor allem Hugenotten, die aus verschiedenen Regionen Nordfrankreichs nach Hessen, Baden-Württemberg und Brandenburg flüchteten. Im Allgemeinen wurde ihnen nicht nur Asyl gewährt, sondern man schuf auch Voraussetzungen für eine erfolgreiche Ansiedelung. Es entstanden Sprachinseln von vorrangig regionaler Bedeutung, die dem Französischen auch einen Einfluss außerhalb der Oberschicht verschafften, bevor die Hugenotten zum Deutschen übergingen (Glück 2002).

Zu den Regionen, in denen das Französische auf vielfältige Weise und besonders intensiv wirksam wurde, gehört Berlin. Die Mehrheit der 6.000 bis etwa 1700 einwandernden Hugenotten siedelte nach dem Willen und mit Privilegien des Großen Kurfürsten in der Hauptstadt und baute dort eine auch wirtschaftlich prosperierende Gemeinde auf. Das stärkt zunächst die Stellung des Französischen bei Hofe und im städtischen Bürgertum: „Für eine einflußreiche Oberschicht in Berlin wird so die alte Zweisprachigkeit Niederdeutsch/Hochdeutsch, die der Ausbildung einer berlinischen Mischsprache förderlich war, durch eine neue Zweisprachigkeit Französisch/Berliner Umgangssprache abgelöst.“ (H. Schmidt 1986: 147).

Dabei blieb es aber nicht, auch wenn der preußische Hof in der Regierungszeit Friedrichs des Großen französischer Kultur und ganz ausdrücklich der französischen Sprache einen hervorragenden Platz einräumte und dies etwa auch in seiner Akademie der Wissenschaften wirksam werden ließ. Die Hugenotten integrierten sich innerhalb weniger Generationen und gaben ihr Französisch auf, natürlich nicht ohne Spuren im Berlinischen zu hinterlassen (Bergerfurth 1993).

Von vornherein anderer Art war die Stellung des Französischen während der Besetzung Berlins durch Truppen Napoleons in den Jahren 1806–08 und 1812/13. Die französische Garnison dominierte nach der Niederlage Preußens bei Jena und Auerstedt wie während Napoleons Aufmarsch zum Russlandfeldzug zweimal über längere Zeit hinweg den Berliner Alltag. Vor dem Russlandfeldzug bestand sie aus nicht weniger als 24.000 Soldaten. Der weitere Verlauf des 19. Jhdts. sieht Französisch trotz zunehmender Entwelschungskampagnen weiter als Sprache ökonomisch führender wie gebildeter Schichten mit unterschiedlichen Wirkungen in der Allgemein- und Umgangssprache.

Die Disparatheit der Einflüsse macht es schwierig, das Berliner Französisch als einen irgendwie einheitlichen Soziolekt zu fassen. Was dem Jargon zugeschrieben wird, hat sich vom 18. bis zum 20. Jhdt. mit seinem Milljöh-Kult stark verändert. Manches wurde wohl auch zu Unrecht vereinnahmt, denn es ist entweder gar nicht auf das Französische oder aber auf viel ältere Entlehnungen zurückzuführen (z.B. *plärren* von *pleurer, Polier* von *parlier* ‚Sprecher', *forsch* von *avec force*). Anderes ist möglicherweise literarischen Ursprungs, könnte etwa aus Schriften des Journalisten und satirischen Schriftstellers Adolf Glaßbrenner (1810–1876) stammen und gar nicht wirklich in die Umgangssprache vorgedrungen sein.

Aber der Einfluss des Französischen auf das Berlinische ist insofern umfassend, als er alle sprachlichen Ebenen erreicht. Das betrifft die Aussprache vieler Kernwörter und adaptierter Gallizismen, es betrifft die Morphologie (*Bammelasche, Kledasche, Stellasche, Schmierasche, sachtemang, knappemang*), die Idiomatik (*einen auf die Lampe gießen* von *lamper* ‚gierig trinken' oder *das ist alle* von *c'est allé*) und natürlich allgemein den Wortschatz. In 6a sind einige Beispiele für Eindeutschungen aufgeführt, deren Herkunft noch erkennbar ist. 6b bringt Beispiele, deren Herkunft man weniger leicht erkennt. In den meisten Fällen findet zudem volksetymologische Reanalyse statt. Wir stützen uns bei den Beispielen auf Lasch 1928, Harndt 1983 und Schönfeld 1986.

(6) Berliner Französisch

a. *Amüsemang, Bölletasche, Bulette, Bredullje, Budike, Destille, Effee, dusemang, Milljöh, partu, pleng, Plessierverjnüjen, proper, Ragufeng, Trittewar*

b. *adrett* < *à droit, blümerant* < *bleu mourant* ‚flau im Magen', *Botten* < *les bottes, Deez* < *tête, etepetete* < *être peut-être, Fisimatenten* (‚leere Ausflüchte'), *karjuckeln* < *carriole, Kinkerlitzchen* < *quincailleries, Kiwief* < *qui vive?* z.B. *auf dem Kiwief sein, Klamauk* < *clameux, Lamäng* < *la main* ‚mit Leichtigkeit', *Muckefuck* < *mocca faux, Ratte* < *raté* ‚Versager', *ratzekahl* < *radical, todschick* < *tout chic, Zislaweng* < *ainsi cela vient* ‚Schwung, Kniff'

Die Etymologien wurden in den meisten Fällen überprüft, Unsicherheiten bleiben aber natürlich. So könnte *dusemang* statt auf frz. *doucement* auf das berlinische Adjektiv *duse* ‚sachte, sanft, langsam' zu beziehen sein. Die Verwendung von *Ratte* zur Bezeichnung von Versagern könnte statt auf frz. *rater* vielleicht doch auf die deutsche Tierbezeichnung *Ratte* mit der Bedeutung

‚Fehlwurf beim Kegeln' oder die französische *rat* mit der Bedeutung ‚Fehlschlag' zu beziehen sein. Und für *Fisimatenten* werden fast überall mehrere Etymologien angegeben (Schlösser 1990: 212ff.).

Eine ganze Reihe der Berlinismen in 6 hat es bis in die Rechtschreibwörterbücher von heute geschafft, wenn auch meist mit mehr Französisch in der Orthographie und dem Hinweis ‚umgangssprachlich'.

2.4 Italienisch

Lang andauernder, vielseitiger Einfluss

Vom Kontakt mit dem Italienischen sind im Lauf der Jahrhunderte zahlreiche Sachgebiete berührt worden, diese Gebersprache hatte einen vielseitigen Einfluss auf das Deutsche. Vielleicht ist die These etwas gewagt, aber es entsteht der Eindruck, dass von den direkt übernommenen Italianismen vergleichsweise wenige bis auf den letzten Rest integriert sind. Sprecher des Deutschen scheinen bestimmte fremde Merkmale italienischer Wörter zu mögen und lassen sie bestehen (s.u.).

Früh gab es intensive Kontakte zwischen einzelnen Regionalsprachen, besonders im Alpengebiet. Sie betrafen den Alltagswortschatz und waren meist beschränkt auf mündlichen Austausch (‚Bauernwörter', Schmöe 1998: 31). Über ihre Regionen kommen sie selten hinaus, auch wenn sie sich dort lange halten (Polenz 1991: 234). Das ändert sich prinzipiell mit dem Entstehen von Beziehungen zwischen Regionen von überregionaler Bedeutung, deren unmittelbare Nachbarschaft auch nicht Bedingung ist, zum Beispiel den Beziehungen zwischen Venedig und Augsburg.

Wo Wörter in größerem Umfang ins Allgemeindeutsche eingegangen sind, hat man vor allem zweierlei zu beachten. ‚Das Italienische' als relativ einheitliche Varietät des gesamten Sprachgebiets gibt es allenfalls seit dem ersten Drittel des 20. Jhdts. Es hat sich nach der staatlichen Einigung in der zweiten Hälfte des 19. Jhdts. durch eine riesige Wanderungsbewegung im Wesentlichen von Süden nach Norden und dann durch den Einfluss der Medien herausgebildet und stabilisiert. Noch heute ist es selbstverständlich und gehört teilweise zum guten Ton, dass man einem Sprecher des Italienischen anhört, woher er kommt. Diese Situation ist der des Deutschen in mancher Hinsicht ähnlicher als der des Französischen oder britischen Englisch.

In den vorausgehenden Jahrhunderten waren unterschiedliche Regionalsprachen dominant, im Handel früh das Venezianische und Genuesische, in der Literatur das Florentinische. Sie waren mächtig auch als Gebersprachen, und besonders das Florentinische bzw. das Toskanische sah eine Zeit lang wie der Sieger im Wettkampf der Regionalsprachen aus. So wurde die italienische Sprachakademie ‚Academia della Crusca' 1582 in Florenz gegründet und machte sich sogleich an die Abfassung eines Wörterbuchs. Aber seit Entstehen der Hauptwerke italienischer Literatur (Dante Alighieri, Petrarca, für die Prosa Boccaccio) waren über zweihundert Jahre vergangen. Die Akademie erstarrte in Normierungsbestrebungen und war weit davon entfernt, einer Volkssprache zum allgemeinen Gebrauch auch nur verhelfen zu wollen.

Zum Zweiten ist für zahlreiche Übernahmen ins Deutsche kaum zu klären, ob man sie als Entlehnungen aus dem Italienischen oder einer anderen romanischen Sprache anzusehen hat. Das betrifft insbesondere Latein und Französisch (Wilhelm 2010). Die Loslösung der Volkssprache vom Latein begann im 9. Jhdt. und entwickelte sich über Jahrhunderte, aber im 15. Jhdt. setzte durch die Verbreitung des Neulatein als Lingua franca der Wissenschaft eine Gegenbewegung ein, die von Italien ausging und viele Länder Europas erfasste (2.6).

Die Konkurrenz mit dem Französischen hat, was Entlehnungen ins Deutsche betrifft, eine direkte und eine indirekte Seite. Das Französische selbst hatte vor allem seit dem 16. Jhdt. in großem Umfang aus dem Italienischen entlehnt. Mit der wachsenden Dominanz des Französischen als Gebersprache für das Deutsche seit dem 17. Jhdt. kamen sehr viele Wörter bei uns an, die von ihrer jüngeren Vergangenheit her als Italianismen anzusehen sind.

Beide Tatbestände werden direkt an zwei der drei Hauptgruppen von Italianismen sichtbar, die das Fremdwörterbuch (1995, Einleitung: 18) nennt. Die erste umfasst Entlehnungen des Banken- und Kaufmannswesens im 15./16. Jhdt., als Venedig führend im Handel mit dem näheren und ferneren Orient war (1a). Die zweite betrifft das Militärwesen, wobei das Fremdwörterbuch Entlehnungen aus dem Französischen und Italienischen nur gemeinsam aufführt. Friederike Schmöe (1998: 42f.) macht italienische dingfest und nennt für das 16./17. Jhdt. u.a. die in 1b.

(1) Italianismen 16./17. Jhdt., Banken- und Militärwesen
   a. *Bankrott, Bilanz, brutto, Debet, Diskont, Kassier, Kredit, Konto, Porto, Million, Provision, Prozent, Skonto, Ultimo, Valuta*
   b. *Alarm, Bastei, Blockade, Granate, Kamerad, Kanone, Kasematte, Kommando, krepieren, Partisan, Rakete, Schwadron, Soldat, Spion*

Der dritte Bereich, den das Fremdwörterbuch herausstellt, ist die Musik. Bevor wir auf ihn zu sprechen kommen, soll wenigstens auf die riesigen

Entlehnungsschübe hingewiesen werden, die bis zum 17. Jhdt. Italiens führender Rolle entsprechen was Lebensart, Bildende Kunst, Malerei, Architektur und Theater betrifft. Hier einige Beispiele aus dem Bauwesen (2a) und der Malerei (2b, nach Schmöe 1998: 52ff.).

(2) Bauwesen und Malerei
  a. *Altan, Arkade, Balustrade, Kapitell, Korridor, Kuppel, Loggia, Pergola, Spalier, Studio, tapezieren, Terrakotta*
  b. *Aquarell, Folie, Filigran, Fresko, Kontrast, Madonna, Miniatur, Modell, Palette, Pastell, Profil*

Der dominierende Einfluss Italiens auf die europäische Musikgeschichte beginnt am Übergang vom 16. zum 17. Jhdt. mit Entstehung der Oper, des Oratoriums und der Blüte anderer Formen von Vokalmusik. Er setzt sich im Lauf der 17. Jhdts. mit der Entwicklung verschiedener Genres von Instrumentalmusik fort, so dass in Italien praktisch die wichtigen Formen der zeitgenössischen Musikkultur zu Hause waren. Auch der italienische Instrumentenbau war führend oder gehörte zur Spitze in Europa. Man komponierte im italienischen Stil, führte italienische Musik auf und orientierte sich an der italienischen Aufführungspraxis. Italienisch entwickelte sich im 17. Jhdt. (mit gewissen Einschränkungen z.B. was Frankreich und England betrifft) zur Lingua franca der Musik und behielt diesen Status weit darüber hinaus, in einigen Bereichen bis heute.

Beim Musikvokabular sind nach Form und Funktion zwei Hauptgruppen zu unterscheiden. Die erste enthält Vortragsbezeichnungen, vor allem zum Tempo und zur Dynamik, aber auch zum Gebrauch von Hilfsmitteln wie Pedal oder Dämpfer. Dieses Vokabular ist für die gängige Praxis nur in engen Grenzen veränderlich. Es hat einen ähnlichen Status wie die seit dem 17. Jhdt. fixierten (um nicht zu sagen: normierten) nichtverbalen Elemente traditioneller Musiknotation, etwa Liniensystem, Schlüssel, Notenwerte, Vorzeichen, Pausenzeichen, Zeichen für Wiederholung. Sie machen Musiktexte unabhängig von der Einzelsprache lesbar und werden im Prinzip von keiner Sprache integriert. Auch wenn sie Italianismen sind, haben sie mit der Entwicklung im Italienischen im Allgemeinen nichts mehr zu tun. Die sprachlichen Gebilde in 3a sind, wenn überhaupt, Wörter oder nach feststehendem Muster kombinierte Formen besonderer Art und sie sind Internationalismen im strengen Verständnis. Erst durch Übergang in die Gruppe 3b können sie an den einzelsprachlichen Gebrauch angepasst werden. Substantivierungen wie *ein Allegro, dieses Piu Andante* haben im Deutschen ein Genus, werden den Flexionsregeln unterworfen und auch großgeschrieben. Sie dienen der Bezeichnung von Musikstücken oder Teilen davon, sei damit der Text selbst oder seine musikalische Realisierung gemeint.

(3) Musikvokabular
   a. *andante, allegro, andantino, allegretto, piu andante, piano, piu piano, pianissimo, staccato, andante piano al fine senza replica*
   b. *Arie, Ballett, Bariton, Cello, Instrument, Fagott, Kadenz, Kapelle, Konzert, Partitur, Tremolo*
   c. *heiter, nicht schnell, feierlich, Scherzo. Sehr mäßig, langsam – lebhaft, Nachtmusik – andante amoroso*

Variabler ist das Vokabular für musikalische Formen, Genres und Gegenstände jeder Art in 3b. Italianismen sind dominant, aber es gibt auch zahlreiche Gallizismen (*Polonaise, Allemande, Ecossaise, Gigue, Quadrille*) und einzelsprachliche Bezeichnungen im Deutschen, Englischen, Ungarischen, Tschechischen, Finnischen usw. Als Entlehnungen sind die Wörter in 3b prinzipiell integrierbar, sie machen aber im Allgemeinen nur bestimmte Schritte in dieser Richtung wie Abschwächung des auslautenden Vollvokals zu Schwa (*Fuge, Motette, Operette, Sonate, Violine*) oder seine Tilgung (*Alt, Bass, Duett, Oper, Spinett, Sopran*). Manchmal ergibt sich daraus durch weitere orthographische Anpassung wie Großschreibung schon eine vollintegrierte Form (*Alt, Bass, Fuge, Oper*), das sieht aber eher nach Zufall aus und verhindert nicht, dass solche Wörter Internationalismen bleiben.

3c zeigt Ausdrücke, wie sie im 19. Jhdt. insbesondere einen Teil von 3a ersetzen sollen. Wir erwähnen sie an dieser Stelle, weil sie zum Thema Musikvokabular gehören, obwohl nicht klar ist, welchen Status sie bezüglich der Italianismen haben. Formal sind sie nicht fremd oder sie sind hybrid, aber möglicherweise lässt sich an größeren Datenmengen zeigen, dass ein Teil von ihnen als Lehnübersetzungen oder Lehnübertragungen anzusehen ist. In diesem Sinn hat sich ausdrücklich noch Georg Philipp Telemann geäußert, der deutsche Bezeichnungen in seiner Vokalmusik verwendet (dazu und zur Vorgeschichte der Verdeutschungen Baselt 1995). Den freundlichen Hinweis auf Telemann (persönliche Mitteilung) verbindet der Berliner Musikwissenschaftlers Bernhard Schrammek mit der Auffassung, im späteren 18. Jhdt. seien „deutschsprachige Vortrags- und Tempobezeichnungen ein Produkt der Aufklärung und der Empfindsamkeit, als die Komponisten sich bemühten, auch die Interpretationen genau nach ihren Vorstellungen und Empfindungen vollziehen zu lassen.“ Carl Phillip Emanuel Bach verwendet sie häufig, Beethoven gelegentlich. Bei Robert Schumann kommen sie in fast allen Gattungen und auch im symphonischen Werk vor, ähnlich bei anderen Komponisten der deutschen Romantik und Spätromantik. Das Vokabular ist prinzipiell frei. Ob sich im 19. Jhdt. eine Systematik entwickelt hat, ist offenbar bisher nicht untersucht worden.

Italianismen seit dem Zweiten Weltkrieg

Für die Zeit nach dem Zweiten Weltkrieg ist man für Entlehnungsprozesse – abgesehen von den Anglizismen – meist auf sehr spezielle Untersuchungen oder allgemeine Vermutungen angewiesen. Schmöe 1998 wendet dieser Zeit für die Italianismen besondere Aufmerksamkeit zu. Sie beschreibt die Beziehungen zwischen Deutschland und Italien mit dem Ziel, auf halbwegs systematische Weise deren Reflexe im Wortschatz des Deutschen zu erfassen. Italiener sind als erste größere Gruppe von Gastarbeitern schon seit Mitte der fünfziger Jahre nach Deutschland gekommen und haben sich wie wenige andere etabliert, aber nicht vollständig assimiliert. Umgekehrt entwickelte sich Italien bald zum mit Abstand wichtigsten Urlaubsland der Deutschen, später auch zum Reiseland und zur Ersatzheimat einer Toskana-Fraktion. Kulturgüter wie der Italienschlager, Sehnsuchtssänger wie Vico Torriani oder Kultfiguren wie Don Camillo und Peppone waren ein einziges Glück. Die Frage ist, ob im Vokabular etwas außerhalb von Küche und Speisekarte bleibt. Schmöe ermittelt selbst oder übernimmt aus Muthmann 1991 etwa 150 Kandidaten, von denen 4 die einigermaßen gängigen wiedergibt (‚gängig' ist eine Zuschreibung von P.E.).

(4) Italianismen nach 1945
al dente, Ambiente, Catenaccio, Direttissima, Galleria, Graffito, klaro, Libero, Mafioso, Neutrino, paletti, Paparazzo, Schickeria, Stiletto, Szenario

Das ist mehr als nichts, aber nicht gerade bedrohlich. Auch wenn man manchen der Einträge bei Schmöe (491ff.) bezüglich seines Vorkommens in der Allgemeinsprache anders bewertet, ergibt sich kaum eine andere Größenordnung. Einige weitere Fremdwortbildungen kommen hinzu (*Berlinale, Blödelissimo, Schickimicki, Palazzo Prozzo*), aber alles führt nicht daran vorbei, dass Wörter für Speisen und Getränke in der Popularität weit vorn liegen.

Der erste Entlehnungsschub in diesem Bereich geht auf die kulturelle Dominanz Italiens seit der frühen Neuzeit zurück. Zwischen dem 14. und 16. Jhdt. übernimmt das Deutsche auf dem Weg über höfisches Leben eine große Zahl von Wörtern, die uns bis heute geblieben sind (5a). Von keinesfalls geringerem Umfang sind Übernahmen seit 1945 (5b). Mit höfischem Leben haben sie nichts mehr zu tun, was man dem Wortbestand als solchem aber nicht ansieht.

(5) Speisen und Getränke
a. *Artischocke, Kartoffel[!], Limone, Maccaroni, Marzipan, Muskateller, Olive, Polenta, Rhabarber, Salat, Sardine, Torte*

b. *Antipasti, Balsamico, Cannelloni, Cappuccino, Carpaccio, Espresso, Gnocchi, Grappa, Mozzarella, Pasta, Penne, Pesto, Prosciutto, Prosecco, Ravioli, Rucola, Scampi, Tagliatelle, Tortellini, Zucchini, Zabaione*

Ein weit verbreitetes, unverzichtbares Vokabular, dessen Fahnenwort nach wie vor *Pizza* sein dürfte.

Pizza. Dieser Internationalismus reinsten Wassers ist bei Wikipedia in über 50 Sprachen nach Aussprache und Schreibweise verzeichnet, im Deutschen wurde er längst zum Allgemeinbegriff vergleichbar mit *Brot* oder *Kuchen.* Wir sprechen von russischer, chinesischer, amerikanischer, griechischer oder türkischer Pizza und meinen damit teilweise regionale Adaptionen, teilweise sogar traditionelle Nationalgerichte, die von der Herkunft her nichts mit der italienischen Pizza zu tun haben. Und was wir auf einer deutschen Speisekarte finden, hat häufig ebenso wenig mit ihr zu tun. Auch die Vorschläge zur Etymologie von *Pizza* sind von bemerkenswerter Vielfalt. Als Herkunftsangabe finden sich langobardisch *bizzo* ‚Fladenbrot', neapolitanisch *pizza* ‚zupfen', arabisch *pita* ‚Brot', mittellateinisch *picea* ‚die aus Pech' zu lat. *pix* ‚Pech' und schließlich mittelgriechisch *pitta* ‚Kuchen'. Ins Deutsche ist das Wort aus dem Italienischen gelangt, wahrscheinlich im 19. Jhdt. (Schmöe 1998: 51). Pizzen neuer Art soll es in Italien seit dem 18. Jhdt. als Volksgericht geben, eine in den Nationalfarben grün (Basilikum) – weiß (Mozzarella) – rot (Tomaten) soll im Jahr 1889 für Margherita von Savoyen gebacken worden sein und die Gattin von König Umberto I. zu Beifall hingerissen haben. Deshalb bleibt uns die Margherita wohl erhalten. Was *Pizza* an Pluralformen bietet, hat man genau unter die Lupe genommen. Beim Italiener findet sich durchaus gelegentlich noch *Pizze* auf der Speisekarte. Die italienische Pluralform war mit deutscher Großschreibung in den 60er Jahren ganz verbreitet. Verdrängt wurde sie durch den *s*-Plural *Pizzas.* Ausgebreitet hat sich auch der Plural mit Stammflexion *Pizzen,* der das Wort eigentlich zu den Latinismen stellt (Harnisch 2001: 266ff., 5.2.2).

Wohl kein Ausländer hat es wie der Italiener geschafft, sich dem kulinarischen Alltag der Deutschen sprachlich einzuschreiben. Der Italiener hält Abstand und spricht gleichzeitig jeden, der möchte, ebenso freundlich wie geschäftsmäßig auf Italienisch an. Kein Chinese ist überhaupt geneigt zu glauben, dass ein deutscher Gast in seinem Restaurant Chinesisch spricht. Er stellt sich taub. Der Grieche und der Türke lassen es – jedenfalls außerhalb spezieller Regionen wie dem Berliner Orient – beim Gebrauch der Wörter auf der Speisekarte bewenden und möchten nicht unbedingt, dass man sich darüber hinaus einmischt. Der Franzose zeigt sich schon mal leicht genervt, wenn es nicht gleich im Alltagston flüssig läuft. Den Engländer gibt es aus den bekannten Gründen nicht. Der Italiener ist einzig, mit ihm das Italienische.

2.5 Griechisch

Der Einfluss des Griechischen auf das Deutsche ist von besonderer Art, insofern er zum größeren Teil indirekt wirksam geworden ist. Zwar gab es immer direkte Entlehnungen aus dem Griechischen, weitaus umfangreicher sind aber die indirekten. Die jeweils dominante Gebersprache brachte auch ihre Gräzismen ins Deutsche mit (Holzberg 1996; 2004; aus diesen Arbeiten übernehmen wir einige Beispiele, ein weiterer Teil stammt wieder aus dem Deutschen Fremdwörterbuch 1988). Wegen der vorwiegend indirekten Übernahme ist man bei den Gräzismen noch stärker als etwa bei den Latinismen auf strukturelle Erwägungen angewiesen. Die Entlehnungswege sind verschlungen, häufig nicht erforscht und in den Einzelheiten wohl auch nicht rekonstruierbar. Wir bleiben dem Blick auf das Griechische mit der lateinischen Brille schon insofern treu, als wir griechische Wörter in der üblichen Weise mit lateinischen Buchstaben schreiben.

Direkte Entlehnungen

Glaubt man der Literatur, dann ist in grauer Vorzeit als älteste direkte griechische Entlehnung ausgerechnet *Kannabis* ins Deutsche gelangt und zum Kernwort *Hanf* weiterverarbeitet worden. In größerem Umfang direkt entlehnt wurde in der Zeit des Mittellateins (hier ca. 650–1350, 2.6). Es kamen Wörter wie die in 1 ins Deutsche, also vorwiegend solche aus dem klerikalen Bereich. Aber selbst hier ist nicht immer sicher, ob ihr Weg direkt oder über das Lateinische oder Altfranzösische ins Deutsche führte.

(1) Gräzismen aus der Zeit des Mittellatein
Chor, Litanei, Päonie (‚Pfingstrose'), *Paradies, Paralyse, Patriarch, Prolog, Proselyt* (‚religiös Neubekehrter'), *Psalm, Tyrann*

Gewisse direkte Berührungen mit dem Griechischen gab es in der Zeit der Kreuzzüge, jedenfalls sind wir zu einigen Wörtern aus dem byzantinischen Griechisch gekommen (Mittelgriechisch, z.B. *Samt, Wams*). Für die Zeit zwischen dem 5. und 12. Jhdt. nennt Adrados (2001: 252) die byzantinisch-griechischen Entsprechnungen von Wörtern wie *Litanei, Protokoll, Symphonie, Pergament, Sarazene, Galeere, Sklave, Chor, Gondel, Paradies, Kataster* als Basen für Entlehnungen in mehrere westeuropäische Sprachen. Die

Entlehnungswege solcher und vieler anderer Byzantinismen in die einzelnen Sprachen bleiben aber schwer zu rekonstruieren. Einigen von ihnen wird ja schon in 1 der Weg über das Mittellateinische ins Deutsche zugeschrieben.

Die Bedeutung des Griechischen als Gebersprache wächst mit Beginn der Renaissance. Der Humanismus wandte sich zur Fundierung seines Menschenbildes bewusst und ausdrücklich der griechischen Kultur sozusagen hinter der römischen zu und wollte sich dabei so weit wie möglich auf Originaltexte verlassen. Im 14. und 15. Jhdt. kam es zu ersten Übersetzungen literarischer Texte aus dem Griechischen ins Deutsche, im 16. und 17. Jhdt. wurden in größerem Umfang philosophische und medizinische Texte übersetzt. Eine Zeitlang nahmen die Entlehnungen aus dem Griechischen gegenüber denen aus dem Lateinischen zu. Um das Jahr 1500 lagen sie bei etwa 17% gegenüber 69% aus dem Lateinischen (Polenz 2000: 211; 2.7).

Bedeutend für die Rolle des Griechischen wurde Luthers Übersetzung des Neuen Testaments, deren erste Ausgabe im Jahr 1522 erschien. Sie wurde von Luther selbst noch mehrfach überarbeitet und neu ediert. Dabei ließ er sich durchaus von den Bearbeitungen seines Textes in Nachdrucken aus anderen Teilen des deutschen Sprachgebiets beeindrucken, so dass in seiner Bibel verschiedene Varietäten des Deutschen zur Geltung kamen (Haas 2008). Gleichzeitig war Luthers Bibelübersetzung Ausdruck und Beförderung der Einsicht, dass „man sich als philologisch strenger Gelehrter nicht mehr mit den lateinischen Übersetzungen begnügte." (Polenz 2000: 217.)

Über 200 Jahre später war es wieder die Übersetzung eines Einzeltextes, die das Griechische wirksam werden ließ. 1781 brachte Johann Heinrich Voß seine Übersetzung der ‚Odyssee' heraus. Man hat sie gelegentlich sogar als dem griechischen Original kongenial bezeichnet, insofern Voß Stil, Metrik, Syntax und Wortbildung Homers im Deutschen so weit wie irgend möglich direkt abzubilden bemüht war. So hat er gezeigt, was mit dem Deutschen in dieser oder jener Hinsicht möglich ist, was die Sprache kann. Besonders leicht fiel die Übersetzung von Komposita. Bei den Möglichkeiten zur Bildung von Komposita ähnelt das Deutsche dem Griechischen eher als das Lateinische. Voß' virtuose Handhabung der Komposition wurde in der deutschen Klassik vielfach aufgegriffen und trug etwa bei Goethe zum extensiven Gebrauch von Rektionskomposita bei: *Allherzerweiternde, wärmefühlend, Geisterzeugte, Wunscherfüllung, Wolkenteilung, erdverwüstend, schrittbefördernd, gartenumgeben, schwarmumkämpft.* Möglicherweise hatte gerade diese Besonderheit des Griechischen gegenüber dem Lateinischen weitreichende Folgen für die Fremdwortbildung (Eins 2008; 6.4).

Während des 19. und 20. Jhdts. blieb der direkte Einfluss des Griechischen bestehen, allerdings wiederum fast ausschließlich in der Bildungs- und Wissenschaftssprache, beispielsweise über eine bedeutende klassische Philologie und eine bedeutende Archäologie. Was das Neugriechische betrifft, das ja Muttersprache einer großen Gruppe von Immigranten ist, bleibt der Einfluss wie bei vergleichbaren anderen Sprachen aus offensichtlichen Gründen marginal. Holzberg (2004: 3185) drückt es so aus: „Entlehnungen aus dem Neugriechischen sind … nicht zu verzeichnen, … lediglich Zitatwörter haben sich infolge des Tourismus der letzten Jahrzehnte und der Ausbreitung der griech. Gastronomie in Westeuropa eingebürgert." Gemeint sind Wörter wie *Gyros, Tsatsiki, Sirtaki, Ouzo, Retsina.*

Indirekte Entlehnungen

Der indirekte Einfluss des Griechischen beginnt mit der Übernahme lateinischer Wörter ins Germanische. Das Lateinische selbst ist beinahe während der gesamten Zeit seiner Existenz vom Griechischen mit geprägt worden, weil das Griechische nicht nur **die** Kultursprache, sondern in einem Teil des römischen Reiches auch Verkehrssprache war und weil es, beispielsweise auf Sizilien, bedeutende griechische Kolonien gab. Zu den frühen Entlehnungen von lateinischen Gräzismen ins Deutsche gehören Wörter wie *Kamin, Kanne, Kirsche, Kümmel, Pfanne, Pfirsich, Pflaume.* Dass Griechisch die Sprache des frühen Christentums war, führte zu einem regelrechten Entlehnungsschub. Die Ausbreitung des Christentums im Römischen Reich und schließlich seine umfassende Förderung durch Kaiser Konstantin in der ersten Hälfte des 4. Jhdts. erfasste als Nehmersprache zuerst das Lateinische und von dort aus andere europäische Sprachen. Auch der Wortschatz des Mittellatein weist einen hohen Anteil von Gräzismen auf, die auf diesem Weg in Sprachen wie das Deutsche gelangen. 2 gibt einige Beispiele von Gräzismen, deren Quellwörter entweder ins Mittellatein entlehnt oder im Mittellatein gebildet wurden. Sie sind nicht nur zahlreich, sondern zum großen Teil bis heute gebräuchlich, gehören zum Grundbestand an traditionellen Fremdwörtern.

(2) Gräzismen aus dem Mittellatein
Genealogie, Metaphysik, Papier, Parabel, Physiognomie, Polygon, Synode, Theologe

Bei einer zweiten, ebenfalls umfangreichen und noch immer gebräuchlichen Gruppe von Wörtern ist im Fremdwörterbuch sowohl das Lateinische als auch das Griechische als Gebersprache verzeichnet. Aus heutiger Sicht handelt es sich wie bei 2 um Gräzismen, dem Entlehnungsprozess nach aber nicht unbedingt.

(3) Gräzismen lateinisch/griechischer Herkunft
Apostroph, Bibliothek, Epidemie, Gymnasium, Idiot, Komet, Komödie, Logik, Monarchie, Ökonomie, Paradigma, Parallele, Phlegma, Stoiker, Symmetrie

Viele der Wörter sowohl in 2 als auch in 3 sind wiederum Komposita und unterscheiden sich darin von den direkten Entlehnungen aus dem Lateinischen, die nicht als Gräzismen anzusehen sind (2.6). Wie oben gesagt, ist dies wahrscheinlich kein Zufall, sondern beruht auf den im Griechischen selbst vorhandenen Möglichkeiten zur Bildung von Komposita. Betrachten wir als ein Beispiel Vorkommen des Zweitglieds *loge*, das zuerst im Wort *Theologe* als Entlehnung aus dem Mittellatein des Jahres 1355 belegt ist.

(4) Vorkommen von *loge* in Gräzismen

1355	mlat.	*Theologe*
1548	gr./lat.	*Physiologe, Philologe*
1767	gr.	*Psychologe*
1774	dt.	*Phraseologe, Technologe*
1798	dt.	*Zoologe*
ca. 1830	dt.	*Teleologe, Typologe*
ca. 1870	dt.	*Vulkanologe, Soziologe*
später	dt.	*Sexologe, Terminologe, Virologe, Seismologe…*

Das Muster ist dem Griechischen nachgebildet, nicht dem Lateinischen. Es führt offenbar seit Ende des 18. Jhdts. nur noch, jedenfalls überwiegend, zu Fremdwortbildungen. Neuentlehnungen sind natürlich nicht ausgeschlossen, bleiben strukturell aber ohne Bedeutung. Das Muster führt außerdem zur Entwicklung einer größeren Gruppe von Konfixen wie *loge, phil, tech, thek*, mit denen im Deutschen Hunderte von Wörtern gebildet worden sind (6.4).

Das verstärkte Streben nach dem griechischen Original hat wiederholt auch zu Versuchen einer Art Re-Gräzisierung von Latinismen geführt. Die Wörter sollten der Phonologie und dem Wortakzent des Griechischen angepasst werden, sie sollten griechische Flexionsendungen und vor allem eine an das Griechische erinnernde Orthographie aufweisen (*Mythos, Rhythmos*, aber auch Eigennamen wie *Aischylos* und *Kirke* statt *Aischylus* und *Circe*). Nicht zuletzt aus diesem Grunde haben einige für Gräzismen typische Fremdgrapheme wie *y, rh, ph, th* bisher überlebt. Andere lateinische Schreibweisen sind nicht verändert worden, jedenfalls nicht mit nachhaltiger Wirkung. Erhalten geblieben sind beispielsweise das lateinische *ae* und *oe* für die griechischen Diphthonge [aɪ] und [ɔɪ]. Beide wurden später den nativen Umlautschreibungen *ä* (*Pädagoge, Ästhetik*) und *ö* (*Ökologie, Ödem*) angepasst. Diphthongschreibungen entsprechend dem Griechischen gibt es im Standarddeutschen so gut wie nicht. Wie das Beispiel *Kirke* zeigt, waren manche griechische Schreibweisen dem Deutschen näher als entsprechende lateinische. So wurde das griechische *κ* (Kappa) im Lateinischen als *c* transliteriert, im Deutschen entspricht ihm dagegen das *k* (4.4, 7.2. sowie die Ausführungen in Eisenberg 2000a zu Georg Chrisoph Lichtenbergs Kommentierung der *ä*-Schreibungen in Gräzsimen seiner Zeit). Das vielleicht bekannteste Beispiel dieser Art, in dem sich Griechisches, Lateinisches, Englisches und Deutsches mischen, ist *Holokaust/Holocaust.*

Holokaust/Holocaust. Die Etymologie führt auf die griechischen Adjektive *holos* (‚ganz') und *kaustos* (Neutrum *kauston* ‚verbrannt'), die auch sonst in Gräzismen vorkommen (z.B. *katholisch* und *kaustisch*). Das Kompositum *holokauston* taucht in der griechischen Übersetzung des Alten Testaments aus dem Hebräischen als Bezeichnung für ein Opfer auf, bei dem das Opfertier vollständig verbrannt wurde (was nur bei Opfergängen bestimmter Art der Fall war). Die Schreibung mit *k* als Transliteration des griechischen Kappa blieb im Deutschen lange präsent. Beispielsweise erscheint sie noch im Fremdwörterbuch von Heyse (1922) und im Brockhaus sogar bis 1969 als *Holokaustum* mit der ursprünglichen Bedeutung. Daneben findet sich seit der Übersetzung des Alten Testaments ins Lateinische (Vulgata, 405) die latinisierte Schreibweise *holocaustum*, als deutscher Latinismus später *Holocaustum.* Dies war die Situation im Deutschen bis zum Jahr 1979, als bei uns eine amerikanische Fernsehserie mit dem Titel *Holocaust* ausgestrahlt wurde. Der Anglizismus hatte nun eine andere als die im Deutschen durchaus noch präsente Bedeutung ‚Brandopfer'. Er bezeichnete die Vernichtung der Juden durch die Nationalsozialisten, allgemeiner auch Massentötungen durch totale Zerstörung wie in Hiroschima und Nagasaki. Der Angloromanismus *Holocaust* einerseits stand neben dem Gräzismus *Holokauston* und Latinismus *Holocaustum* andererseits. Der Rechtschreibduden etwa gibt heute als Herkunftsbezeichnug für *Holocaust* griech.-engl. an und lässt ausdrücklich die anglisierte Aussprache [ˈhɔləkɔːst] mit Schwa und in der Ultima langem offenen [ɔː] anstelle des Diphthongs [au] zu. Der Angloromanismus mit der Bedeutung ‚Judenvernichtung, Massentötung' war im Deutschen klar vom Gräzismus und Latinismus mit der Bedeutung ‚Brandopfer' unterschieden. Das ging so bis zum Jahr 2000, als das ZDF eine – nunmehr deutsche – Serie zum Thema Judenvernichtung ausstrahlte. Der begleitende Historiker Eberhard Jäckel erkundigte sich damals bei Mitgliedern der Rechtschreibkommission, ob man das Wort nicht mit *k* eindeutschen könne. Ihm wurde gesagt, das sei eine gute Idee, weil mit einer Eindeutschung die Verantwortung der Deutschen für den Holocaust herausgestellt werde. So schrieb man *Holokaust*, ohne sich vor Augen zu führen, dass damit eine Art Regräzisierung vorgenommen wurde, die einen wichtigen Unterschied zwischen zwei Wörtern verwischen musste. Die Schreibung mit *k* hat sich glücklicherweise nicht durchgesetzt. Wie es überhaupt zu der vielfach als skandalös bezeichneten Bedeutung ‚Judenvernichtung, Massentötung' für *holocaust* im Englischen (und vergleichbar in anderen Sprachen) hatte kommen können, ist mehrfach beschrieben worden, z.B. von Ulrich Wyrwa im ‚Jahrbuch für Antisemitismusforschung' (Band 8 1999, 300–311). Diese Bedeutung gibt auch die Basis dafür ab, dass Neonazis von der Bombardierung Dresdens als einem ‚Bomben-Holocaust' gesprochen haben, um sie verbal in die Nähe der Schoah zu rücken.

Bei aller Wertschätzung und Förderung, die dem Griechischen von den Humanisten zuteil wurde, blieb es doch immer bei der ersten Geige für das Lateinische, jetzt in seiner Ausprägung als Neulatein. Ab dem Jahr 1515 wurden Lehrstühle für Griechisch an deutschen Universitäten eingerichtet. Ein wenig später kam es zur Gründung der ersten humanistischen Gymnasien mit Griechisch als Pflichtfach. Das humanistische Gymnasium war und blieb jedoch eine Lateinschule, auch der Griechischunterricht wurde auf Latein erteilt. Für Latein und Deutsch gab es eine echte Diglossie, für Griechisch und Deutsch nicht.

So ist es im Prinzip geblieben. Als das Französische im 17. Jhdt. die Rolle der wichtigsten Gebersprache übernahm, wurde es gleichzeitig zur Hauptquelle für Gräzismen. Dasselbe lässt sich für die Zeit seit etwa Mitte des 19. Jhdts. vom Englischen sagen. Allerdings ist fraglich, wie weit man für das 20. Jhdt. noch davon sprechen kann, dass Gräzismen und Latinismen in einer bestimmten Sprache gebildet und in andere übernommen werden. Mindestens ein bedeutender Teil von ihnen wird in Sprachen wie Englisch, Spanisch, Französisch und Deutsch je für sich als Internationalismen gebildet. An der Bedeutung des Griechischen in diesem Zusammenhang bestehen keine Zweifel. „Daher lieferte das Griechische nicht nur das Vorbild für den Wortschatz und die wissenschaftliche Prosa, sondern hat sich bis heute im Dienste der Wissenschaftssprache erhalten." (Adrados 2001: 283). Aber wie immer: auch hier spricht man von Euro**latein** und schließt die Gräzismen – oft genug stillschweigend – mit ein (Munske 1996: 83).

2.6 Lateinisch

Lateinisch und Germanisch

Von allen betrachteten Sprachen hat das Deutsche zum Lateinischen die älteste direkte Verbindung. Sie geht zurück ins 1. bis 4. nachchristliche Jhdt. und beruht in erster Linie auf dem Kontakt zwischen Römern und Germanen in den Grenzregionen des Römischen Reiches und in den von den Römern besetzten Teilen Germaniens. Das sind die Regionen im Süden, Südwesten und Westen des heutigen deutschen Sprachgebiets, teilweise markiert durch den Limes als befestigte Grenze des Römischen Reiches.

Unsere Sprachgeschichten gehen meist von einer Sprache Germanisch oder Gemeingermanisch aus, die sich über vergleichsweise einheitliche Eigenschaften von den Vorgängersprachen abgrenzen lässt. Mit dem Germanischen dieser Zeit beginnt man dann meistens auch die Geschichte von Entlehnungen. Allerdings war das Germanische selbst keineswegs eine Sprache, die sich aus einer, der indoeuropäischen, Wurzel unbeeinflusst von außen entwickelt hatte. Theo Vennemann kennzeichnet das Germanische als „superstratal semitisiertes Indogermanisch" (2000: 233; zur Begrifflichkeit 3.1) und schätzt, dass der Wortschatz des Germanischen zu mehr als der Hälfte aus nichtindoeuropäischen Sprachen entlehnt war, unter ihnen als eine der ganz wichtigen das Semitische. Ein in irgendeinem Sinn reines Deutsch oder Germanisch hat es zu keiner Zeit gegeben.

Das Zentrum des Germanischen lag im westlichen Ostseeraum und Norddeutschland. Regionale Differenzierungen innerhalb des heutigen deutschen Sprachgebiets sind nicht verlässlich rekonstruierbar (z.B. Rölcke 1998; W. Schmidt 2007; Besch/Wolf 2009; Schmid 2009). Entsprechend uneinheitlich hat man sich den Kontakt mit dem Lateinischen vorzustellen. Auch die Sammelbezeichnung Germanen wurde nur mehr oder weniger einheitlich für die Bewohner der Grenzgebiete wie der Gebiete nördlich und östlich davon verwendet, von Caesar beispielsweise umfassender als von Tacitus.

Kontakte zwischen Römern und Germanen zeigten Wirkung vorwiegend im Wortschatz der Verwaltung, des Militärs und des alltäglichen Lebens. Für das Germanische wurden sie aus mehreren Gründen bedeutsam. Die Römer waren nicht nur Fremde, die das Land besetzten und besiedelten, sondern sie taten dies auf römische Art und unter praktischer Mitwirkung der einheimischen Bevölkerung. Trier, Köln, Mainz und zahlreiche andere Orte waren römische Städte, in denen Römer weitgehend so lebten, wie sie es gewohnt waren. Die Sprache der Einheimischen lernte man nicht, viele Einheimische erwarben aber das Lateinische. Sie waren zweisprachig und lernten eine Sprache, in der es vieles zu benennen gab, für das die eigene keine Wörter hatte. Sie wurden verwendet, auch wenn man sich in der eigenen Sprache bewegte. Kein Sprecher des Germanischen kam auf die Idee, etwa bei einfachen lateinischen Wörtern systematisch Germanisierungsversuche zu unternehmen.

Veränderungen der Lebensführung durch die Römer hatten so von vornherein ihre sprachliche Seite. Wie sie im Einzelnen aussah, weiß man nicht. Als gesprochene Sprache war das Germanische aber mit Sicherheit Integrationsvorgängen besonders gut zugänglich. Wir überspringen die schwierige Darstellung dessen, was über die Eigenschaften der Wörter im Germanischen und insbesondere die Form der etwa 600 entlehnten Wörter bekannt ist und geben wieder, wie sie im Althochdeutschen ausgesehen haben. Im Ahd. (ab dem 6. Jhdt.) war ein großer Teil der Latinismen vollständig integriert, er war Teil des Kernwortschatzes. Nach dem Wörterbuch von Heinrich Götz, das lateinische, althochdeutsche und neuhochdeutsche Entsprechungen verzeichnet (Götz 1999), gehören dazu auf der ersten Alphabetstrecke die folgenden.

(1) Entlehnungen aus der Römerzeit

lat.	ahd.	nhd.
ager	*ackar*	*Acker, Feld*
angelus	*engil*	*Engel*
aquilegia	*agaleia*	*Akelei*
arca	*arka*	*Arche*
asinus	*esil*	*Esel*
axis	*ahsa*	*Achse*
baccinum	*beckîn*	*Becken*
boia	*boia*	*Halsfessel*
bolo	*bol*	*Knolle*
caesar	*kaisur*	*Kaiser*
calix	*kelih*	*Kelch, Becher*
capita	*gebita*	*Opferschale*
carcer	*karcâri*	*Kerker, Gefängnis*
cella	*cella*	*Zelle, Keller*
coquina	*kukhina*	*Küche*
corona	*korôna*	*Krone*
crux	*krûzi*	*Kreuz*

Mit dem *h* wird ein velarer bzw. palataler Frikativ bezeichnet, d.h. *ahsa* ist phonetisch [ʔaxsɑ], *kelih* ist [kelɪç]. Der Zirkumflex (als Dach) über einem Vokal bezeichnet Länge, *beckîn* ist phonetisch [bɛkiːn]. Bei einigen der Wörter (z.B. bei *Acker*) ist die Entlehnung aus dem Lateinischen umstritten, weil der Stamm auf die indoeuropäische Ursprache zurückgeht.

Man sieht, wie die ins Ahd. vollständig oder beinahe vollständig integrierten Wörter im weiteren Verlauf eine ganz unauffällige Geschichte haben: Sie entwickeln sich nach Form und Bedeutung wie Wörter des Kernwortschatzes das sonst auch tun, machen die dominanten Entwicklungen mit, was Phonologie, Morphologie, Orthographie und den Bedeutungswandel betrifft. So bezeichnete *ackar* im Ahd. ganz allgemein eine Fläche, auf der man landwirtschaftlich tätig war. Heute hat sich die Bedeutung von *Acker* verengt. Die allgemeinere Bedeutung hat *Feld*, wobei *feld* im Ahd. die Bedeutung ‚Boden, Erde' hatte. Ähnlich bedeutete *fenstar* im Ahd. allgemein ‚Öffnung in der Wand', ob sie nun ein Fenster im heutigen Verständnis war oder nicht. Nur eine Tür durfte sie nicht sein. Das im Ahd. mehrsilbige *agaleia* hat den fremden Zug von Mehrsilbigkeit in *Akelei* bewahrt. Manche Wörter sind ganz durch andere ersetzt worden (*boia, gebita*), aus wieder anderen haben sich mehrere Kernwörter entwickelt, deren etymologische Verwandtschaft man nicht mehr ohne weiteres erkennt (*Zelle, Keller*).

Schon in der ersten Phase der Entlehnungen aus dem Lateinischen war der Anteil an komplexen Wörtern hoch, vor allem an Komposita. Es finden sich zahlreiche Lehnübersetzungen und noch mehr freie Lehnübertragungen, erstere beispielsweise bei den Wochentagen: lat. *Solis dies* wird zu ahd. *sunnuntag*, lat. *Jovis dies* wird zu *donarestag*. Der strukturelle Einfluss des Lateinischen blieb in der Wortbildung zunächst gering (s.u.).

Mittellatein

Ganz andere Verwendungsweisen und entsprechend andere Wirkungen hatte das Mittellatein, das zwischen dem 6. und 15. Jhdt. in vielen europäischen Ländern für Kirche, Verwaltung, Rechtswesen, Literatur und Wissenschaft von größter und teilweise ausschließlicher Bedeutung war. Das gilt auch für das deutsche Sprachgebiet. Mittellatein war einerseits Grundlage einer überregionalen Schriftsprache, wurde andererseits aber auch gesprochen, pflichtgemäß zum Beispiel vom Klerus. Wer Bildung oder Einfluss besaß, war häufig zweisprachig, wobei das Lateinische zwar in der gegebenen Form mehr oder weniger beherrscht wurde, aber niemandes Muttersprache war. Das macht seinen besonderen Charakter als Lingua franca des Mittelalters aus. Gegenüber dem antiken und insbesondere dem Latein der klassischen Periode waren Morphologie, Orthographie und Syntax des Mittellatein teilweise stark vereinfacht, seine Aussprache war variabel. Auch wurde es mit den jeweiligen Regionalsprachen vermischt. Dies alles brachte ihm später die abfällige Bezeichnung Küchenlatein ein.

Die vielfältige und weitläufige Verwendung des Mittellatein spiegelt sich in der Breite seines Einflusses auf den Wortschatz des Deutschen. Auf direkte Entlehnungen gehen beispielsweise zurück:

(2) Entlehnungen aus dem Mittellatein
Futteral, Hospital, Kollekte, Kommune, Muskat, Oblate, Parabel, Phiole, Predigt, Salär, Sermon, Sirup, Student, Theologie, Vikar, Zentrum

Die meisten der Wörter sind lateinischen Ursprungs oder mittellateinische Bildungen (*Futteral, Hospital, Kollekte, Kommune, Mixtur, Oblate, Predigt, Sermon, Student, Vikar*), beinahe ebenso viele sind es nicht. Stark vertreten ist vor allem das Griechische, hier mit *Parabel, Phiole, Theologie, Zentrum*, darüber hinaus das Arabische (*Sirup*) sowie das Altindische (*Muskat*) und Französische (*Salär*). Das Mittellatein wirkte wie ein doppelter Trichter oder ein Tunnel, durch die Wörter aus vielen Sprachen in viele Sprachen gelangen konnten.

Obwohl das Deutsche dem Mittellatein eine große Zahl von Wörtern verdankt, war dessen Einfluss auf die Wortbildung noch immer begrenzt, oder anders gesagt: viele Wörter blieben als Latinismen ohne weitere Wirkung stehen oder wurden als integrierte Formen gebildet. Für die Komposita zeigt Lühr (2004), dass Übersetzungen aus dem Lateinischen (sei es klassisches oder Mittellatein) im Althochdeutschen als Determinativkomposita erscheinen können, und zwar durchaus unabhängig davon, wie die lateinische Form aussieht. So enthält lat. *suppedanum* einen präpositionalen Stamm (*sub* ‚unter') sowie einen substantivischen (*pes* ‚Fuß') und bedeutet ‚was unter dem Fuß ist'. Im Ahd. wird es zu *fuozscemil* ‚Fußschemel', also zu einem Determinativkompositum. Auch einfache lateinische Stämme werden so wiedergegeben, beispielsweise lat. *aluta* als ahd. *buckeshût* ‚Bocksfell' oder lat. *anima* als *blâsbalg* ‚Blasebalg'. Dasselbe gilt für syntaktische Fügungen: *caecus anguis* (‚blinde Schlange') wird zu *blint(o)slîhho* ‚Blindschleiche', *cella vinaria* zu *unîkellari* ‚Weinkeller'. Andere, sehr frühe Beispiele dieser Art sind die oben erwähnten Bezeichnungen für Wochentage. Es werden also Ausdrücke ganz unterschiedlicher Art auf einen, wie man annimmt, im Ahd. bereits produktiven Wortbildungstyp des Deutschen projiziert. Ein Muster der Kerngrammatik setzt sich durch.

Mit Komposita als Lehnübersetzungen oder Lehnübertragungen können Wortbedeutungen aus der Gebersprache nachgebildet werden, und darauf war das Deutsche dem Mittellatein gegenüber besonders bei religiösen Begriffen angewiesen. Als Sprache der Christianisierung brachte es zahlreiche Wörter mit sich, die nicht, wie in der ersten Entlehnungsphase, eine einfache konkrete Bedeutung hatten, sondern für die Deutschen exotische Abstrakta waren. Zur teilweisen Übersetzung des Neuen Testaments in den altsächsischen ‚Heliand' um 830 heißt es bei Besch/Wolf (2009: 91): „Wie soll ein heidnischer Germane … zentrale christliche Begriffe wie etwa Gnade, Erlösung, Demut, Sünde, Vergebung auch nur andeutungsweise verstehen? In

seiner Welt kommen sie nicht vor, existieren also auch nicht sprachlich." Neben Lehnübersetzungen kommt es zu zahlreichen Wörtern mit Lehnbedeutungen, weil man natürlich auch versucht, das dem Exoten am ehesten verwandte heimische Wort zu verwenden.

Der für die heutige Wortbildung wichtigste einzelne Integrationsvorgang betrifft unser Wortbildungssuffix *er* zur Bildung von Nomina Agentis auf verbalen Basen wie *Denker, Fahrer, Käufer* (Wilmanns 1896: 274ff.; Wolf 1981: 108ff.; Munske 2001: 15f.). Es geht zurück auf lat. *arius* und findet sich bereits in voralthochdeutschen Entlehnungen als *ari,* z.B. lat. *molinarius* zu ahd. *mulinari* ‚Müller' oder lat. *scolarius* zu *scolari* ‚Schüler'. Dieses Suffix war wie im Lateinischen betont: *mulinári, scolári.* Später kann anstelle des lateinischen Stamms ein deutscher verwendet werden, lat. *librarius* wird zu ahd. *buohhari* ‚Buchschreiber und Buchhändler'. Noch später kann *ari* ein anderes lateinisches Suffix ersetzen, z.B. wird *salvator* zu *heilari* ‚Erlöser'. Schließlich wird das Suffix unabhängig vom Lateinischen verwendet wie in *sangari* ‚Sänger' und dann auf Verbstämme übertragen. So können *fiscari* und *helfari* als desubstantivisch wie als deverbal gelesen werden. Die weitere Integration zu *Fischer* und *Helfer* geht insbesondere mit der Schwächung des [ɑ] zu [ə] (Schwa) und damit dem Verlust der Betonbarkeit des Suffixes einher. Wir erhalten die vollständig integrierten Formen [ˈfɪʃəʀ] und [ˈhɛlfəʀ], in denen wie im Kernwortschatz der Stamm betont ist und nicht mehr, wie in den Latinismen, das Suffix. Das Suffix *er* ist bis heute einer der produktivsten Substantivierer überhaupt. Im Gegenwartsdeutschen ist *er* nicht mehr wie im Ahd. und lange Zeit danach für verbale und substantivische Stämme produktiv (*Türmer, Schreiner*), sondern nur noch für verbale (weiter 6.2).

Neulatein

Das Ende des Mittellatein als Lingua franca und Geberspache für das Deutsche legt man allgemein in die Mitte des 14. Jhdts., in eine Zeit, die für das Deutsche überhaupt einschneidende Veränderungen mit sich bringt. Die Geberspache Latein wird zum Neulatein, die Nehmersprache entwickelt sich zum Frühneuhochdeutschen und behält diese Bezeichnung für ungefähr dreihundert Jahre. Peter von Polenz plädiert dafür, für den Zeitraum zwischen der Mitte des 14. und der Mitte des 17. Jhdts. als von ‚Deutsch in der frühbürgerlichen Zeit' zu sprechen, schon weil mit ‚Frühneuhochdeutsch' die Bedeutung anderer Regionen als der des Hochdeutschen (vor allem Niederdeutsch) ausgeblendet wird und weil der soziologische Begriff den Verhältnissen besser entspricht als ein regionaler (Polenz 2000: 99ff.). In Gang gesetzt und vorangetrieben werden die Veränderungen vor allem von aufstrebenden städtischen Bevölkerungsschichten, die dem Deutschen neue Gebrauchsdomänen erschließen und in diesem Zusammenhang verstärkt auf die geschriebene Sprache angewiesen sind. Es entstehen schon vor, aber verstärkt einige Zeit nach Erfindung des Buchdrucks in der zweiten Hälfte des 15. Jhdts. großräumige Varietäten des geschriebenen Deutschen, die auch erste Standardisierungsbemühungen mit sich bringen.

Die vielfältige Verwendung der Volkssprache in Wort und Schrift führt zum raschen Ausbau auf allen sprachlichen Ebenen, insbesondere auch zum Ausbau des Wortschatzes über das Wortbildungssystem. Deutsch wird zur ‚Wortbildungssprache', die extensiven Gebrauch von Kompositions- und Ableitungsmustern macht und sich in dieser Hinsicht deutlich von einigen seiner Nachbarsprachen unterscheidet. In unserem Zusammenhang ist wichtig, wie weitgehend die im Frühneuhochdeutschen produktivsten Wortbildungssuffixe der Kerngrammatik, das sind *ung, er, lein* und *heit*, ihren Anteil an Neubildungen bis heute im Prinzip erhalten haben (wobei *lein* weitgehend durch *chen* ersetzt wurde). Wesentlich vermehrt hat sich der Gebrauch von *in*, wesentlich vermindert beispielsweise der von *nis* und *schaft* (P.O. Müller 1993, für das Verb Habermann 1994, nach Polenz 2000: 198ff.). Das Deutsche verfügte über starke Mittel zur Erweiterung seines Kernwortschatzes.

Dieser Entwicklung steht die gleichzeitig ablaufende Etablierung des Neulatein vor allem zur Wissenschaftssprache und Sprache der Literatur gegenüber. Der Humanismus vollzog eine bewusste Abkehr vom Mittellatein und belebte die Syntax des klassischen Latein neu, wesentlich orientiert am Stil von Cicero. Weil der vorhandene Wortschatz auch hier dem Benennungsbedarf nicht entsprach, wurden in großem Umfang neue Wörter gebildet. Dabei blieb das Wortbildungssystem des Lateinischen weitgehend erhalten, die vorhandenen Mittel reichten aus.

Als Sprache von Wissenschaft und Literatur war das edle Neulatein auch Sprache der wirklich Gebildeten, hatte ein hohes sozialdistinktives Prestige. Und wer Latein konnte, konnte auch Deutsch. Das Umgekehrte galt natürlich nicht. Die Diglossie wird, anders als beim ersten Kontakt des Deutschen mit dem Lateinischen, von den Gebildeten getragen. Gleichzeitig blieb das Deutsche wegen seines Bedarfs an neuen Wörtern auf das Lateinische als Gebersprache angewiesen. W.P. Klein (2011; 2011a) beschreibt einleuchtend die beiden Seiten der Wortschatzentwicklung bei der Konstituierung und Durchsetzung des Deutschen als Wissenschaftssprache, die einerseits Teil der Volkssprache wird, andererseits der Volkssprache fremd bleibt.

Mit den enormen wissenschaftlichen und technischen Veränderungen der frühen Neuzeit war auch die Entstehung praktisch ausgerichteter Fächer und Disziplinen verbunden, die nicht sofort einen Platz im traditionellen Fächerkanon der Universitäten fanden. Von Ackerbau, Bergbau, Militärtechnik bis zu Mechanik, Astronomie, Biologie und Alchemie wuchsen Wissensgebiete heran, deren Begrifflichkeiten zum guten Teil in der Volkssprache, zu einem anderen im Lateinischen angesiedelt wurden. In der deutschen Wissenschaftssprache ging es gleichzeitig um einen Ausbau der Volkssprache als eigenständigem Prozess wie um eine Ersetzung des Lateinischen. Letzteres wird manifest beispielsweise bei Luthers Bibelübersetzungen (Latein wird als Bollwerk des alten Glaubens durch Deutsch ersetzt), aber auch in wissenschaftlichen Disziplinen wie der Medizin. Lateinische Texte standen hinter den deutschen, letztere waren teilweise nichts als Übersetzungen dieser lateinischen. Analog dazu pendelte die Wortfindung zwischen dem Gebrauch nativer sprachlicher Mittel und Entlehnung. Beides hatte seine Nachteile. Ersetzt man lat. *argumentum* durch *Beweis, Schluss, Rechtfertigung* oder Ähnliches, trifft man die Bedeutung jeweils nur teilweise. Nimmt man *das Argument* als Entlehnung ins Deutsche auf, entsteht eine Distanz zur Volkssprache. Noch deutlicher als beim Mittellatein als Sprache der Christianisierung treten die Pole in Erscheinung, denen ‚die Fremdwortfrage' bis heute ihre Doppelgesichtigkeit verdankt.

So kamen Prestige und Leistungsfähigkeit des Lateinischen mit hohem Bedarf an neuen Wörtern zusammen. Sie führten zu einer gewaltigen Welle an Entlehnungen, die sich in erster Linie auf den Bildungswortschatz auswirkte. Hier einige Beispiele aus der Zeit um 1400.

(3) Entlehnungen aus dem Lateinischen um 1400
laborieren, Lektor, Passiv, Partizip, Postulat, Präposition, Pronomen, Quadrat, Quotient, Resonanz, Stil, Traktat, turbulent

Damit nicht genug, begann man, Wörter mit Stämmen und Affixen zu bilden, die aus dem Lateinischen entlehnt waren. Beispielsweise entstand aus dem lateinischen Suffix *itas* wie in *solemnitas* (‚Feierlichkeit') das Fremdsuffix *ität* wie in *Solidarität, Identität* im Deutschen. Das Suffix ist bis heute produktiv, bei Mater (1983) finden sich über 500 Einträge mit dieser Endung (weiter 6.2.4). Der Weg dahin führte zunächst über eine Zunahme an Entlehnungen. Im 14. Jhdt. waren es vier, im 15. fünf, im 16. schon 26. Im 17. Jhdt. kamen noch Entlehnungen aus dem Französischen hinzu, deren Quellwörter ein entsprechendes Suffix hatten (*solidité, originalité*). Schon vorher, nämlich im 16. Jhdt., hatte es die ersten Bildungen im Deutschen gegeben. Das Suffix wurde abduziert und zur Bildung von Wörtern wie *Satanität* (1575) und *Partialität* (1615) verwendet. Eine Zeitlang gab es dann sowohl Entlehnungen als auch Fremdwortbildungen. Ab dem 19. Jhdt. überwiegt die Fremdwortbildung bei weitem (Munske 1988; Übersicht in 2.7).

Die damit auch im Bereich der Affigierung produktive Fremdwortbildung gewann schnell an Bedeutung und hat diese bis heute nicht verloren. Auszählungen im Deutschen Fremdwörterbuch 1988 ergeben für die Alphabetstrecke R bis Z schon im 15. Jhdt. etwa 21%, im 20. Jhdt. 34% Anteil von Fremdwortbildungen an der Menge der verzeichneten Wörter (Polenz 2000: 212). Immer unverständlicher wird deren einfaches Ignorieren in Teilen der Germanistik. So erwähnt die ‚Wortbildung des Frühneuhochdeutschen' (Wegera/Prell 2000) als einziges Fremdsuffix den Verbalisierer *ier* (*ignorieren*).

Nach der in Abschnitt 1.4 vereinbarten Terminologie sprechen wir von Fremd- und nicht von Lehnwortbildung: Der neue Wortschatz blieb innerhalb des Gesamtwortschatzes auffällig. Er wurde auch so verstanden und entsprechend innerhalb des Bildungswortschatzes verwendet. Verstärkt wurde die Isolierung von lateinischen Wörtern und Latinismen noch dadurch, dass sie auch innerhalb deutscher Texte ganz unintegriert, also z.B. mit lateinischen Flexionsendungen gebraucht wurden. Zudem setzte man sie in Antiqua, auch wenn der Text sonst in Fraktur gedruckt war. Munske (2001: 18) spricht geradezu von einer Zweischriftigkeit des Deutschen und sieht in ihr einen wichtigen Grund für die jahrhundertelange Isolierung des Fremdwortschatzes.

Die Fremdwortbildung erfasste eine größere Anzahl von Suffixen, Präfixen und sog. Konfixen, auf die wir in Abschnitt 6.4 zu sprechen kommen. Daneben ging die direkte Entlehnung weiter. Sie hatte ebenfalls tiefgreifende Wirkung und reichte bis zur Übernahme von Wörtern aus geschlossenen Klassen. Namentlich die Zahl von Präpositionen aus dem Lateinischen ist im heutigen Deutsch ziemlich umfangreich. Nach Schmidt (1996) finden sich:

(4) Latinismen, Präpositionen
exklusive, inklusive, kontra, minus, per, plus, pro, punkto, qua, versus, via

Die Liste enthält nur solche Präpositionen, die sich neben fremden auch mit Nominalgruppen der Kerngrammatik verbinden (*inklusive einen Werkzeugkasten, pro Einwohner, qua Vorsitzender*), wobei allerdings in einigen Fällen die Kasusrektion unsicher bleibt. Deutlich ist weiter, dass diese Präpositionen im Vergleich zu den nativen (*an, auf, hinter, über*, 1.3) entweder als fremd bekannt sind oder durch formale Eigenschaften als fremd erkennbar bleiben.

Die Stärke des Neulatein beruht einerseits auf einem objektiven Bedarf an neuen Wörtern, zweitens auf dem hohen Prestige seiner Sprecher (und Schreiber) und drittens schließlich auf seiner Verwendung als internationale

Wissenschaftssprache. Was die lexikalische Seite des Neulatein betrifft, hat sich daran bis heute nicht viel geändert. Gemeinsam mit den Gräzismen bilden die Latinismen eine Basis für unseren Bildungswortschatz, darüber hinaus für einen gemeinsamen Wortschatz der größeren europäischen Sprachen. Dem Neulatein verdanken wir den überwiegenden Teil der Internationalismen, man hat deshalb auch vom Eurolatein gesprochen (Munske/Kirkness Hg. 1996; 3.1). Allerdings wird mit Eurolatein, im Gegensatz zu Neulatein, keine Sprache bezeichnet, sondern lediglich ein Teil des Wortschatzes einer Gruppe von Sprachen. Wie viel dieser Wortschatz mit dem klassischen Latein zu tun hat, kann teilweise aus dem Erstarken der Wortbildung im Neulatein geschlossen werden. Wie sein Verhältnis zum klassischen Latein allgemein zu fassen ist, bleibt aber umstritten (s. z.B. Lüdtke 2011).

Ein gänzlich anderer Aspekt der übermächtigen Wirkung des Lateinischen zeigt sich in der Alltags- oder auch Umgangssprache. Weit vom Bildungswortschatz entfernt werden Latinismen (und Gräzismen) als Wörter oder Wortbestandteile in der gesprochenen Sprache verwendet, beispielsweise wenn man auf Verstärkung, Verallgemeinerung oder Totalisierung aus ist (Kap. 8). Bei *extra, hyper, maxi, mega, mini, super, strato* usw. dürfte es wenig darauf ankommen, dass sie dem Lateinischen oder Griechischen entstammen. Wahrscheinlich gehört zur Spezifik der Fremdheit mindestens eines Teils von ihnen aber doch, dass sie nicht englisch sind.

2.7 Kleine Statistik der Gebersprachen

Es hat wenig Sinn, allgemein und ohne nähere Spezifizierung nach dem Umfang des Fremdwortschatzes im Deutschen zu fragen. Interessiert der absolute oder ein relativer Umfang, interessiert das Verhältnis zu den Nichtfremdwörtern, interessiert es für bestimmte Varietäten, für das Gesprochene, das Geschriebene oder für ‚das Deutsche' insgesamt? Insofern sich über den Gesamtwortschatz des Deutschen unter solchen und ähnlichen Fragestellungen lediglich näherungsweise Aussagen machen lassen, gilt dies a fortiori für den Fremdwortschatz. Trotzdem bleibt die Frage von Bedeutung, schon weil sie oft gestellt und mit wertenden, aber letztlich unverbindlichen Ausdrücken wie bedrohlich, überbordend, übermäßig, unkontrolliert und ähnlichen beantwortet wird. Welche Zahlen zur Verfügung stehen müssten, um etwa eine aus sprachkritischer Sicht befriedigende Aussage zu ermöglichen, wäre erst einmal zu klären. Wir beschränken uns an dieser Stelle auf die Zusammenstellung einiger vorliegender Zahlen.

Hauptgebersprachen: Entlehnung und Fremdwortbildung 13. bis 19. Jhdt.

Für die fünf wichtigsten Gebersprachen lässt sich ein fundierter Eindruck am ehesten über das Deutsche Fremdwörterbuch 1988 ermitteln. Der Registerband der 1. Auflage des Werkes ist in mehrfacher Hinsicht statistisch ausgewertet und kommentiert worden. Das zugrunde gelegte Korpus genügt heutigen Ansprüchen nicht in jeder Hinsicht, Aussagen über Herkunft und erstes Auftreten eines Wortes entsprechen nicht mehr immer dem Wissensstand. Zu mehreren Spezialgebieten liegen inzwischen detaillierte Untersuchungen vor. Peter von Polenz (1994: 77f.) fasst solche Probleme zusammen, gibt Hinweise auf weiterführende Arbeiten, meint aber auch „Die relative quantitative Chronologie des lexikalischen Lehneinflusses kann … an den Erstbelegen des DFWB grob veranschaulicht werden“. Das genügt unseren Zwecken vollauf.

Eine größere Zahl von Belegen bucht das Fremdwörterbuch ab dem 13. Jhdt. Damit ist insbesondere für das Lateinische, aber auch für das Griechische ein erheblicher Teil der Kontaktgeschichte, wie sie in den Abschnitten 2.5 und 2.6 dargestellt wird, nicht erfasst. Und im Sinne einer Überblicks von heute aus ist die Erfassung des 20. Jhdts. im Fremdwörterbuch 1988 nur mit Einschränkungen brauchbar. Lediglich ein Teil des vergangenen Jahrhunderts wird überhaupt erfasst, zudem haben sich die Prinzipien der Bearbeitung gerade für das jeweilige Gegenwartsdeutsche zwischen 1909 und 1983 mehrfach verändert. Relativ zum Korpus des Fremdwörterbuchs sind die Zahlen für das 15. bis 19. Jhdt. am aussagekräftigsten.

Zugrunde gelegt ist eine Auszählung von Kirkness (1988). Lediglich die Gesamtzahl der auf ein Jahrhundert entfallenden Wörter wird wiedergegeben, damit ein Eindruck von den Größenordnungen entsteht.

(1) Hauptgebersprachen 13. bis 19. Jhdt.

Jhdt.	**15.**	**16.**	**17.**	**18.**	**19.**
Englisch	-	1	17	86	182
Französisch	20	145	500	863	378
Italienisch	25	107	147	107	29
Griechisch	24	138	81	128	60
Lateinisch	257	936	523	488	155
Summe	**326**	**1327**	**1268**	**1672**	**804**
Deutsch	**48**	**250**	**290**	**623**	**1076**
Gesamt	**374**	**1577**	**1558**	**2295**	**1880**

Die Übersicht erfasst bei den einzelnen Sprachen jeweils direkte Entlehnungen. Daneben ist für das entsprechende Jahrhundert die Zahl der Fremdwortbildungen angegeben. Sie erscheinen in der Tabelle unter der Sprache Deutsch. Die meisten Fremdwortbildungen sind im betrachteten Zeitraum Latinismen oder Gräzismen. Was die übrigen Anteile betrifft, so tritt das Englische erst im 17. Jhdt. messbar in Erscheinung und wächst danach kontinuierlich. Das Französische etabliert sich auf Kosten aller anderen Sprachen mit Ausnahme des Englischen. Es hat seinen Höhepunkt im 18. Jhdt., nicht nur was Entlehnungen, sondern auch was Fremdwortbildungen betrifft. Im 19. Jhdt. geht es zurück, bleibt aber stark. Der im 17. Jhdt. bedeutende Anteil des Italienischen wird bis zum 19. marginal. Latein und Griechisch halten sich, aber in erster Linie wegen ihrer Bedeutung für die Fremdwortbildung.

Bei den einzelnen Jahrhunderten notierte Gesamtzahlen umfassen die Summe aus Entlehnungen und Fremdwortbildungen. Diese Zahlen bleiben in einem vergleichsweise engen Rahmen, was natürlich dem Korpus geschuldet ist. Dagegen darf das Verhältnis von Entlehnungen und Fremdwortbildungen als einigermaßen realistisch angesehen werden: Der Anteil letzterer nimmt monoton zu.

Für das Gegenwartsdeutsche (sagen wir: das erste Jahrzehnt des 21. Jhdts.) würde das Schema vermutlich mehr als 80% für das Englische ausweisen, dazu durchaus sichtbare Anteile des Lateinischen und Griechischen in der Fremdwortbildung. Alle anderen würden wohl nur gemeinsam eine statistisch relevante Größenordnung erreichen. Qualitativ sind die Sprachkontakte des Deutschen durchaus nicht verarmt, nur haben sie sich, vorsichtig ausgedrückt, ein wenig vereinseitigt.

20. Jhdt.

Aussagen über das gesamte 20. Jhdt. sind überraschend schwierig. Es stehen Zahlen unterschiedlicher Art zur Verfügung, die im Folgenden mit Verweis auf den Abschnitt, in dem sie zur Sprache kommen, wiedergegeben werden. Sie sind sämtlich spezieller Art oder nur für einen Teil des Jahrhunderts ermittelt worden. So weit bekannt, verfügen wir für das 20. Jhdt. weder über eine wörterbuchbasierte Gesamtauszählung noch über eine korpusbasierte Zählung der Fremdwörter im geschriebenen Standarddeutschen.

Fremdwörterbücher des Gegenwartsdeutschen, die für den allgemeinen Gebrauch bestimmt sind, weisen zwischen 20.000 und über 80.000 Einträge auf (3.4). Welcher Anteil am Wortschatz ist damit erfasst oder anders gefragt: welchen Wörterbuchtyp soll man als Vergleichsgröße heranziehen? Darüber lässt sich nur spekulieren. Es dürfte ja überhaupt kein gedrucktes Wörterbuch des Gegenwartsdeutschen vorliegen, dessen Fremdwortanteil bei über 80.000 Einträgen liegt, und so bleibt es bei Vermutungen: „Man schätzt, dass auf das gesamte deutsche Vokabular von etwa 400 000 Wörtern rund 100 000 fremde Wörter kommen. Der mit rund 2 800 Wörtern aufgestellte deutsche Grundwortschatz enthält etwa 6 % fremde Wörter." (Duden 1997: 10). Aus solchen Angaben leitet Kettemann (2004) die Schätzung ab, dass der Allgemeinwortschatz des Deutschen um die 10% Fremdwörter und 1% Anglizismen aufweist.

Ein Hinweis nicht auf den Gesamtbestand an Fremdwörtern, aber immerhin auf seine Veränderung kann den Zahlen in Kirkness 2001 entnommen werden. In verschiedenen Auflagen von Duden ‚Deutsches Universalwörterbuch' (z.B. Duden 1983/1996) und Wahrig ‚Deutsches Wörterbuch' (z.B. Wahrig 1966) wurde auf den Alphabetstrecken H und T der Anteil von Fremdwörtern an den zwischen 1966 und 1997 neu aufgenommenen Wörtern ermittelt (3.1). In den etwa dreißig Jahren erscheinen insgesamt 1363 neue Wörter, von denen etwa die Hälfte Fremdwörter sind. Unter den 692 Fremdwörtern finden sich 434 Entlehnungen, sonst vor allem Fremdwortbildungen. Wie schwer solche Zahlen in Hinsicht auf die Gesamtentwicklung interpretierbar sind, zeigt ihre Disparatheit selbst in diesem kurzen Zeitraum bei ihrer Herkunft aus Wörterbüchern, die man an sich als vergleichbar ansehen möchte. Zwar nimmt der Anteil fremder Wörter unter den neuen in beiden Wörterbuchgruppen zu, aber schon beim Verhältnis von Entlehnungen und Fremdwortbildungen unterscheiden sich Duden und Wahrig erheblich, „eine klare Tendenz ist nicht erkennbar." (Kirkness 1981: 116). Und was die Gebersprachen betrifft: „Nimmt bei Duden der ohnehin vorherrschende Anteil der Entlehnungen aus dem Englischen noch zu, so ist dies bei Wahrig nicht der Fall: Das Englische tritt zunehmend hinter das Griechische [!] als dominante Gebersprache zurück." Nach derartigen Befunden verbietet sich jede Verallgemeinerung und wir bleiben mit der Erkenntnis zurück: „Auffällig ist insgesamt die dominante Rolle des Englischen einerseits und vor allem der klassischen Sprachen Griechisch und Latein andererseits." (Kirkness 2001: 117).

Viel gezählt wurden Anglizismen, vor allem in Wörterbüchern (zur Übersicht Busse 2008: 42ff.; 2011). Betrachten wir als Beispiel den Rechtschreibduden. In den ersten hundert Jahren des Rechtschreibduden steigt ihre Zahl von 385 oder 1,36% in der 1. Auflage (1880) auf 3.746 oder 3,46% in der 18. Auflage des Mannheimer Duden (West-Duden, 1986). Danach ist u.W. nicht weitergezählt worden (Busse 1993: 71; s.a. H. Langner 1995; 2.2). Über das Jahrhundert hinweg entwickelt sich der Anteil trotz mancher Brüche fast durchweg absolut und relativ steigend. Wieder richten sich einige Fragen an die lexikographische Praxis. Die Zahl der neuen Anglizismen schwankt von Auflage zu Auflage so stark, dass Repräsentativität der Auswahl allgemein kaum in Anspruch genommen werden kann. Und was ein Anglizismus ist, bestimmt allein die Herkunftsbezeichnung ‚englisch' im Wörterbuch. Deren Fundierung bleibt nicht nur offen, sondern Zuschreibungen können in einer neuen Auflage durchaus auch geändert sein.

Was den Wortgebrauch betrifft, liegen umfangreiche Untersuchungen vor allem zu Anglizismen in der Presse vor (Onysko 2007; Burmasova 2009; 3.1). In einer überregionalen Tageszeitung wie der ‚Welt' war im Jahr 2004 jede 85. Wortform im laufenden Text ein Anglizismus, das entspricht einem Anteil von 1,15 %. Die Tendenz ist steigend, verlangsamt sich aber anscheinend, weil eine Art von Sättigung eintritt. Ein fester Stamm von Anglizismen hat sich etabliert, neu aufgenommen werden weniger. Im ‚Spiegel' des Jahrgangs 2004 findet man ungefähr denselben Anteil an Anglizismen im laufenden Text (jede 91. Wortform, das entspricht 1,1 %). Aussagekräftig ist auch beim Spiegel das Verhältnis von etablierten zu ephemeren Wörtern. Von den 17.000 Anglizismen des Jahrgangs kommen 12.000 nur einmal vor, weniger als 800 kommen zehnmal oder noch häufiger vor und bilden den festen, lexikalisierten Bestand.

Sicher ist der Spiegel besonders produktiv, was die Kreation von sprachlichen Eintagsfliegen betrifft, aber vollkommen aus dem Rahmen der gesamten Pressesprache fällt er nicht. Das ist nur einer, wenn auch ein besonders offensichtlicher Hinweis darauf, dass von der Pressesprache nicht auf einen sinnvollen Begriff von Anglizismus im Gegenwartsdeutschen geschlossen werden darf. Wir kommen nicht an dem Schluss vorbei, dass wir wenig darüber wissen, wie hoch der Anglizismenanteil und erst recht wie hoch der Fremdwortanteil in der geschriebenen deutschen Standardsprache gegenwärtig ist. Zweierlei bleibt festzuhalten.

(1) Ein Bestand an Fremdwörtern ist prinzipiell umso leichter zu ermitteln, je mehr man sich auf bestimmte Varietäten, Textsorten und Inhaltsbereiche beschränkt. Schlüsse auf den Fremdwortbestand in der jeweiligen Sprache bleiben dann in der Regel ausgeschlossen. (2) Alle Erfahrung zeigt, dass die Intensität von Entlehnungsvorgängen gewissen Regelmäßigkeiten folgt. Für das Lateinische und Französische als Gebersprachen des Deutschen folgt auf langsamen Beginn ein steiler Anstieg, der sich dann asymptotisch abflacht. Das Englische scheint sich gegenwärtig noch in der Aufstiegsphase, in Teilen aber schon an deren Ende zu befinden (Körner 2004 nach Busse 2011: 107ff.)

3. Nehmersprache Deutsch

3.1 Zugänge und Einfallstore

Kontakt, Transferenz, Integration

Wörter gelangen von einer in eine andere Sprache durch Kontakte zwischen diesen Sprachen. Das Reden von Sprachkontakt bleibt ziemlich abstrakt, denn natürlich besteht ein Kontakt nicht zwischen Sprachen, sondern zwischen Sprechern. Sie stellen ihn direkt oder durch mediale Vermittlung indirekt her, indem sie Material aus der einen Sprache innerhalb der anderen verwenden. Wirksamer Sprachkontakt setzt Mehrsprachigkeit, im einfachsten Fall Zweisprachigkeit voraus. Aber was tun die Sprecher dabei im Einzelnen? Selbst wenn man weiß, was Entlehnungsprozesse in längeren Zeiträumen quantitativ bewirken (Beöthy/Altmann 1982; Körner 2004), hat sich die Frage nach Art der Wirkung der Sprachkontakte nicht erledigt.

Den Übergang sprachlicher Einheiten von einer Geber- in eine Nehmersprache erfasst man meist mit dem Begriff **Transferenz.** In einer allgemeinen Verwendung bezeichnet der Begriff sowohl den Prozess der Übernahme als auch sein Ergebnis. Manchmal hört es sich so an, als würden nicht sprachliche Einheiten, sondern deren Eigenschaften transferiert: „Teils werden Lautung, Schreibung, Flexion und Bedeutung transferiert (Transferenz genannt), teils werden sie dem Deutschen angepasst, d.h. ins Deutsche integriert." (Munske 2010: 31). Ist Transferenz auf sprachliche Einheiten bezogen, dann wird manchmal so geredet, als erscheine eine bestimmte Einheit der Gebersprache nun in der Nehmersprache, also etwa ein englisches Wort im Deutschen. Deshalb ist die Klarstellung wichtig, wie sie aus Munskes Text implizit hervorgeht und von Wohlgemuth (2009: 55) ausdrücklich formuliert wird: „a loanword is by definition the result of a transfer in the recipient language." Was der Transferenzprozess am Wort, Affix oder Laut verändert, kann viel, wenig oder nichts sein und es kann zu viel, wenig oder keiner Fremdheit in der Nehmersprache führen. Im letzteren Fall ist ein Wort entlehnt, aber sofort ein Kernwort. Die Kennzeichnung einer Eigenschaft als fremd besagt in unserer Redeweise ja nur, dass sie nicht innerhalb der Kerngrammatik erfasst werden kann. Maß der Dinge bleibt der Kern.

Nach einem Vorschlag in Coetsem 1988 ist prinzipiell weiter danach zu unterscheiden, ob die Sprecher der Nehmersprache oder die der Gebersprache den aktiven Part bei Transferenz von sprachlichem Material spielen. Aktivität auf Seiten der Nehmersprache führt zu Entlehnungen oder Übernahmen (engl. *borrowing*). Aktivität auf Seiten der Gebersprache führt zu Einführungen oder Übergaben (engl. *imposition*). Beide Arten von Kontakt haben für die Nehmersprache unterschiedliche Folgen, aber es bleibt oft schwer zu entscheiden, wann und in welchem Maß der *imposition*-Typ vorliegt. Für das Deutsche kann Entlehnung als Normalfall gelten, auch wenn immer wieder davon gesprochen wird, unserer Sprache seien fremde Wörter aufgedrungen, aufgedrängt oder gar aufgezwungen worden.

Unter soziolinguistischer Perspektive spricht man von stratalen Einflüssen einer Sprache auf eine andere. Einfache Nachbarschaftsbeziehungen nehmen eine Sprache als **Adstrat** der anderen. Die Gebersprache als Sprache einer sozial führenden Schicht wird für die Nehmersprache zum **Superstrat**, ihr Einfluss betrifft dann vor allem den Wortschatz. Wird die Gebersprache von einer Schicht mit sozial geringer Geltung gesprochen, ergeben sich **Substrat**einflüsse auf die Nehmersprache. Diese liegen eher im lautlichen und strukturellen Bereich. Die Termini beziehen sich üblicherweise auf Mehrsprachigkeit in ganzen Sprachgemeinschaften und sind deshalb auf Prozesse, die zu Entlehnungen ins Deutsche führen, nur bedingt anwendbar. Außerdem ist die Implikation nicht umkehrbar. Man wird aus der großen Zahl von Anglizismen im Deutschen nicht schließen dürfen, Englisch sei unser Superstrat. Selbst ausgefeilte Unterwerfungsrhetorik gibt das nicht her.

Der Fremdwortschatz einer Sprache baut sich zu Anfang durch Entlehnungen auf, die übrigen Typen von Fremdwörtern, insbesondere Fremdwortbildungen, kommen danach. Sie sind entlehnt nur in einem weiten Verständnis des Begriffs.

Eine umfassende Beschreibung von Sprachkontakten wird durch Zusammenarbeit von Historikern, Soziologen und Sprachwissenschaftlern möglich. Erst gemeinsam lassen sich die unterschiedlichen Aspekte solcher Prozesse zu einem Gesamtbild vereinigen. Das Sprachliche selbst spiegelt dann in vielfältiger Weise die Art des Kontaktes wider: Warum kommen Entlehnungsprozesse in Gang? Welche Inhaltsbereiche sind betroffen? Welche Sprechergruppen sind beteiligt? Welches Ansehen haben die Sprachen im jeweils anderen Sprachgebiet? Wie viel Zeit steht zur Verfügung? In welchem Verhältnis stehen die Sprachen strukturell, typologisch und von ihrer Entwicklung her? Welche Eigenschaften der einen Sprache sind den Sprechern der anderen leicht zugänglich, welche nicht?

Können solche Fragen beantwortet werden, dann ist auch möglich, das rein Sprachliche mit den sog. externen Faktoren des Kontakts und seinen

Ergebnissen zu vermitteln. Das ist und bleibt die Idealvorstellung für jede Sprachkontaktforschung, aber schon wegen der Komplexität ihrer Anforderungen lässt sie sich allenfalls punktuell verwirklichen. Fremdwörter einer Sprache wie der deutschen sind, selbst wenn ausschließlich das Gegenwartsdeutsche berücksichtigt wird, weit davon entfernt, einen übersichtlichen und leicht handhabbaren Gegenstand einer umfassenden Kontaktforschung abzugeben. Um sie überhaupt behandelbar zu machen, darf Sprachkontakt auch nicht in einem eher wörtlichen Sinn von ‚Berührung' verstanden werden, so dass die Kontakte des Deutschen auf Sprachen wie Dänisch, Nordfriesisch, Ostfriesisch und Sorbisch beschränkt bleiben (Goebl u.a. Hg. 1997; zu den Grundlagen der neueren Sprachkontaktforschung Weinreich 1977; Haugen 1950; Hoffer 1996).

Zum Integrationsprozess und vor allem seinen Ergebnissen machen wir einige allgemeine Annahmen, die gelegentlich als Integrationsmodell zitiert werden, aber nicht als solches gemeint sind. Eine der Voraussetzungen betrifft den Integrationsbereich. In einem großen Teil der Literatur gilt ein Wort als integriert, das von bestimmten Sprechergruppen in bestimmten Varietäten des Deutschen verwendet wird, beispielsweise wenn der Durchschnittssprecher es in der Alltagssprache verwendet. Unter ‚Integration' sind dann in erster Linie soziolinguistische Fakten gefasst. Ihnen geben wir gerade nicht den ersten Rang, sondern wir fokussieren, wie in Abschnitt 1.3 und 1.4 ausgeführt, strukturelle Fakten. Wo immer möglich wird auf Entlehnungs- und Integrationsprozesse verwiesen, und wo immer möglich werden sie auf das Sprachliche bezogen: Warum sehen Entlehnungen aus dem Lateinischen zu verschiedenen Zeiten unterschiedlich aus? Warum laufen bei der Integration von Gallizismen andere Vorgänge ab als bei der von Anglizismen? Warum wird manchmal schnell, manchmal gar nicht integriert? Das alles ist von Interesse und wird in den Blick genommen. Im Kern und primär geht es aber um die Frage, wie weit und auf welche Weise Ergebnisse von Entlehnungen im weitesten Sinn in die deutsche Sprache selbst integriert sind. Die Konsequenz: *Fuge* ist ein Kernwort, *Präludium* nicht; *Döner* und *Köfte* sind Kernwörter, *Pizza* und *Pasta* nicht; *Dame, Weste* und *Soße* sind Kernwörter, *Lady, Pullover* und *Sauce* nicht. Manches wirkt auf den ersten Blick befremdlich, es trägt seinen Sinn erst im Gesamtzusammenhang des synchronen Zugriffs aus (zum Verhältnis von soziolinguistischer und systematischer Integration Tesch 1978: 38ff.; Clyne 1996; Field 2002; bei Tesch auch eine detaillierte Klassifizierung der Ergebnisse von Entlehnungsprozessen nach sprachlichen Ebenen).

Weiter geht es um das Ziel von Integration. Mehrfach angeklungen und noch einmal explizit festzuhalten ist: Die Vorstellung, es gebe im Verhältnis von Kern- und Fremdwortschatz eine allgemeine Bewegung auf den Kern zu, die man etwa im Anschluss an die Prager sprachwissenschaftliche Schule mit Begriffen wie Zentrum und Peripherie eines Sprachsystems angemessen erfassen könne, ist nicht realistisch (Daneš 1966; Vachek 1966; Schank 1974). Realistischer erscheint die Vorstellung, es gebe im Deutschen neben der Kerngrammatik mehrere stabile grammatische Bereiche für die Fremdwörter. In Ermangelung eines besseren Begriffs ist in Eisenberg 2001 etwas erdbebenkundlich von Epizentren die Rede, vielleicht sollte man besser von Nebenzentren, Kontrazentren, regionalen Zentren oder wie bei der Ellipse von Brennpunkten sprechen. Es handelt sich um strukturelle Verdichtungen, an denen phonologische, morphologische und graphematische Regularitäten größerer Teilwortschätze wirksam sind. Sie unterscheiden sich von denen der Kerngrammatik, stehen aber untereinander und mit der Kerngrammatik in Verbindung.

Der Zugang zum Deutschen führt meist in oder über ein derartiges Nebenzentrum, aber das sagt immer noch nicht viel darüber, auf welchem Weg einem Wort Zugang verschafft wird. Im Folgenden soll illustriert werden, wie unterschiedlich Zugänge und ihre Ergebnisse aussehen können. Die Unterschiedlichkeit betrifft Entlehnungen und Fremdwortbildungen, aber damit nicht genug. Ein ganz besonderer Weg besteht darin, dass Wörter künstlich gebildet und in Gebrauch gesetzt werden, meist spricht man von Wortschöpfungen. Wichtige und typische Quellen dieser Art finden sich in Wirtschaft und Wissenschaft. Beide Gebiete sind umfangreich und nicht die einzigen, die an dieser Stelle zu besprechen wären. Wir beschränken uns auf die Darstellung vergleichsweise begrenzter Bereiche, das sind einmal Markennamen und Warenbezeichnungen, zum Zweiten bestimmte Internationalismen, wie sie insbesondere in Fachwortschätzen (Beispiele: Botanik und Computer) auftreten. Zum Abschluss betrachten wir fremde Neologismen in gedruckten Pressemedien, weil ihre Sprache für die Entwicklung des Fremdwortschatzes eine herausragende Rolle spielt.

Zahlreiche andere Zugangswege sind vorhanden und von je eigenem Interesse, z.B. über Inhaltsbereiche wie Berufsbezeichnungen, Sprache der Werbung, Mediensprache, weitere Fach- und Wissenschaftssprachen, Sprache der Jugend, der Musik- und Popkultur usw., deren Darstellung eine Enzyklopädie des Fremdwortschatzes erfordern würde. Die wenigen für den vorliegenden Abschnitt herausgegriffenen haben aber so unterschiedliche Strukturen ausgebildet und Wirkungen gezeitigt, dass sie gleichzeitig als exemplarisch für vieles stehen, was den Fremdwortschatz betrifft und unter je besonderen Fragestellungen in anderen Teilen des Buches besprochen wird. Im Augenblick kommt es auf den spezifischen Blickwinkel an, unter dem ein Teilwortschatz erscheint. Die Wortschätze selbst überschneiden sich vielfach. Wir beginnen mit den Markennamen als Einfallstor für fremde Wörter.

Markennamen und Warenbezeichnungen

Nach deutschem Recht ist eine Marke (früher *Warenzeichen*) ein Zeichen, unter dem Waren und Dienstleistungen eines einzelnen Unternehmens vertrieben werden. Die Verwendung einer Marke hat den Zweck, Produkten ihre Herkunft und bestimmte Eigenschaften fest zuzuschreiben und sie damit von Konkurrenzprodukten unterscheidbar zu machen. Mit einer Marke ist etwas verbunden, das man ein Gebrauchswertversprechen nennt. Vor allem soll der Käufer sicher sein, unter einer Marke Produkte stets gleicher Qualität und Gebrauchsgüte zu erwerben. Aber wie lange noch? In China kann man seit einiger Zeit Noname-Waren (z.B. Textilien und Elektronik) mit freier Markenwahl erwerben.

Markenzeichen können jede nur denkbare Form und Materialität haben, solange sie mit Sicherheit wiedererkennbar bleiben. Ein sprachliches Markenzeichen (Wort, Phrase, Buchstaben- oder Silbenfolge) wird im Allgemeinen ein Markenname genannt, auch von Produktname ist die Rede.

Linguistisch gesehen sind Markennamen zunächst ein besonderer Typ von Eigenname. Wie Eigennamen generell, identifizieren sie ein Individuum in einer gekennzeichneten Menge (Stetter 1990). So identifiziert man mit *Inge* ein Mädchen in einer Schulklasse oder ein Ruderboot in einem Bootshaus oder ein Pferd auf einer Weide. Genau so identifiziert man mit *Opel* eine Firma innerhalb einer Menge von Firmen, eine Familie innerhalb einer Menge von Familien oder eine Menge von Autos innerhalb einer Menge von Mengen von Autos. Im Allgemeinen sagt man nun, dass ein Eigenname zwar identifiziere, darüber hinaus aber keinen begrifflichen Inhalt habe. Von Inge wissen wir höchstens, dass es sich um ein weibliches Wesen handelt, sonst wissen wir nichts. Für Markennamen ist diese identifizierende Funktion aber in aller Regel nicht ausreichend, jedenfalls dann nicht, wenn eine Marke etabliert, ihre Produkte am Markt durchgesetzt werden sollen.

Seit man von Markennamen sprechen kann, wird auch über ihre Wirksamkeit nachgedacht. Darin spiegelt sich die Vielfalt der Formmittel zu ihrer Bildung. Sie reicht von Personennamen (*Daimler, Leitz, Dr. Oetker*) über Substantive und Nominalgruppen der Alltagssprache (*Höhensonne, Fön, Deutsche Bank, Die Zeit*), Abkürzungen und Kurzwörter (*BP, Sinalco*), eingeschlossen Kunstwörter jeder nur denkbaren Art. Für die Werbung haben Markennamen erhebliche Bedeutung (Koß 1996; Janich 2005), sie werden professionell hergestellt und in großem Umfang auch auf Vorrat gesetzlich geschützt (zu den Typen, ihrer ‚Kreation' und Etablierung Hemme 2004). Ein bekannter Werbefachmann namens Manfred Gotta hat sich ganz auf die Entwicklung von Markennamen spezialisiert und ist zum Beispiel auf *Porsche Cayenne* und *Evonik Industries* (früher *Ruhrkohle AG*) verfallen. Fremdheit spielt dabei für die Bezeichnung bestimmter Produkte eine ganz wichtige Rolle (Bratschi 2005).

Was damit gemeint ist, sehen wir uns an Eigenschaften einiger Markennamen mit dem Wortbestandteil *therm* an, wie sie in Ronneberger-Sibold 2009 beschrieben werden. Die Einheit *therm* ist weder ein Stamm im üblichen Sinn noch ist sie ein Affix. Sie hat aber eine lexikalische Bedeutung und kann sowohl in kompositionsähnlichen Strukturen wie *isotherm* als auch in derivationsähnlichen wie *thermisch* vorkommen. Man nennt solche Einheiten heute meist Konfixe und drückt damit aus, dass sie weder Stämme noch Affixe sind, aber Eigenschaften von beiden haben (6.4). Als charakteristisch für eine große Gruppe von Markennamen gilt, dass sie Konfixe enthalten, die künstlich gebildet sind und damit gerade keine etablierte lexikalische Bedeutung haben. Das trifft beispielsweise auf den ersten Bestandteil des Adjektivs *keratherm* zu, der eine Kürzung von *Keramik* ist. Der Durchschnittssprecher erkennt das nicht, deshalb gilt *keratherm* im Gegensatz zu *isotherm* in der Untersuchung von Ronneberger-Sibold als nur semitransparent und nicht verträglich mit den Regeln der deutschen Wortbildung.

An dieser Stelle steht ein Begriff von Kürzung als Wortbildungsmittel zur Debatte, der uns mehrfach begegnen wird. Danach gilt als Kürzung nur etwas, dem eine ‚Vollform' zugrunde liegt (z.B. Kobler/Trill 1994: 20; Ronneberger-Sibold 2009: 146ff.). So selbstverständlich das klingt, so gut begründet lassen sich Zweifel anmelden. Besonders dann, wenn es auf die Verträglichkeit mit Wortbildungsregeln des Deutschen bezogen wird. Ob etwas den Regeln entspricht, soll davon abhängen, wo es herkommt. Einmal mehr geht es um die Herkunft einer Einheit als entscheidendes Kriterium, dem wir uns ja so weit wie irgend möglich verschließen. Das Wort *keratherm* ist für einen Sprecher, der die Bedeutung von *iso* nicht kennt, um nichts weniger transparent als *isotherm*, und beide sind phonologisch wie morphologisch vollkommen wohlgeformt (weiter 6.4). Trotzdem bleibt die Tatsache, dass in Markennamen bewusst unverständliche Bestandteile eingebaut werden, natürlich von Bedeutung. Unter diesem Blickwinkel stellt Ronneberger-Sibold fest, dass die Verwendung von *therm* im typischen Markennamen interessante Charakteristika aufweist.

(1) Verwendung von *therm* als zweiter Bestandteil in Markennamen mit neu geschaffenem bzw. etabliertem ersten Bestandteil

Jahr	neu geschaffen	etabliert
1914		*Sanotherm*
1944	*Optitherm*	
1954	*Maytherm*	
1964	*Ibetherm*	
	Silatherm	
	Intertherm	
	Volutherm	
	Lambdatherm	
1984	*Trafotherm*	
1994	*Komo-therm*	*Variotherm*
	Optitherm	*Duratherm*

Die Übersicht beruht auf einer Auswertung des ‚Warenzeichenblatts' (heute ‚Markenblatt'), in dem seit 1894 sämtliche deutschen Markennamen verzeichnet werden. In der ersten Spalte sind Verbindungen mit künstlich hergestellten, in der zweiten solche mit etablierten ersten Bestandteilen eingetragen. Tendenzen: (1) Markennamen enthalten etablierte und damit bekannte Bestandteile vor allem als Zweitglieder, also in der Position des Determinatums oder morphologischen Kopfes von Komposita. Der erste Bestandteil ist viel häufiger künstlich hergestellt. Markennamen ähneln in dieser Hinsicht etwa zweigliedrigen Ortsnamen des Typs *Lüneburg, Ingolstadt, Strausberg, Imshausen, Hersfeld, Luckenwalde.* (2) Die Häufigkeit von unverständlichen Bestandteilen nimmt nach dem Ersten Weltkrieg zu. Neuerdings nimmt sie wieder ab. Diese sehr allgemeine Tendenz kann Ronneberger-Sibold mit externen Bedingungen in Zusammenhang bringen, etwa damit, welche Anforderungen von welchen Verbrauchergruppen an die Transparenz von Markennamen gestellt werden. Wir lassen es beim Hinweis auf eine ebenso interessante wie aussagekräftige Analyse und wenden uns dem Verhältnis von Markenname und allgemeinen Warenbezeichnungen mit einem Beispiel aus der Chemie zu, nämlich der Verwendung des betonten Suffixes *ín* (Voigt 1982; 1985; zur Deutung als ‚commercial suffix' Praninskas 1968).

Wörter wie *Anilin* oder *Paraffin* enthalten mit *ín* ein Derivat des lateinischen Adjektivierers *inus*, der so viel bedeutet wie ‚gehörig zu', z.B. *marinus* (‚zum Meer gehörig', davon *Marine*). Viele, aber nicht alle fremden Wörter des Deutschen auf *ín* lassen sich auf *inus* beziehen. Sie wurden zunächst in größerem Umfang in der Chemie verwendet und haben sich von da aus auf unterschiedlichen Wegen in den Allgemeinwortschatz bewegt. Eine gewisse

Ordnung kann man über Eigenschaften wie ‚für den Menschen genießbar oder heilkräftig' herstellen, die gleichzeitig ganz grob die zeitliche Abfolge im Auftreten der einzelnen Wortgruppen spiegeln. Chemischen Substanzen verschiedener Art (2a) folgen Rauschmittel (2b), Pharmazeutika unterschiedlicher Art (2c), Kopfschmerzmittel (2d) und schließlich Nahrungs- oder Nahrungszusatzmittel (2e). In allen Gruppen finden sich Wörter, die als Markennamen geschützt sind, aber auch andere.

(2) Chemie in Wörtern auf *in*

a. *Anilin* (von arab. *an-nil* 'Indigopflanze', seit 1897 synthetisch), *Benzin* (nicht wie *Diesel* vom Namen eines Autopioniers abgeleitet, sondern von arab. *luban dschawi* ‚Weihrauch aus Java'), *Durolin, Formalin, Kaolin* (ein Silikat, Porzellanerde), *Lanolin* (Wollwachs), *Paraffin, Stearin* (Palmöl)

b. *Amphetamin, Eucain, Heroin, Morphin, Kokain, Novacain*

c. *Atebrin, Atropin* (zur Lösung von Krämpfen), *Chinin* (peruanisch *quinaquina*, ‚Rinde der Rinden', aus der ein fiebersenkendes Medikament hergestellt wird), *Glutamin, Laxin, Mallebrin, Penizillin, Tuberkolin* (Präparat zum Nachweis von Tuberkulose)

d. *Aspirin, Neuralgin, Temagin, Thomapyrin*

e. *Backin, Biskin, Gustin, Mondamin, Palmin, Pektin, Vanillin, Vitamin, Weizenin*

Mit dem Vorkommen in solchen Wörtern ist dem Suffix eine spezifische, einem Fachwortschatz zugehörige semantische Funktion eigen, die es in Opposition bringt zu Suffixen wie *ol* oder *at* (*Benzol, Glutamat, Stearat*) und auch zur Bildung von Wörtern wie *Moralin, moralinsauer* oder *Hängolin* anregt. Wo immer Männer in größeren Gruppen aufeinander losgelassen werden (Kasernen, Gefängnisse, Jugendcamps, Internate), wird ungefähr seit der Zeit des Ersten Weltkriegs kolportiert, der tägliche Tee enthalte einen Erektionshemmer namens Hängolin. Woraus er besteht, ist nicht bekannt. Möglicherweise handelt es sich um ein Wort ohne materiellen Referenten, noch nicht mal ein Placebo, aber mit unübersehbarer Wirkung. Auch andere *in*-Wörter haben interessante Geschichten, z.B. *Heroin.*

Heroin. Die gleichzeitig heilende und berauschende Wirkung von Pharmaka ist ein altes Problem. Heroin scheint aber das erste Mittel zu sein, das in großem Umfang halbsynthetisch produziert werden konnte, wobei unklar war und lange nicht geklärt wurde, ob es eher auf die Seite der Rauschmittel oder auf die Seite der Heilmittel gehört. Heroin wird auf der Basis von Morphin (früher meist Morphium genannt) und Essigsäurederivaten hergestellt. Morphin seinerseits gewinnt man aus Opium, dem getrockneten Saft des Schlafmohnsamens. Die halbsynthetische Herstellung gelang zuerst in England und wurde 1896 vom Vorgänger der heutigen Bayer-Werke unter der Bezeichnung *Heroin* patentiert. Diese Bezeichnung (von gr. *heros* ‚Held') spielt auf die schmerzstillende Wirkung des Mittels an, es wurde aber auch bei anderen Indikationen verwendet, z.B. bei Husten und Bluthochdruck. Obwohl spätestens im Jahr 1904 dringend vor Heroinabhängigkeit gewarnt wurde, war das Mittel noch lange in vielen Ländern ohne Rezept käuflich. Im Ersten Weltkrieg kam es, passend zum Namen, in großem Umfang bei der Behandlung von Verwundeten zum Einsatz. Erst 1931 gab Bayer die Produktion auf, aber noch bis Ende der 50er Jahre wurde Heroin in Deutschland verkauft. Seit 1971 ist es bei uns verboten, seine wirtschaftliche Bedeutung ist jedoch noch immer erheblich. Nach einer Zeitungsmeldung vom 10. Oktober 2008 beruhten zu jener Zeit etwa 50% der Volkswirtschaft Afghanistans auf der Herstellung von und dem Handel mit Heroin.

Das Verhältnis von Markennamen zu Warenbezeichnungen hat mehrere Seiten. Einmal geht es um ihren Status als Eigennamen. Voigt (1985: 123) zitiert einen Werbefachmann aus den 20er Jahren des vorigen Jahrhunderts mit dem Satz „Man verlangt Odol, man fährt einen Benz, man wäscht sich mit Sunlicht-Seife, man trinkt Korn-Franck aus der Rosenthaltasse und streicht sich dazu die Solo-Margarine mit dem Henckels'schen Zwillingsmesser auf das Sternbrot." Markennamen werden nicht nur als Eigennamen verwendet, sondern auch als ganz normale Substantive. Je nach Produkteigenschaft sind sie dann Gattungsnamen (Appellativa) oder Stoffnamen (Kontinuativa, Mass Nouns) und haben auch deren Grammatik. *Ein Opel* ist grammatisch nichts anderes als *ein Auto*, und *fünf Liter Aral* ist grammatisch dasselbe wie *fünf Liter Wasser* (Vater 1965; Satz: 158ff.). Das wirtschaftliche Paradies einer marktbeherrschenden Stellung erreicht ein Hersteller, wenn ein Gattungs- oder Stoffname durch seinen Markennamen verdrängt wird und man beispielsweise nicht mehr von einem Papiertaschentuch, sondern von einem Tempo und nicht mehr von einer Tube Klebstoff, sondern von einer Tube Uhu spricht: „Sag nicht Banane, sag Chiquita."

Zum Zweiten geht es um Markenpiraterie. Zu ihrer einfachsten Form, dem Vertrieb von Fakes als Fälschungen von Markenprodukten, hat die Sprachwissenschaft nichts zu sagen, wohl aber zu Versuchen des legalen Trittbrettfahrens. Die Produkte selbst, ihre Markenzeichen und ihre Vertriebsformen können imitiert werden und werden imitiert. Rechtlich kommt es darauf an, dass zwei Markennamen auch bei flüchtiger Wahrnehmung durch den Normalsprecher „nicht verwechslungsfähig“ sind. Entscheidend ist der Gesamteindruck, den zwei Zeichen nach Klang, Bild (wozu auch die Schrift gehört) und Bedeutung erwecken (Albrecht 1999; Stoll 1999). Ein Richter hat dann zu beurteilen, ob etwa *Biovital/Revital* (Mittel zur Stärkung von Herz und Kreislauf), *Tachofix/Rakofix* (Gerät zur Tachobeeinflussung) oder *Boxin/Froxi* (Verkaufsautomat) hinreichend unterschiedlich sind. Die Rechtsprechung arbeitet teilweise mit sehr genauen Analysen, was den Lautbestand, die Silbenzahl, den Wortakzent, morphologische Bestandteile, das Schriftbild und Bedeutungsbezüge betrifft. Ein gemeinsames Suffix *in* wie in 2 kann durchaus eine Rolle spielen. Wichtig sind auch Grundsätze anderer Art, etwa der, dass bei Kunstwörtern ohne bedeutungstragende Elemente die Verwechslungsgefahr besonders hoch ist und dass bei der Ausweitung des Handels über das Internet die Schriftform wichtiger wird. Insgesamt sind die Beurteilungskriterien aber nicht einheitlich. So sind die drei genannten Beispiele in unterschiedlichen Instanzen des Rechtswegs auch unterschiedlich beurteilt worden. Einigkeit bestand kürzlich bei der Beurteilung von Rechten der rechten Bekleidungsmarke *Thor Steinar*. Sie werden durch das satirische Konkurrenzunternehmen namens *Storch Heinar* nicht verletzt.

Europäismen und Internationalismen

Häufig nimmt man an, dass Wörter zu einer europäischen Sprache wie dem Deutschen dann besonders leicht Zugang haben, wenn sie zu den Europäismen gehören. In der umfangreichen Literatur lassen sich als Hauptgesichtspunkte für die Verwendung des Begriffs Europäismus Herkunft und Bestand bestimmter Wörter einerseits von ihrer Funktion andererseits unterscheiden. In beiderlei Hinsicht ist der Begriff weitaus überwiegend positiv konnotiert. Auch wer sonst nicht unbedingt viel von Fremdwörtern hält, hebt die Europäismen gern aus deren Masse heraus und gewinnt ihnen gute Seiten ab (allgemein zum Thema Braun 1979; Braun/Schaeder/Volmert Hg. 1990; 2003; Eichinger 2008: 82ff.).

Zu Herkunft und Bestand findet sich an erster Stelle der Hinweis auf einen gräkolateinischen Ursprung solcher Wörter. Mit der Betonung der Rolle des Lateinischen als Geber- und Relaissprache gelangt man zum Eurolatinismus, in dem die Sicht auf das Lateinische als ‚Muttersprache Europas‘ zum Ausdruck kommt (Munske/Kirkness 1996; Flasch 2005; zur neuen sprachwissenschaftlichen Teildisziplin Eurolinguistik Grzega 2006). Im Bestand an Latinismen, den europäische ‚Kultursprachen‘ teilen, drücken sich nach dieser Auffassung kulturelle sowie mehr und mehr auch politische Gemeinsamkeiten aus. Die ererbte Substanz einer europäischen

Sprachkultur führe zu Wörtern, die auf gegenseitige Entlehnungen zurückgehen, im Prinzip aber auch in jeder der beteiligten Sprachen selbst gebildet sein könnten. Mit einer gewissen Emphase wird über den einzelsprachlichen Tellerrand hinaus nach Europa geblickt.

Ganz ähnlich bei den Funktionen. Für den typischen Europäismus unterstellt man, er sei in einer ganzen Gruppe von Sprachen ohne Übersetzung verständlich, weil er in diesen Sprachen nach Form und Bedeutung ‚annähernd gleich' sei. Das führt weiter zum Aufbau international verwendeter Fachterminologien auf eurolateinischen Fundamenten. Aber auch für die Entwicklung europäischer Sprachen als Ganze sieht man Vorteile. Denn offensichtlich sei, dass sich etwa die germanischen Sprachen immer weiter voneinander entfernten und dasselbe für die romanischen und slawischen Sprachen gelte. Die Ausbreitung von Europäismen garantiere demgegenüber einen gewissen Zusammenhalt nicht nur innerhalb der einzelnen Sprachgruppen, sondern sogar über deren Grenzen hinweg.

Damit sind auch gewisse Vorgaben für die Begrifflichkeit verbunden. Ein Europäismus liegt nicht schon dann vor, wenn Form und Bedeutung von Wörtern in mehreren Sprachen ähnlich sind, sondern sie müssen in Sprachen mehrerer Familien ähnlich sein. Als Beispiel für Nicht-Europäismen erhält man etwa bei Wörtern mit der Bedeutung ‚Buch' (nach Bergmann 1995: 273):

(3) Nicht-Europäismus ‚Buch'
   a. dän. *bog*, dt. *Buch*, engl. *book*, ndl. *bock*, norw. *bok*
   b. frz. *livre*, ital. *libro*, port. *livro*, span. *libro*
   c. poln. *książka*, russ. *kníga*, serb. *knjiga*, tsch. *kniha*

Diese Beschränkung des Begriffsumfangs ist aber unbedeutend im Vergleich zur Erweiterung, die er erfährt, wenn es um die Abgrenzung zum Oberbegriff (Hyperonym) Internationalismus geht. Lassen wir noch einmal Rolf Bergmann zu Wort kommen (1995: 276f.): „Europäismen sind demnach in europäischen beziehungsweise aus Europa stammenden Sprachen – etwa im Englischen, Französischen und Deutschen – verbreitete sprachliche Einheiten, die überwiegend aus lateinischen und griechischen Bestandteilen bestehen und insofern ausdrucksseitig und inhaltsseitig Übereinstimmung und Ähnlichkeit besitzen oder aber überwiegend nach lateinischen und griechischen Mustern gebildet sind und insofern nur strukturell und inhaltsseitig Übereinstimmung und Ähnlichkeit besitzen."

Schwierigkeiten einer solchen Explikation liegen nicht nur beim Begriff Ähnlichkeit (Wann genau sind zwei Wörter ähnlich?), sondern auch beim Verhältnis von Latinismen und Gräzismen zum Rest, insbesondere zu den

Anglizismen. Was bedeutet die Feststellung, Europäismen bestehen „überwiegend" aus lateinischen und griechischen Bestandteilen oder seien nach lateinischen oder griechischen Mustern gebildet? Fremdwortbildungen sind eingeschlossen, aber es wird kein Abgrenzungskriterium gegenüber Anglizismen, Gallizismen, Slavismen und Germanismen gewonnen, die international verbreitet sind. Nach dem Inhalt der Parenthese sind sie jedenfalls mitgemeint. Der besondere Hinweis auf Gräkolatinismen zeigt wieder eine Anhänglichkeit an das europäische Erbe. Ob und wenn ja in welchem Umfang sie im Gegenwartsdeutschen die Mehrheit darstellen, bleibt zu klären (s.u).

Eine andere Konsequenz dieser Art von Explikation ist, dass es kaum Internationalismen gibt, die nicht auch Europäismen sind. Vielleicht zählt man die in 2 dazu, aber wirklich überzeugend wäre das nicht. Es bleiben dann im Wesentlichen Wörter aus außereuropäischen Sprachen mit internationaler Verbreitung wie *Amok* (mal.), *Anorak* (Pfeifer 1989: „von eskim. (grönländ.) *anorak*"), *Banane* (Pfeifer 1989: „Möglicherweise ... aus einer Bantusprache"), *Bumerang* („aus einer Sprache austral. Ureinwohner"), *Gorilla* („wahrscheinlich aus einer westafrikan. Sprache"), *Kaffee* (arab.), *Tabu* (polynes.). Es gibt viele davon. Im Vergleich zu den Europäismen sind sie jedoch nicht zahlreich, ein klares Anzeichen für die eurozentrische Ausrichtung des international verwendeten Vokabulars.

Zuverlässige Zahlen über die Verbreitung von Europäismen in der deutschen Allgemeinsprache gibt es nicht. Immerhin gewinnt man einen Eindruck über die Auszählungen in Kirkness 2001. Ermittelt wurden fremde Neologismen, die in verschiedenen Auflagen von Wahrig ‚Deutsches Wörterbuch' und Duden ‚Universalwörterbuch' zwischen 1966 und 1997 auf den Alphabetstrecken H und T erscheinen.

Insgesamt finden sich 1.363 neue Wörter, von denen ungefähr die Hälfte (692) fremd ist. Von diesen sind 434 entlehnt, bei den übrigen handelt es sich vorwiegend um Fremdwortbildungen. Weniger als ein Viertel davon, genau 155, werden als Europäismen eingestuft. Ein Wort gilt in der Zählung als deutscher Europäismus, wenn es Entsprechungen des deutschen Wortes im Englischen, Französischen, Italienischen, Niederländischen, Schwedischen und Polnischen gibt. An erster Stelle stehen die Gräkolatinismen. Sie machen nicht weniger als 63% aus und sind fast alle durch Fremdwortbildung entstanden, was man so ja auch erwartet (2.6). Nur 26% sind Anglizismen. Das ist einerseits überraschend wenig, lässt sich mindestens zum Teil aber damit erklären, dass die Zahlen aus Wörterbüchern gewonnen sind. Andere Korpora, auch solche der geschriebenen Sprache, liefern mit Sicherheit einen höheren Anteil an Anglizismen. Die absolute Zahl der vorkommenden Anglizismen beträgt 35, davon ist ein nicht geringer Teil als Angloromanismen anzusehen, also indirekt ebenfalls auf das Lateinische zu beziehen:

(4) Angloromanismen im Wörterbuchkorpus
Habitation, Holocaust, Techno, Teletex, Terminal, topsecret, Tranquilizer, Transponder, Tribalismus

Das Lateinische scheint für das internationale Vokabular tatsächlich nach wie vor als Quelle übermächtig zu sein. Für die Explikation oder gar Definition des Begriffs Europäismus ist eine Beschränkung auf das Lateinische aber selbstverständlich nicht sinnvoll.

Beispiel Botanik

„Die verbindliche Festlegung oder Empfehlung von Fachbezeichnungen für bestimmte Gegenstände, wissenschaftlich-technische Sachverhalte und Verfahren erfolgt in Normblättern, die von verschiedenen Institutionen (DIN, ISO) erarbeitet werden." (Fluck 1997: 73). Egal ob ein Fachwortschatz für die einzelsprachliche oder für die internationale Verwendung entwickelt wird, folgt man bei der Festlegung von Termini ausgearbeiteten Regeln z.B. was die Morphologie der Wörter betrifft. Terminologiearbeit ist seit langem hochgradig professionalisiert (Wüster 1991; Arntz u.a. 2009). Dazu gehört auch die systematische Abstimmung innerhalb der EU und, wenn erforderlich, über sie hinaus.

Fachtermini, die zur internationalen Verwendung erarbeitet werden, sind Internationalismen von Geburt. Sie müssen nicht unbedingt etwas mit dem Allgemeinwortschatz irgendeiner der Sprachen zu tun haben, in denen sie verwendet werden. Aber manche Fachterminologien entwickeln sich in ständigem Austausch mit dem Alltagswortschatz. Auch hier wird Terminologiearbeit geleistet, nur ist der Grad ihrer Internationalität im Allgemeinen geringer, die Nähe zur Allgemeinsprache größer. Wir stellen unter diesem Aspekt einige Züge der Terminologien von Botanik einerseits und Datenverarbeitung andererseits nebeneinander.

„Die heutige Technik der botanischen Namensgebung nahm ihren Anfang 1753, dem Erscheinungsjahr von Linnés ‚Species plantarum', in dem er die binäre Nomenklatur konsequent zur Anwendung brachte." (Schubert/Wagner 2000: 17). Der schwedische Naturforscher Carl von Linné (1707–1778) gilt als Begründer und großer Pionier der modernen wissenschaftlichen Begriffsbildung überhaupt. Seine erste umfangreiche Nomenklatur galt der Botanik, deren Begrifflichkeit heute im International Code of Botanical Nomenclature ICBN geregelt ist. Dessen neueste – englische –

Ausgabe ist der sog. Vienna Code aus dem Jahr 2006, benannt nach dem Tagungsort der letzten großen Konferenz zum Thema. Die Benennungsprinzipien haben sich seit Linné natürlich mit der Disziplin verändert. Berücksichtigt man als Kriterien für Verwandtschaft etwa die Morphologie oder die Fortpflanzungsarten von Pflanzen, dann erhält man ein anderes Begriffssystem als bei Berücksichtigung genetischer Fakten.

Im Linnéschen System werden Pflanzen in der Mitte von Begriffshierarchien nach Gattung und Art mit griechischen und lateinischen Ausdrücken bezeichnet, z.B. *Populus alba* dt. *Silberpappel* oder *Fagus silvatica* dt. *Rotbuche.* Zwei Eigenschaften solcher Ausdrücke fallen ins Auge. Die Internationalismen werden nach eigenen Regeln groß- bzw. kleingeschrieben. Bezeichnungen für die Gattung schreibt man groß. Das ist mit den Regeln des Deutschen meist verträglich, schon weil solche Ausdrücke häufig wie Eigennamen verwendet werden. Bezeichnungen für die Art schreibt man dagegen klein, auch wenn sie Formen von Eigennamen sind. So wurde die im Jahr 2003 im Großen Stechlinsee entdeckte Maränenart *Fontanemaräne* genannt, Fachterminus *Coregonus fontanae.* Wäre der Ausdruck ein Latinismus im üblichen Sinn und damit ein Ausdruck des Deutschen, würde nicht so verfahren. Es hieße *Fontanae.*

Die binäre Struktur der Linnéschen Termini passt an sich bestens zum Bau der deutschen Äquivalente. Komposita wie *Silberpappel* und *Rotbuche* haben dieselbe Struktur bestehend aus Bezeichnungen für Genus proximum und Differentia specifica. Die Liste von gut 4.000 deutschen Termini der Botanik im Wörterbuch von Schubert und Wagner enthält weit überwiegend solche zweigliedrigen Komposita. Aber haben beide Reihen von Ausdrücken sonst noch etwas miteinander zu tun? Sehen wir uns dazu einige Bezeichnungen für Gräser an, von denen es schon bei Mater 1983 ungefähr 80 gibt.

Ein Wort wie *Wollgras* (*Eriophorum*) hat kein binäres Äquivalent im Sinne von Linné, was darauf hinweist, dass es nicht eine Art, sondern eine Gattung bezeichnet. Diese Gattung umfasst mehrere Arten, die u.a. als *Wollblume, Geisbart, Federbinse* und *Moorgras* bezeichnet werden. In der Allgemeinsprache gelten sie also nur zum Teil als Gräser, d.h. die Bezeichnungen speisen sich wie bei Komposita des Deutschen überhaupt aus vielerlei Quellen. Sie richten sich nach dem Standort (*Kammgras, Steppengras, Sumpfgras*), nach der Verwendung (*Futtergras, Weidegras, Viehgras*), nach der Gestalt (*Schilfgras, Rispengras, Fadengras*) oder auch der Nützlichkeit. So ist *Queckengras* ein *Ungras*. Die Art *Stipa tenacissima* hat als solche überhaupt kein gängiges deutsches Äquivalent, aber ihre zähen Halme und Blätter werden für die Herstellung von Flechtwerk verwendet und heißen je nach

Ort und Aussehen zum Beispiel *Alfagras, Halfagras, Fadengras, Strickgras, Pfriemengras.* Und *Arundo donax*, aus dem man die Rohrblätter von Oboe, Klarinette und Fagott sowie Angelruten schneidet, ist im Deutschen ein *Schilfgras*, das auch *Riesengras*, *Persisches Gras*, *Pfahlrohr* oder *Spanisches Rohr* genannt wird. So kann man fortfahren mit der Beschreibung der beiden Reihen von Ausdrücken, ohne auf eine größere Anzahl von Entsprechungen zu stoßen.

Die hochsystematisch gebaute Menge an Internationalismen der Botanik hat mit den nativen Wörtern nur gelegentlich etwas zu tun. Beispielsweise folgt man, wo neue Termini gebildet werden, vielfach Regeln zum Gewinn von Analogien zu den lateinischen Ausdrücken: „Die Namen von Reihen und Ordnungen – meist erkennbar am Suffix -ales in der botanisch-wissenschaftlichen Nomenklatur – werden im Deutschen durch die Endung -artige (im Sinn von -ähnliche) ausgedrückt, z.B. Rosales – Rosenartige, Fagales – Buchenartige …" Ein bedeutender Einfluss auf die Allgemeinsprache ist aber auch hier nicht zu erkennen. Und „sachlich falsche" Bezeichnungen sollen stehen bleiben, etwa „Picea abies = Rottanne ist eine Fichte und keine Tanne." (Schubert/Wagner 2000: 58). Würde man hier eingreifen, müsste, wie an den Gräsern gezeigt, ein ganz erheblicher Teil der deutschen Wörter neu gebildet werden. Im Prinzip stehen sich Internationalismen und Wörter des Deutschen gegenüber. Man kann hier einmal tatsächlich von einem Unterschied Wort des Deutschen – Internationalismus sprechen, weil letztere keiner Einzelsprache und damit auch nicht als Fremdwörter dem Deutschen zugehören (zum Musikvokabular unter diesem Gesichtspunkt 2.4).

Beispiel Computer

Der Computer gilt einem Teil unserer Sprachkritik als das moderne Einfallstor für Anglizismen schlechthin und als Träger sprachlicher Globalisierung auf Basis des Englischen. Aber lässt sich ein Zugang zu den Computerwörtern als Fachwortschatz gewinnen? In der vergleichsweise gut abgrenzbaren und einheitlichen Disziplin Botanik wird ein aus Internationalismen bestehendes Fachvokabular neben einem etablierten und sich entwickelnden Wortschatz aus Kernwörtern eingeführt, mit dem es nur begrenzt interagiert. Beim Computerwortschatz liegen die Dinge insofern von vornherein anders, als das Vokabular der Allgemeinsprache sich gemeinsam mit dem Fachwortschatz entwickelt.

Eine Computerwissenschaft als einheitliche Disziplin gibt es nicht. Am ehesten hat es sie in der Pionierphase dieser Technik gegeben. Konrad Zuse (1910–1995) verstand sich als Erfinder der frei programmierbaren Universalrechenmaschine mit Gleitkommarechnung, für die es einmal eine höhere Programmiersprache namens Plankalkül geben sollte. Zuse benutzte ein Vokabular aus dem Wortschatz der beteiligten Disziplinen wie Algebra und Nachrichtentechnik, das er mit Neubildungen aus dem Kern- und traditionellen Fremdwortschatz erweiterte. Anglizismen spielten so gut wie keine Rolle (Alex 2007; instruktiv der Roman von F.C. Delius ‚Die Frau, für die ich den Computer erfand', Rowohlt Berlin 2009).

Das änderte sich, nachdem die Firma IBM in den 1950er und 1960er Jahren den Bau von Großrechenmaschinen an sich gezogen hatte. Das Fachvokabular wurde Englisch, sein Einfluss auf die Allgemeinsprache blieb aber gering. Erst mit dem Aufkommen und der Verbreitung von PCs in den 80er Jahren explodierte seine Wirksamkeit regelrecht, aber es bleibt schwierig, hier von einem einfachen Verhältnis des Fachlichen zum Alltäglichen zu sprechen. Elektronische Datenverarbeitung, Informatik, Künstliche Intelligenz, Softwaretechnik, Korpustechnologie, Netzwerktechnik usw. lassen weder eine einfache Teilung in Hardware- und Softwaredisziplinen, noch eine in eher wissenschaftliche und eher technische Fächer zu. Schon deshalb ist ein Glücksfall, dass wir über Untersuchungen verfügen, die unmittelbar am Verhältnis von Fachwortschatz und Allgemeinwortschatz ansetzen, etwa die Beiträge in Busch/Wichter Hg. 2000. Die zugrundeliegende Untersuchung ist nicht mehr ganz neu, zeigt aber mit Sicherheit, was strukturell bis heute gilt (neuere Arbeiten zum Computerdiskurs mit Beiträgen zur sprachlichen Seite von Chats, Weblogs und Websites in Androutsopoulos u.a. Hg. 2006; ein Lexikon zum Computerwortschatz ist Irlbeck/Langenau 2002).

Als Datenbasis der Untersuchung Busch/Wichter dienen sämtliche Ausgaben der FAZ und des Spiegel vom März 1996. Petersen 2000 beschreibt das aus diesem Material aufgebaute Korpus mit Datenbank. Das Kernkorpus umfasst etwa hundert Artikel aus beiden Printmedien, davon ungefähr drei Viertel aus der FAZ. Grote/Schütte 2000 nehmen die Auswertung bezüglich des Computerwortschatzes vor. Das Ergebnis besteht aus fast 65.000 einzelwortbezogenen Datensätzen. Als typische Anglizismen bzw. Bestandteile von Anglizismen finden sich solche wie in 5. Neben den besonders häufigen nennen wir drei Gruppen mit charakteristischer Morphologie.

(5) Computerwortschatz, Wörter und Wortbestandteile
   a. Besonders häufig kommen vor *Computer, Cyber, digital, Hardware, Internet, Info/Information, Makro, Mikro, Modem, Multi, online, Software*
   b. Morphologisch einfache Einsilber *Bit, Byte, Board, Box, Chat, Chip, Clone, Code, Hit, Klick, Link, Mail, Net, Pad, Start, Tool, Web, Word*

c. Substantive auf *er Browser, Computer, Cyber, Dropper, Hacker, Killer, Laser, Mailer, Power, Provider, Scanner, Server, Surfer, User*
d. Abkürzungen aus Großbuchstaben *AOL, ATM, CD, DOS, DRAM, DVD, GB, ID, ISDN, KB, KIT, LAN, MB, MPEG, NCC, NTSC, PC, PDA, RAM, ROM, RSA, SIMM, SNI, WWW*

Einige der aufgeführten Ausdrücke erweisen sich nur dann als Anglizismen im engeren Sinn, wenn eine entsprechende Aussprache dazugenommen wird (*digital, Information, Hacker, Multi*). Zu erwähnen ist auch, dass es sich bei den Listen keineswegs durchgängig um Neologismen handelt, die mit dem Computer aufgekommen sind. Alle Gruppen enthalten Ausdrücke, die als Fremdwörter älter sind, z.B. *digital, Makro, Bit, Hit, Start, Laser, Power, GB, MB*. Alle Gruppen weisen Abkürzungen und Kurzwörter verschiedener Art auf wie *Cyber* (*cybernetics*), *Bit* (*binary digit* mit der Erweiterung *Byte* ‚8 Bit'), *Laser* (s. 6.2.2). Besonders auffällig sind die zahlreichen echten Abkürzungen (‚Initialkurzwörter') aus Großbuchstaben, die fast durchweg auf direkte Übertragungen aus dem Englischen zurückgehen (*CD* < *compact-disc, ISDN* < *Integrated Services Digital Network*) und auch als Einzelbuchstaben vorkommen (*A-Klicken, E-Cash, P-Rating*; Grote/Schütte 2000: 79ff.). Ihr Bestand verändert sich mit der technischen Entwicklung schnell, heute geht es nicht ohne *DSL, MMS, UMTS* und viele andere. Im Übrigen haben die Ausdrücke in 5 keine Besonderheiten im Vergleich zu anderen Anglizismen. Was Aussprache, Flexion, Wortbildung und Orthographie betrifft, kann auf die entsprechenden Abschnitte 4.2, 5.2, 6.2.2 und 7.2 verwiesen werden.

Daran zeigt sich schon, wie stark die Computerwörter mit dem Rest des Wortschatzes verbunden, geradezu verquickt sind. Diese Verquickung lässt sich auf unterschiedliche Weise weiter verdeutlichen. Das besondere Verhältnis der Einsilber zu denen des Kernwortschatzes kommt etwa in den Abschnitten 2.2 und 7.2 zur Sprache, das Suffix *er* bei den Anglizismen und im Kernwortschatz in 6.2.2. Kernwörter wie *Drucker, Treiber, Sender* verhalten sich nicht anders als die Anglizismen in 4c. Auch die traditionellen Fremdwörter sind im Computerwortschatz gut vertreten, das reicht von *Adresse, Architektur* und *Automat* bis *Programm, System* und *Virus*. Sie gehören ebenfalls zum festen Bestand an Internationalismen.

Vielleicht doch überraschend ist der quantitativ wie qualitativ hohe Anteil an Kernwörtern. Zu den häufigsten überhaupt gehören Derivate von Wortstämmen wie in *arbeiten, anwenden, bedienen, benutzen, laden, lesen, melden, Bild, Daten, Karte, Netz*. Bei den Komposita sind reine Kernwörter ebenfalls keine Seltenheit, wobei offen bleibt, ob Wörter wie *Arbeitsplatzrechner, Arbeitsspeicher, Befehlsfolge, Benutzergruppe, Bildschirm, Datenbank, Daten-*

strom oder *Datenklau* Lehnübersetzungen sind. Einige Hybridbildungen mit Anglizismen in Erst- bzw. Zweitposition zeigt 6.

(6) Computerwortschatz, Hybridbildungen
  a. *Chiphersteller, Chipkarte, Computerbörse, Computerbild, Computernetz, E-Mail-Schreiber, Serverrechner, Serverdienst, Softwareanwendung, Softwareriese*
  b. *Bildschirmshopping, Datendeal, Datenhighway, Farbdisplay, Kleincomputer, Mausklick, Netzfreak, Schutzsoftware, Speicherchip, Unterhaltungssoftware*

6 nennt nur einige wenige Beispiele zur Demonstration der Freiheit von Kompositabildung. Die tatsächlich vorkommenden Verbindungen jeder Art auch aus Kurzwörtern, Abkürzungen und Reduktionen mit oder ohne Bindestrich gehen weit darüber hinaus. Auch bei den Partikelverben finden sich Hybridbildungen wie *anklicken, einloggen, einscannen* (weiter 7.1).

Was im Korpus von Printmedien wie FAZ und Spiegel an Computer-Anglizismen erscheint, wird weitaus überwiegend international verwendet. Im standardsprachlichen Computerdiskurs des Deutschen machen sie einen überraschend geringen Anteil aus, oder anders gesagt: ein hoher Anteil dieses Wortschatzes besteht aus echten Kernwörtern, die mit neuer Bedeutung z.B. als Metaphern oder Metonymien verwendet werden (Busch 2000). Absolut dominant sind Komposita, deren Bau mit den Kompositionsregeln des Deutschen verträglich ist. Wegen des hohen Anteils an hybriden Bildungen bleibt es schwierig, den Anteil an Anglizismen gegenüber dem an traditionellen Fremd- und Kernwörtern dingfest zu machen. Nur ein sehr geringer Anteil der Wörter sind reine Anglizismen.

Diese Feststellung wird durch zahlreiche andere Analysen zum Thema Sprache und Computer bestätigt. Findet Internetkommunikation per E-Mail, SMS, Chat einschl. der Chat- und Lingubots auf Deutsch statt, ist der Anglizismenanteil unauffällig (Schlobinski 2001; Tewes 2009). Dasselbe gilt für Internetenzyklopädien wie Wikipedia oder neue Formate wie das Twittern. „Bezogen auf das Internet wäre zu prüfen, ob die Startseiten einer Web-Site besonders häufig Anglizismen aufweisen und/oder wie die Anglizismen wahrgenommen werden.“ (Schlobinski 2001: 255). Das würde immerhin einen Anhalt dafür liefern, dass Anglizismen im Internet so übermächtig erscheinen, es aber in Wahrheit gar nicht sind.

Sprache der Presse

Seit es in Deutschland regelmäßig erscheinende Zeitungen gibt, stellt ihre Sprache einen offenen Zugang für fremde Wörter dar, vielleicht spricht man auch hier besser von einem Einfallstor ins Deutsche. Die ersten Zeitungen zu Beginn des 17. Jhdts. waren Wochenblätter, die Nachrichten über Politik, gesellschaftliches Leben, Wirtschaft und Kultur verbreiteten und dabei Auslandsberichten einen wichtigen Platz einräumten. Viel Wert wurde auf Neues und Exotisches aus aller Welt gelegt. Die Beschränkung auf Nachrichten hatte politische Gründe, Kommentare oder andere Formen der direkten Meinungsäußerung hätten nur die Zensur provoziert. Einen schnellen Aufschwung nahm das Pressewesen während des Dreißigjährigen Krieges, für die Zeit danach kann man von einer kontinuierlichen Entwicklung sprechen. Die erste Tageszeitung erschien ab 1660 in Leipzig. Gegen Ende des Jahrhunderts gab es in Deutschland etwa zweihundert regelmäßig erscheinende Zeitungen und Zeitschriften.

Zeitungstexte waren selbstverständlich in deutscher Sprache abgefasst und richteten sich ausdrücklich an eine – etwa im Verhältnis zur Buchproduktion – vergleichsweise breite Schicht von Rezipienten, die solche Texte wenn nicht selbst lesen, so doch beim Vorlesen verstehen konnten. Noch stärker als heute wurden Zeitungen so geschrieben und vertrieben, dass jedes einzelne Exemplar eine größere Zahl von Rezipienten erreichte. Die Beschränkung auf Nachrichten bedeutete natürlich nicht, dass Zeitungsmacher mit ihrer Meinung hinterm Berg hielten. Schon früh erlernte man die Kunst, zwischen den Zeilen zu schreiben und zu lesen, Nachrichtentexte auf aussagekräftige Weise zu verändern und im Blatt zu platzieren, wie wir es ja trotz der Möglichkeit offener Kommentierung heute noch gewohnt sind. Mit solchen Randbedingungen der Sprachverwendung kam der Presse eine gewichtige Rolle zu sowohl was die Stabilisierung als auch was die Entwicklung der geschriebenen Allgemeinsprache betrifft. Aktualität, Internationalität, Vielseitigkeit, Originalität und Unterhaltungswert waren und sind Eigenschaften von Pressetexten, die fremden Wörtern Tür und Tor öffnen (Wilke 1984; Polenz 1994: 15ff.; Stöber 2005).

Das gilt auch und gerade in einer Situation wie in Deutschland nach dem Zweiten Weltkrieg. Das Pressewesen stand zunächst in den vier Zonen unter Aufsicht der jeweiligen Besatzungsmacht, d.h. es entwickelte sich erneut mit einem nach außen gekehrten Unschuldsblick (Straßner 1994; Schütz 1996). Sehr bald stand die Presse in der Bundesrepublik wieder auf eigenen Beinen. Zwei Jahre vor deren Gründung erschien der Spiegel, 1949 folgte die FAZ, und als 1952 die Bild-Zeitung erschien, gab es längst eine differenzierte Presselandschaft. Den quantitativen Hochpunkt erreichte unser Pressewesen in den ersten Jahren nach der Wende mit ungefähr 400 Blättern (Tages- und Wochenzeitungen sowie Magazine) in einer Gesamtauflage von nahezu 30 Millionen Exemplaren. Seitdem sind die Zahlen der Printmedien rückläufig.

So gut wie alle großen überregionalen Zeitungen und Nachrichtenmagazine sind auf ihren Umgang mit Fremdwörtern und vor allem Anglizismen untersucht worden. Pressetexte haben als Material für empirische Erhebungen offensichtliche Vorteile, die Ergebnisse bieten vielseitige Möglichkeiten der Interpretation. Einerseits handelt es sich um Allgemeinsprache, die aber – bei den Zeitungen mehr als bei den Nachrichtenmagazinen – eine größere Zahl von Textsorten umfasst. Im Feuilleton wird anders geschrieben als im Wirtschaftsteil, Nachrichtentexte unterscheiden sich deutlich von Kommentaren, Leserbriefen oder Anzeigentexten. Die Differenziertheit des Pressemarktes lädt zu vergleichenden Untersuchungen ein. Regelmäßiges Erscheinen eröffnet die Möglichkeit, Entwicklungen in zeitlichen Schnitten über längere Zeiträume hinweg zu untersuchen.

Das alles wurde und wird zum Untersuchungsgegenstand gemacht, teilweise mit dem Versuch, aus den Befunden in der Presse auf ‚das Deutsche' zu schließen, Ergebnisse zu verallgemeinern sowie Prognosen für die weitere Entwicklung zu stellen. Gerade wegen ihrer Allgemeinsprachlichkeit scheint die Sprache der Presse dazu geeignet zu sein und eine besondere Attraktivität zu besitzen. Beim überall präsenten Thema Anglizismen befindet man sich vom Material her auf sicherem Boden, das ist unbestreitbar. Die Versuche, auch mit Methoden der quantitativen Linguistik zu allgemeingültigen Aussagen und Vorhersagen zu kommen, bleiben trotzdem riskant, gelegentlich geradezu halsbrecherisch. Dabei sind viele Ergebnisse auch ohne derartige Weiterungen interessant und aussagekräftig. Wir betrachten zwei neuere Beispiele, nämlich Anglizismen in der Tageszeitung ‚Die Welt' und im Nachrichtenmagazin ‚Der Spiegel'.

Anglizismen in ‚Die Welt' wurden mehrfach zum Thema gemacht (Fink 1968; Engels 1976; Burmasova 2009), im Folgenden geht es vor allem um die Untersuchung von Burmasova, auch im Vergleich zu der älteren von Engels. Die Bamberger Dissertation möchte Aussagen über zeitliche Veränderungen des Vorkommens von Anglizismen machen und vergleicht dazu Texte der Zeitung aus den Jahrgängen 1994 und 2004. Erhebung und Auswertung der Daten erfolgen ebenso kontrolliert wie professionell, weitergehende Interpretationen werden nicht vorgenommen. Ein wichtiges Ergebnis kann man festhalten: In den Hauptwortarten Substantiv, Adjektiv und Verb nimmt die relative Häufigkeit von Anglizismen bezogen auf das Vorkommen von Wortformen (Tokens) etwa gleichmäßig zu, und zwar um den Faktor 1,6.

Das ist auf interessante Weise anders, wenn man die Verteilung auf Inhalts- oder Sachbereiche betrachtet. Der Gesamtbestand von Wörtern wird in sechs Sachbereiche aufgeteilt, nämlich Wirtschaft, Politik, Sport, Wissenschaft/Technik, Gesellschaft, Kultur. Bei den Verben ergibt sich von 1994 zu 2004 in allen Bereichen ein etwa gleichmäßiger Anstieg. Die Substantive nehmen in Wirtschaft, Politik und Gesellschaft schnell zu, während im Bereich Wissenschaft/Technik eine Abnahme zu registrieren ist. Adjektive werden in Texten aus Kultur, Sport und Wirtschaft rasant häufiger, in solchen aus Wissenschaft/Technik rasant seltener. Insgesamt steigt der Anteil an Anglizismen in Kultur, Sport und Wirtschaft am stärksten an, in Wissenschaft/Technik nimmt er ab. Der Leser möge versuchen, sich auf diese Verhältnisse einen Reim zu machen.

Zusätzliche Aussagekraft gewinnt die Untersuchung durch einen Vergleich mit einigen Ergebnissen aus Engels 1976. Diese Arbeit behandelt das Vorkommen von Anglizismen in den Jahrgängen 1954 und 1964 derselben Zeitung. Vieles bleibt unvergleichbar, aber eine Zahlenreihe besagt einiges. Im Jahr 1954 war jede 600. Wortform in der Welt ein Anglizismus, zehn Jahre später jede 200. Die neuere Stichprobe liefert für 1994 jede 145. und für 2004 jede 85. Wortform als Anglizismus. Die Reihe 600–200–145–85 zeigt einerseits unmissverständlich den Anstieg, andererseits die Annäherung an einen Sättigungswert. Der Anstieg verlangsamt sich. Diese Tendenz wird ergänzt durch eine andere, nämlich „dass 2004 ein stabiler Kern von Anglizismen gebraucht wird: Auf bestimmte Anglizismen wird immer wieder zurückgegriffen. Demgegenüber kommen im Jahr 1994 kontinuierlich neue Anglizismen vor." (Burmasova 2009: 207). Fraglich ist, ob das überall in der Presse in derselben Weise gilt, beispielsweise auch beim Spiegel.

Kein anderes Presseorgan der Nachkriegszeit hat, was seine Sprache betrifft, eine vergleichbar umfangreiche und anhaltende Aufmerksamkeit gefunden wie der Spiegel. Das beginnt mit dem berühmten Essay von Hans Magnus Enzensberger aus dem Jahr 1957 (Die Sprache des ‚Spiegel', zugänglich in: ‚Einzelheiten I – Bewußtseinsindustrie'. Frankfurt/M. 1964) und setzt sich beispielsweise in der ausführlichen Darstellung von Erich Kuby (‚Der Spiegel im Spiegel', München 1987) fort. Um es mit Karl Kraus zu sagen: Der Spiegel gehört zu denen, die der deutschen Sprache mit allen Mitteln das Mieder lockern. Sitzt dasselbe nicht mehr richtig, dann gehört der Spiegel zu denen, die das am lautesten beklagen. Dabei wird selbstverständlich ausschließlich auf andere gezeigt. Und schließlich vermag der Spiegel auch noch ein Geschäft daraus zu machen wie bei der Vermarktung seiner Zwiebelfischkolumnen.

Zahlreich sind die Untersuchungen zum Thema Anglizismen im Spiegel, z.B. Müller-Hasemann 1983; Yang 1990; Zürn 2001; Onysko 2007. Letztere verwendet den gesamten Jahrgang 2000 als Datenbasis, das entspricht über 5 Millionen Wortformen im laufenden Text (Tokens) bei ungefähr 300.000 unterschiedlichen Formen (Types). Der Anteil von Anglizismen beträgt knapp 60.000 Tokens und 17.000 Wörter. Damit ist jede 91. Form im laufenden Text ein Anglizismus. Im Durchschnitt stehen sieben auf jeder Seite, im Vergleich zu den ebenfalls ausgezählten Jahrgängen 1994 bis 1999 eindeutig eine Zunahme. Die höchste Dichte findet sich in Artikeln der Bereiche Business, Finanzen, Kommunikationstechnologie, Außenpolitik und Lifestyle. Der Autor verwendet einen eher weiten Begriff von Anglizismus. Entscheidend ist, ob sich eine Verbindung zum Englischen herstellen lässt, auch wenn es sich nur um eine Lehnbedeutung oder eine Hybridbildung handelt.

Bis zu diesem Punkt bestätigen die Ergebnisse vergleichbare Untersuchungen. Insbesondere stellt sich immer wieder heraus, dass in größeren Korpora von neueren Pressetexten etwas mehr als 1% der Tokens Anglizismen sind. Bemerkenswert ist allerdings deren Verteilung auf die Wörter. Von den 17.000 kommen 12.000 lediglich einmal und weitere 3.000 höchstens viermal vor, weniger als 800 erscheinen mehr als zehnmal, d.h. ein solcher Anglizismus erscheint in mindestens jeder fünften Ausgabe des Nachrichtenmagazins. Nur von diesen 800 wird man annehmen, sie seien im Lexikon des Deutschen fest verankert. Die einmal vorkommenden sind zu über 80% Hybridbildungen, viele auch mit Präkonfixen wie *polit, agro, bio, öko* (7a Beispiele mit *kids* als zweitem Bestandteil, 7b Beispiele mit *polit* als erstem Bestandteil; Onysko 2007: 115, 227; 6.4; 7.1).

(7) Anglizismen im Spiegel
   a. *Wunderkids, Großstadtkids, Luxuskids, Konsumkids, Motorradkids*
   b. *Polit-Clown, -Comics, -Dealer, -Deals, -Entertainer, -Gang, -Hippie, -Jet-Sets, -Junkies, -Manager, -Marketing, -Profi, -Quiz, -Show, -Slang, -Society, -Star, -Start-up, -Statements, -Talk, -Talkshow, -Thriller*

Die Wörter zeigen einmal, wie groß offenbar der passive Wortschatz der Spiegel-Leser ist. Ihnen kann allerhand zugemutet werden. Die Beispiele zeigen aber auch, dass der Spiegel weitgehend unabhängig von Lexikalisierungen verfährt. Er verwendet in großem Umfang Augenblicksbildungen und vermehrt auf diese Weise die Zahl der ephemeren Anglizismen in seinen Texten beinahe beliebig (zur auffallend häufigen Verwendung des Bindestrichs 7.1). Ihre strukturelle Wirkung bleibt begrenzt, aber trotzdem halten wir das Spiegel-Zitat aus dem untersuchten Jahrgang 2004 (Heft 44, 240) fest, das Onysko seiner Arbeit voranstellt. Im Spiegel heißt es: „Die Welle der Anglo-Amerikanisierung schlägt über uns zusammen und droht das deutsche Sprachschiff auf den Grund zu schicken." Ach finge der Spiegel doch an, vor der eigenen Tür zu kehren.

3.2 Fremdwortpurismus

Fremdwortpurismus als eine spezielle Ausprägung von Sprachpurismus ist im deutschen Sprachgebiet vergleichsweise jung, jedenfalls dann, wenn man eine wenigstens begrenzte öffentliche Wahrnehmbarkeit in Rechnung stellt. Seine Entstehung wird um die Wende des 18. zum 19. Jhdt. angesetzt, in einer Zeit, als der Sprachpurismus allgemein schon eine lange Geschichte hatte. Diese Geschichte steht in engem Zusammenhang mit Bemühungen, das Deutsche zu einer universell verwendbaren Sprache zu machen. Vereinfacht kann man sagen, dass die ‚Fremdwortfrage' so lange eine untergeordnete Rolle spielte, wie der Status des Deutschen nicht gesichert war. Die Geschichte des Fremdwortpurismus beginnt „nach vollendeter Durchsetzung des Deutschen als Prestigesprache gegen Latein und Französisch in Rechtswesen, Wissenschaft und belletristischer Literatur ...". Das Problem der schriftsprachlichen Norm schien gelöst und eine Existenzgefährdung des Deutschen nicht mehr gegeben, „so daß viele an Sprachpflege und Sprachkultur Interessierte von der allgemeinen ‚Sprachreinigung' zu spezielleren Aufgaben der Sprachkritik übergingen." (von Polenz 1999: 266). Dazu gehörte die Fremdwortfrage. Mit einem kausalen Zusammenhang dieser Art wird der Fremdwortpurismus nicht lediglich historisch, sondern auch was die Motivationslagen betrifft in der zweiten Reihe platziert. Man besann sich auf ihn, als die entscheidenden Schritte zur Etablierung des Deutschen getan waren.

Dem entspricht, dass der Fremdwortpurismus in Deutschland im Allgemeinen sprachexternen Begründungen folgte, Teil einer politischen Sprachkritik war, z.B.: „Mit dem Wiederaufleben des Nationalgefühls und des Strebens nach politischer Einigung setzte der Fremdwortpurismus gegen Mitte des 19. Jhs. erneut ein." (Kirkness 1998: 412).

Auch ein solcher Purismus wird allerdings nach rein sprachlicher Fundierung suchen. In Deutschland hat er im Lauf seiner Geschichte immer erneut auf dieselben sprachbezogenen Argumentationen zurückgegriffen, sie in jeweils zeitgemäßem Gewand präsentiert und sich so den Charakter relativer Modernität gegeben. Drei Begründungen stehen im Vordergrund, die man nach Reichweite und Anspruch so ordnen kann: (1) Fremdwörter sind schädlich, weil sie – direkt oder indirekt – aus anderen Sprachen ins Deutsche kommen und eben deshalb fremd bleiben. (2) Fremdwörter sind schädlich, weil sie die Sprache unverständlich machen. (3) Fremdwörter sind schädlich, weil sie die Sprache zerstören, mindestens jedoch gravierend verändern. Im Folgenden geht es um solche Begründungen. Praktische Maßnahmen zur Durchsetzung puristischer Ziele sind Gegenstand von Abschnitt 3.3. Grundlage der Darstellung sind in erster Linie die übersichtlichen Abhandlungen in Kirkness 1998; Schiewe 1998; Polenz 1999; Sauter 2000 und Lipczuk 2007.

3.2.1 Das Fremde an sich

Das Fremde in der Sprache wird man um so eher als schädlich ansehen, je allgemeiner die Ablehnung des Fremden verbreitet ist. Schwer vorstellbar ist etwa eine Situation, in der eine Sprachgemeinschaft intensiven wirtschaftlichen, kulturellen und personellen Austausch mit anderssprachigen Gesellschaften pflegt, dem nichts Fremdenfeindliches innewohnt, außer dass man die eigene Sprache gegen Einflüsse aus anderen Sprachen schützen möchte – nur weil sie nicht die eigene Sprache sind. Einen isolierten, reinen Fremdwortpurismus dürfte es nicht geben, obwohl er immer wieder berufen und beschworen wird. Ihm liegt ein Denken in genetischen Kategorien zugrunde, das mal mehr und mal weniger gesellschaftliche Akzeptanz hat und sich mit solchen Schwankungen weniger im Streben nach Sprachreinheit allgemein als im Fremdwortpurismus spiegelt.

Wenn ein Fremdwortpurismus außersprachlich begründet ist, dann wird er sich implizit gegen das Fremde allgemein, explizit aber gegen ein jeweils ausgezeichnetes Fremdes richten. Der deutsche Fremdwortpurismus hat es in dieser Hinsicht in erster Linie mit dem Französischen, dem Jiddisch-Hebräischen und dem Englischen zu tun, erst in zweiter Linie mit dem Lateinischen oder einer generellen Ablehnung fremder Wörter.

Von vaterländischer Gesinnung zum Nationalismus

Am Anfang stand in Deutschland der Kampf gegen Einflüsse des Französischen. Externe Voraussetzung waren die Befreiungskriege, deren letzte und entscheidende Schlacht (Leipzig im Herbst 1813) von einer Koalition gewonnen wurde, zu der keineswegs nur deutschsprachige Länder gehörten. Trotzdem wurde der Sieg über Napoleon zum Kristallisationspunkt des sich entwickelnden Nationalbewusstseins der Deutschen. In den Augen und

Ohren der Puristen nützte es dem Französischen wenig, dass es seit langem ein hohes Prestige im deutschen Sprachgebiet hatte (2.3), ganz im Gegenteil. Weil das Französische omnipräsent war, konnte man ihm für jedermann sichtbar zu Leibe rücken. Weiterer Begründung bedurfte es nicht, französisch zu sein genügte.

Als erster Beleg einer Verwendung des Substantivs *Fremdwort* gilt eine Äußerung von Friedrich Ludwig Jahn aus dieser Zeit. Turnvater Jahn schreibt im Jahr 1816: „Fremdwörter gehen als solche, und wenn sie hunderdtausend Mal eingebürgert heißen, nie in Gut und Blut über. Ein Fremdwort bleibt immer ein Blendling ohne Zeugungskraft". Bei Jahn, neben dem vor allem Johann Gottlieb Fichte, Ernst Moritz Arndt, aber auch Jean Paul für diese eher akademische Phase des Purismus in Anspruch genommen werden, deutet sich früh „der Gedanke vom Volksgeist an, der in der Sprache verkörpert sei und den es zu bewahren gelte, damit ein Volk aufgrund seiner inneren Identität auch eine Abgrenzung nach außen vornehmen kann." (Schiewe 1998: 155). Jahn spricht von einem sprachlichen Befreiungskrieg gegen das Französische, vom Seelengift der Wälschworte, einer Verunstaltung des Deutschtums und empfahl, das Fremde nicht einfach durch Lehnübersetzungen, sondern durch altes deutsches Wortgut zu ersetzen (zeitgenössische Texte dazu in Dieckmann Hg. 1989).

So begründete vaterländische Gesinnung fand trotz scheinbarer Zeitgemäßheit keine weitreichende Resonanz in der Öffentlichkeit. Während der Folgejahre änderte sich daran wenig, schon weil Restauration, Vormärz, nationaler und demokratischer Aufbruch in der Paulskirchenversammlung, Reaktionszeit in den fünfziger Jahren, Beginn der Industrialisierung und zunehmend internationale kulturelle wie wirtschaftliche Verflechtung nicht den Boden für einheitliche, längerfristige Trends eines Fremdwortpurismus abgeben konnten. Zu grundlegenden Änderungen kam es nach der französischen Niederlage und Gründung des kleindeutschen Reichs im Jahr 1871.

Die Reichsgründung mit der ihr folgenden jahrzehntelangen wirtschaftlichen Prosperität führte ganz selbstverständlich zu vielfältigen Vereinheitlichungen, vor allem auch praktischer Art. Industrienormen, Ausbau der Infrastruktur mit Standardisierungen im Eisenbahn-, Post- und Nachrichtenwesen standen auf der Tagesordnung. Was die Sprache betrifft, bemühte man sich ebenfalls um Vereinheitlichung, allem voran in der Orthographie. Die sog. Erste Orthographische Konferenz, zu der Vertreter der deutschen Länder mit dem Kulturminister des Reiches 1876 in Berlin zusammenkamen, scheiterte allerdings. Auf anderes gerichteten, vielseitigen Forderungen und nachhaltigen Maßnahmen für sprachliche Standardisierung tat das keinen Abbruch. Dabei ging es weniger um die Entwicklung als um die

Durchsetzung von Sprachstandards. Bei allen Schwierigkeiten der Epocheneinteilung gilt die Reichsgründung als ein wichtiges Datum: „So ist etwa mit der Reichsgründung erstmals ein staatlich-administrativer Raum entstanden, in dem die dt. Hochsprache amtlichen Charakter als Verwaltungs- und Rechtssprache erhielt." (Mattheier 2000: 1953).

Standardisierungen kamen selbstverständlich und waren vernünftig. Die Kehrseite einer auch ideologischen Begründung gab es trotzdem, und sie war für den öffentlichen Diskurs von einiger Bedeutung. Das kleindeutsche Reich lag auf einem teilweise zufällig vereinten Territorium innerhalb des deutschen Sprachgebiets, das nicht weniger als 24 Millionen Deutschsprechende ausschloss. Es fiel schwer, in diesem Gebilde die Erfüllung alter Träume von nationaler Einheit zu sehen. Einer nationalen Identität als Reichsidentität haftete etwas Willkürliches und Künstliches an wie dem Reich selbst. Umso intensiver wurden die Bemühungen, der Reichsidentität Geltung zu verschaffen, ihr im Bewusstsein der Staatsbürger einen Platz zu verschaffen. Das Sprachliche spielte dabei eine bedeutende Rolle, und, ganz im Sinne seiner bewährten Rolle als Erscheinung des Überbaus, auch der Fremdwortpurismus.

Der Staat unterstütze ihn nun nach Kräften, an der Fixierung auf das Französische änderte sich nichts. Dass man Frankreich geschlagen hatte, war in hohem Maß identitätsstiftend und fand vielfältigen Ausdruck, beispielsweise in der Proklamation von Wilhelm I. zum deutschen Kaiser in Versailles. Den Fremdwörtern widmeten sich zahlreiche und recht unterschiedliche Initiativen der Nachkriegszeit, die schließlich eine gemeinsame Plattform im Allgemeinen Deutschen Sprachverein ADSV fanden. Der Verein wurde im Jahr 1885 gegründet. Sein Vorsitzender, der Kunsthistoriker Hermann Riegel, hatte schon vorher mit seinem Buch ‚Ein Hauptstück von unserer Muttersprache. Mahnruf an alle national gesinnten Deutschen' (Leipzig 1883) einen aggressiven Purismus vertreten, vor allem gegen die „Sprachwälscher und Sprachfälscher", die er gern mit Geldbußen hinter Schloss und Riegel gesehen hätte.

Der ADSV war ein privater Verein, keine staatliche Einrichtung. Sein Einfluss innerhalb des öffentlichen Sprachdiskurses beruhte auf der Möglichkeit, Wohlwollen und vielfältige Unterstützung von staatlicher wie von privater Seite unter einen Hut zu bringen. Die Mitgliederzahl wuchs von 6.500 im Gründungsjahr auf fast 38.000 im Jahr 1915. In den sich radikalisierenden, vom ADSV wesentlich getragenen öffentlichen Nationalismus mischten sich neben antifranzösischen auch andere, vor allem antisemitische und antienglische Töne. Dominant blieben für die lange Zeit bis zum Ersten Weltkrieg die Wendung gegen Frankreich und das Französische unter sprachkritischen Leitvokabeln wie *verwälschte Sprache*, die Tradition hatten und in dieser Zeit ihre Zuspitzung erfuhren.

wälsch/welsch. Im allgemeinen Sprachgebrauch meinte *welsch* meistens ‚romanisch und insbesondere italienisch', bezogen auf Sprachliches meint es im neueren Deutsch häufiger ‚romanisch und insbesondere französisch'. Die Etymologie verweist auf lat. *Volcae* als Bezeichnung für die Einwohner Galliens vor der Eroberung durch die Römer. Die Germanen behielten ihre davon abgeleitete Bezeichnung **Walhos* für das Nachbarvolk auch nach der Eroberung und Romanisierung Galliens bei. Der Wortstamm findet sich seitdem in vielen Sprachen der Germania, z.B. ahd. *Wal(a)h* und mhd. *Walch, Walhe* ‚Romane', aengl. *Walh, Wealh* ‚Kelte, Gallier, Römer'. Der Familienname *Welsch* mit zahlreichen Varianten wie *Welschen, Wallisch, Wälke* kommt noch heute vor allem im Südwesten Deutschlands vor. Geographische Namen und Einwohnerbezeichnungen haben den Stamm in mehreren Formen bewahrt, jeder scheint seine Nachbarn bestimmter Art mit ihm zu benennen: *Walachei, Wales, Cornwall, Wallonie, Welschschweiz, Welschland.* Auch *Walnuss* trägt ihn weiter. Für die Frucht des aus dem Mittelmeerraum zu uns gekommenen, wärmeliebenden Nussbaums empfehlen, wie es in Kluges etymologischem Wörterbuch heißt, noch Adelung und Campe die Bezeichnung *welsche Nuss.* Nach einem langen Umweg über mehrere slawische Sprachen ist *Wallach* ‚verschnittener Hengst' ins Deutsche rückentlehnt worden. Als sprachkritischer Terminus wird *das Welsche* in der Alamode-Zeit um die Wende zum 17. Jhdt., als das Deutsche auf vielen Gebieten in Konkurrenz zu anderen Sprachen stand, einerseits für das Italienische, bald aber auch für Sprachmischung überhaupt verwendet. Mehr als zweihundert Jahre lang blieb der Stamm in verschiedenen Kontexten und Verwendungen präsent, es gab die Wälschwörter, Verwelschung, Wälscherei, Welschbrocken, Welschbildungen, die verwälschte und verfälschte Sprache, verwelschende Schreiber, welschende Philister, Sprachroheit des Welsch sowie immer wieder Aufrufe zur Entwelschung des Deutschen, mit finaler Radikalität in den Büchern von Eduard Engel ‚Sprich Deutsch! Ein Buch zur Entwelschung' (1917) sowie ‚Entwelschung. Verdeutschungswörterbuch für Amt, Schule, Haus, Leben' (1918). In verbliebenen Verwendungen der Alltagssprache bleibt *welsch* einer pejorativen Konnotation verhaftet, namentlich in den Sprachbezeichnungen *Kauderwelsch* und *Rotwelsch.*

Die antifranzösische Fremdwortjagd erreichte mit dem Beginn des Ersten Weltkriegs als Westfeldzug zwangsläufig ihren Höhepunkt. Die Vereinszeitung des ADSV schrieb zum Kriegsausbruch: „Hinweg mit der törichten

Berufung auf die vermeintliche Notwendigkeit ‚internationaler Verständigung', hinweg mit der öden, saft- und blutlosen **Weltbürgerei,** die unsere Sprache, die das Ansehen Deutschlands auch im Auslande von jeher so schwer geschädigt, uns nur Spott und Hohn eingetragen hat!" Gleichzeitig verlangte man von den Zweigvereinen die „Entfernung französischer Beschriftungen in der Öffentlichkeit, in Geschäften, Änderungen der Speisekarten in Restaurants und Hotels (die nur noch *Gaststätte* und *Gasthaus* heißen sollten), Verbot des Französischsprechens, auch französischer Grußformeln wie *Adieu!*" (Polenz 1999: 276; eine helle, geradezu tröstliche Gegenstimme dazu in Spitzer 1918). Das alles war mit dem Krieg weitgehend beendet. Der ADSV verlor an Bedeutung, nannte sich ab 1923 ‚Deutscher Sprachverein DSV' und legte erst gegen Ende der zwanziger Jahre bei den Mitgliederzahlen wieder zu. Eine übergeordnete Fixierung auf das Französische gab es seitdem nicht mehr, wohl aber lokal begrenzte Maßnahmen nach der Besetzung Frankreichs im Zweiten Weltkrieg wie im Elsaß oder in der Bretagne durch den deutschen Zensuroffizier in Rennes, Leo Weisgerber (Simon 1982; 1986).

Vom DSV zur GfdS

Nach der Machtergreifung schienen für die deutsche Sprachwissenschaft alte Ziele der Disziplin mit den neuen politischen Verhältnissen gut vereinbar zu sein (Knobloch 2005). Der DSV wurde sofort aktiv, diente sich als ‚SA unserer Muttersprache' (Selbstbezeichnung) den Nationalsozialisten an und hatte damit einen neuen Hauptfeind. Antisemitische Gesinnungen waren im Deutschland der Bismarckzeit wie im Sprachverein an der Tagesordnung, das hat keinen besonderen Mitteilungswert. Beim Thema Fremdwortpurismus gab es eine antisemitische Fundierung mit Zielrichtung auf die zugehörige Sprache vor 1933 jedoch zumindest nicht in großem Umfang.

Dass eine Fixierung auf das Jiddisch-Hebräische im nationalsozialistischen Deutschland Platz griff, liegt eigentlich in der Natur der Sache, es bedurfte nur eines Anlasses, sie hervorbrechen zu lassen. Er kam mit der Verabschiedung des Reichsbürgergesetzes (Einschränkung der Bürgerrechte von Juden) und des Reichsblutgesetzes (Eheverbot mit Juden) durch den Reichstag im Jahr 1935. Kurz danach meldete sich der Germanist Alfred Götze in der Vereinszeitschrift ‚Muttersprache' (Heft 1 1936) zu Wort: „Gottlob haben wir wieder gelernt, dass wir Germanen sind. Wie verträgt sich damit die Pflege einer im jüdischen Verbrechertum wurzelnden Unsitte?" Der Deutsche solle sich auf die Herkunft von Wörtern wie *berappen, beschummeln, Kittchen* usw. besinnen. Es sei seiner nicht würdig, den Wortschatz aus dem Ghetto zu beziehen und aus der Kaschemme zu ergänzen.

In der Folge brachte die Muttersprache eine Reihe von Beiträgen mit Versuchen, die jiddische oder jiddisch-hebräische Herkunft von Wörtern nachzuweisen und damit Gründe für einen Ausschluss aus dem Deutschen zu liefern. Das ist der entscheidende Punkt. In Abschnitt 1.3 wurde mit einer Beispielliste gezeigt, dass viele in den allgemeinen Wortschatz eingegangene Wörter jiddischer Herkunft Kernwörter sind, keinerlei Fremdheitsmerkmale aufweisen. Das ist kein Zufall, sondern Anzeichen für die enge Verwandtschaft von Jiddisch und Deutsch, genauer: für Jiddisch als einen Teil des Deutschen. Jiddismen genetisch unter diesem Gesichtswinkel zu betrachten, lag für die Sprachreiniger trotz aller sonstiger Fixierung auf Genetisches selbstverständlich außerhalb des Vorstellbaren. Es ist aber nur allereinfachster Ausdruck der prinzipiellen Schwierigkeiten mit einem ausschließlich etymologisch fundierten Fremdwortbegriff. Das Germanische war semitisch beeinflusst (2.6), umgekehrt ist das Jiddische eine germanische Sprache. Ein genetischer Ansatz birgt im Bereich des Sprachlichen unweigerlich die Gefahr, Verwandtschaften nach Opportunität zu behaupten, zu leugnen, nachzuweisen oder zu ignorieren und damit beliebigen Folgerungen die Tür zu öffnen.

Der Fremdwortpurismus im Dritten Reich blieb selbstverständlich nicht auf Jiddismen beschränkt. Seine Geschichte wurde nach Peter von Polenz' befreiendem Vortrag auf dem Germanistentag 1966 und dem Neuansatz zur Behandlung der Fremdwörter als Wörter des Deutschen (Polenz 1967; 1967a) in zahlreichen Facetten aufgearbeitet und besteht eigentlich in einer Variation des immer gleichen Themas. Vertreter des Deutschen Sprachvereins nahmen die Botschaft von der Germanisierung Deutschlands wörtlich, wollten sie auf die deutsche Sprache angewendet wissen und gerieten in Konflikt mit Nazigrößen. Vor allem Hitler, Goebbels und Himmler wollten sich von solchen Leuten weder die eigene Sprache regulieren lassen, noch wollten sie öffentlich diskutieren, warum für ihre Zwecke auf den gesamten Wortschatz zugegriffen wurde. Der Verein wurde kaltgestellt, weil er, was die Sprache betrifft, radikaler war als die Nationalsozialisten es dulden konnten.

Schon im Jahrgang 1933 verlangte die Muttersprache eine Ausmerzung auch gängiger Fremdwörter wie *Synthese, Garant, Organisation, Chef* und natürlich *Propaganda.* Man fragt sich, ob nicht jemand einmal vorgeschlagen hat, Latinismen aus der *ist/istisch/ismus*-Reihe (6.2.4) wie *Nationalsozialist, nationalsozialistisch, Nationalsozialismus* zu verbieten. Ein Teil der Mitgliedschaft versuchte weiter, eine redliche, an der Sache orientierte Linie zu vertreten, aber Vereinspolitik war das nicht. Auch im Sprachlichen wurde größeren Absurditäten bald zum Schein des Normalen verholfen, wie etwa das im Januar 1937 in der Muttersprache veröffentlichte Lied mit dem Titel

„Das deutsche Wort“ und der Vortragsanweisung „Sehr bestimmte Viertel, wie ein Bekenntnis“ zeigt (Hinweis: Helmut Glück).

(1) Das deutsche Wort / Hans Müller, Bremen

1. Deutsches Wort aus deutschem Herzen,
Wort von reinem, edlem Klang,
schließ uns brüderlich zusammen,
mach uns frei von fremdem Zwang!
Von der Ostmark bis zum Rheine
klinge hell der Hochgesang:
Deutsches Wort aus deutschem Herzen,
sei uns heilig lebenslang!

2. Was dem Herzen tief entströmet,
was des Dichters Auge schaut,
was des Forschers Geist ergründet,
klinge wie der Mutterlaut.
Deutsch sei jedes Mannes Rede,
der am Vaterlande baut!
Deutsches Wort aus deutschem Herzen,
werde innig uns vertraut.

3. Nicht als Fremdenknechte welschet,
ihr von Hermanns Art und Blut!
Nicht mit fremder Zunge fälschet,
was uns edel dünkt und gut.
Nur die Muttersprache künde,
was uns tief im Herzen ruht.
Deutsches Wort aus deutschem Herzen,
Brüder, wahret dieses Gut!

Alle Mühe war umsonst. An der Sprachpraxis besonders einiger führender Nationalsozialisten änderte sich nichts, der Deutsche Sprachverein war zu argumentativer Rabulistik gezwungen: Im Fremdwortgebrauch politischer Führer zeige sich ein genialer Zug, er schlage den Feind mit dessen eigenen Waffen und sei von der sonst überall gerechtfertigten Kritik prinzipiell auszunehmen. Nach Goebbels’ Unmutsäußerung im Völkischen Beobachter (Mai 1937) stellte der Vereinsvorsitzende fest, „daß die vaterländische Gesinnung sich niemals beurteilen läßt nach dem Gebrauch von Fremdwörtern“. Aber es war zu spät. Die Muttersprache wurde dem Verein entzogen und später ganz eingestellt. Der Deutsche Sprachverein trat den Weg in die Bedeutungslosigkeit an, weil er dem Spagat von puristischem Radikalismus und Sprachwirklichkeit nicht gewachsen war. Wieder hatte sich gezeigt, dass der Fremdwortpurismus in die zweite Reihe gehört, wenn es um substanzielle sprachpolitische Fragen geht.

Nach dem Krieg wurde der Verein von einem Teil der übriggebliebenen Personen mit einem Teil der übriggebliebenen Vereinsziele unter der Bezeichnung ‚Gesellschaft für deutsche Sprache GfdS' neu gegründet. Nach wie vor diente und dient sich der Verein politischen Institutionen zur sprachlichen Hilfestellung an. So vertrat er mangels Alternativen die alte Bundesrepublik als „Ohr der Nation" sprachpolitisch im Verhältnis zur DDR mit der ausdrücklichen Feststellung „traditionsbewusst schließen wir die Jahre des Allgemeinen Deutschen Sprachvereins mit ein." (Pflug 1986: 65). Auch überzeugte er den Staat vom Sinn einer Rechtschreibreform: „Und man braucht keine prophetischen Gaben, um zu erkennen, daß die Reform im großen und ganzen auf der Linie liegen wird, die in der Stellungnahme der *Gesellschaft für deutsche Sprache* aufgezeigt ist." (Rudolf Hoberg in ‚Der Sprachdienst' 37, 1993: 133). Was die Vergangenheit der GfdS betrifft, stellt Peter von Polenz resigniert fest (1999: 285f.): „Die Gesellschaft distanzierte sich jedoch bis heute nicht davon, daß die Arbeit des Sprachvereins, ganz im Sinne seines Gründers, in ihren extremen Auswirkungen bis zu Bücherverbrennungen und ‚Freiheitsentzug für Sprachsünder' geführt hatte."

Bis in die jüngste Vergangenheit hinein hat sich daran wenig geändert. Noch im Jahr 2009 schreiben zwei Vertreter der Gesellschaft über die Zeit den Nationalsozialismus, der Verein sei „im Kampf gegen die Fremdwörter in die Gefahr nationalistischer und puristischer Verzerrung" geraten (Eichhoff-Zyrus/Schlobinski 2009: 67). Die Formulierung ist zumindest missverständlich, denn es bestand nicht die Gefahr, sondern der Fall ist tatsächlich und als alltägliche Praxis eingetreten.

Unmissverständlich drückt sich Albrecht Greule im selben Heft von ‚Der Deutschunterricht' aus: „Während die auch ethisch zu verstehende Sprachreinheit (auch Sprachpurismus) in der sprachgeschichtlichen Situation des Dreißigjährigen Krieges ein berechtigtes Ziel sein konnte, um die Nation wenigstens sprachkulturell zu einigen, wurde sie dem ADSV im Dritten Reich zum Verhängnis: 1940 wurde ein Purismus-Verbot erlassen und 1942 auch die ‚Muttersprache', die Zeitschrift des ADSV, eingestellt, was de facto das Ende des ADSV bedeutete. Dennoch stand Sprachpflege noch lange nach 1945 im Geruch der Deutschtümelei und Besserwisserei." (Greule 2009: 73f.). Der Text besagt, eine ethisch zu verstehende Sprachreinheit sei dem ADSV zum Verhängnis geworden. Und er legt uns nahe, dem Verein – der damals nicht ADSV, sondern DSV hieß – seine Kaltstellung durch die Nationalsozialisten irgendwie gutzuschreiben. Fakt ist aber, dass der DSV den Nazis zu radikal war.

Inzwischen gibt es gute Nachrichten aus der GfdS. Danach ist geplant, die formelle Nachfolge des DSV satzungsmäßig zu beenden und eine inhaltliche Klarstellung zu erarbeiten.

3.2.2 Unverständlichkeit und Sprachzerstörung

Verständliche und unverständliche Fremdwörter

Ein Kampf gegen Wörter, der diese Wörter nur an ihrer Fremdheit misst, setzt das Eigene absolut. Jeder Fremdwortpurismus ist in Gefahr, so zu verfahren, aber fast jeder versucht, andere als nationalistische Gründe für sein Anliegen glaubhaft zu machen. Besonders naheliegend ist, eine Sprache im Interesse ihrer Sprecher vor den fremden Wörtern zu schützen, wenn durch ihre Verwendung die Sprachverständlichkeit beeinträchtigt wird. Für Unverständlichkeit kann wieder eine Reihe von Ursachen geltend gemacht werden, als deren gravierendste eine Zerstörung der Sprache anzusehen wäre. Wir folgen dieser Argumentationslinie ein Stück, um puristische Grundpositionen näher zu charakterisieren.

Ein direkter Zusammenhang zwischen Sprachreinheit und Verständlichkeit wird von einem der ersten und zugleich wichtigsten Vertreter des Fremdwortpurismus in Deutschland postuliert. Gleichzeitig wird diese Verbindung von Joachim Heinrich Campe politisch begründet und über umfangreiche Arbeiten zur Verdeutschung von Fremdwörtern praktisch hergestellt (Schiewe 1988; 1998; Orgeldinger 1999; 3.3). Campe war von Hause aus Pädagoge, dem die Volksbildung im Sinne einer Bildung „aller Stände" am Herzen lag. Politisch ging es ihm um bürgerliche Rechte und Freiheiten, wie er sie 1789 während eines Aufenthaltes in Paris als Ziele der Revolution erlebt hatte. Er war beeindruckt vom Umgang des Volkes mit politischen Texten und insbesondere mit politischen Begriffen und führte das darauf zurück, dass solche Begriffe ohne weiteres für jedermann verständlich waren. Ein Wort wie *fraternité* sah er als genuin französisch an, das deutsche *Fraternität* aber als der Sprache fremd. Eine Eindeutschung konnte nicht der richtige Weg sein, wenn das Wort verständlich werden sollte. Ziel musste eine Neubildung im Deutschen sein, Campe versuchte es mit *Brüderlichkeit.* Nach den Grundsätzen der Verdeutschung, die er in seiner Antwort auf eine Preisfrage des königlichen Gelehrtenvereins zu Berlin niederlegte (Campe 1813a), gilt für die reine Sprache: „eine solche Sprache passt am besten zu den Fertigkeiten der Sprachwerkzeuge". Morphologisch gesprochen: Das verständliche Wort der reinen Sprache ist ein Kernwort und deshalb morphologisch und semantisch transparent.

Ohne allgemein verständliche politische Begriffe konnte nach Campes Überzeugung eine politische Bewegung als Volksbewegung nicht in Gang kommen. Es bleibe dahingestellt, ob er Sprachreinigung als notwendige Bedingung aus freien Stücken oder politischem Zwang folgend begann. Schiewe (1988: 21) schreibt: „Nachdem er in seiner freien Rede eingeschränkt war, nachdem in Deutschland die Reaktion aufklärerische politische Positionen immer mehr unterdrückte, bis sie bald ganz verschwanden, wandte sich Campe einem anderen Mittel zu, die Politik unters Volk zu bringen: der Sprachreinigung." Damit wäre die Hinwendung zum Fremdwortpurismus, jedenfalls was ihre Genese betrifft, wiederum eine Art Ersatzhandlung.

Campes Position ist mit einer Reihe von scheinbaren Schwierigkeiten und Widersprüchlichkeiten verbunden, die schon für sich erklären, warum sein Wirken lange unterschiedlich bewertet wurde. Der Freund Frankreichs und seiner politischen Bewegung möchte dieser in Deutschland nacheifern, indem er Entlehnungen aus dem Französischen abschafft. Innerlinguistisch wurde immer wieder geltend gemacht, morphologische Transparenz sei nicht als allgemeines Kennzeichen von Kernwörtern anzusehen, diese seien nicht per se verständlich in Campes Sinn. Ein Teil von Campes Verdeutschungen bestätigt dies beim ersten Hinsehen. Auch haben sich seine Prinzipien zur Bewertung von Wörtern schnell über das eigentlich gesetzte Ziel hinaus verselbständigt. Wir illustrieren das mit einigen Beispielen im Kapitel zur Wortbildung (6.1; 6.2.1). Unbestreitbar bleibt aber wohl, dass Campe wesentliche Teile seiner Verdeutschungsarbeit so durchgeführt und begründet hat, dass sie zurecht als eine Form von aufgeklärtem Purismus gekennzeichnet wird.

Die Forderung nach Verständlichkeit zieht sich seit Campe als roter Faden durch die Geschichte des Fremdwortpurismus. Allerdings bleibt häufig unklar, wie weit sie vorgeschoben oder auch irrtümlich in guter Absicht vorgetragen wird. So schreibt Peter von Polenz zur Bedeutung von Fremdwörtern in Rechtstexten (1999: 487): „Die Vermeidung lateinischer Ausdrücke und Floskeln sowie die Tendenz zur Verdeutschung sog. Fremdwörter in Gesetzestexten setzte bereits im späten 18 Jh. ein. … Die nationalistische Ideologie des Sprachpurismus verleitet z. T. bis heute Juristen und Politiker zu der Illusion, eine ‚fremdwortfreie' Rechtssprache sei besonders ‚bürgernah' und verständlich." Dasselbe gilt wohl für die von Amts wegen durchgeführte Verdeutschungswelle nach 1871, die mit Sicherheit nicht in erster Linie auf Verständlichkeit aus war, diese aber immer wieder als Hilfsargument berufen hat.

Selbst der vom Reinheitsgedanken getriebene, ihn in allen nur denkbaren Facetten ausformulierende Nationalist Eduard Engel kommt gelegentlich auf Verständlichkeit zu sprechen, allerdings verbunden mit starken moralischen Wertungen. Sauter (2000: 227) gibt folgende Passage aus Engel 1917 wieder: „Akademisch nicht gebildete Menschen wie Arbeiter und Frauen würden durch die ‚verwelschte' Sprache von der Kommunikation ausgeschlossen oder machten sich durch ‚papageienmäßiges Quasseln' lächerlich. Des weiteren leiste die ‚Welscherei' dem Schwindel und der Lüge Vorschub." Bei Engel erreicht die Gleichung von fremd und verwerflich einerseits sowie ‚deutsch' und segensreich andererseits absolute Gültigkeit. Die Forderung nach Verständlichkeit ist offensichtlich ein Hilfsargument, entscheidend ist sie nicht. – Eduard Engel, auf den später zurückzukommen ist, war eine tragische Figur. Aus einem Elternhaus assimilierter Juden hervorgegangen, wurde ihm trotz seines dröhnenden Nationalismus aus Konkurrenzgründen die jüdische Herkunft vorgeworfen. Das begann schon im Jahr 1909 und erreichte 1936 mit einer rassistischen Hetzschrift den Höhepunkt. Engel starb verarmt im Jahr 1938, weil ihm nach der Machtergreifung keine Honorare für seine Bücher mehr gezahlt wurden.

Als Vertreter einer Position, die auf dem anderen politischen Ufer versucht, trotz aller Mühsal jedem Verständlichkeitspopulismus aus dem Weg zu gehen, lässt sich Kurt Tucholsky nennen. Einer 18jährigen Arbeiterin namens Erna G., die sich über die Unverständlichkeit „hochtrabender Fremdwörter" in Tucholskys und Ossietzkys Zeitschrift ‚Die Weltbühne' beschwert, antwortet er u.a.: „Es ist kein Verdienst der Söhne, wenn ihre Väter so viel Geld hatten, daß sie die Söhne aufs Gymnasium schicken konnten, gewiß nicht. Und was in den meisten Fällen dabei herauskommt, wissen wir ja auch. Aber unterscheide gut, Erna, zwischen beiden Gattungen, die da Fremdwörter gebrauchen:

den Bildungsprotzen, die sich damit dicke tun wollen, und den Schriftstellern, die zwischen ‚induktiv' und ‚deduktiv' unterscheiden wollen und diesen Denkvorgang mit Worten bezeichnen, die geschichtlich stets dieser Bezeichnung gedient haben." (K. T.: Die hochtrabenden Fremdwörter. Nach: Gerold-Tucholsky, Mary/Raddatz, Fritz J. Hg. 1960: Kurt Tucholsky. Werke in 10 Bänden. Reinbek, Bd. 8 (1930), 110).

Machen wir einen Sprung ins letzte Drittel des 20. Jhdts. Als in den siebziger/achtziger Jahren das Englische mehr und mehr in den Fokus des Fremdwortpurismus rückte, war mangelnde Verständlichkeit auch hier ein leitender Gesichtspunkt für die Bewertung (Fink 1976; 1997; Viereck 1980). Man machte geltend, dass Anglizismen häufig nicht direkt in die Allgemeinsprache, sondern in spezielle Varietäten eingingen und damit großen Sprechergruppen unzugänglich bleiben mussten. Man machte auch geltend, dass Anglizismen häufig andere Bedeutungen als im Englischen haben, was ihr

Verständnis und ihre Verwendbarkeit weiter beeinträchtige. Kaum ein Sprachwissenschaftler wollte jedoch die Anglizismen in dieser Hinsicht einheitlich bewerten, denn es war offensichtlich, wie breit das Varietätenspektrum ist, in dem sie zu finden sind. Damit war eine Linie beschritten, die vom Anglizismenwörterbuch, das ab 1993 erschien, konsequent weiterverfolgt wurde.

Innerhalb der Erläuterung des Wörterbuchkonzepts (27ff.) wird ausführlich dargelegt, wie sich Anglizismen bei den lexikalischen Varietäten des Deutschen verorten lassen, wie sich Fach- und Gemeinsprachliches mischt, wie technische Neuerungen im Wortschatz sichtbar werden und wie Alter, Bildung oder Englischkenntnisse der Sprecher den Gebrauch bestimmter Gruppen von Anglizismen fördern oder behindern können. Damit war klar gesagt, dass Anglizismen, was ihre Verwendbarkeit betrifft, prinzipiell denselben Bedingungen unterliegen wie Wörter überhaupt. Man kennt und verwendet sie oder eben nicht. Besonderheiten gibt es, etwa was die Aussprache und die Flexion betrifft, aber die gibt es bei allen Fremdwörtern und sie betreffen für den Normalsprecher nicht die große Zahl von Entlehnungen. Gerade bei den Anglizismen spielen strukturell bedingte Verstehensprobleme eine viel geringere Rolle als etwa bei den Latinismen (6.2.2).

Komplementiert werden diese an sich trivialen Feststellungen durch umfangreiche Untersuchungen zu den sog. schweren Wörtern des Deutschen. Schon im Jahr 1982 widmete das Institut für Deutsche Sprache Mannheim seine Jahrestagung dem Thema ‚Schwere Wörter im Deutschen', wobei viele und sehr unterschiedliche Aspekte verhandelt wurden, auch die Fremdwörter kamen vor (Henne/Mentrup 1983). Das sich anschließende Forschungsprojekt (Strauß/Zifonun 1985) sollte als Ergebnis ein ‚Lexikon schwerer Wörter' liefern, tatsächlich fanden sich im Titel des Werkes aber nicht die schweren, sondern die brisanten Wörter (Strauß/Haß/Harras 1989). Man war mehr am öffentlichen Sprachgebrauch als an Fachsprachen und Ähnlichem interessiert, die eher mit ‚schweres Wort' in Verbindung gebracht werden. Auch hier zeigt sich aber das Erwartbare: die Unterscheidung von Fremd- und Kernwörtern spielt eine untergeordnete Rolle.

Es gab und gibt eigentlich genügend Hinweise darauf, dass Anglizismen auch nichts anderes sind als andere Fremdwörter, geholfen hat es wenig. Erneut wird das berühmte Dictum Theodor Adornos (1965: 110) bestätigt: „Der sprachlich Naive schreibt das Befremdende daran den Fremdwörtern zu, die er überall dort verantwortlich macht, wo er etwas nicht versteht; auch wo er die Wörter ganz gut kennt. Schließlich geht es vielfach um die Abwehr von Gedanken, die den Wörtern zugeschoben werden: der Sack wird geschlagen, wo der Esel gemeint ist." Immer wieder klammert sich der Fremdwortpurismus an sekundäre oder tertiäre Motivationen, bis zu dem Punkt, dass er fremden Wörtern ihre schlimme Rolle auch dann zuschreibt, wenn sie gar nicht vorhanden sind. Mit Fremdwörtern und ihrer vermeintlichen oder tatsächlichen Unverständlichkeit wird viel Schindluder getrieben, das bleibt trotzdem richtig. Dazu nur zwei Beispiele.

In Abschnitt 3.2.1 war festgestellt worden, in welchem Maß das Reichspropagandaministerium darauf angewiesen war, sprachlich alles einzusetzen, was in irgendeiner Weise zur Verbreitung nationalsozialistischer Inhalte in der Bevölkerung beitragen konnte. Nicht zuletzt kam es dabei auf die Verwendung von Fremdwörtern an, die nicht für jedermann verständlich waren. Ihr Beitrag zur Überzeugungskraft gesprochener wie geschriebener Texte bestand in einer Zuschreibung von Autorität an den Autor oder Sprecher, die sich eben auch in seiner sprachlichen Autorität niederschlug (Polenz 1967a: 67ff.).

Sprachlich (nicht politisch!) durchaus vergleichbarer Natur kann eine gewollte Unverständlichkeit in Werbetexten sein, denen es nicht um die Signalisierung politischer, sondern fachlicher Autorität eines Produktanbieters als Global Player geht. Die Beispiele sind Legion, zur Illustration eins aus der Finanzbranche. Der Journalist und frühere Anlageberater Manfred Gburek hat im Wirtschaftsmagazin ‚brand eins' (2008: H. 2, 89–92) eine dichtgepackte Zusammenstellung von Anglizismen geliefert, die in der Finanzbranche von der Anbieterseite her lanciert werden. Zum Verkauf unverständlicher derivativer Wertpapiere legt sich die Branche ein ebenso unverständliches Vokabular zur Sach-, Produkt- und Personenbezeichnung zu, das von *Rolling Discount, Outperformance, Total Expense Ratio, Asset Management, Markets in Financial Instruments Directive, Venture Capital, Feasibility Studie* bis zu *Certified International Wealth Manager, Certified Foundation and Estate Planner, Marketingler, Chief Executive Officer* usw. reicht. Wohlgemerkt handelt es sich bei solchen Produkten einer leerlaufenden Wort- und Phrasenbildungsmaschinerie um Anglizismen, die im Verkehr mit oder unter Deutschsprechenden verwendet werden.

Von ganz anderer Art ist die Begründung einer ‚Vermeidungsnorm' gegenüber Fremdwörtern über Political Correctness, deren Formulierung in Wiegand (2001: 65) man für sich stehen lassen kann: „Heutzutage ist … die wirkungsvollste und weit verbreitete Begründungsstrategie eine im Modus der „moralisch korrekten Schaumsprache" (Bittermann/Henschel 1994) vorgetragene, angeblich demokratisch legitimierte, m.E. aber unangemessene und darüber hinaus verantwortungslose Berufung auf eine allgemeine Verständlichkeit." Nichts ist zu schade, als dass es nicht im Sinne allgemeiner Verständlichkeit als Volksfürsorge missbraucht würde.

Sprachzerstörung durch Anglizismen

Kritik an derartigen Ausdrücken ist zunächst Sprachgebrauchskritik und hat nicht unbedingt nur etwas mit Entschleierung verborgener Absichten zu tun (Schiewe 2001; Schneider 2008). Angeberei ist genauso verbreitet. Zorn über die Verwendung von Anglizismen hat sich seit der ersten Hälfte der 90er Jahre etwa am Sprachgebrauch mächtiger Institutionen wie der Deutschen Bahn (*Azubi Service Point, Ticket Counter*) und der Deutschen Telekom (*German Call, Moonshine-Tarif*) entzündet und im Jahr 1997 zur Gründung des ‚Vereins zur Wahrung der Deutschen Sprache VWDS' geführt, der heute unter dem Namen ‚Verein Deutsche Sprache VDS' über 30.000 Mitglieder hat und in seiner Vereinszeitung ‚Sprachnachrichten' konsequent den Missbrauch von Anglizismen öffentlich macht und kritisiert. Ein guter Teil der Arbeit des Vereins, zu der Aktionen wie die Auszeichnung eines ‚Sprachpanschers des Jahres' und umfangreiche Verdeutschungsbemühungen (3.3) gehören, darf als aufgeklärt puristisch im besten Sinn bezeichnet werden, ein anderer weniger oder gar nicht (sehr viel schärfer Pfalzgraf 2011).

Dasselbe gilt für die meisten der zahlreichen und sehr verschiedenartigen Formen von Anglizismenkritik, die verstärkt seit Beginn der 90er Jahre in Erscheinung treten. Dazu gehören distinguierte Kulturevents wie solche der Kammersängerin Edda Moser; Initiativen von Politikern zu Themen wie ‚Sprache und Identität'; jede Form von Rundfunksendungen, in der Sauregurkenzeit auch Fernsehtalkshows; Neugründungen immer weiterer Sprachvereine und Sprachgesellschaften weit über die 150 in der Bestandsaufnahme von Frank-Cyrus u.a (1999) genannten hinaus, mit zum Teil aufwendigen Internetauftritten und Vereinszeitungen; dicke Bücher und Feuilletons über Feuilletons auch der großen Zeitungen; Ausrufung eines Tags der deutschen Sprache und nicht zuletzt Initiativen für den Verfassungsrang des Deutschen sowie ein Sprachgesetz nach dem Muster des polnischen oder französischen (Pfalzgraf 2008). Dabei geht es nicht nur, aber fast immer auch um eine Bedrohung durch Anglizismen und einen Schutz des Deutschen vor dieser Gefahr (zur Motivationslage der neueren Anglizismenkritik weiter Spitzmüller 2005 und Lipczuk 2007). Etwas abstrakter ausgedrückt, geht es um das Verhältnis von Sprachgebrauch und Sprache, wobei mit Sprachgebrauch der von Anglizismen gemeint ist.

Grundthese ist, dass ein ‚schlechter' Sprachgebrauch bestimmter Art auf die Sprache selbst zurückwirkt und sie zerstört. Im einfacheren Fall besagen solche Thesen, der Gebrauch von Anglizismen ziehe Teile des Sprachsystems wie die Phonologie, Morphologie oder Syntax in Mitleidenschaft. Innerhalb der Sprachwissenschaft werden Thesen dieser Art heute eher selten vertreten, umso mehr aber von Wissenschaftsjournalisten, die mit ihnen eine größere Öffentlichkeit erreichen und das Bild, das sich die Sprachgemeinschaft von ihrer Sprache macht, erheblich prägen (1.2). In Deutschland tun sich vor allem ‚Der Spiegel' und ‚Die Zeit' immer wieder mit Nachrichten über eine Verarmung und Verluderung des Deutschen durch den Einfluss des Englischen hervor. So beklagt der ehemalige Zeit-Redakteur Dieter E. Zimmer in seinem Aufsatz ‚Neuanglodeutsch' den Verfall praktisch aller Systemteile von der Phonologie bis zur Syntax. Zur Substantivflexion schreibt er beispielsweise (Zimmer 1997: 58): „Wiederum scheint die pure Willkür zu herrschen. Es heißt: *die Notebooks*, aber nicht *die Users*, sondern *die User*. Heißt es aber *die Modems* oder *die Modeme?*". Zimmer hat seit dem großen Wurf von 1997 weitere Bücher zum Thema veröffentlicht. Sein Nachfolger bei der Zeit, Jens Jessen, ist derselben Auffassung. Anglizismen verdrängten „die natürliche Wortbildung des Deutschen." (6.1).

In den Abschnitten 5.2 und 6.2.2 wird das Flexions- und Wortbildungsverhalten von Anglizismen ausdrücklich unter der Fragestellung behandelt, in welchem Ausmaß es Einfluss auf das Kernsystem hat oder haben könnte. Wir werden aber auch auf das Verhalten von Gräzismen und Latinismen zu sprechen kommen und feststellen, dass ihr Einfluss auf die Kerngrammatik und vor allem die Veränderung des Gesamtsystems weit über das hinausgeht, was absehbar an Wirksamkeit von Anglizismen denkbar ist. Joachim Heinrich Campe hält einen erheblichen Teil des gräkolateinischen Einflusses auf das Deutsche für schädlich, und wenn man seine Prinzipien weiterdenkt, würde er sich wohl auch einer Anglizismenkritik nicht verschließen. Die moderne Sprachkritik vom Schlage Zimmer/Jessen bleibt aber ganz beim Englischen. Man kann das sprachsoziologisch als das Verhalten von Bildungsbürgern deuten, die nichts dabei finden, dass ihre eigenen Fremdwörter großen Sprecherschichten unverständlich bleiben, die aber von Zerstörung sprechen, wenn sie selbst von sprachlichen Entwicklungen ausgeschlossen sind.

Zimmer geht aber noch einen Schritt weiter und sieht durch die Verwendung von Anglizismen, die sich scheinbar der Grammatik des Deutschen nicht fügen, Grundfesten erschüttert, auf denen die Sprache ruht (1997: 55): „Die Sprache – das ist ein ganz bestimmter stabiler Tiefencode, an den sich ein unruhiges und veränderliches Lexikon heftet. In dem Maße, in dem sich ein fremdes Wort diesem Tiefencode einfügt, hört es auf, ein Fremdwort zu sein." Und weiter (1997: 70): „Das Deutsche hat seine Assimilationskraft weitgehend eingebüßt. Es ist kaum noch imstande, fremdsprachliche Wörter und Wendungen entweder zupackend und überzeigend zu übertragen oder sie wenigstens den inländischen Sprachgesetzen ein Stück weit anzupassen."

Der Toxikologe Hermann H. Dieter schließt an, indem er aus dem Vokabular seiner Disziplin Sprachmetaphern macht (2004: 139): „Die Lexik einer Sprache ist der (genokulturelle) Code derjenigen ‚Kultur, die sich seiner bedient'. Zu viele Mutationen auf einmal zerstören den Phänotyp. So entsteht zur Zeit in Deutschland Sprachbruch namens Denglisch und weltweit *BSE – Bad Simple English.*" Im öffentlichen Sprachdiskurs macht man vor keiner noch so harten Metapher halt, wenn es um den Einfluss von Anglizismen geht: Das Deutsche werde pidginisiert, verwüstet, aufgeweicht, im Knochenbau zerstört.

Niemand weiß, was mit solchen Metaphern gemeint ist. Soweit Wörter in allgemeinen Gebrauch kommen und vielleicht sogar morphologisch transparent sind, werden ihnen vom Normalesprecher Bedeutungen zugeschrieben, die in aller Regel den Sinn von Verwendungen des Wortes zeigen. Eine verwüstete, pidginisierte Sprache mit zerstörtem Tiefenkode und Knochenbau ist selbst zerstört, egal, was Tiefenkode, genokultureller Code und Knochenbau nun sind. So transportiert man Teile von Wortbedeutungen, die möglicherweise schwerwiegende Folgen für das Selbstbild einer Sprachgemeinschaft haben, ohne dass man sagen müsste, was mit diesen Wörtern genau gemeint ist. Was geschieht, ist vom Übel. Das genügt.

Wer eine Sprachkritik dieser Art für kaum verantwortbar hält, muss nicht behaupten, dass die Entlehnung großer Mengen von Anglizismen mit sich anschließender Fremdwortbildung im Deutschen ohne Folgen bleibt. Wörter sind in Hinsicht auf ihre Form wie in Hinsicht auf ihre Bedeutung untereinander vernetzt, Veränderungen an einer Stelle des Netzes wirken sich unweigerlich an anderen Stellen aus (3.3). Wie man sich das für Anglizismen im Deutschen vorstellen könnte, wie sie Einfluss auf unsere Kognition nehmen und unsere soziale Eigen- wie Fremdwahrnehmung beeinflussen, wird sehr wohl gefragt und ist im Ansatz untersucht (Altleitner 2007; 1.2). Ob man auf diesem Wege zu Wertungen gelangt, die irgend etwas mit der üblichen Anglizismenkritik zu tun haben, bleibt allerdings mehr als fraglich.

Den Gebrauch der deutschen Sprache zu verbessern und ihren Missbrauch im Bereich der Fremdwörter zu kritisieren, hat seinen Sinn und muss nichts mit unaufgeklärtem Purismus zu tun haben. Auch besteht Anlass zu der Vermutung, dass der jüngste Fremdwortpurismus wie die meisten seiner Vorgänger als Reflex politischer Ereignisse zu verstehen ist. Sein sichtbares Anwachsen seit Beginn der neunziger Jahre wäre im Wesentlichen als Bestandteil deutscher Identitätsdebatten nach der Vereinigung zu verstehen (Pfalzgraf 2006). Das macht ihn vielleicht verständlich, besser macht es ihn nicht.

3.3 Verdeutschung

Verdeutschung, Eindeutschung und das Lexikon

Das Wort *Verdeutschung* ist als Ableitung vom Verb *verdeutschen* ein Nomen Actionis, das einen Vorgang oder eine Handlung bezeichnet. Dazu gehört jemand, der die Handlung an etwas vollzieht, ein Verdeutscher also und etwas zu Verdeutschendes. Ein *ung*-Substantiv kann neben einer Handlung auch ihr Ergebnis bezeichnen, hier also das verdeutschte Wort, wie es z.B. in einem Wörterbuch steht. Beide Bedeutungen, die dynamische und die statische, sind ganz geläufig.

Ziel einer Verdeutschung ist im Allgemeinen ein Wort, das von der Form her dem Kernwortschatz angehört und das gleichzeitig die Bedeutung des zu verdeutschenden Wortes, das in der Regel ein Fremdwort ist oder als solches gilt, nicht verändert. Bei den Verdeutschungsbestrebungen, die wir in der Geschichte des Deutschen vorfinden, ist je nach Zeit und Perspektive von deutschen, urdeutschen, altdeutschen, germanischen, natürlichen, grundrichtigen, reinen, unvermischten, muttersprachlichen, Wurzel- oder Volkswörtern die Rede (Bespiele jeder Art in der wegweisenden Untersuchung Kirkness 1975). Dabei wird an Bedeutungen von Fremdwörtern viel seltener Kritik geübt als an ihrer Form (3.2). Mit Verdeutschungen wie *Rechtsstreit* für *Prozess*, *vaterländisch* für *patriotisch* oder *Reifeprüfung* für *Abitur* wird die Sache selbst nicht infrage gestellt. Es gibt auch Fälle, in denen Wörter nicht verdeutscht, sondern einfach gestrichen werden sollen. Dazu gehört etwa der Versuch während der Zeit des Nationalsozialismus, Wörter jiddischer Herkunft auszuschließen, oder auch die Warnung, einen Teil des aktuellen Vokabulars der Finanzbranche überhaupt zu verwenden.

Von Verdeutschungen unterscheidet man begrifflich Eindeutschungen (1.4). Eindeutschungen behalten den Stamm und möglicherweise weitere Bestandteile eines Wortes bei und passen sie dem Kernwortschatz an. Ein erheblicher Teil des Kernwortschatzes ist durch Eindeutschung in diesem Sinn entstanden, z.B. Entlehnungen aus dem Lateinischen (*cella/Zelle, scola/Schule, porta/Pforte*) oder dem Französichen (*drogue/Droge, meuble/Möbel, chic/schick*, wobei dieser Stamm allerdings zunächst aus dem Deutschen *schicklich, sich schicken* ins Französischen übernommen und im letzten Drittel des 19. Jhdts. rückentlehnt wurde). Auch Entlehnungen aus dem Englischen (*strike/Streik, cheque/Scheck, to click/klicken*) und anderen Sprachen werden in großer Zahl eingedeutscht, dazu die Beispiellisten in Abschnitt 1.3. Die Berliner Stadtreinigung (*We Matschwinner vom iih-Business kehr for you*), die ‚Tageszeitung' (*tschecken, antörnen, Äktschn, Trabbel*) und andere sprachmächtige Institutionen des öffentlichen Lebens beteiligen sich fruchtbringend an der Eindeutschungsarbeit.

Von Eindeutschung spricht man neuerdings auch dann, wenn ein Wort nur in bestimmter Hinsicht an den Kernwortschatz angepasst wird, in anderer Hinsicht aber fremd bleibt. Eindeutschungen sind nicht Gegenstand des vorliegenden Abschnitts. Der Begriff wird an dieser Stelle noch einmal erläutert, um den Unterschied zu *Verdeutschung* herauszustellen. Im Allgemeinen sprechen wir auch nicht von Eindeutschung, sondern von phonologischer, morphologischer und graphematischer Integration in den Kernwortschatz.

Für Verdeutschungen steht das gesamte Inventar an Lauten, Silben, Stämmen, Affixen der Kerngrammatik mitsamt den Regularitäten ihrer Kombinatorik zur Verfügung, praktisch dominieren aber morphologisch komplexe Wörter und unter ihnen besonders die Komposita. Dieses flexibelste aller Wortbildungsmittel wird zur Verdeutschung von Wörtern jeglicher Komplexität verwendet, z.B. *Charge/Dienstgrad, Couvert/Briefumschlag, Prozess/Rechtsstreit, Pension/Ruhegehalt, Velo/Fahrrad, Screen/Bildschirm*, aber auch für formal undurchsichtige fremde Komposita wie *Telefon/Fernsprecher, Geographie/Erdkunde, Liturgie/Kirchenvorschrift, Interjektion/Leidenschaftswort, Autodidakt/Selbstlehrling, Babybonds/Kleinschuldverschreibungen, Playback/Gesangsimitation* (beachte den vermeintlichen Kernbestandteil *Imitation*!, weiter 6.4). Natürlich ist nicht zu erwarten, dass sich unter den Verdeutschungsvorschlägen etwa für einfache fremde Stämme auch viele einfache native finden. Die Mittel dazu hätte das Deutsche, denn es verfügt über einen riesigen Vorrat an wohlgeformten, aber bisher nicht verwendeten Ein- und Zweisilbern. Aber wer traut sich zu, Pseudowörter wie *die Schrafte, das Keft, der Mift, schruften, koften, möften*, wie sie die Psycholinguistik für Worterkennungsexperimente ja durchaus verwendet, mit Bedeutungen von Fremdwörtern in Umlauf zu bringen? Über Komposita kann man immerhin versuchen, vorgefundene Bedeutungen fremder Wörter näherungsweise einzufangen. Allerdings bleibt man den fremden so auf spezifische Weise verhaftet.

Weil die Wortbildung der Kerngrammatik allgemein und insbesondere bei der Komposition ebenso flexibel wie sprechend ist, führt systematische Verdeutschung größerer Mengen von Fremdwörtern immer wieder zu nicht ganz freiwilliger Komik. So finden sich bei Philipp Zesen (1651, s.u.) Wörter wie *Botaniker/Krautbeschreiber, Anatom/Entgliederer, Natur/Zeugemutter, Patriot/Leuthold, Fenster/Tageleuchter.* Joachim Heinrich Campe (1813) wartet auf mit *Unitarier/Allbeseliger, Bigotterie/Andächtelei, Kultur/Geistesanbau, panieren/bebroten.* In Engel 1918 finden sich *Avantgarde/Vortrab, Banause/Plattgesell, barock/verkröpft, Belletristik/Romanschreiberei, Bluff/Blüffung, borniert/dummerhaft.* Der Germanist Hans L. Stoltenberg schlug nach der Machtergreifung der Nationalsozialisten Verdeutschungen für den Wissenschaftsbetrieb vor wie *Sozialpsychologe/Gruppgeistwissenschaftler, Psychologie/Seelkunde, Institutionalisierung/Anstaltsamung*, dazu *Gezielschaft, Gewertschaft, Bewusstübersein, seeltümeln, leibtümeln* und Ähnliches (Muttersprache 48 (1933): 239f.). Das ‚Wörterbuch überflüssiger Anglizismen' (Bartzsch u.a. 2003) bietet *brain drain/Beutewissenschaftler, canyoning/schluchteln, chat room/Plauderstube, reality-show/Echtunterhaltung*. Bei solchen Listen hat man allerdings zu bedenken, dass manches schnell an Komik verliert, wenn es in seiner Zeit und seinem lexikalischen Kontext gesehen wird.

Aus der unübersehbaren Menge von Verdeutschungsvorschlägen haben sich vergleichsweise wenige durchgesetzt. Besonders groß sind die Erfolgsaussichten (1) wenn ein Fremdwort eine feststehende Bedeutung hat, die sich durch Verdeutschung nicht verändert, und (2) wenn hinter der Verdeutschung eine Sprachmacht steht, die wesentlichen Einfluss auf die Verwendung des Wortes hat. Beides war beispielsweise gegeben, als in den 80er Jahren des 19. Jhdts. durch kaiserlichen Befehl ein Teil des militärischen Vokabulars verdeutscht wurde und man *Anciennität, Avancement* und *Offizier-Aspirant* zu *Dienstalter, Beförderung* und *Fahnenjunker* machte (s.u.). Der Traumtitel junger preußisch-deutscher Soldaten ergab sich allerdings nicht vollständig. Aus *Lieutenant* (von frz. *lieu* ‚Ort' und *tenir* ‚halten', also eig. ‚Platzhalter') wurde kein Kernwort, sondern nur *Leutnant*. Das Fremdwort blieb, auch wenn man *Leutnant* gelegentlich volksetymologisch auf *Leute* bezog.

Sind solche Voraussetzungen nicht gegeben, bleiben Verdeutschungsbemühungen in der Regel erfolglos oder sie haben einen anderen Effekt als Ersetzung und Verdrängung des Fremdwortes. Das verdeutschte Wort steht dann beispielsweise neben dem Fremdwort und hat eine etwas andere Bedeutung. Statt einem hat man zwei Wörter. Der Effekt tritt ein, weil man zumindest für eine gewisse Zeit beide Wörter nebeneinander haben muss, die Sprache aber generell dazu neigt, Synonyme zu vermeiden. Eins der berühmten Beispiele dafür aus dem Kernwortschatz ist der Übergang von maskulinen Substantiven aus der schwachen Flexion in die starke. Früher flektierten *der Fels, der Friede, der Drache* schwach (5.2.1). Heute flektieren sie auch stark mit den Grundformen *der Felsen, der Frieden, der Drachen*, und alle drei weisen Bedeutungsunterschiede zu den alten Formen auf (D. Bittner 1987; Köpcke 1995). Ebenso bei vielen Verdeutschungen, etwa unter denen des weltläufigen Barockschriftstellers Philipp Zesen, der um die Mitte des 17. Jhdts. umfangreiche Verdeutschungslisten vorgelegt hat, mit Einträgen wie den folgenden (Kirkness 1975: 41ff.).

(1) Verdeutschungen Philipp Zesen 1651

Distanz	*Abstand*
Moment	*Augenblick*
Horizont	*Gesichtskreis*
Konfession	*Glaubensbekenntnis*
Projekt	*Entwurf*
Fundament	*Grundstein*
Dialekt	*Mundart*
Orthographie	*Rechtschreibung*
Passion	*Leidenschaft*
Journal	*Tagebuch*
Tragödie	*Trauerspiel*
Duell	*Zweikampf*
Autor	*Verfasser*

In keinem dieser Beispiele ist das Fremdwort außer Gebrauch gekommen. Meistens hat die Verdeutschung eine engere, speziellere Bedeutung als das Fremdwort, d.h. zumindest heute sind beide Wörter nicht synonym und man benötigt mehrere Kernwörter zur Erfassung der Bedeutung. Aber selbst dort, wo Synonymie annähernd gegeben ist wie bei *Orthographie/Rechtschreibung* oder *Tragödie/Trauerspiel*, haben sich beide Wörter erhalten. Sie werden dann überwiegend in unterschiedlichen Kontexten verwendet, *Rechtschreibung* eher in didaktischen, *Orthographie* eher allgemein und in Normdiskursen.

Die Vorstellung, ein Wortkörper lasse sich ohne weitere Folgen durch einen anderen ersetzen, versteht Wortschätze als Mengen von Wörtern, deren Elemente sich ergänzen und zusammenwirken, die aber auch voneinander isoliert sind, je für sich existieren. Vorstellungen dieser Art relativieren sich schon bei Betrachtung eines einfachen Eintrags in einem einsprachigen Wörterbuch, hier ein Beispiel aus Wahrig 2006: 486.

(2) Wörterbucheintrag *Exil*

Exil <n. 11> 1 *Verbannung* 2 *Verbannungsort* 3 *Zufluchtsstätte* • freiwilliges ~; im ~ leben, sterben; ins ~ gehen; jmdn. ins ~ schicken [< lat. *exsilium* „Verbannung“]

Festgestellt wird: Das Wort ist ein Neutrum, flektiert stark, hat drei Bedeutungen und bestimmte typische Verwendungsweisen. Dazu kommt eine Angabe über die Herkunft. Der Eintrag macht deutlich, in welchem Umfang das Wort sowohl grammatisch als auch semantisch auf andere Wörter bezogen ist. Eine Verdeutschung durch eins der Kernwörter, mit denen die Bedeutungen charakterisiert werden, ist nicht möglich, und über jedes dieser Wörter steht *Exil* mit anderen Wortbedeutungen in Verbindung. Dasselbe gilt für die Verwendungsbeispiele, die ja weitere Assoziationen und Analogien aufrufen. Trotz seiner Kürze und Unvollständigkeit zeigt der Eintrag, wie sehr Wörter im Wortschatz vernetzt sind.

Aber eigentlich geht es nicht um die Stellung von Wörtern in Wörterbüchern, sondern in den Köpfen der Sprecher. Verdeutschungen sollen sich ja im Sprachgebrauch auswirken, und das ist nur möglich, wenn man an die Wörter im Kopf herankommt derart, dass im Sprachgebrauch Wörter mit bestimmter Form und Bedeutung eher abgerufen werden als andere. Die Psycholinguistik spricht vom mentalen Lexikon, das dem Sprachgebrauch zurunde liegt. Modelle des mentalen Lexikons gehen von einer viel engeren und vielseitigeren Vernetzung aus als an einem Wörterbucheintrag zu erkennen ist (Miller 1995; Aitchison 1997). Wörter sind untereinander formal vernetzt über ihre lautliche Substanz, ihre graphematische Substanz, ihre morphologischen Bestandteile und die zugehörigen Kombinatoriken. Sie sind semantisch vernetzt über die Bedeutungen ihrer Stämme, die semantischen Funktionen der Affixe und die Gesamtbedeutung (6.2.1). Dazu kommen Beziehungen auf der sog. konzeptuellen Ebene, die Wörter in Begriffsnetzen verortet. Das alles führt dazu, dass ein Wort sich seinen Platz im Gesamtnetz gewissermaßen suchen muss und ihn ändern kann, wenn es in irgendeiner Hinsicht neue Nachbarn bekommt. Das Netz ist nicht starr oder auch nur stabil, sondern ständig in Bewegung. Beispielsweise ist es Optimierungsprozessen unterworfen, zu denen gehört, dass wenig verwendete Wörter vergessen oder immer gleich verwendete Wörter verengt werden.

Entscheidend für Verdeutschungen bereits existierender Wörter ist, dass zwei Einträge, die sich in nichts anderem als der Form unterscheiden, nebeneinander kaum vorstellbar sind. Möglich ist die Verdrängung einer Form durch ausschließlichen Gebrauch einer anderen, möglich ist auch etwas wie die Besetzung einer ‚freien Stelle' im Netz. Das alles sind metaphorische Redeweisen, die aber vielleicht verdeutlichen, warum so viele Verdeutschungsvorschläge erfolglos geblieben sind. Zur inhaltlichen Füllung dieser allgemeinen Hinweise betrachten wir im Folgenden einige der wichtigsten Verdeutschungsprogramme etwas näher.

Joachim Heinrich Campe

Nach mehreren Einzelvorschlägen und theoretischen Erörterungen hatte Campes Verdeutschungsbemühung ihren größten Erfolg mit seinem zweibändigen ‚Wörterbuch zur Erklärung und Verdeutschung der unserer Sprache aufgedrungenen fremden Ausdrücke', dessen zweite Auflage von 1813 im Folgenden verwendet wird (s.a. 3.4). Das Wörterbuch enthält am Ende des zweiten Bandes ein alphabetisches „Verzeichniß der in diesem Wörterbuche, zum Ersatz fremder Ausdrücke, vorgeschlagenen neuen und, der Erneuerung würdig scheinenden, alten Wörter" mit ungefähr 5.500 Einträgen. Dass Campes Arbeit erst durch ein benutzerfreundliches und vergleichsweise weit verbreitetes Wörterbuch eine gewisse Wirkung entfaltet hat, zeigt eben, wie wichtig die praktische Seite von Spracharbeit ist.

Als konzeptionelle Grundlage ist dem Wörterbuch eine überarbeitete Fassung der Preisschrift vorangestellt, mit der Campe 1793 eine Ausschreibung des Königlich Preußischen Gelehrtenvereins zu Berlin gewonnen hatte (Campe 1813a). In dieser 80 Druckseiten umfassenden Abhandlung wird unter anderem dargelegt, welche fremden Wörter unbedingt, welche unter Umständen und welche gar nicht verdeutscht werden sollten. Fremdheit an sich ist kein hinreichendes Kriterium. Auch in den Wortartikeln werden Verdeutschungen nicht einfach gesetzt, sondern ihr Sinn, ihre Reichweite und Herkunft werden argumentativ erörtert. Dazu als Beispiel den vielzitierten Fall *Mumie*.

Mumie. Standardwörterbücher geben die Bedeutung an als ‚durch Austrocknen oder Einbalsamieren vor Verwesung geschützter Leichnam', für das deutsche Sprachgebiet lange Zeit ein Fall von Exotismus. Das Wort ist über mlat. und ital. *mummia* ins Deutsche gelangt, frühneuhochdeutsche Formen sind *Mummea* oder *Mumia*. Nach Kluge ist die Wurzel arabisch, nach Pfeifer arabisch/persisch und bezeichnet eine harzige Masse, mit der die Ägypter Leichen präpariert haben. Aus einbalsamierten, der Sonne zum Trocknen ausgesetzten menschlichen Körpern wurden Heilmittel gewonnen, deshalb diente das Wort zur Bezeichnung bestimmter Bestandteile von Arzneien. Im Deutschen gehörte es bis ins 19. Jhdt. hinein zur Apothekersprache, wurde jedoch, z.B. durch den Einfluss der Arbeiten von Winckelmann, mehr und mehr ausschließlich zur Bezeichnung konservierter ägyptischer Leichname verwendet. – Wenn komische als misslungene Beispiele für Verdeutschungen Campes gesucht werden, ist die für *Mumie* meist dabei: „Er übersetzte Mumie mit ‚Dörrleiche', Kardinal mit ‚Purpurpfaff', Paradies mit ‚Wonnegefilde', Souterrain mit ‚Erdkammer'." (Pörksen 2008: 127). *Purpurpfaff* und *Erdkammer* finden sich im Verdeutschungswörterbuch nicht und der Eintrag für *Mumie* lautet so:

Campes *Mumie*

Múmie. Ich habe irgendwo einmahl Dörrleiche dafür gebraucht, weil die Mumien, so wie man sie in Natur- und Kunstsammlungen sieht, trocken und dürr, wie Holz, sind. Aber da die Kunst, Mumien zu machen, doch nicht darin besteht, daß man die

> Leichen dörrt, sondern vielmehr darin, daß man sie einbalsamet: so dürfte jener Ausdruck eher für Leichen passen, die in einem luftigen Gewölbe aufbewahrt werden, und daselbst, statt zu verwesen, ausdörren. „Luft und Kälte machten ihn zur Dörrleiche." M. Reisen. Jetzt schlage ich Balsamleiche dafür vor. Daß unsere Sprache Zusammensetzungen dieser Art gestattet, erhellet aus den Ausdrücken Zuckerbohne (eine mit Zucker überzogene), Pfefferkuchen (ein mit Pfeffer gewürzter), Apfeleierkuchen (ein mit Äpfelscheiben belegter), Zimmetröhren (mit Zimmt vermischt) u. s. w.

Man sieht schön, wie Campe arbeitet. Er fragt nach der passenden Bedeutung, gibt die Herkunft einer Prägung an und bedenkt auch ihre morphologische Wohlgeformtheit. Die Form *Dörrleiche* ist angemessen für eine Leiche bestimmter Art, als Verdeutschung wird das Wort nicht verwendet.

Campes Arbeitsweise lässt sich mit einigem Aufwand aus den teilweise ausführlichen, immer argumentierenden Wortartikeln rekonstruieren, zumal diese nicht immer vollständig mit den in der Preisschrift niedergelegten Prinzipien in Einklang stehen. Als erfahrener Lexikograph und intimer Kenner des Deutschen wie der beteiligten Gebersprachen kommt er zu vielen brauchbaren Lösungen, wobei Nichtverdeutschung auch eine Lösung sein kann (Polenz 1994: 128f.). Nicht verdeutscht werden sollen vor allem „längst eingebürgerte, gut assimilierte Lehnwörter (*Nase, Abt, Tempel* ...), sachbezogene Entlehnungen (*Taback, Tee, Diamant*)", aber auch Wörter, die man lieber gar nicht verwenden sollte wie unsittliche oder solche, „die auf Vorurteilen oder Irrtümern beruhen." Offensichtlich möchte Campe ihrer Verwendung nicht durch Verdeutschung Vorschub leisten. Dazu passt, dass einigen der verdeutschten anzusehen ist, was der Meister vom Bezeichneten hält: *Katholik* wird zu *Zwangsgläubiger, Soldat* zu *Menschenschlachter.*

Verdeutscht werden sollen „alle diejenigen Begriffe und Kenntnisse, welche allen Menschen zu wünschen sind, weil sie zu der für alle möglichen und für alle nützlichen Ausbildung gehören" (Campe 1813a: 32). Der Lehrer und Aufklärer wird mit einer Aufzählung von „acht Fächern" von der Tugendlehre über die Rechts- und Geschäftssprache bis zur Dichtkunst konkret und lässt keinen Zweifel an seinen bildungspolitischen Zielen. Schwieriger ist für Campe der Umgang mit wissenschaftlichen Begrifflichkeiten, die nicht jedermann kennen muss und die innerhalb einer Wissenschaft ihren guten Sinn haben können. Aber ganz strikt möchte er bei fremden Wörtern verfahren, die gegen innere, formale Sprachrichtigkeit verstoßen. Das sind mit an erster Stelle solche, die Elemente aus verschiedenen Sprachen mischen (dazu weiter 6.2.1). Hier zeigt sich nicht allein der Sprachkenner und -liebhaber, sondern auch Campes Überzeugung, dass Sprachinhalte und Sprachform auf das engste miteinander verwoben sind.

Orgeldinger (1999: 374) nimmt an, Campe habe etwa 3.200 Verdeutschungen selbst gebildet, von denen es ungefähr 400 bereits gab, ohne dass Campe sie kannte. Kirkness (1975: 161ff.) bringt eine Liste mit etwa 250 solcher Wörter, die noch heute in Gebrauch sind. Kriterium ist, dass sie im Rechtschreibwörterbuch des Duden verzeichnet sind. Dazu gehören die folgenden.

(3) Erfolgreiche Verdeutschungen Campes

Apposition	*Beisatz*
Barrikade	*Straßensperrung*
Delikatesse	*Feingefühl*
faktisch	*tatsächlich*
Ferment	*Gärstoff*
inklusive	*einschließlich*
Insekt	*Kerbtier*
insolvent	*zahlungsunfähig*
invalid	*dienstunfähig*
Konsequenz	*Folgerichtigkeit*
konträr	*gegenteilig*
lackieren	*lacken*
manisch	*irrsinnig*
Markise	*Sonnendach*
Parterre	*Erdgeschoß*
Plural	*Mehrzahl*
Professor	*Hochschullehrer*
Prophezeiung	*Voraussage*
qualifizieren	*befähigen*
qualifiziert	*geeignet*
Revolution	*Umwälzung*

Erneut zeigt sich, wie Kernwörter neben den fremden verwendet werden und zu ihnen in den erwarteten Bedeutungsbeziehungen stehen. Das ist ganz in Campes Sinn, denn es geht ihm nur in erster Linie um eine verständliche Sprache, in zweiter auch um Bereicherung, in bestimmten Fällen allerdings auch um die ‚Ausmärzung' fremder Wörter.

Mit einer Erfolgsquote zwischen fünf und zehn Prozent gehört Campe zu den erfolgreichsten Verdeutschern überhaupt, und trotzdem hat man sich immer wieder gefragt, warum über 90 Prozent seiner Vorschläge verschwunden sind (Kirkness 1975: 168ff.; Schiewe 1998: 131ff.; Orgeldinger 1999: 375ff.).

Einen ausführlichen Erklärungsversuch hat Karlheinz Daniels (1959) unternommen. Er meint, es könne beispielsweise nicht gelingen, „gutes Lehngut zu verdrängen“ (*Kamin/Kochstubenherd, Bastard/Kebsmann, Poren/Schweißlöcher, Pause/Zwischenstille*). Wenig Chancen gebe es, „wo das Fremdwort bestehen blieb, aber durch kulturelle und technische Entwicklungen ... seinen Inhalt vergrößerte.“ (*Armaturen/Kriegszierat, Industrie/Kunstbetriebsamkeit, Maschine/Kunstgerüst, philologisch/altgelehrt*). Auch bilde Campe gelegentlich „umständliche, abstrakte Vernunftungetüme“ (*Missionar/Bekehrungsgesandter, Parodie/Spottnachbildung, Kongruenz/Einerleiheit, Charakteristik/Persönlichkeitsbezeichnung*).

Möglicherweise kommt man in manchen Fällen so einen Schritt weiter, aufs Ganze gesehen aber nicht. Trotz seiner zahlreichen Beispiele bleiben über 90% der nichterfolgreichen Verdeutschungen Campes bei Daniels unerwähnt. Letztlich hat Peter von Polenz (1994: 132) wohl mit seiner Warnung recht: „Rein linguistische Kriterien für Erfolg und Mißerfolg von Fremdwortverdeutschungen sind mit Vorsicht anzuwenden“. Der Mensch kann sich an vieles gewöhnen, das lautliche, morphologische und graphematische Unregelmäßigkeiten, Umständlichkeiten oder Undurchsichtigkeiten aufweist. Das gilt auch für den Kernwortschatz. Es gibt nicht nur große Bereiche des Wortschatzes, die geradezu von Unregelmäßigkeiten leben (z.B. der sog. lexikalische Nahbereich, Idiomatisierungen und Eigennamen, vgl. 1.3; 3.1; 6.2.1), sondern es hat sich auch gezeigt, dass eine relative morphologische Undurchsichtigkeit in der Fremdwortbildung kein Hindernis für Produktivität ist (6.1; 6.2.4). Oft genug sind externe Bedingungen unterschiedlicher Art für Erfolg oder Misserfolg ausschlaggebend. Campe lehrt uns, dass Prognosen schwierig bleiben.

Verdeutschungen nach 1871 und die Sprache der Bahn

Anders liegen die Verhältnisse bei Verdeutschungen, die systematisch und mit Unterstützung von staatlichen oder privaten Institutionen vorgenommen und durchgesetzt werden, wenn diese Einfluss auf den Sprachgebrauch haben. Das war in Deutschland geballt nach der Reichsgründung von 1871 der Fall (2.3; 3.2.2). Man kann das an Verdeutschungen aus vielen Bereichen zeigen, vom oben erwähnten Militär bis zum Fußball und der Sprache der Bahn. Zunächst einige Fußballwörter.

Die aus England übernommene Sportart hat sich in Deutschland vor allem gegen die national gesinnten Turnerschaften durchsetzen müssen, was nicht zuletzt durch konsequente Verdeutschung der englischen Termini gelang. Als Vater der deutschen Fußballsprache gilt der Braunschweiger Lehrer Konrad Koch. In 62 Paragraphen legt er im Jahr 1875 die Regeln des Spiels auf Deutsch nieder und arbeitet auch danach konsequent an der Verdeutschung englischer Fußballwörter weiter. Das Englische verschwindet so gut wie vollständig. Der Fußball wurde in Deutschland schnell populär, gerade auch weil er in anderer Weise als das Turnen ein Mannschaftssport ist. Stellt man einige der bei Armin Burkhardt (2010: 7) verzeichneten englischen und deutschen Wörter den französischen gegenüber, dann fällt die Konsequenz der Verdeutschung ins Auge. Auch manche gängigen Wörter sind im Französischen immer Anglizismen geblieben. Im deutschen Fußballvokabular gibt es heute natürlich auch wieder Anglizismen (*Tackling, Forechecking, Referee*).

(4) Fußballwörter

englisch	deutsch	französisch
football	*Fußball*	*football*
corner	*Ecke*	*corner*
forwards	*Stürmer*	*avant*
drawn	*unentschieden*	*match null*
free-kick	*Freistoß*	*coup franc*
goal	*Tor*	*but*
half time	*Halbzeit*	*mi-temps*
off side	*abseits*	*hors-jeu*
penalty	*Strafstoß*	*penalty*
shoot	*Schuß*	*tir, shoot*

Mit dem Vokabular der Eisenbahn greifen wir einen Bereich heraus, der typisch für die Zeit nach 1871 ist und wie wenige andere Einfluss auf die Allgemeinsprache hatte.

Die Entwicklung der Eisenbahn zum Massenverkehrsmittel im 19. Jhdt. hatte mit ihrer „Industrialisierung von Raum und Zeit" (Schivelbusch 1977; s.a. Glaser 2010) tiefgreifende Wahrnehmungs- und Verhaltensänderungen zur Folge, die sprachlich zu bewältigen waren. Sie gingen mit technischen und organisatorischen Veränderungen ungekannten Ausmaßes einher. Lothar Hums (2006) vermittelt einen Eindruck davon, was etwa Planung und bauliche Bewältigung von Streckenführungen an sprachlichen Anforderungen mit sich brachten.

Wie die Industrialisierung überhaupt, entwickelte sich das Eisenbahnwesen in Deutschland spät, vor allem im Vergleich zu England, dann aber mit hoher Geschwindigkeit. Aus der Zeit vor der Reichsgründung war ein lokal diversifiziertes Netz mit 52 Direktionen unter 11 Landesverwaltungen überkommen, dem eine ebenso diversifizierte Fachsprache eigen war. Zusammengenommen ergab sich eine „inflationäre Synonymie“ (Hums 2006: 91). Mit dem Ausbau bei gleichzeitiger Harmonisierung des Bahnwesens überlagerten sich in der gegebenen politischen Situation sprachlich zwei Bewegungen. Die eine war auf Vereinheitlichung aus, die andere auf Verdeutschung. Beide hatten ursächlich wenig miteinander zu tun. Auf Grundlage des vorhandenen und daraus erweiterbaren Wortschatzes hätte ein Fremdwortpurismus nicht unbedingt platzgreifen müssen.

Bemerkenswert ist das spezifische Verhältnis von Anglizismen und Gallizimen in der Eisenbahnsprache vor 1871. England als Mutterland und technisch absolut führend lieferte einen erheblichen Teil des technischen Vokabulars, während der Publikumsverkehr eher mit Entlehnungen aus dem Französischen abgewickelt wurde. Nicht selten scheint aber der Fall eingetreten zu sein, dass Anglizismen unversehens zu prestigeträchtigeren Gallizismen reanalysiert wurden. Belegt ist das etwa für *Waggon*, das als [ˈwægən] aus dem Englischen kam, sehr bald aber zu [vaˈgõ] wurde. Bis heute hat das Deutsche die englische Schreibweise *waggon* mit Geminate (frz. *wagon*) bewahrt, während die Aussprache die eines Gallizismus geblieben ist (4.3). Wie weit diese Erscheinung verbreitet war, ist nicht genau bekannt: „Unsere gegenwärtige Schwierigkeit besteht darin, den Beweis anzutreten, wie die in der ersten Hälfte des 19. Jh. übernommenen Wörter ausgesprochen wurden: englisch oder französisch.“ (Hums 2006a: 122).

Vereinheitlichung bei gleichzeitiger Verdeutschung fand in großem Stil statt, als dem Oberbaurat Otto Sarrazin vom Ministerium der öffentlichen Arbeiten in Preußen die Herausgabe des ‚Zentralblatts der Bauverwaltung‘ übertragen und im Jahr 1886 ein Ausschuss des Verbandes deutscher Architekten- und Ingenieur-Vereine damit beauftragt wurde, ‚entbehrliche Fremdwörter‘ aus Fachtexten zu entfernen. Das führte bis 1893 zur Ersetzung von etwa 1.300 Fremdwörtern (Kirkness 1975: 366). Sowohl Otto Sarrazin (1886) als auch Eduard Engel (1888) unterstützten solche Bemühungen mit systematischen Verdeutschungsvorschlägen. Einige Beispiele in 5.

(5) Verdeutschungen in der Sprache der Bahn nach 1886

Barriere	*Schranke*
Billett	*Fahrkarte*
Büffet	*Schänktisch*
Coupé	*Abteil*
Gepäck-Expedition	*Gepäckabfertigung*
Korridor	*Gang*
Normalspur	*Vollspur*
Passagier	*Fahrgast*
Perron	*Bahnsteig*

rangieren	*verschieben*
Sekundärbahn	*Nebenbahn*
Signalhäuschen	*Stellwerk*
Station	*Bahnhof/Haltepunkt*
Tertiärbahn	*Kleinbahn*
Vestibule	*Vorhalle*

Insbesondere Sarrazin ging bei zahlreichen Verdeutschungen vorsichtig zu Werke und probierte vieles aus, bevor er sich für eine Lösung entschied. So erwog er für *Perron*, das im Französischen längst durch *quai* ersetzt war, Verdeutschungen wie *Ankunftsstelle* vs. *Abfahrtsstelle* oder *Einsteigeplatz* vs. *Aussteigeplatz.* Den Vogel schießt wohl *Coupé* ab, für das nicht weniger als 24 Verdeutschungen im Spiel waren.

Coupé/Abteil. Zu den Verdeutschungsvorschlägen für *Coupé* gehören *Abschlag, Verschlag, Gelaß, Querraum, Wagenfach, Sitzraum, Verschließ, Wagenzelle.* Das Wort war aus dem Französischen entlehnt worden, als der Eisenbahnwagen noch in Analogie zur Kutsche wahrgenommen wurde (wie später auch das Automobil). Mit *coupé* (von *couper* ‚schneiden') war im Französischen der Teil einer Postkutsche gemeint, in dem die Passagiere Platz nehmen. Im Eisenbahnwesen war dagegen *compartiment* gebräuchlich. Sarrazin hat den Verdeutschungsfall *Coupé* wegen der Komplexität des Gesamtprozesses im Nachhinein kommentiert und einige der möglichen Lösungen erörtert (1898). Praktisch folgt er dem, was sich im Gebrauch durchsetzt und dabei in mancher Beziehung *Coupé* ähnelt. Dazu gehört das Genus. Im Jahr 1920 schreibt er, seine erste Lösung sei *der Abteil* analog zu *der Anteil, Vorteil, Erdteil* gewesen, er habe aber feststellen müssen, „daß im mündlichen Verkehr mehr und mehr das Abteil vorherrschte, offenbar in unmittelbarer Anlehnung an das Coupé." (1920: Sp. 205). Die Genusschwankung bei *Teil* (*das Gegenteil, Oberteil, Seitenteil*) mag notwendige Bedingung für den Wechsel gewesen sein. Dazu kommt die Zweisilbigkeit von *Abteil* mit ihrer regelwidrigen Betonung auf der Ultima. Vilmos Ágel (persönliche Mitteilung, s.a. Paul 1920: 76) hat ganz unabhängig von dieser Verdeutschung darauf hingewiesen, dass *Abtéilung* und *Abtéil* wie *Ábschnitt, Ábgang, Ábkehr* usw. als Derivate von Partikelverben den ersten Bestandteil betonen müssten. Möglicherweise haben wir es bei *Abtéil* also mit einem fremden, an *Coupé* angepassten Wortakzent zu tun. Damit steht die etwas abgründige, nur ganz gelegentlich und nebenbei gestellte Frage, wie weit Verdeutschungen, wenn sie nicht wie bei Lehnübersetzungen ausdrücklich nachbildenden Charakter haben, formal an das zu Verdeutschende angepasst werden. Die irreguläre Akzentplatzierung *Abtéilung* könnte jedoch auch anderer Herkunft sein. Erinnere ich mich recht an die Wehrpflicht, dann gab es Unteroffiziere, die *Ábteilùng Hált* brüllten, mit schwerem Akzentzusammenstoß zwischen dem Suffix und *Hált*. Andere intonierten *Abtéilung Hált*, was immerhin prosodisch angenehmer war. – Im Gegenwartsdeutschen wird *Coupé* (neuerdings auch *Kupee*) fast nur noch zur Bezeichnung einer Limousine mit verkürztem Innenraum (mach einen Viersitzer zu einem sportlichen Zweisitzer) verwendet.

Mit dem Umbau der deutschen Eisenbahn zum Global Player in Logistics und der Modernisierung zur Vorbereitung eines Börsengangs wurde der Wortschatz erneut gespalten. Für die interne Kommunikation der DB gibt es Konzernrichtlinien zu einzelnen Sachbereichen wie die seit 2003/2004 gültige Richtlinie ‚Züge fahren und Rangieren'. Deren Vokabular ist nicht unbedingt elegant, aber nach Zweckdienlichkeit gestaltet. Der Gebrauch von Fremdwörtern bewegt sich im normalen Rahmen, auch der von Anglizismen. Ähnlich in einem erheblichen Teil des regelmäßigen internationalen Verkehrs. Beispielsweise ist das Personal der ICE/TGV-Strecke Stuttgart – Paris sowohl in Deutsch als auch in Französisch geschult, während Englisch kaum eine Rolle spielt. Das könnte sich allerdings ändern, wenn die gewaltigen Projekte eines paneuropäischen Eisenbahnnetzes Wirklichkeit werden.

Anders liegen die Dinge mindestens bis zum Jahr 2010 im innerdeutschen Kundenverkehr der Bahn, in einem Bereich also, für den die Folgen sprachlicher Globalisierung allenfalls eine untergeordnete Rolle spielen. Wer Fahrkarten im Internet erwerben möchte, sieht sich einem funktionswidrigen Kaudervokabular gegenüber. Es ist das Übliche und das Gegenteil von Verdeutschung. Über die Website klickt sich König Kunde zum Online-Ticket durch und erfährt, der Server sei überlastet. Also macht er erst einmal seinen MobilCheck, lässt sich fürs Carsharing bewerben usw. Zum Schluss beantragt er die Fahrgelderstattung beim Service Team eines Fulfilment Centers. Ohne Schwierigkeit lassen sich Texte nach dem Muster von Jil Sanders giving-story bauen.

Auf dem Höhepunkt ihrer Imagekrise mit mangelhafter Technik und Wartung, unakzeptabler Verspätungsrate sowie ständig steigenden Preisen kündigt die Bahn im Frühjahr 2010 eine Abkehr vom „Kauderwelsch aus Deutsch und Englisch" an. Einmal mehr steht die Sprache zur Disposition. Niemand sollte glauben, hier walte höhere Einsicht, die Bahn habe sich auf das Deutsche besonnen. Das Gegenteil ist richtig. Die Bahn besinnt sich auf die Notwendigkeit zur Imagepflege und wird sich bei Gelegenheit wieder nach anderen vermeintlichen Notwendigkeiten richten. Wir kommen damit zu Verdeutschungsversuchen, die den Gebrauch von Anglizismen einzuschränken versuchen.

Anglizismen

Im Folgenden geht es weder um die Verdrängung des Deutschen durch das Englische (etwa als Wissenschafts- oder Lernersprache) noch um eine allgemeine Anglizismenkritik (dazu 3.2.2), sondern allein um Verdeutschungen. Die mit Abstand umfangreichsten Aktivitäten auf diesem Gebiet sind gegenwärtig im Umkreis des ‚Vereins Deutsche Sprache VDS' zu finden. Der Verein arbeitet seit seiner Gründung (1997 als VWDS) an Verdeutschungen, zunächst unter der Devise einer Ersetzung überflüssiger Anglizismen. Mehrere tausend Vorschläge enthält das ‚Wörterbuch überflüssiger Anglizismen' (Bartzsch u.a. 2003 in der 5. Aufl., 1. Aufl. 1999, inzwischen liegt die 8. Aufl. vor). Dem ersten Erscheinen des Buches war, unter anderem in einer Pressemitteilung des Vereins aus dem Jahr 1998, die Explikation von ‚überflüssiger Anglizismus' vorausgegangen, deren Eckpunkte wir nach Niehr (2002: 5) wiedergeben.

(6) Überflüssiger Anglizismus, VDS (VWDS) 1998
   1. Der englische Ausdruck muss im Deutschen hinreichend weit verbreitet sein
   2. Es muss für den englischen Ausdruck mindestens zwei treffendere deutsche Wörter geben
   3. Der englische Ausdruck muss die zwischenmenschliche Verständigung im Deutschen behindern
   4. Der englische Ausdruck muss die deutsche Sprache ärmer machen

Man erkennt die Absicht, dem Vorwurf eines radikalen Purismus zu entkommen. Verdeutscht werden soll nur, was einerseits tatsächlich vorhanden, andererseits ‚deutschen' Wörtern unterlegen und dem Deutschen schädlich ist. Das Konzept war darauf aus, etablierte Wörter zu verdrängen, aber wirkungsvolle Mittel standen kaum zur Verfügung. Einem relevanten Anteil von Sprechern Probleme der zwischenmenschlichen Verständigung und ihre Beseitigung durch treffendere Kernwörter in einer Weise nahe zu bringen, dass sie ihren Sprachgebrauch danach richten, ist für eine größere Zahl von Wörtern ausgeschlossen (Niehr 2002); jedenfalls dann, wenn man nicht über reale Sprachmacht verfügt.

Inzwischen wurde dem Wörterbuch ein ‚Anglizismen-Index' zur Seite gestellt, der seit 2006 als Buch erscheint und auch im Netz frei zugänglich ist (Junker 2010; www.anglizismenindex.de). Der Index enthält über 7.000 Einträge, hier als Beispiel das Lemma *soft* (in Originaltypographie).

(7) Anglizismen-Index, Lemma *soft*

soft	weich, gefühlvoll, *auch in*
soften	weichzeichnen
softie	Memme, *Schlaffi*, Weichling, *Weichei* | empfindsamer, sanfter Mann, Muttersöhnchen, Zärtling
softig	weich, anschmiegsam
softball	Schlagball-Variante
softcover	Taschenbuch, siehe auch **paperback**
soft drink	alkoholfreies Getränk
soft ice	Cremeeis, Soft-Eis
soft key	virtuelle Taste
soft link	Namensverzeichnis, symbolischer Verweis
soft-opening	Voraböffnung, stille Eröffnung
softpack	Weichverpackung
soft skill	Sozialkompetenz, Sozialgeschick
soft tipp	weicher Anschlag *(etwa bei der Gangschaltung)*
softtop	Faltdach, Stoffverdeck *(für ein Cabriolet)*, siehe auch **hardtop**

Für *software* wurde ein eigenes Lemma eingerichtet, deshalb erscheint sein Eintrag in 7 nicht (Solche Sonderstellungen wurden in der neuesten Version des Index von 2011 beseitigt). Die zu verdeutschenden Wörter in der linken Spalte sind sprachliche Zwitter. Ihre Schreibweise ist ausdrücklich englisch, z.B. was Klein- oder Getrennt/Zusammenschreibung betrifft, aber aufgenommen sind auch Fremdwortbildungen, die es im Englischen nicht gibt wie *softig* als Adjektiv oder *soften* als Infinitiv. Entlehnungen sind sie nicht.

Verdeutschte Entsprechungen, die zur Verwendung empfohlen werden, erscheinen in Normaldruck, weitere Erläuterungen sowie „Gewagte oder spöttische Übertragungen" in Kursivdruck. Übertragungen wie *Schlagball-Variante* oder *weicher Anschlag* treffen das Gemeinte mit Sicherheit nicht, und warum man *soft ice* als verdeutschungswürdig mit dem Ziel *Soft-Eis* ansieht, wäre zumindest zu erläutern. Der Leser möge bei anderen Vorschlägen selbst abschätzen, wie weit sie ihm gelungen erscheinen.

Anders als früher will man jetzt nicht mehr warten, bis sich ein fremdes Wort etabliert hat, sondern im Index „jedem neuen Anglizismus so früh wie möglich eine deutschsprachige Entsprechung gegenüberstellen." Und mit vielfältigen Mitteln wird versucht, näher an den Sprecher und seinen tatsächlichen Wortgebrauch heranzukommen. Dem dient einmal die Verbreitung und freie Benutzbarkeit des Index über das Netz neben dem konventionellen Buch. Im Netz kann nicht nur recherchiert werden, sondern es ist auch interaktive Nutzung mit Ergänzungs- und Verbesserungsvorschlägen möglich. Zum selben Ende sind bei jedem aufgenommenen Wort zusätzliche Angaben vermerkt (die in 7 nicht aufgeführt sind). Dazu gehört die Klassifizierung in ergänzende, differenzierende und verdrängende Anglizismen. Als ergänzend gelten ungefähr 2,5% des Gesamtbestandes wie *Baby* oder *Interview*. Fast 80% trifft das Verdikt verdrängend, darunter alle in 7 außer *softball*, *soft ice* und *soft key*. Beigefügt sind darüber hinaus Angaben über das Vorkommen der Wörter in einigen Sprachvarietäten, wobei das Vorkommen in der Allgemeinsprache für alle gefordert ist. Zusätzlich wird ihre Verankerung in Bereichen wie ‚Gesellschaft, Kultur, Politik', ‚Informatik im Alltag', ‚Popkultur und Szene', ‚Technik, Wissenschaft' usw. vermerkt. Schließlich finden sich Angaben über die Verbreitung in den deutschsprachigen Ländern.

Man weiß wenig darüber, wie erfolgreich Verdeutschungen von Anglizismen gegenwärtig sind. Gelegentlich wird durchaus über die Verdrängung einzelner fremder Wörter oder Wortgruppen berichtet. Ob aber der Anglizismen-Index in absehbarer Zukunft eine Wirkung entfalten kann, die etwa mit der von Campes Wörterbuch vergleichbar ist, muss wohl dahingestellt bleiben.

3.4 Wörterbücher

Sprache der Fremdwörterbücher

Die Menge der Wörterbücher einer Sprache ist Ausdruck des Interesses, das an ihr besteht. Wörterbücher sind nach Inhalt, Umfang und Qualität so unterschiedlich wie das Interesse an einer Sprache nur sein kann. In ihrer Gesamtheit sind sie ebenso Spiegel wie Bestandteil des Zustands der Sprache, ebenso aber der kulturellen und politischen Verhältnisse ihrer Zeit, „weil sie begriffliche Inhalte von Wörtern fixieren und zwar mit Autorität, und zum Zweiten, weil sie als Textsorte oder als Einzeltext Zeichen im kulturellen Orientierungssystem sind." (Haß-Zumkehr 2001: 15).

Insofern Wörterbücher Teil eines kulturellen Orientierungssystems sind, kommt der Lexikographie eine besondere Verantwortung zu. Wörterbücher sind in einem viel einfacheren Sinn von ihren Autoren gemacht als etwa Grammatiken. Ein Grammatiker kann sich meistens gut hinter der Feststellung verschanzen, er beschreibe eine Sprache, wie sie ist. Ein Wörterbuchautor entscheidet für jedes Wort, ob er es aufnimmt oder nicht und mit welchen Begriffen er es beschreibt. Die Vielfalt von Wörterbüchern geht weit über die Vielfalt von Grammatiken hinaus. „Akzeptiert man einen – wie immer im Detail zu konzipierenden – Zusammenhang zwischen den Wörtern einer Sprache und ihrem Gebrauch auf der einen und dem Wissen ihrer Sprecher über die nichtsprachliche Welt auf der anderen Seite, dann wird sofort ersichtlich, daß Lexikographen, je nachdem, in welcher Art von lexikographischem Prozeß sie arbeiten, eine mehr oder weniger große *Verantwortung* tragen.“ (Wiegand 1997: 178). Kaum irgendwo treten Verantwortlichkeit und Verantwortungslosigkeit der Lexikographie so offen zu Tage wie bei den Fremdwörterbüchern.

Das Deutsche gehört zu den Sprachen mit einer ebenso umfangreichen wie differenzierten Wörterbuchlandschaft, die auf eine jahrhundertelange lexikographische Tradition zurückgeht. Sie ist so komplex, dass schon ihre Geschichte zum Gegenstand eigenständiger Forschung wurde (Reichmann 1989; Wiegand 1998; Haß-Zumkehr 2001). Zu ihren Besonderheiten gehört eine Fremdwortlexikographie, die ihresgleichen nicht hat und nach allgemeiner Auffassung mit dem Erscheinen von Simon Roths ‚Ein Teutscher Dictionarius‘ im Jahr 1571 beginnt. Seit Roths Wörterbuch, das die Bedeutung schwerer Wörter einschließlich der Latinismen erläutern möchte, gibt es Neuerscheinungen in mehr oder weniger dichter Folge. Nach einer Erhebung von Kirkness (1984) sind bis zum Jahr 1945 mehr als 300 Fremdwörterbücher erschienen. Gegenwärtig befinden sich einige Dutzend auf dem Markt, die den Fremdwortschatz des Gegenwartsdeutschen wie älterer Sprachstufen dokumentieren und beschreiben. Für das Folgende bleiben wir wie schon in den Abschnitten 3.2 und 3.3 bei der Zeit nach 1800 (Campe 1801 bzw. 1813).

Selbstverständlich gibt es für andere Sprachen ebenfalls zahlreiche Fremdwörterbücher, aber Unterschiede zum Deutschen fallen ins Auge. Für romanische Sprachen und insbesondere das Französische haben die Latinismen – im Deutschen die umfangreichste Gruppe von Fremdwörtern – überwiegend nicht den Status fremder Wörter (2.3). Das Englische hat den romanischen Lehnwortschatz früh integriert. Nach der normannischen Eroberung im 11. Jhdt. wurde er schnell assimiliert, was sich bis heute vor allem in der Morphologie auswirkt und dazu führt, dass weniger von *loan words* als von *hard words* die Rede ist (2.2; 6.2.2). Andere germanische Sprachen wie das Niederländische oder skandinavische Sprachen sind von der Fremdwortlexikographie des Deutschen beeinflusst (Kirkness 1990: 1168f.). Einige slawische Sprachen wie das Russische, das Polnische oder das Tschechische entwickeln einen dem Deutschen vergleichbaren Bedarf an Fremdwörterbüchern und verfügen über eine eigene lexikographische Tradition, haben das Gebiet jedoch weniger weit ausgebaut. Damit steht die Frage, warum das Deutsche derart aus dem Rahmen fällt. Sie stellt sich umso mehr, als das Faktum häufig nicht einfach festgestellt, sondern gleichzeitig mit harten Worten bewertet wird.

Wo es um Fremdwörterbücher geht, spricht Peter von Polenz nicht zuerst von der deutschen Sprache, sondern von Deutschland: „Deutschland ist das Land der Fremdwörterbücher, nicht etwa, weil es im Deutschen mehr ‚Fremdwörter' gäbe als in anderen modernen Kultursprachen", sondern weil „in der traditionellen germanistischen Lexikographie … (z.B. im Grimmschen, Trübnerschen oder alten Paulschen Wörterbuch) ‚Fremdwörter' und sogar sehr übliche Lehnwörter, Fachwörter, politische Wörter weitgehend ausgeklammert und den *Fremdwörterbüchern* überlassen wurden." (1967a: 71 und 1999: 273). Danach sind die Gründe für das Entstehen einer extensiven Fremdwortlexikographie externer Natur, das Sprachliche selbst gibt keine Gründe ab.

Als der spätere Suhrkamp-Lektor und Verleger Walter Boehlich in den fünfziger und sechziger Jahren des vergangenen Jahrhunderts über eine grundlegende Kritik am Grimmschen Wörterbuch – vor allem seiner Stichwort- und Belegauswahl – die zeitgenössische Germanistik attackiert, kommt er in einem Artikel mit dem Titel ‚Säkularfeier oder Säkulartrauer' in der Zeitschrift ‚Merkur' (1952, H. 53, 782) zu folgender Feststellung: „Für die Deutschen scheint das Fremdwort nicht der eigenen Sache anzugehören, und kein Wörterbuch außer Weigands belehrt uns über Herkunft, Bedeutung, Gebrauch und Aufnahme von Fremdwörtern. Wir haben uns eigene Fremdwörterbücher schaffen müssen, von denen das maßgebliche auch nicht fertig geworden ist. Das ist eine der unglücklichsten Folgen von Grimms romantischem Denken" (Kirkness 1980; Böhm 2011). Mit dem „maßgeblichen" ist das seinerzeit unvollendete Deutsche Fremdwörterbuch gemeint, der zweite Bezug betrifft Weigand 1909/1910. Auch Boehlich sieht keinen echten Bedarf an Fremdwörterbüchern, sondern ein politisch begründetes Versagen der germanistischen Lexikographie, die Fremdwörter ausschließe. Was den Grimm betrifft, irrt er allerdings. Es gibt keine verlässlichen Zahlen über deren Anteil, und dieser schwankt während der Entstehungszeit des Wörterbuchs. Die Grimms selbst gehören aber zu denen, die von Beginn an Fremdwörter in größerer Zahl gebucht haben.

Wer sich davon überzeugen möchte, schlage am besten den mageren Buchstaben C auf, der zwangsläufig überwiegend fremde Lemmata enthält, oder lese den Abschnitt ‚Die Cäsur' in Günther Grass' Liebeserklärung an Grimms Wörter (Göttingen 2010). Dort heißt es (106): „Alle Buchstaben darben, besonders der dritte, dem Jacob, der vielen Fremdwörter aus französischer Erblast wegen, nur widerstrebend Zuneigung zeigt. Aber Verdeutschungen, etwa Bande für Clique, nennt er ‚unzulänglich'." Weiter wird Jacob Grimm selbst zitiert mit „das wörterbuch kann nicht die unzahl aller mit C anlautenden ausländischen wörter sammeln wollen, woran auch gar nichts läge …" Was dennoch in den Grimm aufgenommen wurde, verbietet jede Behauptung, Fremdwörter seien generell nicht gebucht worden.

Unter unmittelbarem Bezug auf Sprachliches ist ebenfalls Wörterbuchkritik möglich. So spricht Munske (2001: 7) vom „Getto der Fremdwörterbücher", in denen Fremdwörter der Isolierung anheimfallen. Munske sieht das Deutsche wortgrammatisch als Mischsprache an. Damit kann er der Fremdwortbildung ihren besonderen Platz in der Morphologie des gegenwärtigen, nicht jedoch des zukünftigen Deutschen zuweisen. In der Konsequenz führt das zu der schon in Abschnitt 1.1 zitierten Auffassung, die Tage der Fremdwortbildung als Morphologie des Fremden seien gezählt: „Bald wird die Unterscheidung von Erbwort, Lehnwort und Fremdwort nur noch eine lexikographische Reminiszenz sein." (2001: 27).

Kaum ein Bildungsbürger verteidigt die Fremdwörterbücher, auch die populäre, publizistische Sprachkritik tut es selten, schon weil sie sich nach gutdeutscher Manier über alles ‚typisch Deutsche' erhebt. Je nach Argumentationsbedarf nimmt man die Fremdwörterbücher als Anzeichen für mangelnde Bildung und Weltläufigkeit, für Abschottung und Provinzialismus, für Angst oder Kotau vor dem Fremden in Anspruch. Von Karl Kraus über Kurt Tucholsky bis zu Hans Magnus Enzensberger (Andreas Thalmayr) und Dieter E. Zimmer lassen sich direkt oder indirekt unzutreffende oder abfällige Äußerungen über Fremdwörterbücher zusammenstellen.

Einen anderen Weg geht in dieser Frage Herbert Ernst Wiegand, z.B. in seinem Aufsatz ‚Fremdwörterbücher und Sprachwirklichkeit' (2001). Wiegand macht geltend, es gebe Fremdwörterbücher erst seit Prägung des Kompositums *Fremdwort* (1816, 3.2.1): Von der Sache her geht das seiner Auffassung nach mit dem Ende des 18. Jhdts. aufkommenden Fremdwortpurismus zusammen. Der führe zu einem Bruch in der Geschichte der deutschen Lexikographie, die Vereinnahmung älterer Werke als Fremdwörterbücher übertrage negative Konnotationen von *Fremdwort* auf solche Bücher. Tatsächlich waren die älteren meist ‚Wörterbücher schwerer fremder Wörter', wobei *fremd* bei Wiegand allerdings unexpliziert bleibt und jedenfalls nicht wie im vorliegenden Buch als ‚strukturell fremd' zu verstehen ist. Als neutralen Begriff schlägt er *Sprachkontaktwörterbuch* vor. Für die Zeit nach 1816 könne die Bezeichnung *Fremdwörterbuch* im Einklang mit der üblichen Selbstbezeichnung beibehalten werden, nur wäre deutlich zu machen, ob ein puristischer Hintergrund vorliegt oder nicht. Wiegands Ansatz ist überzeugend. Nicht ganz klar wird lediglich, welche Eigenschaften ein Buch zum Fremdwörterbuch machen. Selbstbezeichnung ist ja nicht hinreichend.

Als charakteristisch für ein Fremdwörterbuch gilt im Folgenden der Lemmabestand: Ein Wörterbuch gehört dazu, wenn seine Lemmata ausschließlich oder weit überwiegend fremde Wörter sind. Wie gewohnt geht es dabei nicht in erster Linie um entlehnte Wörter, sondern um fremde ohne Rücksicht auf ihre Herkunft. Und es geht ausdrücklich nicht um Kernwörter fremden Ursprungs. Diese Abgrenzung entspricht gängiger Praxis in der Fremdwortlexikographie. Gebucht werden in aller Regel fremde Wörter.

Der Frage, wie es zur Häufung von Fremdwörterbüchern für das Deutsche kommt, gehen wir in zwei Schritten nach. Der erste beschreibt den gegenwärtigen Bestand an Wörterbüchern, der zweite den Weg zur heutigen Situation. Im Mittelpunkt stehen Zielsetzungen und Aufbau von Wörterbüchern, weniger die Mikrostruktur von Wortartikeln. Diese kommt mit verschiedenen Beispielen in den Abschnitten 3.2 und 3.3 zur Sprache.

Fremdwörterbücher zum gegenwärtigen Deutschen

Unter den derzeit verfügbaren stehen die allgemein erklärenden Fremdwörterbücher mittleren Umfangs nach Zahl und Verbreitung im Mittelpunkt (Einige führen nicht *Wörterbuch*, sondern *Lexikon* im Titel). Repräsentativ sind Wahrig 2004 und Duden 2007a. Sie gehören innerhalb ihrer eigenen Buchreihen wie absolut zu den eher häufig benutzten Wörterbüchern und stehen in Konkurrenz zu mindestens einem Dutzend vergleichbarer anderer, unter ihnen beispielsweise Mackensen 1988, Hellwig 1991 und Hollander 1990. Ein solches Werk hat zwischen 20.000 und 60.000 Einträge, ‚Das große Fremdwörterbuch' (Duden 2007b) schreibt sich 85.000 Einträge zu. Was solche Zahlen bedeuten, lässt sich am Vergleich mit den Rechtschreibwörterbüchern ermessen, die dem allgemeinen Gebrauch dienen sollen und mit etwa 130.000 Einträgen aufwarten. Leider ist nicht bekannt, wie hoch ihr Anteil an Fremdwörtern ist, Zählungen gibt es vor allem zu den Anglizismen (s.u.) und zu einzelnen Alphabetstrecken von Bedeutungswörterbüchern (3.1). Im Übrigen ist man auf Schätzungen angewiesen (2.7). Als marginal kann der Fremdwortanteil jedenfalls nicht gelten. Lexikographisch fällt der Unterschied zwischen Rechtschreib- und Fremdwörterbuch sofort ins Auge. Trotz allen Ausbaus zum umfassend informierenden ‚Volkswörterbuch' (Sauer 1988, s.u.) bleibt die Rechtschreibung nahe an einer Wörterliste, während das Fremdwörterbuch Wortartikel enthält.

Im Kern haben wir es bei den genannten Werken mit Bedeutungswörterbüchern zu tun. Ihr Hauptzweck besteht darin, dem Benutzter Wortbedeutung und Wortgebrauch vor Augen zu führen, letzteren durch Angaben zur Aussprache und Grammatik, zu orthographischen Varianten, Aktualität und Sprachvarietät. Darüber hinaus enthalten so gut wie alle Fremdwörterbücher Angaben zur Herkunft des Wortes oder seiner Bestandteile. Die Notwendigkeit von Angaben über morphologische Bestandteile folgt schon daraus, dass auch Fremdwortbildungen verzeichnet sind. Der Lemmabestand ist an der Allgemeinsprache orientiert. Man möchte möglichst viel von dem verzeichnen, was ein Sprecher beim Gebrauch des geschriebenen Standarddeutschen suchen könnte.

Was er sucht, dient zunächst der Information und damit der Erweiterung des passiven Wortschatzes. Empfehlungen zum Gebrauch oder Nichtgebrauch bestimmter Wörter werden nur gelegentlich ausgesprochen. Wo sie erscheinen, betreffen sie wie bei allgemeinen Wörterbüchern etwa die Veraltetheit (*Meublement* veraltet ‚Zimmer-, Wohnungseinrichtung'), regionale Bindung (*Coiffeur* bes. schweiz.) oder Wertungen (*Konkubine* abwertend ‚Geliebte', Beispiele nach Duden 1997). Der aktive Wortschatz des Benutzers kann sich selbstverständlich verändern, primäres Ziel bleibt jedoch das Verstehen von Wörtern. Das ist anders bei Verdeutschungswörterbüchern (s.u.). Mit dieser Konzeption befindet sich das gängige Fremdwörterbuch im Schnittpunkt mehrerer anderer Typen von Wörterbüchern, vor allem der folgenden.

Allgemeine einsprachige Wörterbücher wie Paul 2002 (mit starker historischer Komponente), Wahrig 2006 oder Duden 2007c sind ebenfalls in erster Linie Bedeutungswörterbücher und erneut ist wenig darüber bekannt, wie weit sich ihr Bestand an Lemmata mit dem von Fremdwörterbüchern überschneidet. Bei einem Gesamtumfang derselben Größenordnung enthält das Fremdwörterbuch jedenfalls einen spezielleren Wortbestand und kommt damit vor allem in die Nähe von Fachwörterbüchern. Gerade weil die Durchlässigkeit des Gemeinwortschatzes zu bestimmten Fachwortschätzen erheblich ist, wird erwartet, dass ein Teil davon in den Fremdwörterbüchern erscheint.

Fachwörterbücher spielen für eine Sprache wie das Deutsche vor allem wegen der starken internationalen Verflechtung in sehr unterschiedlichen Bereichen eine Rolle. Zweisprachige Fachwörterbücher sind Legion, aber auch die Menge der einsprachigen, auf die es in unserem Zusammenhang vor allem ankommt, sind nach Umfang und Fachgebiet kaum zu übersehen.

Ganz grob und unter Vernachlässigung einiger Ausnahmen gilt als Faustregel, dass ein Fachwortschatz umso mehr Fremdwörter enthält, je systematischer er ausgebaut wird. Extremfälle stellen Disziplinen wie die Organische Chemie oder die Physiologie mit ihren Internationalismen dar (die allerdings nur zum Teil als Fremdwörter von Einzelsprachen anzusehen sind, 3.1). Für die Fremdwörterbücher stellt sich das Problem der Auswahl nach Gebrauchsfrequenz in der Allgemeinsprache einerseits und Systematizität des Lemmabestandes andererseits (Opitz 1990: 1626). Die einfache und scheinbar logische Vorstellung, „den gemeinsprachlichen Wortschatz als zentralen Wortbestand in einem Sprachwörterbuch darzustellen und diesem die verschiedenen Fachdisziplinen zuzuordnen, da Fachwörter am adäquatesten im terminologischen System ihres Fachgebietes dargestellt werden" (Kempcke 1989: 842), entspricht nicht lexikographischer Praxis. Vielmehr wird erwartet, dass allgemeine wie Fremdwörterbücher einerseits Fachwortschätze zugänglich machen, andererseits aber für den Nichtfachmann verständlich bleiben.

Etymologische Wörterbücher möchten bei den Herkunftsangaben das gesamte sprachliche Umfeld in seiner historischen Tiefe erfassen, das mit einem Wort verbunden ist. Es finden sich Bedeutungsangaben für das Gegenwartsdeutsche sowie Angaben über Form und Bedeutung in älteren Sprachstufen und verwandten Sprachen. Wiegand (1990: 2193) nennt ein Dutzend etymologische Wörterbücher des Deutschen, die nach 1945 erschienen sind (Pfeifer 1989 ist noch nicht darunter). Weitere Kandidaten sieht er in Werken, die man auch als Lehnwörterbücher bezeichnen könne. Die Nähe zum Fremdwörterbuch wird auch an der Geschichte des Klassikers ‚Kluge' deutlich. Bis zur 21. Auflage 1975 enthielt das Buch kaum Fremdwörter und wenig über Entlehnungswege (ein Beispiel dazu in 2.1). Beides hat sich seit der 22. Auflage 1989 geändert und gilt erst recht für Kluge 2002, ebenso natürlich für Pfeifer 1989. Und es gilt auch für die Neubearbeitung der Buchstabenstrecke A bis F des Grimmschen Wörterbuchs, die bis zum Jahr 2012 abgeschlossen sein soll (s.u.). Gängige etymologische Wörterbücher haben zwischen 8.000 und etwa 12.000 Einträge, Wahrig 2009a spricht von 11.000 Artikeln zu mehr als 20.000 Begriffen.

Neologismenwörterbücher stellen für das Deutsche einen jungen Typ von Wörterbuch dar, für andere Sprachen gibt es sie seit langem. Sie enthalten Neuprägungen eines bestimmten Zeitraums nahe vor dem Datum der Veröffentlichung. Ziel ist die Erfassung des lexikalischen Wandels, d.h. sie möchten Wörter vor ihrer Aufnahme in allgemeine Wörterbücher sichtbar machen. Als Neologismus kann ein neues Wort (Form und Bedeutung) oder eine neue Bedeutung bei vorhandener Form angesehen werden (Herberg 2001: 92; Steffens 2010). Fremdheit des Wortkörpers spielt als Buchungskriterium keine Rolle, alle Neologismenwörterbücher berücksichtigen Kern- wie Fremdwörter. Der Anteil an Fremdwörtern ist aber hoch. Größter Wert wird auf Ermittlung der Herkunft gelegt, Quasthoff 2007 macht zudem Angaben zur Vorkommenshäufigkeit im Erhebungszeitraum. Vorhandene

Wörterbücher orientieren sich ausdrücklich am Allgemeinwortschatz. Die Zahl der Wortartikel ist noch einmal um eine Größenordnung geringer als bei den etymologischen Wörterbüchern. Herberg u.a. 2004 enthält unter 900, Quasthoff 2007 unter 3.000 Artikel.

Alles zusammengenommen lässt erwarten, dass gängige Fremdwörterbücher wenig Einträge enthalten, die man nicht auch in anderen Wörterbüchern finden kann. Aber selbst wenn es sich aus Spezialwörterbüchern kompilieren lässt, bedient das Fremdwörterbuch mit seiner charakteristischen Auswahl von Lemmata einen spezifischen Informationsbedarf. Es hat wenig Sinn, darüber zu streiten, ob ein solcher Bedarf das Erscheinen von Fremdwörterbüchern rechtfertigt. Alle Typen von Wörterbüchern stützen sich gegenseitig. Wie wenig es für den Benutzer besagt, dass bestimmte Wörter sowohl im Rechtschreib- als auch im Fremdwörterbuch erscheinen, zeigt ein Vergleich von Einträgen im Rechtschreibwörterbuch Duden 2007a und Fremdwörterbuch Duden 2003 (Angaben zur Aussprache und Silbentrennung wurden weggelassen).

(1) Wörterbucheinträge für und um *dement*

a. Rechtschreibwörterbuch

dement <lat.> (Med. an Demenz leidend)
dementgegen (dagegen)
Dementi, das; -s, -s <lat.> (offizieller Widerruf, Berichtigung)
Dementia, die; –, …tiae <lat.> (*svw.* Demenz)
dementieren <lat.> (widerrufen; für unwahr erklären)
dementsprechend; er war müde und dementsprechend ungehalten; *aber* eine dem [Gesagten] entsprechende Antwort
Demenz, die; –, -en <lat.> (Med. krankheitsbedingter Abbau der Leistungsfähigkeit des Gehirns)
demenziell, dementiell

b. Fremdwörterbuch

dement <aus *lat.* demens, Gen. dementis „unvernünftig"): an Demenz leidend (Med.). **Dementi** *das;* -s, -s <aus gleichbed. *fr.* démenti zu démentir, vgl. dementieren>: offizielle Berichtigung od. Widerruf einer Behauptung. **Dementia** *die;* –, …tiae <aus *lat.* dementia „Geistesschwäche">: svw. Demenz. **Dementia praecox** *die;* – <zu *lat.* praecox „frühzeitig (auftretend)">: Jugendirrsinn (Med.). **Dementia senilis** *die;* – – <zu *lat.* senilis „greisenhaft, altersschwach">: alterbedingter Intelligenzdefekt, Altersschwachsinn (Med.). **dementieren** <aus *fr.* démentir „für falsch erklären, bestreiten" zu dé „von – weg" u. mentir „lügen", dies aus gleichbed. *lat.*

mentiri>: eine Behauptung od. Nachricht offiziell berichtigen od. widerrufen. **Demenz** *die;* –, en <aus *lat.* dementia „Geistesschwäche“ zu ↑de… u. mens „Verstand, Geist“>: erworbener Schwachsinn, auf organischen Hirnschädigungen beruhende dauernde Geistesschwäche.

Die Wörterliste des Rechtschreibwörterbuchs dient dem schnellen Auffinden von Grundformen durch mechanisch strikte alphabetische Ordnung. Morphologische und semantische Vernetzung findet statt, bleibt aber beschränkt und kann, wenn überhaupt, nur mit einem Gang durch den Lemmabestand ermittelt werden.

Das Fremdwörterbuch fasst die Wortfamilie unter **einem** Lemma zusammen und zeigt schon damit, welche Wörter historisch verwandt sind. Weiter präzisiert wird das mit den etymologischen Angaben zu einzelnen Wörtern, so dass der Leser versteht, wie es zur Wortfamilie kommt. Dieser Unterschied zum Rechtschreibwörterbuch ist von wesentlich größerem Gewicht als das Vorkommen einzelner Wörter. Im Beispiel enthält das Rechtschreibwörterbuch sogar ein Wort exklusiv, nämlich *demenziell.* Dem Benutzer des Fremdwörterbuchs dürfte es aber nicht schwerfallen, die Bedeutung dieses Wortes aus dem Gesamteintrag unter *dement* zu ermitteln.

Wie weit der Benutzer im Mittelpunkt steht, wird gerade im Anschluss an das verstärkte Aufkommen von Neologismenwörterbüchern deutlich (zur Benutzerforschung zusammenfassend Engelberg/Lemnitzer 2009: 82ff.). Man sollte nicht an Druckerzeugnissen vorbeisehen, die im weiteren Sinn dazugehören, sich aber nicht dem Wortschatz der Gemeinsprache widmen, ihn auf die Schippe nehmen oder in besonderer Weise auf ihn zugreifen (s.a. Glück 2004). Dazu gehören einmal Verdeutscher von Anglizismen (Bartzsch u.a. 2003, Junker 2009; 3.3), dazu gehören Loskant 1998 und Lemnitzer 2007 mit der angeschlossenen, im Netz zugänglichen ‚Wortwarte‘, die täglich einen Neologismus aus einem Riesenkorpus extrahiert. Dazu gehören außerdem – ohne jeden Anspruch auf Vollständigkeit oder auch nur Repräsentativität – Bücher wie die folgenden.

Roland Kaehlbrandt (1999) erläutert 300 Wörter, unter ihnen viele Fremdwörter, für den Gebrauch unserer mehr oder weniger neuen Eliten, die auch sprachlich den Ton angeben (möchten). Ernst Röhl (o.J. [2000]) nimmt sich in einer Mischung aus Wortlisten für den „politischen Mindestwortschatz der Jahrtausendwende“ und Essays zur „wiederverzweinigten Muttersprache“ das große deutsche Blabla zu Herzen. Walter Krämer (2000) bringt etwa 1000 Wörter „Denglisch für everybody“ mit Aussicht auf das allgemeine Sprachverhalten der Deutschen im Jahr 2022. Mit etwa 700 Artikeln beschreibt das ‚Wörterbuch der Szenesprachen‘ (Trendbüro 2009) einen Worthaufen, der „den gesellschaftlichen Veränderungen und technologischen Anforderungen" folgt. Aus ihm entsteht „die Strömung, die uns alle mitreißt und nach vorne treibt." Wie gesagt, dies sind nur wenige Beispiele, es gibt zahlreiche weitere Konvolute zur Jugend-, Szene-, Handy-, Chat- oder Managersprache, die gespickt sind mit fremden Wörtern und zeigen, was bestimmte Sprechergruppen vom Wortschatz anderer Sprechergruppen halten.

Ebenfalls ein spezielles Publikum sprechen Fremdwörterbücher mit wissenschaftlicher Zielsetzung an, unter denen gegenwärtig zwei herausragen, nämlich das Deutsche Fremdwörterbuch (s.u.) und das Anglizismenwörterbuch (Carstensen/Busse 1993–1996).

Der Veröffentlichung des Anglizismenwörterbuchs waren umfangreiche Untersuchungen über den Einfluss des amerikanischen und britischen Englischen auf das Deutsche nach 1945 vorausgegangen (2.2). Innerhalb des Anglizismendiskurses mit seinen Aufgeregtheiten stellt es einen ruhenden Pol dar, im Lemmabestand nicht mehr ganz aktuell, aber allseits anerkannt und von unschätzbarem Wert für ein Verständnis des jüngeren Sprachkontakts zum Englischen.

Das dreibändige Wörterbuch ermittelt den Bestand an Anglizismen über ein Korpus geschriebener Texte (Paderborner Korpus), dessen Basis 90.000 Belege aus Pressepublikationen sind, die ab 1962 in den deutschsprachigen Ländern gesammelt und mit anderen Korpora (Duden, IDS) abgeglichen und über sie vermehrt wurden. Vertreten wird einerseits ein weiter Begriff von Anglizismus, der nicht nur direkte Entlehnungen, sondern auch Fremdwortbildungen und das innere Lehngut wie Lehnübersetzungen und Lehnschöpfungen umfasst (Kirkness/Woolford 2002). Damit ist klargestellt, dass Anglizismen Wörter des Deutschen mit einem speziellen Verhältnis zum Englischen sind. Das Wörterbuch behandelt einen bestimmten Wortschatz im Verhältnis zweier Sprachen, ist aber kein zweisprachiges Wörterbuch. Das wird auch in der Artikelstruktur deutlich. Einem Anglizismus werden seine Bedeutungen im Deutschen zugeschrieben. Liegt Bedeutungsgleichheit mit einem englischen Wort vor, dann erscheint dies im Wortartikel als Synonym und nicht als die ‚eigentliche Bedeutung' des Anglizismus.

Mit der Aufnahme des inneren Lehnguts sind weitreichende Recherchen über Entlehnungswege vom Englischen ins Deutsche erforderlich, die nicht immer zu eindeutigen Ergebnissen führen. Das wird mit repräsentiert. Darüber hinaus gehende Etymologien sind nicht aufgenommen, es interessiert der Kontakt zum Englischen.

Trotz des weiten Begriffs sind längst nicht alle Anglizismen gebucht, die das Korpus enthält. Die Autoren schätzen den Anteil auf etwa 50%. Nicht aufgenommen ist alles, was nachweislich vor 1945 vorhanden war und seitdem seine Bedeutung nicht wesentlich verändert hat, nicht aufgenommen sind außerdem Exotismen, Warennamen, Zitat- und Fachwörter. Im Mittelpunkt steht die geschriebene Standardsprache. Aufschlussreich ist die Stichprobe zum Verhältnis anderer Wörterbücher, die an etwa 100 Wörtern mit *sh* am Anfang (*Shadowing, Shag, Shake, Shampoo …*) erhoben wird. Die meisten Anglizismen der ausgewählten Alphabetstrecke sind im Duden Fremdwörterbuch verzeichnet (nämlich 63, 5. Aufl. 1990), gefolgt vom sechsbändigen Brockhaus/Wahrig (53) und dem damals ebenfalls sechsbändigen ‚Großen Wörterbuch der deutschen Sprache' des Duden (52). Fast mit Abstand am wenigsten (10) enthält das ‚Wörterbuch der deutschen Gegenwartssprache' aus der DDR, mit dem im Übrigen Wörterbuchgeschichte für das Deutsche geschrieben wurde (Klappenbach/Steinitz 1961–1977).

Etwas gewagt, aber in der Größenordnung durchaus möglich ist ein Bezug auf die Auszählungen zum Anglizismenbestand im Rechtschreibduden, die für die Auflagen von 1880 bis 1986 durchgeführt worden sind (Busse 1993). Die Stichprobe ergibt für den Mannheimer Rechtschreibduden von 1986 (19. Aufl.) die Zahl von 40 Anglizismen. Der Anteil solcher Wörter am Gesamtbestand dieser Auflage beträgt 3.746, das sind 3,46% der Lemmata. Danach müsste das Anglizismenwörterbuch etwa 1.500 Einträge haben. Tatsächlich sind es insgesamt 3.500, von denen aber etwa ein Drittel das ‚innere Lehngut' und ein weiteres Drittel entlehnte Komposita betrifft. Die Hochrechnung auf den Rechtschreibduden könnte durchaus realistisch sein. Diese etwa 1,5% des Rechtschreibwortschatzes sind im Anglizismenwörterbuch außergewöhnlich gut beschrieben. Der Bestand an Anglizismen mag sich rasch ändern, die Entlehnungsverhältnisse sind aber viel stabiler. Deshalb dürfte das singuläre Wörterbuch seine Bedeutung noch eine Weile behalten.

Von Campe bis Mackensen

So vielfältig die Fremdwörterbücher für das Gegenwartsdeutsche sind, so wenig kann man dem entnehmen, warum Deutsch zur Sprache solcher Wörterbücher wurde. Wir erinnern zunächst daran, dass der Typus bis zum Ende des Zweiten Weltkrieges ganz anders aussah als heute und bis dahin einer Tradition verpflichtet war, die man in wichtigen Hinsichten auf Joachim Heinrich Campe zurückführen kann.

Campes zweibändiges Fremdwörterbuch erschien zum ersten Mal im Jahr 1801 und als ‚Neue starkvermehrte und durchgängig verbesserte Ausgabe' 1813, beide Male in Braunschweig mit der doppelten programmatischen Ausrichtung ‚Erklärung und Verdeutschung' im Titel (3.3). In den

Jahren 1807–1809 war bereits eine um einen dritten, soweit ersichtlich nicht von Campe selbst besorgten Band erweiterte Ausgabe in Graz erschienen.

Eine Präzisierung der Aufgabe, die Campe seinem Fremdwörterbuch zuschreibt, geht aus den Untertiteln und der Chronologie von Wörterbuchpublikationen um die Wende des 18. zum 19. Jhdt. hervor. Die Ausgabe von 1801 trägt den Untertitel ‚Ein Ergänzungsband zu Adelung's Wörterbuche'. Die Ergänzung bezieht sich auf die zweite Auflage des lexikographisch epochemachenden vierbändigen Wörterbuchs von Johann Christoph Adelung aus den Jahren 1793 bis 1801, das Campe nicht etwa in Absprache mit dem Kollegen, sondern in kritischer Absicht ergänzt. Der ‚Adelung' enthält zahlreiche Fremdwörter, aber sie werden ähnlich behandelt wie alle anderen Wörter auch. Campe möchte sie verdeutschen. Seine Kritik geht jedoch darüber hinaus und führt dazu, dass er von 1807 bis 1811 selbst ein umfassendes Wörterbuch veröffentlicht und die zweite Auflage seines Fremdwörterbuchs im Jahr 1813 mit dem Untertitel ‚Ein Ergänzungsband zu Adelung's und Campe's Wörterbüchern' versieht.

Das Verhältnis der beiden monumentalen Werke ist ausführlich beschrieben worden (z.B. Schiewe 1998; Wiegand 1998; Haß-Zumkehr 2001). Ein wichtiger Unterschied besteht darin, dass Campe seinen Begriff von Hochdeutsch als Leitvarietät nicht wie Adelung auf den Gebrauch des Deutschen in den feineren Kreisen der „südlichen Chursächsischen Lande" als dem Zentrum der Gelehrsamkeit, „Deutschlands Athen und Toscana", gründet. Seine Datenbasis ist in dieser Hinsicht breiter, die Orientierung am Sprachgebrauch – was die Leitvarietät betrifft – ausgeprägter. Adelungs Konzept war der Aufklärung, Campes der Volksaufklärung verpflichtet (3.2.2, 3.3). Man kann das an verschiedenen Eigenschaften der beiden Wörterbücher zeigen, von der Anzahl der Lemmata (55.000 vs. 141.000) bis zur Belegauswahl, der Behandlung etymologischer Fakten und dem verwendeten Bedeutungsbegriff. Für unseren Zusammenhang ist von Bedeutung, dass Campe die Erklärung von Fremdwörtern und ihre Verdeutschung als Einheit behandelt. Der Beschreibung des Gebrauchs wird die Absicht zur Veränderung des Gebrauchs aber nicht lediglich gleichgestellt, sondern übergeordnet. Trotzdem bleibt es für Campe dabei: Man muss die Sprache verstehen können, wie sie ist, und erst recht muss man das verstehen, was man verdeutschen möchte.

Einer über dreihundert Jahre langen Wörterbuchtradition gibt Campe eine neue Richtung. Die ältere ist im Prinzip Teil eines Bemühens, das Deutsche in bestimmten Gebrauchsdomänen gegen andere Sprachen durchzusetzen, vor allem gegen das Lateinische und das Französische. Dieser Prozess war zur Zeit von Campes Wirken abgeschlossen. Es ging nicht in erster Linie um ein reines und leistungsfähiges Deutsch, das sich mit solchen Eigenschaften als würdig und geeignet zu erweisen hätte, andere Sprachen im Gebrauch abzulösen. Die Ablösung war erfolgt, Sprachreinheit nicht ihre Voraussetzung gewesen. Tendenziell führte das zur Verabsolutierung der Fremdwortfrage und zum Beginn des eigentlichen Fremdwortpurismus (3.2).

Die direkte und indirekte Wirkung von Campes Fremdwörterbuch ist so vielfältig wie nachhaltig und beruht zuerst auf Umfang und Qualität der lexikographischen Information (Beispiele in 3.3). Kirkness (1990: 1172) charakterisiert es lakonisch als „ein umfassendes, von Zeitgenossen und Nachfolgern eifrig abgeschriebenes Verdeutschungswörterbuch, das Epoche und Schule machte."

Was Inhalt und Umfang von Fremdwörterbüchern betrifft, hatte Campe in zweierlei Hinsicht langfristige Wirkung. Sie betrifft einmal die Trennung des Fremdwortschatzes vom Rest und zweitens die explizite, praktisch verwirklichte und mit dem Wörterbuch verbreitete Unterscheidung von Erklärung und Verdeutschung.

Die Herauslösung des Fremdwortschatzes bei Campe wird allgemein als Geburtsstunde des eigentlichen deutschen Fremdwörterbuchs angesehen und löst, wie die oben zitierten Aussagen zeigen, bis heute Unbehagen aus. Ihre lexikographische Wirkung ist mächtig und reicht über das gesamte 19. Jhdt. hinweg bis zum größten Wörterbuchprojekt überhaupt, dem Grimmschen Wörterbuch im Verhältnis zum Deutschen Fremdwörterbuch (1913–1988). Letzteres wurde im Jahr 1909 von Hans Schulz begründet. Das 1854 mit dem berühmten Ersten Band A – Biermolke gestartete Grimmsche Wörterbuch war mit Band 16 (1905) bis zum Stichwort *Sprechen* gediehen. Eine lange Strecke war noch zurückzulegen, und bei allen Änderungen, die man seit Band 1 vorgenommen hatte, war der Anteil an Fremdwörtern nach verbreiteter Auffassung zu gering. In diesem Sinn wurde das neue Unternehmen auch als Ergänzung zum Grimm gerechtfertigt.

Die Arbeit am Fremdwörterbuch wurde nach Schulz' Tod von Otto Basler fortgesetzt, blieb im Zweiten Weltkrieg beim Buchstaben Q stecken und kam erst nach Gründung des Instituts für Deutsche Sprache Mannheim wieder in Gang. Die letzte Alphabetstrecke war 1983 zurückgelegt, der fulminante Registerband erschien im Jahr 1988. Schon bald danach begann eine vollständige Neubearbeitung (Deutsches Fremdwörterbuch 1995–2008). Gegenwärtig hat man den Buchstaben H erreicht und niemand sollte Wetten auf den Abschluss der Arbeiten riskieren. Das Deutsche einschließlich der Gegenwartssprache hätte dann ein Fremdwörterbuch, das an Ausführlichkeit der Artikel von keinem allgemeinen Wörterbuch der Gegenwartssprache erreicht wird. Das würde sogar dann gelten, wenn die Neubearbeitung der Buchstaben A bis F des Grimm (das ist der Teil, für den die Grimms selbst verantwortlich sind) von den Arbeitsstellen in Berlin und Göttingen tatsächlich demnächst abgeschlossen werden kann. Denn der Grimm wäre mit seinen weit über hundert Jahre alten Bestandteilen lexikographisch von anderer Natur als Basler/Schulz und nach wie vor viel weniger auf die Gegenwartssprache gerichtet.

Möglicherweise kann diese etwas schwierige Situation für ein großes einsprachiges Wörterbuch des Deutschen am ehesten durch elektronische Wörterbücher überwunden werden. Zu nennen ist etwa das Digitale Wörterbuch der Berlin-Brandeburgischen Akademie der Wissenschaften (www.dwds.de). Für ein sehr viel größeres Publikum entwickelt sich vielleicht eine Enzyklopädie wie die von Wikipedia dazu. Sie könnte sogar darüber hinausgehen und sprachliche mit enzyklopädischer Information vereinen. Eine Reihe von Wortartikeln wird schon jetzt lexikographischen Standards gerecht, nur entbehrt die Stichwortauswahl ebenso wie die Ausarbeitung vieler vorhandener Stichwörter bisher der Systematisierung. So viel zu Campes Wirkung, erster Teil.

Mit der Formulierung ‚Erklärung und Verdeutschung' im Titel legt sich Campe auf ein lexikographisches Programm fest, das ebenfalls langfristig gewirkt hat, sei es als Vorbild oder durch Abgrenzung. Der politisch denkende Pädagoge wollte die Sprache breiten Schichten der Bevölkerung zugänglich machen, die Sprache, wie sie war. Gleichzeitig bemühte sich der politisch denkende Aufklärer, die Sprache in den Dienst politischer Ziele im Sinne des französischen Vorbildes zu stellen. Als Ganzes verfolgte das Programm in seiner Umfassendheit Ziele, die schwer vereinbar waren. Trotzdem hat es eine Reihe weiterer Wörterbücher dieser Art gegeben, die sich teilweise ebenfalls durch hohe Qualität auszeichnen, z.B. das von Johann Christian August Heyse. Zuerst 1804 erschienen, war es enzyklopädisch ausgerichtet, nahm für sich eine systematische Erfassung des Wortschatzes in Anspruch, hatte einen erheblichen Anteil von Fachwörtern und lieferte zu jedem Stichwort zahlreiche Informationen. Mit 68.000 Stichwörtern kann es ohne weiteres mit modernen Wörterbüchern konkurrieren. Was das Verhältnis von Erklärung und Verdeutschung betrifft, blieb es eher unentschieden. Heute liegt ein Nachdruck der Auflage von 1922 vor. (Zum Folgenden findet sich eine instruktive Darstellung in Sauter 2000, auf die wir uns teilweise stützen.)

Viel häufiger war aber der Fall, dass Erklärung und Verdeutschung voneinander getrennt wurden. Die Alternative Verdeutschungswörterbuch hatte ihre große Zeit nach der Reichsgründung 1871. Unter Dutzenden von

Werken finden sich alle nur denkbaren Umfänge, Zielsetzungen und Qualitäten. Zu den bekanntesten gehören die von Hermann Dunger, Daniel Sanders, Otto Sarrazin, Oskar Kresse und Eduard Engel.

Hermann Dunger (1882–1989) war Begründer des ersten (des Dresdner) Zweigvereins des Allgemeinen Deutschen Sprachvereins ADSV, „ein als Fremdwortverdeutscher gemäßigter, sachkundiger Germanistikprofessor." (Polenz 1999: 272). Vielleicht hat er sich deshalb schon früh ausdrücklich auch gegen die „Engländerei in der deutschen Sprache" gewandt. Sein schmaler Band mit weniger als 6.000 Lemmata aus dem Jahr 1882 setzt vor allem auch die Arbeit staatlicher Stellen um, d.h. er enthält bereits vorliegende und zum großen Teil durchgesetzte Verdeutschungen.

Daniel Sanders darf mit Fug als Ausnahmeerscheinung unter den Lexikographen des 19. Jhdts. bezeichnet werden (Hass-Zumkehr 1995; 2001). 1852 wurde die jüdische Schule in Altstrelitz (Mecklenburg) wegen politischer Unbotmäßigkeit ihres Lehrers Sanders vom Landesvater geschlossen, der Lehrer verlor seine Anstellung. Unter ausdrücklicher, öffentlich vorgetragener Kritik an den Grimms veröffentlichte Sanders in den Jahren 1860 bis 1865 sein dreibändiges allgemeines Wörterbuch. Dessen historische Tiefe reichte bewusst nur bis Luther, Bedeutungserklärungen waren einfach und am Sprachgebrauch des Bürgertums orientiert, für die Belegauswahl spielte die deutsche Klassik eine bedeutende Rolle, Fremdwörter berücksichtigt Sanders nach dem Grad ihrer Integration. Das Wörterbuch mit über 200.000 Stichwörtern (das sind mehrere Dutzend pro Tag!) war in Konkurrenz zum Grimm ein Erfolg, schon weil es nach wenigen Jahren vollständig vorlag. Sanders hat eine große Zahl weiterer Wörterbücher geschrieben, darunter ein zweibändiges Fremdwörterbuch (1871) mit Erklärungen zu einem riesigen Fremdwortschatz, weiter sogar ein Verdeutschungswörterbuch (1884). So realisiert er das gesamte Campesche Programm in Einzelwerken. Vom galoppierenden Nationalismus seiner Zeit hat er sich nicht einfangen lassen. Das Verdeutschungswörterbuch soll nur entbehrliche Fremdwörter enthalten, das sind solche, für die man einen vollgültigen, anerkannten Ersatz findet. Adressat ist nicht jedermann, sondern ein Sprecher, der die Verdeutschung sucht. Sanders reagiert auf den Zeitgeist, unterwirft sich aber nicht.

Otto Sarrazin adressiert mit seinem Verdeutschungs-Wörterbuch mittleren Umfangs aus dem Jahr 1886 ein gebildetes Publikum und liefert deshalb kaum weitere Informationen zum Lemma. Sein Leser weiß, was gemeint ist. Sarrazin sucht das jeweils passende deutsche Wort und versteht sich nicht als Wortschöpfer, sondern als Sammler und Vermittler. Wo es keine überzeugende Verdeutschung gibt, bleibt das Fremdwort stehen.

Wie unterschiedlich Verdeutschungswörterbücher ihren Gegenstand anfassen, lässt sich gut am Vergleich von Kresse 1915 und Engel 1918 zeigen. Kresses Buch mit etwa 9.000 Lemmata trägt den Titel ‚Verdeutschung entbehrlicher Fremdwörter', was aber nicht viel besagt. Für ihn sind alle Fremdwörter aus dem einfachen Grund entbehrlich, dass das Deutsche seiner Meinung nach allen Sprachen der Erde überlegen ist. Was die Verdeutschung betrifft, ist Kresse kurz und bündig. Es hat für ihn keinen Sinn, lange über treffende Bedeutungen zu grübeln. Jedes verdeutschte Wort ist besser als ein Fremdwort. Im zweiten Kriegsjahr trifft Kresses handliches Buch den Nerv der Zeit, seine Auflage beträgt bis 1920 nicht weniger als 240.000 Exemplare.

Eduard Engel kommt später, fast schon am Ende des Krieges. Er gibt zu Protokoll, dass er sich lange gegen dieses Buch gewehrt habe, weil es viel Lebenszeit mit öder Arbeit an einer Unsprache erfordere. Aber die deutsche Pflicht siegt. Daraus folgt für ihn allerdings, dass die Deutschen ihrerseits pflichtgemäß gehalten sind, das Buch auch zu benutzen (Sauter 2000: 237). Es erreicht bis 1929 fünf Auflagen mit 45.000 Exemplaren, zuletzt unter Fortlassung des Obertitels ‚Entwelschung'.

Engel bemüht sich, seine Lemmaauswahl an der Gebrauchshäufigkeit zu orientieren, eben weil sein Buch praktisch werden soll. Das gelingt trotz der vergleichsweise geringen Zahl von 8.000 Stichwörtern nicht, denn er bleibt dabei, wie ihm wohl bewusst ist, auf sein subjektives Urteil angewiesen. Ein anderer Grund kommt aber hinzu. Engel kennt sich im deutschen Wortschatz sehr gut aus und will mit der Verdeutschung auch zeigen, welche „Überfülle des Deutschen" bei der Entwelschung zur Verfügung steht. Das mag einem gebildeten Publikum – mit dem er rechnet – entgegenkommen, verhindert aber natürlich eine breite Rezeption. Engel vergreift sich auch in den Varietäten, er bringt durchaus dialektale und umgangssprachliche Vorschläge und kann gelegentlich nicht verhindern, dass er sich etwa an französischen und nicht an Fremdwortbedeutungen orientiert. Das alles liegt Kresse vollkommen fern, wie man am Vergleich schon ganz weniger Einträge erkennt (Die Verdeutschungen sind dort in Fraktur gesetzt. Engels Markierung *C* verweist auf Verdeutschungen von Campe).

(2) Oskar Kresse und Eduard Engel

a. aus Kresse 1915, 14f.
definieren bestimmen, auseinandersetzen
Defizit Fehlbetrag, Ausfall
degenerieren entarten
Degout Ekel, Widerwille
Deklamation Vortrag

b. aus Engel 1918, 77f.
definieren (18. J.): bestimmen, -schreiben. – s. explizieren
Defizit (18 J.): Fehlbetrag, Verlust, Einbuße, Mangel, Minderwert, Riß (für den R. stehen), Unterschuß, ungedeckt … – s. Defekt, Manko
degenerieren (Schlagwort Ende 19. J.): ausarten, ent-, aus der Art schlagen, verwildern, auf dem absteigenden (-sterbenden) Ast, verkommen, herunter-, verkümmern, -mißquiemen; (Luther, Ap. 2, 40): unschlächtig
Degout: Ekel, Abscheu, Widerwille, Überdruß, Maßleid, (schwäbisch), Verleiden. – s. Aversion
Deklamation: Vortrag, Kunst-, Gedicht-, Vortragskunst, Lese- (C), Kunstlesen (C), -rede, Feier-; Prunkgerede, Hohlrederei, Pauke, Wortschwall (C). – s. Rezitation, Tirade

Engels Wörterbuch wurde nach dem Zweiten Weltkrieg ausgerechnet von Lutz Mackensen, einem der Mitbegründer der GfdS von der alten Garde des DSV, noch einmal bearbeitet und herausgegeben. „Mackensen hing klar der These an, dass Rasse und Sprache in enger Verbindung stünden. Er befindet sich damit auf der Seite derer, die Engels Unglück verursacht haben." (Sauter 2000: 341; zur Person und Arbeitsweise von Mackensen weiter Henne 2010). Die wesentlich veränderte, d.h. erweiterte und gereinigte Neubearbeitung erschien im Jahr 1955, wurde danach aber wohl aus politischen Opportunitätserwägungen eingestellt. Mackensen brachte später sein eigenes Fremdwörterbuch heraus. Wie andere hat er viel von Engel abgeschrieben, ohne die Quelle zu nennen. Die Tradition des alten Verdeutschungswörterbuchs überlebte sich allmählich, trotz der hohen Auflagen von Textor (zuletzt 2008). Was heute an Vorschlägen zur Verdeutschung von Anglizismen vorliegt, hat mit dieser Tradition nicht viel zu tun.

Resümee

Die Fremdwortlexikographie des Deutschen ist von ihrem Entstehen bis zur Zeit nach dem Zweiten Weltkrieg in hohem Maß von politischen Zielsetzungen geprägt und in diesem Sinn extern motiviert. Selbstverständlich ist eine Bewertung dieses Tatbestandes begründbar und ebenso begründbar bleibt eine Bewertung der je spezifischen politischen Ziele. Campe ist in dieser Hinsicht nicht dasselbe wie Kresse, Heyse nicht dasselbe wie Engel. Die Tatsache, dass es im Deutschen so viele Fremdwörterbücher gegeben hat und noch gibt, ist allerdings nicht über den Leisten eines Vergleichs mit Sprachen wie Englisch oder Französisch zu schlagen. Im Deutschen haben insbesondere die traditionellen Fremdwörter einen anderen Status als in diesen Sprachen, einen Status, der es erlaubt, sie sprachwissenschaftlich begründet auf dem Hintergrund des Kernwortschatzes zu erfassen und zu beschreiben. Gerade weil die Beschreibung nur auf dem Hintergrund der Wortgrammatik des Kernwortschatzes gelingen kann, muss sie nicht zur Stigmatisierung von Fremdwörtern führen.

4. Aussprache

Die Aussprache von Fremdwörtern hält manche Schwierigkeiten und Überraschungen bereit. Das fängt schon bei einfachen Wörtern wie *Jazz* oder *Chance* an. Bei etwas abgelegeneren wie *Oinochoe* oder *Cheléen* hat der Normalsprecher Mühe, sich überhaupt eine sinnvolle Aussprache zusammenzureimen. Auf [ʔɔinɔ'ço:ə] (‚Kleine altgriechische Weinkanne mit Henkel') und [ʃɛ'leɛ̃] (‚Kulturstufe der frühen Altsteinzeit, nach dem frz. Ort Chelles') wird er nicht unbedingt kommen. Und ist in den Nachrichten ein Wort wie [tʃɔ:l'mu:gʀaʔøl] zu hören, dann hat er ebenso große Mühe, sich seine geschriebene Form als *Chaulmoograöl* (‚Samenöl des ind. Baumes Hydnocarpus kurzii, als Mittel gegen Lepra verwendet') vorzustellen. Zugänglich ist zunächst nicht viel mehr als eine ziemlich undeutliche Folge von Silben. Der Durchschnittssprecher wird kaum riskieren, ein solches Wort nach dem ersten Hören selbst zu verwenden, und zwar nicht einmal dann, wenn er weiß, was es bedeutet. Die Lautstruktur mancher Fremdwörter ist uns fremd bis zur partiellen Undurchdringlichkeit. Dasselbe gilt für das Verhältnis von geschriebener und gesprochener Form vieler Fremdwörter.

Für die Beschreibung der Lautstruktur legen wir eine deutliche, ausartikulierte Einzelwortaussprache zugrunde, die man als Explizitlautung bezeichnet hat. Dabei sind alle vorkommenden Laute zu hören, nichts wird vollständig verschluckt. Insbesondere bleibt außer Betracht, was an Verschleifungen und Reduzierungen in fortlaufender Rede und bei schnellem Sprechen auftreten kann. Was die Lautform betrifft, wird für Wörter des Kernwortschatzes im Allgemeinen die Standardlautung zugrunde gelegt, d.h. die im deutschen Sprachgebiet überregional gültige Aussprache. Wie diese im Einzelnen aussieht und wo sie tatsächlich gilt, ist teilweise umstritten. Wir stützen uns auf gängige Aussprachewörterbücher wie Siebs 1969; Duden 2005; Krech u.a. Hg. 1967 und mit seiner Neubearbeitung Krech u.a. 2009; außerdem auf einiges, was in andern Wörterbüchern als Aussprache angegeben wird. Dazu gehören Fremdwörterbücher ebenso wie zweisprachige Wörterbücher Englisch – Deutsch, Italienisch – Deutsch usw. Wenn Uneinigkeit über die Aussprache besteht, wird den Gründen dafür nachgegangen.

Lautformen sind konsequent in der Schreibweise des Internationalen Phonetischen Alphabets (IPA 1999; letztes verwendetes Schema aus dem Jahr 2005) notiert. Diese Schreibweise berücksichtigt nicht alle hörbaren Lauteigenschaften. Sie ist aber so genau, dass man weiß, wie sich ein Wort anhören soll. Aus systematischer Perspektive ist die Schreibwiese von IPA teilweise phonologisch, teilweise phonetisch. Mit *phonologisch* ist eine Beschreibung der Laute gemeint, die nur funktional bedeutsame Eigenschaften berücksichtigt, mit *phonetisch* eine Beschreibung der tatsächlich hörbaren, wiederkehrenden Lautgestalt (Bußmann 2002; Glück 2005; Wort: 40ff.). Wir brauchen diesen für die theoretische Fundierung der Lautlehre wichtigen Unterschied an dieser Stelle nicht im Einzelnen zu besprechen, noch müssen wir ihn im weiteren Text durchgängig berücksichtigen. Wo er von Bedeutung ist, wird er an Ort und Stelle erläutert.

Phonetische und phonologische Begriffe werden dort erklärt, wo sie zum ersten Mal im Text als Termini auftauchen. Natürlich wäre es systematisch am bequemsten, von einer allgemeinen Lautlehre über eine systematische Darstellung der Phonologie des Deutschen zu den lautlichen Besonderheiten der Fremdwörter voranzuschreiten. Praktisch ist das hier wie für andere Teile der Wortgrammatik ausgeschlossen. Stattdessen soll ein notwendiges Minimum verständlich dargestellt werden.

Im Zentrum steht die Frage, warum viele Wörter für einen normalen Sprecher des Deutschen fremd klingen und manchmal schwer auszusprechen sind. Abschnitt 4.1.1 zeigt in einer Übersicht, was dabei mindestens zu berücksichtigen ist, und liefert mit einer konzentrierten Zusammenfassung der Lautlehre des Kernwortschatzes die Vergleichsgröße für Fremdheit. Abschnitt 4.1.2 beleuchtet außerdem, welche Schwierigkeiten bei der spontanen Aussprache von Fremdwörtern auftreten und wie man versucht, sie zu umgehen. In den Abschnitten 4.2 bis 4.4 geht es dann um Charakteristika der Aussprache von Anglizismen, Gallizismen und traditionellen Fremdwörtern, zu den Italianismen Schmöe 1998: 101ff.; Krech u.a. 2009: 156ff.

Eine wichtige Voraussetzung für das Folgende ist, dass nicht eine Aussprachenorm für Fremdwörter etabliert wird. Das Ziel besteht vielmehr darin, so weit wie möglich und so weit wie bekannt die tatsächliche Aussprache von Fremdwörtern und deren Schwierigkeiten zu erfassen.

4.1 Lautliche Fremdheit

4.1.1 Laut, Silbe, Akzent

Lautliche Fremdheit kann jede Art von Einheit und jeden Typ von Merkmal betreffen, die in der Lautstruktur des Kernwortschatzes eine Rolle spielen. Beginnen wir mit dem Lautinventar selbst.

Native und fremde Laute

Sprachlaute als die kleinsten segmentalen Einheiten der lautlichen Form von Wörtern sind im Kernwortschatz auf ein festes Inventar beschränkt. Ein Lautinventar, das so oder so ähnlich für viele Zwecke geeignet ist und weite Verbreitung gefunden hat, arbeitet mit ungefähr 40 Lauten, von denen gut die Hälfte Konsonanten (1) und knapp die Hälfte Vokale (2) sind (Wiese 1996; Hall 2000; Wort: 89ff.).

(1) Konsonanten des Kernwortschatzes

a. Konsonantschema

		labial		koronal		dorsal		glottal
		stl	sth	stl	sth	stl	sth	
obstruent	plosiv	p	b	t	d	k	g	ʔ
	frikativ	f	v	s/ʃ	z	ç/x	ʝ	h
sonorant	nasal	m		n		ŋ		
	oral			l		ʀ		

b. Beispiele

[p] *Punkt*, [b], *bunt*, [t] *Turm*, [d] *Dorf*, [g] *gern*, [f] *faul*, [v] *Wand*, [s] *List*, [ʃ] *Schuh*, [z] *Sohn*, [ç] *dicht*, [x] *wach*, [ʝ] *jung*, [m] *Mut*, [n] *Not*, [ŋ] *Ring*, [l] *Licht*, [ʀ] *Riss*

Falls der Leser mit dem Konsonantinventar nicht vertraut ist, sollte er die Beispiele bewusst artikulieren und einige weitere Beispiele suchen, um sich die den Lauten zugeschriebenen artikulatorische Merkmale einsichtig zu machen. Nützlich ist auch, ein Schema der Artikulationsorgane zur Hand zu haben.

Alle Konsonanten werden mit einer Enge oder einem Verschluss im Mund- und Rachenraum gebildet, das unterscheidet sie artikulatorisch von den Vokalen. Die wichtigste Unterscheidung innerhalb der Gesamtklasse von Konsonanten ist die in Obstruenten und Sonoranten. Obstruenten weisen ein Schlag- oder Zischgeräusch auf, Sonoranten haben immer Stimmton. Ein Sonorant ohne Stimmton, etwa ein tonloses [m̥], ist im Allgemeinen nicht hörbar oder nicht erkennbar. Die meisten Obstruenten treten dagegen paarweise als stimmhafte und stimmlose Laute auf, z.B. [p – b], [s – z] usw. oder es gibt das stimmhafte Element gar nicht wie beim [h].

Innerhalb der Obstruenten sind die Plosive (Verschluss mit plötzlicher Öffnung, Schlaggeräusch) von den Frikativen (Zisch- oder Reibelaute) zu unterscheiden. Beide Klassen werden nach dem artikulierenden Organ von vorn nach hinten geordnet (labial, Unterlippe; koronal, Zungenkranz; dorsal, Zungenrücken; glottal, Kehlkopf). Bei den Frikativen sind zwei Positionen doppelt besetzt, nämlich das [s/ʃ] wie in *Mars/Marsch* und das [ç/x] wie in *ich/ach*. Je nachdem, wo das artikulierende Organ am Oberkiefer einen Verschluss oder eine Enge bildet, ergeben sich Laute mit der Bezeichnung labiodental (Unterlippe und obere Zahnreihe wie beim [f]), alveolar (z.B. Zungenkranz am Zahndamm, den Alveolen wie beim [t]), palatal (z.B. Zungenrücken am harten Gaumen, dem Palatum wie beim [j̥]) oder velar (z.B. Zungenrücken am weichen Gaumen, dem Velum wie beim [k]).

Die Sonoranten werden danach klassifiziert, ob der Luftstrom durch die Nase geht (nasal) oder durch den Mund (oral). Das Symbol [ʀ] steht für das hintere, das sog. Rachen-*r*, das als die Standardvariante des *r* im Deutschen angesehen wird. Gelegentlich wird an seiner Stelle das phonetisch ähnliche [ʁ] angesetzt, das ist ein stimmhafter hinterer Frikativ.

Am umstrittensten im Konsonantinventar ist der Status des glottalen Verschlusslautes [ʔ] (auch Knacklaut oder Glottal Stop). Er erscheint nicht in der Schrift und kann nur auftreten, wenn einem Vokal innerhalb der Silbe kein anderer Konsonant vorausgeht wie in [ʔaxt] (*acht*) oder [bɛʔaxtən] (*beachten*). Umstritten ist auch der Status der sog. Affrikaten wie [t͡s] in [t͡sɑːn] (*Zahn*). Häufig wird die Ansicht vertreten, es handele sich dabei um **ein** Lautsegment und nicht um zwei. Auch [p͡f] (*Pferd*) und [t͡ʃ] (*Matsch*) gelten manchmal als Affrikaten. Wir werden jeweils deutlich machen, ob wir eine solche Konsonantfolge als Affrikate werten.

Anders strukturiert ist das Vokalinventar. Wir arbeiten mit 15 Voll- und zwei Reduktionsvokalen. Vollvokale sind betonbar, sie können Kerne von Vollsilben (s.u.) sein. Die meisten Vollvokale lassen sich zu Paaren gemäß 2 ordnen.

(2) Vokale Kernwortschatz
a. Vollvokalschema

	vorn		hinten
	unger	ger	
geschlossen	iː/ɪ	yː/ʏ	uː/ʊ
halbgeschlossen	eː/ɛ	øː/œ	oː/ɔ
offen	ɛː		ɑː/a

b. Beispiele
[iː] *sie*, [ɪ] *dich*, [yː] *wüst*, [ʏ] *hübsch*, [uː] *Hut*, [ʊ] *Hund*, [eː] *stets*, [ɛ] *Helm*, [øː] *schön*, [œ] *Mönch*, [oː] *Not*, [ɔ] *Korn*, [ɛː] *Bär*, [ɑː] *Schaf*, [a] *Land*

Die artikulatorischen Merkmale in 2a beziehen sich einmal auf die Zungenstellung (Zunge weiter vorn oder hinten, man spricht auch von Frontierung, sowie Zunge weiter gehoben oder gesenkt, man spricht auch von geschlossen und offen). Zum Zweiten beziehen sie sich auf die Lippenrundung. So ist [i] ein vorderer, geschlossener, ungerundeter und [y] ein vorderer, geschlossener, gerundeter Vokal. Alle hinteren Vokale wie das [u] und das [ɔ] sind gerundet, das Merkmal wird hier – ähnlich wie Stimmhaftigkeit bei den Sonoranten – nicht eigens vermerkt. Bei den offenen Vokalen wie dem [ɛː] und dem [ɑ] spielt Rundung artikulatorisch keine Rolle, d.h. sie sind weder gerundet noch ungerundet.

Die Unterscheidung der Elemente eines Paares von Vollvokalen erfolgt in der Literatur meistens mithilfe der Begriffe gespannt und ungespannt, wobei wir jeweils den gespannten vor dem ungespannten notieren. Der gespannte Vokal wird mit mehr Aufwand artikuliert, d.h. die Zunge macht eine größere Bewegung aus der Ruhelage als beim entsprechenden ungespannten. In einfachen Wörtern des Kernwortschatzes sind gespannte Vokale in der Regel betont und lang, z.B. in [ʀɑːt] (*Rat*) oder [pɑːtə] (*Pate*), ungespannte sind dagegen betont und kurz, z.B. in [mat] (*matt*) oder [matə] (*Matte*). Eine Darstellung, die Länge **und** Gespanntheit markiert, ist für den Kernwortschatz redundant. Wir werden trotzdem häufig das Längenzeichen verwenden und gespannte Langvokale als [iː], [eː] usw. notieren, weil damit der Bezug zur Aussprache von Fremdwörtern leichter darstellbar ist. In vielen Fremdwörtern sind Länge und Gespanntheit gerade nicht aneinander gebunden.

Das paarweise Auftreten von gespanntem und ungespanntem Vokal gilt an einer Stelle des Schemas 2a nicht: dem ungespannten [ɛ] entspricht als gespannter Vokal sowohl [eː] als auch [ɛː]. Wir haben einerseits Paare wie *Beet – Bett* mit [eː – ɛ] und andererseits solche wie *Hähne – Henne* mit [ɛː – ɛ]. Wie der hier als [ɛː] notierte Laut von wem unter welchen Bedingungen tatsächlich ausgesprochen wird, ist umstritten. Wir brauchen uns in dieser Frage wiederum nicht festzulegen.

Neben den Vollvokalen hat das Deutsche mindestens einen Reduktionsvokal, das sog. Schwa [ə], auch Murmelvokal genannt. Schwa ist nicht betonbar, d.h. sein Auftreten ist von größter Bedeutung für die Wortprosodie. Typischerweise tritt es in offener Letztsilbe (‚Ultima') auf wie in *Pate, Matte* oder vor Sonorant (*Spaten, Atem, Igel*). Schwa ist auch der einzige Vokal, der in Flexionsendungen vorkommen kann (*Tische, grünes, legtest*). Als zweiter Vokal in Reduktionssilben wird [ɐ] angesetzt. Die Lautfolge [əʀ] der Explizitlautung (langsame, deutliche Einzelwortartikulation) wird allgemein als [ɐ] gesprochen, z.B. [bʀuːdɐ] (*Bruder*), [mʊntɐ] (*munter*). Wie viele Phonologien verwenden wir [ɐ] zur Darstellung dieses Typs von Reduktionssilbe.

Fremdwörter können nun Laute enthalten, die im gerade vorgestellten Inventar nicht vorkommen. Ob der Sprecher sie verwendet oder nicht, ist für den Eindruck von Fremdheit gleichgültig. Beispielsweise kommt es vor, dass der anlautende Konsonant in Anglizismen vom Typ 3a nicht wie das [l] in *Licht, Los* oder *Luft*, sondern als [ɫ] wie im amerikanischen Englisch gesprochen wird. Im Unterschied zum [l] ist das [ɫ] ein Frikativ, d.h. bei diesem Laut kann der Luftstrom nicht zu beiden Seiten der Zunge frei passieren, sondern die Zunge bildet am Oberkiefer (harter Gaumen, Palatum) eine Enge.

Ein palatalisiertes [ɫ] dieser Art gibt es wohl in einigen deutschen Dialekten (Rheinland, Mecklenburg), nicht aber in der Standardlautung. Bezogen auf den Standard kann es als eine fremde Variante des [l] angesehen werden. Es ist vorgeschlagen worden, solche fremden Lautvarianten und auch selbständige fremde Laute Xenophone zu nennen (z.B. Eklund/Lindström 2001). Gegen diesen Begriff ist nichts einzuwenden, solange nicht der Eindruck entsteht, Xenophone seien allein für die Fremdheit von Lautstrukturen verantwortlich. Wir werden gleich sehen, warum das nicht der Fall ist.

Xenophone können im Allgemeinen integriert werden. Das Beispiel zeigt bereits, warum man sich eine Integration nicht einfach als Übergang von der amerikanischen Lautung zur Lautung des deutschen Kernsystems vorstellen darf. So wird man kaum jemanden finden, der etwa *Lift* mit [ɫ] ausspricht. Bei *Lifestyle* ist das schon anders, weil dieses Wort noch viele andere fremde Merkmale hat. Es kann sogar vorkommen, dass jemand bei solchen Wörtern vom [l] zum [ɫ] übergeht und damit eine lautliche Desintegration vollzieht.

Wir werden auf diese Bewegungen hin zum und weg vom Kernsystem mehrfach zu sprechen kommen.

(3) Lautliche Fremdheit
  a. *Laptop, Leggings, light, Lifestyle, Lift, live, Lounge, Looping, Loft, Lunch*
  b. *Migrant, Mihrab, Mikrobe, Miliz, Mimese, Minister, Minute, Misere*

Von anderer Art ist die lautliche Fremdheit, die bei zumindest einigen der Wörter in 3b auftritt. Alle diese Wörter sind auf der zweiten Silbe betont und haben als Silbenkern der ersten Silbe einen unbetonten *i*-Laut. Die Art der Betonung, d.h. ein ‚Auftakt' oder Jambus, ist im Kernsystem ganz verbreitet, beispielsweise in Formen wie *beliebt, verliebt, geliebt.* Allerdings besteht die erste Silbe bei diesen Wörtern aus einem Präfix (*be, ver, ge*), während bei den Wörtern in 3b wahrscheinlich ein Vokal des Wortstammes in der unbetonten Position steht.

Die meisten Wörter in 3b werden wir intuitiv als Latinismen oder Gräzismen ansehen, einige vielleicht eher als Gallizismen (*Misere*) und *Mihrab* bestimmt weder als das eine noch als das andere. Ein Mihrab, gesprochen ungefähr [mɪxˈʀɑːp], ist eine Gebetsnische an der Seite einer Moschee, die in Richtung Mekka schaut. Für den Sprecher des Deutschen hat dieses Wort wie die übrigen in 3b kein Präfix, sondern einen unbetonten Stammvokal in der ersten Silbe. Deshalb besteht eine Unsicherheit bei der Aussprache des Vokals: ist er gespannt oder ungespannt? Man hört etwa [miˈgʀant] neben [mɪˈgʀant], aller Wahrscheinlichkeit nach auch [mixˈʀɑːp] neben [mɪxˈʀɑːp]. Beide, das gespannte [i] und das ungespannte [ɪ] kommen im Kernwortschatz vor. Gespanntheit ist dort aber im Allgemeinen distinktiv (*Miete – Mitte, bieten – bitten*), bei Fremdwörtern wie zumindest einigen in 3b dagegen nicht. ,

Neutralisierung von Gespanntheit kommt in Abschnitt 4.2 genauer zur Sprache. Im Augenblick soll demonstriert werden, wie ein Wort lautlich auch dann fremd sein kann, wenn es keine fremden Laute enthält. In der jeweils ersten Silbe der Wörter in 3b ist nicht der Laut fremd, sondern die Neutralisierung der Gespanntheitsopposition.

Native und fremde Silben

Lautliche Fremdheit kann nun weiter dadurch hervorgerufen werden, dass die Lautkombinatorik den Restriktionen der Kerngrammatik nicht entspricht. Nur bestimmte Lautfolgen kommen im Kernwortschatz vor, die anderen sind fremd. Als artikulatorische und auditive Grundeinheit der Lautkombinatorik fungiert die Silbe. In ihrer Struktur spiegelt sich die Öffnungs- und Schließbewegung beim Sprechen sowie die Folge von klingenden (stimmhaften) und reinen Geräuschlauten beim Hören. Innerhalb der Silbe kann nicht jeder Laut in Kombination mit jedem anderen gleichgut artikuliert oder auditiv diskriminiert werden. Alle Sprachen folgen in ihrem Silbenbau gewissen sehr allgemeinen kombinatorischen Beschränkungen, die im sog. Allgemeinen Silbenbaugesetz niedergelegt sind. Es besagt, dass die Schallfülle oder Sonorität ebenso wie der Öffnungsgrad der Laute vom Beginn der Silbe zum Kern (einem Vokal) zu- und dann wieder abnimmt. Jede Sprache hat darüber hinaus noch ihre speziellen Beschränkungen (zum Deutschen Vennemann 1982; Butt 1992). Einige, die charakteristisch für das Deutsche sind, demonstriert 4.

(4) Vollsilben Kernsystem
- a. [ʃtʀʊmpf] Strumpf
- b. [ʃplɪnt] Splint
- c. [pʀʊŋk] Prunk
- d. [flʊxt] Flucht
- e. [pʊŋkt] Punkt
- f. [vʊʀm] Wurm
- g. [ʔalm] Alm
- h. [ʔɛʀnst] ernst
- i. [bʀai] Brei
- j. [tseː] Zeh
- k. [floː] Floh

Der Einsilber des Kernwortschatzes besteht lautlich aus genau einer Vollsilbe mit maximal drei Bestandteilen, nämlich dem Anfangsrand (auch Onset), dem Vollvokal als Kern (Nukleus) und dem Endrand (Koda). Kern und Endrand bilden gemeinsam den Silbenreim. Die beiden ersten Bestandteile sind immer vorhanden: Jede solche Silbe hat einen nichtleeren Anfangsrand und einen vokalischen Kern. Der Endrand kann dagegen leer sein wie in 4j,k. Man spricht dann von einer offenen Silbe. Der Anfangsrand hat mindestens einen, häufig zwei und höchstens drei Konsonanten. Dreikonsonantige Anfangsränder beginnen mit [ʃ] (4a,b). Ein wichtiger Prototyp des zweikonsonantigen Anfangsrands besteht aus einem Obstruenten gefolgt von einem Sonoranten, z.B. 4c,d,i,k. Aber nicht alle solche Kombinationen sind im Deutschen Kernsystem möglich, z.B. nicht [fm] und [vl].

Nach der Struktur des Silbenkerns unterscheidet man im Kernwortschatz (beide Verwendungen des Wortbestandteils *kern/Kern* haben nichts miteinander zu tun) scharf geschnittene von sanft geschnittenen Silben. Eine scharf geschnittene Silbe tritt z.B. im Zweisilber des Typs 5a mit betontem Kurzvokal in der ersten Silbe auf. Die Lautform [kaṇə] (*Kanne*) hat genau einen Konsonanten zwischen den beiden Vokalen, und dieser Konsonant gehört zur scharf geschnittenen ersten Silbe, aber er gehört auch zur zweiten. Er verbindet beide Silben und heißt deshalb ambisilbischer Konsonant oder Silbengelenk. In der Notation wird das dadurch deutlich gemacht, dass der Punkt, der die Silbengrenze bezeichnet, unter dem Konsonanten steht.

(5) Silbenschnitt
  a. *Kanne, Keller, Killer, Koffer, Kutte*
  b. *Kate, Käfer, Kehle, Kiefer, Kohle, Kuhle*

Anders liegen die Verhältnisse beim sanften Schnitt. Einmal kann der Kern aus einem betonten Langvokal bestehen wie in 4j,k und 5b. Der Vokal klingt in der Silbe aus. Zum Zweiten kann ein Diphthong vorhanden sein. Ein Diphthong (‚Doppellaut', 4i) besteht im Kernsystem aus einem offenen oder halboffenen gefolgt von einem geschlossenen Vokal: [bʀai] *Brei*, [bau] *Bau*, [hɔi] *Heu*. Sein erster Bestandteil bildet den Kern, während der zweite schon zur Schließbewegung und damit zum Endrand gehört. Man kann dieses Verständnis von Diphthong in der Transkription deutlich machen, indem unter dem jeweils zweiten Vokal ein tiefgestellter Haken erscheint, der diesen Vokal als nichtsilbisch markiert: [bʀai̯], [bau̯], [hɔi̯]. Es handelt sich dabei eigentlich um eine funktionale Kennzeichnung, die besagt, dass nur der erste Bestandteil des Diphthongs als echter Vokal im Sinne eines Silbenkerns fungiert. Über die wahre Natur der Diphthonge ist auch in anderer Hinsicht viel spekuliert worden, etwa mit dem Vorschlag, die drei schließenden Diphthonge des Kernsystems zu vereinheitlichen, indem man für sie alle das [a] als ersten Bestandteil ansetzt.

Ein Charakteristikum des Endrandes von Silben in Kernwörtern ist, dass er keine stimmhaften Obstruenten aufweist. Der letzte Konsonant des Wortes *Sarg* ist ein [k] genau so wie der letzte Konsonant des Wortes *Quark*. Und der letzte Konsonant des Wortes *bald* ist ein [t] genau so wie der letzte Konsonant des Wortes *kalt*. Man spricht meist davon, dass ein im Mehrsilber vorhandener stimmhafter Obstruent wie ein [g] (*Sarges*), ein [d] (*baldig*) usw. zu seinem stimmlosen Gegenstück [k], [t] usw. ‚verhärtet' wird (Auslautverhärtung). Auslautverhärtung ist also der Grund dafür, dass im Endrand von Silben des Kernwortschatzes keine stimmhaften Obstruenten vorkommen.

Als ein einfaches Beispiel für fremde Lautfolgen und damit fremde Silben betrachten wir die Abfolge von stimmlosem Frikativ und stimmlosem Plosiv, wenn sie gemeinsam den Anfangsrand einer Vollsilbe bilden. Im Kernwortschatz gibt es zahlreiche solcher Silben mit [ʃt] und [ʃp] wie in *Stein*,

Stumpf, Span, Spiel. Die Folge [sk] ist dagegen offenbar auf Fremdwörter beschränkt. 6 listet die gängigsten Substantive mit diesem Anfangsrand.

(6) Anfangsrand [sk]
Skai, Skala, Skalp, Skandal, Skarabäus, Skat, Skater, Skelett, Skepsis, Skinhead, Skizze, Skonto, Skorpion, Skulptur, Skunk, Skurilität, Skylab

Das Sprachgefühl sagt uns, dass die Wörter in 6 alle oder so gut wie alle Fremdwörter sind. Einige haben mehrere fremde Eigenschaften, etwa eine fremde Endung (*us, ett, is, ion, ität* usw.), eine fremde Schreibweise wie das *zz* in *Skizze* oder ein fremdes Verhältnis von Lautung und Schreibung wie die Anglizismen *Skater, Skinhead, Skylab.* Alle haben außerdem die anlautende Konsonantfolge [sk] und es hat den Anschein, als reiche sie allein aus, um ein Wort lautlich zum Fremdwort zu machen. Denn mindestens *Skat* und *Skunk* haben keine weiteren fremden Lautmerkmale. Bis auf den Anfangsrand stimmen sie lautlich vollkommen mit Kernwörtern wie *Rat, Schrat, Grat, Tat* und *Funk, Prunk, Trunk, Strunk* überein.

Das Beispiel zeigt zweierlei. Laute wie [s] und [k], die im Kernwortschatz gut vertreten und alles andere als fremd sind, können eine fremde Lautverbindung bilden. Und eine solche Lautverbindung muss weder selten noch auf einen bestimmten Fremdworttyp beschränkt sein. In 6 finden sich Einsilber wie Mehrsilber mit unterschiedlicher Akzentplatzierung und es finden sich neben Anglizismen auch Gräzismen sowie eine Reihe von Wörtern, die der Normalsprecher keiner bestimmten Geberspache zuordnen kann, die also einfach fremd sind.

Nativer und fremder Wortakzent

Ein wichtiger Indikator für lautliche Fremdheit kann schließlich der Wortakzent sein. Wie wir gesehen haben, sind morphologisch einfache Stämme des Kernwortschatzes in der Regel einsilbig (*Buch, bunt, lauf+en*) oder sie sind zweisilbig mit Akzent auf der ersten Silbe und Reduktionsvokal Schwa in der zweiten Silbe *(Ségel, édel, ségel+n),* d.h. ihre rhythmische Struktur entspricht dem Versfuß Trochäus (1.3). Andere wichtige Fußstrukturen im Kernwortschatz sind der Jambus und der Daktylus. Jambische Formen beginnen mit einer unbetonten Silbe (einem Auftakt), z.B. in *gedéckt, Bedárf, empfíehlst.* Der Daktylus weist eine betonte Silbe auf, der zwei unbetonte folgen wie in *múnteres, régnete, Ábende.* Für solche Formen braucht man keine Akzentregel, die etwa lautet: „Betont wird die erste Silbe“ oder „Betont wird die vorletzte Silbe.“ Es gibt ja nur eine einzige Silbe, die betonbar ist, also den Akzent tragen kann.

Betrachten wir im Vergleich dazu ein Fremdwort wie *Hegemonie.* Fremdwörterbücher enthalten als weitere Wörter mit demselben Stamm die Adjektive *hegemonial* (‚die Hegemonie, Vormachtstellung betreffend') und *hegemonisch* (‚die Hegemonie besitzend') (Wahrig 2000: 351). Jedes der drei Wörter enthält offenbar ein Wortbildungssuffix, wir können sie morphologisch zerlegen wie in 7 (genauer 6.2).

(7) Mehrsilbiger Stamm
Hegemon+íe
hegemon+iál
hegemón+isch

Bei dieser Zerlegung ergibt sich der Wortstamm *hegemon,* transkribierbar als [hegεmon] oder [hegəmon]. Der Stamm enthält keine fremden Silben, d.h. jede seiner drei Silben [he], [gε/gə] und [mon] kommt im Kernwortschatz vor. Wir wissen nicht genau, ob die zweite Silbe den Vollvokal [ε] wie in *Geld, Hemd* oder ob sie Schwa enthält, aber das ist im Augenblick gleichgültig. Beide Lautfolgen kommen als Silben oder Silbenbestandteile im Kernwortschatz vor.

Insgesamt ist der Stamm dennoch fremd. Morphologisch einfache dreisilbige Stämme gibt es im Kernwortschatz nicht oder höchstens als idiomatisierte Residuen einst morphologisch komplexer Formen wie *Holunder* oder *Hornisse.* Solche Wörter sind im Gegenwartsdeutschen strukturell ebenfalls fremd, aber weniger fremd als *hegemon.* Sie haben immerhin einen festen Akzent auf der vorletzten Silbe und folgen damit einem gängigen Akzentmuster des Kernwortschatzes. Dagegen hat *hegemon* lediglich immer einen Nebenakzent auf der ersten Silbe. Der Hauptakzent kann mal auf der letzten Silbe des Stammes liegen (*hègemónisch*) oder er liegt auf dem Suffix, so dass die letzte Stammsilbe unbetont ist *(hègemoniál).* Ein derartiges prosodisches Verhalten findet sich bei großen Klassen fremder Stämme. Das Beispiel zeigt auch, dass der Wortakzent von Fremdwörtern weitgehend morphologisch bestimmt ist. Wir werden ihn deshalb in den jeweiligen Abschnitten zur Morphologie behandeln (z.B. 6.2, 6.4).

Lautliche Integration

So viel zu den lautlichen Eigenschaften, die ein Wort fremd machen können. Auf diese Weise lassen sich charakteristische materielle und strukturelle Merkmale einzelner Fremdwortklassen ermitteln und jeweils Aussagen darüber gewinnen, wie sie sich zum Kernsystem verhalten. Dazu gehören auch Aussagen über Integrationsmöglichkeiten und tatsächlich vorkommende Integrationsschritte. Beim Silbenanfangsrand [sk] beispielsweise scheint es die Möglichkeit einer Veränderung zu [ʃk] zu geben. Man hört gelegentlich [ʃkaːt] (*Skat*), aber auch [ʃkan'daːl] (*Skandal*) oder ['ʃkɪtsə] (*Skizze*). Dieser Integrationsschritt ist als Anpassung an die Konsonantfolgen [ʃt] und [ʃp] des Kernwortschatztes zu deuten. Der Schritt führt aber nicht zur vollständigen Integration ins Kernsystem. Die Konsonantfolge [ʃk] ist ‚weniger fremd' als [sk], aber sie bleibt fremd. Im Kernwortschatz ist sie nicht zu finden.

Mit Aussagen über Integrationswege und Integrationsmöglichkeiten sind für eine Grammatik außerordentliche Schwierigkeiten verbunden, die nirgends so groß sind wie auf der lautlichen Ebene. Hauptgrund ist, dass es wenig verlässliche und hinreichend umfangreiche Daten über das tatsächliche Ausspracheverhalten der Sprecher des Deutschen gibt, die man einer solchen Beschreibung zugrunde legen kann. Dazu kommt, dass die Auswertung und Bewertung vorhandener Daten einen Aufwand erfordert, der nur im Rahmen größerer Projekte erbracht werden kann, wie sie jetzt am Institut für deutsche Sprache Mannheim oder bei der Berlin-Brandenburgischen Akademie der Wissenschaften durchgeführt werden.

Im Anglizismenwörterbuch beispielsweise heißt es dazu, „daß der Grad der Integration englischen Wortmaterials in der Aussprache in Abhängigkeit von Alter, Bildungsgrad, Dialekt und besonders den Englischkenntnissen des individuellen Sprechers sehr unterschiedlich sein kann..." (Carstensen/Busse 1993: 81). Das zeigt erst einmal, wie komplex dieser Varietätenraum ist, hilft aber für eine Fundierung der grammatischen Beschreibung kaum weiter. Das Anglizismenwörterbuch selbst gibt im Allgemeinen Aussprachen wieder, die britischem Englisch recht nahe sind. Es trifft damit sicher nicht die Aussprache von Anglizismen, die wir im Deutschen am häufigsten hören.

Was in Wörterbüchern über die Aussprache von Fremdwörtern mitgeteilt wird, ist vor allem für Latinismen und Gräzismen einigermaßen einheitlich. Angaben zu den übrigen Fremdwörtern sind viel schwankender, inkonsequenter und willkürlicher. In zahlreichen Fällen fragt sich, ob es überhaupt etwas wie eine Standardaussprache gibt und wie sie zu definieren wäre. Krech u.a. 2009 macht große Schritte in dieser Richtung, muss sich jedoch fragen lassen, wie realistisch manche der Ausspracheformen sind. Auf Angaben von Aussprachewörterbüchern wird vor allem in den Abschnitten 4.2 und 4.3 zurückzukommen sein. Trotz aller Schwierigkeiten werden wir einige Aussagen über die Wege lautlicher Integration machen. Das ist schon deshalb nützlich, weil es zwingt, fremde Lauteigenschaften zu denen des Kernsystems ins Verhältnis zu setzen.

4.1.2 Zur Aussprache unbekannter Fremdwörter

Schwierigkeiten mit der Aussprache können durchaus auch bei solchen Fremdwörtern auftreten, die dem Sprecher bekannt sind, die er schon gehört oder gelesen hat und deren Bedeutung er so weit kennt, dass er sie passend verwendet. Um so schwieriger wird es bei manchen Wörtern, die der Sprecher nicht kennt. Was passiert in einer solchen Situation? Welche Mittel stehen zur Verfügung, um sie zu bewältigen? Wir beschreiben im Folgenden ein Problem, das u.E. keine offensichtliche Lösung hat.

Der einfachste Wortbegriff expliziert das lexikalische Wort als Einheit aus Wortform und Wortbedeutung. Dem Sprecher wird ein aktiver Wortgebrauch überhaupt erst möglich, wenn er über die Wortform als gesprochene oder geschriebene verfügt. Die Lautform gesprochener Fremdwörter zu erkennen, ihre Laute, Silben und Prosodie zu identifizieren, kann schwierig sein. Häufiger noch tritt das Problem beim Lesen auf. Man kann sich eine Buchstabenfolge einzuprägen versuchen, aber das wird ohne Kenntnis der Aussprache oder Zuweisung irgendeiner Aussprache häufig nur schwer gelingen. Wie in anderen Zusammenhängen stellen die Eigennamen als Wortklasse einen besonders instruktiven Fall dar, insofern sie die allgemeinen Probleme wie unter der Lupe zeigen.

In Abschnitt 3.1 wird einiges über die Bedeutung von Produktnamen für den Fremdwortschatz ausgeführt, jetzt soll es vor allem um Familiennamen gehen. Sie haben in vielen Sprachen einen ausgezeichneten Status. Beispielsweise sind sie meist länger als andere Simplizia; sie sind insgesamt konservativer als andere Wörter und verändern sich auch dann kaum, wenn man sie nicht mehr versteht; in vielen Sprachen gibt es rechtliche Regelungen für ihre Verwendung und Veränderung. Deshalb blieben sie im Deutschen sogar von der Orthographiereform weitgehend verschont. Wir schreiben noch immer *Haßler, Heßler* und *Hoßbach* (als Familiennamen) nach alter Orthographie, aber *Hass, hässlich* natürlich nach neuer. Namen von Familien sind wegen ihrer besonderen Funktion auch Wörter besonderer Art, auf deren Schreibweise und Aussprache es besonders ankommt (Wimmer 1995; Nübling 2000; zur Forschungslage Stefani/Pepin 2010).

Für die Bundesrepublik Deutschland wird zur Zeit ein auf mehrere Bände ausgelegter Familiennamenatlas erstellt, der nicht nur Herkunft, Verteilung und ursprüngliche Bedeutung, sondern insbesondere auch Phonologie und Orthographie von Familiennamen dokumentieren soll. Im Vorwort zu Band 1 heißt es: „Der sprachliche Sonderstatus der (Familien-)Namen schlägt sich vor allem darin nieder, dass sie sich … oft langsamer und anders entwickelt haben als Appellative" (Kunze/Nübling Hg. 2009: XXXIV). Aber Konsens ist das nicht: „Die Tatsache, dass Eigennamen – ebenso wie Gattungsnamen – formale Veränderungen erfahren können, deutet darauf hin, dass der Gegensatz, der häufig zwischen beiden Kategorien gesehen wird, nicht so sehr auf die unterschiedliche ‚Natur' der Sprachzeichen zurückgeht, sondern vielmehr auf die grammatischen Beschreibungen, die von Forschern vorgelegt werden." (Stefani/Pepin 2010: 13). Angesichts der wissenschaftlichen Bemühungen innerhalb der Namenforschung ist das wohl eine eher abwegige Vermutung (zur Diskussion Gallmann/Neef Hg. 2005).

Festzustehen scheint, dass weder der aufs Standarddeutsche und seine Variation ausgerichtete Deutsche Familiennamenatlas noch die in letzter Zeit ausdrücklich auf gesprochene Sprache zielende Namenforschung die Aussprache von Familiennamen und ihr Verhältnis zur Schreibung realistisch erfasst. Der Familiennamenatlas arbeitet mit einem Korpus von 850.000 Einheiten, das aus über 28 Millionen Festnetzanschlüssen der Telekom des Jahres 2005 gewonnen wurde. Aber er stellt klar: „Da hauptsächlich Beispiele behandelt werden, die möglichst häufig vorkommen, liegt der Schwerpunkt automatisch auf Familiennamen deutscher Herkunft" (Kunze/Nübling Hg. 2009: XXXI). Auch widmet sich die Namenforschung auf breiter Grundlage soziolinguistischen und diskurspragmatischen Gesichtspunkten der Namengebung und Namenverwendung ganz ausdrücklich unter Berücksichtigung der gesprochenen Sprache (Leroy 2010; Schwitalla 2010), nicht aber unter systematischer Berücksichtigung von Ausspracheproblemen.

Zahl und Vielfalt von Familiennamen, mit denen ein Sprecher in einer Zeit zunehmender Internationalisierung konfrontiert wird, wachsen in einem Land wie unserem schnell. Alteingesessene fremde Namen wie *Podolski, Fontane, Chamisso* oder *Andersen* haben eine festliegende Aussprache. Aber schon bei den Schriftstellern Albert Camus und erst recht Jean Paul rümpfen Kenner die Nase, wenn die Familiennamen als [ka'myː] und [pɔːl] ausgesprochen werden. Taucht ein neuer Name in einem Text auf, muss er unter den besonderen Anforderungen an Eigennamen online verarbeitet werden. Jeder hat schon erlebt, wie ein neuer Familienname in Nachrichtensendungen zu Ausspracheproblemen geführt hat und wie eine bestimmte Variante sich erst einmal als verbindlich durchsetzen musste oder durchgesetzt wurde.

Zur Aussprache eines Namens gehört, dass der Sprecher ihn wenn möglich einer Herkunftssprache zuordnet und ihn dann, so gut es geht, nach Vorbildern oder Regeln dieser Sprache mehr oder weniger stark ins Deutsche integriert ausspricht. Die Identifizierung der Herkunftssprache hängt natürlich vom Sprachwissen ab. Allein der Form lässt sich viel entnehmen, wenn man sich etwa folgende Familiennamen von Grammatikautoren vor Augen führt, die auf engem Raum in der 3. Auflage der Bibliographie zur deutschen Grammatik vorkommen (Eisenberg/Wiese 1995: 132ff., dazu allgemein Harweg 1989):

(1) Sprachidentifizierung bei Familiennamen
Heyworth (engl.), *Hinderdael/van Baelen* (ndl.), *Hiroyuki* (jap.), *Hlavàc* (tsch.), *Hößelbarth* (dt.), *Hoffmannová* (tsch.), *Hosaka* (jap.), *Hrebicek* (tsch.), *Hyvärinen* (fin.), *Inokuchi* (jap.), *Isbasescu* (rum.), *Italä* (fin.), *Jabloúski* (poln.)

In anderen Fällen gibt der Name selbst weniger in Hinsicht auf die Sprachidentifizierung her und man wird vielleicht auf den Kontext, z.B. den Vornamen zurückgreifen, um eine Hypothese über seine ‚richtige' oder eine mögliche Aussprache zu entwickeln. Ein Familienname wie *Blevin* kann auf deutsch-slawischem Hintergrund als [blɛˈviːn], auf französischem als [blɛˈvɛ̃] und auf englischem als [ˈblɛvɪn] erscheinen. Selbst in einem rein deutschen Namenwörterbuch beschränkter Reichweite (hier Bahlow 1980: 306ff.) findet man in dichter Folge Familiennamen wie die in 2.

(2) Sprachzuordung
Laig, Laiser, Lambert, Lampert, Lauder, Langen, Larcher, Laser, Lassen, Last, Latzke, Lau

Der Leser möge einmal überlegen, wie diese Namen allein auf einem französischen und einem englischen Hintergrund bei der gegebenen Schreibweise ausgesprochen werden können. Man erkennt sofort, wie wichtig die Sprachidentifizierung für die Aussprache ist, aber welche Konsequenzen sollte dieses Wissen haben? Das neue Aussprachewörterbuch bezieht zu dieser Frage eindeutig Stellung. Nach Demonstration der zahlreichen Aussprachevarianten des polnischen Familiennamens *Walesa*, der bei uns auch teilweise noch mit mehreren Diakritika geschrieben wird (*Wałęsa*), heißt es (Krech u.a. 2009: 121): „Eine solche ungerechtfertigte Variabilität kann Verwirrung stiften, sie ist für die Standardaussprache nicht erstrebenswert. Fremde Namen müssen für den Gebrauch in der Öffentlichkeit, vor allem in den Medien, eine einheitliche Ausspracheform erhalten." Dem ist einerseits zuzustimmen, nur kann das Problem so grundsätzlich kaum gelöst werden. Denn einerseits behalten Ausspracheregeln für fremde Wörter in vielen Einzelheiten etwas Willkürliches und man hat sich zu fragen, wie Normierung und Sprachgebrauch, hier etwa auch die Selbstbezeichnung von Familien fremder Herkunft, unter einen Hut zu bringen wären. Und zweitens bleibt die Frage, wie im internationalen Verkehr verfahren wird.

Familiennamen zeigen, was die Aussprache von Fremdwörtern bestimmt. Wichtig ist auf der einen Seite die Kenntnis des Kernsystems. Auf der anderen Seite kommt es auf die Identifizierung der Gebersprache, Kenntnis ihrer Ausspracheregeln, Kenntnis ihres Schriftsystems, Fähigkeit zur Artikulation fremder Laute, Silben und Akzentstrukturen sowie auf Kenntnis der im gegebenen sozialen Kontext gültigen Regeln für eine mehr oder weniger integrierte Aussprache an. Weil Eigennamen eine zunehmende Bedeutung als Internationalismen haben, wurde schon in den 90er Jahren ein EU-Projekt durchgeführt, das für elf europäische Sprachen jeweils zehntausende der häufigsten Personennamen so transkribiert, dass sie in jeder Einzelsprache möglichst weit phonologisch integriert sind (Schmidt u.a. 1993; Onomastica 1995). In der automatischen Spracherkennung und Textproduktion werden umfangreiche Untersuchungen zur Sprachidentifizierung vom lautsprachlichen Signal einerseits und vom geschriebenen Text andererseits aus vorgenommen, wobei die ‚Online-Adaption' oder auch ‚Online-Nativisierung' der Aussprache von Eigennamen eine herausragende Rolle spielt (zum Deutschen z.B. Belhoula 1993; Jannedy/Möbius 1997; Schaden 2003).

Familiennamen haben noch immer eine hohe Bedeutung für die Identifizierung und die Identifikation von Personen. Das gilt natürlich nicht in derselben Weise für Eigennamen generell. Werden Eigennamen für bestimmte Zwecke gebildet, dann entspricht ihre Form auch dem Zweck. Schauspieler und Sängerinnen nennen sich *Mia, Mischa, Nena, Madonna* nicht zuletzt deshalb, weil diese Namen international verwendet werden sollen. Autos heißen nicht mehr *Kapitän, Moskwitsch, Mustang, Prinz, Rekord* oder *Taunus*, sondern *Bora, Corolla, Corsa, Clio, Lexus, Santana, Targa* oder *Twingo.* Auch wird kolportiert, die Umbenennung der Automarke *Horch* zu *Audi* im Jahre 1910 sei keineswegs nur darauf zurückzuführen, dass der Automobilbauer August Horch das Werk im Unfrieden verlassen musste und für seine Neugründung den Familiennamen *Horch* nicht mehr verwenden durfte. Sein zehnjähriger Sohn übersetzte den Imperativ *horch* ins Lateinische zu *audi*, der Vater war begeistert. Im Vergleich zur phonetischen Form [hɔʀç] ist [audi] geradezu universell problemlos artikulierbar, man denke nur an Sprecher des Französischen oder Japanischen. Frühe Geniestreiche auf diesem Gebiet waren Produktnamen wie *Alfa, Coca Cola, Esso, Kodak, Visa.*

Fremdheit der Aussprache kann sich aus dem Bau fremder Wörter ergeben, sie kann aber ebenso gut gewollt sein oder bewusst vermieden werden. Die Möglichkeiten sind wesentlich vielfältiger als bei Kernwörtern.

4.2 Anglizismen

Wie werden Wörter im Deutschen ausgesprochen, die aus dem Englischen entlehnt oder mit Hilfe englischer Bestandteile gebildet sind? Als Anglizismen gehören sie zum Deutschen, nicht zum Englischen. Der Kontakt zwischen beiden Sprachen ist aber so eng, dass Entlehnungen nicht einfach aus dem Englischen herausgelöst werden. In zahlreichen Fällen gilt eine ‚deutsche' Aussprache als unbeholfen. Wer auf sich hält, zeigt seine Englischkenntnisse. Integration ins Kernsystem des Deutschen wird, wenn es um die Aussprache geht, meist auch von denen abgelehnt, die sonst nach Integration rufen. Deshalb machen wir bei den Anglizismen die Aussprache im Englischen zum Ausgangspunkt für lautliche Integrationsprozesse. Bei vielen Gelegenheiten ist für viele Sprecher auch gar nicht klar, ob sie gerade ein englisches, ein amerikanisches oder ein Fremdwort des Deutschen aussprechen.

Orientierung der Aussprache am Englischen meint im Deutschen wie in anderen Sprachen mehr und mehr das amerikanische Englisch, wobei im Schulunterricht und in den meisten Wörterbüchern aber häufig die für das britische Englisch maßgebliche Aussprache (‚General Received Pronounciation') verwendet wird. Die Unterschiede zum amerikanischen Englisch sind etwa bei den *r*-Lauten, den *l*-Lauten und einer Reihe von Vokalen erheblich, dabei ist ‚das amerikanische Englisch' selbst natürlich auch nichts Einheitliches. Unser Augenmerk wird nicht auf die Unterschiede gerichtet, sondern darauf, ob Wörter in dieser oder jener Hinsicht integriert oder eben englisch ausgesprochen werden. Als erste Orientierung kann auf Fink 1980a sowie auf das Anglizismenwörterbuch (systematisiert in Munske 2010) zurückgegriffen werden, das zu jedem Lemma eine ‚deutsche Aussprache' und eine ‚englische Aussprache' vermerkt (Carstensen/Busse 1993: 11ff.). Es stützt sich dabei auf Jones/Gimson 1977 und Jones/Gimson/Ramsaran 1988. Wir ziehen gelegentlich noch Jones 2002 heran, dazu natürlich Wörterbücher des Deutschen, vor allem Krech u.a. 2009 mit klarem normativen Anspruch. Ein klassisch gewordener Vergleich der Lautsysteme beider Sprachen findet sich in Moulton 1962, ein neuerer in König/Gast 2007. Einige der grundlegenden Probleme des Verhältnisses von englischer und deutscher Standardaussprache bespricht Busse (2003; 2005).

Fremde Laute: Konsonanten

Auf das Englische bezogene Laute, die im Kernsystem des Deutschen nicht vorkommen, gibt es in allen Lautklassen. In 1 sind die wichtigsten Konsonanten in der Schreibweise von IPA zusammengestellt.

(1) Angliszismen, Konsonanten
   a. [θ] *Thatcher, Thinktank, Thriller, Commonwealth, Granny Smith*
   b. [ð] *on the rocks, Big Brother*
   c. [ʒ] *Television, Pleasure*
   d. [ɹ] *Racket, Rafting, Random, Ranger, Rating, Reality-TV, Roadster, Rushhour*
   e. [ʋ] *Wellness, Wild Card, Wimbledon, Windows, Workaholic*
   f. [ɫ] *global, Kilt, Level, Wild Card, Baseball*

Der interdentale stimmlose Frikativ [θ] galt lange und gilt für manche noch immer als **das** Kennzeichen einer gekonnten Aussprache. Der Laut hat im Englischen Phonemstatus. Bei den Anglizismen ist er nicht sehr verbreitet, viel häufiger kommt er in Zitatwörtern aus dem Englischen vor. Weil er als charakteristisch für das Englische gilt, verlangen unsere Aussprachewörterbücher durchweg seine Realisierung als [θ], also z.B. [θɹɪlɐ] (*Thriller*). Noch seltener und vielleicht gar nicht als Xenophon des Deutschen, sondern nur als gelegentlich in Zitatwörtern vorkommender Laut ist das stimmhafte Gegenstück [ð] anzusehen. Im Englischen hat der Laut ebenfalls Phonemstatus, auch wenn seine Distribution gegenüber [θ] beschränkt zu sein scheint. So kommt er im Anlaut vor allem in Funktionswörtern vor (*the, they, though*), während [θ] die offenen Wortklassen bedient. Im Deutschen werden beide Interdentale einheitlich und sehr häufig den Alveolaren assimiliert. Sie können damit als Varianten von [s] und [z] angesehen werden (z.B. [sɹɪlɐ]). Andere Integrationsmöglichkeiten scheint es nicht zu geben. Artikulatorisch ist wohl die Bildung mit der Vorderzunge, auditiv die Ähnlichkeit der Interdentale mit den Sibilanten (das sind die mit der Vorderzunge gebildeten Zischlaute [s, z, ʃ, ʒ]) von Bedeutung.

Der postalveolare Frikativ [ʒ] wie in 1c ist als Einzelkonsonant in Anglizismen sehr selten, viel häufiger ist er in Gallizismen (4.3). Wir kommen auf diesen Laut bei den Verbindungen aus Obstruent und Sonorant zurück.

Für die *r*-Laute wird im Wesentlichen die Position vor Vokal berücksichtigt. Bei intervokalischem Vorkommen liegen die Verhältnisse ähnlich (*zero, Story, Carrier, Hurricane*). Für eine Erfassung der *r*-Laute im Auslaut und vor Konsonant (*Killer, Dollar, Smart, Whirlpool*) müsste man zunächst ausführlicher auf die entsprechenden Verhältnisse im Deutschen eingehen. Das wäre aufwendig, zumal das Vorkommen von *r* vor Vokal ja auch in Anglizismen das auffälligste und häufigste ist. Wir verweisen lediglich darauf, dass IPA für das amerikanische Englisch hier einen rhotazierten Vokal [ɚ] ansetzt, das ist ein Vokal, dem gewisse Eigenschaften eines [ɹ] zukommen. Man erkennt Amerikaner daran von weitem und hört den Laut gelegentlich bei bewusst amerikanischer Aussprache von Anglizismen.

Die Transkription des *r* vor Vokal als [ɹ] weist den Laut als alveolaren Approximanten aus. Ein Approximant oder auch Halbvokal ist ein Laut, der artikulatorisch weder eindeutig den Konsonanten noch eindeutig den Vokalen zugehört. Im Beispiel nähert sich die Zunge mit der Spitze den Alveolen, bildet aber keine Enge. Dabei ist auch ein Zurückbiegen der Vorderzunge möglich, so dass ein retroflexer Laut entsteht (Ladefoged 1993: 159f.). Die meisten Wörterbücher halten sich beim *r* nicht an die IPA-Konvention, sondern transkribieren den Laut einfach als [r]. Das meint eigentlich einen alveolaren Trill, das sog. Zungen-*r*. Wie im Deutschen gibt es diesen Laut in einigen Varietäten des Englischen, aber das ist hier nicht gemeint. Im Allgemeinen gilt das *r* als alveolarer Approximant oder auch als ‚friktionsloser Kontinuant' (d.h. Dauerlaut ohne Engebildung). Wie für das Deutsche, so sind auch für das Englische die Ansichten über die wahre Natur der *r*-Laute besonders vielfältig.

Für den Sprecher des Deutschen stellt es aber kein Problem dar, das typisch englische vom typisch deutschen *r* artikulatorisch wie auditiv zu unterscheiden. Anders als beim [θ] geben die Wörterbücher jedoch im Allgemeinen keinen Hinweis darauf, wie diese Laute in Anglizismen zu artikulieren sind. Duden-Fremdwörterbuch wie Anglizismenwörterbuch transkribieren beispielsweise [rɛkət] (*Racket*), wobei beide aber das [r] auch für die *r*-Laute im Kernwortschatz des Deutschen verwenden. Krech u.a. 2009 transkribieren in beiden Fällen [ʁ]. Ob für Anglizismen ein englisches oder ein deutsches *r* als normale Artikulation gemeint ist, bleibt offen.

Bei den Beispielwörtern in 1d scheint nun tatsächlich sowohl die englische als auch die integrierte Aussprache als uvularer Trill [ʀ] bzw. ihm verwandter Frikativ [ʁ] gang und gäbe zu sein. Man hört beides, irgendwie in Abhängigkeit von den üblichen Situations- und Personalvariablen. Zur Vielfalt der *r*-Laute im Deutschen kommt einfach ein Anglizismen-Allophon dazu. Interessant ist nun, dass es Anglizismen gibt, die beim *r* eher zur Integration neigen als andere. Man wird das englische [ɹ] etwa bei *Reader* (‚Buch mit Einzelbeiträgen'), *Referee*, *Report*, *Reprint*, *Revolver*, *Rock* (*Rockgruppe*, *Rockmusik*) und *Rowdy* kaum oder doch seltener hören als bei denen in 1d. Strukturelle Gründe dürften dabei nicht die Hauptrolle spielen, denn die meisten der zuletzt genannten Wörter sind eindeutig als Anglizismen zu erkennen. Insgesamt ist das englische [ɹ] in der Anwendung freier als etwa das [θ]. Entsprechend größer ist das Risiko, sich durch eine gewollt englische Aussprache zu blamieren.

Für die beiden verbleibenden Konsonanten [ʋ] und [ɫ] gilt das in noch höherem Maß. Beide gelten phonetisch als Approximanten oder auch Halbvokale. Beide haben enge Verwandte im Deutschen, sind von diesen als Laute des Englischen aber klar unterschieden. Das [v] des Deutschen (*Wasser, Möwe*) ist ein stimmhafter, labiodentaler Frikativ, das [ʋ] des Englischen dagegen ein Approximant, der mit starker Lippenrundung und dorsaler Zungenhebung gebildet wird. Wir müssen diesen Laut beim Erwerb des Englischen mühsam lernen. In Anglizismen wirkt er keineswegs immer prätentiös. Man kann sich ohne weiteres vorstellen, dass ein Workoholic Windows benutzt und im world-wide web surft, alles mit [ʋ]. Dagegen ist der Western nur mit [v] zugänglich.

Etwas anderes ist beim [l] zu bedenken. Das Phonem hat im Englischen zwei Varianten, das sog. helle und dunkle *l*. Das helle ist ein vorderer Lateral ähnlich wie im Deutschen. Es steht nur vor Vokal. Das dunkle ist ein hinterer Lateral, der meistens velarisiert genannt, aber mit [ɫ] wie ein Palatal transkribiert wird. Er ähnelt dem im Kölnischen oder Mecklenburgischen. Das dunkle [ɫ] steht überall sonst, also beispielsweise nicht in Anglizismen wie *Killer, Lover, Village*, wohl aber in solchen wie 1f. Auch hier kann man ohne weiteres einiges falsch machen.

Fremde Laute: Vokale

Die meisten Vokale des Englischen haben derart nahe Verwandte im Deutschen, dass sie in Anglizismen unmittelbar integriert werden, so das lange, gespannte [iː] (*Appeal, Freak* vs. *Ziel, Sieg*) oder [uː] (*Boom, cool,* vs. *Ruhm, Stuhl*). Dasselbe gilt für deren ungespannte, kurze Gegenstücke [ɪ] (*Ticket,* vs. *ticken*) und [ʊ] (*Goodwill* vs. *Schutt*). Es gilt im Wesentlichen auch für die offenen oder fast offenen Vokale wie das [ʌ] in *Cup, Cover* und das [ɒ] in *Body, Shop.* Der erste wird zu [a], der zweite zu [ɔ] assimiliert, d.h. zu Vokalen mit ganz ähnlichem Öffnungsgrad. Deutlich unterschieden vom Kernsystem des Deutschen sind die drei Vokale in 2.

(2) Vokale Anglizismen
   a. [æ] *Abstract, Act, Banker, Band, Black-out, Cash, Catch, Crack, Crash, Jazz*
   b. [ɜː] *Burger, Burn-out, Callgirl, Commercial*
   c. [ɔː] *allround, Baseball, Board, Brainstorming, Callgirl*

Einen ähnlich offenen vorderen Vokal wie das [æ] in 2a hat das Deutsche nur als Langvokal, vor allem in Verbformen des Konjunktiv 2 wie *gäbe, nähme, sähe* (Wort: 96f.). Sprecher des Deutschen neigen dazu, diesen Vokal anzuheben, also *Banker* wie *Denker* und *Band* wie *kennt* auszusprechen. Auch hier wird bei der Assimilation die Zungenhebung und nicht oder weniger die Frontierung verändert.

Beim [ɜː] gibt es zunächst ein Transkriptionsproblem. Dieser Vokal wird im Englischen traditionell als langer Zentralvokal, also Schwa transkribiert: [bəːn] (*burn*), heute erscheint er meist als [ɜː]. Nach den Konventionen des IPA für das amerikanische Englisch ist dieser an einen nachfolgenden *r*-Laut gebundene Vokal ein rhotaziertes, d.h. den *r*-Lauten angepasstes Schwa, geschrieben [ɚː] (IPA 1999: 42). Es handelt sich danach um eine besondere Art der *r*-Artikulation nach einem mittleren, zentralen Vokal. Trotzdem erscheint er häufig im Inventar der Vokale als selbständiger Laut. Im Deutschen wird er integriert entweder als [œ] mit anschließender Öffnung (z.B. [bœɐgɐ] *Burger*) oder als langes [œː], verwandt dem ungespannten, kurzen Umlautvokal wie in *könnte* oder *Hörner*, nur eben lang.

Auch das [ɔː] in 2c hat einen engen Verwandten im Kernsystem des Deutschen, der ungespannt und kurz ist. Das offene [ɔ] wie in *doll* oder *voll* wird einfach gedehnt zu [ɔː] ([kɔːl] *Call*). Ein Assimilationsproblem gibt es nicht. In Wörtern wie *Board* oder *Brainstorming* ist die Länge des [ɔː] wie beim [ɜː] als eine Form der *r*-Artikulation anzusehen.

Insgesamt wird bei der Assimilation von englischen Vokalen in deutschen Anglizismen eher die Zungenhöhe als die Frontierung verändert. Diese Veränderung fällt bei den im Ganzen offeneren Vokalen des amerikanischen Englisch entsprechend stärker aus.

Lautfolgen und Silben

Wir verlassen nun den Bereich des reinen Lautinventars und besprechen Lautfolgen sowie Laute in bestimmten Silbenpositionen und betrachten zunächst die Diphthonge. Dabei geht es allein um Charakteristika anglizistischer Diphthonge und nicht um die Frage, ob diese letztlich als ein Segment oder als zwei Segmente anzusehen sind.

Von den fünf schließenden Diphthongen, die für das Englische mindestens anzusetzen sind, haben drei nahe deutsche Verwandte und brauchen nicht assimiliert zu werden. Es handelt sich um [ai] (*light* vs. *leicht*), [au] (*Discount* vs. *erstaunt*) und [ɔi] (*Joint* vs. *Freund*). Sie sind in der Graphik 3c gestrichelt wiedergegeben. Mit durchgezogener Linie sind die fremden Diphthonge [ei] (3a) und [ou] (3b) vermerkt.

(3) Schließende Diphthonge Anglizismen
   a. [ei] *Aids, Baby, Blazer, Break, Claim, Lady*
   b. [ou] *Broker, Coach, Coat, Code, Dope, Show*
   c.

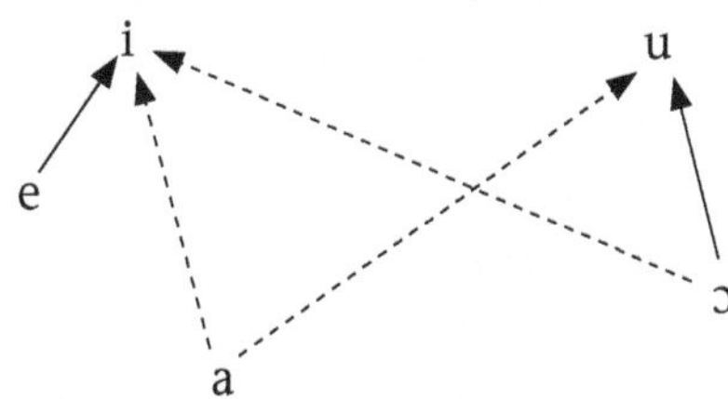

Im Englischen werden die schließenden Diphthonge meist mit ungespanntem Vokal als zweitem Bestandteil transkribiert, also [aɪ, aʊ, ɔɪ] und entsprechend [eɪ, oʊ]. Auf diesen Punkt kommt es im Augenblick nicht an, wir bleiben bei der Schreibweise mit gespanntem Vokal. Der fremde Diphthong [ei] ist höchst charakteristisch für Anglizismen und wird von vielen Sprechern weitgehend übernommen. Wird er integriert, dann zum Monophthong [eː], also [ʔeːts] (*Aids*) und [beːbi] (*Baby*). Die Integration erfolgt im Wesentlichen dadurch, dass der erste Bestandteil etwas angehoben und über die ganze Länge des Diphthongs gedehnt wird.

Viel unsicherer ist die Artikulation des zweiten fremden Diphthongs. Für das britische Englisch wird er meist mit Schwa als erstem Bestandteil transkribiert, für das amerikanische mit [ou], also z.B. [kəutʃ], [koutʃ] (*Coach*). Im Deutschen dürfte er bei den meisten Sprechern zwischen dem [ɔ] und dem [o] liegen. Integriert wird er wie beim [ei] durch leichte Anhebung und Längung des ersten Bestandteils zum [oː], z.B. [koːtʃ].

Artikulatorisch am Rande eines öffnenden Diphthongs ist die Verbindung des [u] nach Verschlusslauten (Plosiven und Sonoranten) mit dem Approximanten oder Halbvokal [j]: „[u] is considerably frontet after [t, d, n, l], all of which are followed by a mid-high front glide when preceding [u]“ (IPA 1999: 43). Ein ähnlicher Effekt tritt auch nach anderen als den genannten Plosiven sowie nach [m] auf. Einige Beispiele für Anglizismen:

(4) *Beauty, Duty, News, Computer, Tuner*

Eine Eindeutschung findet in der Regel nicht statt, und wenn dann allenfalls durch Weglassen des [j].

Von den Konsonantverbindungen aus Plosiv und homorganem Frikativ, die häufig als Affrikaten angesehen werden, ist nur [dʒ] charakteristisch für Anglizismen und in diesem Sinn fremd, während sein stimmloses Gegenstück [tʃ] auch im Kernwortschatz vorkommt. Hier allerdings nicht im

Anlaut (*Matsch, klatsch, rutsch*). Beide alveolaren Frikative sind in Anglizismen ziemlich häufig (5a,b). Der stimmlose wird integriert zum Frikativ, also z.B. [tʃ] > [ʃ]. Derselbe Vorgang vollzieht sich auch beim stimmhaften. Weil das Ergebnis [ʒ] immer noch fremd ist, kann es dann durchaus zu einem weiteren Integrationsschritt durch Entstimmung des [ʒ] zum [ʃ] kommen, also z.B. [dʒ] > [ʒ] > [ʃ].

(5) Affrikaten Anglizismen
  a. *Champ, Charter, Check, Chip, Choke, Chopper*
  b. *Dschungel, Jet, Job, Jogging, Joint, Junk-Food, Lounge, Manager*

Ein auffälliger Unterschied zwischen dem Deutschen und dem Englischen, der sich auf die Aussprache zahlreicher Anglizismen auswirkt, betrifft das stimmlose [s] im Anlaut vor Vokal. Das Kernsystem des Deutschen kennt nur die Opposition [ʃ] – [z] (*Schal – Saal*). Das Englische kennt dagegen auch die Opposition [s] – [ʃ] (*sake – shake*), dazu [z] und [ʒ]. Die Assimilation des anlautenden [s] zu [z], z.B. [siŋgl] > [ziŋgl] (*Single*), ist ein verbreitetes Kennzeichen deutscher Aussprache (6a).

(6) [s] in Anglizismen
  a. *Center, Cinemascope, City, Cyberspace*
     Safe, Sandwich, second-hand, Selfmademan, Set, Sex, Single
     Sit-in, Softie, Sound
  b. *Space, Sparring, Speed, Spike, Spin, Spoiler, Spray, Sprint, Standby, Star Wars, Statement, Steak, Steward, Sticker, Story*
  c. *Skater, Sketch, Skinhead, Slang, Slapstick, Slum, Smartie, Smog, Snack, Snob*
     Squash

Im Zusammenhang damit ist das [s] im Anlaut vor Konsonant zu sehen. Im Kernsystem des Deutschen gibt es lediglich [ʃ] vor Konsonant (*Spiel, Stiel, schräg, schlank, schnell, schmal, schwach*), während im Englischen vor Plosiv stets [s] erscheint. Die Angleichung an das [ʃ] erfolgt besonders leicht vor [p] und [t], weil hier die Schreibung <sp>, <st> im Deutschen an das [ʃ] gebunden ist. Ältere Anglizismen wie *Start* und *Streik* sind in dieser Hinsicht voll integriert (6b). Bei den übrigen Anlautkombinationen (6c) kommt die Integration ebenfalls vor, dürfte aber im Ganzen weniger leicht erfolgen.

Unsicher ist die Verwendung und Bewertung des glottalen Verschlusslautes [ʔ] vor anlautendem Vokal. Er gilt als Charakteristikum des Deutschen auch gegenüber dem Englischen, wo er im Allgemeinen höchstens bei forcierter Artikulationsweise zu hören ist. Phonologisch ist er im Deutschen vorhanden, wird allerdings auch hier nicht konsequent verwendet. Trotzdem erkennt der Engländer den Deutschen auch daran, dass er sagt [ʔivent] statt [ɪvent] (*Event*). Unsere Aussprachewörterbücher lassen den Knacklaut am Wortanfang bei Kern- wie bei Fremdwörtern im Allgemeinen weg. Anders ist es bei den Zusammensetzungen vom Typ 7. Krech u.a. 2009 verwendet ihn durchgängig. Das Anglizismenwörterbuch setzt ihn gelegentlich, z.B. bei *Fall-out*, aber nicht bei *Go-in*. Das Duden-Aussprachewörterbuch kennt ihn etwa bei *Go-in* und *Make-up*, aber nicht bei *Take-off* und *Fall-out*. Auch die Schreibweise schwankt (7.1). Wir haben sie bei den Beispielen in 7 der Einfachheit halber vereinheitlicht.

(7) *Go-in, Sit-in, Take-off, Fall-out, Follow-up, Make-up, Start-up*

Ein weiterer Bereich, in dem große Unsicherheit besteht und wenig Wissen über das tatsächliche Ausspracheverhalten der Sprecher des Deutschen vorhanden ist, findet sich bei der Auslautverhärtung. Im Anglizismenwörterbuch heißt es dazu: „Es unterliegt keinem Zweifel, daß auslautende stimmhafte Konsonanten im Deutschen stimmlos werden... . In vielen Fällen gibt es Zwischenwerte oder eine nicht deutlich als englisch oder deutsch erkennbare Aussprache." (Carstensen/Busse 1993: 82). Was dabei mit Zwischenwert gemeint sein könnte, ist allerdings unklar, schon weil noch immer die grundsätzliche Frage steht, ob Auslautverhärtung eine phonetische oder eine phonologische Erscheinung sei. Unsere Wörterbücher verfahren recht unterschiedlich und teilweise uneinheitlich. 8 gibt als Beispiel die Aussprache von zwei Wörtern in drei Wörterbüchern wieder.

(8) Anglizismen, Auslautverhärtung
   a. *Job*: Wahrig 2000: [dʒɔb]; Duden 2005: [dʒɔp]; Krech u.a. 2009: [dʒɔp]
   b. *Rag*: Wahrig 2000: [ræg]; Duden 2005: [rɛk]; Krech u.a. 2009: [ʁɛk]

Solche Unterschiede sind auf offensichtliche Weise begründet. Alle Aussprachen wird es geben, nur weiß man nicht genau, wer welche verwendet. In den Wörterbüchern scheint sich als Tendenz durchzusetzen, Auslautverhärtung generell als gegeben anzusehen: „Am Wort- und Silbenende werden für /v z b d g/ die entsprechenden stimmlosen Fortis-Konsonanten gesprochen, auch wenn es in den Herkunftssprachen keine Auslautverhärtung gibt" (Krech u.a. 2009: 124). Natürlich fragt sich, wie weit eine solche Aussage durch die Fakten gedeckt ist. Teilweise Spekulation bleibt auch, ob der lautliche Integrationsprozess nach Integrationsstufen zwischen einer dem englischen nahen und einer ‚harten' deutschen Aussprache geordnet werden kann, beispielsweise so:

(9) Anglizismen, lautliche Integrationswege
  a. *Rag* [ɹæg] > [ɹɛg] > [ɹɛk] > [ʀɛk]
  b.

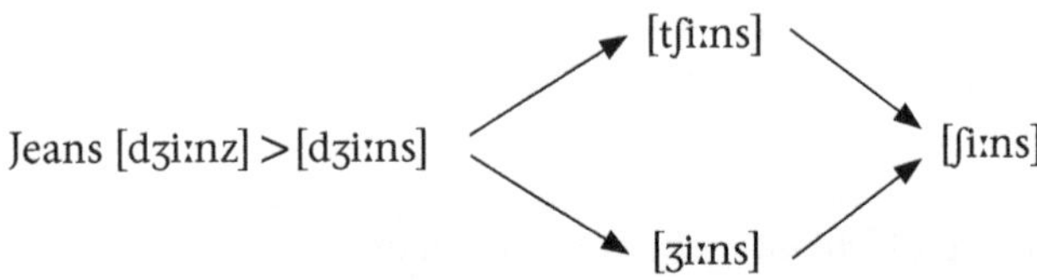

Was die lautliche Integration von Anglizismen betrifft, kann man vielfach nur mögliche Integrationswege beschreiben. Ob, wie weit und von welchen Sprechergruppen sie beschritten werden, bleibt unsicher und kann nur in aufwendigen soziolinguistisch fundierten Erhebungen der Aussprache geklärt werden. Und warum soll Normativität im Sinne einer Standardlautung erstrebenswert sein, vorausgesetzt, sie ist möglich?

Fragen der Wortprosodie wurden im vorausgehenden Abschnitt nicht behandelt. Sie sind so eng an morphologische Fakten gebunden, dass sie besser im Zusammenhang der Wortbildung zur Sprachen kommen (Abschnitt 6.2.2).

4.3 Gallizismen

Die Aussprache von Entlehnungen und Fremdwortbildungen mit französischer Basis hat soziolinguistisch ganz andere Voraussetzungen als die aus dem Englischen. Die Zeit, in der das Französische wichtigste Gebersprache für das Deutsche war, liegt lange zurück, und die Entlehnungen sind soziologisch gesehen von oben ins Deutsche gelangt (2.3). Es war nie wirklich populär und weit verbreitet, Gallizismen ‚korrekt' im Sinn des Französischen auszusprechen. Dazu kommt, dass die Phonologie des Französischen der deutschen strukturell weniger ähnlich ist als die des Englischen. Insgesamt ist der Unterschied zwischen der Aussprache von Entlehnungen im Deutschen und der Aussprache in der Gebersprache für das Französische größer als beim Englischen.

Gerade deshalb ist bedauerlich, dass es über die strukturellen Eigenschaften der Gallizismen, etwa ihre Phonologie, weniger Untersuchungen als für die Anglizismen gibt (unter ihnen Volland 1986; Thiele 1993). Dem entspricht, dass unsere Romanistik für Gallizismen im Deutschen kaum Interesse hat, viel weniger jedenfalls als die Anglistik für Anglizismen. Der Grund dafür ist nicht nur, dass die Romanistik als Fremdsprachenphilologie insgesamt kleiner ist als die Anglistik, sondern die Frankoromanistik ist nach wie vor geprägt vom besonderen Verhältnis des Französischen zum Deutschen: Man bleibt am liebsten ganz beim Französischen und pflegt gelegentlich sogar noch ein Bewusstsein kultureller Überlegenheit.

Fremde Laute: Konsonanten

Die Standardlautung des Französischen hat mehrere Konsonanten, die dem Deutschen fremd sind. Für Gallizismen spielen vor allem das [ʒ] wie im Anlaut von *génie*, das [ɲ] wie zwischen den beiden letzten Vokalen in *champignon* und der labiovelare Approximant [w] wie in der ersten Silbe von *coiffeur* eine Rolle.

Eine Besonderheit am stimmhaften koronalen Frikativ [ʒ] ist, dass er systematisch gut ins Kernsystem der Konsonanten des Deutschen passt. Es sieht sogar so aus, als fülle er hier eine Lücke, denn sein stimmloses Gegenstück [ʃ] ist ja vorhanden. Deshalb wurde immer wieder erwogen, [ʒ] ins Kernsystem aufzunehmen und in ihm so etwas wie ein importiertes Konsonantphonem zu sehen. Seine Hauptvorkommen in Gallizismen sind die in 1a,b,c.

(1) [ʒ] in Gallizismen
   a. *Dragee, Genie, Gelee, Gelatine, Gigot, Gigue, genieren, leger*
   b. *Blamage, Eloge, Etage, Garage, Loge, Manege, Marge, Massage, Melange, Montage, Orange, Page, Plantage, Prestige, Rage, Spionage, Stellage, Tonnage*
   c. *beige, orange, Rouge*

In 1a bildet [ʒ] den Anfangsrand einer Vollsilbe, in 1b den einer Reduktionssilbe und in 1c steht es im Auslaut. Die Integration erfolgt durch Endstimmung, aus [ʒ] wird [ʃ]. Sie setzt, wie schon Philipp 1974 feststellt, bei 1c an: im Auslaut hat das Deutsche keine stimmhaften Obstruenten. Man legt [ʀuːʃ] auf.

Entstimmung kann vermieden werden, wenn das stumme <e> am Wortende des Französischen in deutschen Gallizismen als Schwa gesprochen wird, wie das bei den Wörtern in 1b der Fall ist. Wir sagen meist [gaʀ'ɑːʒə] und nicht wie im Französischen [gaʁ'ɑːʒ] (*Garage*, das *r* ist phonetisch in vielen Vorkommen des Standardfranzösischen ein [ʁ], d.h. ein Friaktiv). Damit erreichen wir einmal, dass [ʒ] nicht mehr in der Silbenkoda, sondern im Onset der letzten Silbe steht, und wir erreichen außerdem, dass die Wörter vom Ende her wie typische Feminina (*die Garage – die Waage*) oder schwache Maskulina (*der Page – der Rabe*) aussehen und entsprechend integriert sind (zur Schreibung weiter 7.3). Es kann aber auch dazu kommen, dass kein auslautendes Schwa erscheint. Dann wird [ʒ] mit Sicherheit entstimmt, z.B. [bla'ma:ʃ], [pʀɛs'ti:ʃ] (*Blamage, Prestige*).

Am ehesten stimmhaft bleibt [ʒ] im Anlaut von Vollsilben wie in 1a. Aber selbst wenn es hier einigermaßen stabil ist, wird es nicht zum Phonem des Kernsystems. Eine funktionale Belastung der Opposition [ʒ] – [ʃ] gibt es nicht. Prinzipiell bleibt die Integration zu [ʃ] ohne Imformationsverlust möglich und das Vorkommen von [ʒ] ist für sich schon ein Merkmal von Fremdheit. Bei Wörtern wie *Page, Rage, Loge* stellt es das einzige Fremdheitsmerkmal dar.

Einfacher liegen die Verhältnisse beim palatalen Nasal [ɲ]. Artikulatorisch liegt dieser Laut zwischen dem [n] und dem [ŋ] des Kernwortschatzes. In Wörtern wie 2 hört ihn der Normalsprecher der Deutschen als Folge aus dem unmarkierten Nasal [n] und dem stimmhaften palatalen Frikativ [ʝ]. Statt frz. [kɑ̃'paɲ] (*campagne*) sagt er [kam'panʝə].

(2) Zum Vorkommen von [nʝ] für [ɲ]
Kampagne, Bretagne, Vigogne (‚Garn vom Vikunja, einem südamerikanischen Kamel'), *Vignette, Lorgnette, Kastagnette* (span.), *Lasagne* (ital.), *Champignon, Kompagnon, Cognac*

Die weitergehende Integration ersetzt [ɲ] durch [n] wie in frz. *compagnie* zu dt. *Kompanie*. Möglich ist allerdings auch, dass beide Wörter direkt auf das mittellateinische *companium* zu beziehen sind, das soviel bedeutet wie ‚gemeinsam das Brot haben' (*con-panis*).

Im Französischen sehr verbreitet, aber von beschränkter Bedeutung für Gallizismen ist der dritte Konsonant, das [w]. Er wird mit velarer Enge sowie Lippenrundung gebildet und steht im Onset vor [a], z.B. [dʁwa] *droit* (‚Recht'), woraus der Deutsche meist einen öffnenden Diphthong macht: [dʀoa]. Dies ist auch die normale Aussprache in Gallizismen wie denen in 3. Gelegentlich kommt es bei weiterer Integration zu einfachem [o] wie in [tolɛtə] (*Toilette*).

(3) Zum Vorkommen von [oa] für [wa]
Coiffeur, Croissant, Moiré (‚Gewebe mit wellenförmiger Oberflächenstruktur'), *Noisette, Toilette, Soiree*

Die drei gerade besprochenen Konsonanten hat das Französische, das Deutsche hat sie nicht. Von denen, die das Deutsche, nicht aber das Französische hat, spielen für die Aussprache von Gallizismen vor allem der glottale Verschlußlaut [ʔ] und das [h] eine Rolle.

Der glottale Verschlusslaut wird von vielen Sprechern des Deutschen in Gallizismen entsprechend den Regeln des Kernwortschatzes verwendet. Man hört [ʔapɛ'tɪt] statt frz. [apeti] (*Appetit*) und [ʔɔʀdi'nɛ:ɐ] statt frz.

[ɔʁdinɛʀ] (*ordinär*). Für Franzosen gilt die Verwendung des [ʔ] als typisch deutsche (‚harte') Aussprache.

Auch den glottalen Frikativ [h], der im Deutschen den Anfangsrand einer Vollsilbe bildet, kennt das Französische als Lautsegment nicht. Das Vorkommen des Buchstaben <h> im geschriebenen Wort hat aber etwas mit Liaison und Elision zu tun, das sind die Techniken, die das Französische zur Hiatüberbrückung entwickelt hat. Von einem Hiat spricht man bei unmittelbarer Aufeinanderfolge zweier silbischer Vokale (4.4). Liaison liegt z.B. vor bei *les amis* mit gesprochenem [z] als Auslaut des Artikels. Elision liegt vor bei *l'amie*, wobei der Artikel so gekürzt wird, daß wiederum nicht zwei Vokale unmittelbar aufeinander folgen. Für das <h> sind nun in dieser Hinsicht zwei Fälle zu unterscheiden, die auch zahlreiche Wörterbücher konsequent vermerken. Das *h* aspiré (‚behauchtes h') wird, was Liaison und Elision betrifft, wie ein Konsonant behandelt. Beispielsweise beginnt der französische Anglizismus *hot-dog* mit einem aspirierten *h* und es heißt *le hot dog*. Die Form des Artikels bleibt vollständig erhalten. Dagegen beginnt *homme* (‚Mensch') mit einem *h* muet (‚stummes *h*') und es heißt *l'homme*. Die Unterscheidung wird durchaus nicht von allen Französischsprechern normgerecht mitgemacht. Insbesondere der Umfang von Liaison ist teilweise umstritten und Sprachmoden unterworfen. Für die Aussprache von Gallizismen im Deutschen lassen sich grob drei Fälle unterscheiden.

(4) <h> in Gallizismen
  a. *Hommage, Hautevolee, Hautecouture, Hautgout, Horsd'œuvre, Hausse*
  b. *Bonhomie, Boheme, Cohabitation, Haschee, Hasardeur, Hotel, Hugenotte, honett*
  c. *Hygiene, Hysterie, Hospital, horribel, habituell*

Die Wörter in 4a werden im Allgemeinen ohne [h] gesprochen, eine Integration erfolgt dann mit dem glottalen Verschlußlaut, z.B. [ʔɔˈmɑːʃ] (*Hommage*). Umstritten ist das bei *Hausse*. Viele unserer Wörterbücher geben [ˈoːs(ə)] als Aussprache an, das Duden-Aussprachewörterbuch aber z.B. [ˈhoːs(ə)] und [oːs].

Die meisten der Wörter in 4b dürften von den meisten Sprechern des Deutschen wohl mit [h] gesprochen werden, obwohl sie als Gallizismen gelten. Die Wörterbücher sehen das nicht ganz so und geben etwa für *Bonhomie* und *Cohabitation* teilweise die Aussprache ohne [h] an. 4c führen wir als Beispiele dafür auf, dass die Entscheidung ‚Gallizismus oder nicht' unsicher sein kann. Viele Sprecher des Deutschen werden zumindest einige dieser Wörter spontan als Entlehnungen aus dem Französischen ansehen.

Für die Aussprache des [h] ist das unerheblich. Es ist immer vorhanden und kann ohne weiteres auf griechische oder lateinische Stämme bezogen werden.

Fremde Laute: Vokale

Bei den Vokalen besteht der auffälligste Unterschied zwischen dem Deutschen und Französischen darin, dass das Französische neben den Oralvokalen über eine Reihe von Nasalvokalen verfügt. Nasalvokale werden mit gesenktem Gaumensegel (weicher Gaumen, Velum) artikuliert, so dass ein Teil des Luftstroms durch die Nase fließen kann, während der Nasenraum bei den Oralvokalen verschlossen bleibt. Die Luft tritt dann nur durch den Mund aus. Sehen wir uns zuerst die Oralvokale des Französischen im Vergleich zum Deutschen an. Für das Französische wird meist ein System von elf Vollvokalen gemäß 5 angesetzt

(5) Vollvokale des Französischen

	vorn		hinten
	unger	ger	
geschlossen	i	y	u
halbgeschlossen	e	ø	o
halboffen	ɛ	œ	ɔ
offen	a		ɑ

Eine paarweise Zuordnung von gespannten und ungespannten Vokalen gibt es nach verbreiteter Auffassung nicht, wohl aber eine Unterscheidung zwischen Lang- und Kurzvokalen. Im unmarkierten Fall sind Vokale kurz. Die wichtigste Längungsregel besagt, dass vor stimmhaften Frikativen unter Betonung gelängt wird. Wir haben beispielsweise [inisʝa'tiːv(ə)] (*initiative*), ['bluːz(ə)] (*blouse*), ['gɑːʒə] (*gage*) und [bul'vɑːʁ] (*boulevard*). Eine Regel dieser Art bedeutet, dass die Längung phonetisch bestimmt ist. Eine phonologische Opposition lang – kurz ist nicht möglich. Im Unterschied zum Deutschen bleibt es also im Französischen bei **einer** Reihe von Vollvokalen.

Zur Aussprache von Gallizismen wird nun im Allgemeinen ein Vokal des französischen Wortes je nach Qualität und phonotaktischer Umgebung auf den nächsten Verwandten des deutschen Systems projiziert. Betrachten wir als Beispiel die hintere Vokalreihe [u], [o], [ɔ] im Französischen und [u], [ʊ], [o], [ɔ] im Deutschen. Die Zuordnung erfolgt wie in 6.

(6) Integration der hinteren Oralvokale

a. *filou, route* [u] > [u] *Filou, Route*
   soup, illustre [u] > [ʊ] *Suppe, illuster*

b. *plateau, argot* [o] > [o] *Plateau, Argot*
   contrôle, bigot [o] > [ɔ] *Kontrolle, bigott*

c. *mode, noble* [ɔ] > [o] *Mode, nobel*
   solde, salope [ɔ] > [ɔ] *Sold, salopp*

Man sieht, wie das Deutsche jeweils einen Vokal des Französischen entsprechend der Umgebung auf ein Paar von Vokalen abbildet. Da im gegebenen Bereich nur zwei Paare zur Verfügung stehen, ist die Abbildung eindeutig, aber nicht eineindeutig. Französisch [o] und [ɔ] werden auf dasselbe Paar des Deutschen bezogen. Das in 6 erkennbare Muster ist auch in der mittleren und vorderen Vokalreihe wirksam. Es tritt natürlich nicht in Kraft, wenn ein Vokal im französischen Wort lang ist. Das [uː] in frz. *parcours* und das [oː] in frz. *loge* bleiben in den deutschen Gallizismen *Parcours* und *Loge* lang. Dagegen wird beispielsweise das lange [ɔː] in frz. [akɔːʁ] (*accord*) und frz. [tʀãns'pɔːʁ] (*transport*) im Deutschen zu einem kurzen [ɔ] (*Akkord, Transport*), weil die Silbe eine komplexe Koda hat.

Im Ganzen erfolgt die Umsetzung der Vokale in betonten Silben bei den meisten Sprechern des Deutschen automatisch und mit hoher Regelmäßigkeit nach den Regeln des Kernsystems. Mit ähnlich hoher Regelmäßigkeit erfolgt die Umsetzung in unbetonten Silben, wobei im Deutschen allerdings häufig Gespanntheitsneutralisierung eintritt, wie sie in Abschnitt 4.4 für Gräzismen und Latinismen genauer beschrieben wird. Beispielsweise hört man [bʀɔ'ʃyːʀə] neben [bʀo'ʃyːʀə] (*Broschüre*) und man hört [dɛ'tai] neben [de'tai] (*Detail*). Wir gehen darauf an dieser Stelle nicht näher ein, müssen aber wenigstens einige Sätze zu Schwa sagen, wie es im Französischen als *e* instable (‚instabiles *e*'), als *e* caduc (‚unwirksames *e*') oder *e* muet (‚stummes *e*') in Erscheinung tritt.

Die Bezeichnungen beziehen sich auf Vorkommen des Buchstaben <e>. Steht er für den Auslaut einer unbetonten Silbe, so ist seine Aussprache im Französischen fakultativ, z.B. [eliːt(ə)] (*élite*) oder [gɑːʒ(ə)] (*gage*). Im Deutschen wird daraus in den meisten Fällen eine Schwasilbe, wobei dieses Schwa natürlich obligatorisch ist (*Elite, Gage*). In manchen Fällen fällt der Laut im Deutschen ganz weg und wird dann auch nicht geschrieben. Besonders häufig ist das der Fall, wenn ihm stimmlose Obstruenten vorausgehen wie in *Ambulanz, Dekandenz, Journalist, Äquilibrist, Fabrik, Jackett* (frz. *ambulance, décadence, journaliste* usw.). Auch im Wortinneren kann das fakultative Schwa auftreten, beispielsweise in den vorletzten Silben der französischen Entsprechungen von *Amusement, Artillerie, Bombardement, Gobelin, Karos-*

serie. Im Deutschen ist es hier überall obligatorisch. Mit dem obligatorischen Schwa am Wortende und im Wortinneren passt das Deutsche diese Gallizismen an seine Wortprosodie an. Es entstehen Wörter, die vom Ende her gesehen oder was ihre Aufteilung in Füße betrifft den Mustern des Kernwortschatzes entsprechen (weiter 5.2.2).

Nun zu den Nasalvokalen. Nach verbreiteter Auffassung hat das Französische die Nasalvokale [ɛ̃] (*vin*), [ɑ̃] (*lampe*), [õ] (*pompe*) und [œ̃] (*parfum*). Statt [õ] wird auch [ɔ̃] angesetzt, [œ̃] spielt in Gallizismen keine große Rolle. Nasalvokale stehen vor [m] oder [n] bei sanftem Silbenschnitt und sind unter Betonung lang. Wichtigstes Vorkommen in Gallizismen ist das in offener, betonter Silbe und so, dass dem Vokalbuchstaben im geschriebenen Wort ein <n> folgt. Beispiele:

(7) Nasalvokale, integrierbar mit [ŋ]
   a. [ɛ̃ː]: *Bassin, Bulletin, Cousin, Kretin, Refrain, Terrain*
   b. [ɑ̃ː]: *Abonnement, Appartement, Arrangement, Balance, Chance, Croissant, Komment, Restaurant*
   c. [õː]: *Balkon, Ballon, Beton, Bon, Bouillon, Chanson, Coupon, Fasson, Pardon, Saison*

Insbesondere [ɑ̃] kommt auf vergleichbare Weise auch in unbetonten Silben vor, z.B. in *avancieren, Bankier, Chanson.* In allen bisher genannten Wörtern können die Nasalvokale integriert werden, indem sie durch den nächstverwandten ungespannten Vokal des Deutschen gefolgt von [ŋ] ersetzt werden. Es ergeben sich [ba'sɛŋ] (*Bassin*), [kɔ'maŋ] (*Komment*), [paʀ'dɔŋ] (*Pardon*) usw. Artikulatorisch passiert etwas Ähnliches wie oben beim palatalen Frikativ [ɲ] beschrieben: Weil dem Sprecher des Deutschen die Gleichzeitigkeit von Vokalartikulation und Senken des Velums fremd ist, reduziert er die Komplexität durch Linearisierung und macht so aus einem Segment zwei Segmente. Unterstützt wird der Vorgang natürlich dadurch, dass dem Vokalbuchstaben im geschriebenen Wort ein <n> folgt. Deshalb kann sich der Vorgang so nicht abspielen, wenn dem Vokal ein [m] folgt. In diesem Fall wird im Allgemeinen die Leseaussprache gewählt, d.h. die Wörter werden phonologisch voll integriert (8a).

(8) Integration von Nasalvokalen über die Leseaussprache
   a. *Champagner, Champignon, Rampe, Bombe, Pomp, prompt*
   b. *Toleranz, Eleganz, Resonanz, Dekadenz, Kompetenz, Resistenz*
   c. *Ingenieur, Invasion, interessant, imposant, Kompresse, Komtesse, Konfekt, Konsole*
   d. *Division, Fraktion, Garnison, Kollektion, Billion, Balkon, Beton*
   e. *souverän, amüsant, äquivalent, brillant, pikant, elegant*

Ähnlich verhält es sich bei den schweren Auslauten in 8b und bei Affixen, die auf das Französische bezogen werden können, aber nicht müssen wie die Präfixe *in* und *con*, die Suffixe *ant* (*Laborant*) und *ion*, das eine starke Analogiewirkung zu entfalten scheint. Wir haben ja etwa auch für *Balkon* und *Beton* die Lesaussprache mit [oː] als eine Variante (zu Folgen für die Flexion 5.2.2). Schließlich zeigt 8e, wie Adjektive sofort integriert werden. Der Grund ist, dass sie den Auslaut [ŋ] nicht behalten können, wenn sie flektieren. Eine Form wie *amusantes* als [ʔamyˈzaŋəs] zu lesen, ist ausgeschlossen. Wir stellen einen ähnlichen Effekt bei den Anglizismen fest.

Im Übrigen verläuft auch hier nicht alles mechanisch. Wörter wie *Attentat, Bandage, Elan, Roman* und viele andere haben die Nasalvokale verloren. Wer aber Wörter wie *Feuilleton, Ensemble* oder *Genre* überhaupt verwendet, wird zumindest versuchen, sich der Nasalvokale anzubequemen. Und wer von [dekaˈdãːs] spricht, meint wahrscheinlich nicht dasselbe wie wenn er [dekaˈdɛnts] sagt. – Eine aus heutiger Sicht ganz unerwartete Geschichte hat das allseits beliebte *Croissant.*

Croissant. Für den Sprecher des Deutschen ist das Wort eine geradezu prototypische Entlehnung aus dem Französischen. Ein französisches Frühstück ohne Croissant will man sich gar nicht vorstellen, und der Gallizismus [kʀoaˈsãː] hat mit dem öffnenden Diphthong sowie dem Nasalvokal fremde Merkmale bewahrt. Auch die Wörterbücher weisen das Wort als französisch oder, wie Duden 1997, als lateinisch-französisch aus. Es hat sich in den vergangenen Jahren bei uns gut etabliert, man isst Croissants in zahlreichen Varianten und teilweise sogar in einer Croissanterie. *Butterhörnchen* als deutsches Äquivalent, wie wir es noch im Französischunterricht gelernt haben, ist verschwunden. Trotzdem: Das Croissant wurde samt seiner Bezeichnung nicht in Frankreich, sondern in Wien erfunden (Treps 2003: 128). Als die Türken im Jahr 1689 die Belagerung von Wien aufgaben, ihre Fahnen einrollten und Richtung Ungarn abzogen, führte das zu zahlreichen Freudenkundgebungen. Die Wiener Bäcker formten eine Teigware nach dem Muster der Mondsichel auf der türkischen Fahne. Sie sahen darin das Abbild des zunehmenden Mondes, frz. *la lune croissante*, und nannten ihr Gebäck eben *Croissant.* Das neue Produkt fand seine Bezeichnung in einem schicken Fremdwort, das damals nur ein Gallizismus sein konnte. Auf dem Siegeszug durch Europa erreichte das Butterhörnchen schließlich auch Frankreich, allerdings erst etwa hundert Jahre nach dem Auftauchen in Wien. In Maupassants ‚Une vie' (entstanden 1877–1883) kauft Jeanne noch „un petit pain en forme de lune". Legt man ein Croissant nach dem Vorbild der türkischen Fahne auf den Teller, dann ist es nach rechts offen, nicht wie der zunehmende, sondern wie der abnehmende Mond. Das Croissant ist eigentlich ein Décroissant.

Silbenbau und Wortakzent

Bei der Besprechung der für Gallizismen charakteristischen Laute ist schon manches zur Sprache gekommen, was die Stellung der Laute in der Silbe sowie ihre Betontheit oder Betonbarkeit betrifft. Wir schließen diesen Abschnitt deshalb mit nur wenigen Bemerkungen zu Silbenbau und Wortakzent ab. Wie immer geht es ja auch an dieser Stelle nicht um eine Phonologie des Französischen, sondern lediglich um einige hervorstechende Merkmale von Gallizismen im Deutschen.

Auffälligstes fremdes Merkmal des Silbenanfangsrandes von Gallizismen ist das Auftreten des stimmlosen [s]. Es kann allein den Onset bilden (*Saison, Salon, Soiree, solide, souverän*) und wird, wie bei den schon erwähnten anderen Gruppen von Fremdwörtern, wenn dann zum [z] integriert. Bei [st] und gelegentlich bei [sk] erfolgt Integration zu [ʃ] (*Station, stupide, Skandal*). Nicht integriert wird [s] vor Frikativ wie in *Szene* und etwa auch im Gräzismus *Sphäre*. Beide beschriebenen Integrationswege sind hier aus offensichtlichen Gründen versperrt.

Ein wesentliches Fremdheitsmerkmal der französischen Silbe sind die Nasalvokale. Stehen sie in offener Silbe und werden sie in unseren Gallizismen nicht beibehalten, dann führen sie im Deutschen zu geschlossenen Silben, und zwar meist zu solchen mit dem velaren Nasal als Koda (frz. [bal'kõː] wird zu dt. [bal'kɔŋ]). Die häufigsten Integrationsmechanismen sind oben mit 7 und 8 illustriert.

Die Silbenkoda ist im Französischen insgesamt weniger komplex als im Deutschen, weist aber mehr auslautende Konsonanten auf. Insbesondere kennt das Französische keine Auslautverhärtung und verfügt mit dem fakultativen auslautenden Schwa (*e* instable) zu dem über ein Mittel, das Vorkommen stimmhafter Obstruenten im Auslaut zu vermeiden. Das Deutsche schließt hier an. Es macht das auslautende Schwa obligatorisch und kann die Wörter so ohne Auslautverhärtung übernehmen (9a,b).

(9) Schwa im Auslaut, keine Auslautverhärtung
  a. *Alternative, Initiative, Arkade, Attitüde, Avantgarde, Bagage, Bandage, Barrikade, Bluse, Bombe, Garderobe*
  b. *Bataille, Canaille, Chenille, Emaille, Medaille, Patrouille*

Als besonders typische Gallizismen gelten solche Wörter, deren letzte Silbe das fremde [ʒ] enthält (*Bandage*) oder aber das [j] (9b), das im deutschen Kernsystem auf den Onset von Vollsilben beschränkt ist (*Jäger*, Ausnahme

Boje). Im Französischen steht hier eigentlich der Halbvokal oder Approximant [j], also ein Laut, bei dem sich der Zungenrücken dem Palatum nähert, mit ihm aber keine wirkliche Friktionsenge bildet. Im Deutschen wird er mehr oder weniger weitgehend zum Frikativ gemacht oder er wird in die Folge von Lateral und Frikativ aufgelöst. Aus frz. [me'daj(ə)] wird deutsch [me'daljə] (*Medaille*). Sind diese Integrationswege versperrt – etwa weil das französische Wort kein auslautendes Schwa zulässt – dann weicht der Sprecher des Deutschen zur Integration auf einen Diphthong aus, z.B. in *Detail*, *Fauteuil*.

Was den Wortakzent von Gallizismen betrifft, müssen an dieser Stelle keine längeren Ausführungen gemacht werden. Wir schließen uns der verbreiteten Auffassung an, dass der Akzent bei den allermeisten Gallizismen aus dem Französischen übernommen wird. Das Französische selbst hat einen im Vergleich zum Deutschen phonetisch weniger ausgeprägten Wortakzent, der vom Wortende her nach phonologischen (Silbengewicht) oder morphologischen (Suffixbetonung) Gesichtspunkten zugewiesen wird, der aber im laufenden gesprochenen Text innerhalb der Phrase verschoben werden kann. Deshalb ist auch die Ansicht verbreitet, das Französische habe keinen festen Wortakzent. Für Entlehnungen ins Deutsche spielt das aber keine Rolle. Aus unseren Beispielen geht etwa hervor, dass Suffixe wie *ment* (*Abonnement*) und *ie* (*Karosserie*) betont sind. Im Prinzip lässt sich vieles von dem übertragen, was in Abschnitt 4.4 über die Akzentuierung von Gräzismen und Latinismen ausgeführt wird. Es bleibt ja teilweise auch schwierig, diese überhaupt von den Gallizismen abzugrenzen. Einzelne Gallizismen werden anders als ihre französischen Äquivalente und teilweise auch was die deutschen Regeln betrifft mit markiertem Akzent realisiert (*Leutnant*, *Billard*, *Nougat*, *Kognac*, *Champignon*), aber das setzt die allgemein wirksamen Regularitäten nicht außer Kraft.

Das Französische gibt mit einer Lautstruktur, die vergleichsweise tiefliegende Unterschiede zum Deutschen aufweist, seinen auswandernden Wörtern eher komplizierte Integrationsanforderungen mit auf den Weg. Für das Deutsche erweist sich die lautliche Integration von Gallizismen als ein strukturierter, nach beiden Seiten offener Prozess des Aushandelns zwischen dem Eigenen und dem Fremden.

4.4 Gräzismen und Latinismen

Zur Aussprache traditioneller Fremdwörter

Bei den Latinismen hat man es, auch was die Aussprachen betrifft, nicht mit **einer** Quelle zu tun. Es bestand und besteht ein Bezug sowohl zum klassischen Latein als auch zu dem, was sich seit Beginn der Renaissance im Neulatein und auf seiner Basis unter Einschluss der Gräzismen als Aussprachenorm der traditionellen Fremdwörter entwickelt hat. Diese Spannung ist in gewissem Umfang bis heute erhalten geblieben. Bei Becker etwa heißt es im Anschluss an Mangold 1972; 1973, gewisse Aussprachevarianten von Vokalen in Latinismen und Gräzismen seien durch die „differenzierte Gymnasialaussprache" begründet (Becker 1998: 95). Dagegen stellt ein Leitfaden zum naturwissenschaftlichen und medizinischen Latein einfach fest: „Die Aussprache der Buchstaben erfolgt wie im Deutschen. In der Neuzeit wird das Lateinische in allen Ländern, in denen es gelehrt wird, verschieden ausgesprochen; meistens spricht man es so aus, wie man entsprechende Schriftbilder der eigenen Sprache auszusprechen pflegt." (Ahrens 1973: 22). Die neuste kontrastive Grammatik Deutsch – Latein bezieht sich so weit wie möglich auf das klassische Latein und möchte „für den Lateinunterricht an Schulen und Universitäten eine Hilfestellung" sein, die sich gegen andere Formen des Lateinischen und erst recht die Latinismen richtet (Kienpointer 2010: 13). Unser neues Aussprachewörterbuch (Krech u.a. 2009) behandelt recht ausführlich die Aussprache von Entlehnungen aus einer ganzen Reihe ‚lebender' Sprachen, weist der Aussprache von Latinismen jedoch keinen systematischen Ort zu.

Dazu kommt, dass das klassische Latein natürlich ebenfalls keine homogene Sprachvarietät ist. Zu der berühmten Frage, wie der Buchstabe *c* zu lesen sei, heißt es im Standardwerk zur Aussprache des klassischen Latein: „Latin *c* in all cases represents a *velar plosive*... even before the front vowels *e* and *i*." (Allen 1978: 14; ebenso Kienpointer 2010: 28). Danach wird das *c* generell als [k] realisiert. Nur eine Seite später wird aber festgestellt: „In early Latin inscriptions *c* tends only to be used before *i* and *e*, *k* before consonants and *a*... – which is a further indication that the pronunciation varied somewhat according to environment." (Allen 1978: 15).

So bestehen noch immer zahlreiche Möglichkeiten, durch Aussprache ein besonderes Verhältnis zum Lateinischen oder Griechischen anzuzeigen. Etwa wenn Sprachwissenschaftler vom *Akkúsativ* sprechen (obwohl es das Wort im klassischen Latein gar nicht gibt) oder vom *ne-utrum* (‚keins von beiden': das Neutrum gilt im Lateinischen als das Genus, das weder Maskulinum noch Femininum ist) oder wenn sie von Ausdrücken sprechen, die [dɛiktɪʃ] (*deiktisch*) oder gar [dɛiksɛis] (*Deixeis*) seien. Mit dem Diphthong [ɛi] wird ein echtes Xenophon produziert, eine segmentale Fremdheit, die unbedingt auffällt. Überhaupt liegen, wie wir gleich sehen werden, die meisten Xenophone der traditionellen Fremdwörter, zu denen ja nicht nur Latinismen/Gräzismen zu zählen sind (1.4), im vokalischen Bereich.

Für die Konsonanten geht es vor allem um das Vorkommen nichtfremder Laute in fremder Silbenposition. Bei den Gräzismen gehören dazu etwa das anlautende [ç] wie in *Chiasmus* (‚Überkreuzung') und *Chirurg* (wörtl. ‚Handarbeiter'). Auch fremde Konsonantkombinationen gibt es wie das anlautende [ks], z.B. in *Xenophon* (‚fremder Laut'), *Xenie* (‚Sinnspruch'), *Xerographie* (wörtl. ‚Trockenschrift'), *Xylophon* (‚Holzklinger').

Die wohl bedeutendste phonologische Besonderheit der traditionellen Fremdwörter liegt aber nicht bei den Lauten oder der Lautkombinatorik, sondern in der Wortprosodie und hier besonders bei der Akzentuierung von Mehrsilbern und Wörtern mit Derivationssuffix. Die Wortprosodie ist nicht nur wichtig für die Morphologie (6.2.4), sondern hat auch eine Reihe von Konsequenzen im Bereich der Vokale. Wir behandeln deshalb zunächst die Akzentplatzierung und wenden uns dann den Hauptcharakteristika der Vokalartikulation und Vokalkombination bei den traditionellen Fremdwörtern zu.

Mehrsilbigkeit und Suffixakzent

Wie in Abschnitt 1.3 gezeigt, hat die erdrückende Mehrheit der morphologisch einfachen Stämme des Kernwortschatzes genau eine Vollsilbe (*Buch*, *bunt*, *ruf+en*). Dazu kommt häufig eine Reduktionssilbe, die Teil des Stammes ist (*Hammer*, *munter*, *ruder+n*) oder ein Flexionssuffix einschließt (*Buch+es*, *bunt+es*, *ruf+en*). Die weitaus größte Zahl der Wortformen mit einfachen Stämmen ist damit trochäisch. Kommt ein Auftakt hinzu, dann enthält die Form wahrscheinlich ein Präfix (*be+hämmer+n*, *er+munter+n*, *ver+ruder+n*). Der Jambus geht im Kernwortschatz meistens mit morphologischer Komplexität (Präfigierung) einher.

Ein Kennzeichen insbesondere von Wörtern des traditionellen Fremdwortschatzes sind morphologisch einfache Stämme mit mehreren Vollsilben. Mehrsilbigkeit dieser Art ist für sich schon eine fremde Eigenschaft. Damit stehen auch mehrere betonbare Silben zur Verfügung und es gibt Regeln zur Akzentplatzierung. Eine erste Schwierigkeit besteht in der Unsicherheit, wann man von einem morphologisch einfachen Stamm zu sprechen hat: ist das *o* in *Cembalo* (in diesem Sinn ein traditionelles Fremdwort) oder das *on* in *Kanon* ein Suffix? (ausführlich 6.4). Wenn die morphologische Struktur eines Wortes unsicher ist, bleibt auch die Frage schwer zu beantworten, ob ein Wortakzent im Einzelfall morphologisch oder phonologisch gesetzt wird. Schon aus diesem Grund sind Regeln zur Akzentplatzierung niemals ohne Ausnahme. Man trifft die Verhältnisse mit hoher Wahrscheinlichkeit, mehr nicht.

Bewährt hat sich als bestimmender Faktor die Klassifizierung der Vollsilben nach Gewicht. Theo Vennemann (1991; 1991a), der sich ausführlich mit der Akzentuierung von Fremdwörtern beschäftigt hat, nennt eine Silbe leicht, wenn sie offen, sanft geschnitten und monophthongisch ist wie die zweite und dritte Silbe in [ˈtʃɛm.ba.lo] (*Cembalo*). Sonst ist eine Silbe schwer, wie die erste in *Cembalo* ([tʃɛm] ist geschlossen) oder in *Neuron* ([nɔi] ist diphthongisch). Ein Präferenzgesetz für Fremdwörter besagt dann, dass eine leichte letzte Silbe (leichte Ultima) unbetont ist (1a), während eine schwere betont ist (1b; dazu auch Benware 1980; Wurzel 1980; Giegerich 1985; zusammenfassend Wort: 138ff.).

(1) Akzentplatzierung bei leichter und schwerer Ultima
   a. *Gála, Schéma, Prósa, Káli, Gúmmi, pári, Káro, Kónto, nétto, Kánu, Ébu*
   b. *Dekán, Indíz, Rasúr, Konzért, korrúpt, abstrákt, Metáll, Tyránn, Skelétt*

Mit dem Akzent auf der ersten Silbe in 1a und der zweiten in 1b findet eine weitgehende prosodische Integration statt. Denn die Wörter in 1a haben, wenn sie flektieren, nichtsilbische Flexionssuffixe (z.B. *Gala – Galas*) oder silbische, die den auslautenden Vollvokal ersetzen (*Konto – Konten*). In jedem Fall entsteht mit dem Trochäus der dominante Fuß des Kernwortschatzes. Dasselbe gilt für die Wörter in 1b. Hier ist das Pluralsuffix silbisch (*Dekan – Dekane*), es entstehen ebenfalls trochäische Formen (weiter 5.2). Man kann auch sagen: vom Wortende aus hören sich diese Fremdwörter prosodisch an wie Kernwörter.

An 1a lässt sich nun der Typ 2a, an 1b der Typ 2b anschließen. Beide haben den Akzent auf der Pänultima, der vorletzten Silbe.

(2) Pänultimabetonung
   a. *Kanóne, Terríne, Kalíber, Theáter, Spektákel, Partíkel, Exámen, Bitúmen*
   b. *Dilémma, Regátta, Propagánda, palétti, Deménti, Bajázzo, Inférno*

In 2a ist die letzte Silbe reduziert, in 2b ist sie leicht und die vorletzte ist schwer. Unter diesen Bedingungen ist der Akzent auf die Pänultima fixiert, d.h. es ergibt sich wieder die kanonische Fußstruktur aus betonter und unbetonter Silbe.

Mit den genannten Präferenzen und Regularitäten sind noch nicht alle Akzente erfasst. Einmal gibt es Ausnahmen, zum anderen gibt es noch nicht berücksichtigte Wortstrukturen. Bei einer häufig vorkommenden ist sowohl die letzte als auch die vorletzte Silbe leicht. Der Akzent kann dann sowohl auf der Pänultima (3a) als auch auf der Präpänultima (der drittletzten) liegen (3b).

(3) Akzent bei leichter Pänultima
   a. *Retína, Tokkáta, Alkáli, Paróli, Torpédo, Albíno, Piáno*
   b. *Kámera, Árnika, Álgebra, Kólibri, Cémbalo, Dómino, Kákadu*
   c. *Monópoli, Basílika, Allótria, Fortíssimo, Inkógnito*

Weiter als bis zur drittletzten Silbe geht der Akzent nicht zurück. 3c demonstriert das anhand einiger viersilbiger Wörter. Auch an dieser Beschränkung wird deutlich, dass der Wortakzent vom Wortende her gesetzt wird. Der Weg vom Wortende her lässt sich auf die Strukturierung von Mehrsilbern und damit Ansätze für Integrationsprozesse verallgemeinern (s.u.).

Bisher ist nur vom Hauptakzent der Wörter die Rede gewesen. Geht dem Hauptakzent genau eine Silbe voraus, so ist diese unbetont, prosodisch ein Auftakt wie in 2a,b oder in 3a,c. Gehen der hauptbetonten zwei Silben voraus, so bekommt die erste in der Regel einen Nebenakzent. Man spricht hier auch von rhythmischer Prominenz oder rhythmischem Nebenakzent, um deutlich zu machen, dass dieser rein phonologisch und nicht morphologisch determiniert ist. Es ergibt sich wieder ein Trochäus, z.B. in *Schòkoláde, Pròpagánda.* Ist noch eine Silbe mehr vorhanden, so entsteht vortonig (vor dem Hauptakzent) meist ein Daktylus (*Kònglomerát, Kàtamarán*). Man kann also sagen, dass der vortonige Bereich nach vorhandenen Mustern durch Nebenakzente prosodisch strukturiert wird. Wir kommen später auf den Effekt dieser Strukturen für die Vokalartikulation zurück.

Nun zum Akzentverhalten der Derivationssuffixe traditioneller Fremdwörter. Die Verhältnisse im Kernwortschatz demonstriert 4a.

(4) Stamm- vs. Suffixbetonung
   a. *dénk+en, Dénk+er, Dénk+er+in, Dénk+er+in(n)+en+schaft*
   b. *soz+iál, akt+ív, Tut+ánd, Zens+úr, zens+íert*

Derivationssuffixe des Kernbereichs wie *er, in, schaft, chen, ung* sind betonungsneutral. Sie beeinflussen die Lage des Hauptakzents nicht. Zwar können sie Nebenakzente tragen, der Hauptakzent bleibt bei suffixderivierten Wörtern aber auf dem Stamm. Fremdsuffixe sind dagegen nicht betonungsneutral. 4b demonstriert, dass sie betont sein können. Ein Korrelat dieser Eigenschaft ist, dass sie einen Vollvokal haben, während im Kernbereich auch Schwa als Vokal möglich ist (*er, chen*). Auf die Akzentuierung von

Wörtern mit mehreren Suffixen gehen wir wieder im Rahmen der Wortbildung (6.2.4) ein.

Bisher wurden zwei Prinzipien für die Akzentzuweisung im traditionellen Fremdwortschatz aufgezeigt: Sie kann einerseits phonologisch und sie kann andererseits morphologisch geregelt sein, wobei mit morphologisch vor allem gemeint ist, dass ein betontes Derivationssuffix vorhanden ist. Es gibt nun auch strukturell greifbare Übergänge vom Phonologischen zum Morphologischen und es gibt Fremdsuffixe, die unbetont sind. Wichtige Fälle fasst 5 zusammen.

(5) Betonte und unbetonte Fremdsuffixe

a.	*ik*	*Fabrík, Rubrík, Replík, Physík, Musík, Kritík, Politík*
		Téchnik, Táktik, Héktik, Klássik, Épik, Mechánik, Státik
b.	*(i)on*	*Karbón, Hormón, Sermón, Diakón, Natión, Intentión*
		Néon, Dístichon, Stádion, Pérlon, Kánon, Ántimon, Étymon
c.	*is*	*Básis, Dósis, Sképsis, Digitális, Sýphilis, Mímesis, Epidérmis*
d.	*os*	*Cháos, Lógos, Páthos, Mýthos, Éthos, Épos, Kústos, Álbatros*
e.	*us*	*Túbus, Fúndus, Rádius, Nónius, Múlus, Zírkus, Zýklus*
f.	*um*	*Álbum, Flúidum, Muséum, Pódium, Hélium, Plénum, Dátum*

Das Suffix *ik* (5a) gehört zu den weniger produktiven Fremdwortbildern. Es verhält sich nur teilweise wie aus 5 ersichtlich. Das Suffix kann betont sein, ist aber, wie die zweite Reihe von Beispielen zeigt, bei schwerer Pänultima unbetont. In manchen Fällen kann der Akzent in der Pluralform verschoben werden (*Krítiken* neben *Kritíken*). Auch *on* kann betont sein, und *ion* ist in Letztposition in der Regel betont (5b). Dabei geht Betontheit mit dem Langvokal einher. Unbetont (zweite Beispielreihe) wird *on* als typisch für Gräzismen angesehen, es geht dann auf die altgriechische Endung *on* zurück, mit der Substantive (*xylon* ‚Holz', *metron* ‚Maß') oder Adjektivformen (*etymon* ‚wahres', *xenon* ‚fremdes') als Neutrum markiert sind. Ähnliches gilt für die übrigen Suffixe in 5: Sie alle sind auf Flexionssuffixe des Griechischen und Lateinischen beziehbar und in Fremdwörtern unbetont. Der Klang des Suffixes verleiht solchen Wörtern eine gewisse Aura auch dann, wenn sie naturwissenschaftliche oder technische Bedeutungen haben wie das Edelgas *Argon* (von gr. *argos* ‚träge'), wie das aus Argon isolierte *Neon* (von gr. *neos* ‚neu') oder wie *Triton*, mit dem man sich sowohl auf einen Meeresgott und einen nach ihm benannten Mond des Planeten Neptun als auch auf den Atomkern des Tritiums beziehen kann. Echte Neubildungen auf *on* finden sich zum Beispiel zur Bezeichnung von Kunstfasern, allen voran *Nylon* und *Perlon*.

Nylon, Perlon. Die Herstellung der Kunstfaser Nylon aus der Gruppe der Polyamide wurde im Jahr 1935 in den USA für die Firma Du Pont patentiert. Unabhängig davon und auf anderer verfahrenstechnischer Grundlage entwickelte man bei der deutschen IG Farben die Faser Perluran (1938), die sehr bald unter der Bezeichnung *Perlon* als kriegswichtiger Stoff klassifiziert wurde. Sie diente zur Herstellung von sehr harten Borsten, von Fallschirmschnüren und Ähnlichem. Ihre Bezeichnung wies sie eindeutig als Alternativprodukt von Nylon aus. Die goldene Zeit von Perlon begann, als die Faser ab dem Jahr 1949 im Wirtschaftswunderland Bundesrepublik zur Herstellung von vielerlei Textilien verwendet wurde. Perlon verdrängte andere Fasern, beispielsweise die Kunstseide bei den ‚Seidenstrümpfen'. Hier entwickelte sich seine Pluralform zu einem echten Appellativ, z.B.: „Hast du etwa meine neuen Perlons weggeworfen?" Auch Mischungen mit anderen Fasern entstanden, namentlich mit Wolle (*Perwollon*) und Zellstoff (*Perzellon*). *Perlon* wurde im Jahr 1952 als Warenname geschützt, was die DDR zu einer eigenen Produktbezeichnung zwang. Dass in *Dederon* der Landesname zur Bildung des Wortstammes verwendet wurde, illustriert noch einmal, wie wichtig die Faser damals war. Als weitere Analogiebildungen kamen etwa *Akulon, Dralon, Grilon* in Umlauf. Sechzig Jahre nach Beginn der Perlonproduktion (1999) widmete das Haus der Geschichte der Bundesrepublik Deutschland in Bonn den Fasern eine umfangreiche Ausstellung unter dem Titel „Künstliche Versuchung: Nylon – Perlon – Dederon". – Mit der enormen Bedeutung für die Wirtschaft und das alltägliche Leben hängt wohl auch die Mythenbildung zur Etymologie von *Nylon* zusammen. Schon der Hersteller Du Pont setzte mehrere Versionen in Umlauf: Es handele sich um die synthetische Silbe *nyl* kombiniert mit *on*, was an Fasern erinnern solle (*Cotton*). Oder die Basis sei *no run* (‚keine Laufmaschen') gewesen, die aus rechtlichen Gründen (es gibt ja sehr wohl Laufmaschen) zu *nylon* verfremdet werden musste. Von anderer Seite wurde die Abkürzung aus *New York/London*, den ersten Herstellungsorten von Nylon, als Quelle ins Spiel gebracht, und später dachte man sich dafür weitere sprechende Sentenzen aus wie *Now you look old Nippon.* Heute sind die Polyamidfasern noch immer von erheblicher Bedeutung, haben aber andere wie die Acryl- und Naturfasern (Wolle, Baumwolle, Seide) keineswegs marginalisiert.

Für die Akzentplatzierung bei traditionellen Fremdwörtern halten wir abschließend fest: Mit der Zuweisung des Akzents vom Wortende her gewinnen die traditionellen Fremdwörter Anschluss an die Prosodie des Kernwortschatzes. Vom Wortende her gesehen gibt es keine prosodischen Strukturen, die nicht auch im Kernwortschatz vorkommen. Das ist von entscheidender Bedeutung dafür, dass viele Fremdwörter ohne Schwierigkeiten so flektiert werden können wie Kernwörter (weiter 5.2).

Der Hiat

In seinen unterschiedlichen Ausprägungen ist der Hiat ein typisches phonotaktisches Kennzeichen traditioneller Fremdwörter. Er liegt vor, wenn zwei zu verschiedenen Silben gehörende Vokale unmittelbar und damit ohne dazwischenliegende Schließbewegung aufeinanderfolgen (von lat. *hiatus* ‚Öffnung, Kluft' und ‚offener Mund'). Das Wort *Hiat* [ˈhiː.at] selbst ist mit der Folge von [i] und [a], die Kerne verschiedener Silben sind, ein Beispiel für diese Erscheinung. In Ausssprachelehren des Lateinischen und vor allem des Griechischen wird der Hiat samt seiner Beseitigung und Überbrückung vor allem als Teil normierter Lesesaussprache und ihres Verhältnisses zur Umgangssprache behandelt, wenn es um die Verbindung eines vokalisch auslautenden mit dem folgenden vokalisch anlautenden Wort in der fließenden Rede geht (z.B. Allen 1987: 96ff. für das Griechische). In unserem Zusammenhang interessiert der wortinterne ‚Vokalzusammenstoß'.

In der Kerngrammatik treten unmittelbar aufeinanderfolgende heterosyllabische Vokale weitaus überwiegend vor vokalisch anlautenden Suffixen oder Pseudosuffixen auf, die unbetont sind. 6a gibt einige Beispiele für Schwasuffixe, 6b für Suffixe mit Vollvokal.

(6) Hiat und Hiatüberbrückung im Kernwortschatz
   a. *Ruhe* [ˈʀuː.ə], *drohen* [ˈdʀoː.ən], *schreien* [ˈʃʀai.ən], *klaue* [ˈklau.ə]
   b. *Drohung* [ˈdʀoː.ʊŋ], *Freiung* [ˈfʀai.ʊŋ], *ruhig* [ˈʀuː.ɪç], *breiig* [ˈbʀai.ɪç]
   c. *zuende* [tsu.ˈʔɛn.də], *beengt* [bə.ˈʔɛŋt], *geölt* [gə.ˈʔøːlt]
   d. *darauf, darüber, darunter, worauf, woran, worin, worunter*

Die meisten anderen Vokalfolgen dieser Art sind im Kernwortschatz durch einen Konsonanten überbrückt, der Hiat wird beseitigt. Die Überbrückung erfolgt an potentiellen Wortanfängen durch den glottalen Verschlusslaut (6c). Derselbe Effekt tritt natürlich auch an der Kompositionsfuge auf (*Schuhöffner, Teeei*). Für Pronominaladverbien und Frageadverbien ist die Überbrückung mit [ʀ] sogar voll morphologisiert und wird auch geschrieben (6d).

Bei Fremdwörtern tritt der Hiat am häufigsten unmittelbar nach einer betonten Silbe (7a) oder unmittelbar davor (7b) in Erscheinung.

(7) Hiat, nach- und vortonig
   a. *Chaos, Hiat, Mao, Neon, stoisch, heroisch, Fluor, Museum, Trio, Duo, Boa, Geo, Laos*
   b. *chaotisch, naiv, Poet, Aorta, Äolier, Hanseat, museal, Dual, Äon*

Ein Hiat dieser Art markiert ein Wort zweifellos als fremd, dennoch findet meist eine Integration entsprechend 6 statt. Der nachtonige Typ 7a wird analog zu 6a,b behandelt, d.h. der Hiat wird wie bei unbetonten Suffixen des Kernwortschatzes nicht überbrückt. Wir sagen ['kɑː.ɔs], ['hiː.at] und nicht ['kɑː.ʔɔs], ['hiː.ʔat]. Dagegen richten wir uns bei den Wörtern in 7b viel eher nach 6c und überbrücken mit dem Knacklaut, also [kɑ.'ʔoː.tɪʃ], [po.'ʔeːt]. Ein solches Aussprachemuster ist im Kernwortschatz daran gebunden, dass der erste Bestandteil Präfix oder Teil eines Kompositums ist. Es wird deswegen in Fremdwörtern viel weniger häufig verwendet, wenn das Muster ausgeschlossen werden kann wie bei *naiv*, *museal* oder *Dual*. Hier ist ja der zweite Bestandteil ein Suffix. Auch an diesem Beispiel wird deutlich, wie Fremdheit einerseits und Integration andererseits durchaus miteinander vereinbar sind.

Vokalschwächung und Vokalreduktion

Ein weiteres Charakteristikum traditioneller Fremdwörter betrifft das Verhältnis von gespannten und ungespannten Vokalen. In einfachen Stämmen des Kernwortschatzes ist der betonte Vokal entweder gespannt und lang (*Wiese, müde, loben*) oder er ist ungespannt und kurz (*Mitte, schütter, stoppen*). Gespanntheit bzw. sanfter/scharfer Silbenschnitt ist distinktiv, d.h. es gibt Minimalpaare wie *Miete – Mitte, Schrot – Schrott, Bahn – Bann.*

Die klare Unterscheidung von gespannten und ungespannten Vokalen ist in vielen mehrsilbigen fremden Stämmen nicht gegeben, nicht selten kann sowohl ein gespannter als auch ein ungespannter Vokal artikuliert werden. Meist betrifft das Silben, die nicht den Hauptakzent des Wortes tragen. Bei hauptbetonten Silben gibt es vergleichsweise wenige Fälle und anscheinend nur solche mit nicht offenem Vokal (8). Man hört sowohl [kʀɪ'tiːk] als auch [kʀɪ'tɪk] (*Kritik*) usw. Wie Fälle dieser Art zu deuten sind, ist nicht ganz klar (Vennemann 1991: 235f.; Becker 1998: 95).

(8) Gespanntheitsneutralisation bei hauptbetonter Silbe
   Kritík, Politík, Títel, Favorít, Kapítel, Profít, Génus, Módus, Búmerang

Ein verbreiteter Typ von Gespanntheitsneutralisation ist der in unbetonter Silbe, wenn sie der hauptbetonten unmittelbar vorausgeht. 9a zeigt einige Substantive, 9b einige Adjektive.

(9) Vortonige Reduktion

a. *Kritik, Zitat, Depot, Rekrut, Labor, Kanal, Profit, Mohair, Humor*

b. *debil, egal, rabiat, fatal, potent, dubios*

c. *Disput, Reptil, Hospiz, zentral, bankrott, obszön, urban*

Die erste Silbe von *Kritik* kann mit gespanntem wie mit ungespanntem Vokal artikuliert werden, also [kʀiˈtɪk] und [kʀɪˈtɪk]. Der Vokal bleibt auch bei Gespanntheit kurz. Entsprechend bei allen anderen Beispielen aus 9a und 9b. Notwendige Bedingung ist, dass die vortonige Silbe sowohl offen als auch geschlossen artikuliert werden kann, d.h. es darf vor dem Kern der betonten Silbe nur **ein** Konsonant stehen. Ist die Silbe geschlossen wie bei den Beispielen in 9c, dann ist der Vokal ungespannt, ein gespannter kommt nicht in Frage.

Die mit 9a,b illustrierte Gespanntheitsvariation wird von Becker (1998: 95) „ein natürlicher Reduktionsprozeß" genannt. Es wird also angenommen, der ungespannte Vokal beruhe auf dem gespannten und nicht etwa umgekehrt. Wir nehmen auch Beckers Charakterisierung als Reduktion wörtlich und sprechen deshalb von vortoniger Reduktion. Später wird gezeigt, dass ein Bezug auf Reduktionssilben hier durchaus nicht abwegig ist.

Vortonige Vokalreduktion kann als Integrationsvorgang verstanden werden. Im Kernwortschatz kommen gespannte Vokale ausschließlich in betonten Silbe vor, so dass Reduktion bei Nichtbetontheit schon aus diesem Grund ‚natürlich' ist. Darüber hinaus haben Auftaktsilben im Kernwortschatz generell einen ungespannten oder einen Reduktionsvokal, d.h. prosodisch verhalten sich die Wörter in 9a,b wie *umstellt, durchnässt, gekränkt, zerdrückt.* Diese geben mit Sicherheit das prosodische Muster vor, auch wenn sie morphologisch komplex sind.

Einen anderen weit verbreiteten Fall bezeichnet Vennemann als pretonic laxing, wir wollen ihn in Ermangelung eines besseren Ausdrucks vortoniges Laxing nennen. Betroffen ist eine Silbe, die der hauptbetonten nicht unmittelbar vorausgeht. Sehr häufig liegt genau eine Silbe dazwischen, so dass die vom Laxing betroffene einen rhythmischen Nebenakzent trägt. 10a bringt wieder einige Beispiele für Substantive, 10b für Adjektive.

(10) Vortoniges Laxing

a. *Militär, Dynamit, Resultat, Republik, Präzision, Material, Satellit, Favorit, Potentat, Prominenz*

b. *liberal, legitim, defensiv, atavistisch, moderat, potentiell*

c. *hintertrieben, oberdoof, übersetzt, unterfordert*

Zweierlei ist hervorzuheben. Einmal handelt es sich beim Nebenakzent auf der ersten Silbe bei 10a,b um einen rhythmischen im Sinne von phonologischem Akzent, nicht um einen morphologischen. In 10c finden sich einige Beispiele aus dem Kernwortschatz, bei denen die erste Silbe morphologisch nebenbetont ist. Vortoniges Laxing ist hier bei gespanntem Vokal ausgeschlossen. Zweitens soll nicht behauptet werden, dass 10 mit 9 nichts zu tun hat. Häufig kann man ja den Stamm in beide Betonungsmuster bringen (z.B. *potént, pòtentiéll*), so dass die erste Silbe der hauptbetonten mal unmittelbar vorausgeht und mal nicht. Trotzdem sollten beide Fälle unterschieden werden, gerade weil sie in einem unterschiedlichen Verhältnis zum Kernsystem stehen.

Während sich 9 an jambischen Strukturen orientiert und deshalb als Reduktion bezeichnet wird, kommt es in 10 zur Fußbildung. Die nebenbetonte Silbe bildet mit der ihr folgenden unbetonten einen Trochäus, in anderen Fällen einen Daktylus (z.B. *kàtastrophál, Stàbilitắt*). Aber bleiben wir beim Trochäus aus nebenbetonter und unbetonter Silbe. Die unbetonte Silbe geht ihrerseits der hauptbetonten unmittelbar voraus und kann deshalb einer Reduktion unterworfen sein. Die Reduktion erfolgt „...most commonly between two rhythmically prominent syllables. Any vowel in the nucleus of a syllable so reduced will turn into schwa..." (Vennemann 1991: 212). Dem entsprechen folgende Beispiele.

(11) Vokalreduktion
Apparat > *App*[ə]*rat*, *Molekül* > *Mol*[ə]*kül*, *Aspirin* > *Asp*[ə]*rin*

Sehen wir uns die Pluralformen solcher Wörter oder entsprechende Viersilber wie in 12a an, dann haben wir Formen mit zwei vollständigen Füßen und ein Akzentmuster, das bei Komposita durchaus vorkommt (12b).

(12) Vokalreduktion
a. *Àpparáte, Mòlekűle, Àspiríne, Tàbernákel, Sàlamánder*
c. *Wòchenmítte, Sòmmeránfang, Mìttelspánien, Hèssen-Nássau*

Allerdings ist dieses Muster höchst restringiert. Das normale Kompositum ist auf dem ersten und nicht auf dem zweiten Hauptbestandteil betont. Aber auch solche prosodischen Strukturen können durch Vokalreduktion entstehen (13a).

(13) Kompositionsakzent?
a. *Áttentàt, Ábentèuer, Támerlàn, Kángurù, Drómedàr*
b. *Wéizensàat, Wágenhèber, Kínderkràm, Gúmmischùh, Wắrmegràd*

Vennemann spricht davon, dass sich Wörter vom Typ 13a prosodisch wie prototypische Komposita des Deutschen (d.h. Komposita des Kernsystems) „anfühlen" (Vennemann 1991a: 100; s.a. Raffelsiefen 2000: 45), d.h. sie sind prosodisch echte Komposita und damit integriert, morphologisch aber nicht.

Die Beispiele zeigen, dass es sogar bei Stämmen mit mehreren Vollsilben, wie sie charakteristisch für den traditionellen Fremdwortschatz sind, Integrationsbewegungen gibt. Vortonige Reduktion und vortoniges Laxing können dabei auch Ansätze zur morphologischen Reanalyse liefern. Damit ist allerdings nur ein Teil der Variation ins Auge gefasst, der die Gespanntheitsopposition unterliegt (zur Übersicht Becker 1998: 82ff.).

Diphthonge

Die drei Diphthonge des Kernwortschatzes [ai] *Hai*, [au] *Hau* und [ɔi] *Heu* weisen als entscheidende gemeinsame Merkmale die Silbizität des ersten Bestandteils und die Geschlossenheit des zweiten Bestandteils auf. Der nichtsilbische zweite Bestandteil kann artikulatorisch als Teil der Schließbewegung und damit als Übergang zur Silbenkoda angesehen werden. In Abschnitt 4.1 wurde außerdem darauf hingewiesen, dass erwogen wurde, für alle drei Diphthonge ein [a] als ‚zugrundeliegenden' ersten Bestandteil anzusetzen. Die drei Diphthonge des Kernwortschatzes zeichnen sich durch ein hohes Maß an Einheitlichkeit und Systematizität aus.

Im traditionellen Fremdwortschatz findet sich eine sehr viel größere Zahl von Diphthongen, die, mit Ausnahme des oben erwähnten [ɛi], von denen des Kernwortschatzes in so gut wie jeder Hinsicht abweichen. Begründbar ist sogar die Annahme, es handele sich gar nicht um Diphthonge, sondern um die Abfolge eines Gleitlautes, Approximanten oder sogar Frikativs und eines Vokals. Betrachtet man ein Wort wie *sozial*, dann kann das <i> durchaus mehr oder weniger geschlossen sein, so dass sich Varianten wie [zotsˈʝɑːl] (mit Frikativ), [zotsˈjɑːl] (mit Approximant) oder [zotsˈi̯ɑːl] (Diphthong mit nichtsilbischem ersten Vokal) ergeben. Auch die Aussprache [zotsiˈʔɑːl] mit silbischen [i], d.h. Hiat, gibt es. Der Hiat kann dann sogar mit dem glottalen Verschlusslaut überbrückt werden. Wir kommen auf die damit aufgeworfenen Fragen noch einmal kurz zurück, werden aber allgemein von Diphthong sprechen und die dazu gehörige Transkription [zotsˈi̯ɑːl] verwenden.

Phonologisch lassen sich die fremden Diphthonge nach dem ersten, dem nichtsilbischen Bestandteil in zwei gleichstarke Gruppen einteilen. Die erste Gruppe beginnt mit [i̯], die zweite mit [u̯]. Es gibt noch weitere, sie sind aber im Vergleich zu diesen Prototypen marginal. 14 zeigt die erste Gruppe.

(14) Fremde Diphthonge, vorderer Erstvokal

a. [i̯ø] *ingeniös, luxuriös, melodiös, mysteriös, religiös, seriös*
b. [i̯ɛ] *adverbiell, bakteriell, materiell, notariell, prinzipiell*
c. [i̯ɑ] *genial, imperial, kollegial, labial, medial*
d. [i̯o] *dubios, grandios, kurios, Legion, Region, Union, Vision*
e. [i̯u] *Filius, Genius, Helium, Opium, Radium, Radius*
f. [tsi̯] *minutiös, partiell, partial, Nation, Spatium*

Die fünf Diphthonge füllen von [i̯] her den gesamten Vokalraum aus. In den genannten Beispielen ist der Diphthong jeweils Träger des Hauptakzents des Wortes, außer bei [i̯u] (14e). Die Suffixe *us* und *um* gehen ja auf Flexionssuffixe des Lateinischen zurück und sind deshalb unbetont. Geht dem Diphthong im graphematischen Wort ein <t> voraus, so findet sich im phonologischen Wort die Konsonantfolge [ts]. Der Frikativ kann als eine Art Sprosskonsonant innerhalb des im Wesentlichen homorganen Lautverbandes [tsi̯] angesehen werden. Wenn man mit Affrikaten operiert, ist [ts] hier sicher als solche anzusehen. Das [t] allein bleibt in dieser Position ausgeschlossen. Man hört die Aussprache [natio:n] (*Nation*) allerdings gelegentlich doch. Es handelt sich dann entweder um Sprecher mit ausgeprägten Lateinkenntnissen oder um solche, die eine Leseaussprache realisieren. Diese Aussprache ist also einerseits als vollständig unintegriert, andererseits als integriert anzusehen. Die ‚normale' Aussprache mit [ts] führt dazu, dass wir in zahlreichen Fällen Schreibvarianten wie *potentiell/potenziell* erhalten. 14f bringt für jeden der Diphthonge ein Beispiel mit vorausgehenden [t].

(15) Fremde Diphthonge, hinterer Erstvokal

a. [u̯i] *genuin, Jesuit, sanguin*
b. [u̯ø] *affektuös, inzestuös, promiskuös, spirituös, tumultuös*
c. [u̯ɛ] *annuell, graduell, manuell, rituell, sensuell, virtuell*
d. [u̯ɑ] *dual, Manual, mensual, prozentual, Ritual*
e. [u̯o] *spirituos, Toluol, virtuos*

Auch diese Gruppe deckt mit ihrem zweiten Bestandteil den gesamten Vokalraum ab, sie ist im Wesentlichen symmetrisch zur ersten Gruppe gebaut. Die erste füllt den Vokalraum von links oben (vorn, geschlossen), die zweite füllt ihn von rechts oben (hinten, geschlossen) und die Kerndiphthonge füllen ihn von unten nach oben.

Beide fremden Diphthonggruppen haben als Grenzfall die Vokalfolge aus identischem ersten und zweiten Bestandteil. In Wörtern wie 16a,b wird normalerweise eine Vokalfolge artikuliert, bei der die Vokale wie bei dem oben besprochenen Hiattypen zu zwei verschiedenen Silben gehören.

(16) a. *assoziieren, initiieren, liieren*
b. *Kontinuum, Residuum, Vakuum*

Obwohl die artikulatorische und phonotaktische Gemeinsamkeit der fremden Diphthonge gegenüber denen des Kernwortschatzes auf der Hand liegt, ist es nicht einfach, sie unter einen gemeinsamen Begriff zu fassen. Üblich ist die Unterscheidung von fallenden und steigenden Diphthongen. Hall (2000: 257) nennt fallend solche, deren erster Bestandteil silbisch ist. Steigend sind die mit silbischem zweiten Bestandteil. Die fremden wären steigend, die des Kernsystems fallend. Häufiger wird aber die Sonorität als ausschlaggebend angesehen: „Nach der Veränderung der Schallfülle unterscheidet man fallende und steigende Diphthonge." (Becker 1998: 117). Schon nach Vennemann (1982: 284) sinkt die Sonorität der Vokale mit dem Grad der Frontierung, so dass insbesondere [i̯u] steigend, [u̯i] aber fallend und damit den Diphthongen des Kernwortschatzes ähnlich wäre.

Auch öffnend und schließend helfen nicht weiter, weil mindestens [i̯u] und [u̯i] sich nicht fügen. Trotzdem werden wir uns dieser Redeweise bedienen: Diphthonge des Kernsystems beginnen mit einem offenen Vokal und heißen deshalb schließend; die fremden beginnen mit einem geschlossenen Vokal und heißen deshalb öffnend.

Als Gemeinsamkeit der fremden Diphthonge gegenüber den heimischen wird daran erinnert, dass erstere bei bestimmten Sprechergruppen und bei schriftdeterminierter Überlautung die Vokale auf zwei Silben verteilen ([zotsi.'ɑːl] *sozial*) und als Überbrückung des Hiat sogar einen glottalen Verschlusslaut einschieben können ([zotsi.'ʔɑːl]). Eine damit möglicherweise zusammenhängende Auffälligkeit ist, dass der Prototyp des öffnenden Diphthongs an einer oder unmittelbar nach einer Suffixgrenze erscheint. Alle in 14, 15 und 16 aufgeführten Beispiele enthalten zumindest Suffixkandidaten. Es würde sich also um eine spezifische, fremde Art von Signalisierung einer morphologischen Grenze handeln (zur morphologischen Segmentierung weiter 6.2).

5. Flexion

5.1 Flektierende Wörter

Je nachdem, wie man die Wortarten einteilt, hat das Deutsche vier oder fünf flektierende Klassen, von denen drei in nennenswertem Umfang fremde Wörter enthalten. Das sind Substantiv, Adjektiv und Verb. Das typische Substantiv, Adjektiv und Verb enthält mehrere Wortformen, die gemeinsam sein Wortparadigma bilden (1.3). Alle drei gehören zu den offenen Klassen, d.h. ihr Bestand verändert sich ständig durch Wortbildung und Entlehnung. Mit Veränderung ist für das Gegenwartsdeutsche in erster Linie Erweiterung gemeint.

Im vorliegenden Kapitel geht es einerseits um die Frage, wie vorhandene Fremdwörter flektieren. Diese Frage ist aber erst befriedigend beantwortet, wenn man voraussagen kann, wie neu hinzukommende ihre Flexionsformen bilden. Was wir an Flexionsmustern und an phonologischer Variation innerhalb der einzelnen Muster vorfinden, ist auf den ersten Blick von unübersehbarer Vielfalt, und dennoch finden fast alle Fremdwörter auf direktem Wege und sozusagen ohne Zögern ihre Flexionsformen. Angesichts der Größe des Fremdwortschatzes kann es auch nicht anders sein, denn anderenfalls hätte man es mit einem undurchdringlichen, kaum lernbaren Haufen von Einzelfällen zu tun.

Bei der Flexion kommt es in besonderer Weise auf die allgemein wirksamen Regularitäten an, weil Flexion in aller Regel vollzogen werden **muss**. Ein Substantiv braucht einen Plural, ein Adjektiv einen Komparativ, ein Verb ein Präteritum. Die Bildung dieser und anderer Formen ist unvermeidlich, wenn einem Wort seine typischen Verwendungsweisen zugänglich sein sollen. Flexion läuft weitgehend automatisiert ab. Wahlmöglichkeiten bei der Formbildung sind auch für die Fremdwörter weitgehend eingeschränkt – anders als etwa bei der Aussprache (Kap. 4). Deshalb zeigt sich gerade bei der Flexion, wie die grammatische Integration in den Kernwortschatz vollzogen wird, wie weit sie geht und was bei Nichtintegration geschieht. Dieser Gesichtspunkt hat unmittelbare Auswirkung darauf, was im vorliegenden Kapitel auf welche Weise dargestellt wird. Dazu werden folgende Voraussetzungen gemacht und Festlegungen getroffen.

Eine Darstellung des Flexionsverhaltens von Fremdwörtern unterscheidet sich von der Darstellung des Flexionssystems insgesamt vor allem dadurch, dass nur das Verhalten von Wörtern in den Blick kommt, nicht aber das von Phrasen irgendeiner Art. Beispielsweise hat man beim Kasus in der Kerngrammatik nicht nur zu fragen, welche Kasusformen ein Substantiv auf welche Weise bildet, sondern auch, wie es in dieser Hinsicht mit dem Artikel zusammenwirkt. So ist der Akkusativ Singular eines Kernsubstantivs wie *Kampf* formgleich mit dem Nominativ. Nimmt man den bestimmten Artikel dazu und bildet die entsprechende Nominalgruppe, sind die Formen als *der Kampf* und *den Kampf* jedoch unterschiedlich. Es wäre also verfehlt, hier von einem Verschwinden der Kasusmarkierung zu sprechen, auch wenn *Kampf* in einem früheren Stadium des Deutschen beide Kasusformen selbst unterschieden hat (Satz: 140ff.).

Das Kernwort *Kampf* verhält sich nun in dieser Hinsicht nicht anders als das Fremdwort *Fight.* Wenn wir wissen, wie *Fight* seine Flexionsformen bildet, dann wissen wir auch, wie es sich innerhalb der NGr verhält. Besonderheiten von Fremdwörtern, die an dieser Stelle zu Buche schlagen könnten, sind rar und marginal. Sie werden bei Gelegenheit erwähnt, rechtfertigen aber nicht eine über das Wort hinausgehende Flexionsmorphologie fremder Einheiten.

Dasselbe gilt, um nur ein weiteres Beispiel zu geben, für die zusammengesetzten (analytischen) Formen von Verben. Das Perfekt des Kernworts *laufen* kann sowohl mit *sein* als auch mit *haben* gebildet werden, z.B. *Sie ist/hat regelmäßig den Berlinmarathon gelaufen.* Ganz ähnlich verhält sich das Fremdwort *joggen* mit *Sie ist/hat regelmäßig gejogged.* Von Interesse ist hier, ob das Partizip *gejogged* oder *gejoggt* heißt (5.3), aber nicht eigentlich die Perfektbildung. Wenn es feine Unterschiede im Verhalten von *laufen* und *joggen* gibt, dann liegt das an der Bedeutung der beiden Verben, nicht aber daran, dass eines dem Kernwortschatz angehört und das andere nicht.

Das Flexionsverhalten von Fremdwörtern legt auch eine andere Darstellungsweise nahe, als wir sie für die Aussprache gewählt haben. Die Hauptgliederung wurde dort nach Gebersprachen vorgenommen, hier folgen wir den Wortarten. Für die Wörter einer Wortart, vor allem die Substantive, geht es nicht in erster Linie nach Gebersprachen, sondern nach Flexionstypen. Es soll ja gezeigt werden, welche Wörter welchen Flexionstyp wählen, sich also einer bestimmten Gruppe von Kernwörtern anschließen oder eben nicht anschließen. So bilden der Anglizismus *Boss,* der Gallizismus *Amateur* und das Kernwort *Dieb* denselben Plural (*Bosse, Amateure, Diebe*). Genau dies ist von Interesse und steht im Mittelpunkt der Darstellung.

Das Flexionsverhalten wird unter Verwendung des gängigen Begriffs von Stamm und der üblichen Flexionskategorien beschrieben. Beim Stamm spricht man von der Flexionsstammform als der Stammform (oder den Stammformen), die flektiert werden. So hat *Hund* den Gen Sg *Hund(e)s* und den Plural *Hunde*. Seine Flexionsstammform ist *Hund*. Zur Ableitung dient dagegen die Form *Hünd* wie in *Hündchen, hündisch*. Beide Stammformen unterscheiden sich bei diesem Wort. Flexions- und Derivationsstammform sind eng verwandt, sie sind Formen desselben Stammes und insofern kann man sagen, derselbe Stamm diene sowohl zur Flexion als auch zur Ableitung (6.2.1). Bei den Flexionskategorien verwenden wir solche wie Singular und Nominativ beim Substantiv oder Präsens und Konjunktiv beim Verb. Welche Kategorien im Einzelnen vorkommen, wird an Ort und Stelle erläutert. Flexionskategorien ordnen sich zu Mengen mit mindestens zwei Elementen wie Singular – Plural, Aktiv – Passiv oder auch Nominativ – Genitiv – Dativ – Akkusativ.

Eine Flexionskategorie braucht mindestens eine Gegenkategorie, weil damit ja Wortformen im Flexionsparadigma unterschieden werden sollen. Solche Mengen von Kategorien bezeichnet man als Kategorisierungen, für unsere Beispiele sind das Numerus, Genus Verbi und Kasus. Das Flexionsverhalten von Wörtern lässt sich dann mit Sätzen kennzeichnen wie „Das Substantiv flektiert in Hinsicht auf Kasus und Numerus." Man weiß dann, dass jede Wortform mit zwei Kategorien beschrieben wird, z. B. mit Nominativ Singular, Dativ Plural usw. Eine solche Redeweise ist einfach und vermeidet Missverständnisse, die entstehen können, wenn etwa von der ‚Kategorie Kasus' anstelle von ‚Kategorisierung Kasus' die Rede ist.

Mit der Flexionsmorphologie ist eine Reihe weitreichender Fragen verbunden, die den Bau der Wortformen und vor allem das Verhältnis der Wortformen innerhalb eines Flexionsparadigmas betreffen. Man fragt sich beispielsweise, warum bestimmte Formen länger sind als andere (z.B. Plural niemals kürzer als Singular), mit welchen Mitteln sie gebildet werden (z.B. *Hund – Hunde* mit Affix, aber *Bach – Bäche* mit Affix und Umlaut), welches phonologische Material (Konsonanten, Vokale, Betonung) in der Flexion verwendet wird und in welcher Reihenfolge Flexionsaffixe auftreten. Man fragt auch, ob nicht besser andere als die traditionellen Kategorien zu verwenden seien. Beispielsweise wird vorgeschlagen, beim Verb nicht von 1., 2. und 3. Person zu sprechen, sondern nur den Adressaten (2. Person) vom Nichtadressaten (1. und 3. Person) zu unterscheiden.

Die Arbeit an Fragen dieser Art hat zu erheblichen Fortschritten geführt, was ein Verständnis des Baus von Wortformen und der Funktion ihrer Bestandteile betrifft. Wir greifen sie auf, wo es unbedingt erforderlich erscheint. Im Allgemeinen genügt es jedoch, Gemeinsamkeiten mit der Kerngrammatik herauszustellen sowie zu zeigen und wenn möglich zu begründen, welche Unterschiede bestehen. Grundlegende Darstellungen der Flexionsmorphologie finden sich in Bybee 1985 sowie Booij u.a. Hg. 2000: Kap. IX. Zum Deutschen Plank 1981 und Wurzel 1984, zur Übersicht Wort: 150ff.).

5.2 Substantive

In größeren Wortschätzen des Deutschen sind mindestens zwei Drittel der Wörter Substantive, und der Anteil dieser Wortklasse nimmt gegenwärtig eher noch zu. Neue Substantive gewinnt das Deutsche auf jede nur denkbare Weise, auch durch Entlehnung und Fremdwortbildung. Gleichzeitig verfügt das Substantiv in der Kerngrammatik über mehrere produktive Flexionstypen, die auch Fremdwörtern zugänglich sind. Thematisiert wird jeweils die Bedeutung der Flexionstypen für den Kernwortschatz, danach für die Integration von Fremdwörtern.

Als Voraussetzung gilt, dass der Substantivflexion eine Grundklassifikation der Substantive nach dem grammatischen Geschlecht (Genus) vorausgeht. „Die durch Genusmerkmale gegeneinander abgegrenzten Subklassen des Substantivs haben gemeinsame Formmerkmale, z.T. in der Wortbildung, vor allem bei der Flexion." (Grundzüge 571). Deshalb kommt im vorliegenden Abschnitt auch zur Sprache, wie Fremdwörter ihr Genus erhalten.

5.2.1 Fremdwörter im Kernsystem

Flexionstypen

Die Substantivflexion wird traditionell und auch in vielen neueren Grammatiken in Form von Paradigmentafeln wie in 1 dargestellt.

(1) Paradigmentafeln zur Substantivflexion

a.

	Sg	Pl
Nom	*Brief*	*Brief+e*
Akk	*Brief*	*Brief+e*
Dat	*Brief(+e)*	*Brief+e+n*
Gen	*Brief+(e)s*	*Brief+e*

b.

	Sg	Pl
Nom	*Flut*	*Flut+en*
Akk	*Flut*	*Flut+en*
Dat	*Flut*	*Flut+en*
Gen	*Flut*	*Flut+en*

Substantive flektieren im Allgemeinen in Hinsicht auf Numerus und Kasus. 1a gibt ein Beispiel für ein typisches Maskulinum (*der Brief*), 1b für ein Femininum (*die Flut*). Das Mask enthält vier verschiedene Formen im Paradigma, das Fem nur zwei. Im Mask kann der Dat Sg von der Grundform durch Anhängen eines *e* (Schwa) unterschieden werden. Dieses *e* gilt als obsolet (‚veraltet'), es ist deshalb eingeklammert. Man muss es nicht verwenden. Fakultativ ist auch das Schwa im Gen Sg, wir haben sowohl *des Briefes* als auch *des Briefs*. Im ersten Fall kommt durch das Flexionssuffix eine Silbe zur Grundform hinzu, man spricht von einem silbischen Flexionssuffix. Das *s* des Gen Sg kann silbisch oder nichtsilbisch sein.

Im Plural haben alle Formen ein Schwa. Für das Deutsche ist charakteristisch, dass die Pluralformen eines Wortes einheitlich gekennzeichnet sind, ein Formmerkmal gemeinsam haben. Charakteristisch ist weiter, dass der Pluralmarker der Grundtypen des Kernsystems ein Schwasuffix ist. Der Plural endet mit einer nicht betonbaren Silbe, er ist trochäisch. Endet eine einfache Substantivform nicht auf Trochäus, ist sie auch nicht pluralisch.

Das einzige Kasussuffix im Plural ist das Dativ-*n*. Es folgt dem Pluralmarker und ist nichtsilbisch. Die Dativform hat niemals mehr Silben als die übrigen Pluralformen. Das gilt für alle Flexionstypen. Ein Dativ-*n* wird also immer dann angehängt, wenn dadurch keine neue Silbe entsteht. Sonst bleibt es weg und der Dativ unterscheidet sich nicht von den übrigen Pluralformen.

Ein Beispiel dafür zeigt 1b. Der Pluralmarker von *Flut* ist *en*. Da er mit *n* endet, kann im Dativ kein weiteres *n* angehängt werden, es sei denn, man nähme eine neue Silbe in Kauf (*den *Flut+en+en)*. Das wird vom System ausgeschlossen, damit gibt es bei Substantiven mit *en*-Plural überhaupt keine Kasusmarkierung. Unser Beispiel ist ein Femininum, und bei den Grundtypen des Fem hat auch der Singular keine Kasusmarkierungen. Das gesamte Paradigma enthält nur zwei Formen, eine im Sg und eine im Pl. Das ist die weitestgehende Formreduzierung des Deutschen überhaupt.

Wie die Beispiele zeigen, lässt sich ein Flexionstyp vollständig durch die Marker des Gen Sg und des Pl kennzeichnen. Alles andere folgt aus allgemeinen Regeln. Den Typ 1a kennzeichnen wir mit *es/e* (Gen Sg/Pl), wobei *es* besagt, dass der Gen Sg silbisch sein kann. Wäre er immer nichtsilbisch, würden wir nur *s* schreiben (s.u.). Einige Flexionstypen haben im Plural einen Umlaut des Stammvokals, z.B. *das Huhn – die Hühn+er*. Das kennzeichnen wir mit *es/er*". Markiert ein Flexionstyp nur den Plural, so erscheint als Kennzeichnung der Pluralmarker, für 1b also *en*. Mit diesen Konventionen lassen sich die wichtigen Flexionstypen des Kernsystems wie in 2 repräsentieren.

(2) Substantivflexion, Kernsystem und *s*-Flexion

	Mask	Neut	Fem
unmarkiert	[1]*es/e*		[2]*en*
markiert	[3]*en/en*	[4]*es/er"*	[5]*e"*
s-Flexion	[6]*s/s*		

Typ 1 wird starke Flexion genannt und gilt für über 80% der einfachen Maskulina (*Hemd, Stein, Tisch*) und Neutra (*Bein, Tier, Brot*). Besonders bei den Maskulina kann im Plural außer dem *e* ein Umlaut auftreten (*Sohn – Söhne, Stuhl – Stühle, Stahl – Stähle, Bart – Bärte*). Eine Regel für den Umlaut gibt es nicht. Wir wissen auch nicht, warum manche dieser Substantive im Gebrauch des Umlauts schwanken, ihn fallen lassen oder hinzugewinnen (*Schlucke/Schlücke, Schlote/Schlöte, Mopse/Möpse, Krache/Kräche*). Insgesamt zeigt sich aber, dass der Plural ohne Umlaut im Gegenwartsdeutschen den Normalfall darstellt, er gilt als unmarkiert (Thieroff 2009). Trotzdem bleibt der Umlaut stark genug, um sich auf eine Reihe von Fremdwörtern auszudehnen (s.u.).

Ein wichtiger Subtyp der starken Maskulina und Neutra sind die Zweisilber mit Schwa+Sonorant im Auslaut wie *der Filter, Tempel, Wagen* und *das Ruder, Ferkel, Laken*. Die prosodische Bedingung für den Plural (Trochäus) erfüllen sie schon im Singular und haben deshalb keinen Pluralmarker. Manchmal spricht man etwas irreführend von Nullplural (*der Filter – die Filter*). Den Gen Sg bilden solche Substantive nichtsilbisch, den Dativ stets endungslos: *der Filter, des Filters/*Filteres, dem Filter/* Filtere.*

Die starke Flexion ist nicht nur der wichtigste Typ für die Simplizia des Mask und Neut, sondern auch für die Wortbildungssuffixe dieser Genera. So flektieren Maskulina auf *er* (*Denk+er, Lehr+er*) und *ling* (*Fremd+ling, Prüf+-ling*) stark, bei den Neutra sind es u.a. *chen* (*Kind+chen, Bäum+chen*) und *nis* (*Ereig+nis, Erforder+nis*).

Typ 2 wird von allen Feminina (bis auf die kleine Gruppe des Typs 5) gewählt. Endet der Stamm auf Schwa, dann ist der Pluralmarker *n* (*die Kiste – die Kiste+n, die Mauer – die Mauer+n, die Gabel – die Gabel+n*), sonst *en* (*die Flut – die Flut+en, die Bahn – die Bahn+en*). Manchmal wird er der schwachen Flexion zugeordnet (siehe Typ 3). Wir sprechen von der *n*-Flexion des Feminismus. Auch sie ist an viele produktive Ableitungssuffixe gebunden, z.B. an *ung* (*Lad+ung, Reif+ung*), *heit* (*Frech+heit, Sicher+heit*) und *in* (*Bär-+in, Studienrät+in*).

Die starke Flexion für die Maskulina und Neutra sowie die *n*-Flexion für die Feminina sind mit Abstand die wichtigsten im Sinne von verbreitetsten und produktivsten Flexionstypen des Kernbereichs. Wir bezeichnen sie deshalb in 2 als unmarkiert.

Typ 3. Im Anschluss an die Redeweise von Jacob Grimm spricht man bei einer kleinen Gruppe von Kernsubstantiven von schwacher Flexion oder den schwachen Maskulina. Sie haben nur *(e)n* als Flexionsendung.

(3) Schwache Maskulina

a.

	Sg	Pl
Nom.	*Held*	*Held+en*
Akk	*Held(+en)*	*Held+en*
Dat	*Held (+en)*	*Held+en*
Gen	*Held+en*	*Held+en*

b.

	Sg	Pl
Nom	*Hase*	*Hase+n*
Akk	*Hase(+n)*	*Hase+n*
Dat	*Hase(+n)*	*Hase+n*
Gen	*Hase+n*	*Hase+n*

Besonders beim Einsilber (3a) werden die Endungen im Akk und Dat häufig weggelassen (*den Held, dem Mensch*), aber als korrekt gilt das den meisten Grammatiken nicht. Die schwachen Maskulina waren im Frühneuhochdeutschen ein wichtiger und umfangreicher Flexionstyp. Heute gehören dazu noch einige Dutzend Wörter des Kernbereichs, die Lebewesen bezeichnen. Über produktive Wortbildungssuffixe verfügt der Typ im Kernbereich nicht. Er ist aber wichtig für die Fremdwörter.

Typ 4 wird von Einsilbern gewählt, darunter einige Maskulina (*Geist, Wald, Mann*) und etwa 20% der einsilbigen Neutra (*Feld, Kind, Bad, Buch*). Wegen der Einsilbigkeit des Stammes ist der Pluralmarker *er* silbisch. Wenn immer möglich wird der Stammvokal im Plural umgelautet (*Wälder, Männer, Bäder, Bücher*). Der Typ verfügt nur über ein – schwach produktives – Wortbildungssuffix, nämlich *tum*. Auch dies wird im Plural umgelautet (*Fürsten+-tüm+er, Heilig+tüm+er*).

Typ 5. Die Feminina mit dem Plural *e*“ bilden eine kleine Klasse von einigen Dutzend Wörtern. Infrage kommen ausschließlich Einsilber mit umlautfähigem Vokal, der Umlaut ist obligatorisch: *Hand – Hände, Kunst – Künste*, ebenso *Wand, Schnur, Kuh, Kraft, Not*. Produktive Wortbildungssuffixe gibt es nicht.

Die Typen 3, 4 und 5 gehören zweifellos der Kerngrammatik an. Sie genügen der Prosodieanforderung des Plurals und bilden den Gen Sg sowie den Dat Pl nach den allgemeinen Regeln. Aber sie sind weitgehend oder vollständig isoliert, bekommen keinen oder kaum Zuwachs aus der Wortbildung. Wir bezeichnen sie deshalb als die markierten Flexionstypen des Kernbereichs. Einen vergleichbaren Status hat die sog. gemischte Flexion. Dazu gehören Maskulina und Neutra, die im Sg stark flektieren (*der Staat – des Staates, das Bett – des Bettes*), den Pl aber schwach bilden (*die Staaten, Betten*). Auch diese Gruppe ist natürlich isoliert. Insgesamt stellen wir für 1 bis 5 einen klaren Zusammenhang zwischen Genus und Flexionstyp fest, wobei das Genus die Grundklassifikation abgibt.

Neben den genannten Flexionstypen gibt es in der riesigen Klasse der Substantive noch eine ganze Reihe von Einzelfällen mit auffälligem Flexionsverhalten, auf die wir an dieser Stelle nicht zu sprechen kommen (z.B. Duden 1998: 227f., 232ff.). Sie sind weder für die Gesamtgrammatik noch für die Grammatik der Fremdwörter von Bedeutung, weil sie kaum analogiebildende Kraft entfalten. Wir machen uns deshalb auch keine Gedanken darüber, ob sie nicht eigentlich als fremde Wörter anzusehen sind.

Typ 6. Die *s*-Flexion verwendet als Flexionsmarker nur ein nichtsilbisches *s* und unterscheidet sich darin von allen übrigen Typen in 2. Das *s* wird als Marker für den Plural (*Müllers sind pünktlich*) sowie für den Gen Sg einfacher Eigennamen in allen Genera verwendet (*Karls Auto; Helgas Bohrmaschine; Frankreichs Rechtsextremisten*). Manchmal wird angenommen, das *s* sei bei solchen vorausgestellten Eigennamen (sog. sächsischer Genitiv) kein Kasusmarker, sondern markiere eine Art Possessivum. Wir bleiben beim Kasusmarker (zur Begründung Eisenberg/Smith 2002). Damit ist die *s*-Flexion in diesem Bereich als einziger Flexionstyp genusunabhängig. Bei NGr mit Artikel unterscheiden sich Mask/Neut einerseits und Fem andererseits. Erstere haben in Gen Sg ein *s* (*des Opas/Autos*), letztere nicht (*der Oma*). Die *s*-Flexion hat eine auffällige Stellung im Gesamtsystem und ist sowohl für den Kern- als auch den Fremdwortschatz von Bedeutung. Wir besprechen ihre Verwendung zusammenhängend in Abschnitt 5.2.2 und wenden uns zunächst der Frage zu, welche Fremdwörter welche Flexionstypen des Kernwortschatzes wählen.

Integration in die starke Flexion

Als unmarkierter Flexionstyp des Mask und Neut ist die starke Flexion ein wichtiger Zielpunkt für Integration. Fast alle einfachen aus dem Lateinischen entlehnten Substantivstämme der beiden Genera sind vollständig integriert und durch nichts mehr als Latinismen zu erkennen. Wörter wie *Preis, Stiel, Takt* und *Fenster, Acker, Keller* flektieren stark und gehören dem Kernwortschatz an.

Die größte Gruppe morphologisch komplexer Stämme hat Suffixe, die auf lat. *arius* und *or* bzw. deren griechisches Gegenstück zurückgehen (2.5). Diese spielen in vielen Sprachen eine bedeutende Rolle, im Deutschen etwa mit den Suffixen *er* (*Denker*) und *or* (*Autor*), wobei das zweite aber nicht stark flektiert (s.u.). Zu den stark flektierenden gehören die betonten *är*, *eur* und *ier*, die teilweise als Gallizismen zu gelten haben (6.2.3, 6.2.4). Die meisten sind Personenbezeichnungen wie *Legionär*, *Sekretär*; *Masseur*, *Akteur*; *Bankier*, *Kurier*, wobei *ier* teilweise die französische Aussprache beibehält (*Bankier*, *Hotelier*). Sie alle übernehmen sämtliche Eigenschaften der starken Flexion, z.B. *der Akteur*, *des Akteurs*, *die Akteure*, *den Akteuren*. Eine Hemmung besteht für die silbische Realisierung des Gen Sg. Formen wie in *des Akteures* werden von den meisten Sprechern abgelehnt. Die Beschränkung auf nichtsilbischen Genitiv nach betonter Silbe ist ein Fremdheitsmerkmal.

Stark flektieren auch die Substantive auf *iv*, die entweder Maskulina (*Detektiv*, *Positiv*) oder (in der Mehrzahl) Neutra (*Archiv*, *Stativ*, *Objektiv*) sind. Auch hier wird der Gen Sg nichtsilbisch, in vielen Fällen sogar endungslos realisiert (*des Dativ*, *Passiv*). Zwar ist das *s* des Gen Sg der phonologisch stärkste Kasusmarker, über den das gegenwärtige Deutsche im Kernsystem verfügt, aber auch er ist längst nicht mehr vor dem Abbau sicher. U.W. ist nicht genau untersucht, unter welchen Bedingungen die Sprecher und Schreiber am ehesten zum endungslosen Genitiv neigen, es gibt zahlreiche Hypothesen. Abkürzungen (*des PKW*), mehrsilbige Fremdwörter mit phonologisch fremden Suffixen oder sonstigen Endungen (*des Konjunktiv*, *Karneval*, *Flamingo*) sind Kandidaten. Zu einem Teil gehören sie allerdings nicht der starken, sondern der *s*-Flexion an. Insgesamt ist zu berücksichtigen, dass der Gen Sg des Maskulinums und Neutrums zwar wichtig, aber eine Kongruenzmarkierung ist. Der Artikel zeigt den Genitiv im Mask und Neut konsequent an, aber sogar das Femininum kommt trotz schlechter Artikelmarkierung ohne die Markierung am Substantiv aus.

Auch eine große Gruppe von Anglizismen wird direkt in die starke Flexion integriert, nämlich die Maskulina auf *er* (zur Wortbildung 6.2.2).

(5) Anglizismen, starke Flexion

a. *Bestseller*, *Dimmer*, *Farmer*, *Killer*, *Master*, *Partner*, *Printer*, *Starter*, *Toner*

b. *Blazer*, *Booster*, *Browser*, *Camper*, *Counter*, *Flyer*, *Jobber*, *Loser*, *Reader*, *Scanner*, *Server*, *Speaker*, *Spoiler*, *Streamer*

c. *Babysitter*, *Bandleader*, *Compiler*, *Computer*, *Designer*, *Dispatcher*, *Interviewer*, *Manager*, *Minitower*, *Opinionleader*, *Synthesizer*

Sämtliche Wörter in 5 folgen in allen Einzelheiten dem Flexionsmuster der *er*-Maskulina des Kernwortschatzes. Ihnen wurde als Genus das Maskulinum offenbar deshalb zugewiesen, weil ihre Endung analog zum *er* des Kernwortschatzes interpretiert wird, sei es als Pseudosuffix oder als Derivationssuffix. Dem *er* kommt eine erhebliche integrative Kraft zu. Das zeigt sich an weiteren Ableitungen, die auf seiner Basis möglich sind, etwa *Camper – Camperin, Computer – Computerchen.*

Um den Integrationsvorgang zu vollziehen, ist nur eine Voraussetzung zu erfüllen: Die Endung *er* muss wie im Deutschen und darf nicht wie im Englischen oder Amerikanischen ausgesprochen werden. Bleibt sie phonologisch fremd, kann keine morphologische Integration erfolgen. Wird sie phonologisch integriert, kann auch morphologische Integration erfolgen, und zwar unabhängig davon, wie der Rest des Wortes aussieht. Das sollen die Beispiele in (5) illustrieren. Die in 5a sind phonologisch und graphematisch vollständig integriert. Dass sie oder ihre einfachen Stämme vor kürzerer oder längerer Zeit aus dem Englischen übernommen wurden, weiß man vielleicht. Dem Wort selbst sieht man es nicht an, und in der Regel hört man es auch nicht.

Die Wörter in 5b haben denselben einfachen Bau aus betonter und Reduktionssilbe, aber sie sind entweder phonologisch oder graphematisch oder in beiderlei Hinsicht als Anglizismen erkennbar. Ihr Flexionsverhalten beeinflusst das nicht, es sei denn, jemand sagt etwa gut amerikanisiert [kaundɚ] und nicht [kauntɐ] (*Counter*, 4.2). Ebenso die drei- und mehrsilbigen, morphologisch teilweise höchst komplexen in 5c. Auch sie flektieren regelmäßig, obwohl sie im Übrigen fremd sind. Es scheint also so zu sein, dass bestimmte Integrationsprozesse nur das Wortende betreffen. Für die Flexionsmorphologie ist das einleuchtend, sie vollzieht sich ja im Wesentlichen am Wortende. Der Integration vom Wortende her kommt darüber hinausgehende Bedeutung zu (s.u. und z.B. 4.4; 7.3).

Die starke Flexion kann auch Umlaute an fremde Wörter vergeben. Wie oben festgestellt, hat ein erheblicher Teil der *e*-Plurale des Kernwortschatzes den Umlaut (Typ *Stuhl – Stühle*), das gilt für Fremdwörter ebenfalls. Schon Friedrich Blatz (1900: 349) nennt die in 6a, während er von denen in 6b sagt, sie sollten besser ohne Umlaut bleiben.

(6) Umlaut bei fremden starken Maskulina

a. *Abt, Altar, Bischof, Chor, Choral, Kanal, Kaplan, Marsch, Morast, Papst, Palast, Probst, Ton*

b. *Admiral, General, Kardinal, Korporal*

c. *Opal, Pokal, Skandal, Vokal*

Alle Substantive in 6a sind endbetont und viele von ihnen sind Personenbezeichnungen. 6b und 6c bestätigen diese Tendenz. Personenbezeichnungen auf *al* können einheitlich umgelautet werden, während die anderen häufig keinen Umlaut haben (6c). Aufs Ganze gesehen scheint die Tendenz zum Umlaut aber auch bei den fremden starken Maskulina eher ab- als zuzunehmen, so dass wir in Zukunft auch hier kaum mit neuen Umlauten zu rechnen haben (Köpcke 1993: 144ff.; Thieroff 2009).

Insgesamt finden fremde Wörter recht unterschiedlicher Art den direkten Weg in die starke Flexion und damit ins Kernsystem.

Integration in die n-Flexion des Femininums

Der unmarkierte Flexionstyp des Fem weist wie die starke Flexion zahlreiche seit langem vollständig integrierte Entlehnungen aus dem Lateinischen auf, zum Beispiel *Form, Pest, Nase, Schule, Zelle.* Darüber hinaus zieht er in erster Linie morphologisch komplexe Latinismen und Gräzismen an, die, wie im Kernwortschatz, überwiegend Abstrakta sind. Dazu gehören solche auf *ik* (*Dynamik, Spezifik*), *ion* (*Nation, Evolution*) und *ität* (*Identität, Modernität*), dazu Bezeichnungen für Krankheiten auf *itis* (*Gastritis, Rachitis*) und *ose* (*Sklerose, Neurose*). Als Gallizismen erkennbar sind die auf *age* (*Blamage, Montage*), *esse* (*Noblesse, Akkuratesse*) und *erie* (*Galanterie, Prüderie*). Eine Entscheidung über den Sprachenbezug fällt schwer bei denen auf *anz/enz* (*Relevanz, Turbulenz*), *ante* (*Dominante, Variante*) und *(i)ade* (*Eskapade, Olympiade*). Wir kommen auf die Wortbildung der wichtigsten und produktivsten Typen in Kapitel 6 zurück. Was die Flexion betrifft, ist die Integration der Feminina so einfach und praktisch ohne Variation, weil es ausschließlich um die Pluralbildung per Suffix geht.

Integration in die schwache Flexion

Wie oben festgestellt, sind die schwachen Maskulina im Kernwortschatz isoliert und semantisch festgelegt auf höhere Lebewesen. Offenbar hat die Spezialisierung dazu beigetragen, den Flexionstyp 3 für Fremdwörter produktiv zu machen. Heute verfügt das Deutsche wieder über einige hundert schwache Maskulina. Beide Varianten des Kernwortschatzes werden aufgenommen. Dem Einsilber des Kerns (*Mensch*) entspricht der Mehrsilber mit Endbetonung (*Katholik*). Dem Zweisilber mit Schwasilbe (*Affe*) entspricht der Mehrsilber mit Pänultimabetonung (*Rivale*). Kernwörter und Fremdwörter stimmen also prosodisch am Wortende überein oder anders gesagt: die Fremdwörter sind gegenüber den Kernwörtern nach links verlängert.

Entscheidend für das Flexionsverhalten ist das Wortende. Bei der einen Variante ist Endbetonung notwendige Bedingung, bei der anderen ist Pänultimabetonung und offene Schwasilbe sogar im Wesentlichen hinreichend für schwache Flexion: Mit ganz wenigen Ausnahmen gilt, dass ein Maskulinum mit offener Schwasilbe am Ende schwach flektiert (Bittner 1994; Köpcke 1995; 2000). Die Variante mit Schwa stellt also den eigentlichen Prototyp des schwachen Maskulinums dar. Die wichtigsten Gruppen finden sich in 7 (Beispiele nach Eisenberg 2001: 198).

(7) Schwache Maskulina mit offener Schwasilbe
  a. *Abate, Bojare, Halunke, Matrose, Mormone, Rivale*
  b. *Ceylonese, Chinese, Kongolese, Veronese*
  c. *Anthropologe, Lingologe, Philologe, Sinologe*

Die Wörter in 7a sind morphologisch einfach; die in 7b stellen eine große Gruppe von Einwohnerbezeichnungen dar, *ese* gilt als schwach produktiv (Fuhrhop 1998: 148ff.); die Einheit *loge* ist hochproduktiv, schon Muthmann (1988: 208f.) enthält über 160 solcher Wörter. Alle in 7 sind Personenbezeichnungen.

Morphologisch noch vielfältiger sind die endbetonten, die in 8 wieder nach Produktivität geordnet sind.

(8) Schwache Maskulina, endbetont
  a. *Ästhet, Athlet, Chirurg, Despot, Helot, Idiot, Katholik, Philosoph, Pilot, Prolet, Therapeut*
  b. *Akrobat, Autokrat, Biograph, Choreograph, Diplomat, Kandidat, Photograph, Stipendiat*
  c. *Abonnent, Absolvent, Demonstrant, Denunziant, Dirigent, Diplomand, Doktorand, Emigrant, Gratulant, Konfirmand, Tutand*
  d. *Absolutist, Amerikanist, Anarchist, Belletrist, Chauvinist, Dadaist, Germanist, Publizist*

Auch 8 enthält nur Personenbezeichnungen. Die Verhältnisse liegen hier aber insofern nicht wie in 7, als die Gruppen 8b und 8c nicht auf Personenbezeichnungen oder auch nur Bezeichnungen für Lebewesen beschränkt sind. Meist flektieren sie dann stark, und zwar als Maskulina oder Neutra (9a-c).

(9) Starke Flexion, Maskulina und Neutra
  a. *Apparat, Brokat, Granat, Passat, Primat, Salat, Senat, Spagat, Spinat, Thermostat*
  b. *Duplikat, Fabrikat, Kompromat, Opiat, Patriarchat, Sulfat, Surrogat*
  c. *Aorist, Bovist, Kontinent, Krokant, Moment, Proviant, Signifikant*

Die starke Flexion ist für Sachbezeichnungen und Abstrakta wie in 9 angesichts der semantischen Spezialisierung der schwachen Flexion eigentlich der ‚natürliche' Flexionstyp. Insbesondere verwundert es nicht, dass auch ein künstlich gebildetes Neutrum wie *Kompromat*, das aus guten Gründen kaum jemandem bekannt sein dürfte, stark flektiert.

Kompromat. In der Hochschule Potsdam des Ministeriums für Staatssicherheit der DDR (heute Campus Golm der Universität Potsdam und zu sehen in dem berühmten Film ‚Das Leben der anderen') wurde im Jahr 1985 unter der Kennzeichnung Geheime Verschlußsache ein Buch mit dem Titel ‚Wörterbuch der politisch-operativen Arbeit', vulgo ‚Wörterbuch des Tschekisten' fertiggestellt. Es enthält auf über 500 Druckseiten Artikel zu Wörtern, denen eine Bedeutung für den Gebrauch innerhalb der Stasi zugeschrieben wird, sozusagen eine Bedeutung für den Dienstgebrauch. Es finden sich viele Wörter der Allgemeinsprache wie *Befragung, Beobachtung, Betreuer, Beweis*, aber auch neu gebildete, vor allem Komposita wie *Fangeinrichtung, Feindobjektvorgang, Fernversteck, Funktionalorgan.* Das Wörterbuch wurde nach der Wende vom Bundesbeauftragten für die Unterlagen des Staatssicherheitsdienstes nachgedruckt und vertrieben. Im Artikel zum Lemma *Kompromat* heißt es: „Sachverhalt aus dem Leben einer Person, der im Widerspruch zu gesellschaftlichen (juristischen, moralischen) Normen und Anschauungen steht, bei seinem Bekanntwerden zu rechtlichen oder disziplinarischen Sanktionen, zu Prestigeverlusten, zur öffentlichen Bloßstellung, zur Gefährdung des Rufes im Bekannten- und Umgangskreis führen würde und aufgrund dessen bei der betreffenden Person das innere Bedürfnis entsteht oder geweckt werden kann, die daraus resultierenden negativen Folgen von sich abzuwenden bzw. eingetretenen Schaden wiedergutzumachen. … Bei der Gewinnung neuer IM … werden diese bestehenden oder hervorgerufenen … Rückversicherungs- und Wiedergutmachungsbestrebungen genutzt." Es folgt dann eine Liste von kompromittierenden Sachverhalten, die als Kompromat genutzt werden können, beispielsweise nicht geahndete Gesetzesverletzungen, Übertretung moralischer Normen oder Verheimlichung belastender persönlicher Verbindungen.

Zurück zu den Substantiven mit Suffixen aus 8. Eine Reihe von ihnen, vor allem solche auf *ant*, sind Maskulina aber keine Personenbezeichnungen und flektieren dennoch schwach (10). Man kann also sagen, dass die schwache Flexion hier morphologisiert ist. Für die Flexion ist das Suffix wichtiger ist als die Bedeutung (weiter 6.2.4).

(10) Schwache Flexion, Maskulina nichtbelebt
   a. *Automat, Formant, Hydrant, Sextant, Sibilant, Spirant, Sonorant*
   b. *Aktant, Aszendent, Diamant, Foliant, Grandient, Quadrant, Quotient*
   c. *Oszillograph, Paragraph, Sonograph, Tomograph*

Die schwachen Maskulina sind ein schönes Beispiel dafür, wie ein überkommener, vom Aussterben bedrohter Flexionstyp innerhalb des Fremdwortschatzes wiederbelebt werden kann. Das zeigt, wie Fremdwörter ihren Platz innerhalb des Kernsystems suchen und nicht einfach ein fremdes Flexionsverhalten mitbringen und konservieren.

Integration in die gemischte Flexion?

Eine gewisse Ähnlichkeit mit den schwach Flektierenden haben Substantive auf *or*. Auch bei ihnen gibt es eine umfangreiche Gruppe von Personenbezeichnungen wie *Aggressor, Professor, Autor, Lektor* neben solchen für Nichtbelebtes (*Faktor, Quantor, Generator, Stabilisator*). Die Grundfunktion des lateinischen *or* (einschließlich der Variante *tor*) als Suffix für Agenssubstantive ist noch erkennbar, keineswegs aber mehr durchgängig realisiert.

Die Einheit *or* ist in der Grundform des Nom Sg unbetont. Sie ist nicht nur historisch, sondern auch in der phonologischen Substanz verwandt mit dem Kernsuffix *er* und wie dieses steht *or* in der Regel nach betonter Silbe. Das alles trägt dazu bei, dass *or* bei vielen (aber keineswegs allen) Substantiven im Gesprochenen reduziert wird und sich anhört wie *er*, z.B. in *Doktor* [ˈdɔktɐ] oder *Pastor* [ˈpastɐ]. Fuhrhop (1998: 112) sieht darin einen wesentlichen Integrationsschnitt, der aber auf das Gesprochene beschränkt bleibt. Im Singular verhalten sich die *or*-Substantive wie die auf *er* des Kernwortschatzes, indem sie als einzigen Flexionsmarker ein nichtsilbisches *s* im Genitiv haben*: des Denkers/Doktors*, aber *des *Denkeres/*Doktores.*

Trotz der Ähnlichkeiten mit *er* ist *or* andererseits nicht Bestandteil einer Reduktions- sondern einer Vollsilbe, denn es hat bei Explizitlautung zweifelsfrei einen Vollvokal. Das wirkt sich im Plural aus. Auf Basis der Grundfunktion ‚Personenbezeichnung' und des Vollvokals in der letzten Silbe wird der Plural analog zu den Wörtern in 7 schwach gebildet (*en*). Damit der geforderte Fuß (Trochäus) entsteht, werden Pluralformen auf der vorletzten Silbe betont und wir erhalten *Dóktor – Doktóren.* Diese Akzentverschiebung ist etwas ganz Besonderes und absolut Fremdes im Flexionssystem des Deutschen und kommt außer bei den *or*-Substantiven noch in einigen Einzelfällen vor wie in *Atlas – Atlanten.* Ausgehend vom schwachen Plural wird bei einigen Personenbezeichnungen auf *or* auch eine schwache Flexion im Singular und hier vor allem im Genitiv realisiert. Man hört oder liest sogar gelegentlich *des Autoren, des Lektoren.*

Manches spricht also dafür, die *or*-Substantive der gemischten Flexion zuzuweisen. Dennoch sollte der Unterschied zum Kern präsent bleiben. Denn es gibt keinerlei strukturelle Gründe dafür, ein Wort wie *Staat* gemischt zu flektieren (*des Staates – die Staaten*). Wohl aber gibt es Gründe, den Gen Sg von *Doktor* mit nichtsilbischem *s* und den Plural mit *en* zu bilden. Die Gruppe der *or*-Substantive ist recht umfangreich, aber von Produktivität kann nicht gesprochen werden. Einen neuen produktiven Flexionstyp ‚gemischte Flexion' braucht man nicht anzusetzen.

Bis auf den besonderen Fall der gemischten Flexion verhalten sich die bisher besprochenen Fremdwörter unauffällig. Was die Flexion betrifft, ist ihre große Mehrheit integriert. Im folgenden Abschnitt besprechen wir mit der Stammflexion und der *s*-Flexion zwei Typen, bei denen die Frage nach Integration anders als bisher gestellt werden muss.

5.2.2 Stammflexion und *s*-Flexion

Stammflexion

In Abschnitt 5.2.1 wurde gezeigt, dass der *(e)n*-Plural bei den Fremdwörtern als Plural der Feminina und der schwachen Maskulina sehr verbreitet ist. Es gibt weitere große Klassen von Fremdwörtern, die den Plural auf *en* bilden, und zwar unabhängig von den beiden genannten Flexionstypen. Der *en*-Plural ist bei den Fremdwörtern nicht auf dieselben Substantivklassen beschränkt wie im Kernwortschatz. Einige Beispiele in 1.

(1) Stammflexion im Mask, Neut, Fem
  a. *der Mythos – die Mythen, der Saldo – die Salden*
  b. *das Konto – die Konten, das Stadion – die Stadien, das Thema – die Themen*
  c. *die Tussi – die Tussen, die Datscha – die Datschen*

Die Pluralformen dieser Substantive sind phonologisch voll integriert, sie enden mit Reduktionssilbe und sind trochäisch. Ganz ungewöhnlich und dem Kernsystem fremd ist dagegen das Verhältnis von Singularform und Pluralform. Im Kernsystem wird in den allermeisten Fällen ein Pluralmarker an die Grundform gehängt, also *Hund – Hund+e, Burg – Burg+en*. Manchmal kommen noch ein Umlaut und eine Veränderung des auslautenden Konsonanten (Auslautverhärtung und Spirantisierung) dazu. Man nennt diese Art von Flexion **Grundformflexion** und unterscheidet sie von der **Stammflexion.** Bei Stammflexion wird eine Einheit von der Grundform abgespalten, bevor die Flexionsendung hinzutritt (Wurzel 1984). Die abgespaltenen Einheiten heißen meist stammbildende oder stammerweiternde Suffixe. In 1 sind das *o*, *os*, *a*, *on* und *i*.

Es gibt Sprachen, die im Prinzip der Stammflexion folgen (z.B. das Lateinische) und andere, die Grundformflexion haben. Für die Substantive des Gegenwartsdeutschen nimmt man allgemein Grundformflexion als den Normalfall an, so dass Stammflexion wie in 1 als solche ein Merkmal für Fremdheit wäre. Ältere Sprachstufen des Deutschen hatten jedoch wesentlich mehr Stammflexion und auch für das Gegenwartsdeutsche wird die Auffassung vertreten, sie spiele eine bedeutende Rolle (Harnisch 2001; dort auch eine ausführliche Behandlung der Stammflexion von Fremdwörtern: 266ff.). Wir gehen der Kontroverse nicht im Einzelnen nach, sondern wenden uns gleich der größten zusammenhängenden Klasse von Substantiven zu, die zweifellos Stammflexion aufweisen, das sind (teilweise aufs Griechische zurückgehende) Latinismen auf *us* (Maskulina), *um* (Neutra) und *a* (Feminina).

(2) Stammflexion, Latinismen

a. *Bazillus, Daktylus, Fetus/Fötus, Genius, Globus, Jambus, Kubus, Logarithmus, Ordinarius, Radius, Rhombus, Vandalismus, Zyklus*

b. *Album, Datum, Faktum, Forum, Gremium, Kollegium, Medium, Museum, Podium, Stadium, Stipendium, Studium, Verbum*

c. *Arena, Basilika, Firma, Krypta, Liga, Madonna, Pergola, Regatta, Toga, Tokkata, Tuba, Tunika, Veranda, Villa*

Mit *us*, *um* und *a* werden die prototypischen Genusmarker von lateinischen Substantiven bewahrt. Im Lateinischen sind sie Flexionsendungen. So heißt etwa der Nom Sg *iamb+us*, der Gen Sg *iamb+i* oder der Nom Sg heißt *aren+a* und der Gen Sg *aren+ae*. Die Flexionsendung des Nom Sg wurde also im Deutschen als stammbildendes Suffix reanalysiert. Sie bleibt in sämtlichen Singularformen erhalten und verschwindet erst im Plural zugunsten von *en*.

Obwohl die Substantive in 2 als Latinismen zusammengehören und erst gemeinsam ein Strukturmerkmal des Lateinischen konservieren, verhalten sich die drei Suffixe recht unterschiedlich, was ihre weiteren Integrationswege und -möglichkeiten betrifft.

Bei *us* tritt im Gen Sg kein *s* hinzu. Nichtsilbisches *s* ist wohl ein verbreiteter Flexionsmarker für Fremdwörter, hier ist er jedoch aus offensichtlichen Gründen ausgeschlossen. Wenn Wörter auf *us* weiter integriert werden, dann bleibt nur der Weg in die starke Flexion mit Pluralformen wie *Krokusse, Fidibusse, Omnibusse, Zirkusse.* Manche Wörter aus 2a haben die starke Flexion als Variante, vgl. etwa *Globusse, Kubusse* als Pluralformen und

Globusses, Kubusses als Formen des Gen Sg. Für die meisten gilt dieser Weg als ‚unelegant' weil ‚unlateinisch', ganz besonders für die zahlreichen Ableitungen auf *ismus.* Zu Wörtern wie *Sadismus* wird kaum jemand *Sadismusse* anstelle von *Sadismen* bilden. Schließlich bewegen wir uns im Bildungswortschatz, einem der konservativsten Bereiche des Gesamtwortschatzes. So bleiben die Wörter auf *us* weitgehend fremd. Obwohl Maskulina, sind sie im Singular ohne Flexionsendung. Und obwohl keine Personenbezeichnungen, flektieren sie im Plural schwach.

Anders liegen die Verhältnisse bei *um.* Eine Integration in Richtung auf starke Flexion findet so gut wie gar nicht statt, Plurale wie *Albumme, Museumme* kommen allenfalls als Übergeneralisierungen in der Sprache von Kindern vor. Dagegen sind solche Wörter der *s*-Flexion phonologisch zugänglich. Die *s*-Flexion tritt hier als Konkurrenz zur Stammflexion auf. Wir finden sie insbesondere bei einer Reihe von Stoffsubstantiven und Abstrakta wie *die Aluminiums, Heliums, Petroleums* oder *die Curriculums, Minimums, Szenariums.* Die *s*-Flexion wird natürlich dadurch favorisiert, dass der Gen Sg regelmäßig mit *s* (und zwar nichtsilbisch) gebildet wird (*des Albums, Museums, Aluminiums*). Dieses *s* braucht nur noch auf den Plural übertragen zu werden und man ist bei der *s*-Flexion. Als weitere Pluralvariante tritt bei *um* vergleichsweise häufig der Standardplural des lateinischen Neutrums auf, das *a.* Meist wird er jedoch komplementär zu *en* verwendet. Wir haben *Alben,* aber nicht *Alba,* und wir haben *Curricula,* aber nicht *Curriculen.*

Wieder anders liegen die Verhältnisse bei den Feminina auf *a.* Die meisten einfachen Feminina des Kernwortschatzes enden mit offener Schwasilbe und hängen als Pluralmarker ein *n* an (*Fliege – Fliegen*). Die (Gräko-)Latinismen auf *a* unterscheiden sich nur wenig davon (*Liga – Ligen*). Wird das *a* im Auslaut zu Schwa abgeschwächt, ist das Wort sofort voll integriert und tatsächlich gibt es eine ganze Reihe von Wortpaaren des Typs *Rosa – Rose.* 3a listet einige auf, bei denen im Standarddeutschen fast nur die integrierte Form vorkommt. 3b zeigt einige, bei denen man eher mit beiden Formen und teilweise mit leicht unterschiedlichen Bedeutungen zu rechnen hat (s.a. 2.4).

(3) Latinismen und Verwandte auf *a*
  a. *Cassa, Kithara, Massa, Missa, Musa, Nota, Quinta, Summa*
  b. *Folia/Folie, Pizza/Pizze, Razzia/Razzie, Saga/Sage, Skala/Skale, Viola/Viole*

Das *a* als Kennzeichen für feminine Latinismen ist trotz der mit 3 demonstrierten natürlichen Integrationsmöglichkeit so stark, dass es leicht zum Ziel von Reanalyseprozessen wird und zu einem erheblichen Durcheinander bei der Formbildung führen kann. Ein Paradebeispiel ist *Visum.*

Visum. Das Wort *Visum* (dt. ‚Sichtvermerk', nach dem Mauerbau ‚Passierschein', schweiz. auch ‚Namenszug unter einem Schriftstück') leitet sich vom lateinischen Verb *videre* ‚sehen' her. Dessen Stammformen sind *video* ‚sehe', *vidi* ‚habe gesehen' und *visus, visa, visum* ‚gesehen, der/die/das Gesehene'. Cäsar meldet im Jahr 47 v. Chr. nach der Schlacht bei Zela in Kleinasien per Kurznachricht „Veni, vidi, vici." Die Stammformen von *videre* sind auf vielfältige Weise in Entlehnungen und Fremdwortbildungen eingegangen, z.B in *evident, Video, Visage, Visier, Vision, Visite, visuell,* aber auch in *wissen.* Was man weiß, ist eigentlich (etymologisch) das, was man gesehen hat. Schon im klassischen Latein kann *visum* nicht nur ‚das Gesehene', sondern auch ‚das Bekannte' bedeuten. – Als Neutrum tritt *das Visum* im Deutschen mit drei Pluralformen auf, nämlich (1) mit dem Plural des Lateinischen *die Visa,* (2) mit Stammflexion *die Visen* und (3) mit *s*-Plural *die Visums* (s.u.). Alle drei haben ihre Logik, von den Wörterbüchern werden im Allgemeinen allerdings nur die beiden ersten anerkannt. Aber damit nicht genug. Die Endung *a* als Kennzeichen für feminine Latinismen ist so stark, dass eine Reanalyse der Pluralform *Visa* als Nom Sg stattfindet. Das ist umso leichter möglich, als die pluralische Artikelform in *die Visa* ebenfalls als Singular des Femininums gelesen werden kann. Das singularische *die Visa* bekommt dann den regelmäßigen *s*-Plural *die Visas* und wir stehen mit insgesamt vier Pluralformen da. Schon das Grimmsche Wörterbuch (Bd. 26: 374) weist mehrere literarische Belege für das Femininum *die Visa* aus. Ähnliche Reanalysen finden sich in Fällen wie *die Agenda* (eig. Neut Pl ‚die zu betreibenden Dinge') und *die Documenta* (eigtl. ‚die dokumentierten Dinge'). Heute gehen wir aber längst im Rahmen einer Agenda des Kunstbetriebs zur Documenta. Nun zur für den Fremdwortschatz so wichtigen *s*-Flexion.

Die *s*-Flexion. Integration von Anglizismen und Gallizismen

In Abschnitt 5.2.1 wurde als eine Besonderheit der *s*-Flexion ihre teilweise Genusunabhängigkeit herausgestellt, eine Eigenschaft, die es bei keinem Flexionstyp des Kernwortschatzes gibt. Ob die *s*-Flexion der Kerngrammatik zuzuweisen ist, bleibt aus diesem und aus anderen Gründen umstritten. Wir kommen darauf zurück, stellen aber erst einmal zusammen, welche Wörter der *s*-Flexion folgen, ohne dass sie dem Fremdwortschatz im üblichen Verständnis angehören.

(4) Substantive mit *s*-Flexion
  a. Eigennamen *Bachs, Deutschlands, Frankfurts, Karls, Müllers*
  b. Abkürzungen *AGs, CDs, LKWs, GmbHs, THs*
  c. Kurzwörter *Loks, Modems, Trafos, Unis, Ufos*
  d. Lautmalereien *Kuckucks, Töfftöffs, Wauwaus, Wehwehs*
  e. Substantivierungen in metasprachlicher Verwendung *Dennochs, Wenns und Abers, Sowohl-als-auchs*
  f. Mehrsilber, die mit unbetontem Vollvokal enden *Echos, Muttis, Omas, Papas, Uhus*

Dazu kommen einige Wörter niederdeutscher Herkunft (*Relings, Haffs, Piers*) und natürlich viele Fremdwörter.

Der Grund für das Auftreten des *s*-Plurals in den Wortklassen 4a-e dürfte seine strukturbewahrende Kraft sein. Vergleichen wir zur Illustration das Appellativum *Buch* – *Bücher* mit dem Eigennamen *Buch* – *Buchs*. Die Stammform [byːç] des Plurals unterscheidet sich von der im Singular [buːx] in vieler Hinsicht: In der zweisilbigen Form ist der letzte Konsonant Bestandteil der zweiten Silbe, d.h. Silben- und Morphemgrenze fallen nicht mehr zusammen (*Bü-cher* vs. *Büch+er*). Der letzte Konsonant ist spirantisiert, aus [x] wird [ç] und der Stammvokal ist umgelautet, aus [uː] wird [yː]. Das alles unterbleibt beim *s*-Plural. Das gesamte Paradigma hat im Sg wie im Pl dieselbe Stammform [buːx].

Eigennamen sind generell gegen Veränderungen eher resistent, bei ihnen kommt es gerade auf die Identität der Form an (3.1, 4.1.2). Deshalb ist die *s*-Flexion für sie besonders geeignet. Dasselbe gilt für die anderen genannten Wortklassen. Abkürzungen und Kurzwörter müssen bei Flexion erkennbar bleiben, Lautmalereien würden bei anderen Flexionstypen ihren ikonischen Charakter verlieren und bei den Substantivierungen gemäß 4e kommt es gerade auf den jeweiligen sprachlichen Ausdruck selbst an. Wegener (2002: 275ff.) nennt den *s*-Plural in den genannten Verwendungen treffend einen Transparenzplural. Ob mit dieser Eigenschaft auch das Auftreten der *s*-Flexion bei Fremdwörtern zusammenhängt, werden wir gleich besprechen.

Anders ist die *s*-Flexion in 4f begründet. Ein silbischer Plural würde hier zum Aufeinandertreffen zweier unbetonter Silbenkerne führen, z.B. **Opa-e*, phonetisch [ʔoːpɑə]. Solche Formen mit Hiat sind schlecht zu artikulieren und, vor allem bei Standardlautung mit reduzierter letzter Silbe, schwer zu hören (4.4). Außerdem ergäbe sich für den Plural ein Daktylus und nicht der sonst übliche Trochäus. Wo immer möglich, vermeidet das Deutsche solche Formen. Die *s*-Flexion ist der beste Ausweg.

Insgesamt erweist sich die *s*-Flexion als ein gut motivierter Flexionstyp für besondere Wortklassen. Er wird deshalb häufig als der allgemeine markierte

Plural des Kernsystems oder als ‚unmarkiert im markierten Bereich' angesehen (Bornschein/Butt 1987). Gelegentlich gilt er sogar als der unmarkierte Plural des Deutschen überhaupt (Wiese 1996: 138; Clahsen 1999; Pinker 2000: 262ff.). Eine solche Sicht kommt für uns nicht infrage, weil das Kernsystem produktive Flexionstypen für alle Normalsubstantive hat. Wir halten aber fest, dass die *s*-Flexion für die einfache Zweiteilung fremd – nichtfremd einen Grenzfall darstellt. Einerseits braucht das Kernsystem diesen besonderen Flexionstyp, andererseits haben die Wörter, die ihn wählen, schon damit fremde Eigenschaften. Nun zu den Fremdwörtern (zum Status und zur Herkunft ausführlich Wegener 2010: 88ff.).

Eine der großen Gruppen von Substantiven mit *s*-Flexion ist oben (4f.) als Mehrsilber, die auf unbetonten Vollvokal enden, gekennzeichnet worden. 5 illustriert, was alles dazugehören kann.

(5) Substantive mit auslautendem Vollvokal, *s*-Plural
  a. *ABCs, Abos, AGs, Akkus, Autos, Bambis, Gaudis, Haikus, Iglus, IHs, IHKs, Kanus, Kinos, Mankos, Saris, Silos, Studis, Unis*
  b. *Babys, Buggys, Dandys, Dummys, Hobbys, Intercitys, Ladys, Lobbys, Partys, Sherrys, Storys, Whiskys*
  c. *Boas, Chartas, Geishas, Kameras, Kobras, Mamas, Mazurkas, Omas, Polkas, Troikas*

5a listet Wörter ganz unterschiedlicher Art, nämlich Abkürzungen, Kurzwörter, morphologisch einfache und komplexe Wörter. Die meisten gespannten Vokale treten hier auf, wobei [a] und [e] auf Abkürzungen beschränkt sind. Das [e] kommt am Wortende sonst meist als betonter Vollvokal vor und ist dann ein Suffix (*Exposee, Komitee*). Diese Wörter folgen der *s*-Flexion aus anderen Gründen als die in 5a. Auch gespanntes [iː] kommt betont als Suffix vor, führt dann aber zum Femininum mit *n*-Flexion (*Hysterie, Manie, Energie*). Für 5a genügt die Feststellung, dass die Wörter auf unbetonten Vollvokal enden.

Dasselbe gilt für die Anglizismen in 5b, die aber auch dann der *s*-Flexion folgen müssten, wenn sie keine Anglizismen wären. Sie bringen nicht den *s*-Plural aus dem Englischen mit, sondern sie folgen der *s*-Flexion des Deutschen. Maskulina und Neutra unter ihnen haben ja auch das *s* im Gen Sg (*des Buggys, Babys*), das es im Englischen nicht gibt. Insofern ist vertretbar, dass die Neuregelung der Orthographie für den Plural Stammschreibung vorsieht (*das Baby – die Babys*) und nicht mehr wie früher die englische Schreibung *die Babies.*

Die Mehrheit der Substantive auf *a* hat, wie oben gezeigt, als Latinismen zu gelten. Sie erhalten den *n*-Plural des Feminismus oder schwanken zwischen *n*- und *s*-Plural. Nur die kleine Gruppe in 5c folgt konsequent der *s*-Flexion. Man kann das durchaus so interpretieren, dass diese Substantive aus dem einen oder anderen Grund nicht als Latinismen gelten. Es hat also nichts mit den phonologischen Eigenschaften des [a], sondern es hat etwas mit seiner morphologischen Funktion zu tun, wenn sich diese Substantive anders verhalten als die übrigen mit unbetontem Vollvokal im Auslaut (vollständigere Listen zum *a*-Auslaut in Thieroff 2001: 265).

Genuszuweisung Anglizismen

Sehen wir uns nun das Flexionsverhalten der großen Zahl von morphologisch einfachen Anglizismen an. Wenn ein solches Wort ins Deutsche gelangt, wird ihm als erstes ein Genus zugewiesen. Ohne Genus wäre unklar, welche Artikelformen stehen, das Wort wäre vom Gebrauch in ganz normalen Nominalgruppen ausgeschlossen. Die Zuweisung des Genus zu Anglizismen ist relativ genau untersucht worden (Gregor 1983; Chan 2005; für das gesprochene Hunt 2011: 117ff.). Das mit Abstand wichtigste Prinzip ist das der semantischen Ähnlichkeit wie bei *der Fight* (‚Kampf'), *das Girl* (‚Mädchen'), *die Beach* (‚Küste'). Für den größeren Teil der Wörter in 6 kommt man so zu einer plausiblen Hypothese über ihr Genus.

(6) Genus einsilbiger Anglizismen

a. Mask
Boom, Boy, Check, Chip, Claim, Clinch, Coach, Cup, Deal, Drink, Drive, Fight, Job, Shop, Trend

b. Neut
Bike, Brain, Camp, Cash, Coil, Crime, Date, Dope, Face, Girl, Lunch, Steak

c. Fem
Band, Beach, Coke, Couch, Cream, Crew, Drum, Show, Site, Soap

Findet sich nicht sofort ein Bedeutungsverwandter, wird das Genus nach anderen Prinzipien vergeben. Für ein deutsches ‚Normalsubstantiv' gilt das Maskulinum als unmarkiert. Wahrscheinlich finden wir es deshalb bei Wörtern wie *Boom, Check, Chip* und *Trend*. Bis zu einem gewissen Grad bleibt das jedoch im Einzelfall Spekulation. Aufs Ganze gesehen ist der Trend eindeutig, insofern das Maskulinum bei den Einsilbern überwiegt und damit die im Kernwortschatz gegebenen Verhältnisse bestätigt.

Ganz ähnlich verläuft die Genuszuweisung bei Mehrsilbern und vor allem morphologisch komplexen Wörtern. Was als Ableitungssuffix oder einem

Ableitungssuffix ähnlich analysiert werden kann, wird wie der nächste genusbehaftete Verwandte behandelt. Wir haben das in 5.2.1 für Anglizismen auf *er* festgestellt, die Maskulina sind (*der Tuner, Loser*). Beim Neutrum stoßen wir sofort auf substantivierte Infinitive mit dem Suffix *ing*, zum Beispiel *das Jogging, Shopping* parallel zu *das Joggen, Shoppen*. Das Femininum findet sich etwa bei Abstrakta auf *ity* wie *die Fidelity, Personality, Publicity* analog zu den Latinismen auf *ität* (*Identität, Kalamität*). Wir können der Vielfalt der Prozesse bei der Genuszuweisung nicht im Einzelnen nachgehen, halten aber fest, dass sie im Allgemeinen reibungslos funktioniert und eine der wichtigsten Integrationsleistungen des Deutschen darstellt. Wo es Unsicherheiten oder Mehrfachzuweisungen gibt, sind diese ihrerseits meist gut begründet (zu Genusschwankungen ermittelt in Zeitungstexten und durch Sprecherbefragungen Schulte-Beckhausen 2002). Wie im Kernwortschatz kommt am ehesten ein Schwanken zwischen Maskulinum und Neutrum vor. Häufig scheint es so zu sein, dass ein formaler Gesichtspunkt für das Neutrum spricht (*das Loop+ing, das Black+out*), dieser aber semantisch nicht stark genug ist, um sich gegen das Maskulinum als unmarkiertes Genus zu behaupten (*der Looping, der Blackout*).

Die bisherige Darstellung operiert mit reinen Genuskriterien. Als solche haben sie nichts mit den Flexionstypen zu tun, die einem Genus zugänglich sind. Die Genuszuweisung ist primär, die Wahl des Flexionstyps sekundär. Sie folgt der Genuszuweisung. Sehen wir uns also an, wie Anglizismen zu ihrem Flexionstyp kommen und beginnen wir mit den drei zuletzt betrachteten Klassen von abgeleiteten Substantiven.

Die Maskulina auf *er* flektieren stark und sind voll integriert (*der Loser, Tuner*). Das Suffix bzw. Pseudosuffix *er* ist den entsprechenden Einheiten des Kernsystems phonologisch und funktional so ähnlich, dass volle Integration erfolgen kann (6.2.2). Genus und Flexionstyp gehen zusammen, eine Priorität ist nicht feststellbar.

Die Neutra auf *ing* (*das Jogging, Shopping*) wählen die *s*-Flexion und unterscheiden sich damit von ihren Genusäquivalenten des Kernsystems auf *en*, die stark flektieren (*das Joggen, Shoppen*). Phonologisch wäre die starke Flexion ohne weiteres möglich, wir hätten etwa *das Shopping, des Shoppings, die Shoppinge* analog zum Suffix *ling* (*Jüngling*) des Maskulinums. Da die *s*-Flexion allen Genera zugänglich ist, kann man nicht sagen, der Flexionstyp werde nach dem Genus gewählt. Beide werden offenbar unabhängig voneinander zugewiesen.

Die Feminina auf *ity* (*die Fidelity, Personality*) haben ebenfalls nicht den Flexionstyp ihres Genusgebers, denn Substantive auf *ität* sind ja integriert und folgen der *n*-Flexion des Fem (*Identitäten, Kalamitäten*). Die Anglizismen folgen der *s*-Flexion aus phonologischen Gründen, genauso wie die in 5. Auch hier wird der Flexionstyp nicht nach dem Genus gewählt. Trotz einer schmalen Datenbasis kann vermutet werden, dass bei den Anglizismen der Flexionstyp unabhängig vom Genus gewählt wird. Im Normalfall folgen sie der *s*-Flexion und nur unter besonderen Bedingungen werden sie voll integriert.

Diese Sicht wird für die einfachen Substantive und insbesondere die Einsilber in 6 bestätigt. Zum allergrößten Teil folgen sie unabhängig vom Genus der *s*-Flexion. Diese ist zwar ein Flexionstyp des Deutschen, wird aber möglicherweise gewählt, weil sie den Wörtern ihren Status als fremd garantiert und im Plural dem Englisch gleicht. Ist sie für diese Wörter ein Flexionstyp des Übergangs? Ist sie es, dann hat die *s*-Flexion auch hier ihre Grundfunktion: Anglizismen wählen sie, solange sie schlecht etabliert und deshalb auf den nichtsilbischen Flexionsmarker angewiesen bleiben. Umgekehrt müssten sie die *s*-Flexion aufgeben und in die starke bzw. *n*-Flexion des Fem übergehen, sobald sie hinreichend bekannt und häufig verwendet sind. Sehen wir uns an, wie sie sich in dieser Hinsicht tatsächlich verhalten.

Integrationswege Anglizismen

Zwei kleine, aber strukturell interessante Gruppen, die spezielle Integrationswege gehen, gibt 7 wieder.

(7) Anglizismen, *s*-Auslaut
 a. *Boss, Dress, Fax, Quiz, Stress*
 b. *Chips, Drops, Keks, Schrimps, Slips, Straps*

Die in 7a flektieren stark und sind höchstens noch teilweise an der Aussprache als Anglizismen erkennbar. Sie bilden aufgrund des *s*-Auslautes im Englischen einen silbischen Plural (*bosses*). Weil ein silbischer *s*-Plural im Deutschen nicht möglich ist, müssen sie sofort integriert werden (*Bosse, Dresse*). Ausschlaggebend ist also eine phonologische Besonderheit dafür, dass ein Flexionstyp des Kernsystems zum Zuge kommt (Eisenberg 1991). So etwas passiert natürlich nicht nur bei Anglizismen, sondern z.B. auch bei dem Kurzwort *Fax*, das ebenfalls stark flektiert. Ein integriertes Femininum dieses Typs ist *Box – Boxen.*

Die Wörter in 7b haben ursprünglich einen englischen *s*-Plural (*cakes, straps*). Dieser wird reanalaysiert als Teil des Stammes analog zu einer Reihe von Wörtern des Kernwortschatzes wie *Knicks*, *Knirps*, *Schubs* und *Schlips* (Wegener 1999: 28f. Bei *Schlips* hat Reanalyse eines niederdeutschen *s*-Plurals stattgefunden). Warum ein Reanalyseprozess gerade bei den Anglizismen in 7b und nicht auch bei vielen anderen einsetzt, ist u.W. nicht bekannt. Man kann sich ja gut auch **Checkse*, **Shopse*, **Capse* und **Campse* vorstellen.

Bei den übrigen Einsilbern lassen sich drei Gruppen nach ihrer phonologischen und graphematischen Struktur unterscheiden. Die Wörter der ersten haben einen Stamm mit gespanntem langen Vokal oder Diphthong und einfachem (d.h. einkonsonantigem) Endrand (8a). Die der zweiten haben einen ungespannten kurzen Vokal (8b). Der Endrand ist entweder komplex (*Lift*) oder er enthält eine Gelenkschreibung, d.h. eine Geminate (*Kaff*), ein *ck* oder *sch* (7.3). Die Beispiele haben wir teilweise aus Wegener 1999 und 2002 entnommen und, um die wichtigen Eigenschaften zu verdeutlichen, nicht auf Entlehnungen aus dem Englischen beschränkt. Die der dritten Gruppe (8c) haben einen ungespannten, kurzen Vokal und einen einfachen Konsonantbuchstaben am Ende (nach Eisenberg 1999a: 347).

(8) Einfache Anglizismen, zur phonographischen Struktur
  a. *Clan, Couch, Dope, Gen, Klon, Plan, Scheich*
  b. *Deck, Dock, Drall, Frack, Haff, Jeck, Kaff, Lift, Marsch, Schock, Spurt, Test, Trick, Tusch*
  c. *Bag, Bit, Cap, Clip, Club, Cut, Drug, Drum, Flap, Flop, Flip, Fun, Hip, Hit, Jam, Jet, Job, Kid, Kob, Mac, Mob, Net, Pad, Pen, Pin, Pep, Pop, Pot, Pub, Rag, Rum, Run, Set, Shop, Slip, Slat, Slum, Smog, Snob, Spot, Step, Tag, Tap, Top, Trip, Web*

Die Wörter in 8a und 8b werden nach Auffassung der Literatur sowohl nach der *s*-Flexion als auch nach der starken bzw. *n*-Flexion des Femininums dekliniert, d.h. wir haben z.B. *die Clans/Clane* und *die Couchs/Couchen.* Dasselbe gilt für entsprechende Mehrsilber mit Ultimabetonung, z.B. *die Labors/Labore, die Myoms/Myome.* Wir wollen nicht lange darüber streiten, welche der Wörter gegenwärtig in welchem Umfang und in welchen Varietäten des Deutschen tatsächlich auf beide Weisen flektiert werden. Möglich ist es aber, und wenn es geschieht, kann man dies Verhalten als Übergang von der *s*-Flexion in das Kernsystem ansehen. Der Integrationsschritt ist möglich, weil die Schreibung der Wörter nicht im Wege steht, diese kann bleiben, wie sie ist. Das gilt ausdrücklich auch für die Wörter in 8b, vgl. etwa *die Decks/Decke, Lifts/Lifte, Tests/Teste.*

Das gilt aber nicht für die Wörter in 8c. Solange sie der *s*-Flexion folgen, brauchen sie die Gemination des letzten Konsonantbuchstaben nicht (*die Bags, Bits, Caps*). Werden sie integriert, muss ihre Schreibung geändert werden. Plurale wie *die Bage, Bite, Cape* sind bei der gegeben Aussprache nicht wohlgeformt, sondern nur *die Bagge, Bitte, Cappe.* Graphematische Integration kann notwendige Bedingung für flexivische sein (weiter 7.3). Klar ist, dass graphematische Integration insgesamt träger verläuft als manch phonologische oder flexivische und dass Internationalismen wie *Bit, Chip, Jet* oder *Net* kaum Chancen zu graphematischer Integration ins Deutsche haben. Man darf auch gespannt sein, ob die in der Neuregelung der Orthographie willkürlich festgesetzten integrierten Schreibungen wie *Tip* > *Tipp*, *Stop* > *Stopp* die flexivische Integration fördern, d.h. zu Pluralen wie *die Tippe*, *Stoppe* führen werden.

Den Anglizismen steht eine Reihe von Integrationswegen offen. Ein anderer Teil ist verbarrikadiert, aber auch offene Wege werden nicht immer beschritten. Die Mehrzahl der Wörter in 8c bleibt wahrscheinlich einfach deshalb bei der *s*-Flexion, weil sie in Aussprache oder Schreibung oder beidem fremd bleiben. Auch wenn das nicht Fall ist, können Entlehnungen lange bei der *s*-Flexion verharren, obwohl einer Integration formal nichts im Wege steht (9).

(9) *s*-Flexion bei alten Anglizismen
Lord, Park, Schal, Scheck, Schock, Start, Streik

Fazit: Die *s*-Flexion stellt für viele Anglizismen und vergleichbare fremde Wörter den Flexionstyp des Übergangs dar, keineswegs aber für alle. Damit ist ausgeschlossen, dass die *s*-Flexion selbst und ohne Stützung durch andere fremde Eigenschaften generell als Indikator für Fremdheit zu gelten hat.

Gallizismen

Kommen wir nun noch kurz auf Entlehnungen aus dem Französischen und entsprechende Fremdwortbildungen zu sprechen. Interessant ist zunächst, dass man früher annahm, der *s*-Plural im Deutschen werde wesentlich von den Gallizismen gestützt (Paul 1917: 128f.), während diese Rolle jetzt den Anglizismen zugeschrieben wird. An der *s*-Flexion selber hat sich dabei nichts geändert. Sie ist längst ein Flexionstyp des Deutschen, dem man nicht gerecht wird, wenn man ihn lediglich als entlehnt beschreibt.

Die Zuweisung des Genus verläuft bei Galliszismen nach denselben Prinzipien wie bei den Anglizismen, operiert aber auf einem Vokabular mit anderen Eigenschaften. Die wichtigsten Unterschiede sind: (1) die allermeisten Gallizismen sind mehrsilbig und (2) die Genuszuweisung verteilt Wörter eines Systems mit zwei Genera auf eins mit drei. Beides führt dazu, dass bei Gallizismen noch häufiger als bei Anglizismen Formkriterien den Ausschlag geben (Wawrzyniak 1985; Volland 1986: 137ff.; Schulte-Beckhausen 2002). Wir sprechen der Einfachheit halber davon, ein Gallizismus ‚behalte' sein Genus, wenn dem französischen masculin ein deutsches Maskulinum und dem französischen féminin ein deutsches Femininum folgt. Das ist nicht ganz korrekt, vereinfacht jedoch die Redeweise erheblich.

Das Maskulinum wird beibehalten für Wörter, die männliche Lebewesen bezeichnen oder sexusneutral sind, seien sie morphologisch einfach oder mit entsprechenden Suffixen wie *eur*, *ier*, *at* und *ent* (10a) gebildet. Das Femininum wird entsprechend für Bezeichnungen weiblicher Lebewesen beibehalten. Anders als das Englische verfügt das Französische auch über Movierungssuffixe für das Femininum (10b).

(10) Genusübernahme bei Gallizismen

a. *Onkel, Page*
Adjutant, Agent, Amateur, Emigrant, Hotelier, Ingenieur, Präsident, Premier

b. *Tante*
Actrice, Directrice, Friseuse, Garderobiere, Hoteliere, Mätresse, Politesse, Souffleuse

c. *Bal+ance, Bord+üre, Dilig+ence, Ekoss+aise, Fass+ade, Gard+ine, Journ+aille, Kan+aille, Manik+üre, Mansch+ette, Pati+ence, Polon +aise, Renaiss+ance, Roul+ade, Servi+ette, Turb+ine*

Das Femininum wird weiter beibehalten bei den meisten Suffixen für Sachbezeichnungen und Abstrakta (10c). Ein Teil von ihnen ist eng mit Suffixen von Latinismen verwandt. In diesen Bereich gehört auch einer der systematischen Genuswechsel, nämlich der vom masulin zum Femininum. Sämtliche Suffixe in 10c enden im Deutschen mit offener Schwasilbe nach betonter Pänultima und sehen damit vom Ende her aus wie der feminine Prototyp *Bude, Latte.* Diese Gallizismen sind daher auch phonologisch auf das Femininum festgelegt. Schwache Maskulina könnten sie nur sein, wenn sie Lebewesen bezeichneten. Die strukturelle Fixierung auf das Femininum ist so stark, dass auch das im Französischen maskuline Suffix *age* ihr folgt (*Blam+age, Mass+age, Tonn+age*). Die Substantive auf *age* sind im Deutschen Feminina, was einen verbreiteten Genusfehler deutscher Französischlerner zur Folge hat (**le courage*, **la garage*). Ganz ähnlich verhält es sich mit einigen nichtsuffigierten Stämmen. Maskulina wie *le masque, le contrôle* werden im Deutschen zu Feminina mit auslautender Schwasilbe (*die Maske, die Kontrolle*). Umgekehrt werfen französische Feminina das *e* ab, wenn sie im Deutschen zu Maskulina werden, z.B. *la marche* > *der Marsch, la pompe* > *der Pomp* (Volland 1986: 141). Alle genannten Typen von Feminina sind integriert und folgen der *n*-Flexion.

Vielleicht noch umfangreicher ist der Wechsel vom französischen masculin zum deutschen Neutrum. Maskulinum und Neutrum sind im Bereich der Nichtlebewesen eng verwandt und für die Gallizismen steht das Neutrum ohne Einschränkung offen. So wird das Neutrum von zahlreichen entlehnten Simplizia (11a) und suffigierten Substantiven (11b) gewählt, die nicht Lebewesen bezeichnen. Bei vielen, aber nicht allen der einfachen findet sich ein naher deutscher Verwandter.

(11) Genuswechsel vom masculin zum Neutrum
  a. *Bassin, Chassis, Depot, Genre, Kuvert, Pardon, Ragout, Relais, Souvenir, Sujet, Terrain, Trikot, Velours*
  b. *Abonne+ment, Bill+ett, Boud+oir, Buk+ett, Engage+ment, Niv+eau, Plat+eau, Reserv+oir, Result+at, Telephon+at*

Der Genuswechsel wird wahrscheinlich dadurch ausgelöst, dass die produktiven maskulinen Ableitungssuffixe des Kernsystems wie *er*, *ler* und *ling* in der Grundfunktion auf Personenbezeichnungen spezialisiert sind (Eisenberg/Sayatz 2003). Bei den Fremdwörtern bleibt für Derivationssuffixe als am wenigsten spezialisiert das Neutrum wie in 11b, das dann als Analogiebasis für Simplizia fungiert.

Was nun die *s*-Flexion betrifft, so gilt bei den Gallizismen in noch stärkerem Maß als bei den Anglizismen, dass sie nicht selbst Fremdheit anzeigt, sondern fast immer gemeinsam mit anderen fremden Merkmalen auftritt. Meist sind dies phonologische oder graphematische Fremdheit wie bei den Wörtern in 11a. Im Deutschen wird ein *s* angehängt und auch gesprochen, während das Plural-*s* im Französischen segmental stumm ist. Bei Wörtern, die schon ein *s* haben, wie *Chassis* und *Relais*, wird es im Gen Sg und Pl gesprochen, sonst bleibt es stumm (z.B. *die Relais* – [diː ʀɛlæːs]). Eine volle Integration in die *s*-Flexion findet also nur im Gesprochenen statt.

Ein Übergang von der *s*-Flexion zu den Flexionstypen des Kernsystems ist bei den Gallizismen anscheinend immer mit phonologischer Integration verbunden. Man sieht das besonders schön an den Suffixen des Femininums wie in 10b,c, aber auch an denen des Maskulinums und Neutrums. So kann *Abonnement* nur stark flektieren, wenn der Nasalvokal im Auslaut aufgegeben wird, sonst ist die *s*-Flexion gefordert. Dagegen ist *Abonnent* in dieser Hinsicht integriert und wird deshalb schwach flektiert.

Ganz vergleichbar verhalten sich zahlreiche Gallizismen, die phonologisch integriert werden können, aber nicht müssen. Je nach Aussprache wird dann die *s*-Flexion oder die starke Flexion gewählt. Einige Maskulina und Neutra dieser Art in 12.

(12) *s*-Flexion vs. starke Flexion, Gallizismen
  Balkon, Ballon, Bataillon, Bukett, Karussell, Kuvert, Malheur, Parfüm, Regime, Relief

Bei *Balkon* sind mit der Aussprache [bal'kɔŋ] die Genitiv- und die Pluralform *Balkons* verbunden. Wird jedoch der velare Nasal [ŋ] aufgegeben und zur Leseaussprache [bal'ko:n] übergegangen, dann flektiert das Wort stark. Der Gen Sg kann sogar silbisch sein (*des Balkon(e)s*), als Plural ergibt sich *die Balkone*. Viele Sprecher verwenden durchaus gemischte Singular- und Pluralformen, so dass die Singularform den Nasal hat und als Pluralform trotzdem *Balkone* erscheint. An der Systematik der Formbildung ändert das nichts. Ähnliche Effekte treten bei den anderen Wörtern in 12 ebenfalls auf, wenn auch nicht überall mit derselben Ausgeprägtheit wie bei *Balkon*.

Gallizismen machen insgesamt mehr phonologische Integrationsschritte als Anglizismen, wenn die Flexion ins Kernsystem übergeht. Der Anteil von Gallizismen mit *s*-Flexion scheint geringer zu sein als der von Anglizismen. Ob das strukturelle Gründe hat oder einfach daran liegt, dass das Deutsche länger aus dem Französischen entlehnt als aus dem Englischen, lassen wir vorerst offen.

5.3 Adjektive

Kernsystem

Das typische Adjektiv des Kernwortschatzes hat im Wortparadigma eine unflektierte Form, die als Grundform fungiert und auch Kurzform genannt wird (*gelb, klein, rund*) sowie eine große Zahl flektierter Formen. Alle flektierten (*gelbes, gelbem ..., kleines, kleinem ..., rundes, rundem ...*) folgen dem selben Muster. Eine Unterscheidung von Flexionstypen wie beim Substantiv gibt es nicht. Zum prototypischen Adjektiv gehören außerdem die Komparationsformen, das sind neben der Grundform des Positivs (*klein*) der Komparativ (*kleiner*) und der Superlativ (*am kleinsten*, Flexionsstammform *kleinst*). Die Flexion im Komp und Sup folgt dem selben Muster wie im Pos, z.B. *kleines, kleinem – kleineres, kleinerem – kleinstes, kleinstem*.

Die Integration eines fremden Adjektivs entscheidet sich prinzipiell danach, ob es in den selben syntaktischen Funktionen vorkommt wie das Kernadjektiv. Dabei geht es zuerst um Flektierbarkeit. Entscheidend ist, ob ein Adjektiv überhaupt flektiert. Tut es das, dann bildet es sämtliche Flexionsformen. Man muss also nicht fragen, wie die Flexionsformen im Einzelnen aussehen. Den Fall, dass nur bestimmte Formen gebildet werden, scheint es als Merkmal für Fremdheit nicht zu geben. Wir beschränken uns deshalb darauf, die wichtigsten syntaktischen Funktionen des unflektierten und des flektierten Kernadjektivs anzuführen und dies als Bezugsgröße für das Verhalten fremder Adjektive zu setzen (Satz: 223ff., 237ff.).

Unflektiert. Die wichtigsten Verwendungen der Kurzform des Adjektivs sind die prädikative mit den Kopulaverben *sein, bleiben* und *werden,* z.B. *Es ist/bleibt/wird fest* sowie die adverbiale wie in *Sie schläft fest.* Eine weitere und im gegebenen Zusammenhang wichtige Verwendung ist die attributive. Steht das Adjektiv nach dem Substantiv, dann ist es unflektiert (*Röslein rot, Aal grün, Fußball brutal*). In dieser Verwendung kommen bei weitem nicht alle Adjektive vor. Steht das Adjektiv vor dem Substantiv, dann ist es in der Regel flektiert (s.u.), nur in ganz bestimmten Fällen ist es unflektiert (*ein lila/rosa Rock, ein extra Paar Schuhe, ein klasse Team*) und hat damit eine fremde Eigenschaft.

Flektiert. Das attributive, flektierte Adjektiv wie in *ein langer Rock, ein neues Paar Schuhe, ein starkes Team* ist in vieler Hinsicht als das Normalvorkommen dieser Wortart anzusehen. Zahlreiche Adjektive können nicht prädikativ, aber nur sehr wenige nicht attributiv und flektiert verwendet werden. Flektiert stehen sie auch in der sog. gespaltenen Nominalgruppe, bei der das Adjektiv mit dem Artikel nachgestellt ist (*Obst isst sie nur ganz unreifes; Seine Angst ist eine angeborene*). Besonderer Betrachtung bedarf die gespaltene NGr nicht, weil sie keine Klasse von fremden Adjektiven aus der attributiven Verwendung herauszuheben scheint. Das gibt Anlass, auf die folgende Begrenztheit unserer Aussagen zur Integration hinzuweisen.

Allgemeine Aussagen darüber, wie weit ein Adjektiv integriert ist, haben zu berücksichtigen, in welchen grammatischen Kontexten es vorkommen kann und in welchen nicht. Solche Aussagen setzen gleichzeitig ein Wissen darüber voraus, wie sich die Kernadjektive in dieser Beziehung verhalten. Dieses Wissen ist nicht ohne weiteres verfügbar, und so weit es vorhanden ist, schwer auf fremde Adjektive übertragbar. Man denke nur daran, wie der attributive Gebrauch gegenüber dem prädikativen semantisch differenziert ist (*die eiserne Brücke,* aber nicht *Die Brücke ist eisern; eine semantische Theorie,* aber nicht *Die Theorie ist semantisch* usw.). Gerade beim Adjektiv, für das man mit einer begrenzten Zahl von Verwendungen rechnet, fällt dieses Problem ins Auge.

Vergleichbar ist manches auf der phonologischen Ebene. Bei den einfachen Adjektiven im Kernwortschatz wird im Komparativ und Superlativ teilweise umgelautet, teilweise nicht: *hart – härter,* aber *zart – zarter.* Bei fremden Adjektiven dieser Art bleibt der Umlaut ausgeschlossen, selbst wenn sie sonst weit integriert sind: *smart – smarter,* aber niemals *smart – smärter.* Ist dies als ein Merkmal von Nichtintegriertheit anzusehen, auch wenn der Umlaut im Kernwortschatz fakultativ ist und wir nicht wissen, warum er sich teilweise hält und teilweise verschwindet? Wir lassen die Frage offen und halten uns so weit es geht an das, was die Wörter können, weniger an das, was sie nicht können.

Anglizismen

Einfache Adjektive, die das Deutsche aus dem Englischen entlehnt hat, lassen sich nach dem Grad der Integration in mehrere Gruppen einteilen (nach Eisenberg 2004).

(1) Einfache Adjektive, Anglizismen
  a. *clean, cool, soft, fair, smart, safe, tough*
  b. *clever, proper, gentle, open*
  c. *crass, high, hype, light, life, pur*
  d. *fit, hot, hip, top*
  e. *pink*

Was die Wortform betrifft, sind die Adjektive aus 1a offensichtlich fremd und aufgrund ihrer Schreibung oder Lautung als Anglizismen erkennbar. So hat *soft* die Aussprache [sɔft] mit stimmlosem [s] im Anlaut vor Vokal, was im Kernwortschatz nicht vorkommt. Ihr Flexionsverhalten ist das der Kernadjektive, wobei es durchaus eine Interaktion zwischen Flexionsverhalten und Aussprache geben kann. Viele Sprecher sagen etwa [kuːɫ] (*cool*) mit dem velarisierten *l* des (amerikanischen) Englisch. Wird das Adjektiv flektiert, dann verschwindet die Velarisierung in der Regel, man hört [kuːləs] (*cooles*). Der durch die Flexionsendung bewirkte Übergang des *l* vom Auslaut in den Anlaut der zweiten Silbe führt zur lautlichen Integration.

Ähnliches lässt sich für einige Adjektive in 1b. sagen. Wie im Kernwortschatz finden sich zweisilbige Stämme mit silbischen Sonoranten (*heiter, edel, offen*). Bei den flektierten Formen unterscheiden sie sich, was die Reduktion von Schwa betrifft (z.B. *heiteres/heitres*, aber nur *edles*, Raffelsiefen 1995). Diesen Integrationsschritt hat *proper* gemacht (*properes/propres*), *clever* aber nicht. Wir haben nur *cleveres*, wahrscheinlich damit Auslautverhärtung des [v] vermieden wird.

Die Adjektive in 1c flektieren nicht. Die meisten von ihnen können aber als Attribute nach dem Substantiv verwendet werden (*Literatur light, Fußball life, Wissenschaft pur*). Ob der Durchschnittssprecher *pur* tatsächlich als Anglizismus ansieht, sei dahingestellt. Nach Auskunft einschlägiger Sprecherkreise hat *hype* (ungefähr ‚öffentlich gut drauf bis exaltiert') die Chance, teilweise an die Stelle von *cool* zu treten.

Die vierte Gruppe (1d) flektiert ebenfalls nicht. Diese Adjektive sind auf prädikativen und adverbialen Gebrauch beschränkt, weil Flexion mit orthographischer Integration einhergehen müsste. Wir hätten zu schreiben *fittes, hottes, hippes, toppes*, d.h. wir hätten den Konsonantbuchstaben zu verdoppeln (7.2). Gelegentlich geschieht das auch, der Norm entspricht es aber noch nicht in allen Fällen. Flektierte Formen (*ein fitter Spieler*) finden sich eher im Gesprochenen als im Geschriebenen. Die Orthographie wird zum Integrationshindernis.

Einen besonderen Fall stellt *pink* dar. Es wird nur selten flektiert, obwohl der Flexion phonologisch nichts im Weg steht. Im Deutschen sind die Grundfarben Einsilber, auch *schwarz* gehört dazu. Komplexere, nicht dem Regenbogen angehörende Farben sind meist entlehnt und Mehrsilber, die nicht flektieren (*beige, oliv, azur, türkis*, aber auch *lila* und *rosa*). Offenbar wird *pink* dieser Gruppe zugeschlagen. Die bezeichnete Farbe ist keine einfache, außerdem ist wohl allgemein bekannt, dass das Wort entlehnt ist.

Wir kommen zu den morphologisch komplexen Adjektiven, bei denen neben Einzelfällen zwei große Gruppen zu unterscheiden sind.

(2) Komplexe Adjektive, Anglizismen
   a. *easy, dirty, fancy, groggy, happy, trendy, tricky, sexy*
   b. *relaxed, recycled, gelabelled, gepuzzled, geleased, interviewed, airconditioned, overdressed, stonewashed*

Die Gruppe 2a zählen wir zu den komplexen Stämmen, weil die meisten auch für den Sprecher des Deutschen wohl als Ableitungen von Substantiven anzusehen sind (*trick* > *tricky*). Für ihr Flexionsverhalten dürfte das allerdings ohne Bedeutung sein. Sie flektieren nicht, weil ihre zweite Silbe auf unbetonten Vollvokal endet. Wie bei *lila* ist dies hinreichende Bedingung für Nichtflektierbarkeit. Das schließt sie nicht unbedingt von attributiver Verwendung aus, aber sie bleiben auch dann unflektiert (*ein lila Rock, ein trendy Buch*).

Für die Partizipien in 2b steht zunächst die Frage, ob sie eher als Adjektive oder als Formen von Verben anzusehen sind. Ein Teil von ihnen hat im Deutschen keinen verbalen Infinitiv und hat schon deshalb als adjektivisch zu gelten (*airconditioned, overdressed*). Bei anderen gibt es den Infinitiv und weitere Verbformen. Aber sie sind auch als Adjektive anzusehen, schon weil sie flektieren oder auf dem Weg dahin sind. Sie kommen bei den Verben erneut zur Sprache (5.4.). Im Augenblick geht es um den Integrationsschritt, der mit Flektierbarkeit verbunden ist. Betrachten wir als Beispiele *relaxed* und *recycled.*

Die Form *relaxed* ist direkt aus dem Englischen übernommen und kann wie sie ist prädikativ und adverbial verwendet werden (*Er ist ganz relaxed. Sie spielt relaxed auf*). Wird das Wort im Geschriebenen flektiert, müsste es dann beispielsweise heißen *ein relaxedes Verhalten.* Geschriebene Form und Aussprache lägen so weit auseinander, dass integriert wird zu *ein relaxtes Verhalten.* Das wirkt zurück auf die Grundform, über kurz oder lang ist zu erwarten *relaxt* anstelle von *relaxed.* Unsere Wörterbücher halten sich an dieser Stelle häufig bedeckt. Duden 2006 enthält nur die Form *relaxed,* Wahrig 2006a sogar nur den Infinitiv *relaxen* (anders Duden 2007: 771). Noch weitgehender sind die Veränderungen bei *recycled,* weil sie auch den Infinitiv betreffen. Aus *Das Papier ist recycled* wird *das recycelte Papier* und der Infinitiv geht über von *recyclen* zu *recyceln.* Damit kann das Verb in allen Formen der Konjugation des Typs *segeln* folgen. Erneut führt eine Erweiterung der Verwendung zwangsläufig zu einem Integrationsschritt.

Gallizismen, Latinismen und andere

Es gibt eine Reihe weiterer komplexer Adjektive, die eindeutig fremd sind, deren Zuordnung zu einer bestimmten Gebersprache aber nicht immer am Suffix selbst hängt, sondern nur am Stamm erkennbar wird. Einige Beispiele in 3, zur Wortbildung Kap. 6.

(3) Komplexe Adjektive, Gallizismen und Latinismen
   a. *derangiert, deplaciert, prononciert, artikuliert, diskutiert, frustriert*
   b. *brillant, frappant, elegant, amüsant, galant, charmant, rasant, relevant*
   c. *visibel, terribel, horribel, penibel, flexibel, sensibel, disponibel*
   d. *räsonabel, komfortabel, blamabel, rentabel, veritabel, tolerabel*

In 3a werden wahrscheinlich *derangiert* aufgrund der Aussprache und *deplaciert* (aber nicht *deplatziert*) aufgrund der Schreibweise dem Französischen zugeordnet, während man *artikuliert, frustriert* und viele weitere eher auf das Lateinische bezieht. Dagegen sind die meisten aus 3b wohl als Gallizismen anzusehen. Sie sind dem Partizip 1 teilweise noch so nahe, dass sie seine integrierte Bildung blockieren, z.B. *amüsant,* kaum aber *amüsierend.*

Adjektive auf *ibel* können je nach Aussprache auf das Englische (*vísibel, térribel*) oder auf das Französische (*terríbel*) bezogen oder als traditionelle Fremdwörter angesehen werden. Bei bewusst fremder und insbesondere anglisierender Aussprache sind sie nicht flektierbar. Ähnlich bei denen auf *abel,* die wieder eher auf das Französische weisen. Werden die auf *ibel* und *abel* flektiert, dann exakt nach dem Muster des Kernadjektivs *übel.* So haben wir *ein übles/*übeles Gerücht* und ebenso *ein blamables/*blamabeles Gerücht.*

Insgesamt kann das Flexionsverhalten der fremden Adjektive als durchsichtig bezeichnet werden. Es hängt weitaus überwiegend von ihrer Verwendbarkeit einerseits und von ihrer phonologischen Form andererseits ab. Wo Integrationswege versperrt sind, ist das gut begründet.

5.4 Verben

Regelmäßige und unregelmäßige Verbflexion

Der Formenreichtum des einzelnen Verbs und die Formenvielfalt der Verben insgesamt ist größer als bei den anderen flektierenden Wortarten und man streitet seit langem darüber, wie die Verben in regelmäßige und unregelmäßige einzuteilen sind. Als Hauptklassen gelten allgemein die starken Verben mit ihrem Ablaut auf der einen Seite (*sinken, sank, gesunken; liegen, lag, gelegen*), die schwachen Verben ohne Ablaut und überhaupt ohne Vokalwechsel, dafür aber mit dem Suffix *t*, auf der anderen (*senken, senkte, gesenkt; legen, legte gelegt*). Die schwachen flektieren alle nach demselben Muster und weisen innerhalb dieses Musters lediglich phonologisch bestimmte Formunterschiede auf (s.u.), sie flektieren regelmäßig. Aber sind die starken Verben unregelmäßig?

Genauere Analysen ergeben folgendes Bild. (1) Starke Verben sind keineswegs einfach unregelmäßig. Die meisten ihrer Formen werden nach strikten Regeln gebildet. Nicht einmal was den Ablaut betrifft, kann einfach von Unregelmäßigkeit gesprochen werden. (2) Der Übergang zwischen starker und schwacher Flexion ist fließend. Manche Verben flektieren teilweise stark und teilweise schwach (*glimmen, glomm/glimmte, geglommen; schinden, schund/schindete, geschunden*). Schon aus diesem Grund verbietet es sich, von regelmäßigen Verben einerseits und unregelmäßigen andererseits zu sprechen. (3) Neben den echten starken gibt es viele weitere Klassen von Verben, die einige Eigenschaften mit ihnen teilen, in anderer Hinsicht aber wirklich unregelmäßig sind. Sie können beispielsweise in ein und derselben Form auch Eigenschaften von schwachen Verben haben, z.B. *rennen, rannte; bringen, brachte* mit dem Suffix *t* im Präteritum. Andere fallen noch weiter aus dem Rahmen. Für die Verben des Deutschen insgesamt kann man von einer Abstufung in Hinsicht auf Regelmäßigkeit sprechen, wobei sich als unregelmäßigstes Verb überhaupt *sein* mit seinen Stammformen *war, gewesen*, mit seinen Personalformen *bin, bist, ist* usw. herausstellt. Aber auch dieses Verb ist keineswegs vollkommen unregelmäßig (weiter A. Bittner 1996; Köpcke 1998; Darski 1999; B. Wiese 2008).

Die Spezialdiskussion über Regelmäßigkeit und Unregelmäßigkeit ist von Interesse für die Integration fremder Verben, weil sie sich mit ganz allgemeinen Bewegungen im Verbwortschatz des Deutschen befasst. Es gibt einerseits eine Bewegung in Richtung auf die regelmäßige, die schwache Flexion, erkennbar etwa an Zweifelsfällen wie *focht/fechtete, molk/melkte, buk/backte* in der Gegenwartssprache. Der Übergang zur schwachen Flexion ist dominant, aber auch die Gegenbewegung in Richtung auf starke Flexion oder Unregelmäßigkeit ist vorhanden. So waren in älteren Sprachstufen die schwachen Partizipien *gescheint* und *gewinkt* vorherrschend. Heute gibt im geschriebenen Standarddeutschen nur noch *geschienen* und auch die starke Form *gewunken* ist im Vormarsch. Grundsätzlicher noch ist die Herausbildung unregelmäßiger Verbflexion bei den Hilfsverben *sein, werden, haben.* Sie stammen von regelmäßig flektierenden Verben ab und haben sich im Deutschen (genauso wie in verwandten Sprachen) aus guten Gründen unregelmäßige Formen zugelegt. Solche Verben gehören dem sog. sprachlichen Nahbereich an. Sie sind elementar wichtig und so häufig, dass die einzelne Form Individualität gewinnt und leicht von den anderen zu unterscheiden ist (Nübling 2000b).

Wie verhalten sich nun fremde Verben in dieser Hinsicht? Flektieren sie regelmäßig im Sinne von schwach oder kann es dazu kommen, dass sie fremde Formen als unregelmäßige beibehalten und vielleicht sogar im Deutschen als höchste Form von Integration entwickeln? Die Antwort auf diese Frage ist denkbar einfach. Solange ein Verb überhaupt als fremd gelten kann, flektiert es schwach. Uns ist kein einziger Fall aus dem Gegenwartsdeutschen bekannt, in dem ein fremdes Verb zu starken oder unregelmäßigen Formen neigt. Was man findet, ist marginal oder so gelagert, dass man eher von noch größerer Regelmäßigkeit als im Kernwortschatz sprechen möchte. Wir sehen uns aus dieser Perspektive eine größere Gruppe von Anglizismen sowie das Verhalten des fremden Verbalsuffixes *ier* wie in *massieren* an.

Anglizismen

Um zu zeigen, wie und in welchem Maß Verben mit morphologisch einfachen Stämmen sich den Feinheiten der schwachen Flexion fügen, unterscheiden wir bei den Anglizismen drei Klassen.

(1) Verbflexion, Anglizismen

a. *boomen, bowlen, catchen, coachen, dealen, grooven* (‚dem Rhythmus einer Musikveranstaltung folgen'; Anglizismenindex: ‚genießen, gut drauf sein'), *stylen, surfen, tunen, joggen, jobben, pinnen, shoppen, strippen*

b. *covern, lasern, powern, doubeln, labeln, puzzeln, setteln*

c. *mixen, stressen, jazzen, beaten, flirten, hotten, splitten, jetten*

Die Verben in 1a bilden ohne Einschränkung alle finiten und infiniten Formen. Ihre Fremdheit beruht auf der Aussprache oder der Orthographie, nicht auf der Flexion. Gegenüber den englischen Infinitiven *to jog, job, pin, shop, strip* wird im Deutschen sofort die Verdoppelung des Konsonantbuchstaben am Ende des Stammes vollzogen. Der Infinitiv bildet bei einsilbigen

Stämmen einen Trochäus aus betonter und unbetonter Silbe. Ein einzelner Konsonant im Stammauslaut wird dadurch zum Silbengelenk und zieht die Gelenkschreibung nach sich (7.3). Wegen Zweisilbigkeit der Grundform folgt die Verbflexion im Deutschen generell der Stammflexion, d.h. es wird nicht die Grundform selbst flektiert wie meist beim Substantiv, sondern nur der Stamm, der sich aus dem Infinitiv durch Abspaltung der Endung ergibt (5.2.2). Dadurch kann es zu unterschiedlichen Stammschreibungen bei Verb und Substantiv kommen, wenn das Substantiv der *s*-Flexion folgt: *jobben – der Job, pinnen – der Pin, shoppen – der Shop.*

Die zweisilbigen Stämme auf *ern* und *eln* wie in 1b werden ebenfalls sofort integriert und folgen dem Muster von Kernwörtern wie *zaudern* und *säuseln* (1.3). Beispielsweise kann die 1.Person Singular im Präsens Indikativ lauten *ich zauder/zaudre/zaudere* und genauso *ich laser/lasre/lasere* (Wort: 188ff.). Ob alle diese Formen gutes Deutsch sind, ist hier nicht die Frage, sondern nur, ob die Formen von Anglizismen so gut oder so schlecht sind wie die von Kernwörtern. Bei der Bildung infiniter Verbformen (Infinitiv und Partizip 2) verhalten sich die Verben auf *ern* und *eln* nicht gleich, schon weil sie im Englischen unterschiedlich sind: *to cover, laser, power* einerseits und *to double, lable, puzzle* andererseits. Erstere können direkt übernommen werden, letztere machen mehrere Integrationsschritte über das Partizip (5.3). In der Regel lautet es zunächst *gedoubled, gelabled, recycled* usw. Wird es als Adjektiv flektiert, ergibt sich beispielsweise nicht *gedoubledes*, sondern *gedoubeltes* und daraus weiter *gedoubelt* sowie der Infinitiv *doubeln.* Dieser vergleichsweise komplizierte Integrationsweg wird natürlich nicht bei jedem einzelnen Verb von neuem beschritten. Er zeigt aber, dass die Integration der Verbformen letztlich unvermeidlich ist, wenn die Partizipien als Adjektive flektiert werden.

Interessant ist das Verhalten von Verbstämmen auf *n.* Im Kernwortschatz haben wir Infinitive wie *ebnen, ordnen, öffnen.* Das *n* tritt ohne Schwa zum Stamm (*ebn, ordn, öffn*) und es folgt die Infinitivendung *en.* Englische Verben wie *to open, to fasten* sehen so aus wie normale deutsche Infinitive, sind es aber natürlich nicht. Werden sie als Anglizismen nach deutschem Muster verwendet, müsste es heißen *opnen, fastnen.* Dieser Integrationsschritt wird nicht vollzogen mit der Folge, dass die flektierten Formen solcher Verben praktisch nicht vorkommen. Man hört vielleicht noch den Imperativ *Fasten bitte deinen Sicherheitsgurt,* kaum aber *Ich faste/fastne/fasten/fastene meinen Sicherheitsgurt.* Auch beim Part 2 gibt es Probleme. Wir haben das Adjektiv *open,* aber nicht Partizipien wie *geopened/geopent* oder *gefastened/gefastent.*

1c zeigt, wie Verben mit dem Stammauslaut [s] und [t] integriert werden. Bei denen auf [s] fällt insbesondere die 2.Ps Sg Ind Akt mit der 3.Ps zusammen (*du mixt, er mixt; du stresst, sie stresst*) wie bei den Kernverben *du reist, sie reist* oder *du lässt, er lässt.* Entscheidend ist die phonologische Form, nicht die Schreibung. Bei [t] im Auslaut werden alle Formen zweisilbig, also etwa *du flirtest, sie flirtet* wie *du wartest, er wartet.* Integrationshemmungen sind nicht zu sehen.

Besonderer Betrachtung bedürfen Verben mit trennbarer Partikel wie *antörnen – törnt an,* vor allem dann, wenn nicht klar ist, ob der erste Bestandteil tatsächlich abgetrennt wird (*babysitten – er babysittet – er sittet baby*). Wie sich die Anglizismen hier verhalten, hat erhebliche Auswirkung auf die Verwendung flektierter Formen, die Formbildung selbst gehört aber in die Wortbildung. Auch wirft sie besondere Probleme für die Getrennt- und Zusammenschreibung auf (6.3; 7.1).

Das Verbalsuffix *ier*

Das Suffix *ier* (*agieren, massieren, probieren*) ist mit seinen Verwandten *isier* (*allegorisieren, computerisieren, verbalisieren*) und *ifizier* (*elektrifizieren, klassifizieren, mystifizieren*) der mit Abstand wichtigste und produktivste Verbalisierer, über den das Deutsche verfügt. Alle drei sind selbst fremd, insofern sie den Hauptakzent des Wortes auf sich ziehen, während heimische Ableitungssuffixe im Allgemeinen akzentneutral sind. Dazu kommt, dass sie sich weitaus überwiegend auch mit fremden Stämmen verbinden. Verben mit diesen Suffixen haben im Standarddeutschen Fremdwortcharakter, sie stellen sogar etwas wie einen Prototyp von Fremdwort dar. Ihre bedeutende Rolle in der Wortbildung wird in Abschnitt 6.2.4 besprochen. Im Augenblick geht es nur um einige Bemerkungen zur Flexion, wobei wir uns auf Verben mit *ier* beschränken.

Wie zu erwarten, flektieren die Verben auf *ier* schwach. Weil das Suffix betont ist und in der Regel den Hauptakzent des Wortes trägt, hat es – was die Flexion betrifft – alle Eigenschaften eines heimischen Verbalstammes. Man kann durchaus davon sprechen, dass *ier* genau so flektiert wie heimische schwache Verben entsprechender Lautgestalt, also z.B. *gieren, schmieren* und *stieren.* Vom Wortende her sieht *gieren* aus wie *agieren,* insbesondere enden beide auf Trochäus. Die ältere Wortbildungslehre gab dem Suffix auch insofern eine Verbgestalt, als man nicht von *ier,* sondern von *ieren* sprach (z.B. Öhmann 1970). Das hängt damit zusammen, dass der Begriff Stammflexion nicht verfügbar war. Die Infinitivendung *en* als Merkmal der Grundform sah man nicht als Flexionsendung wie andere, sondern als Verbalisierer an. So heißt es etwa bei Fleischer im Zusammenhang der Wortbildung des Verbs (1975: 314) „Das Verb dagegen verfügt heute nur über ein einziges Verbalisierungsmorphem, das *–(e)n* des Infinitivs."

Die Formbildung der Verben mit *ier* erfolgt also in jeder Hinsicht unauffällig und regelmäßig. Ein Hinweis ist allenfalls auf das Part 2 am Platz. Schwache Verben bilden es mit dem Präfix *ge* und dem Suffix *t*, die manchmal zum Zirkumfix *ge—t* zusammengefasst werden *(ge+gier+t, ge+schmier+t)*. Damit beginnt das Partizip mit einer unbetonten Silbe vor der betonten, es ist jambisch. Dieses prosodische Charakteristikum wird so weit wie möglich auch in komplexen Verbstämmen bewahrt, was etwa dazu führt, dass Verben mit Präfixen (die ja unbetont sind) das Partizip ohne *ge* bilden *(legen – gelegt – zerlegt – verlegt – belegt)*. Dies wird auf alle *ier*-Verben übertragen. Weil das Suffix betont ist, beginnt der Stamm mit unbetonter, allenfalls mit nebenbetonter Silbe und wir erhalten *agieren – agiert, diskutieren – diskutiert, ausdiskutieren – ausdiskutiert.*

Manchmal kommt es dazu, dass ein einfacher Verbstamm einem auf *ier* gegenübergestellt wird. Eine Motivation dafür kann gerade die explizite Fremdheit des *ier*-Verbs sein wie im Fall von *klonen/klonieren.*

klonen/klonieren. Das Substantiv *Klon* (von gr. *klon* ‚Zweig, Spross') wird seit langem in der Biologie verwendet: „nach H. J. Webber (1903) und H. G. Schnell (1912) die Gesamtheit aller Einzelwesen, die durch vegetative Vermehrung aus einem Individuum hervorgegangen sind; sie sind erbgleich. – *klonen*, die aus vegetativer Vermehrung hervorgegangene Nachkommenschaft einer Pflanze auslesen." (Brockhaus 1970, Bd. 10: 274). Ein typischer Klonvorgang in diesem Sinn ist etwa das Vermehren von Pflanzen durch Ableger. Das Verb *klonen* ist wohl aus dem Substantiv abgeleitet nach dem Muster von *Fisch > fischen.* Wann es das erste Mal verwendet wurde, ist nicht ganz klar. Im Zeitgeschichtlichen Wörterbuch der deutschen Gegenwartssprache heißt es dazu: „1963 wurde erstmals das Ausdruck *Klon* benutzt. … Obwohl viele Wissenschaftler den Prozess des Klonens beschrieben und durchgeführt haben, wurde die Vokabel *klonen* bis dahin nie verwendet." (Bartsch(/Diehle 2003: 206). Beide Wörter haben mit Sicherheit ein höheres Alter als hier angenommen. Im Kernwortschatz sind sie vollkommen unauffällig und werden auch so verwendet (*der Klon – die Klone* wie *der Dom – die Dome; klonen* wie *schonen*). Und die ungeschlechtliche Vermehrung insbesondere von Pflanzen hat nichts mit moderner Gentechnik zu tun. – Als die Gentechnik aufkam, wurde *klonen* dann verfremdet zu *klonieren* mit der Bedeutung ‚gentechnisches Verändern von Stammzellen'. Ziel war nicht das gentechnische Kopieren von ganzen Lebewesen, sondern die Herstellung bestimmter Proteine. Als dann jedoch das gentechnische Kopieren von Lebewesen in den Bereich des Möglichen rückte, wurde wieder auf *klonen* zurückgegriffen. Zumindest in einem Teil des Fachwortschatzes blieb der Bedeutungsunterschied zu *klonieren* bestehen, im Übrigen begann er zu verschwinden. Duden (1996: 848) und Wahrig (2006: 846) sehen die Verben als Synonyme an. Der öffentliche Diskurs über Sinn und Gefahren der Gentechnik operiert fast ausschließlich mit *klonen*, wobei von den Befürwortern eine Unterscheidung von reproduktivem und therapeutischem Klonen eingeführt wurde. Sprachlich ist das unsinnig, weil jedes Klonen reproduktiv und mit therapeutisch lediglich eine Anwendung gemeint ist (weiter Hauskeller 2002; Diehle 2003). Schaf Dolly, das im Jahr 1997 das Licht der Retorte erblickte, war jedenfalls geklont, ein Klonschaf, und nicht kloniert.

6. Wortbildung

6.1 Wortbildung und Fremdwortschatz

Bildung fremder Wörter

Bei der Wortbildung geht es um die Menge der Wörter, die eine Sprache hat oder haben kann, und damit anscheinend um die Größe des Wortschatzes als Indikator für Reichtum oder Armut der Sprache. Öffentlicher Diskurs und volkslinguistische Gewissheit setzen Sprachen immer wieder über die Größe ihres Wortschatzes explizit oder implizit wertend ins Verhältnis bis hin zum gesicherten Ausbildungswissen einer Reiseführerin, das Türkische habe doppelt so viele Wörter wie das Deutsche. Wenn das Deutsche als ‚Wortbildungssprache' bezeichnet wird, schwingt oft genug ebenfalls etwas von Wertungen dieser Art mit. Unter bestimmten Bedingungen spielt die Wortbildung für Beschreibungen des Deutschen eine herausragende Rolle. Sie ist ein Hauptbestandteil wenn nicht zentraler Bestandteil mehrerer der größten älteren Grammatiken, beispielsweise der Grammatiken von Wilmanns (1896; hier bildet sie eine von drei Abteilungen) und Blatz (1900; hier bildet sie einen Hauptteil der Wortlehre). Aber das ist nur der Blick auf die eine Seite der Medaille.

Selbst wenn die Hauptfunktion der Wortbildung darin gesehen wird, den Wortschatz einer Sprache zu vergrößern, besagt das wenig über Reichtum oder Armut. Beispielsweise nimmt man an, das Deutsche gehöre zu den Sprachen mit einer weit ausgebauten Fähigkeit zur Komposition, die vieles leistet, was in anderen Sprachen, etwa dem Französischen, syntaktisch oder mit einfachen Wortstämmen erreicht wird (*Rucksack* vs. *sac à dos*, *eintreten* vs. *entrer*). Möglicherweise hat das Französische tatsächlich mehr einfache Stämme als das Deutsche, das Deutsche aber insgesamt mehr Wörter als das Französische. Was wäre mit dieser Erkenntnis gewonnen, wenn es um Reichtum oder Armut ginge?

Angesichts der zentralen Stellung, die das Wort für das Sprachbewusstsein, für den praktischen Umgang mit Sprache (etwa über Wörterbücher) und als Gegenstand der Wortbildung hat, bleibt deren ambivalenter und schwankender Status bemerkenswert. So hat sich ihr hohes Ansehen auf die genauere morphologische Beschreibung der Fremdwörter über eine lange

Zeit hinweg kaum ausgewirkt (wobei Wilmanns und Blatz schon Ansätze dazu hatten). Und einige der umfangreichsten neueren Grammatiken enthalten so gut wie gar keine Wortbildungslehre (Grundzüge 1981; Weinrich 1993; IDS-Grammatik 1997), die meisten anderen keine der Fremdwörter. Von den Gründen, die das langzeitige Umsegeln der Fremdwortbildung erklären, scheinen zwei von besonderer Bedeutung zu sein. Beide sind auf je unterschiedliche Weise alten Gewissheiten des Fremdwortdiskurses geschuldet, an die hier zu erinnern ist.

In der 12. Auflage des einbändigen Brockhaus von 2006 findet sich der Eintrag „**Fremdwort,** aus einer Fremdsprache übernommenes Wort, das sich der übernehmenden Sprache nicht angepasst hat, im Ggs. zum Lehnwort." In Abschnitt 1.4 wurde bei der Erläuterung des Terminus Fremdwort dargelegt, inwiefern Übernahmen von Wörtern aus anderen Sprachen nur einen Teil des Fremdwortschatzes ausmachen. Selbst bei Berücksichtigung indirekter Entlehnungen ist ein erheblicher Teil der Fremdwörter nicht entlehnt, sondern aus entlehnten Bestandteilen im Deutschen gebildet. Die Vorstellung, dass etwa Anglizismen englische und Gallizismen französische Wörter seien, ist aber auf den ersten Blick naheliegend und im öffentlichen Diskurs bestens brauchbar. Das scheinbar ganz Fremde erweist sich ja als viel weniger fremd, wenn man dem Gedanken Raum gibt, es sei vom Deutschen geprägt und damit keineswegs mehr dasselbe wie im Englischen oder Französischen. Ein Festhalten an der Vorstellung von direkter Entlehnung macht die Dinge einfach und handhabbar, alles andere macht sie kompliziert und erfordert genaue, langwierige Auseinandersetzungen, die man lieber meidet. Die Fremdwortbildung bleibt bei manchen Fremdwortjägern mental tabuisiert.

Aber natürlich wissen Sprachwissenschaftler seit langem, wie umfangreich der Anteil von im Deutschen gebildeten Fremdwörtern ist. So vermerkt der Registerband des Deutschen Fremdwörterbuchs (1988) umstandslos, ob ein Wort entlehnt oder ob es im Deutschen gebildet wurde. Dieser Frage geht das Wörterbuch von Beginn an nach und beantwortet sie auf dem jeweiligen Stand des Wissens, schon im 1913 erschienenen ersten Band. Eine Wortbildungsanalyse fand jedoch auch hier kaum statt. Dass sie schwieriger sein würde als beim Kernwortschatz, war sicher einer der Gründe, und er wurde immer wieder auf spezifische Weise gewendet. Peter Schlobinski (2001: 241) zitiert aus einer Arbeit von Leo Weisgerber, in der einem Wort wie *Computer* drei wesentliche Mängel attestiert werden: „Nicht nur, dass es in Laut und Betonung schwer einpaßbar ist; es hat auch keinerlei stützende Hilfe in dem übrigen Wortschatz; und vor allem, es fehlen ihm die wichtigsten Voraussetzungen zur Bildung weiterführender Ableitungen."

(Weisgerber 1969: 71). Das Fremdwort wird zum sprachlichen Mulus erklärt, so wie schon Turnvater Jahn es zum „Blendling ohne Zeugungskraft“ erklärt hatte (3.2.1). Aber natürlich hätte bereits Weisgerber Wörter wie *computerhaft, Computerchen, Computerei, computern, computerisieren, computerisierbar* und viele weitere bilden können.

Behauptungen, Vermutungen, Unterstellungen dieser Art sind Legion, sie lassen sich in der älteren Wortbildungslehre ebenso finden wie in neueren Sprachfeuilletons. Für Joachim Heinrich Campe bedürfen bestimmte „Theile des Deutschen Sprachschatzes … vorzüglich die Absonderung des Fremdartigen“. Dazu gehören „Besonders diejenigen Wortungeheuer, bei welchen, gleich dem bekannten Horazischen Bilde, Kopf, Rumpf und Schwanz aus zwei oder gar aus drei verschiedenen Sprachen – der Griechischen, Lateinischen und Deutschen – zusammengesetzt sind; z. B. *Exdeputirter, antiroyalistisch, hyperorthodox, amphitheatralisch, akatholisch, grammaticalisch, physicalisch, musicalisch u. s. w.*“ (Campe 1813a: 35f.). Und Jens Jessen wagt sich in ‚Die Zeit‘ vom 26. Juli 2007 (Nr. 31: 41) zu der Behauptung vor „Die englischen oder pseudoenglischen Ausdrücke kommen nämlich nicht einfach hinzu … Sie verdrängen vielmehr die natürliche Wortbildung des Deutschen.“ Campe möchte ganze Wortklassen aussondern, die heute zum Alltagswortschatz gehören. Ob Wortbestandteile griechischer oder lateinischer Herkunft sind, spielt für die Bildung von Fremdwörtern kaum mehr eine Rolle, das wird sich im Folgenden immer wieder zeigen. Jessens Rede von der Verdrängung eines Teils der Kerngrammatik des Deutschen klingt gefährlich. Sie ist ohne Grundlage und deshalb einfach verantwortungslos.

Einerseits wird den Fremden eine wortbildene Kraft abgesprochen, andererseits empfindet man ihre Wortbildung gerade dann als bedrohlich, wenn sie produktive, immer wieder verwendbare Muster hervorbringt. Deren Resultate erscheinen als kaninchenhaft sich mehrende Häufungen von Wörtern, „die unsere Sprache nicht erborgt oder erbettelt, sondern aus sich selbst erzeugt hat“ (Campe 1813: 33). Auch das mag dazu beigetragen haben, dass die Fremdwortmorphologie vergleichsweise spät entwickelt wurde. Heute ist sie sowohl in Wortbildungslehren (Fleischer/Barz 2012; Eichinger 2000; Donalies 2005) als auch einer Reihe von Grammatiken (Wort: 285ff.; Duden 2009a: 682ff.) mehr oder weniger gut etabliert. Die Spezialliteratur hat schon eine gewisse Unübersichtlichkeit erreicht (schöne Zusammenstellung älterer und neuerer Texte in Müller Hg. 2005; 2009), und natürlich hat das Thema in einem Buch über Fremdwörter seinen Platz.

Mit dieser Feststellung soll es aber nicht sein Bewenden haben. Lässt sich nicht doch ein grammatisches Fremdheitsmerkmal für das Unwohlsein finden, das morphologisch komplexe Fremdwörter hervorrufen? Wir besprechen ein solches Merkmal unter Bezug auf eine ältere Arbeit (Eisenberg/Baurmann 1984) in allgemeiner Form und kommen in den folgenden Abschnitten auf seine unterschiedlichen Ausprägungen zurück.

Über die Wirkung gebundener Stämme

Die für den Kern zentralen Wortbildungsarten sind einfache Suffigierung (*Neig+ung, berg+ig*), Präfigierung (*Ge+misch, un+fein*) und Komposition (*Weiß+kohl, Fenster+kreuz*). Alle drei operieren auf lexikalischen Wortstämmen, das ist ihre wichtigste Gemeinsamkeit. Ohne lexikalische Stämme sind regelhafte Wortbildungen nicht möglich.

In der Morphologie sagt man meist, ein lexikalischer Stamm sei dadurch ausgezeichnet, dass er frei vorkommt: Er kann auch ohne Affix oder einen weiteren Stamm als Wortform auftreten. In unseren Beispielen ist das für *Berg, fein, weiß, Kohl, Fenster* und *Kreuz* gegeben, nicht aber für *neig* und *misch*. Beide sind Verbstämme und kommen, sieht man von der marginalen Verwendung als Imperativ ab, nur mit Flexionsendungen vor. Sie folgen der Stammflexion. Flexivische Mittel wie Affigierung und Vokalwechsel operieren nicht wie bei den Adjektiven und meist auch den Substantiven auf einer frei vorkommenden Grundform, sondern auf einem Stamm, aus dem erst durch Flexion Wortformen werden (5.1.2). Solche Stämme sind nicht frei, aber sie sind wortfähig in dem Sinn, dass sie gemeinsam mit Flexionsendungen Wortformen bilden. Wir werden im Folgenden meist von wortfähigen und nicht von freien Stämmen sprechen. Eine erste, wichtige Eigenschaft lexikalischer Stämme des Kernwortschatzes ist also ihre Wortfähigkeit.

An der Wortfähigkeit hängt eine Reihe weiterer Eigenschaften, zu denen die kategoriale Bindung gehört. Ein lexikalischer Stamm ist substantivisch, adjektivisch, verbal usw., und wir haben im Allgemeinen kein Problem damit, diese Bindung zu erkennen. Der Stamm *neig* ist verbal, *Berg* ist substantivisch, *fein* ist adjektivisch. Auch wenn es gelegentlich Schwierigkeiten mit dem Erkennen der Kategorie (sie entspricht der Wortart) gibt, ändert das am Prinzip der kategorialen Bindung nichts.

Weiter ist mit Wortfähigkeit eines Stammes seine lexikalische Bedeutung verbunden, man spricht meist einfach von einer Wortbedeutung. Wortbedeutungen sind durch die kategoriale Zugehörigkeit beschränkt. Die Bedeutung eines einfachen Adjektivstammes ist von anderer Art als die eines einfachen Substantiv- oder Verbstammes. Bei bestimmten Wörtern (beispielsweise bei Artikeln und Konjunktionen) spricht man von struktureller anstelle von lexikalischer Bedeutung. Produktive Wortbildungsmuster operieren aber durchweg auf Stämmen mit lexikalischer Bedeutung. Dabei gehen Kategorie und Bedeutung in die Wortbildung ein. So bildet *un* mit einem Adjektiv, das die Eigenschaft X bezeichne, wieder ein Adjektiv, wobei dieses die Eigenschaft Y bezeichne. X und Y sind systematisch aufeinander bezogen, *unfein* bezeichnet das kontradiktorische Gegenteil von *fein* (Lang 1995).

Das Affix verändert die Bedeutung des Stammes in eine damit verwandte Bedeutung und man sagt, mit dem Gebrauch des Affixes sei eine bestimmte semantische Funktion verbunden. Lässt sich die Bedeutung des abgeleiteten Stammes auf diese Weise systematisch aus den Bestandteilen ermitteln, dann spricht man von Transparenz oder Durchsichtigkeit. Produktive Wortbildungsmuster führen im Allgemeinen zu transparenten komplexen Wortstämmen. Diese können ihre Transparenz im Gebrauch natürlich einbüßen und idiomatisieren. So ist *Gemisch* transparent, *Gesuch* aber wohl nicht mehr. Transparenz ist nicht unbedingt an Produktivität gebunden. Adjektive wie *heilsam, mühsam, wirksam* sind noch transparent, obwohl mit *sam* normalerweise keine neuen Wörter gebildet werden. Das Suffix ist nicht produktiv, aber es ist in bestimmten Vorkommen aktiv.

Betrachten wir auf diesem Hintergrund die morphologische Zerlegung eines gängigen Fremdwortes wie *autonom*. Es ergibt sich ohne Frage *auto+nom*, jedenfalls wenn es um die Hauptbestandteile geht. Da der Bestandteil *auto* für den Normalsprecher zumindest nicht direkt auf den wortfähigen Stamm *Auto* im Sinne von Automobil zu beziehen ist, haben wir es bei *auto+nom* mit zwei Bestandteilen zu tun, die sich in verschiedener Hinsicht anders verhalten als typische Wortbausteine des Kernwortschatzes.

Unsicher ist zunächst die Wortbildungsart. Handelt es sich um Komposition oder Affigierung? Einen Wortstamm aus Präfix und Suffix anzusetzen, wäre etwas ganz Neues; ein Kompositum aus zwei nicht wortfähigen Stämmen ebenfalls. Das Wort *autonom* ist ein Adjektiv, aber was ist die Kategorie des ersten Bestandteils *auto*? Wir wissen es nicht, möglicherweise hat er keine kategoriale Bindung. Das wäre erneut etwas Fremdes. Und wie kann man sich das Entstehen der Bedeutung des Wortes aus den Bedeutungen der Bestandteile vorstellen? Haben sie überhaupt eine Bedeutung wie lexikalische Stämme oder eine semantische Funktion wie Affixe sonst? Lexikalische Stämme gehen mit Bedeutungen in Wortbildungen ein, die sie im freien Gebrauch erwerben, aber den gibt es hier nicht. Es bleibt nur die Möglichkeit, aus komplexen Wörtern auf die Bedeutungen ihrer Bestandteile rückzuschließen, ungefähr so:

(1) Bedeutungskomposition, nicht wortfähige Bestandteile

auto	*nom*
auto+gen	*homo+nom*
auto+chthon	*hetero+nom*
auto+ritär	*Öko+nom*
Auto+mat	*Astro+nom*
Auto+gramm	*Bi+nom*
Auto+krat	*Metro+nom*

Die Bedeutung der Wortbestandteile ergibt sich indirekt. Was solche zusammengesetzten Fremdwörter bedeuten, lernt man Gesamtwort für Gesamtwort, bis es durch den Gebrauch vieler Wörter schließlich gelingt, die Bestandteile mit Bedeutungen zu versehen, ihnen Bedeutungen zuzuschreiben. Aber auch das bleibt unsicher. Schon an den wenigen Beispielen wird ja deutlich, wie variantenreich die Bedeutungen von *auto* und *nom* sind. Was in Abschnitt 1.3 als die kennzeichnenden Eigenschaften von einfachen Kernwörtern in Hinsicht auf Struktur, Gebrauch und Erwerb ausgeführt wurde, ist bei großen Klassen von Fremdwörtern suspendiert. Wir befinden uns auf der zweiten Etage der Wortbildung und des Wortgebrauchs. Auf den Boden gelangen wir nicht, selbst wenn wir die fremde Sprache beherrschen. Wörter wie die in 1 werden in Abschnitt 6.4 genauer beschrieben.

Eine der Schwierigkeiten bei der systematischen Erfassung von Fremdwortbildungen besteht darin, dass uns jede Form von Idiomatisierung, Lexikalisierung, Unanalysierbarkeit, Kleingruppen unproduktiver Muster, Graden von Aktivität und Produktivität anblickt. Noch schwerer als im Kernwortschatz sind aktive und produktive Muster zu erkennen. Eigentlich braucht man als geeignetes Analysematerial riesige Wortbestände, die aus sorgfältig zusammengestellten Korpora durch aufwendige Recherchen ermittelt werden. Für das Folgende können wir nicht mehr tun, als mit Hilfe von Wörterbüchern, vor allem auch von rückläufigen Wörterbüchern, einen Eindruck davon zu geben, wie umfangreich ein Muster vertreten ist. Die Darstellung selbst versucht, ein Muster jeweils systematisch zu erfassen, um eine Grundlage für die Beurteilung von Produktivität oder Aktivität herzustellen. Die Ergebnisse sind teilweise überraschend. Manches sieht funktional ganz einfach aus, ist es aber nicht. Und manches sieht auf den ersten Blick marginal aus, kommt aber häufig vor. So schwierig und risikoreich es gelegentlich ist, bleibt das Ziel doch eine Beschreibung von wirksamen Mustern, eine Beschreibung, die sich nicht von Einzelfällen irritieren lässt.

Wie leicht man einer Datenmenge aufsitzt, wenn sie in Isolierung betrachtet wird, soll noch an einem kleinen Beispiel aus dem Kernwortschatz demonstriert werden. Gebundene Stämme und Ähnliches gelten als fremd, aber natürlich weiß man, dass es im Kernwortschatz Wörter wie *Schwieger+-mutter, Brom+beere, ver+lier+en, ge+ling+en, ver+gess+en* gibt, die sich synchron mit gebundenem Stamm durchschlagen müssen. Das ganze Ausmaß des Problems wird erst beim Durchsuchen größerer Korpora deutlich. So finden wir für die Adjektive auf *ig* und *lich* ohne große Mühe und ohne Anspruch auf Vollständigkeit die Wörter in 2.

(2) Adjektive, gebundener Stamm
   a. *deftig, garstig, ewig, fertig, fähig, hurtig, ledig, ruppig, üppig, unflätig, wenig*
   b. *glimpflich, grässlich, liederlich, niedlich, scheußlich, weidlich, zimperlich*

Die Zahl undurchsichtiger, ganz alltäglicher Wörter ist doch überraschend hoch. Vielleicht hat man Glück und ermittelt durch scharfes Hinsehen im einen oder anderen Fall den Bezug zu einem synchron präsenten Stamm. Für den normalen Gebrauch der Wörter spielt das keine Rolle. Ebenso wenig spricht es dafür, die These von *ig* und *lich* als produktiven Suffixen der Kerngrammatik aufzugeben. Schon Mater enthält etwa 3500 Adjektive auf *ig* und 1800 auf *lich*. Dass alte Affixe eine lange Spur ziehen, in der manches nur undeutlich und verwischt erkennbar bleibt, schließt ihre Produktivität im Gegenwartsdeutschen nicht aus.

In der Fremdwortbildung geht es um dieselbe Frage unter veränderten Bedingungen von Geschichte und Gebrauch der Wörter. Unsere Strategie für ihre Beschreibung lautet: Leugne nicht die fremden Eigenschaften, aber versuche doch herauszufinden, wie weit man mit den Mitteln der Kerngrammatik kommt. Operiere nicht ohne Not mit fremden Merkmalen, weil sonst unverständlich bleibt, dass fremde und Kernwörter im selben Wortschatz zusammenleben/kohabitieren.

6.2 Suffigierung

6.2.1 Stämme und Suffixe

Eine aufs Allgemeinste reduzierte Definition bestimmt ein Suffix als „Morphologisches Element, das an einen Stamm … angehängt wird, aber selbst in der Regel nicht … frei vorkommt“ (Bußmann 2002: 667). Ein Beispiel ist *fremd+es* mit dem Stamm *fremd* und dem Suffix *es*, die zusammen eine

Wortform bilden, hier eine adjektivische. Das Suffix kommt nicht frei vor, ist nicht wortfähig, der Stamm sehr wohl (6.1). Beide gemeinsam bilden eine Wortform innerhalb des adjektivischen Flexionsparadigmas, deshalb wird dieser Typ von Suffix Flexionssuffix genannt (5.1).

Im Wort *Fremd+ling* wird ebenfalls ein Suffix an einen Stamm angehängt. Das Ergebnis ist aber nicht eine Wortform innerhalb eines Flexionsparadigmas, sondern es ist wieder ein Stamm. Dieser Stamm kann seinerseits flektiert werden. Zu seinem Flexionsparadigma gehören Wortformen wie *Fremdlings, Fremdlinge, Fremdlingen* und natürlich *Fremdling* selbst. Ein Suffix, das gemeinsam mit einem Stamm einen neuen Stamm bildet, wird Ableitungs- oder Derivationssuffix genannt. Manchmal unterscheidet sich die flektierte Form des Stammes von der, die zur Ableitung dient. So wird die Form *Hund* flektiert (*Hundes, Hunde, Hunden*), während zur Ableitung die Form *Hünd/hünd* dient (*Hündchen, hündisch*). Flexions- und Derivationsstammform sind aber eng aufeinander bezogen, sie sind eben Formen desselben Stammes.

Im Folgenden geht es um Ableitungssuffixe. Wir betrachten zunächst am Beispiel von *ling* etwas genauer als in Abschnitt 1.3 und 6.1 die typischen Eigenschaften solcher Suffixe der Kerngrammatik und zeigen dann am Beispiel von *ion*, welche fremden Eigenschaften ein Suffix haben kann.

Im Gegenwartsdeutschen ist *ling* in mehreren Vorkommen produktiv oder zumindest schwach produktiv und zeigt dabei folgende Eigenschaften.

1. Das Suffix operiert auf Stämmen unterschiedlicher Kategorie. Dazu gehören insbesondere die Stämme von einfachen Adjektiven (1a), transitiven Verben (1b) und Substantiven mit dem Suffix *er* (1c).

(1) Ableitungen auf *ling*
 a. *Feigling, Frechling, Fremdling, Jüngling, Reichling, Weichling, Wüstling*
 b. *Findling, Impfling, Lehrling, Mischling, Prüfling, Säugling, Sträfling*
 c. *Büßerling, Denkerling, Dichterling, Gafferling, Sängerling, Schreiberling*

Es gibt weitere Typen und zahlreiche Einzelfälle von Bildungen auf *ling* (Fleischer/Barz 1992: 164f.), aber sie beruhen wohl nicht auf produktiven Mustern. Im produktiven Bereich ist *ling* auf bestimmte Kategorien als Basen beschränkt. Diese kategoriale Bindung ist typisch für Derivationssuffixe der Kerngrammatik.

Am Beispiel der Verbableitungen in 1b lässt sich die Rede vom frei vorkommenden Stamm in der anfangs zitierten Suffixdefinition präzisieren. Wie in Abschnitt 5.2.2 dargelegt, sprechen wir in Sprachen mit Stammflexion allgemein nicht von freien, sondern von wortfähigen Stämmen. Verbstämme wie *find* und *impf* sind nicht frei, aber sie sind flektierbar und in diesem Sinn wortfähig. Einfache und abgeleitete Stämme der Kerngrammatik sind im Allgemeinen wortfähig.

2. Das Suffix *ling* bildet Stämme von Substantiven, und zwar unabhängig von der Basiskategorie. Man kann *ling* grammatisch durch Paare von Basis- und Zielkategorie charakterisieren. Dabei ist die Zielkategorie nicht nur einheitlich, sondern in Hinsicht auf weitere Wortkategorien genau bestimmt. Substantive auf *ling* sind Maskulina und flektieren stark. Alle bilden sie den Gen Sg auf *s* (*des Jünglings*) und den Plural auf *e* (*die Jünglinge*). Man nennt das Ableitungssuffix deshalb auch den morphologischen Kopf des Gesamtstammes. Der Kopf ist dafür verantwortlich, welche grammatischen Eigenschaften der Stamm nach außen zeigt. Bei Mehrfachsuffigierung wandert der Kopf auf das jeweils letzte Suffix, so ist *jünglingshaft* mit dem Kopf *haft* ein Adjektiv.

3. Mit jedem Paar von Basis- und Zielkategorie ist eine bestimmte Leistung verbunden. Im einfachsten Fall kann sie als Beitrag des Suffixes zur Gesamtbedeutung des Stammes beschrieben werden. So bezeichnen Substantive wie *Fremdling, Reichling* Personen, denen die vom adjektivischen Stamm bezeichnete Eigenschaft zugeschrieben wird. Für die meisten Sprecher haben diese Personenbezeichnungen keinen speziellen Bezug auf das natürliche Geschlecht und häufig haben sie eine pejorative Konnotation. Ersteres gilt ganz entschieden für Ableitungen von Verben wie in 1b. Ein Prüfling ist eine Person, die geprüft wird, egal ob sie weiblich oder männlich ist. Das ist anders bei den Substantivableitungen in 1c. Fast einhellig sagen die Sprecher des Deutschen, ein Dichterling oder Schreiberling sei ein Mann, und zwar einer, dem Eigenschaften eines wahren Dichters oder Schreibers abzusprechen sind. Diesen sehr kurzen funktionalen Charakterisierungen wird vielleicht nicht jedermann zustimmen, man kann das viel genauer machen. Es soll ja nur plausibel werden, dass die Möglichkeit einer Zuschreibung von semantischen Funktionen zu Suffixen besteht.

4. Ableitungssuffixe der Kerngrammatik sind betonungsneutral. Damit ist insbesondere gemeint, dass sie nicht den Hauptakzent des Stammes oder Wortes tragen. Dieser bleibt bei Suffigierungen auf dem einfachen Stamm, d.h. wir haben *frémd – Frémdling, Dénker – Dénkerling*. Das ist strukturell von Bedeutung, denn es trägt dazu bei, dass der einfache Stamm auch bei komplexen Ableitungen das prosodische Zentrum des Wortes bleibt, klar herausgehoben ist, z.B. *réichlingshaft, Díchterlingchen.*

Mit den genannten vier sind nicht alle, aber so viele Charakteristika von Ableitungssuffixen der Kerngrammatik genannt, dass man fremde Eigenschaften im Kontrast dazu kennzeichnen kann. Wir beschreiben das Suffix *ion* unter dieser Perspektive.

(2) Ableitungen auf *ion*, wortfähige Stämme
   a. *Devotion, Diffusion, Diskretion, Inversion, Perversion, Obligation, Präzision*
   b. *Aktion, Infektion, Konvention, Konzeption, Legation, Produktion, Rezeption*

In 2a sind deadjektivische Bildungen aufgeführt (*devot+ion, diffus+ion*), in 2b Ableitungen von Substantivstämmen (*Akt+ion, Infekt+ion*). Die vorkommenden Basisstämme sind kategorial gebunden und wortfähig. Sie sind insofern unauffällig, auch wenn man nicht überall davon sprechen möchte, dass sie morphologisch einfach sind. Das ist im Augenblick zweitrangig, denn Ableitungssuffixe können prinzipiell ebenso gut auf komplexen wie einfachen Stämmen operieren.

Betrachten wir nun die *ion*-Bildungen in 3. Spaltet man bei ihnen das Suffix ab, bleibt kein wortfähiger Stamm übrig, es ergeben sich Einheiten wie *dikt, divis, funkt, fus.*

(3) Ableitungen auf *ion*, gebundene Stämme
   Diktion, Division, Funktion, Fusion, Lektion, Nation, Pension, Portion, Ration, Station, Tension, Torsion, Version, Vision

Es geht nicht darum, dass ein Lateinkenner durchaus wortfähige lateinische Stämme erkennt, sondern es geht um das Verhalten im Deutschen. Im Deutschen sind die Stämme nicht wortfähig, sie sind gebunden. Damit geht einher, dass sie keine grammatische Kategorie tragen, insbesondere sind sie weder adjektivisch noch verbal oder substantivisch. Offenbar handelt es sich nicht um Ausnahmen oder Einzelfälle, denn 3 enthält einige ganz gängige Wörter, die niemandem auffallen. Fremde Ableitungssuffixe können also unspezifiziert in Hinsicht auf ihre Basiskategorie sein. Damit ist nicht gemeint, dass sie auf Stämmen vieler oder aller Kategorien operieren, sondern dass die Basis selbst keine Kategorie hat.

Mit Gebundenheit und Kategorienlosigkeit der Stämme in 3 ist gleichzeitig gesagt, dass sie nicht flektiert werden können, sondern dazu ein Ableitungssuffix benötigen. Das Suffix fungiert wie üblich als morphologischer Kopf, es ist Träger der Kategorie Substantiv und spezifiziert auch das Genus und den Flexionstyp. Die Substantive auf *ion* sind Feminina und flektieren entsprechend dem unmarkierten Flexionstyp des Femininums: keine Kasusmarkierungen und als Pluralsuffix *en* (*Diktionen, Divisionen*). In diesem

Punkt unterscheiden sie sich nicht von Kernsuffixen, jedenfalls nicht im produktiven Bereich, ganz im Gegenteil. Bei einem Vergleich wird man von vornherein erwarten, dass den Fremdsuffixen ein hohes formales und funktionales Gewicht zukommt, weil sie sozusagen auf unsicherer Basis operieren und daraus einen grammatisch wohlbestimmten Stamm machen. Obwohl dies eine recht unpräzise Redeweise ist, trifft sie etwas Wesentliches.

Das zeigt sich zuerst am Akzent. Fremdsuffixe wie *ion* tragen den Hauptakzent des abgeleiteten Stammes, wir betonen *Diktión, División* (4.1). Man kann das als Kopfeigenschaft ansehen und dem Suffix eine gegenüber den betonungsneutralen Kernsuffixen gestärkte Kopffunktion zuschreiben. Dafür spricht auch, dass der Hauptakzent nicht an ein solches Suffix gebunden ist, sondern auf dem jeweils letzten liegt. Der Akzent wandert bei Mehrfachsuffigierung nach rechts, wie der Kopf es tut, also etwa *Natión – nationál – Nationalíst.* Der Stamm selbst trägt niemals den Hauptakzent, er kann aber einen Nebenakzent erhalten, wenn der Hauptakzent weit genug nach rechts gerückt ist. So ist der Stamm in *Natión* unbetont, in *nàtionál* hat er einen Nebenakzent, bildet mit der folgenden unbetonten Silbe einen Trochäus. Allgemein gilt, dass die Akzentuierung des Stammes von der Wortstruktur und insbesondere der Position des Hauptakzents abhängt. Dazu gehört weiter, dass die Vokalqualität des Stammvokals unter bestimmten Bedingungen variabel wird, indem der Vokal sowohl gespannt als auch ungespannt artikuliert sein kann. Beispielsweise haben wir bei *Fusion* sowohl [fu'zjoːn] als auch [fʊz'joːn] (pretonic Laxing, ausführlich 4.4). All das ist bei Ableitungen mit nativen Stämmen und Suffixen in der Regel ausgeschlossen. Zwar gibt es auch bei ihnen eine gewisse Formvariation (Wort: 127; 271), aber sie ist vergleichsweise beschränkt und anders motiviert als bei den fremden.

Das hohe Gewicht von fremden Ableitungssuffixen zeigt sich auch an ihrer Funktion. In Abschnitt 6.1 wurde dargelegt, wie wichtig Transparenz als Merkmal von Ableitungen produktiver Muster der Kerngrammatik ist. Die Bedeutung eines Wortes wie *Fremdling* wird oben beschrieben als ‚Person, der die vom adjektivischen Stamm bezeichnete Eigenschaft zugeschrieben wird'. Mit einer derartigen Kennzeichnung nimmt man ausdrücklich Bezug auf die Bedeutung des Stammes, eben dies macht Transparenz aus. Für Bildungen auf *ion* ist das gelegentlich ebenso möglich. Fleischer/Barz (1992: 187) charakterisieren seine Funktion mit der Formulierung „Verbalsubstantive von Verben auf *–ieren*". Das ist nicht nur ziemlich allgemein, sondern auch ohne Bezug auf eine lexikalische Bedeutung der Basis. Verben auf *ier* können jede nur denkbare Bedeutung haben und es fragt sich auch, in welchem Sinn sie überhaupt als Basis für Substantive auf *ion* anzusehen sind (6.2.4). Möglicherweise lässt sich bei Ableitungen wie *pervers – Perversion* oder *Konzept – Konzeption* eine gewisse Transparenz feststellen, aber schon bei *diffus – Diffusion* oder *Rezept – Rezeption* wird es schwierig. Gebundene Stämme wie bei *fus – Fusion* oder *stat – Station* machen jeden Versuch in dieser Richtung aussichtslos. Als Bedeutungsträger hat man erst einmal das Suffix. Die Bedeutung des Stammes ergibt sich auf ganz andere Weise als im Kernwortschatz, denn sie muss aus dem komplexen Stamm ermittelt werden. Das gelingt umso eher, je mehr man über die semantische Funktion des Suffixes weiß.

Hören wir über die fremden Wortbildungssuffixe noch einmal Joachim Heinrich Campe (1813a: 32). Zu den Wörtern, die „auszumärzen" seien, zählt er „Diejenigen, die wir entweder bloß durch veränderte Aussprache, oder durch Anhängung einer Deutschklingenden Endung verdeutscht zu haben wähnten; welchen man aber das Undeutsche oder Ausländische gleichwol noch immer ansehen und anhören kann, weil sie der Deutschen Sprachähnlichkeit dadurch nicht völlig gemäß geworden sind. Hieher gehören die undeutschen Aussagewörter in *iren,* sowie die Grundwörter in *ät, ion* u. s. w. wie z. B. *Ambition, Condition, amüsiren, divertiren, Auctorität, Dignität,* und eine unzählbare Menge anderer." Campe bringt die Sache inhaltlich beinahe auf den Punkt, zumal ihm klar ist, dass „ausländische Wörter, auch wenn man ihnen eine Deutsche Endung gegeben hat, viel schwerer und langsamer von der Volkssprache aufgenommen [werden], als einheimische, …" (1813a: 52f.). Nur gut, dass Campe nichts von Wortfähigkeit weiß, sonst wäre sein Zorn noch größer geworden.

Das unbequeme, ja irritierende Verhalten fremder Suffixe wie *ion* wird verständlicher, wenn man ihre Entstehung mit der von Kernsuffixen vergleicht. So sind *heit* und *lich* durch Grammatikalisierung von Substantivstämmen entstanden (mhd. *heit* ‚Art und Weise'; mhd. *lich* ‚Körper, Gestalt', heute noch in *Leiche*). Ein anderer Mechanismus, die Reanalyse, führt zu Suffixverschmelzungen wie etwa *ler* oder *ling* (*ang+el+n* > *Ang+el+er* > *Ange+ler* >*Ang+ler* und danach *Sport+ler,* ähnlich bei *l+ing*). Dagegen ist *ion* nach andauerndem, häufigen Gebrauch in Entlehnungen vom Stamm abgetrennt und mit anderen Stämmen verbunden worden, nämlich mit solchen, zu denen es eigentlich nicht gehörte (Reanalyse und Rekombination).

Berücksichtigt man nur die in der ersten Ausgabe des Deutschen Fremdwörterbuchs (Deutsches Fremdwörterbuch 1988) verzeichneten *ion*-Substantive, dann finden sich zuerst im 14. Jhdt. einzelne Entlehnungen aus dem Lateinischen wie *Vision, Prozession.* Im 15. Jhdt. kommen bereits mehrere aus dem Französischen dazu wie *Pension, Renovation.* Latein und Französisch bleiben über Jahrhunderte hinweg die wichtigsten Gebersprachen, gelegentlich wird auch aus dem Italienischen entlehnt. Als erste deutsche Bildung taucht im 17. Jhdt. *Solemnisation* auf. Im 18. kommen weniger als 10 weitere hinzu, unter ihnen *Summation* und *Rhetorication*. Während des 19. nimmt ihre Zahl kräftig zu, nicht zuletzt wegen des immensen Bedarfs an wissenschaftlichen Begriffen (*Destillation, Vokalisation*). Neu sind Übernahmen aus dem Englischen. Entlehnungen wie Fremdwortbildungen vermehren sich explosionsartig im 20. Jhdt. Mater und Muthmann verzeichnen jeweils weit mehr als 2000 *ion*-Substantive, bei Lee sind es über 4000, denen meist nicht anzusehen ist, ob sie entlehnt oder im Deutschen gebildet wurden. Jedenfalls ist *ion* im Gegenwartsdeutschen produktiv. (Eine Auszählung der Entlehnungen und Fremdwortbildungen mit *ität*, das eine vergleichbare Entstehungsgeschichte hat, findet sich in Munske 1988; s.a. 2.6).

Die Abtrennung (meist Abduktion genannt) betrifft das Suffix. Das Suffix wird so abgespalten, dass es als Wortbildungseinheit weiter verwendbar ist, während der Stamm als Restgröße übrig bleibt. Insbesondere kommt es nicht auf Wortfähigkeit an. Sie kann sich ergeben, spielt aber bei der Abduktion keine strukturbildende Rolle (weiter 6.4).

6.2.2 Anglizismen

Suffigierung im Englischen und im Deutschen

Das Suffixsystem des Englischen ist in mehrerer Beziehung mit dem des Deutschen vergleichbar: Eine im Ganzen gut überschaubare Zahl von Suffixen hat ihren Schwerpunkt bei der Ableitung von Substantiven und Adjektiven (Marchand 1969; Bauer 1983; Plag 2003). Dabei sind konsonantisch anlautende Suffixe weitgehend selbständig in dem Sinn, dass eine phonologische und graphematische Interaktion mit dem Stamm nur beschränkt stattfindet. So haben wir *friend – friend+ly, fair – fair+ness*. Dagegen interagieren Stamm und vokalisch anlautendes Suffix ähnlich wie im Deutschen (*klein – klei-n+er* vs. *hard – har-d+er*), teilweise auch weitergehend (*sane – sa-n+ity* mit den phonologischen Stammvarianten [sein] und [sæn]).

Die Suffixinventare beider Sprachen weisen einen auffälligen Unterschied bei den Verbalisierern auf. Das Englische verwendet eine Reihe von produktiven Suffixen wie *ate* (*hesitate, regulate*), *ify* (*classify, exemplify*) und *ize* (*criticize, randomize*). Im Deutschen ist allein *ier* mit seinen Varianten wirklich produktiv und kommt auch bei entsprechenden Verben zum Zug, z. B. *regulieren, kritisieren, klassifizieren* (6.2.4). Entlehnungen der englischen Verbstämme sind blockiert. Dieser Unterschied geht auf einen in der Entlehnungsgeschichte zurück. Das Englische war nach der normannischen Eroberung mit einem romanischen Superstratum von hoher Wirksamkeit auf die Gesamtsprache konfrontiert, während das Deutsche in einem jahrhundertelangen Prozess seinen Fremdwortschatz einschließlich der Fremdwortbildung mit je spezifischen Kontakten zum Lateinischen und Französischen aufgebaut hat (2.2). Im Deutschen kam es auf den einheitlich wirkenden Integrierer *ier* an, im Englischen wurde jedes Suffix für sich entwickelt.

Weitere Reflexe dieses Tatbestandes sind im Suffixsystem allgegenwärtig, beispielsweise auch bei den Ableitungen von adjektivischen Basen. So verbindet sich *ness* im Englischen ursprünglich in erster Linie mit englischen nativen Adjektivstämmen (*bitterness, deepness, thickness*), hat seine Domäne aber auch auf andere nichtverbale Basen (*thingness, witness, tautness, oneness*) und darüber hinaus auf fremde Stämme erweitert (*ancientness, corruptness, fatalness*). Entlehnungen ins Deutsche halten sich an Ableitungen von Adjektiven (*Cleverness, Coolness, Fitness, Fairness*). Umgekehrt liegen die Dinge bei *ity*. Das Suffix war ursprünglich – wie das Deutsche *ität* noch jetzt – auf fremde Basen beschränkt (*agility, bestiality, diversity, singularity*), hat sich native Basen dann aber über die Verbindung mit *abel* bzw. *ibel* zugänglich gemacht (Marchand 1969: 312ff.). Heute sind Bildungen wie *lovable – lovability* oder *readable – readability* möglich. Da *able* seinerseits auch auf fremden Basen operiert (*acceptable, determinalble*), hat *ity* ebenso wie *ness* einen breiten Anwendungsbereich erhalten, der native wie fremde Stämme des Englischen umfasst. Das Deutsche hält sich auch bei Entlehnungen mit *ity* in erster Linie an adjektivische Basen (*Austerity, Fidelity, Nobility, Publicity*).

Ein schönes Beispiel für fehlgeleitete wissenschaftliche Wahrnehmung des englischen Suffixsystems im Vergleich zum deutschen findet sich in der berühmten Wortbildungslehre von Hans Marchand (1969: 304): „The deverbal -*ing*-type is much weaker than the corresponding German -*ung*-type. This is quite natural if we consider that by the side of -*ing* there are -*age, -al, -ance, -ence, -ation, -ment* and zero-derivations. By contrast, German has only -*ung* as a verbal suffixal type *(Rechnung)* …". Marchands Buch aus dem Jahr 1969 schließt ganz selbstverständlich die fremden Suffixe des Englischen ein. Für das Deutsche war die Fremdwortbildung damals noch kaum entwickelt, sodass man Wörter wie *Massage, Ritual, Relevanz, Turbulenz, Reaktion, Kompliment* gar nicht als deutsche Wörter wahrnahm, während entsprechende englische als zugehörig galten. Der Vollständigkeit halber sei hinzugefügt, dass auch die Kerngrammatik des Deutschen nicht auf *ung*-Substantive beschränkt ist. Wie im Englischen gibt es eine große Zahl von ‚Nullableitungen' aus Verbstämmen (*der Fall, Kauf, Lauf, Knall, Schrei, Stoß*). Die Produktivität des Englischen wird vor allem deshalb nicht erreicht, weil das Deutsche darüber hinaus den substantivierten Infinitiv (*das Schreiben, Leuchten*) und die Feminina auf Schwa (*die Schreibe, Leuchte*) hat.

Um nun eine mögliche Wirkung des englischen auf das deutsche Suffixsystem abzuschätzen, reichen allgemeine Feststellungen dieser Art nicht aus. Notwendig ist vielmehr die Betrachtung von Suffixen, die in Anglizismen produktiv sind oder es werden können. Wir besprechen die beiden wohl produktivsten Substantivierer überhaupt, das sind *er* und *ing*. Sie sind auch im Vergleich von Interesse, weil *er* einen formgleichen Verwandten im Deutschen hat, *ing* aber nicht. Zum Schluss des Abschnitts kommen wir auf das Verhältnis von verwandten Suffixen aus dem Englischen einerseits und dem Lateinischen bzw. Griechischen andererseits zu sprechen.

Substantive auf *er*

Im Deutschen kommt *er* bei Substantiven einerseits als sog. Pseudosuffix oder charakteristische Endung vor (*Eimer, Pflaster, Mauer*). Solche Stämme sehen wir als morphologisch einfach an, obwohl mit *er* bestimmte morphologische Eigenschaften des Wortes verbunden sind. Beispielsweise legt es den Flexionstyp des Wortes fest (Wort: 163f.). Andererseits ist *er* eins der produktivsten Derivationssuffixe des Deutschen (*Denk+er, Summ+er, Köln +er*). Auch im Englischen und in Anglizismen erscheint *er* in beiderlei Weise. Um ein Bild davon zu gewinnen, welche Wirkung dieses englische bzw. entlehnte *er* möglicherweise im Deutschen entfaltet, vergleichen wir seine Vorkommen mit denen im Kernwortschatz. Berücksichtigt werden ungefähr 80 der gängigsten Anglizismen.

In einfachen Stämmen des Kernwortschatzes kommt *er* in Wörtern aller drei Genera vor, wobei die Maskulina die mit Abstand größte Gruppe bilden. Dasselbe ist bei den Anglizismen der Fall (1). Auch was die Flexion betrifft, sind solche Anglizismen voll integriert. Insbesondere bilden sie den Plural wie die Kernwörter und verwenden nicht den *s*-Plural (*die Eimer, Blazer;* mögliche Ausnahme: *die Charters*; Feminina sind hier wie im Kernwortschatz eher selten). Im Allgemeinen verhalten sich die einfachen Anglizismen auf *er* wie entsprechende Kernwörter.

(1) Einfache Stämme auf *er*

a. Maskulina
Kernwörter *Bürger, Eimer, Geier, Hammer, Zander*
Anglizismen *Blazer, Burger, Sweater, Pullover, Trigger*

b. Neutra
Kernwörter *Fieber, Leder, Mieder, Pflaster, Silber*
Anglizismen *Cover, Cluster, Dinner, Paper, Poster, Voucher* (kommt auch als Maskulinum vor)

c. Feminina
Kernwörter *Ader, Feder, Feier, Kiefer, Mauer*
Anglizismen *Charter* (Kommt auch als Maskulinum vor), *Power*

Nun zum Derivationssuffix. Die mit *er* abgeleiteten Substantive sind Maskulina. In der Grundfunktion werden Personenbezeichnungen aus Verben abgeleitet, und zwar mit der Bedeutung ‚Person, die die vom Verb bezeichnete Tätigkeit ausübt'. Dieses Nomen Agentis bildet bei den Anglizismen wie im Kernwortschatz die größte Gruppe von Derivaten (2a). Ein Substantiv dieser Gruppe muss **im Deutschen** auf eine verbale Basis beziehbar sein; es geht ja um Anglizismen, nicht um Wörter des Englischen. Wir nehmen für 2a also Basen wie *beaten, campen, catchen* usw. an. Das ist in den meisten Fällen möglich. Ob es überall realistisch ist und wie man die tatsächliche Basis feststellt, bleibt eine schwierige, methodisch weitreichende Frage. Sie ist u.W. bisher nicht in den Einzelheiten bearbeitet.

Für eine zweite umfangreiche Gruppe von Personenbezeichnungen ist eine verbale Basis im Deutschen nicht anzunehmen. Wenn es eine Basis gibt, hat sie eine andere Kategorie, meist ist sie substantivisch (2b). Deshalb sind die meisten dieser Anglizismen wohl Personenbezeichnungen, aber nicht echte Nomina Agentis. Die semantische Beziehung zur Basis ist uneinheitlich. Im Kernwortschatz finden sich, wie die Beispiele in 2a zeigen, ebenfalls von Substantiven abgeleitete *er*-Substantive, aber dieses Muster ist nicht mehr produktiv. Statt *er* verwendet die Kerngrammatik in der Regel *ler* wie in *Künstler, Sportler, Gewerkschaftler*. Die Anglizismen in 2b haben also kein produktives Analogon in der Kerngrammatik. Umgekehrt gibt es keinerlei Anzeichen dafür, dass das obsolete Muster des Kerns durch Anglizismen zu neuem Leben erweckt wird.

(2) Abgeleitete Stämme auf *er*
a. Nomen Agentis, deverbal
Kernwörter *Denker, Fälscher, Leser, Schläger, Turner*
Anglizismen *Beater, Camper, Carrier, Catcher, Dealer, Globetrotter, Hacker, Hitchhiker, Jazzer, Jobber, Jogger, Keeper, Killer, Manager, Producer, Promoter, Provider, Pusher, Surfer, Swinger, User, Walker*
b. Personenbezeichnung, andere Basen
Kernwörter *Farmer, Käser, Krauter, Schreiner, Türmer*
Anglizismen *Allrounder, Banker, Breakdancer, Dispatcher, Discounter, Handikapper, Hardliner, High-jacker, Punker, Purser* (‚Chefsteward auf einem Schiff oder in einem Flugzeug'), *Rancher, Rebounder* (‚Spieler, der im Basketball um einen abprallenden Ball kämpft'), *Researcher, Teamer, Trainer, Trendsetter*

Im Kernwortschatz produktiv ist dagegen die Bildung von Nomina Instrumenti, dasselbe scheint bei den Anglizismen zu gelten (3). Von der Bedeutung her ist es mit dem Nomen Agentis verwandt: Das Instrument oder Gerät, mit dem etwas bewirkt wird, kann semantisch wie grammatisch ähnlich wie der Handelnde selbst verwendet werden. Neben *Sie fährt mit dem Zug nach Bern* haben wir auch *Der Zug fährt nach Bern.* Bei den *er*-Substantiven hat das Nomen Instrumenti in der Regel auch die Bedeutung eines Nomen Agentis, d.h. ein Öffner kann ein Gerät, im Prinzip aber auch eine Person sein.

(3) Nomen Instrumenti
Kernwörter *Bohrer, Hefter, Knacker, Öffner, Schalter*
Anglizismen *Airconditioner, Boiler, Browser, Chopper* (‚Motorrad im Stil von Easy Rider'), *Computer, Container, Explorer, Laser, Mixer, Player, Recorder, Reader, Scanner, Shaker, Spoiler, Toaster, Tuner*

Auch bei einigen Anglizismen in 3 kann nicht zweifelsfrei von einer verbalen Basis im Deutschen gesprochen werden. Beispielsweise wird man *Airconditioner* eher auf *Airconditioning* als auf einen Verbstamm beziehen (s.u.). Und ob bei *Mixer* nicht das Nomen Agentis primär ist, muss ebenfalls geklärt werden. Fraglos haben wir aber bei den Anglizismen eine Gruppe von Nomina Instrumenti, die dem Muster des Kernwortschatzes entspricht. Nur darum geht es ja im Augenblick. Wie verschlungen der Weg sein kann, auf dem Wörter in diese Gruppe gelangen, zeigt das Beispiel *Laser.*

Laser. Das Wort hat als einziges fremdes Merkmal den Diphthong [ei]. Wird er zu [eː] integriert (4.2), gibt es keine phonologische Fremdheit mehr, sondern nur noch eine graphematische. *Laser* ist ein Kurzwort, das während der 50er Jahre im Englischen für *light amplification by stimulated emission of radiation* gebildet wurde. Dieser Ausdruck steht eigentlich für das der Lasertechnik zugrunde liegende Verfahren: Licht mit nur einer einzigen Frequenz (Farbe) und in gleicher Phase wird verdichtet zu einem Strahl mit hoher Energie. Das Verfahren wurde zuerst für Mikrowellen entwickelt, *Laser* ist eine Analogiebildung zu *Maser* (für engl. *microwave amplification* …). Die Spezialisierung des Maser auf Lichtwellen hieß zunächst einfach *optischer Maser*, erst später kam es zur analogen Bildung *Laser.* In diese Gruppe gehört als drittes Wort *Raser* für engl. *ratio amplification …*, deutsch *Röntgenstrahlverstärkung.* – Die verbreitetste Verwendung von *Laser* bezieht sich allerdings nicht auf das Verfahren selbst, sondern auf das verwendete Gerät oder auf den von ihm erzeugten Lichtstrahl. In beiden Verwendungen kann *Laser* als Nomen Instrumenti angesehen werden. Die Anwendung der

Lasertechnik reicht heute vom Lichtzeiger über das Beschriften und Beschichten bis zum Verformen, Schweißen und Schneiden von Materialien. Neuerdings lassen sich mit Laser auf Siliziumoberflächen so feine Furchen ziehen, dass Wasser durch den Kapillareffekt auf der Fläche klettern kann, d.h. sich entgegen der Schwerkraft bewegt. Vielfältig wie die Verwendungen ist das Inventar von z.T. ganz gängigen Komposita, etwa *Laserchirurgie, Laserdrucker, Lasershow, Laserstrahl, Lasertechnik, Lasertherapie.* Auch das Verb *lasern* hat sich eingebürgert. Dem Wort *Laser* haftet bis heute ein Hauch von Modernität und Hightech an. Einen Niederschlag fand das schon während der 70er Jahre in der Bezeichnung eines neuen, einfach gebauten Typs von Segelboot als *Laser.* Die Einhand-Jolle wurde als echtes Freizeitboot entwickelt, das nicht einmal besonders gute Segeleigenschaften hatte. Das machte aber gerade seinen Reiz für Könner aus. Inzwischen ist der Laser zu einer olympischen Bootsklasse aufgestiegen.

Ein weiterer im Deutschen verbreiteter Typ von *er*-Substantiv scheint bei den Anglizismen zumindest nicht häufig vorzukommen, nämlich das Nomen Acti. Es bezeichnet das Ergebnis von Tätigkeiten vor allem bei Verben, die Bewegungen oder Lautäußerungen bezeichnen: *Ächzer, Hopser, Kratzer, Seufzer, Spritzer.* Umgekehrt gibt es im Englischen einen Typ, den das Deutsche kaum hat. Er wird beschrieben als „nouns denoting entities associated with an activity" (Plag 2003: 89) oder „Words not coined with the underlying theme of agent." (Marchand 1969: 275) und illustriert an Beispielen wie engl. *diner* (‚Speisender, Speisewagen'), *lounger* (‚Nichtstuer, Lehnstuhl'), *sleeper* (‚Schläfer, Bettsofa'), *steamer* (‚Dampfer'). Unter den Anglizismen könnte er sich bei Wörtern wie *Flyer, Thriller, Trawler* finden, im Kernwortschatz bei *Dampfer, Frachter, Laster, Raucher* (in der Bedeutung ‚Raucherabteil'), *Schlüpfer.* Falls die Bedeutung solcher Wörter tatsächlich dem Englischen Muster folgt, lässt sich jedenfalls feststellen, dass eine über den Einzelfall hinausgehende Wirkung im Deutschen nicht besteht.

Schließlich ist das produktive Muster der Einwohnerbezeichnungen auf *er* zu erwähnen, das es im Deutschen wie im Englischen gibt (*Berliner, Londoner, New Yorker*). Auch wenn das Muster in beiden Sprachen unterschiedliche Anwendungsdomänen hat, ist ein Einfluss des Englischen auf das Deutsche auszuschließen. Mit einer größeren Zahl von Anglizismen dieser Art ist nicht zu rechnen. Wenn ein Amerikaner sagt „Ich bin ein Berliner", dann hat man es genauso wenig mit der Geburt eines Anglizismus zu tun wie wenn er sagt „I am a Berliner."

Das Suffix *er* hat im Englischen überwiegend gleiche oder ähnliche Funktionen wie im Deutschen. In Anglizismen übernimmt es Kopfeigenschaften des Deutschen. Einen Einfluss auf das morphologische Kernsystem hat es nicht.

Wörter auf *ing*

Ein Suffix *ing* gibt es im deutschen Kernwortschatz nicht, auch von einem Pseudosuffix kann man kaum sprechen. Die wenigen morphologisch einfachen Wörter auf *ing* sind regulär flektierende Maskulina (*Fasching, Hering, Lemming, Wirsing*), dazu kommen einige weitere wie *Reling* und *Messing*.

Das im Englischen hochproduktive Suffix erscheint in einer größeren und wachsenden Zahl von Anglizismen und hat hier einige Charakteristika mit Kernsuffixen gemeinsam: *ing* ist betonungsneutral und syllabiert wie vokalisch anlautende Suffixe sonst auch, beispielsweise wie *ung* (mit dem es historisch verwandt ist), vgl. *Mün-dung – Stan-ding* oder *Prü-fung – Briefing*. Die Struktur mit silbentrennendem *h* (*Dre-hung*) gibt es bei den Anglizismen natürlich nicht. Unabhängig vom Genus flektieren *ing*-Substantive nach der *s*-Flexion (*der Looping, Pudding; die Holding; das Meeting*). Nichtsubstantive sind Einzelfälle ohne strukturelle Bedeutung (*shocking, keep smiling*).

Der produktive Typ von Anglizismus ist ein Neutrum, sein Prototyp ein deverbales Nomen Actionis (*joggen – Jogging, shoppen – Shopping*). Auch wo es im Deutschen keinen Infinitiv gibt, bleibt der deverbale Charakter des Derivats erhalten (*Dumping, Marketing*). Distribution und semantische Funktion von *ing* sind am ehesten über das Verhältnis zwischen dem substantivierten Infinitiv (*das Lesen, Trennen*) und dem *ung*-Abstraktum (*Lesung, Trennung*) des Kernsystems zu greifen. Die *ung*-Substantive unterscheiden sich vom substantivierten Infinitiv in erster Linie dadurch, dass sie „den Vorgang profilierter fassen" (Fleischer/Barz 1992: 175). Sie sind echte Substantive mit allen Formen, auch einem Plural, und sie neigen dazu, von der abstrakten Bedeutung zu konkreten Bedeutungen überzugehen. So bezeichnen *Ermüdung, Verödung* sowohl einen Vorgang als auch einen Zustand. *Verbindung, Bekleidung* bezeichnen sowohl einen Vorgang als auch einen Gegenstand, und *Erdung, Entzündung* können alle drei Bedeutungen haben. Ganz ähnlich lassen sich die *ing*-Substantive nach Abstraktheit ordnen, etwa so:

(4) Anglizismen, Substantive auf *ing*

a. *Boarding, Clearing, Coaching, Dumping, Jogging, Mailing, Recycling, Scratching* (‚Zerkratzen von Scheiben in öffentlichen Verkehrsmitteln'), *Skimming* (‚Abschöpfen, illegales Ausspähen der Daten von Kreditkarten'), *Shopping, Surfing*

b. *Bodybuilding, Canyoning, Dribbling, Forechecking, Nordic Walking, Slacklining* (‚Seiltanzen auf einem locker durchhängenden Seil'), *Tackling, Trekking*
c. *Advertising, Aquaplaning, Briefing, Camping, Caravaning, Car-Jacking, Deficit-Spending* (‚Staatsverschuldung zur Bekämpfung wirtschaftlicher Rezession'), *Doping, Job-Sharing, Marketing, Petting, Ranking, Sightseeing, Stalking, Styling, Timing, Tuning*
d. *Brainstorming, Casting, Dressing, Face-Lifting, Feeling, Happening, Hearing, Grounding* (‚Pleite einer Fluggesellschaft'), *Keep-Smiling, Meeting, Training*

Während in 4a die Bedeutung des Nomen Actionis im Vordergrund steht, ist bei 4b auch die ganze Trendsportart oder das Resultat eines Verhaltens in einer Sportart gemeint. Mit den Wörtern in 4c können Vorgänge, aber auch Vergegenständlichungen von Vorgängen als Ereignistypen, Verhaltenstypen, Veranstaltungen oder Branchen gemeint sein. In 4d steht eine konkrete oder zumindest statische Bedeutung im Vordergrund. Über eine derartige Klassifikation lässt sich sicher im Einzelfall streiten, wohl kaum aber darüber, dass bei den *ing*-Substantiven so klassifiziert werden kann und damit eine Eigenschaft von Substantivierungen erfasst wird, die sich auch im Kernsystem zeigt. Wie weit dies mit grammatischem Verhalten (z.B. Artikelgebrauch oder pronominale Bezüge) korreliert, wäre genauer zu untersuchen.

Die Hauptverwendung von *ing* im Englischen, das ist die als Progressiv und davon abgeleiteten Adjektiven (*The bear is sleeping – the sleeping bear*), spielt für die Anglizismen kaum eine Rolle. Sie kommt lediglich in einigen Wendungen des Typs *Roaring Twenties, Standing Ovations* oder *Selffulfilling Prophecy* vor. Umgekehrt bleibt dem *ing* jede Einwirkung auf das in diesem Bereich dicht besetzte Kernsystem versagt. Es kann eher dazu kommen, dass ein fremder Stamm nach heimischem Muster substantiviert wird (*das Stylen – die Stylung*), als dass sich *ing* mit einem Stamm des Kerns verbindet (*das *Wirking, *Prüfing, *Lähming*).

Ob das Suffix *ing* im Deutschen produktiv ist oder ob es sich bei dem umfangreichen Bestand an *ing*-Substantiven im Wesentlichen um Entlehnungen handelt, ist schwer zu entscheiden. Wahrscheinlich „setzt die Reaktivierung von *–ing* wohl gegenwärtig erst ein." (Barz 2008: 50). Görlach (1999) nimmt sogar an, auch die Entlehnung sei restringiert, weil eine Konkurrenz zum substantivierten Infinitiv bestehe. Das ist, wie wir gesehen haben, mit Sicherheit nicht der Fall, schon weil die *ing*-Bildungen im Deutschen viel mehr Parallelen zu denen auf *ung* als zum substantivierten Infinitiv aufweisen. Der substantivierte Infinitiv neigt nur in begrenztem Umfang zur Herausbildung konkreter Bedeutungen wie bei *das Essen*, während dies bei *ung* wie *ing* ganz verbreitet ist.

Prosodie suffigierter Wörter: Anglizismen vs. Latinismen/Gräzismen

Als germanische Sprachen haben Englisch und Deutsch eine ausgeprägte Tendenz, den Hauptakzent des Wortes auf den Stamm zu platzieren: „There are relatively few differences between English and German in word-stress patterns." (Busse/Görlach 2002: 21). Das Deutsche kann deshalb viele Typen morphologisch komplexer Anglizismen prosodisch ohne Änderung übernehmen. Sie können als prosodisch integriert angesehen werden. Beispiele sind die Suffixe *er*, *ment*, und *ing* (5).

(5) Anglizismen, prosodisch integrierte Derivationssuffixe
   a. *Camper, Carrier, Container, Dealer, Provider, Scanner, Tuner*
   b. *Apartment, Agreement, Basement, Engagement, Investment, Statement*
   c. *Banking, Boarding, Briefing, Clearing, Doping, Feeling*

Die Hauptunterschiede treten wieder bei Suffixen in Erscheinung, die wir für das Deutsche dem klassischen Fremdwortschatz zuweisen, also vor allem bei Latinismen und Gräzismen. Sie sind im Deutschen fremd, weil sie den Hauptakzent des Wortes tragen können. Im Englischen ist ein großer Teil von ihnen in dieser Hinsicht integriert. Bei Berg (1997: 6) findet sich folgende (hier leicht abgewandelte) Tabelle.

(6) Suffixbetonung im Englischen und Deutschen

Suffix engl.	Suffix dt.	Beispiel engl.	Beispiel dt.
ion	*ion*	*variátion*	*Variatión*
ity	*ität*	*idéntity*	*Identitắt*
ism	*ismus*	*nátionalism*	*Nationalísmus*
ist	*ist*	*átheist*	*Atheíst*
ive	*iv*	*áctive*	*aktív*
ar	*ar*	*mólecular*	*molekulár*
al	*al*	*rádical*	*radikál*

Es fragt sich nun, wie Anglizismen (Angloromanismen, 2.2) betont werden. Eine erste Gruppe von Suffixen übernimmt den englischen Akzent, d.h. die Suffixe sind nicht betont. Es gibt dann in der Regel eine analoge Bildung nach dem traditionellen Muster, jedenfalls kann es sie geben. Zu diesen Suffixen gehören mindestens *ion*, *ity* und der Adjektivierer *al* (7).

(7) Anglizismen, nichtintegrierte Suffixe
   a. *Áction, Connéction, Fáction, Fíction, Lótion, Durátion, Relátion*
      Aktión, Connexión, Faktión, Fiktión, Ovatión, Relatión
   b. *Austérity, Fidélity, Idéntity, Nobílity, Publícity, Socíety, Snobíety*
      Ansteritắt, Fidelitắt, Identitắt, Nobilitắt, Publizitắt, Sozietắt
   c. *commércial, dígital, esséntial, glóbal, offícial, spécial*
      kommerziéll, digitál, essentiéll, globál, offiziéll, speziéll

Bei der zweiten Gruppe ist das traditionelle Fremdsuffix so stark, dass Englisch sich nicht durchsetzt. Die Wörter sind suffixbetont, auch wenn sie durch andere Merkmale eindeutig als Anglizismen ausgewiesen sind. Zu diesen Suffixen gehören mindestens *ist*, *ismus* und der Adjektivierer *iv* (8. Die Adjektive in 8c sind nach dem Anglizismenwörterbuch Entlehnungen aus dem Englischen. Entsprechende Formmerkmale gibt es hier nicht).

(8) Anglizismen, in den traditionellen Fremdwortschatz integrierte Suffixe
 a. *Analýst, Cartoonı́st, Lobbyı́st, Stylı́st, Tourı́st, Urbanı́st, Vokalı́st*
 b. *Lobbyı́smus, Sexı́smus, Snobı́smus, Tourı́smus, Urbanı́smus*
 c. *attraktı́v, kreatı́v, massı́v, sportı́v*

Das Beispiel zeigt erneut, wie relativ die Bedeutung des Begriffs Integration ist. Es handelt sich hier ja nur darum, dass Entlehnungen aus dem Englischen in das Suffixsystem des traditionellen Fremdwortschatzes integriert werden. Vom Kernwortschatz ist nicht die Rede.

Ein interessanter Befund ergibt sich bei der Prosodie von Eigennamen (Berg 1997: 10f.). Für der Mehrheit scheint zu gelten, dass das Deutsche den Akzent in englischen Eigennamen eher nach links verschiebt (9a, links erscheint zuerst der englische Name), während das Englische mit deutschen Namen nicht etwa andersherum, sondern in derselben Weise umgeht (9b).

(9) a. *Belfást – Bélfast* b. *Hánover – Hannóver*
 Vancóuver – Váncouver *Cúxhaven – Cuxháven*

Das Deutsche verfährt hier offenbar nach den allgemeinen Regeln für die Akzentuierung morphologisch einfacher Fremdwörter mit mehreren Silben (4.3), während sich im Englischen die generelle Regel „Akzent soweit wie möglich nach links“ durchsetzt.

6.2.3 Gallizismen

Gegenstand dieses Abschnitts sind Wörter, die an einem Suffix als Gallizismen erkennbar sind, wobei dieses Suffix in einer größeren Zahl von Entlehnungen oder Fremdwortbildungen im Deutschen auftritt. Bei den Gallizismen ist besonders wichtig, diese Voraussetzungen präsent zu halten und damit auch festzuhalten, was nicht besprochen wird. Die Lage wird sonst sehr schnell sowohl kompliziert als auch unübersichtlich, weil das Französische als Brücke für Entlehnungen aus verschiedenen Sprachen fungiert (2.3).

Besonders viele Entlehnungen kamen aus dem Lateinischen über das Französische ins Deutsche, aber heute sieht man das den Suffixen teilweise nicht mehr an. So geht das deutsche *ität* sowohl auf das lateinische *itas* (*fidelitas* ‚Treue', *qualitas* ‚Beschaffenheit') als auch auf das französische *ité* (*fatalité* ‚Schicksal', *totalité* ‚Gesamtheit') zurück. Wir behandeln es bei den Latinismen (6.2.4), auch wenn in einzelnen Fällen die französische Herkunft des Stammes erkennbar bleibt (*Anciennität, Nervosität*). Dasselbe gilt für den Adjektivierer *ell* (*eventuell, materiell*), den Substantivierer *ie* (*Genie, Regie*), den Verbalisierer *ier* (*bandagieren, lancieren*) und eine Reihe weiterer Suffixe. Einige sind aus dem Französischen ins Englische weitergewandert und kommen auch von dort wieder ins Deutsche (6.2.2). Wörter wie *Department* können als Gallizismen [depaʀtəˈmɑ̃ː], als Anglizismen [diˈpɑːtmənt] und als Latinismen [depaʀtˈmɛnt] ausgesprochen werden. Auch sie kommen nicht bei den Gallizismen zur Sprache.

Daneben gibt es direkte Entlehnungen mit Suffixen, die klar auf das Französische weisen, sich im Deutschen aber anscheinend nicht oder kaum verbreitet haben wie *oir* (*Trottoir, Reservoir, Pissoir*), *üre* (*Bordüre, Maniküre, Ouvertüre*), vielleicht auch *aille* (*Emaille, Medaille, Journaille*). Und schließlich gibt es die feine Art, Wörter französisch auszusprechen und ein wenig französisiert zu schreiben, um damit etwas Französisches zu meinen (*Resistance, Cohabitation*) oder so zu tun (*Elegance, Coiffeur, Distinction*). Das alles bleibt außer Betracht und wir gelangen zu einer Reihe von Adjektivierern (1a) und Substantivierern (1b), von denen anzunehmen ist, dass der Normalsprecher sie auf das Französische bezieht.

(1) Suffixe von Gallizismen
  a. adjektivisch *esk (chevaleresk), ös/os (bravourös), är (imaginär)*
  b. substantivisch *ade (Promenade), age (Blamage), ee (Exposee), esse (Hostesse), ette (Etikette), eur/euse (Masseur/Masseuse), ier/iere (Garderobier/Garderobiere)*

Weitere Kandidaten könnten die Substantivierer *är* (*Illusionär, Kommissär*), *erie* (*Croissanterie, Galanterie*) und *ine* (*Routine, Clementine*) sein. Ein umstrittener Fall bleiben *ei* (*Kantorei, Partei*) und *erei* (*Molkerei, Dieberei, Lauferei*, dazu auch *elei*), die aus fremden und darunter französischen Stämmen abduziert wurden, sich heute systematisch mit nativen Stämmen verbinden und trotzdem weiter den Akzent auf sich ziehen. Sie sind in den Wortbildungen ausführlich beschrieben. Gerade bei *erei/elei* bleibt aber unklar, ob es sich wirklich um ein Kernsuffix handelt.

Alle in 1 genannten Suffixe sind in Endposition betont und fast alle sind, was die Flexion betrifft, ins Kernsystem integriert. Nur *ee* folgt teilweise der *s*-Flexion *(Exposee – Exposees)*, was schon aus seiner phonlogischen Gestalt begründbar ist (s.u. und 5.2.2). Wenden wir uns zunächst der Bildung von Adjektiven zu.

Ableitung von Adjektiven

Für die Adjektive auf *esk* (von frz. *esque*, z.B. *pittoresque* > *pittoresk*) findet man in den Wörterbüchern eine sehr unterschiedliche Zahl von Einträgen. Bei Mater sind es fünf, bei Lee über 20. Sie haben überwiegend substantivische Basen, wobei die mit Personennamen besonders auffallen (2b).

(2) Adjektive auf *esk*
   a. *arabesk, balladesk, burlesk, clownesk, gigantesk, karnevalesk, karrikaturesk, pittoresk, romanesk*
   b. *chaplinesk, dantesk, donjuanesk, godardesk, goyaesk, hoffmannesk, kafkaesk, zappaesk*

Die wenigsten der Adjektive in 2b sind lexikalisiert, möglicherweise trifft das sogar nur auf *kafkaesk* zu. Es lässt sich aber zeigen, wie es zu solchen Gelegenheitsbildungen kommt. Wellmann (1975) möchte über Sprecherbefragungen herausfinden, in welchem Sinn *esk* im Deutschen produktiv sein könnte. Es ergibt sich, dass etwa *nestroyesk* oder *musilesk* einigermaßen akzeptabel erscheinen, *goethesk* oder *lutheresk* aber nicht. Eine Erklärung wird über den Unterschied zwischen *goethisch, goethehaft, goetheartig* einerseits und *goethesk* andererseits versucht: „Die Adjektive auf *-esk* tragen gegenüber denen auf *-isch, -haft* und *-artig* eine sekundäre semantische Komponente … Die assoziative Beziehung zu den vielgebrauchten unmotivierten Adjektiven *grotesk* und *burlesk* kommt ins Spiel, und von daher erhalten die motivierten Ableitungen ein entsprechendes konnotatives Zusatzmerkmal … und oft eine stilistische Funktion." 1b passt insgesamt gut in dieses Bild. Damit ist zumindest die Richtung angedeutet, in die der Sprecher blickt, wenn er einen Künstler über semantische Analogie der *esk*-Klasse zuordnet.

Eine interessante Beobachtung zur Wirkung von *esk* auf die Aussprache des Stammauslauts macht Hall (2008). Bei auslautendem [i] eines gebundenen Stammes wird dieses zum Approximanten [j] angehoben, wir haben z.B. *Albanien* > *albaniesk* [ʔalbɑn'jɛsk] (4.4). Ist der Stamm frei, dann findet die Hebung nicht statt, d.h. die phonologische Form des Stammes wird bewahrt. Deshalb haben wir z.B. *Gorki* > *gorkiesk* [gɔʀki'ɛsk], ebenso bei *hippiesk, kinskiesk, schumiesk, daliesk*. Ein ähnlicher Effekt tritt auch beim Suffix *-aner* auf.

Sehr viel größer und auch in der Fremdwortbildung ansatzweise etabliert ist die Klasse der Adjektive auf *ös* (von frz. *eux*, fem *euse*, z.B. *amoureux, amoureuse* > *amourös*). Das entlehnte Suffix *ös* ist der Form des féminin näher als der des masculin. Das kann für Gallizismen verallgemeinert werden und ergibt sich auf natürliche Weise aus der Rolle der femininen als der Langform (7.1).

Die Basen sind überwiegend substantivisch, als allgemeine Bedeutung lässt sich am ehesten eine ornative ‚versehen mit' oder aber ‚beruhend auf' ansetzen. Schikanöse Behandlungen beruhen auf Schikane, ein pompöses Begräbnis ist eines mit Pomp. Die Stammvarianz ist groß, denn es wird sowohl auf die lateinischen *osus, iosus* als auch direkt auf das Französische mit *eux* (*nombreux* ‚zahlreich') und *ieux* (*sérieux* ‚ernsthaft') zurückgegriffen. Ein anderer Grund für den gleichen Effekt ist das Nebeneinander von *ös* und *os*, sogar mit dem selben Stamm wie *dubiös – dubios, leprös – lepros.* Bei Wörtern wie *seriös* (von lat. *serius* ‚ernst') oder auch *prätentiös* (von lat. *praetendere* ‚vorstrecken') dürfte der Normalsprecher kaum eine Beziehung zu einem im Deutschen geläufigen Stamm herstellen, und dass *ominös* zu *Omen* gehört, ist sicher auch der Erwähnung wert. Bei den meisten Adjektiven auf *ös* ist jedoch synchron eine Beziehung zu einer substantivischen Stammform möglich. 3 ordnet nach der Art dieser Beziehung.

(3) Adjektive auf *ös*
  a. *bravourös, desaströs, fibrös, medikamentös, monströs, nervös, pompös, porös, ruinös, schikanös, skandalös, venös, virös*
  b. *graziös, infektiös, minutiös* (von lat. *minutia* ‚Kleinheit', unser Stamm *mini*), *sentenziös, tendenziös*
  c. *bituminös, libidinös, mirakulös, muskulös, nebulös, tuberkulös, voluminös*
  d. *leprös, kariös, dubiös, ingeniös, kapriziös, luxuriös, melodiös, mysteriös*

Die Adjektive in 3a haben substantivische Stämme, wobei höchstens ein Schwa ausgefallen ist (*Fiber* > *fibrös, Pore* > *porös*). Dasselbe gilt für 3b, aber mit der Variante *iös.* Synchron ist sie dem Auslaut [ts] geschuldet. In 3c wird der Vokal der letzten Stammsilbe verändert, was nur über Formbildungen im Lateinischen erklärt werden kann. Die Stämme in 3d spalten vor der Suffigierung eine Endung ab, d.h. wir haben es mit im eigentlichen Sinn nicht wortfähigen Stämmen zu tun (*Lepra* > *leprös, Karies* > *kariös*). Man darf trotzdem annehmen, dass der Normalsprecher bei allen Adjektiven in 3 einen Bezug zu substantivischen Stämmen herstellen kann.

Die Adjektive auf *är* zeigen von der Form her weitgehend dieselbe Ordnung wie die auf *ös* (4a-d). Das Suffix lässt sich direkt auf das französische *aire* (*populaire, secondaire*) beziehen, die Variante *ar* auf das lateinische *aris* (z.B. von lat. *saeculum* ‚Zeitalter', *saecularis* ‚hundertjährig' zu dt. *säkular* ‚von epochaler Bedeutung', von da aus auch ‚auf ein Zeitalter dieser Erde bezogen, weltlich').

(4) Adjektive auf *är*
  a. *doktrinär, familiär, legendär, reaktionär, sekundär* (*Sekunde* von lat. *pars minuta secunda* ‚der kleinste Teil zweiter Ordnung', bezogen auf ein Zahlensystem, dem die Zahl 60 zugrunde liegt, das sog. Sexagesimalsystem), *singulär, stationär, visionär*
  b. *intermediär, konträr, radiär, sekulär*
  c. *muskulär, regulär, zirkulär, zellulär*
  d. *arbiträr, binär, ordinär, pekuniär, sanitär, solitär, subsidiär, temporär*

Die semantische Funktion von *är* wird ähnlich wie die von *ös* als ornativ im weiten Sinne ‚versehen mit, beruhend auf' oder sogar nur ‚bezogen auf' angegeben. Ein doktrinärer Standpunkt beruht auf Doktrinen, familiäre Probleme haben mit der Familie zu tun. Vergleicht man lexikalisierte Adjektive auf *är* mit spontan gebildeten auf *ös*, dann zeigt sich bei letzteren ein konnotatives Merkmal nicht des direkten Bezugs, sondern des Vergleichs im Sinne des vorgeblichen Bezugs, vgl. z.B. *doktrinär, famliliär, visionär* mit den sicher möglichen Wörtern *doktrinös, familiös, visionös.* Ein familiöses Problem versteht man wenn überhaupt als eines, das aussieht oder aussehen soll wie ein familiäres.

Ableitung von Substantiven

Die aus dem Französischen entlehnten Substantivierer sind fast alle direkt oder indirekt auf das frz. féminin zu beziehen. Das gilt ganz offensichtlich etwa für Substantive auf *ee*, die im Prinzip substantivierte Partizipien sind. So hatten wir früher nur *Exposé* von frz. *exposé* ‚Darlegung, Referat', einem masculin. Nach der Neuregelung der Orthographie gibt es einheitlich *Exposee*, das der frz. femininen Partizipialform *exposée* nahe kommt. Gemeint ist die Schreibweise *ee* der Neuregelung aber als Eindeutschung. Das ist sie nicht, denn die Betontheit des Suffixes als Merkmal für Fremdheit bleibt natürlich erhalten. Die Mehrheit der Substantive auf *ee* gilt dem Normalsprecher trotz solcher ‚Eindeutschung' zweifellos als Gallizismen.

Im Französischen sind die substantivierten Partizipien häufig Feminina (ein Neutrum gibt es ja nicht), z.B. *la flambée* ‚das Flackerfeuer' zu *flamber* ‚aufflammen, absengen' oder *la donnée* ‚das Vorausgesetzte' zu *donner* ‚geben'. Aber selbstverständlich gibt es auch Maskulina. Im Deutschen werden sie natürlicherweise zu Neutra, z.B. *das Defilee* zu frz. *défiler* ‚aufmarschieren' oder *das Gelee* zu frz. *geler* ‚gefrieren' (hier setzt man teilweise auch das Maskulinum *der Gelee* an, was bei den Substantiven auf *ee* eine Rarität ist). Zu den Neutra gehören die Substantive in 5a.

(5) Substantive auf *ee*
   a. Neut
      Defilee, Exposee, Frikassee, Frottee, Gelee, Haschee, Klischee, Komitee, Kupee, Maschee, Püree, Renommee, Resümee, Soufflee
   b. Fem
      Allee, Armee, Chaussee, Livree, Matinee, Moschee (arab. *masgid* ‚Ort des Sich-Niederwerfens', frz. *mosquée*), *Odyssee, Tournee*

Zum Femininum kommt es, wenn etwa ein im Französischen lexikalisiertes substantiviertes Partizip wie *une allée* mit dem Genus ins Deutsche übernommen wird. Es verliert den Bezug zum Partizip und wird leichter integriert. Die Feminina in 5b haben unabhängig von der Herkunft den unmarkierten Plural des Femininums (*die Alleen, die Moscheen*). Dagegen bleiben die Neutra näher beim Partizip und damit bei der *s*-Flexion (*des Defilees, die Klischees*).

Die übrigen Substantivierer sind – unabhängig vom Genus im Französischen – Feminina oder sie haben eine feminine Alternante, die der Movierung dient. Zur ersten Gruppe gehören *ade, age, esse* und *ette*. Bei *ade* (frz. féminin) ist das Femininum im Deutschen phonologisch geboten, damit der stimmhafte Plosiv nicht der Auslautverhärtung unterworfen wird, sondern im Onset der Ultima erscheint (4.3, 5.2.1). Damit haben die Wörter das für Feminina des Kernwortschatzes charakteristische auslautende Schwa und flektieren auch so. Die Semantik ist uneinheitlich, aber mit dem Fem verträglich (*Ballade, Brigade, Fassade, Marinade, Raffinade*). Einheitlichkeit ist nur bei der Bildung von Ereignisnominalisierungen auf der Basis von Eigennamen mit der Variante *iade* gegeben (*Hanswurstiade, Köpenickiade, Olympiade, Schubertiade, Spartakiade*, Fleischer/Barz 1992: 185).

Die *age*-Substantive sind im Französischen masculin, im Deutschen müssen sie aus denselben phonologischen Gründen wie eben Feminina werden, wenn das stimmhafte [ʒ] nicht entstimmt werden soll. Fast alle Stämme sind nicht wortfähig. Das Suffix alterniert im aktiven Bereich mit dem Verbalisierer *ier*, so kommt es zu Nomina Actionis wie 6a. Lexikalisierungen mit (teilweise ausschließlich) gegenständlicher Bedeutung ergeben sich im Deutschen anscheinend leichter als im Französischen (6b).

(6) Substantive auf *age*
   a. *Blamage, Karambolage, Massage, Montage, Passage, Reportage, Sabotage, Spionage*
   b. *Bandage, Collage, Dränage, Garage, Passage, Plantage, Reportage, Staffage*

Mit *esse* gibt es einerseits Substantive unterschiedlicher Art (*Adresse, Finesse, Interesse, Noblesse*), die teilweise nichts mit dem entlehnten Suffix zu tun haben. Das Suffix dient u.a. zur Movierung, frz. z.B. *maître* > *maîtresse*, im Deutschen mit einiger Variation, etwa *Baronesse, Komtesse, Politesse, Stewardess* sowie den berühmten Einzelfällen *Diakonisse, Diakonissin, Diakonin* und *Prinzessin* mit kumulierter Movierung. Als Movierer eines Diminutivs fungiert im Französischen *ette* zum masculin *et*, z.B. *garçonnet* ‚kleiner Kerl', *tablette* ‚kleine Platte, Tablette'. Im Deutschen bleibt diese Funktion teilweise erkennbar (*Ariette, Diskette, Klarinette, Operette, Stiefelette, Statuette, Zigarette*).

Von den Suffixen, die auch im Deutschen überhaupt noch eine movierende Alternante haben, ist *ier/iere* [jeː – jɛːʀə] auf wenige Fälle beschränkt wie *Chansonier – Chansoniere, Sommelier – Sommeliere, Privatier – Privatiere, Romancier – Romanciere.* Bei *Portier – Portiere, Garderobier – Garderobiere* ist schon zweifelhaft, dass die Feminina Personenbezeichnungen und nicht eher Gegenstandsbezeichnungen sind. In anderen Fällen ist eine Deutung als Movierer gar nicht möglich, auch wenn *ier* Mask und *iere* Fem ist wie bei *Premier – Premiere.* Bleibt als letztes das vergleichsweise verbreitete *eur* mit seinem Gegenstück *euse* (s.a. 6.2.4).

(7) Substantive auf *eur*
  a. *Akteur, Bankrotteur, Charmeur, Kontrolleur, Parfümeur, Rechercheur*
  b. *Arrangeur, Chauffeur, Deserteur, Flaneur, Friseur, Hasardeur, Hypnotiseur, Jongleur, Kommandeur, Masseur, Monteur, Saboteur, Souffleur*
  c. *Installateur, Konstrukteur, Operateur, Provokateur, Redakteur, Restaurateur, Spediteur*

Das Substantiv auf *eur* ist ein Nomen Agentis, das zu einem geringeren Teil substantivische Basen hat (7a). Der größere Teil operiert auf nicht wortfähigen Stämmen, wobei die einfachste Alternante die mit dem Verbalisierer *ier* (7b) oder die mit dem Substantivierer *ion* (7c) ist. Einige der am häufigsten verwendeten *eur*-Substantive passen nicht in dieses Schema, z.B. *Amateur, Ingenieur, Regisseur.* Das Movierungssuffix *euse* ist im Französischen einigermaßen produktiv, im Deutschen nicht. Bei wenigen Wörtern (*Friseuse, Souffleuse, Masseuse*) ist es lexikalisiert, aber auch hier steht es in Konkurrenz zu *in* (*Friseurin*). Manche Sprecher wollen einen delikaten Bedeutungsunterschied zwischen *Masseuse* und *Masseurin* sehen. Wenn movierte Formen gebildet werden, erscheint im Allgemeinen nur das Kernsuffix *in* (*Akteurin, Arrangeurin, Installateurin*). Formen wie *Akteuse, Arrangeuse, In-*

stallateuse, Ingenieuse dienen eher einer demonstrativ feministischen Ridikülisierung.

Im Deutschen gibt es große Mengen von Wörtern zur Unterscheidung aller Arten von Kontrolleuren, Kommandeuren, Redakteuren und Ingenieuren, so dass die Zahl der Komposita auf *eur* weiter steigt und das Suffix aktiv bleibt, was sicher dazu beiträgt, dass Schreibweisen wie *Frisör* sich nicht durchsetzen. Produktiv ist *eur* nicht, denn die Zahl der einfachen Suffigierungen vermehrt sich kaum, und wenn, dann nicht auf der Grundlage eines bestimmten Musters. Das kann für Gallizismen verallgemeinert werden. Suffigierung als der strukturell tiefste Wortbildungsprozess spielt bei den Gallizismen eine bedeutende Rolle. Das System ist differenziert und deckt von den semantischen Funktionen her so gut wie den gesamten für das Deutsche charakteristischen Bereich von Adjektiven und Substantiven ab. Produktiv ist es nicht mehr. Auch daran zeigt sich, dass der Kontakt des Gegenwartsdeutschen zum Französischen von anderer Art ist als der zum Englischen. Die Fremdwortbildung bei den Anglizismen weist produktive Muster auf und schließt sich teilweise unauffällig an den Kernwortschatz an (6.2.2). Auch bei den klassischen Fremdwörtern halten sich produktive Muster, schon weil die Bildung von Gräkolatinismen für Fachterminologien eine so bedeutende Rolle spielt (6.2.4).

6.2.4 Gräzismen und Latinismen

Bei der gräkolateinischen Suffigierung geht es um die Wortbildung einer großen Gruppe traditioneller Fremdwörter, die man meist dem Lateinischen und in geringerem Umfang dem Griechischen als Gebersprachen zuordnet. Wir erinnern an den weiten Begriff von traditionellem Fremdwort, wie er etwa in den Abschnitten 2.6 und 4.4 zur Geltung kommt. Was die Wortbildung betrifft, kommt dem Lateinischen eine Katalysator- und Brückenfunktion als Relaissprache besonders für das Griechische zu. Auf das Lateinische gehen außerdem die wichtigsten Mechanismen der Fremdwortbildung zurück, deren Einflüsse nicht nur im Deutschen, sondern auch in den beiden anderen großen Gebersprachen Englisch und Französisch sichtbar sind und auf diesen Umwegen die Fremdwortbildung des Deutschen mit prägen (6.2.2 und 6.2.3).

In den vorliegenden Abschnitt gehört alles, was sich so oder so ähnlich wie Gräzismen und Latinismen verhält, oder andersherum: dazu gehört das meiste, was nicht intuitiv dem Englischen oder Französischen zugeordnet wird. Aber sogar bei dieser weitherzigen Vorgehensweise bleiben Wortbildungsmuster, die nur schwer im Raster der Kern- bzw. Fremdwortgrammatik ihren Platz finden, allen voran die sehr produktive *i*-Bildung (*Fundi, Nazi, Studi, Spasti, Sozi*). Ihr Stamm entsteht durch regelhafte Reduktion aus längeren Stämmen auf den Stammanfang (*Fundament* > *Fund, Student* > *Stud*). Obwohl die Reduktion im Prinzip nach phonologischen, nicht nach morphologischen Gesichtspunkten erfolgt, bleibt der Stamm erkennbar. Die meisten Stämme des Inputs sind fremd, aber es gibt auch *i*-Bildungen wie *Schlaffi, Hirni, Blödi.* Kernwörter sind sie nicht, aber Latinismen doch auch nicht (ausführlich Köpcke 2003). Weitere Neubildungen von Suffixen wie in *Brand+dino, Mild+essa, But+ella* werden in Wegener 2010 behandelt.

Als Merkmal, das bei den auf das Lateinische bezogenen Suffixen zuerst ins Auge springt, wurde in Abschnitt 6.2.1 Betontheit in Letztposition herausgestellt und am Beispiel von *ion* illustriert. Es gibt auch Suffixe, die nicht betont sein müssen wie die Substantivierer *or* (*Autor, Traktor*) und *ik* (*Taktik, Ästhetik*) sowie das einzige, schwach reihenbildende zur Ableitung von Adverbien (auf adjektivischer Basis) *iter* (*idealiter, realiter, formaliter, verbaliter, totaliter*), aber wirklich betonungsneutral sind auch sie nicht (s.u.). Ein Teil der betonungsneutralen Suffixe wurde an anderer Stelle besprochen (4.4; 5.2). In 1 sind die wichtigsten betonten zusammengestellt, die den Latinismen zugeordnet werden. Bei den Adjektivierern erscheinen auch einige aus Abschnitt 6.2.3.

(1) Betonte Suffixe
  a. adjektivisch
     abel/ibel (variabel/kompressibel), al/ell (liberal/funktionell), ant/ent (arrogant/konsequent), esk (balladesk), iv (naiv), os/ös (lepros/leprös), istisch (sozialistisch)
  b. substantivisch
     and (Habilitand), ant (Musikant), anz (Ignoranz), ar (Archivar), är (Funktionär), at (Dekanat), end (Subtrahend), ei (Barbarei), ent (Korrespondent), enz (Korrespondenz), iade (Spartakiade), ie (Apathie), ine (Blondine), ion (Inspektion), ismus (Katechismus), ist (Kolumnist), ität (Solidarität), ur (Dozentur)
  c. verbal
     ier (diskutieren), isier (computerisieren), ifizier (mumifizieren)

Ableitung von Adjektiven

Als Erstes fällt auf, dass mehrere der Adjektivsuffixe in zwei phonologisch verwandten Formen auftreten. Die Duden-Grammatik (2009a: 752) kommentiert das mit der Bemerkung „Die Varianten beruhen meist auf Lautgesetzen der Gebersprachen." Was diese Feststellung besagt, bleibt offen. Wie weit es sich im Deutschen tatsächlich um Varianten handelt, kann nur von Fall zu Fall und im gegebenen Rahmen ansatzweise besprochen werden.

Auffällig ist weiter, dass eine Reihe von Adjektivsuffixen auch für die Ableitung von Substantiven verwendet wird, z.B. *al* (*Personal, Integral*), *ent* (*Student, Kontrahent*) und *är* (*Funktionär, Millionär*). Innerhalb der Kerngrammatik kommt so etwas nur als Marginalie vor (Dittmer 1983: 290).

Ein allgemeineres Problem ergibt sich aus der Fundierung von Adjektivableitungen im Kernwortschatz. Von den Verwendungen des Adjektivs im Satz ist die attributive am wenigsten restringiert. Zahlreiche Adjektive kommen nicht prädikativ oder adverbial vor, aber nur ganz wenige sind nicht attributiv verwendbar. Attributive stehen bei einem Substantiv (*ein grüner Stuhl, dunkle Nacht*). Abgeleitete Adjektive sind in besonderer Weise auf diese Verwendung zugerichtet, woraus einige Wortbildungslehren ihre Charakteristika ableiten. Für Suffigierungen nimmt man etwa an: (1) Adjektivische Suffixableitungen korrespondieren „relativ systematisch mit der Wortart der Derivationsbasis." Der Zusammenhang ist insbesondere strikter als beim Substantiv (Duden 2009a: 754). (2) Der beliebteste Bildungstyp ist das abgeleitete Adjektiv auf substantivischer Basis, das durch sein Ableitungselement kenntlich macht, „dass und in welcher Verbindung eine untergeordnete lexematische Einheit – die Basis des Adjektivs – zu einem übergeordneten Substantivlexem steht" (Eichinger 2000: 150). Damit wird in besonderer Weise auf die Kategorie der Basis abgehoben. In der Kerngrammatik ist das kein Problem. Typische desubstantivische Adjektive in attributiver Verwendung wie in *staubige Straße, kindisches Benehmen, jünglingshafte Gestalt* stellen über ihr Suffix eine Beziehung zwischen den Bedeutungen der beiden beteiligten Substantivstämme her und werden deshalb Relations-, Relativ- oder einfach Bezugsadjektive genannt.

Bei der Bildung fremder Adjektive bedarf dieser Punkt besonderer Beachtung, weil die Basis ja häufig nicht spezifiziert ist. Sie hat dann weder eine Kategorie noch eine Wortbedeutung im üblichen Sinn. Die Frage ist, ob und wie sich das in den Ableitungen niederschlägt. Bei *abel/ibel* beispielsweise ist ziemlich klar, dass sie vor allem auf Stämmen operieren, mit denen auch Verben auf *ier* gebildet werden können (*transportieren – transportabel, diskutieren – diskutabel*). Zwar operiert dieses Suffixpaar nicht auf Verbstämmen, aber es steht indirekt in systematischer Beziehung zu Verbstämmen und ist deshalb durchaus vergleichbar mit dem Suffix *bar* der Kerngrammatik, das Adjektiv aus Verben ableitet (Fuhrhop 1998: 128f.). Was substantivische Basen betrifft, besprechen wir die Verhältnisse ein klein wenig genauer am Beispiel von *al/ell* und wenden uns danach dem Sonderfall der Adjektive auf *isch* zu.

Der weitaus größte Teil der Adjektive auf *al* lässt sich in Hinsicht auf Eigenschaften der Basis in vier Klassen gemäß 2a-c aufteilen.

(2) Adjektive auf *al*
   a. *frontal, normal, formal, verbal, fiktional, funktional, hormonal, intentional, national, regional, sentimental*
   b. *fugal, nasal, epochal, grippal, serial, synodal, katastrophal*
   c. *global, modal, radial, fatal, medial, genial, ministerial, territorial, sozial, optimal, maximal, neutral, vital*
   d. *real, legal, jovial, trivial, final, frugal, oval, partial, total, dental*

Für die Adjektive in 2a gibt es eine substantivische Basis (*Front* > *frontal*, *Norm* > *normal*), wobei nicht von Etymologie, sondern von synchroner Beziehbarkeit die Rede ist. Auch in 2b liegen die Verhältnisse wie in der Kerngrammatik. Vom substantivischen Stamm wird *e* (bzw. auslautendes Schwa) getilgt, *Fuge* > *fugal* wie *Blume* > *blumig*. Die Gruppe 2c spaltet vom Substantivstamm eine Endung ab. Meist handelt es sich um Substantive mit einer der genustypischen Endungen *us, um, a* im Nom Sg, die der Stammflexion folgen (5.2.2): *Globus* > *global, Medium* > *medial, Vita* > *vital.*

Damit sind die meisten der Adjektive auf *al* tatsächlich auf einen Stamm bezogen, der unmittelbar oder mit einer Flexionsendung substantivisch ist. Man wird die Stämme in 2c nicht als substantivisch im selben Sinn bezeichnen wie die in 2a,b, sie sind aber wortfähig und als Substantive flektierbar. Dasselbe gilt für 2d, nur muss hier zur Deutung ein wenig Latein herangezogen werden; *real* hat den Stamm von *res* ‚die Sache' mit Flexionsformen wie *rei* (Gen, Dat Sg), *rem* (Akk Sg) usw.; *legal* kommt von *lex* ‚das Gesetz', Gen Sg *legis.* Bei *jovial* liegt der Name des lebenszugewandten Götterfürsten *Iupiter* (Gen Sg *Iovis*) zu Grunde. Eine interessante Entlehnungsgeschichte hat *trivial.*

trivial. Im Stamm stecken die Bestandteile *tres/tria* ‚drei' und *via* ‚Weg'. Im klassischen Latein gibt es das Adjektiv *trivius* ‚dreiwegig' und das Substantiv *trivium*, das den Ort bezeichnet, an dem sich drei Wege treffen oder von dem drei Wege ausgehen. Die Bedeutung ‚Dreiweg' oder ‚Scheideweg' wird synekdochisch zu ‚Straße, Platz' verändert, so dass man etwa sagen kann, man habe etwas *ex trivio* ‚von der Straße' aufgelesen (Stowasser 1963: 506). Hier könnte ein Ansatz zur Herausbildung der heutigen Bedeutung von *trivial* als ‚jedermann zugänglich, abgedroschen, platt' liegen. Das Basissubstantiv *trivium* hat aber unabhängig davon Karriere gemacht. Seit Augustinus war die Zahl der grundlegenden Künste und Wissenschaften, der Artes liberales, auf sieben fixiert, von denen drei als sprachbezogene Grundlagendisziplinen galten. Sie wurden in der Bildungslehre des Mittelalters zum Trivium zusammengefasst, dessen erster Bestandteil natürlich die Grammatik, dessen zweiter die Rhetorik und dessen dritter die Dialektik oder Logik war. Von *trivium* in dieser Bedeutung wurde erneut *trivial* abgeleitet. Insofern Lateinschule und Universität als die normalen Bildungsstätten anzusehen waren und ihre Arbeit auf das Trivium gründeten, konnte sich wiederum eine Bedeutung wie ‚normal, gewöhnlich' für das Adjektiv herausbilden. Das Deutsche Fremdwörterbuch (1981: 483) spricht von zwei Entlehnungen. Das Wort sei zuerst im frühen 16. Jhdt. aus mlat. *trivialis* ‚das Trivium betreffend' entlehnt worden. „Im späten 17. Jh. (neu)entlehnt aus lat. *trivialis* ‚dreifach; allgemein, jedermann zugänglich, allbekannt, gewöhnlich'." Ob man dem Adjektiv der Gegenwartssprache zwei Bedeutungen zuschreiben kann, die den beiden Entlehnungswegen zuzuordnen sind, lassen wir dahingestellt.

So interessant es wäre, können die sprachlichen Zusammenhänge für weitere Wörter aus 2d und viele vergleichbare Latinismen nicht besprochen werden, ebenso wenig der Status der Variante *ial* wie in *axial, kollegial, tangential* oder die Bedeutungsvarianten. Fleischer/Barz (1992: 268) setzen zwei Bedeutungen an, zu denen ‚in der Art von' und ‚in Bezug auf' gehören. Die Deutsche Wortbildung (1978: 102) spricht gar von 15 Bedeutungen, denen ebenfalls wenig Spezifisches zu entnehmen ist. Was die morphologische Form betrifft, kann *al* als fremdes Adjektivsuffix aber mit guten Gründen einer substantivischen Basis zugeordnet werden.

Ähnlich liegen die Verhältnisse bei *ell*. Wir präsentieren sie in Gruppen analog zu (2):

(3) Adjektive auf *ell*
  a. *formell, personell, strukturell, kulturell, funktionell, professionell, sensationell, traditionell, konditionell, oppositionell, konventionell*
  b. *ideell, materiell, bakteriell, arteriell, industriell, maschinell*
  c. *substantiell, differentiell, essentiell, potentiell, existentiell, offiziell, artifiziell, provinziell, kommerziell, universell, graduell, manuell, rituell, spirituell, sexuell, usuell, visuell*
  d. *reell, partiell, nominell, originell, kriminell, generell*

Die Adjektive in 3a können direkt auf substantivische Basen bezogen werden. Bei 3b muss vor der Suffigierung ein *e* bzw. [ə] getilgt werden (*Idee* > *ideell, Materie* > *materiell*). Etwas weiter gehen die Veränderungen in 3c. Mit neuer Orthographie kann bei der ersten Gruppe nach dem Muster *Substanz* > *substanziell* verfahren werden, wobei das *i* aber mit der lateinischen Form *substantia* zu erklären ist. Ähnlich erklärt sich das *i* für die zweite Gruppe aus lateinischen Formen wie *officium* > *offiziell.* Nimmt man etwa für *provinziell* den Stamm *Provinz* des Deutschen an, dann ergibt sich die Suffixvariante *iell,* die historisch wieder auf die Form *provincia* zu beziehen wäre. Die dritte Gruppe beruht auf der *u*-Deklination des Lateinischen; ihre Stämme enden auf *u.* Bei einem Wort wie *manus* ‚Hand' ist nicht *us* die Flexionsendung, sondern *s.* Wenn es einen Stamm im Deutschen gibt wie bei *Ritus,* dann wird entsprechend nur das *s* abgespalten und es entsteht wieder etwas, das wie eine Suffixvariante *uell* aussieht, es historisch aber nicht ist (*Ritus* > *rituell, Sexus* > *sexuell*). Bei 3d liegen wie in 2d Stammformen unterschiedlicher Flexionsformen zu Grunde wie *partis* (Gen Sg von *pars* ‚Teil') oder *criminis* (Gen Sg von *crimen* ‚Verbrechen'). Man sieht bei den Adjektiven auf *ell* besonders schön, wie unterschiedlich die morphologische Analyse ausfällt, wenn die Verhältnisse in der Gebersprache berücksichtigt werden. Wir wollen mit den Hinweisen auf das Lateinische nicht die synchrone Analyse aus den Angeln heben, sondern nur verdeutlichen, dass eine diakrone Analyse für die Adjektiva auf *ell* ebenfalls auf substantivische Basen führt.

Nun zum Verhältnis von *al* und *ell.* Der wichtigste morphologische Unterschied ist, dass *al* in großer Zahl auch Substantivstämme ableitet (*Ideal, Skandal, Lineal, Potential*), während für *ell* fast nichts zu finden ist (*Zeremoniell, Rituell*; Wörter wie *Kapitell* oder *Appell* gehören nicht dazu). Der Stamm auf *al* dient darüber hinaus zur Ableitung von Komposita (*Frontalunterricht, Nasallaut*), und zwar auch dann, wenn es ein Adjektiv auf *ell* gibt (*Universalgelehrter, *Universellgelehrter; Spezialschlüssel, *Speziellschlüssel*). Das selbe gilt für Ableitungen wie *Funktionalismus, *Funktionellismus* und geschieht sogar dann, wenn es **nur** ein Adjektiv auf *ell* und keins auf *al* gibt wie bei *Kriminalfilm, *Kriminellfilm* oder bei *Generalist, *Generellist* (Fuhrhop 1998: 127f.). Alles spricht dafür, *al* gegenüber *ell* als unmarkiert anzusehen. Ein Kriminellkommissar wäre ja auch ganz etwas anderes als ein Kriminalkommissar. Gelegentlich wird dieser sogar zum Kriminal (z.B. Theodor Lessing: Haarmann. Geschichte eines Werwolfs. Frankfurt/M. 1989. Im älteren österreichischen Deutsch hat *Kriminal* die Bedeutung ‚Strafanstalt').

Bestätigt wird diese Annahme durch die semantische Funktion. Es ist nicht immer einfach, einen oder gar einen einheitlichen Bedeutungsunterschied zwischen den Adjektiven auf *al* und *ell* dingfest zu machen, etwa nicht bei Paaren wie *funktional – funktionell* oder *universal – universell.* Wo ein Unterschied besteht, bezieht sich *al* jedoch direkt auf die Grundbedeutung des Basissubstantivs, *ell* ist meist abstrakter. Einige Beispiele in 4.

(4) Opposition *al – ell*
formal – formell, real – reell, original – originell, konditional – konditionell, material – materiell, traditional – traditionell, personal – personell, struktural – strukturell

Eine formale Analyse betrifft unmittelbar die Form des betreffenden Gegenstandes, ein formelles Verhalten dagegen etwas wie Umgangsformen oder Förmlichkeiten. In der Philosophie wird als Gegenbegriff zu *formal* der Begriff *material* im Sinne von ‚die Substanz betreffend' verwendet, was mit der abstrakten Bedeutung von *materiell* wenig zu tun hat. Ein realer Verlust betrifft etwas tatsächlich (nicht) Vorhandenes, ein reelles Geschäft eine Geschäftspraxis. Der Leser wird vergleichbare Bedeutungsunterschiede bei zahlreichen weiteren Wortpaaren finden. Wir schließen damit die Besprechung von *al – ell* ab und wenden uns dem einzigen Adjektivsuffix zu, das man mit einem gewissen Recht sowohl der Kerngrammatik als auch der Grammatik der Fremdwörter zuordnen kann, nämlich *isch*.

Nicht zuletzt wegen seiner weitgespannten Verwendung im Kern- wie im Fremdwortschatz bringen unsere Wortbildungen dem Suffix *isch* einige Aufmerksamkeit entgegen (Fleischer/Barz 1992: 258ff., Motsch 1999: 194ff.; zum relationalen Charakter der *isch*-Adjektive Eichinger 1987). Innnerhalb der Kerngrammatik steht es in komplizierter Beziehung zu *ig* (*bergig, traurig*) und *lich* (*freundlich, nützlich*) mit einigen Überschneidungen (Erben 2006: 117ff.; s.u.). Eine Besonderheit stellen Eigennamen als Basen dar, entweder direkt als Personennamen (*kantisch, homerisch*) oder indirekt als Einwohnerbezeichnungen, die mit geographischen Namen in Verbindung stehen (*amerikanisch, chinesisch*, Fuhrhop 1998: 141ff). Sie illustrieren unmittelbar die übergreifende Verwendbarkeit von *isch*, denn Eigennamen sind der Unterscheidung von Kern- und Fremdwortschatz nur schwer zugänglich. Wir beschränken uns im Folgenden auf einige andere Typen, an denen der Zusammenhang zwischen der Bildung von Kernwörtern einerseits und Fremdwörtern andererseits gezeigt werden kann.

Der wohl wichtigste Bildungstyp der Kerngrammatik leitet Adjektive von Bezeichnungen für Lebewesen ab, meist sind es Personenbezeichnungen:

(5) Adjektive auf *isch*, Kernwortschatz
a. *bübisch, diebisch, heldisch, hündisch, lesbisch, mönchisch, närrisch, rebellisch, schurkisch, tierisch*
b. *erpresserisch, kriecherisch, kriegerisch, reißerisch, spalterisch, spielerisch, wählerisch*
c. *kindisch – kindlich, weibisch – weiblich, bäuerisch – bäuerlich, herrisch – herrlich, launisch – launig, abergläubisch – ungläubig, wetterwendisch – notwendig*

Am häufigsten treten einfache Stämme (5a) oder solche mit *er* auf (5b), wobei für letztere manchmal angenommen wird, sie seien nicht Bildungen auf *er*-Basen, sondern auf andere, z.B. solche auf *ung* zurückzuführen (Fleischer/Barz 1992). Synchron ist das schwer zu rechtfertigen, denn die Abduktion eines komplexen Suffixes *erisch* ist nicht wirklich nachweisbar. Die Adjektive auf *isch* bedeuten ‚in der Art von' oder ‚wie ein' und haben gelegentlich negative Konnotation, besonders dann, wenn auch ein Adjektiv auf *lich* oder *ig* existiert (5c).

Bei den Fremdwörtern finden sich als Basen wie im Kernwortschatz Personenbezeichnungen jeder Art, das geht mit rigoroser Mechanik bis zu *migrantische Jugendliche* (6a). Substantive anderer Art sind ebenfalls gut vertreten (6b).

(6) Fremde Adjektive auf *isch*
  a. *nomadisch, patriotisch, soldatisch, titanisch, tyrannisch, zyklopisch*
     diktatorisch, dämonisch, rhetorisch, satanisch
  b. *automatisch, dialektisch, magnetisch, moralisch, organisch, symbolisch*
     alkoholisch, ikonisch, kanonisch, sensorisch, ozeanisch, pluralisch
  c. *luthérisch, äthérisch, cholérisch, hystérisch, genérisch, sumérisch*

Alle Basisstämme sind mehrsilbig und haben in der jeweils ersten Gruppe (erste Zeile) von 6a,b den Akzent auf der letzten Vollsilbe (*Nomáde, Automát*), in der zweiten Gruppe nicht (*Diktátor, Álkohol*). Bei den *isch*-Adjektiven liegt der Akzent einheitlich auf der Silbe, die dem Suffix vorausgeht. Das ist ein auffälliges Charakteristikum von *isch*: es ist wie die Suffixe der Kerngrammatik unbetont, aber es ist nicht akzentneutral. Wo immer möglich wird der Akzent auf der Silbe platziert, die ihm unmittelbar vorausgeht. Das geschieht auch dann, wenn diese in anderen Vorkommen wie eine Schwasilbe aussieht (*Luther, Äther, Cholera, Hysterie* usw., 6c, aber beispielsweise nicht *schillérisch*, schon weil hier aus verschiedenen Gründen kein *isch*, sondern *sch* (*schillersche Gedichte*) verwendet wird). Mit dieser Eigenschaft steht *isch* unter den Suffixen des Deutschen allein da, es hat ein singuläres fremdes Merkmal.

In großen Gruppen von *isch*-Adjektiven ergibt sich die beschriebene Akzentplatzierung automatisch dadurch, dass ein betontes Suffix unmittelbar vorausgeht. Besonders produktiv sind substantivische Basen auf *ist*. Die meisten sind wieder Personenbezeichnungen (7a). Sind sie es nicht, dann wird *ist* auch bei wortfähigen Stämmen eingeschoben, z.B. *Reform* > **Reformist* > *reformistisch* (7b). Man kann deshalb erwägen, ein Suffix *istisch* anzusetzen.

(7) Adjektive auf *istisch*
  a. *extremistisch, fatalistisch, formalistisch, feudalistisch, nationalistisch, realistisch, sozialistisch, atheistisch, faschistisch, kubistisch, sadistisch*
  b. *atomistisch, charakteristisch, inflationistisch, illusionistisch, reformistisch, revisionistisch*

Die Bedeutung von *isch* in *istisch* ist etwa ‚denkt oder benimmt sich wie ein Xist'. Wer extremistisch ist, denkt oder benimmt sich wie ein Extremist, aber er ist nicht unbedingt einer. Nennt man jemanden einen Faschisten, kann das üble Nachrede sein. Eine Handlungsweise als faschistisch zu bezeichnen, ist weniger gravierend.

Bisher ist von wortfähigen, also auch kategorial gebundenen Basen für *isch* die Rede gewesen, wie es der Erwartung bei relationalen Adjektiven entspricht. Damit kommt man jedoch nicht durch. Die vielleicht umfangreichste Gruppe hat Basen, die nicht wortfähig sind. 8 bringt eine kleine Auswahl.

(8) Adjektive auf *isch*, nicht wortfähige Stämme
  archaisch, chemisch, elegisch, elektrisch, geologisch, identisch, harmonisch, kritisch, logisch, mechanisch, mystisch, numismatisch, panisch, politisch, prosodisch, semantisch, solidarisch

Man kann die Stämme solcher Adjektive indirekt auf substantivische Basen beziehen, allerdings nur durch Abspaltung echter Wortbildungssuffixe, z.B. *Archa+ismus > archa+isch, Chem+ie > chem+isch, Log+ik > log+isch.* Mit welchen Gründen lassen sich jedoch *archa, chem, log* usw. als substantivisch bezeichnen? Morphologische Gründe scheint es nicht zu geben, und trotzdem funktioniert die Verwendung der Adjektive als Attribut einwandfrei (*archaische Ansichten, chemische Industrie, elegischer Choral*). Viele der Adjektive sind sogar nur oder fast nur attributiv verwendbar. Was beim Verstehen solcher Konstruktionen genau passiert, wissen wir nicht (6.1). Insbesondere wissen wir nicht, wie weit das Verstehen an sprachlich Kategoriales gebunden ist. Irgendwie geben wir den Ausdrücken einen Sinn, aber brauchen wir dazu den Bezug auf Substantive wie *Archaismus, Chemie, Elegie* und *Logik*? Wahrscheinlich nicht.

Über *isch* gibt es vieles zu sagen, das wir aus Platzgründen übergehen, etwa über Varianten wie *risch* (*summarisch, solidarisch*), *nisch* (*anglikanisch, embryonisch*) oder *tisch* (*kinetisch, frenetisch*), die möglicherweise (im Deutschen) mit Fugenelementen gebildet sind. Wenigstens kurz soll aber auf verwandte Adjektive eingegangen werden, von denen oben schon der Typ *kindisch – kindlich* erwähnt wurde (5c). Relativ häufig sind Paare wie *sozial – sozialistisch, formal – formalistisch* sowie *anarchisch – anarchistisch, mecha-*

nisch – mechanistisch. Es genügt hier, die jeweils zweite Form wie oben als ‚denkt oder benimmt sich wie ein Xist' einheitlich zu kennzeichnen. Dieses Merkmal haben die Adjektive ohne *ist* nicht. In mancher Hinsicht vergleichbar sind Paare wie *genial – genialisch, sentimental – sentimentalisch.* Wer genial ist, hat etwas vom Genie; wer genialisch ist, verhält sich so. Bei *musisch – musikalisch* liegt ein einfacher Unterschied bei den Basen *Muse* und *Musik,* bei *physisch – physikalisch* kommt noch *physikalistisch* dazu. Diese drei unterscheiden sich klar in der Bedeutung. Aus der Reihe tanzt *grammatisch – grammatikalisch.* Letzteres ist ein Wort des älteren Bildungswortschatzes, das mit demselben Stamm operiert wie *Grammatikalität* oder *grammatikalisieren.* Als Fachwort der Sprachwissenschaft wird heute so gut wie ausschließlich *grammatisch* verwendet, trotz des englischen *grammatical.* So klingt *grammatikalisch* ein wenig gestelzt, viele Wörterbücher sprechen zu Recht von Synonymen. Die zahlreichen ‚Doppelformen' zeigen noch einmal, wie vielfältig die Basen zur Bildung von *isch*-Adjektiven sind.

Ableitung von Substantiven, Personenbezeichnungen

Den umfangreichen Bestand an Substantivierern können wir nicht Suffix für Suffix behandeln, zumal eine Reihe der Mechanismen sich von Adjektivableitungen nicht grundsätzlich unterscheidet. Die Besprechung erfolgt etwas summarisch nach den semantischen Hauptgruppen, das sind Personenbezeichnungen und Abstrakta.

Die erste Gruppe von Personenbezeichnungen geht auf substantivierte infinite Verbalformen des Lateinischen zurück. Dazu gehören einmal Formen des Partizips Präsens, z.B. *Demonstrant* von *demonstrans* (Gen *demonstrantis*) ‚deutlich zeigend' oder *Student* (*studens, studentis* ‚sich bemühend'). Ob *ant* oder *ent* erscheint, hängt von der Bildung des Partizips bei der jeweiligen Verbklasse ab. Substantiviert wird auch das Gerundivum, ein Verbaladjektiv mit passivisch modaler Bedeutung wie bei *Maturand* von *maturandus* ‚reif zu machend'. Auch hier gibt es die Form mit *e,* aber sie ist selten (*Dividend, Subtrahend*). Als weitere Gruppe gehören hierher Substantive auf *at,* die auf ein Partizip Perfekt zurückgehen wie *Legat* von *legatus* ‚von Amts wegen abgesandt' (darin steckt *lex* ‚Gesetz'). Beispiele:

(9) Substantive von infiniten Verbalformen
   a. *Applikant, Demonstrant, Diskutant, Flagellant, Laborant, Migrant, Spekulant*
   b. *Agent, Assistent, Dezernent, Dirigent, Konsument, Referent, Rezipient*
   c. *Doktorand, Diplomand, Examinand, Informand, Habilitand, Konfirmand*

d. *Adressat, Diplomat, Kandidat, Kastrat, Legat, Literat, Renegat, Soldat, Stipendiat*

Nicht alle sind direkt auf Verbformen des Lateinischen zurückzuführen, die Rede ist von einem Bildungstyp des Deutschen und seiner Herkunft. Diese Herkunft ist dafür verantwortlich, dass die meisten Stämme nicht wortfähig sind und aus dieser Gruppe kein Suffix wirklich produktiv wurde. Gelegentliche Neubildungen wie *Asylant* oder native Basen wie in *Lieferant* ändern daran nichts.

Die Substantive in 9 sind nach den Regeln für das Genus von Personenbezeichnungen Maskulina. Sie flektieren schwach, was von besonderer Bedeutung ist, insofern ein isolierter Flexionstyp des Kernwortschatzes wiederbelebt wird. Schwache Substantive bezeichnen fast ausschließlich Lebewesen. Diese Bedingung ist hier weitgehend, aber nicht durchgehend erfüllt (genauer 5.2.1).

Die lautliche Verwandtschaft der Suffixe in 9 führt gelegentlich zu Verwirrung. So ist der Unterschied zwischen einem Diplomaten und einem Diplomanden noch ziemlich klar, viel weniger klar ist er aber für manche Sprecher zwischen einem Informanten und einem Informanden. Ersterer informiert andere, letzterer ist zu informieren, die Verwechslung kann zu echten Missverständnissen führen. Beim googeln findet man Doktoranten, Doktorantinnen, Rehabilitanten und umgekehrt auch Praktikanden. Selbst wer Anhänger einer Fundierung der Grammatik im Sprachgebrauch ist, wird sich schwer tun, der lateinischen Grammatik den Laufpass zu geben und solche Formen in der jeweils gemeinten Bedeutung einfach als Wörter des Deutschen anzusehen (Link 2009).

Eine hohe Produktivität zur Ableitung von Personenbezeichnungen hat *ist*. Das Suffix ist griechisch-lateinischen Ursprungs und wurde schon dort als Substantivierer verwendet. Im Deutschen bildet es maskuline, schwach flektierende Substantive auf substantivischen, adjektivischen und nicht wortfähigen Basen (10a-c).

(10) Substantive auf *ist*

a. *Fetischist, Moralist, Putschist, Symbolist, Aktionist, Revisionist, Sezessionist*

b. *Aktivist, Extremist, Feudalist, Formalist, Opportunist, Perfektionist, Sozialist*

c. *Anarchist, Anglist, Chronist, Faschist, Kubist, Linguist, Masochist, Mechanist, Optimist, Pazifist, Prokurist*

Die semantische Funktion von *ist* wird am besten unter Bezug auf *ismus* erläutert: Im Prinzip ist ein Formalist einer, der einem oder dem Formalismus anhängt (s.u.). Auf das Verhältnis von *ist* zu *ismus* und anderen Fremdsuffixen gehen wir am Ende dieses Abschnitts ein. Gleich bemerkt werden soll, dass es gute Gründe gibt, nicht von einem einfachen Suffix zu sprechen, sondern von der Suffixfolge *is+t*. Die relative Selbständigkeit von *is* wird schon an Wortpaaren wie *Formal+is+mus* – *Formal+is+t* deutlich.

Weniger produktiv, jedenfalls aber aktiv ist *or*, das im Kontext der Fremdsuffixe die Besonderheit hat, nicht den Akzent auf sich zu ziehen. Dies und auch seine Funktion rückt es in die Nähe des Kernsuffixes *er* (*Lehrer*). Beide leiten Nomina Agentis und Nomina Instrumenti ab (s.u.). Beim Ausgangspunkt im Lateinischen haben sie jedoch unterschiedliche Herkunft. Unser *er* geht auf lat. *arius* zurück, das desubstantivische Personenbezeichnungen bildet, z.B. *scola* > *scolarius* ‚Schüler' oder *aqua* > *aquarius* ‚Wassermann, Röhrenmeister'.

Neben *arius* war *or* im Lateinischen produktiv, vor allem auf verbalen Basen. Häufig liegt die Stammform des Partizips Perfekt zugrunde, woraus sich die Entstehung der Varianten von *or* erklärt. So haben wir *declamare, declamatus* ‚Redeübungen halten' > *Deklamator*, aber z.B. *repetere, repetitus* ‚wiederholen' > *Repetitor*, oder *docere, doctus* ‚lehren' > *Doktor* usw.

Der Gesamtbestand an *or*-Substantiven lässt sich wie bei *er* nach der Bedeutung in Nomina Agentis (11a) und Nomina Instrumenti (11b) einteilen. Das Werkzeug tritt hier wie in vielen anderen Zusammenhängen sozusagen an die Stelle des Handelnden. Wenn Karl die Tür mit einem Schüssel öffnet, kann es auch heißen *Der Schlüssel öffnet die Tür*, und sowohl Karl als auch der Schlüssel wird als Türöffner bezeichnet. Es ist deshalb nicht verwunderlich, dass manchmal unklar ist, ob eine Person oder ein Instrument bezeichnet wird (11c).

(11) Substantive auf *or*: Nomina Agentis und Nomina Instrumenti
   a. *Aggressor, Doktor, Initiator, Inquisitor, Kantor, Lektor, Professor, Plagiator, Revisor, Tutor, Zensor*
   b. *Elevator, Generator, Inhalator, Kompressor, Projektor, Resonator, Transformator, Ventilator*
   c. *Direktor, Duplikator, Explorator, Isolator, Katalysator, Kompilator, Registrator, Regulator*

Nicht jeder Sprecher wird dieser Einteilung sofort zustimmen, und natürlich kann sich auch der Autor geirrt haben. Manchmal gibt es wenig bekannte Bedeutungen in Fachvokabularen, etwa den Direktor neben dem Reflektor in der Radiotechnik. Dass so etwas möglich ist, zeigt gerade, warum eine rein morphologische Trennung der Bedeutungen nicht gelingt.

Die *or*-Substantive des Typs in 11 haben den Hauptakzent auf der vorletzten Silbe, der Pänultima. Sie markieren den Gen Sing mit *s* (*des Aggressors*), niemals mit *es* (*des *Aggressores*) und den Plural mit *en*. Im Plural verschieben sie den Akzent wieder auf die Pänultima (*die Aggressóren*). Damit hat der Plural die Endung und Prosodie der schwachen Maskulina (*die Helden*), was dazu führen kann, dass ein *or*-Substantiv insgesamt schwach flektiert wird. Ziemlich verbreitet ist etwa *des *Autoren* anstelle von *des Autors*. Die Prosodie ist konstitutiv für diese Klasse von Substantiven. So sind etwa *Majór* und *Mónitor* nicht auf der Pänultima betont und werden stark flektiert (5.2.1).

Die fremden Personenbezeichnungen haben deutliche Analogien im Kernwortschatz. Substantivierte infinite Verbformen mit unterschiedlichem Grad an Idiomatisierung liegen etwa vor mit *der Sterbende, die Alleinerziehende* (Typ 9a,b; Part Präs), *die Auszubildende, die Einzuladenden* (Typ 9c; Gerundium, hierher gehören auch *ling*-Substantive wie *Prüfling, Pflegling*) und *der Gefangene, die Betagten* (Typ 9d; Part Perf). Über die Verwandtschaft von *or* und *er* wurde schon gesprochen, und *ist* hat am ehesten ein Analogon in *ler* (*Wissenschaftler, Altsprachler*), wobei allerdings ein zu *ismus* vergleichbarer Basisbezug im Kernwortschatz nicht existiert.

Ableitung von Substantiven, Abstrakta

Die meisten fremden Abstrakta sind wie im Kernwortschatz Feminina, eine Eigenschaft, die das Deutsche mit den meisten indoeuropäischen Sprachen teilt, in denen die Entstehung des Femininums mit der Emergenz von Kollektiva und Abstrakta als Substantivklassen zusammenhängt (Brugmann 1891; Fritz 1998). Dabei fällt auf, dass die größten Gruppen mehr oder weniger konsequent auf adjektivische Basen bezogen sind, insbesondere gilt das für *anz/enz* (*Arroganz, Existenz*), es gilt teilweise für das in 6.2.1 besprochene *ion* (*Absolution, Diskretion*) sowie ganz ausgeprägt für *ität* (*Naivität*), *ie* (*Anomalie*) und *ik* (*Polemik*). Wir besprechen die drei zuletzt genannten.

Mit *ität* wird das Adjektivabstraktum allgemeiner Bedeutung gebildet, wie es schon für seine lateinische Mutter *itas* (*vanitas* ‚Nichtigkeit', von *vanus* ‚nichtig, leer') und auch sein natives Analogon *heit* gilt. Transparente Substantive auf *heit* bezeichnen Zustände, z.B. *Frechheit* ‚das Frech-Sein', *Feigheit* ‚das Feige-Sein'. Dasselbe gilt für *ität*, wobei natürlich auch Konkreta verschiedener Art als Idiomatisierungen zu finden sind, z.B. *Extremität, Elektriziät, Festivität, Novität, Universität.* Die Analogie zu *heit* geht so weit, dass es zu Dubletten kommt kann (12a). Worin genau der Unterschied besteht, ist schwer zu sagen. Und Öhmann (1967) berichtet von hybriden Bildungen in der Studentensprache des 18. Jhdts., bei denen umgekehrt ein nativer Stamm mit *ität* verbunden wird (*Schiefität, Flottität, Kühlität*).

(12) Substantive auf *ität*

a. *Absurdheit/Absurdität, Naivheit/ität, Rigidheit/ität, Solidheit/ität, Sterilheit/ität*

b. *Bonität, Densität, Dignität, Gravität, Novität, Parität, Rarität, Sanität, Unität, Affinität, Obszönität*

c. *Banalität, Kausalität, Nationalität, Genialität, Sensibilität, Variabilität, Dubiosität, Generosität, Passivität*

d. *Animalität, Bestialität, Identität, Solidarität, Spezifität*

e. *Authentizität, Elastizität, Exzentrizität, Elektrizität, Grammatizität, Klassizität, Historizität, Periodizität, Poetizität*

12b hat morphologisch einfache Basen oder solche, die sich nur mit *ität* verbinden. Sie sind selten. Fuhrhop (1998: 123) nimmt sogar an, die Basen seien „alle in einem speziellen Sinn morphologisch komplex." Umso größer ist die Gruppe mit suffigierten Adjektivstämmen als Basen (12c). Das Muster ist produktiv. Wieder überraschend klein ist die Gruppe mit gebundenen Stämmen in 12d. Adjektivische Basen gibt es nicht, wohl aber eine Alternation mit *isch* (*animalisch – Animalität*), also einen indirekten Bezug auf adjektivische Basen. Möglicherweise hängt das mit der Produktivität des Musters 12e zusammen: *isch* alterniert mit *izität* (*authentisch – Authentizität*). Wo die Grenzen des Musters liegen, ist nicht ganz klar. Hunderte von *isch*-Adjektiven lassen die Alternation zu, aber die entstehenden Substantive hören sich teilweise aufgeblasen an, typisch für unschönen Fremdwortgebrauch.

Für *ie* (*Dämonie*) und *ik* (*Polemik*) wollen wir ein Problem ansprechen, das schon mehrfach aufgetaucht, für die Fremdwortmorphologie aber im Prinzip wohl noch offen ist. Es geht um die Frage, wie die Suffixe verteilt sind und wie viel ihre Distribution mit ihrer Funktion zu tun hat. Ein klarer Unterschied zwischen den beiden besteht in der Betontheit; *ie* ist betont, *ik* ist das nur in wenigen Fällen (*Kritik, Mathematik, Musik, Physik*). In der Regel folgt es einer betonten Silbe, außerdem endet es auf Konsonant. Das allein hat weitreichende Folgen, beispielsweise die leichte Verbindbarkeit mit *er*, was zur Suffixverschmelzung *iker* geführt hat (*Logiker, Polemiker*, aber auch *Akademiker, Chemiker* ohne *ik*-Basen). Was die Funktion betrifft, finden sich in den Beschreibungen von *ie* und *ik* wenig Unterschiede (Deutsche Wortbildung 1975: 283ff.; Fleischer/Barz 1992: 186f.; Fuhrhop 1998: 60f., 124f.). Man kann die Wörter so präsentieren, dass diese Sicht bestätigt wird:

(13) Substantive auf *ie* und *ik*

a. *Anomalie, Dämonie, Elegie, Epidemie, Harmonie, Melancholie, Dramatik, Drastik, Komik, Motivik, Polemik, Spezifik, Technik*
b. *Chemie, Chirurgie, Homöopathie, Ökonomie, Orthopädie, Philologie Arithmetik, Genetik, Germanistik, Elektronik, Informatik, Translatorik*
c. *Akribie/Akribik, Harmonie/Harmonik, Melodie/Melodik, Dämonie/ Dämonik, Nostalgie/Nostalgik*

Die Wörter in 13a versteht man als eine Art von abstrakten Kollektiva, die in 13b als Bezeichnungen für Fächer oder Disziplinen. In 13c, mit beiderlei Suffix, würde man gern einen systematischen Unterschied feststellen. Meist findet sich bei der Beschreibung von *ie* noch ein Hinweis auf Staatsformen o.ä. wie *Monarchie, Oligarchie, Demokratie, Theokratie*, aber morphologisch scheint viel eher so etwas wie die leichte Verbindbarkeit von *ie* und einer großen Zahl von Konfixkomposita vorzuliegen, denen *ik* nicht ganz, aber weitgehend unzugänglich ist (6.4). Was steckt dahinter? Brauchen wir im Deutschen beide Suffixe oder gilt eher „Die Verteilung der Formen … ist im übrigen oft nur davon abhängig, welche Entlehnung oder Einbürgerung sprachgeschichtlich älter ist." Und „Mit welchen Adjektiven es [das Suffix] kombiniert ist, hängt von historischen Bedingungen der Entlehnung ab." (Deutsche Wortbildung 1975: 283 und 285)? Die systematische Erfassung der Fremdwortmorphologie ist trotz des riesigen Wortbestandes auch deshalb so schwierig, weil viele Muster unterhalb der Schwelle zur Produktivität bleiben oder zu bleiben scheinen und von historischen Zufällen die Rede ist, wenn man systematisch nicht weiter kommt. Das Gesamtsystem der Suffigierungen im Kernwortschatz verstehen wir zumindest im Prinzip. Ob man das auch vom Fremdwortschatz als Ganzem sagen kann, lassen wir lieber dahingestellt.

Nun wenigstens kurz zu *ismus*, einem der produktivsten fremden Substantivierer überhaupt (fast 400 Einträge bei Mater, 900 bei Lee). Das Suffix hat kein Analogon im Kernwortschatz und gleichzeitig ein derart auffälliges Profil, dass es als Bezeichnung seiner Klasse von Substantiven lexikalisiert wurde. Wahrig nennt den Ismus eine „*spött. Bez. für* (bloße) Theorie", Duden sagt „*(abwertend) für* bloße Theorie". Kann es denn einen derart umfangreichen Bedarf an der spöttischen, abwertenden Bezeichnung ‚bloßer Theorien' geben? Wortbildungslehren wie Spezialliteratur (z.B. Wellmann 1969, Werner 1980) werden bei Erläuterung seiner semantischen Funktion etwas weitschweifig. Die Vielfalt an politischen, wissenschaftlichen, weltanschaulichen und künstlerischen ‚Richtungen' wird am besten mithilfe der wichtigsten Typen von Basen verdeutlicht, auf denen *ismus* operiert (Wort: 291ff.).

Die erste große Gruppe hat adjektivische Basen. Dazu kann man praktisch die gesamten Listen von fremden Adjektiven verwenden, die oben besprochen wurden. 14a. enthält solche auf *al*, 14b solche auf *ell* (deren Suffix wie in anderen Zusammenhängen ebenfalls als *al* erscheint). Sonstige adjektivische Basen sind ebenso möglich (14c).

(14) Ismen, adjektivische Basen
   a. *Formalismus, Verbalismus, Fiktionalismus, Regionalismus, Globalismus, Fatalismus, Sozialismus, Neutralismus, Vitalismus, Legalismus, Finalismus*
   b. *Kulturalismus, Idealismus, Materialismus, Industrialismus, Provinzialismus, Ritualismus, Spiritualismus, Visualismus, Nominalismus, Generalismus*
   c. *Alpinismus, Extremismus, Modernismus, Opportunismus, Passivismus, Relativismus, Synchronimus*

Nicht alle so abgeleiteten Substantive hören sich gleich gut an, aber auch *Ovalismus, Offizialismus* oder *Passivismus* dürften wohlgeformt sein. Jedem ist erlaubt, seinen Ismus zumindest sprachlich in die Welt zu setzen, das gilt natürlich erst recht für substantivische Basen, die Eigennamen sind (15a). Schon zu Lebzeiten der Namensgeber können eine Außenpolitik als Genscherismus, eine Wirtschaftpolitik als Thatcherismus und das dauernde Querspielen im Mittelfeld als Derwallismus auf den Begriff gebracht werden. Von Latinismen oder Gräzismen kann hier nur noch bezüglich des Suffixes die Rede sein.

(15) Ismen, substantivische und nicht wortfähige Basen
   a. *Buddhismus, Gaullismus, Hegelianismus, Kalvinismus, Sadismus, Stalinismus*
   b. *Atomismus, Fetischismus, Putschismus, Revisionismus, Aktionismus*
   c. *Neologismus, Autonomismus, Autokratismus, Oligarchismus, Pädophilismus*

15b,c bringt der Vollständigkeit halber einige Beispiele für Erwartbares. Fremde Substantivstämme können zu Ismen erweitert werden, ganz systematisch beispielsweise die auf *ion*. Und wieder gibt es Basen, deren nichtlateinisch-griechische Herkunft erkennbar bleibt (*Rassismus, Snobismus, Journalismus*). Bei den nicht wortfähigen Stämmen stehen erneut die Konfixkomposita im Mittelpunkt mechanisch fast unbegrenzter Bildungsmöglichkeiten (15c).

Die Ismen sind prosodisch weitgehend einheitlich, insofern das Suffix fast durchgängig einer unbetonten Silbe folgt, auch flektieren sie einheitlich. Die Singularendung *us* wird im Plural durch *en* ersetzt. Kasusendungen gibt es nicht. Ebenso wenig gibt es eine allgemeine Tendenz zur Übernahme der starken Flexion (*des Anglizismusses, die Anglizismusse*).

Ableitung von Verben auf *ier, isier* und *ifizier*

Der fremde Verbalisierer *ier* mit seinen Verwandten *isier* und *ifizier* hat eine singuläre Stellung in der Wortbildung des Deutschen. Weder die Kerngrammatik noch die Grammatik der Fremdwörter verfügt über einen Verbalisierer auch nur annähernd gleicher Produktivität. Wahrscheinlich hat die Kerngrammatik überhaupt kein produktives Suffix zur Ableitung von Verbstämmen, auch die von *el* (*kippen – kippeln, spotten – spötteln*) ist zweifelhaft. Dagegen haben wir Dutzende von Verben auf *ifzier* (*personifizieren*), Hunderte auf *isier* (*realisieren*) und Tausende auf *ier* (*diskutieren*). Trotz der hohen Produktivität war der Status der drei Suffixe oder Suffixvarianten lange unklar. Bevor wir darauf zu sprechen kommen, hier die wichtigsten Ableitungsmuster, geordnet nach dem bisher schon praktizierten Schema.

(16) Verben auf *ier*
- a. *aktivieren, brüskieren, effektivieren, fixieren, legitimieren, nasalieren*
- b. *attackieren, betonieren, codieren, fotografieren, intrigieren, oxydieren*
- c. *addieren, dominieren, harmonieren, negieren, reparieren, studieren*

16a zeigt Bildungen auf adjektivisicher, 16b auf substantivischer und 16c auf nicht wortfähiger Basis. Letztere ist die weitaus umfangsreichste Gruppe. Alle *ier*-Verben flektieren einheitlich schwach, ihre Flexion ist voll integriert. Vom Wortende her sieht ein solches Verb genau so aus wie eins aus dem Kernwortschatz. Der Hauptakzent geht den Flexionsendungen unmittelbar voraus, einen Unterschied etwa zu *klären, scheren, gieren, spuren* gibt es nicht (5.4). Für die Flexion ist auch gleichgültig, woher der dem Suffix vorausgehende Stamm kommt. Zwar ist der größte Teil der Stämme als Latinismen anzusehen, aber Gallizismen sind durchaus keine Seltenheit (*arrondieren, avancieren, chauffieren, lancieren, logieren*). Das Suffix vereinheitlicht nach rechts. Trotz dieser Funktion und trotz der großen Zahl von Verben auf *ier* ist aber festzustellen, dass es im Gegenwartsdeutschen kaum noch produktiv ist. Diese Rolle hat *isier* übernommen.

(17) Verben auf *isier*
- a. *antikisieren, idealisieren, legalisieren, realisieren, urbanisieren, zivilisieren*
- b. *kanalisieren, metallisieren, signalisieren, symbolisieren, vulkanisieren*
- c. *germanisieren, harmonisieren, irisieren, heroisieren, polemisieren, utilisieren*

Die Verben auf *isier* weisen eine hohe grammatische Einheitlichkeit und Flexibilität auf. Darin dürfte der Grund für ihre zunehmende Produktivität liegen, die auch vor Anglizismen als Stämmen nicht haltmacht (*computerisieren, pidginisieren, randomisieren*). Es beginnt bei der Prosodie. Die erste Silbe des Suffixes ist unbetont und kann deshalb gleichgut einer betonten (*konkrètisíeren*) wie einer unbetonten (*lègalisíeren*) folgen. Im ersten Fall ergibt sich ein Trochäus, im zweiten ein Daktylus. Akzentzusammenstöße wie bei *fixieren* oder *codieren* sind ausgeschlossen. Die hohe prosodische Flexibilität von *isier* führt allerdings zu Unsicherheiten bei der Platzierung von Nebenakzenten. So kann es heißen *sỳmbolisíeren*, aber auch *symbòlisíeren* (Wort: 424).

Fast alle *isier*-Verben haben eine direkte oder wenigstens indirekte Derivationsbasis. Insbesondere in der Gruppe mit nicht wortfähigen Stämmen 17c alterniert *isier* regelmäßig mit *isch*, was für die *ier*-Verben in 16c nur teilweise gilt. Das auffälligste und wohl auch wichtigste Merkmal ist aber, dass die *isier*-Verben regelmäßig transitiv und damit syntaktisch bestens in die Kerngrammatik integriert sind. Das Verb *irisieren* hat diese Eigenschaften nicht, denn es hat gr. *iris* ‚Regenbogen' als Basis. Wahrscheinlich wird es von den meisten Sprechern trotzdem zu den *isier*-Verben gestellt, historisch gehört es zu den *ier*-Verben. Das über Jahrhunderte hinweg dominante *ier* ist in allen genannten Hinsichten uneinheitlich, es hat zur Entlehnung und Fremdwortbildung zahlreicher syntaktisch unterschiedlicher Verbklassen gedient.

Von beschränkter Distribution ist *ifizier* mit seinen zwei unbetonten Silben. Es kann praktisch nur einem ultimabetonten Stamm folgen. Fuhrhop (1998: 76f.) nimmt als möglichen Prototyp der Stämme für *ifizier* mehrsilbige Ländernamen an (*bayrifizieren, belgifizieren, polnifizieren*) und vermutet außerdem, dass es bei Stammauslaut auf alveolaren Frikativ als phonologische Variante zu *isier* auftritt. So haben wir nur *spezifizieren, falsifizieren, klassifizieren, russifizieren*, aber nicht auch **spezisieren*, **falsisieren*, **klassisieren* und **russisieren*.

Der Status von *ier* mit seinen Verwandten war lange unklar, vor allem wohl aus zwei Gründen. Einmal stritt man darüber, ob es im Deutschen allgemein produktiv sei. Bis heute gibt es immerhin mindestens ein gutes Dutzend Verben mit nativen Stämmen:

(18) *ier*, native Stämme

amtieren, blondieren, buchstabieren, gastieren, glasieren, glossieren, grundieren, kurieren, kutschieren, maskieren, probieren, schattieren, sinnieren, spendieren, stolzieren

Nach Öhmann (1970: 350f.) wurde *ier* im Mittelhochdeutschen weitgehend für Entlehnungen aus dem Französischen, aber auch darüber hinaus verwendet, etwa „zum Schmuck der höfisch geprägten Rede". Später musste es sich „die Verbürgerlichung gefallen lassen, die das Schicksal auch eines großen Teils der nicht untergegangenen französischen Wörter wurde." Der Einfluss des Französischen bewirkte, dass in ihm benachbarten Regionen (der Schweiz, dem Rheinland) besonders viele Verben auf *ier* verwendet wurden. Daneben neigten spezielle Varietäten zu solchen Verben, beispielsweise „zur Erreichung eines komischen Effekts" in der Studentensprache mit Bildungen wie *burschieren, kneipieren, bratwurstieren, maulschellieren.* Man kann *ier* zu vielen Zwecken und in vielen Varietäten verwenden, zur Produktivität im Standarddeutschen hat das nicht geführt. Etabliert sich ein solches Verb neben einem des Kernwortschatzes, haben sie in der Regel auch unterschiedliche Funktion (*kuren – kurieren, sinnen – sinnieren,* zu *klonen – klonieren* 5.4), es sei denn, die Variation ist regional gebunden. In der Schweiz parkiert man, wo sonst im deutschen Sprachgebiet geparkt wird. Auch hübsche Fehler kommen vor. Im deutschsprachigen Teil des Fremdenverkehrsprospekts der südfranzösischen Hafenstadt Sète wurden kürzlich noch 300 gemöbelte Zimmer angeboten, möblierte gab es keine.

Der zweite Grund liegt darin, dass *ier* nicht wie native Verb- und Substantivableitungen an einen Stamm tritt, der gleichzeitig als Grundform im Flexionsparadigma fungiert. Das Verb hat ja allgemein Stammflexion, und dieser Begriff war nicht bekannt. So suchte man nach Besonderheiten und insbesondere nach einer allgemein zugänglichen Bedeutung von *ier*, fand sie aber nicht und gab dem Suffix einen unklaren Sonderstatus (z.B. Fleischer 1971: 78f.; 1975: 313f.; Erben 1983: 67ff.). Heute nimmt man allgemein an, *ier* habe die Funktion eines Eindeutschers fremder Stämme. Links von *ier* stehen fremde, rechts von *ier* dagegen native Einheiten, so dass die Stämme auf *ier* nicht nur der Flexion, sondern auch der Wortbildung des Verbs im Kernwortschatz zugänglich sind. Dazu gehören die wichtigsten Muster überhaupt wie die Substantive auf *er* (*Konservierer, Akzentuierer*), die auf *ung* (*Konservierung, Akzentuierung*) und die Adjektive auf *bar* (*konservierbar, akzentuierbar*). Auf diesen operieren dann die weiteren Suffixe wie in der Kerngrammatik, etwa *Konserviererin, Konserviererchen, Konservierbarkeit* (Eisenberg 2001: 191f.). Damit haben *ier, isier, ifizier* eine Schlüsselfunktion innerhalb der Wortbildung. Gelegentlich kommt es sogar zur Substantivierung, ohne dass der Verbstamm als solcher in Gebrauch ist. Alles spricht etwa von *Gentrifizierung* (‚ein Wohnquartier nach Infrastruktur, Architektur und Wohnkomfort den Ansprüchen einer Gentry, ursprünglich niederer Adel und wohlhabendes Bürgertum in England, anpassen'), aber kaum davon, man wolle das Hamburger Gängeviertel gentrifizieren. Allenfalls das Adjektiv/Partizip *gentrifiziert* ist noch im Schwange.

Vergegenwärtigen wir uns das Zusammenwirken der produktivsten Gruppe von Fremdsuffixen. Das sind einerseits die drei mit betontem *is*, nämlich *ist, ismus* und *istisch.* Sie bilden Personenbezeichnungen, Abstraktum und Adjektiv, die von der Bedeutung her eng aufeinender bezogen sind. Ein Sozialist denkt sozialistisch und hängt dem Sozialismus an. Daneben haben wir drei Suffixe mit unbetonter erster Silbe, nämlich *isation, ität* und *isier* zur Ableitung von Verbalabstraktum, Adjektivabstraktum und Verb. Der Mensch wird in einem Sozialisationsprozess sozialisiert und gelangt zu einer gewissen Sozialität. Die beiden letztgenannten Suffixe sind prosodisch besonders beweglich. Alle sechs zusammen bilden einen Mikrokosmos von Bildungsmöglichkeiten, der kaum Grenzen hat. Da sie teilweise auch noch miteinander kombinieren und an wenig klare Wohlgeformtheitsbedingungen gebunden sind, kann es zu einer leerlaufenden Häufung kommen:

(17) Fremdwortbildung, kumulativ
sozi+al
Sozi+al+ist
Sozi+al+ist+izität
sozi+al+ist+izität+isier+en
sozi+al+ist+izität+isier+bar
Sozi+al+ist+izität+isier+bar+keit

Schwer zu sagen, wo genau der Fehler in der Kombinatorik liegt. Jedenfalls sind der Kreativität zur Bildung von Fachvokabularien wenig Grenzen gesetzt, und vielleicht gelingt es sogar jemandem, eine eindeutig rekursive Suffixfolge zu konstruieren. Gerade das Zusammenwirken von fremden und nativen Suffixen kann zu ungeschlachten Wörtern führen, aber natürlich ebenso zu aussagekräftiger Opposition. Sehen wir uns abschließend als Beispiel das Wortpaar *Globalisierung* und *Globalismus* an.

Globalisierung, Globalismus. Der Stamm *global* geht auf lat. *globus* (,Kugel, Haufen', wurzelgleich mit dem Kernwort *Kolben*) zurück und ist als Entlehnung aus dem Französischen seit dem späten 19. bzw. dem früher 20. Jhdt. mit den Bedeutungen ,allgemein, pauschal' sowie ,die ganze Welt betreffend' in Gebrauch. Es entfaltet den Reichtum latinisierender Wortbildungen, nicht nur in Komposita, sondern auch in Suffigierungen wie *Globalität, Globalisation, Globalismus, Globalist, globalistisch, globalisieren*, dazu mit heimischen Suffixen *Globalisierer, Globalisierung, globalisiert, globalisierbar* usw. Das Substantiv *Globalisierung* taucht seit Mitte des 20. Jhdts. in Fachterminologien der Wirtschaft auf, verbreitet sich in die allgemeinen Wörterbücher aber erst in den 90er Jahren (Schnerrer 1998). Im Neologismenwörterbuch (Quasthoff 2007) steht es schon nicht mehr, verzeichnet sind nur noch Komposita wie *Globalisierungsfonds, Globalisierungskritik.* Das *ung*-Substantiv ist ein normales Nomen Actionis, das den Vorgang der weltweiten Verflechtung bezeichnet. Wie viele andere *ung*-Substantive kann es sich aber auch auf Zustände beziehen und ist dann gleichbedeutend mit *Globalisiertheit.* Dagegen bezeichnet *Globalismus* ‚eine global orientierte … Ideologie' (Deutsches Fremdwörterbuch 2008: 321). Der Unterschied zu *Globalisierung* ist umso wichtiger, als manches der Globalisierung zugeschrieben wird, was eigentlich dem Ismus geschuldet ist. So zeigt Hartmut Haberland (2009), inwiefern das weltweite Vordringen des Englischen nur teilweise als Folge der Globalisierung gelten kann. Gerade bei seiner Verwendung im Wissenschaftsbetrieb zählen vielfach nicht Fakten, sondern es zählt ein eher implizites, stilles Einverständnis über die Unvermeidlichkeit der Lingua franca. Eben dies ist mit Globalismus gemeint.

6.3 Präfigierung

Präfixfragen

Bei der Beschreibung von Wortbildungspräfixen liegen einige Probleme anders als bei den Suffixen, und zwar sowohl was den Kernwortschatz als auch was Fremdwörter betrifft. Werfen wir zunächst einen Blick auf das Präfixinventar, wie es so oder so ähnlich in vielen Wortbildungslehren für die Ableitung von Kernwörtern angesetzt wird.

(1) Präfixe Kernwortschatz
   a. Verbpräfixe, untrennbar *be (begreifen), ent (entfernen), er (erreichen), ver (verschreiben), zer (zerlegen), durch (durchlaufen), hinter (hintergehen), über (überlegen), um (umfassen), unter (unterlaufen)*
   b. Verbpräfixe, trennbar: Verbpartikeln *ab (abfragen), an (angeben), auf (aufgehen), durch (durchhalten), ein (einholen), nach (nachbeten), um (umfallen), vor (vorherrschen), wegdrücken, niederwerfen*
   c. Adjektivpräfixe *erz (erzböse), miss (missglückt), nicht (nichtchristlich), un (unklug), ur (uralt)*
   d. Substantivpräfixe *erz (Erzfeind), ge (Gefecht), miss (Missernte), nicht (Nichteinmischung), un (Unglück), ur (Urknall)*

Echte Verbpräfixe (1a) sind unbetont und bei der Bildung finiter wie infiniter Verbformen fest mit dem Stamm verbunden (*begreifen, begreifst, be-*

griff, begriffen). Vom zahlenmäßig beschränkten Gesamtbestand ist ein Teil voll morphologisiert (*be, ent, er, ver, zer*), ein anderer formgleich mit Präpositionen (*durch, über, um*). Für die Bildung von Fremdwörtern spielen sie nach Auffassung der Wortbildungslehren kaum eine Rolle, d.h. man ist der Auffassung, fremde Verbpräfixe seien gleichzeitig Adjektiv- und Substantivpräfixe.

Einen sehr viel größeren Umfang hat die Menge trennbarer Verbpräfixe, deren Kernbestand ebenfalls formgleich mit Präpositionen oder mit Adverbien ist (1b). In der neueren Literatur werden sie meist als Verbpartikeln bezeichnet. Sie sind betont und werden in bestimmten Vorkommen morphologisch (*ab+ge+legt, ab+zu+legen*) oder syntaktisch (*Sie legt den Mantel ab*) vom Stamm getrennt. Die Grammatik der Verbpartikeln ist auch deshalb kompliziert, weil Stämme verschiedener Kategorie sich ähnlich wie Verbpartikeln verhalten, etwa substantivische Stämme in Verben wie *probesingen* oder adjektivische wie in *krankschreiben*. Für die Fremdwörter spielen sie einmal bei den Anglizismen eine gewisse Rolle. Wörter wie *babysitten* und *downloaden* werden im Zusammenhang der Getrennt- und Zusammenschreibung besprochen (7.1). Zum anderen verbinden sich echte Verbpartikeln ohne weiteres mit fremden Verbstämmen jeder Art, z.B. *andiskutieren, abisolieren, durchpowern, wegmanagen, umbandagieren, übercollagieren*. In der Unbegrenztheit von Hybridbildungen dieser Art spiegelt sich die relative Unabhängigkeit der Verbpartikel vom Stamm, die ja in der Trennbarkeit ihren stärksten Ausdruck findet.

Damit bleibt als Angelpunkt für weitere Analysen die kleine Zahl von Adjektiv- und Substantivpräfixen (1c,d). So klein sie ist, so wenig einheitlich ist sie doch. Das betrifft etwa ihre Betontheit. Beispielsweise sind *un* und *miss* in Substantiven meist betont (*Únglück, Míssgunst*), in Adjektiven aber durchaus nicht immer (*misslúngen; Die Würde des Menschen ist unantástbar*). Etwas Ähnliches kann bei *ur* und *erz* passieren. Für *nicht* ist überhaupt umstritten, ob es als Präfix zu gelten hat. Schließt man es aus, sind Wörter wie *nichtamtlich* oder *Nichtschwimmer* Komposita. So oder so kommen wir kaum daran vorbei, dass die wenigen Präfixe der Kerngrammatik ein ziemlich differenziertes Verhalten zeigen und man auch Präfixe zulassen muss, die formgleich mit Wörtern sind. Auf diesem Hintergrund wird verständlich, wie schwierig die Abgrenzung und einheitliche Beschreibung der Fremdpräfixe ist. Legen wir etwa Donalies 2005, Munske 2009 und Duden 2009a zugrunde, ergibt sich in alphabetischer Reihenfolge ein Inventar wie in 2. Die in der Literatur vorfindlichen Inventare haben viele Gemeinsamkeiten, überschneiden sich aber nur teilweise.

(2) Fremdpräfixe
a/an/ar, anti/ant, de/des/dis, e/ex, hyper, in/im/il/ir, inter, kon/kom/kol/kor/ko, maxi, mega, mini, non/no, para, post, prä, pro, pseud/pseudo, re, super, trans, ultra

Auffällig ist zunächst, dass sich mit einiger Mühe zu allen Einheiten in 2 sowohl adjektivische als auch substantivische Verwendungen finden lassen (*ahistorisch – Analphabet, antiamerikanisch – Antichrist, destruktiv – Desinteresse, exklusiv – Exgatte* usw.). Diese Eigenschaft ist aber offenbar nichts, was die Fremdpräfixe grundsätzlich von den nativen unterscheidet (vgl. 1c,d).

Auch hinsichtlich der Wortfähigkeit findet sich nichts wirklich Neues. Beide Inventare enthalten Einheiten, die formgleich mit freien Formen sind (*über, um* vs. *super, pro*), wobei dies aber in der Literatur gelegentlich als Abgrenzungskriterium verwendet wird. So erkennt etwa Donalies *pro* nicht als Präfix an, weil es selbständig vorkommt (*pro und contra, pro Jahr*). Das wirft weitreichende Fragen nach der Kategorisierung auf und hat entsprechende Rückwirkungen auch auf die Kerngrammatik.

Ebenso unsicher ist das Kriterium ‚lexikalische Bedeutung'. Selbst wenn man von den frei vorkommenden Formen absieht, stellt sie sich etwa für *ur* oder *erz* einerseits wie für *kon* oder *para* andererseits. Die Bedeutung solcher Einheiten geht weit über das hinaus, was man als typisch für die semantische Funktion von Affixen ansieht.

Eine weitere Frage betrifft die Varianten. Varianten wie *in/im/il/ir* oder *ko/kon/kor* gibt es im Kernwortschatz so nicht. In den Abschnitten 7.3 und 7.4 werden einige Aspekte dieser Art von Präfixvariation genauer betrachtet, im vorliegenden Kapitel berücksichtigen wir sie nur bei Gelegenheit am Rande.

Näherer Betrachtung bedarf auch die Betontheit. Offenbar sind Paare wie *anắmisch* ‚ohne Blut, blutleer' und *ánorganisch* bei den Fremdpräfixen keine Seltenheit. Wann ist ein Präfix betont, wann nicht?

Entscheidend ist schließlich die Frage, was zum Bestand an Fremdpräfixen gehört und was nicht. In ihrer frühen Arbeit zur Fremdwortbildung hat Elisabeth Link (1983: 61f.; sie spricht von Lehnwortbildung) ungefähr 250 am „Anfang einer Lehnwortbildung vorkommende Lehnelemente" zusammengestellt. Welche davon sind als Präfixe anzusehen? Im Kern geht es um die Unterscheidung von Präfigierung und Komposition. Sie kommt in Abschnitt 6.4 zur Sprache. Im Folgenden wird erst einmal unter Voraussetzung eines herkömmlichen Begriffs von Präfix und eines Bestandes wie in 2 deren Verhalten übersichtlich dargestellt. Dazu gehört eben als Voraussetzung, dass die Präfixgrammatik im Deutschen generell mit Variation oder sogar

Unsicherheiten anderer Art behaftet ist als die Grammatik der Suffixe. Beginnen wir mit Betontheit und Segmentierbarkeit.

Betontheit und Segmentierbarkeit

Vergleichsweise durchsichtig ist das Verhalten der Zweisilber, wir betrachten als Beispiel *anti/ant*. Das Präfix geht zurück auf gr. *anti* bzw. lat. *ante*, die als Adverb bzw. Präposition räumliches und zeitliches ‚vor, vorn, gegenüber, im Angesicht von' bezeichnen. Daraus ergibt sich die Bedeutung ‚gegen'. Im Deutschen hat der Ausdruck ebenfalls eine lange Geschichte und ist, auch in Wörtern ganz unterschiedlicher Art und Herkunft, keineswegs mehr durchweg erkennbar. So haben wir Vorgänger in *Antwort* und *Antlitz* ebenso wie in *Antike*, möglicherweise sogar in *Antenne*. Eher segmentierbar bleibt ein Präfix in der Variante *ant*, die bei weit lexikalisierten Wörtern mit vokalisch anlautendem, aber erkennbarem Stamm auftreten kann, z.B. *Antagonist, Antarktis, Antonym*. Alle genannten Vorkommen sind im Gegenwartsdeutschen isoliert, produktiv ist allein *anti*. 3 stellt zwei Adjektivreihen nebeneinander, 4 zwei Substantivreihen.

(3) Adjektive mit *anti*
  a. *antiklinal, antinomisch, antipathisch, antiphonisch, antisem, antithetisch*
  b. *antichristlich, antiparallel, antikritisch, antiautoritär, antiklerikal, antizyklisch*

(4) Substantive mit *anti*
  a. *Antipathie, Antinomie, Antipode, Antiseptik, Antimetrie, Antithetik*
  b. *Antimaterie, Antiferment, Antichrist, Antipol, Antikörper, Antirakete*

Bei der Beschreibung des Wortakzents stützen wir uns auf die gängigen Fremd- und Ausspracheswörterbücher von Wahrig und Duden. Sie sind sich nicht in allen Fällen einig, zeigen aber dieselbe Tendenz, die in der Anordnung von 3a,b und 4a,b zum Ausdruck kommt. Steht *anti* vor einem nichtlexikalisierten Stamm, dann ist es unbetont (3a, 4a). Der Wortakzent wird innerhalb des Stammes errechnet wie in *antiklinál, antinómisch, Antipathíe, Antipóde*. Wird er hier auf *anti* platziert (*ántiklinal, Ántipathie*), dann handelt es sich um einen Kontrastakzent im üblichen Verständnis. Ganz anders in 3b und 4b. Die Stämme sind lexikalisiert mit der Folge einer natürlichen Kontrastbildung des Typs *chrístlich – ántichristlich, Matérie – Ántimaterie*, die wohl als morphologisiert angesehen werden darf. Akzentuierungen wie *antichrístlisch* und *Antimatérie* schließt sie nicht aus. Beim Akzent auf *anti* ist die Bedeutung des Gesamtwortes offensichtlich transparent, es kommt ja gerade auf die semantische Funktion von *anti* als etwas wie ‚das kontradiktorische Gegenteil von' an. Eine Regel, die besagt, *anti* sei im unmarkierten Fall entweder betont oder unbetont, gibt es nicht. Die Akzentplatzierung hängt vom morphologischen Kontext ab.

Ein charakteristischer prosodischer Effekt tritt bei komplexen Komposita mit ersten Bestandteilen nach 4b in Erscheinung. Komposita wie *Antimateriebindung, Antifermentbildung, Antichristengemeinde, Antiraketenrakete* haben den Hauptakzent im unmarkierten Fall auf dem zweiten Bestandteil des Erstgliedes. Für Fleischer/Barz (1992: 206) besteht der Typus aus einer Wortgruppe *anti* + Substantiv gefolgt vom Letztglied des Kompositums. So besage *Antikriegsdemonstration* ‚Demonstration gegen Krieg', entsprechend würde *Antifermentbildung* ‚Bildung gegen Fermente' bedeuten. Wie solche komplexen Komposita morphologisch zu beschreiben sind, ist unklar. Man versteht aber immerhin, warum eine *Antiraketenrakete* eine ‚Rakete gegen Raketen' ist, also dasselbe wie eine Antirakete, und diese auch noch dasselbe wie eine Raketenrakete. Ein Faktum, das zwar bekannt, aber zunächst schwer verständlich ist: Wortbildung im Überfluss. Insgesamt halten wir fest, dass der Wortakzent bei einem Präfix wie *ant* in hohem Maß funktional variabel ist.

Größer ist die Zahl und komplexer das Verhalten von einsilbigen Präfixen besonders dann, wenn sie sich dem Anlaut des folgenden Stammes assimilieren. Wir betrachten als Beispiel *kon* mit den Varianten *kom, kol, kor* und *ko*, weil sie einerseits eine einfache Bedeutung wie ‚gemeinsam mit' zu haben scheinen, andererseits aber in allen nur denkbaren Umgebungen vorkommen (zur Assimilation auch 7.3). Das lateinische Präfix *con* (dazu auch *contra)* geht auf die Präposition *cum* ‚mit' zurück und weist bereits im Lateinischen (5a) die Varianten auf, die wir bis heute in Latinismen haben und die sich zum größten Teil auch in Anglizismen oder Gallizismen (5b) finden.

(5) *con*, Latein und Anglizismen/Gallizismen
   a. *concedere* ‚sich wegbewegen', *confessio* ‚Geständnis', *comparatio* ‚Zusammenstellung, Vergleich', *complexus* ‚Umfassung, Umschlingung', *collectio* ‚das Sammeln', *collocutio* ‚Unterredung', *correctio* ‚Verbesserung, Zurechtweisung', *corrodere* ‚zernagen, zerfressen', *coarguere* ‚nachweisen, überführen', *coire* ‚sich versammeln'
   b. *Concorde, Container, Consulting, Composer, Computer, Collage, College*

Bei einem Präfix dieser Art ist mit allen Grammatikalisierungsgraden zu rechnen, und in der Tat wird man synchron kaum zu dem Schluss kommen, dass Wörter wie *kognitiv* und *konstant* dazugehören, *kokett* (von frz. *coq* ‚Gockel') und *Kolonie* aber nicht. Um die Bildungsmuster zu illustrieren, sind in 6 Substantive mit den einzelnen Varianten zusammengestellt, die man als Latinismen im weiten Sinn ansehen kann. Auch Adjektive ließen sich in großer Zahl nennen.

(6) *con*, Latinismen
   a. *Konflikt, Konfektion, Konfession, Konfirmand, Konkurrenz, Konsens, Konfusion, Konglomerat, Kongruenz, Kongress, Konsonant, Kontakt*
   b. *Kombination, Komintern, Kommandant, Kommers, Kommissar, Kommunist, Komplex, Kompositum*
   c. *Kollatur* (‚Recht auf ein geistl. Amt', von lat. *conferre* ‚zusammentragen'), *Kollege, Kollektor, Kollision, Kollokation, Kolloquium, Kollusion* (‚geheimes betrügerisches Einverständnis', von lat. *colludere* ‚zusammenspielen')
   d. *Korrektion, Korrektur, Korrelat, Korrepetitor, Korrespondenz, Korrosion, Korruption*
   e. *Koalition, Koeffizient, Koexistenz, Kohabitation, Kohäsion, Kohorte* (‚zusammengehörige Gruppe', von lat. *hortus* ‚Garten'), *Koinzidenz, Koordinate*
   f. *Koautor, Koregisseur, Kopilot, Kovorsitzender, Koreferent, Koinitiator*

Das Präfix ist fast durchweg nicht betont. Dem entspricht der hohe Anteil an nicht wortfähigen Stämmen, mit denen es kombiniert. Betontheit liegt in einigen weit grammatikalisierten Formen vor wie *Kómpass* oder *Kóllaps*, dazu tanzt mit *Kónjunktiv* wieder einmal ein grammatischer Terminus aus der Reihe. Kandidaten für Betontheit sind wenige Wörter mit wortfähigem Stamm wie *Kónrektor* und, als Variante, *Kóexistenz.* Außerdem das berüchtigte *Kónsens,* das wohl den Kontrast zu *Díssens* realisiert und von einem Teil der Sprachkritik erbittert bekämpft wird. Systematisch liegt Betontheit offenbar nur bei den Personenbezeichnungen in 6f vor. Das Muster liefert beliebige Neubildungen. Interessant ist *Kóreferent,* zu dem es die Variante *Korreferént* gibt, die logischerweise nicht das Präfix betont (z.B. Wahrig 2000: 507). Auch für *con* und seine Varianten erweist sich die Betontheit als funktional geregelt.

Bedeutungen

Bei Affixen sprechen wir in der Regel nicht von Bedeutungen, sondern von semantischen Funktionen. Lexikalische Bedeutungen im eigentlichen Sinn bleiben Stämmen vorbehalten. Es wurde aber schon deutlich, dass Präfixen zumindest teilweise eher lexikalische Bedeutungen als semantische Funktionen zuzuschreiben sind. Selbstverständlich ist ausgeschlossen, im Folgenden Präfixe der Reihe nach zu beschreiben, das kann nur ansatzweise und beispielhaft getan werden. Allgemein lässt sich aber feststellen, dass man häufig für Substantiv- und Adjektivpräfixe einen zentralen semantischen Bereich ansetzt, der charakterisiert wird mit Begriffen wie Graduierung, Augmentation, Negation (Motsch 1999: 310f., 429, 433), Negation und Augmentation (Fleischer/Barz 1992: 204f., 273) oder mit Formulierungen wie „Die Präfixbildung ist besonders mit diesen beiden Funktionen [Antonymbildung und Steigerung] systematisch ausgebaut." (Eichinger 2000: 86).

Um ein einzelnes Präfix genauer zu beschreiben, vergleicht man systematisch seine Vorkommen im aktiven Bereich, setzt es zu anderen Präfixen bezüglich seiner Basen und Funktionen in Beziehung und versucht dabei, seinen Status auch aus der historischen Entwicklung zu begründen. Für die Fremdpräfixe des Deutschen liegt eine Reihe von teilweise sehr detaillierten Untersuchungen vor, nämlich einmal zu den Negierenden (Klosa 1996), dann zu *inter* (Wilss 1999), zu *inter* und *trans* (Nortmeyer 2000), zu *ex* (Hoppe 2000) sowie zu den im Kern zeitlichen *post, prä* und *neo* (Kinne 2000). Wir greifen für das Weitere *inter* und *trans* heraus, um wenigstens einen kleinen Eindruck von der Komplexität solcher Präfixbedeutungen zu vermitteln.

Das Präfix *inter* geht auf die Präposition gleicher Form und das Adverb *intra* des Lateinischen mit der Bedeutung ‚zwischen, dazwischen, innerhalb' zurück und findet sich als Basis für Entlehnungen und Fremdwortbildungen mindestens seit dem 15. Jhdt. in Wörtern wie *Interim, intern, Interna, Interieur, Internist, internieren.* Gleichzeitig entwickelt es sich zum Lehnpräfix mit der schon im Lateinischen vorhandenen Variante *intel* (*intellegere* ‚wahrnehmen, begreifen'), die der Normalsprecher in deutschen Latinismen vermutlich kaum auf *inter* bezieht (*Intellekt, Intelligenz, intellektuell*). Auch die Kernwörter *unten/unter* haben eine ihrer Quellen bei *inter* und werden etwa in Lehnübersetzungen wie *untersagen* für lat. *interdicere* ‚verbieten' oder *unterwegs* für lat. *inter vias* auch so verwendet. 7a-c zeigt seine wichtigsten Verwendungen als Präfix vor einem nicht zusammengesetzten Stamm (Nortmeyer 2000: 31, 43ff.).

(7) Unbetontes Präfix *inter*, nicht zusammengesetzter Stamm
   a. *Interregio, Interlaken, Intermundium* (‚Zwischenwelt'), *Internodium, Intersex* (‚geschlechtliche Zwischenform, Form zwischen den Geschlechtern'), *Intervall* (von lat. *intervallum* ‚Raum zwischen den Schanzpfählen'), *interlinear, interkontinental, intermontan, interstellar, interatomar*
   b. *Interdependenz, Interkommunikation, Interkombination, Interrelation, Interaktion, Interkonversion*

c. *interdisziplinär, interfachlich, interfraktionell, intergruppal, intersubjektiv, intertextuell, international, interkulturell, interstruktural*

Die Wörter in 7a bezeichnen etwas, das zwischen dem liegt oder vermittelt, was die Basis bezeichnet. Ein Intercity fährt zwischen Städten; ein Flug ist interkontinental, wenn er sich zwischen Kontinenten bewegt. Dagegen bezeichnen die Stämme in 7b nicht etwas, das einen Zwischenraum herstellt, sondern sie bezeichnen etwas Relationales. Was in Relation gesetzt wird, ist im Wort nicht genannt, sondern einem Kontext zu entnehmen. Mit Dependenz, Kommunikation, Kombination usw. geht es um etwas, das nur zwischen Teilnehmern möglich ist. Deshalb haftet den Wörtern in 7b etwas Redundantes und sogar Aufgeblasenes an. In aller Regel braucht man *inter* nicht. In 7c nennt die Basis wieder die Pole eines Zwischen. Es geht aber nicht wie in 7a um das zwischen ihnen, sondern um ihre Vereinigung. Das Interdisziplinäre betrifft die beteiligen Disziplinen selbst, nicht aber das, was in irgend einem Sinne zwischen ihnen beheimatet sein könnte. Das sollte beim inflationären Gebrauch dieses Wortes bedacht werden.

Unter den weiteren Verwendungen von *inter* fallen zwei besonders auf, wobei die eine mehrteilige Stämme benötigt (8a), während die andere durch den Akzent *ínter* hervorsticht (8b).

(8) Besondere Verwendungen von *inter*

a. *Interglazialperiode, Interchromosomensprung, Interzonengrenze, Intersatellitenverkehr, Intercityverbindung, Interlinearglosse*

b. *Interbrigade, Interhotel, Interflug, Intertank, Intershop, Interpol, Interboot, Internet*

Eine Interglazialperiode liegt zwischen Eiszeiten. Der letzte Bestandteil des Kompositums füllt den Raum oder das Intervall des vom ersten Bestandteil Bezeichneten. Die Konstruktion ist der bei *anti* beschriebenen wie *Antimateriebindung* verwandt, insofern das Präfix mit dem ersten Bestandteil als Wortgruppe zu lesen ist. Bei 8b wird *inter* wie eine Verkürzung von *international* oder Ähnlichem interpretiert. Das betonte Präfix verbindet sich vor allem mit freien Stämmen, seine Verwendung ist prinzipiell offen. Die Wörter besagen, dass das vom Stamm Bezeichnete in irgend einer Weise internationalen oder sonstwie übergreifenden Charakter hat. Solche Wörter waren deshalb im Wortschatz der DDR nicht ganz selten. Auf geradezu mythische Konnotationen brachte es *Intershop.*

Intershop. Die Kette von Verkaufsstellen wurde Ende 1962, also gut ein Jahr nach Schließung der Grenzen und Bau der Mauer, unter Regie des Außenhandelsministeriums der DDR ins Leben gerufen. Zutritt hatten zunächst nur ausländische Reisende, zu denen an erster Stelle solche aus der Bundesrepublik gehörten. Insofern war die Verwendung des Anglizismus *Shop* anfangs wohl nicht als Signalisierung von Internationalität gegenüber den Bürgern der DDR, sondern gegenüber der Kundschaft gemeint, die man international nennen wollte. Möglicherweise glaubte man auch, diese Leute seien mit einem Anglizismus gut ansprechbar. Bezahlt wurde in harter Währung jeder Art, vor allem mit Westgeld. Bei niedrigen Preisen erwies sich die Geschäftsidee als erfolgreich, so dass man das Warenangebot bald über die anfänglich vertriebenen Genussmittel hinaus erweiterte und die Läden Bürgern der DDR zugänglich machte, sofern sie über harte Währung (z.B. als Geschenke, später nur noch eingetauscht in sog. Forumschecks) verfügten. Wirtschaftlich waren die Intershops auch deshalb von Interesse, weil das Warenangebot zu einem erheblichen Teil aus sogenannter Gestattungsproduktion stammte. Sie umfasste Waren für den Export in den Westen, die in der DDR nicht vertrieben wurden, über die Intershops aber einen neuen Kundenkreis erreichten. Dem Intershop kam damit weniger die Rolle eines schicken Internationalismus als die eines Interzonenshops oder auch Inter-Deutsche-Staaten-Shops im Sinne von 8a zu. So oder so wurde *Shop* zum Label vieler Wünsche. Das hat sicher dazu beigetragen, nach der Wende in den neuen Bundesländern Einzelhandelsgeschäfte und Dienstleister in einer Dichte unter der Bezeichnung *Shop* zu führen, die in den alten Ländern ihresgleichen nicht hatte. Aber irgendwie blieb der Shop auch fremd, sonst hätte sich die einigermaßen misslungene Bezeichnung *Intershopladen* nicht so weit verbreiten können.

Nun zum Präfix *trans*, das wir im Wesentlichen analog und im Kontrast zu *inter* besprechen, um auch zu illustrieren, wie Präfixe vernetzt sind. Als Wortbestandteil bleibt *trans* im Allgemeinen erkennbar, auch in Verkürzungen wie *Transpiration, Transkription, Transistor* (an der Fuge jeweils nur ein *s*). Geht es bei *inter* um Zwischenräume, dann bei *trans* um ein Überschreiten von Grenzen. Die wichtigsten Verwendungen illustriert 9.

(9) Substantive und Adjektive mit *trans*

a. *Transfusion, Transfer, Transformation, Transmitter, Transplantation, Translation, Transzendenz, Transport*

b. *Transjordanien, Transelbien, transalpin, transpolar, transamerikanisch, transatlantisch*

c. *Transhumanismus, Transsubjektivität, translunar, transbiologisch, transfinit, transgen, transhuman, transkulturell, transnational*

Die Wörter in 9a enthalten einen gebundenen Verbstamm. Selbst wenn dieser nicht erkannt wird, bleibt als Bedeutung, dass etwas von einem konkreten oder abstrakten Ort zu einem anderen oder in einen anderen hinein bewegt wird oder sich bewegt. Was bewegt wird, ist einem Kontext zu entnehmen. Bei 9b nennt die Basis einen Ort, der durch Überschreiten einer Grenze erreicht oder bis zu seinem Ende durchschritten wird. Die Richtung der Bewegung scheint bei einem Teil der Wörter festzuliegen, d.h. die Ausdrücke sind nicht deiktisch. Transjordanien liegt jenseits des Jordan, und zwar östlich von ihm, das diesseitige Cisjordanien würde westlich liegen, egal, von wo aus man schaut. Bei *transalpin* ist es wahrscheinlich ähnlich, bei *transamerikanisch* oder *transpolar* wohl nicht. Wörter wie *Transafrikabahn, Transeuropaexpress, Transalpenverbindung* verhalten sich zu 9b wie 8a zu 7a. Wieder besagt der letzte Bestandteil des Kompositums, wie ein Raum oder Intervall überbrückt wird.

In 9c geht es um das Überschreiten der Grenze eines konkreten oder abstrakten Raumes, den die Basis nennt. Wohin die Reise geht, bleibt im Allgemeinen offen. Im Mittelpunkt steht die Grenzüberschreitung selbst. Möglicherweise passen *transkulturell* und *transnational* nur bedingt in dieses Muster und gehören auch zu 9b. Unklar ist weiter, was sich die Verfechter seiner Zeit bei *Transrapid* gedacht haben. Jenseits jeder Geschwindigkeit?

In einer verdienstvollen Studie stellt Munske (2009) Charakteristika der Wortbildung mit Lehnpräfixen zusammen. Präfixe sind allgemein weniger in den Stamm integriert als Suffixe, was auch in der alltagssprachlichen Ersetzung des morphologischen Terminus Präfix durch den phonologischen ‚Vorsilbe' zum Ausdruck kommt. Für die Fremdwortbildung ergibt sich als Konsequenz, dass ein Präfix erst produktiv wird, wenn es auf wortfähigen Stämmen operiert. So ist von den Varianten *a, an, ar* nur das nicht durch Assimilation gebundene *a* produktiv geworden. Seit dem 19. Jhdt. finden sich in größerer Zahl Wörter wie *ahistorisch, apolitisch, amoralisch, atypisch.* Produktivität eröffnet bei den Präfixen in der Regel die Möglichkeit zur Verbindung mit nativen Stämmen, auch dies Ausdruck ihrer relativen Unabhängigkeit vom Stamm. Wörter wie *aheldisch, asilbisch, adiebisch, aweltlich, achristlich, agastlich* sind wohlgeformt unabhängig davon, dass sie sich gegen das native *un* praktisch nicht durchsetzen.

Die Verbindung von fremden Präfixen mit heimischen Stämmen führt zu Hybridbildungen, aber diese ergeben sich typischerweise historisch spät und morphologisch durch Produktivität fundiert. Angelika Lutz (2008) stellt den Unterschied zum Englischen heraus, der uns in verschiedenen Zusammenhängen begegnet. Im Englischen sind Hybridbildungen mit fremden Präfixen bald nach der normannischen Eroberung alltäglich. Im Deutschen sind sie an eine Reihe von spezifischen Voraussetzungen gebunden. Sie sind nicht nur weniger verbreitet als im Englischen, sondern haben ihr Zentrum auch nach wie vor in Fach- und Bildungswortschätzen.

6.4 Komposition

Komposition mit wortfähigen Stämmen

Die Komposition – verstanden als Muster zur Bildung von Komposita – ist nicht nur der mit Abstand produktivste Teil der Wortbildung des Deutschen, sondern er gilt auch als eines der Charakteristika unserer Sprache überhaupt. Das Deutsche macht wie wenige Sprachen von diesem Mittel zur Erweiterung des Wortschatzes Gebrauch und die Fremdwörter haben ihren Anteil daran. Sie sind bei fast allen Typen in unauffälligem Umfang vertreten. Es wäre wenig erfolgversprechend, bei der Kompositionsfreudigkeit oder Kompositionshemmung an sich ein Fremdheitsmerkmal zu suchen. Illustrieren wir dies in Kürze am Prototyp, das ist das zweigliedrige Kompositum mit je einem substantivischen Stamm im Erst- und im Zweitglied.

Fremde wortfähige Substantivstämme treten in großer Zahl als Erstglieder von Komposita gemeinsam mit Zweitgliedern des Kernwortschatzes auf (*Physikerstreit, Republikflucht, Ingenieurschule, Hotelpreis, Jazzschuppen, Managermahnmal*), das Umgekehrte ist ebenso möglich (*Streitkultur, Fluchtmotiv, Schuldirektor, Preisdiktat, Schuppenrenovierung, Mahnmaldebatte*). Auch miteinander kombinieren fremde Stämme weitgehend ohne Beschränkung (*Physikkultur, Generaldirektor, Ingenieurdebatte, Managerdiktat, Jazzmotiv, Hotelrenovierung*). Was solche Wörter bedeuten, ist nicht in allen Fällen ohne weiteres klar, aber das hat nichts mit der Fremdheit ihrer Bestandteile zu tun. Es ist auch nichts Besonderes, wenn manche Stämme eher zur ersten oder eher zur zweiten Position im Kompositum neigen.

Ein wichtiges morphologisches Merkmal des Kompositums ist das Fugenelement zwischen den Bestandteilen. Für den Kernwortschatz sind die Fugenelemente gut untersucht (Fuhrhop 1996, 2000; Wegener 2003), für die fremden Stämme weniger. Nach wie vor bleibt es schwierig, über die Funktion von Fugenelementen Einigkeit zu erzielen, weil diese sich mit der Fortentwicklung weg von Flexionssuffixen mit Sicherheit verändert hat, man aber langfristige Trends noch schwer erkennt. Es sieht so aus, als träten die produktiven Fugenelemente des Kernbereichs form- und funktionsgleich auch im Fremdwortschatz auf. Das gilt insbesondere für die beiden produktivsten, *s*-Fuge und *(e)n*-Fuge. Erstere findet sich systematisch bei fremden femininen Abstrakta mit den Suffixen *ion* und *ität* (*Diskussionsbeitrag,*

Koalitionsregierung; Solidaritätszuschlag, Realitätsbezug), analog etwa zu *ung* und *heit* im Kernwortschatz (*Zeichnungsfrist, Haltungsschaden; Fremdheitsmerkmal, Sicherheitsbedürfnis*). Das Fugenelement ist in beiden Fällen nichtparadigmisch, d.h. das *s* tritt nicht auch in einer Flexionsform des entsprechenden Stammes auf. Eine Interpretation als Flexionssuffix ist ausgeschlossen. Dieser Typ von Fugenelement hat keinerlei semantische Funktion, sondern zeigt im Kern- wie im Fremdwortschatz die Gliederung des Kompositums in seine Hauptbestandteile an. Er tut das jedoch nicht einfach als morphologischer Marker, sondern phonologisch motiviert. Nübling/Szczepaniak (2009) vertreten die Auffassung, eine *s*-Fuge werde umso eher gesetzt, je ‚schlechter' das Ende des ersten Bestandteils im Sinne der einfachen, prototypischen Wortform des Kernwortschatzes ist. Wir haben diese in Abschnitt 1.3 als trochäisch mit auslautender Schwasilbe gekennzeichnet. Davon weichen Suffigierungen mit *ung* oder *heit* erheblich ab, Erstglieder mit betontem *ion* oder *ität* erst recht. Der Ansatz ist attraktiv, eben weil er das Fugenelement im Kern- wie im Fremdwortschatz ähnlich motiviert.

Auch die paradigmische *s*-Fuge gibt es bei fremden Stämmen (*Gouverneurspalast, Rektoratsverfassung*) wie bei heimischen (*Staatsvertrag, Lehrlingsalter*). Über ihre Funktion hat man sich sehr viel mehr Gedanken zu machen, eben weil nicht von vornherein auszuschließen ist, dass ein Genitiv virulent bleibt. Systematische Untersuchungen schließen das jedoch für den Gesamtbereich aus. Die *s*-Fuge ist im Prinzip als Kennzeichen von Komposition morphologisiert, nicht als Kasusmerkmal.

Etwas anders liegen die Verhältnisse bei der *(e)n*-Fuge. Sie ist meist paradigmisch und häufig nicht obligatorisch, deshalb kann ihr im Kernwortschatz auch eine semantische Funktion z.B. als pluralisch zugeschrieben werden. Insbesondere bei Feminina mit *(e)n*-Plural kommt das in Frage, etwa für Paare wie *Tatverdacht – Tatendrang, Schriftprobe – Schriftenverzeichnis, Burgtor – Burgenblick*. Allerdings ist eine derartige Paarbildung nicht systematisch möglich. Insbesondere bei Feminina mit auslautendem Schwa muss die Fuge häufig gesetzt werden, unabhängig von der Bedeutung: *Straßenschild, Hallendach, Jackentasche, Schlangenbiss*. Noch eindeutiger ist das der Fall bei den schwachen Maskulina (5.2.1). *Affenschaukel, Botengang, Heldentat, Bärentatze* brauchen die Fuge unabhängig von der Bedeutung, und dasselbe gilt für entsprechende Fremdwörter. Schwache Maskulina auf *and* (*Konfirmandenstunde, Summandenanzahl*), *ent* (*Studentenheim, Agententreff*), *ist* (*Drogistenausbildung, Journalistenmeinung*) usw. haben regelmäßig eine Fuge. So kann hier ebenfalls von Gemeinsamkeiten der Kern- mit den Fremdwörtern gesprochen werden, auch wenn offen bleibt, wie weit die *(e)n*-Fuge sonst noch bei fremden Erstgliedern obligatorisch auftritt.

Bis zu diesem Punkt spricht alles für die Annahme, Komposition als Charakteristikum des Deutschen erstrecke sich auf Stämme beiderlei Art, fremde wie native. Die fremden sind in diesem Sinn integriert, was immer sie intern an Fremdheitsmerkmalen aufweisen.

Als fremd hat dagegen die Komposition mit Bestandteilen zu gelten, die nicht wortfähig sind. Dabei geht es einmal um Ausdrücke, die in den Abschnitten zur Affigierung als gebundene Stämme gekennzeichnet wurden, es geht daneben aber um Komposition mit Ausdrücken anderer Art, eben mit Nicht-Stämmen. Wir bezeichnen sie im Anschluss an eine in der neuren Literatur verbreitete Redeweise als Konfixe. Zunächst also zur Komposition mit gebundenen Stämmen.

Komposition mit gebundenen Stämmen

Unter den bisher verwendeten Beispielen finden sich einige, deren Stamm im Erst- oder Zweitglied Wortfähigkeit nur aufgrund eines Suffixes besitzt, während der jeweils einfache Stamm gebunden ist. Zu diesen Bestandteilen gehören *Physik, Ingenieur, Kultur, Diktat* und andere. Innerhalb von Komposita verhalten sie sich unauffällig, d.h. es ist gleichgültig, ob der einfache Stamm gebunden ist oder nicht. Das lässt sich verallgemeinern und ist auch nicht überraschend, sollte aber im Sinne einer Systematik der Komposition mit fremden Bestandteilen ausdrücklich festgehalten werden. 1 bringt zur Demonstration je eine Reihe von Gallizismen und Latinismen aus 6.2.3, 6.2.4.

(1) Substantive mit gebundenen Stämmen
  a. *Blamage, Karambolage, Massage, Montage, Passage, Reportage, Sabotage*
  b. *Aggressor, Doktor, Initiator, Inquisitor, Kantor, Lektor, Professor*

Die Bildung von Komposita läuft wie gewohnt ab, alle Stämme können als Erst- wie als Zweitglied fungieren (*Blamagevermeidung – Firmenblamage, Aggressorenbestrafung – Luftaggressor*). Weiter reicht die Fähigkeit zur Bildung von Komposita jedoch nicht. Obwohl wir es mit – allerdings gebundenen – Stämmen zu tun haben, bleiben sie von der Komposition ausgeschlossen. Ausdrücke wie *Blam, Mass, Aggress, Dokt* sind nicht kompositionsfähig. Betrachten wir nun eine andere Reihe von fremden Substantiven mit gebundenen Stämmen, nämlich Nomina Agentis auf *ist* (2a nach 10c aus 6.2.4), dazu aus ihnen ableitbare Konfixe in Wörtern wie 2b.

(2) Nomina Agentis auf *ist* mit gebundenen Stämmen und ihre Konfixe
   a. *Anarchist, Anglist, Chronist, Faschist, Kubist, Linguist, Masochist, Mechanist, Optimist, Pazifist, Prokurist*
   b. *Anarchosyndikalist, Anglomanie, Chronometrie, Faschopathologie, Masosadist, Linguophobie, Mechanokratie*

Eine ganze Reihe der einfachen Stämme aus 2a kann als erster Bestandteil von Komposita verwendet werden, wenn das Fugenelement *o* hinzutritt (2b). Nicht für alle Substantive auf *ist* kommt das infrage. Die Zahl der möglichen Bildungen ist aber so umfangreich, dass man kaum von Einzelfällen ohne strukturelle Grundlage sprechen kann.

Mit 2b sind einige zum Teil schwierige Fragen verbunden. Formal handelt es sich bei *Anarcho, Anglo* und *Chrono* um eine spezielle Stammform, die zur Verwendbarkeit als Erstglied von Komposita führt und deshalb Kompositionsstammform heißt. Das Affix *o* ist als Fugenelement besonderer Art anzusehen, nämlich als eines, das eine qua Fuge fremde Kompositionsstammform bildet. Diese Stammform kann durchaus mit nativen Zweitgliedern kombiniert werden. Wörter wie *Anarchoschreck, Angloblindheit, Chronosteuerung, Faschogruppe* sind wohlgeformt, auch wenn sie nicht gerade die Mehrzahl von Komposita mit solchen Erstgliedern stellen. Viel häufiger ist ihre Verbindung mit fremden Zweitgliedern, was kaum überrascht. Weniger erwartbar ist, dass das Fugenelement *o* auch mit heimischen Stämmen fremde Erstglieder bildet, etwa in Wörtern des Typs *Waschomat, Hühnerologie* (s.u.). Solche Wörter dienen keineswegs nur dem Sprachwitz. Das Fugenelement ist notwendig, weil bestimmte fremde Zweitglieder sich nicht ohne weiteres mit nativen Erstgliedern verbinden, bei Verwendung der *o*-Fuge aber doch. Dass die Fuge erscheint, ist sowohl dem Stamm im Erstglied als auch dem Zweitglied geschuldet. Setzung und Wahl der Fuge wird nicht innerhalb des Erstgliedes allein entschieden, was ja auch unter anderen Bedingungen der Fall sein kann (Wegener 2003).

Gern wüsste man natürlich, welche Stämme zur Bildung von Erstgliedern auf *o* verwendet werden können und welche nicht. Warum erscheint *Mechanologe* als wohlgeformt, *Prokurologe* aber nicht? Und warum können so viele gebundene Stämme aus 2a mit *o* eine Stammform bilden und so wenige aus 1? Vielleicht gibt es *Karambologe* und *Aggressologie*, aber sie sind wohl eher die Ausnahme. Anscheinend weiß man erst wenig darüber, wie die Beschränkungen aussehen.

Keine Probleme gibt es beim Verständnis der Bildung und der Kategorie der Stammformen auf *o*. Offenbar wird in der Regel der gesamte gebundene Stamm suffigiert, und für die Zuweisung einer Kategorie gibt es keinen Grund. Die Stämme selbst sind kategorienlos, die Stammformen auf *o* ebenfalls. Dass es einige Substantive wie *ein Anarcho* oder *ein Fascho* gibt, widerspricht dem nicht. Es handelt sich aller Wahrscheinlichkeit nach um homonyme Suffixe, nicht um dasselbe Suffix. Wir kommen darauf zurück.

Unsere bisherige Beschreibung fremder Komposita ist konservativ, insofern sie keine Kategorien verwendet, die wir nicht auch sonst brauchen. Einfache Komposita enthalten im Allgemeinen zwei Stämme, daran wurde bisher nicht gerüttelt. Neu ist lediglich, dass erste Bestandteile eine spezielle Kompositionsstammform enthalten können, die selbst nicht wortfähig ist und auch keinen wortfähigen Stamm enthält. Damit lassen sich viele fremde Komposita erfassen, aber keineswegs alle. Es gibt Ausdrücke, die man mit guten Gründen als Komposita bezeichnen möchte, die jedoch im Erstglied oder im Zweitglied oder in beiden keinen Stamm enthalten. Um sie geht es jetzt.

Konfixkomposita

Ein Wort wie *Bibliographie* sieht ähnlich aus wie *Chronometrie, Anglomanie* oder *Anarchokratie*, es ist ein Kompositum. Eine Besonderheit von *Bibliographie* besteht aber darin, dass sein Erstglied keinen Stamm enthält, auch keinen gebundenen. Der Ausdruck *Bibli* oder *bibli* ist nicht nur nicht wortfähig, sondern er kann auch nicht als Derivationsbasis verwendet werden. In *biblisch* haben wir es mit dem substantivischen Stamm *Bibel* zu tun, nicht mit *bibli.* Dieser Ausdruck stellt einen morphologischen Typ sui generis dar, insofern er mit dem Fugenelement *o* eine Kompositionsstammform bildet, sonst jedoch nicht als Stamm verwendbar ist. Wir bezeichnen morphologische Einheiten dieses Typs als Konfixe und Komposita wie *Bibliograph* und *biblioman* als Konfixkomposita. In den Beispielen enthält das Erstglied ein Konfix, das Zweitglied einen Stamm.

Auch das Umgekehrte ist möglich. In *Technogramm* enthält das Erstglied den Stamm *techn*, mit dem etwa Suffigierungen wie *technisch* oder *Technik* möglich sind. Das Zweitglied *gramm* ist kein Stamm. Wieder gibt es einen homonymen Substantivstamm *Gramm*, der mit *gramm* synchron nichts zu tun hat. Derivationen wie **grammisch, *grammieren, *Grammik* sind nicht wohlgeformt, lediglich eine Kunstbildung mit Eigennamencharakter wie *Grammis* für die Grammatik-Website des Instituts für Deutsche Sprache Mannheim ist möglich. In der normalen Sprachverwendung führt erst der Stamm *grammat* zu wohlgeformten Ableitungen. Zunächst ganz überraschend sind aber Stämme in großer Zahl bildbar, die *gramm* als zweiten Bestandteil haben: *Programm, Autogramm, Monogramm, Hologramm, Logogramm.* Auch *gramm* zählen wir zu den Konfixen. Ein Konfix in Letztposition eines Kompositums führt natürlich zu einem wortfähigen Stamm.

Programm etwa ist ein substantivischer Stamm, der flektierbar (*Programms, Programme, Programmen*) und als Basis für Ableitungen (*programmieren*) verwendbar ist.

Konfixe in Letztposition eines Kompositums stellen für das gewohnte morphologische Denken ein Problem dar, weil sie als Einheiten für sich keine Stammeigenschaften haben, aber als Bestandteile von Komposita alles aufweisen, was einen morphologischen Kopf ausmacht. Hierin unterscheidet sich das kategorienlose Konfix des Erstgliedes grundsätzlich vom Konfix des Zweitgliedes. Ungewöhnlich ist nicht die Letztposition des Kopfes, sondern die Unfähigkeit bestimmter Konfixe, die Letztposition und damit die Kopffunktion zu übernehmen.

Der dritte Typ von Konfixkompositum enthält Konfixe sowohl im Erst- als auch im Zweitglied, z.B. *Bibliothek*. Das Wort hat keinen Stamm als morphologischen Bestandteil, ist selbst aber einer. Es fällt deshalb im Sprachgebrauch nicht weiter auf. Damit wird ‚Konfix' expliziert als „morphologische Einheit, die als Erstglied eines Kompositums mit Fugenelement oder als Zweitglied eines Kompositums auftritt und kein Stamm ist".

Dieser Begriff von Konfix ist eng, indem er sich auf morphologische Einheiten beschränkt, die nur als Bestandteile von Komposita gewisse Eigenschaften von Stämmen aufweisen. Wie in Abschnitt 6.2.1 dargelegt, wird der Begriff Stamm üblicherweise als Wortstamm verstanden, das ist in flektierenden Wortklassen einer, der eine Flexionsstammform aufweist. Eine erste Erweiterung dieses Stammbegriffs schließt Ableitungen ein. Ein Stamm, der flektierbar ist, dient in der Regel auch zur Ableitung, er hat eine Derivationsstammform. Das Umgekehrte gilt nicht. Wir haben in den Abschnitten 6.2 zahlreiche Stämme kennengelernt, die wohl als Basen für Derivationen verwendbar, nicht aber wortfähig im Sinne von flektierbar sind.

Der gebundene Stamm ist nach dieser Auffassung immer noch ein Stamm, er ist nicht wortfähig, aber derivationsfähig. Demgegenüber hat das Konfix Stammeigenschaften eigener Art. Es entfaltet sie nur innerhalb von Komposita. Die Komposition ist aber, wie in verschiedenen Zusammenhängen dargelegt, diejenige Wortbildungsart, die in mancher Beziehung am Rand der Morphologie steht. In der Komposition gibt es zahlreiche Erscheinungen, die morphologisch schwer zu fassen sind, von der Inkorporation bis zur Vererbung syntaktischer Eigenschaften (Wort: 226ff.). Insofern ist nicht allzu verwunderlich, dass sie auch in der Fremdwortbildung Freiheiten aufweist, die es sonst nicht oder nur in Einzelfällen gibt. Das Konfixkompositum ist keine Marginalie. Konfixe sind auch bei einem engen Begriff keine Seltenheit. Der Wortbildungstyp muss insgesamt als etabliert und produktiv angesehen werden.

Das wird auch deshalb betont, weil das Konfix trotz seiner kurzen schon eine wechselhafte Geschichte hinter sich hat. Vor allem Schwierigkeiten mit der lange vernachlässigten Wortbildung der Fremdwörter führten zur Einführung und Propagierung des Begriffs (Schmidt 1987; Fleischer 1995). Es schloss sich dann ein kleiner Konfixboom an. Alles, was nicht niet- und nagelfest war, wurde den Konfixen zugeschlagen. Der Typ avancierte zu einer ‚zentralen Einheit der deutschen Wortbildung', und wer ihm nicht huldigte, galt als ein wenig von gestern. Inzwischen hat sich Skepsis breitgemacht. Alter Wein in neuen Schläuchen? Warum soll man es gerade so und nicht anders machen? (Eins 2009; Donalies 2009). Als bei weitem umfassendste Erörterung des Für und Wider ist auf die Untersuchung von Wieland Eins (2008) zu verweisen. In dieser Arbeit wird einmal mehr erkennbar, warum man in der Wortbildung nicht weiterkommt, wenn alles und jedes berücksichtigt wird. Das Ziel besteht ja darin, Typisches und Verbreitetes herauszufinden. Nicht im Sinne einer mechanischen Abarbeitung von Prototypen, sondern erst einmal in einer konsistenten, plausiblen und systematisch wie historisch interpretierbaren Erfassung der Fakten. Als kleinen Schritt in dieser Richtung werfen wir einen Blick auf den Bestand an Konfixen und die Schwierigkeiten, ihn dingfest zu machen.

(3) Postkonfixe vs. gebundene Stämme
   a. *drom, gen, gramm, lekt, mat, nom, nym, phil, phob, skop, thek*
   b. *graph (Graphie), log (Logik), naut (nautisch), phon (phonisch), therm (Thermik)*

3a enthält Konfixe, die als Zweitglieder fungieren und deshalb gelegentlich als Postkonfixe bezeichnet werden. Wichtig ist zuerst der Unterschied zu den gebundenen Stämmen in 3b mit ihren Suffigierungen, die bei Konfixen nicht vorkommen. Einige der Postkonfixe bilden nur Substantivstämme (*Velodrom, Monogramm, Soziolekt*), andere nur Adjektivstämme (*hydrophil, androphob*), wieder andere können beides (*Nitrogen, autogen; Ökonom, heteronom; Akronym, anonym*). Der Unterschied zu den Stämmen ist vorderhand distributionell begründet und kann, so weit bisher erkennbar, weder an formalen noch an semantischen Kriterien festgemacht werden. Selbstverständlich ist ein Übergang vom Konfix zum Stamm möglich. Es geht dann in eine verwandte Kategorie mit restringierteren Eigenschaften über, ein ganz verbreiteter Vorgang. Allerdings macht eine Schwalbe noch keinen Sommer. Wenn Donalies (2009: 51) in einem Riesenkorpus das Adjektiv *philisch* findet und meint, damit sei die Unterscheidung von Konfix und Stamm „existenziell abhängig von der Findigkeit des Rechercheurs", klingt das doch ein wenig eilig. Die Frage, was an Daten aus diesem oder jenem

Korpus in eine grammatische Beschreibung eingeht, stellt sich immer und wird von der Korpuslinguistik einerseits und der Varietätenlinguistik („Was ist Standarddeutsch?") andererseits ausführlich reflektiert. Postkonfixe und gebundene Stämme in dieselbe Kategorie zu stecken, verschenkt die grammatische Erfassung eines signifikanten Verhaltensunterschiedes.

Von anderer Art sind die Probleme, die bei der systematischen Beschreibung von Konfixen in Erstposition (‚Präkonfixe') auftreten. Einmal geht es um die Abgrenzung von den Präfixen. In Abschnitt 6.3 wurde gezeigt, dass im Kernwortschatz ein Prototyp von Nominalpräfix eigentlich gar nicht existiert, weil etwa *ur, un, erz* und *miss* auch betont vorkommen und schon damit gewisse Eigenschaften des Erstgliedes von Komposita haben (*Úrvogel, Únglück, Érzengel, Míssverständnis*). Aus Betontheit vs. Nichtbetontheit lässt sich kein Kriterium für Präfixhaftigkeit gewinnen, das gilt auch für die fremden Präfixkandidaten. Schon bei den einfachsten hängt die Betontheit in vielen Fällen vom morphologischen Kontext ab. So haben wir *a+tróphisch, in+tákt*, daneben aber *á+typisch, ín+direkt.* In Abschnitt 6.3 wurde eine Menge von Präfixen angesetzt, wie sie sich in einem großen Teil der Literatur findet – ein extrem pragmatisches Vorgehen. Die Frage, was zu den Fremdpräfixen gehört, bedarf weiterer Bearbeitung. Als komplementär zu den Präfixen setzen wir in 4a eine Menge von Präkonfixen an, die man aufgrund ihrer Bedeutung nicht als Präfixe ansehen möchte.

(4) Präkonfixe
  a. *agro, biblio, neo, turbo, strato, hetero, homo, astro, philo, servo, sino, theo*
  b. *phono, geo, philo, phobo, paleo, hydro, geno, logo, thermo, nomo, auto, bio, öko*
  c. *bombo (Bombodrom), film (Filmothek), hühnero (Hühnerologie), karto (Kartographie), knasto (Knastologe), wascho (Waschomat)*

4a ist als Aufzählung von Ausdrücken zu verstehen, die (1) keine Stämme, (2) keine Präfixe und (3) mit der Konfixfuge *o* verbunden sind. Dass sie keine Stämme sind, lässt sich zeigen. Dass sie keine Präfixe sind, wird erst einmal daran festgemacht, dass sie eher eine lexikalische als eine typische Präfixbedeutung wie Augmentation oder Negation haben. Das ist, wie gesagt, vorläufig und nicht befriedigend. Wenn das Fugenelement *o* teilweise auf den Bestandteil eines griechischen Stammes zurückgeht, ist das nicht von Bedeutung. In einem Wort wie *Geologie* sind Stammauslaut und Fuge offenbar zu einem *o* verschmolzen oder es wurde ein *o* getilgt. Und es gibt gute Gründe, Präfixe und Präkonfixe nicht in dieselbe Kategorie zu stecken: Wie 4b und 4c zeigen, ist die Konfixfuge *o* wohl als produktiv anzusehen.

4b enthält fremde Stämme unterschiedlicher Art, die mit *o* ein Präkonfix bilden. Welche Ausdrücke sich in dieser Weise mit *o* zu Präkonfixen machen lassen, ist wenig beschränkt und kaum bekannt. Zahlreiche wortfähige Stämme kommen vor, von *Dialektologie, Primatogenese* bis *Sphärometer*. Spontan- und Neubildungen wie *Therapeutologie, Äthylofiltrage, Nanotechnik, Italowestern* sind ebenso an der Tagesordnung wie die Verwendung mit im gemeinsprachlichen Lexikon seltenen Einheiten vom Typ *Tachistoskop, Stroboskop, Canophobie, Sensomotorik, Halogen, Physiotherapie, Hierokratie, Kardiolyse* oder *Haplologie*. Das *o* lässt sich keineswegs durchweg als Bestandteil eines griechischen oder lateinischen Stammes deuten (das wäre auch belanglos), und wo die Grenze einer Verbindbarkeit nativer Stämme mit der Konfixfuge liegt, ist schwer zu sagen (4c). Sogar wenn es formgleiche freie Stämme gibt, sollte man den Unterschied zur Konfixfuge nicht aufgeben. Aus *Automobil* haben wir *Auto* gewonnen, möglicherweise aus *Biologie* das Adjektiv/Substantiv *bio/Bio* und *öko/Öko* wohl aus *Ökologie*. Auf die entsprechenden Konfixe kann trotzdem nicht verzichtet werden, denn was hat *autogen* mit *Auto* und *Ökonomie* mit *öko* zu tun? Der alltagssprachliche Gegensatz zwischen *Ökologie* und *Ökonomie* könnte sogar dafür sprechen, zwei homonyme Konfixe der Form *öko* anzusetzen. Jedenfalls scheint es aussichtslos zu sein, mit einer geschlossenen Menge von Präkonfixen zu operieren. Das Muster ist produktiv und dieses Faktum spricht erst einmal dagegen, die *o*-Bildungen insgesamt den Präfixen zuzuschlagen.

Die Konfixfuge *o* scheint als produktives Affix der Fremdwortbildung dem produktiven Suffix *i* zur Bildung von Substantivstämmen (*Sponti, Studi, Profi*, 6.1) gegenüberzustehen. Beide sind produktiv. Es gibt eine Reihe von Konfixkandidaten, die nicht dem produktiven Muster folgen (*Agri+kultur, Äqui+distanz*) und einige Substantivstämme mit *o* statt *i* (*Realo, Macho, Fascho*). Das ändert jedoch nichts an der regelhaft komplementären Verteilung der beiden Affixe. Möglicherweise bilden die Präkonfixe sogar eine Klasse von morphologischen Einheiten eigener Art, die man nicht durch den Begriff Konfix in die Nähe der Postkonfixe rücken sollte. Zu Stämmen werden sie dennoch nicht. U.E. spricht auf dem gegenwärtigen Kenntnisstand mehr gegen als für eine Vereinigung mit den Stämmen und erst recht spricht mehr gegen als für eine Vereinigung mit den Affixen.

Konfixe in Anglizismen?

Die bisher besprochenen Konfixkomposita gehören überwiegend zu den Latinismen und Gräzismen. Ihre Eigenschaften lassen sich, ebenso wie das Auftreten einer größeren Zahl von gebundenen Stämmen, plausibel aus ihrer Entstehung durch Reanalyse und Rekombination begründen. Wendet man die Kriterien für Konfixhaftigkeit mechanisch auf den Wortschatz des Gegenwartsdeutschen an, dann werden viele andere Einheiten und auch Anglizismen zu Konfixkandidaten (Michel 2009). Ein Wort wie *Home+banking* enthält einen Kandidaten als Erstglied, *Hard+ware* einen als Zweitglied. Beide kommen, so nehmen wir an, im Deutschen nur als Bestandteile von Komposita vor. Im Gesamtbestand der Anglizismen finden sich so viele Konfixkandidaten dieser Art, dass man nicht von Einzelfällen sprechen und deshalb erwägen kann, den Konfixbegriff auch für Anglizismen gelten zu lassen (Wort: 242ff.).

Dieser auf den ersten Blick naheliegende Zug erweist sich beim zweiten Hinsehen als Zug in die falsche Richtung. Morphologisch auffällig ist, dass Komposita mit Anglizismen keine Fugenelemente enthalten. In Kap. 7.1 wird gezeigt, dass von den drei englischen Schreibweisen des Kompositums *hair loss, hair-dryer, hairdresser* bei Entlehnung die Getrenntschreibung zuerst verschwindet, gefolgt von der Bindestrichschreibung mit dem Integrationsziel Zusammenschreibung. Diese Art von Integrationsprozess führt zu fugenlosen Komposita, wobei gleichzeitig die Kategorien der Bestandteile festliegen (Eins 2008: 236ff.). Umgekehrt kann damit beinahe jeder Bestandteil eines Kompositums ohne Schwierigkeiten als wortfähiger Stamm ‚verselbständigt' und so als morphologisch einfacher Anglizismus verwendet werden.

Ein Stamm wie *home* tritt nur in Komposita auf (*Homebanking, Hometrainer*), ein Stamm wie *sweat* kommt in Komposita und Ableitungen vor (*Sweatshirt, Sweater*), einer wie *soft* in Komposita, Ableitungen und als wortfähiger Stamm (*Softeis, Softi/Softie, ein softer Typ*). Das unterschiedliche Verhalten hat keine morphologischen Gründe. Jeder freie Stamm des Englischen kann direkt ins Deutsche entlehnt werden, er kann im Deutschen als wortfähiger Stamm verwendet werden, ebenso aber zu Fremdwortbildungen wie den sog. Pseudoanglizismen *Dressman, Showmaster.* Auf diesem Hintergrund wird sogar erklärlich, dass Stämme, die im Englischen selbst gebunden sind, mit hoher Wahrscheinlichkeit auch in Entlehnungen erst einmal gebunden bleiben. Das gilt bei den Anglizismen etwa für *allround* (*Allroundtalent, Allroundmanager*) und eben für *ware* (*Hardware, Software, Brainware*). Dass solche Ausdrücke im Deutschen zu freien Stämmen werden, ist nicht ausgeschlossen, aber viel unwahrscheinlicher als bei solchen, die im Englischen frei vorkommen (Eins 2008: 242ff).

Der Unterschied im Verhalten gräkolateinischer Konfixe und aus dem Englischen entlehnter Stämme ist nicht damit begründet, dass Altgriechisch und Latein ‚tote' Sprachen sind, Englisch eine ‚lebende' Sprache. Wenn das Deutsche aus lebenden Sprachen entlehnt, zu denen es wenig Kontakt hat, stellt sich der an den Anglizismen demonstrierte Effekt nicht ein. Gelegentliche Übernahmen aus dem Russischen oder Chinesischen bleiben strukturell folgenlos. Entscheidend sind Art und Intensität des Sprachkontakts. Der intensive, viele unterschiedliche Varietäten von der Alltags- bis zur Wissenschafts- und Mediensprache einschließende Kontakt mit dem Englischen hat für das Gegenwartsdeutsche nun einmal nicht seinesgleichen. Das schlägt sich auch im Status morphologischer Einheiten als Stämme bzw. Konfixe nieder. Entlehnungen aus dem Englischen haben im Allgemeinen weder die Zeit noch die Umgebung dafür, Konfixe zu werden. Konfixbildung als produktiven Prozess gibt es bei den Anglizismen nicht.

7. Orthographie

7.1 Orthographische Fremdheit

Lange Zeit hindurch wurde die Orthographie der Fremdwörter kaum systematisch untersucht, noch weniger als etwa ihre Morphologie und viel weniger als ihre Herkunft. Auch heute steckt die Erforschung der Fremdwortorthographie noch in den Kinderschuhen, ist weniger weit entwickelt als andere Bereiche der Fremdwortgrammatik. Die Gründe dafür sind vielfältig und recht unterschiedlicher Natur. Wir werden einige im Verlauf der folgenden Darstellung kennenlernen und einige weitere im abschließenden Kapitel 8 besprechen.

Orthographische Fremdheit beruht wie phonologische und morphologische auf dem Kontrast zur Kerngrammatik. Deshalb erläutern wir zunächst die Regularitäten der Orthographie des Kernwortschatzes, soweit es zum Verständnis der Fremdwortschreibung unerlässlich ist, und stützen uns dabei auf vorliegende Gesamtdarstellungen (Maas 1992; Fuhrhop 2009; Wort: 301ff.). Vieles von dem, was in den vorausgehenden Kapiteln an Fremdheit der Lautung, der Flexion und der Wortbildung besprochen wurde, spiegelt sich auf die eine oder andere Weise in der Schreibung wider, Fremdheit kulminiert hier geradezu. Andererseits gibt es Bereiche der Orthographie, in denen Fremdwörter kaum oder gar nicht auffallen, deshalb brauchen wir sie nicht oder nicht ausführlich zu behandeln. Dazu gehört an erster Stelle die Zeichensetzung. Wo ein Komma, ein Doppelpunkt oder Klammern gesetzt werden, hat mit der Fremdheit der verwendeten Ausdrücke systematisch nichts zu tun.

Groß- und Kleinschreibung

Beinahe dasselbe gilt für die Groß- und Kleinschreibung, allem voran die Großschreibung der Substantive. Sie werden im Fremd- wie im Kernwortschatz großgeschrieben, und was ein Substantiv ist, stellt man hier wie dort mit grammatischen Tests fest: Ein Substantiv kann im Normalfall mit einem Artikelwort stehen (*ein Brett, keine Dividende, diese Apartments*) und es kann Attribute zu sich nehmen (*ein dünnes Brett, keine Dividende vom Staat, diese Apartments einer städtischen Wohnungsbaugesellschaft*) (Eisenberg 1981;

Wort: 342ff.; Maas 1992: 156ff.). Zu berücksichtigen ist aber, dass es bei direkten Entlehnungen darauf ankommt, was in der jeweiligen Gebersprache ein Substantiv ist. Das amtliche Regelwerk schreibt Großschreibung für „Substantive aus anderen Sprachen“ vor, und „Substantivische Bestandteile werden auch im Inneren mehrteiliger Fügungen großgeschrieben, die als Ganze die Funktion eines Substantivs haben“ (Regelwerk 2006: 60). So kommt es dazu, dass in Ausdrücken wie 1a alle Bestandteile großgeschrieben werden, in 1b die nichtsubstantivischen Bestandteile im Inneren aber klein.

(1) Großschreibung bei Entlehnungen
  a. *Après-Ski, Consecutio Temporum, Corned Beef, High Society, Sex-Appeal, Soft Drink, Ultima Ratio*
  b. *Conditio sine qua non, Know-how, Pommes frites, Sit-in, Status quo, Terra incognita*

Bei einigen der Beispiele kann auch zusammengeschrieben werden, z.B. *Cornedbeef, Sexappeal, Softdrink* (s.u.). Die Regel zur Großschreibung ist ziemlich klar, wenn man weiß, was in der jeweiligen Gebersprache ein Substantiv ist. Es geht also nicht darum, ob sich ein Wort im Deutschen wie ein Substantiv verhält. Die Wortform *temporum* beispielsweise ist der Genitiv Plural zu lat. *tempus* ‚Zeit‘ und hat im Deutschen nicht das Verhalten eines Substantivs. Die Form kann weder mit Artikel noch mit Attributen verwendet werden, sie wird aber trotzdem großgeschrieben. Ein explizites Wissen über fremde Sprachen sollte in der Rechtschreibung nicht verlangt werden.

Bindestrich- und Getrenntschreibung von Komposita

Die Verwendung des Bindestrichs sieht ebenfalls kaum besondere Regeln für die Fremdwörter vor. Das amtliche Regelwerk (2006: 47) stellt fest: „Die Schreibung mit Bindestrich bei Fremdwörtern (zum Beispiel *7-Bit-Code, Stand-by-System*) folgt den für das Deutsche geltenden Regeln.“ Zu erwähnen ist lediglich, dass Anglizismen der folgenden Art mit Bindestrich geschrieben werden.

(2) Anglizismen, Bindestrich Substantivierungen ‚Verb + Adverb‘
  Chill-out (‚Entspannen nach einer Musikveranstaltung‘; Anglizismenindex: ‚genießen, gut drauf sein‘), *Come-back, Coming-out, Go-in, Make-up, Roll-back, Rooming-in, Sit-in, Start-up, Take-off, Take-over, Teach-in*

Das Regelwerk nennt sie Substantivierungen aus Verb + Adverb. Zugelassen ist daneben Zusammenschreibung, „sofern die Lesbarkeit nicht beeinträchtigst ist, zum Beispiel: *Count-down (Countdown), Come-back* (*Comeback*), *Knock-out* (*Knockout*), *Stand-by* (*Standby*)“. Nicht zusammenschreiben sollte man *Goin* oder *Makeup*.

Eine erwähnenswerte Tendenz zur Verwendung des Bindestrichs zeigt sich bei einigen Typen von Komposita. Komposita können im Deutschen fast beliebig lang und unübersichtlich sein, deshalb lässt sich ihre Gliederung, in erster Linie die Hauptfuge, generell durch einen Bindestrich hervorheben (*Hundehalter-Benimmregeln, Eisenbahner-Arbeitszeitregelung*). Im Kernwortschatz wird die Fuge häufig auch durch ein Fugenelement angezeigt, z.B. mit der *s*-Fuge (*Autoversicherungsprämie, Landschaftsschutzgebiet*) oder der *n*-Fuge (*Fahrradbotengrundausstattung, Lederhosenreißverschluss*). Zwar sind Fugenelemente nicht an die Hauptfuge gebunden, aber in vielen Fällen tragen sie doch zur Übersichtlichkeit komplexer Komposita bei. Bei den Fremdwörtern kommen Fugenelemente systematisch nur in wenigen Typen vor (6.2). Dies könnte ein Grund dafür sein, dass sich der Bindestrich besonders in fugenlosen Anglizismen mit zwei substantivischen Bestandteilen auffallend häufig findet.

Ein weiterer Grund ist wohl darin zu sehen, dass solche Komposita im Englischen unterschiedlich geschrieben werden. So haben wir mit dem ersten Bestandteil *hair* im Englischen sowohl *hairband, hairdresser* als auch *hair-dryer, hair-split* als auch *hair loss, hair mask* (nach Pons 2007: 427). Im Deutschen ist die Zusammenschreibung der Normalfall, die Bindestrichschreibung markiert, Getrenntschreibung ist bei Komposita nach der orthographischen Norm praktisch ausgeschlossen. Wird ein englisches Kompositum ins Deutsche entlehnt, dann verschwindet als erste die Getrenntschreibung und wir erhielten etwa *Hairband, Hairdresser*, die wie im Kernwortschatz den Hauptakzent auf dem ersten Bestandteil haben. Die Schreibung mit Bindestrich verschwindet aber nicht sofort, sondern wird auf viele weitere Anglizismen ausgedehnt. Der Bindestrich trägt dann einerseits zur Übersichtlichkeit bei, stellt aber gleichzeitig ein Merkmal von Nichtintegriertheit oder eben Fremdheit dar. Beispiele:

(3) Anglizismen, Bindestrich bei Komposita
Assessment-Center, Computer-Technology, Desktop-Publishing, Hair-Stylist, Investment-Consulting, Midlife-Crisis, Online-Banking, Science-Fiction, Service-Company, Sex-Appeal, Shopping-Mall, Tuning-Center

Diese Möglichkeit der Bindestrichschreibung besteht ausdrücklich für Komposita mit zwei substantivischen Bestandteilen und sie besteht natürlich auch dann, wenn nur einer der Bestandteile ein Anglizismus ist (*Service-Betrieb, Manager-Schulung; Büro-Service, Wissenschafts-Management*), sonst besteht sie nicht.

Die Untersuchung von Augst (1992) hat gezeigt, wie stark der Integrationsdruck bei Entlehnung von reinen Substantivkomposita aus dem Englischen ist. Englische Getrennt- und Bindestrichschreibungen werden im Deutschen weitaus überwiegend zusammengeschrieben. Auch viele der Anfang der 90er Jahre noch möglichen Getrenntschreibungen sind heute ausgeschlossen, z.B. *Beat Generation* heute nur *Beatgeneration/Beat-Generation* oder *Cherry Brandy* heute nur *Cherrybrandy/Cherry-Brandy*. Um Getrenntschreibung geht es fast nur bei Ausdrücken, die wenigstens einen nichtsubstantivischen Bestandteil haben und zu Ausdrücken führen, die in mancher Beziehung an der Grenze von Morphologie und Syntax liegen.

Getrennt- und Zusammenschreibung

Ein Kandidat für Getrenntschreibung ist das Kompositum mit adjektivischem Erstglied, ein Typ, der im Englischen häufig vorkommt und häufig entlehnt wird. Anglizismen wie *Hardcover* tragen den Hauptakzent auf dem Erstglied. Im Deutschen handelt es sich eindeutig um ein Kompositum, also wird zusammengeschrieben (4a). Kann der adjektivische wie der substantivische Bestandteil betont sein, dann ist der Ausdruck wohl als Kompositum anzusehen, er hat aber auch Eigenschaften einer syntaktischen Phrase. Wir haben sowohl Zusammen- als auch Getrenntschreibung (4b). Ist im Normalfall der zweite Bestandteil betont, dann wird getrennt geschrieben (4c).

(4) Zusammen- und Getrenntschreibung bei Anglizismen, adjektivisches Erstglied
  a. *Freelancer, Freestyle, Hardcover, Hardliner, Hardtop, Hardware, Highlight, Hightech, Hotline, Slowfox, Software*
  b. *Bigband/Big Band, Blackbox/Black Box, Hardcopy/Hard Copy, Highlife/High Life, Smalltalk/Small Talk, Softdrink/Soft Drink*
  c. *Big Business, Big Brother, Electronic Cash, High Society, Hot Jazz, Missing Link, Public Relations, Slow Motion*

Ein besonderes Problem für Getrennt- und Zusammenschreibung besteht bei Verben mit trennbarem Erstglied, der sog. Verbpartikel. Im Kernwortschatz ist das Erstglied meist formgleich mit einer Präposition (*aufladen*) oder einem Adverb (*fortfahren*). Dieses Erstglied kann auf zwei Weisen vom Stamm getrennt werden, nämlich morphologisch im Partizip 2 und im *zu*-Infinitiv (*auf+ge+laden, auf+zu+laden*) und syntaktisch als Form der Verbalklammer (*Er lädt ihr die ganze Arbeit auf*; Wort: 339ff. Satz: 401). Daneben gibt es Fälle mit untrennbarem Erstglied, besonders wenn das Erstglied substantivisch ist (*handhaben, gehandhabt, zu handhaben. Sie handhabt das Werkzeug vorbildlich. *Sie habt das Werkzeug vorbildlich hand*). Ebenso verhalten sich etwa auch *bauchreden, brandmarken, nachtwandeln, sandstrah-*

len. Manchmal ist unklar, ob das Erstglied abtrennbar ist oder nicht, die Sprecherurteile schwanken. Kann man sagen *Sie rechnet kopf* oder *Er singt probe*? Solche Schwierigkeiten haben zu umfangreichen Untersuchungen der Getrennt- und Zusammenschreibung geführt (Günther 2000; Jacobs 2005; Fuhrhop 2007).

Bei den Anglizismen gibt es einige Fälle vergleichbarer Art. Sie sind in Siekmeyer 2007 zusammengestellt, mit Vorschlägen zu ihrer Wortbildung versehen und auf der Grundlage von Sprecherbefragungen nach morphologischer Trennbarkeit geordnet. Ein Verb wie *babysitten* wird als Rückbildung aus *Babysitter* angesehen, während *bodychecken* unmittelbar aus dem englischen [!] Kompositum *bodycheck* konvertiert sein soll. Für *highlighten* wird dagegen eine Konversion aus dem Anglizismus *Highlight* angesetzt, während die bekanntesten Wörter dieser Art, zu denen etwa *downloaden* und *updaten* gehören, als Partikelverben analog zu *runterladen* und *aufladen* gelten. Man kann über die Gültigkeit solcher Wortbildungsanalysen trefflich streiten und ebenso kann man darüber streiten, ob es zu tragfähigen Ergebnissen führt, wenn man Sprecher des Deutschen danach befragt, ob sie solche Verben für morphologisch trennbar halten oder nicht. Trotzdem ist die Zusammenstellung der Fälle nützlich und instruktiv. Nach Siekmeyer (2007: 65ff.) haben wir drei Gruppen zu unterscheiden, nämlich die vorwiegend trennbaren (5a, z.B. *downloaden, downgeloadet, downzuladen*), die vorwiegend nicht trennbaren (5b, z.B. *kidnappen, gekidnappt, zu kidnappen*) und die in dieser Hinsicht schwankenden (5c).

(5) Morphologische Trennbarkeit bei Anglizismen
  a. *airbrushen, downloaden, updaten, upgraden, uploaden, upsizen, outsourcen, babysitten, bodychecken, inlineskaten*
  b. *breakdancen, bungeejumpen, skateboarden, bookmarken, kidnappen, backuppen, freestylen, highlighten, hijacken, layouten*
  c. *downsizen, brainstormen, rollerbladen*

Noch schwerer ist die syntaktische Trennbarkeit zu beurteilen. Kann man sagen *Sie dated ihren Computer up*? Wegen dieser Unsicherheit werden solche Wörter häufig als Beispiele dafür genannt, dass Anglizismen nicht ins Deutsche passen, dass sie Unordnung in die deutsche Grammatik bringen und deshalb unbedingt vermieden werden sollten (z.B. Zimmer 1997). Die Beschreibung der Unsicherheit ist zutreffend, der Schluss jedoch nicht. Denn es gibt ja zahlreiche Wörter des Kernwortschatzes, deren Verwendung zu denselben Unsicherheiten führt (z.B. **Sie spart bau und steigt berg*).

Die übrigen Bereiche der im Deutschen grammatisch so differenziert geregelten Getrennt- und Zusammenschreibung zeigen bei den Fremdwörtern kaum Besonderheiten. Allerdings ist zu erwähnen, dass in den vergangenen Jahren eine Tendenz zur Getrenntschreibung von an sich unauffälligen Komposita besteht, die bisher außerhalb der orthographischen Norm liegt und auch grammatisch als sinnlos anzusehen ist. Gemeint sind Schreibungen wie *Hemden Reinigung, Sauerscharf Suppe, Ticket Büro, Bio Kaufhaus.* Möglicherweise haben wir es bei dieser Tendenz, die sich vor allem im Geschäfts- und Werbebereich zeigt, mit einem strukturellen Einfluss der Kompositaschreibung des Englischen zu tun. Diese Tendenz könnte sogar über die Wortbildung hinaus in die Syntax weisen, weil Modifikationen eines zweiten durch einen ersten Bestandteil (Typ *Bush administration*) im Englischen syntaktischer Natur sein können (Altmann 2008; Zifonun 2010).

Insgesamt bleiben damit Buchstabenschreibung und Silbentrennung als die Bereiche, die für Fremdwörter genauer zu untersuchen sind.

Buchstabenschreibung: phonographisch, silbisch, morphologisch

Bei einer Sprache mit Alphabetschrift beruht die Wortschreibung im Kernbereich auf regelmäßigen Beziehungen zwischen Lauten und Buchstaben (sprachwissenschaftlich korrekter: zwischen Phonemen und Graphemen, s.u.). So hat das geschriebene Wort *kalt* vier Buchstaben, denen die Lautfolge [kalt] entspricht. Zu jedem Konsonant und zu jedem Vokal des Kernsystems gibt es einen oder mehrere Buchstaben als Entsprechung im Geschriebenen, sodass sämtliche Wörter des Kernwortschatzes geschrieben werden können. Man spricht von den phonographischen Schreibungen als Basis der Orthographie in Sprachen mit Alphabetschrift. Wie sie aussehen, kommt in Abschnitt 7.2 zur Sprache. Dort wird auch gezeigt, wie es zu fremden phonographischen Schreibungen kommt. Sie beruhen meist auf Beziehungen zwischen Lauten und Buchstaben, die das Deutsche mit Entlehnungen aus anderen Sprachen übernimmt.

Was nun die phongraphischen Schreibungen des Kernwortschatzes betrifft, so wird bei näherem Hinsehen bald klar, dass auf diese Weise zwar alle Wörter irgendwie geschrieben werden können, aber bei weitem nicht alle korrekt. Betrachten wir als Beispiel das Verb *ruhen.* Es hat fünf Buchstaben, mit der Transkription [ʀuːən] jedoch nur vier Laute. Einen der fünf Buchstaben, das *h*, hört man als Laut bei Standard- wie bei Explizitlautung nicht. Trotzdem steht dieses *h* nicht irgendwo, ist nicht willkürlich, sondern gehorcht einer strikten Regularität: Es wird eingefügt, wo im gesprochenen Wort ein betonter Langvokal als Kern einer Vollsilbe unmittelbar dem Schwa als Kern einer Reduktionssilbe vorausgeht (4.1). Eine solche Regularität wird mit Hilfe von Begriffen wie Silbe und Silbenkern formuliert, mit Beziehungen zwischen Lauten und Buchstaben allein geht es nicht. Man spricht deshalb von silbischen Schreibungen. Das *h* zwischen den Silbenkernen heißt entsprechend silbenöffnendes *h*, weil es bei Silbentrennung am Anfang der zweiten Schreibsilbe steht (*ru-hen*). Auch vom silbentrennenden *h* spricht man, weil es zwischen den Buchstaben für die Silbenkerne der Schreibsilben steht. Silbische Schreibungen zeigen sich in den meisten Fällen am Mehrsilber, vom Wortende her gesehen an der Grenze zwischen der letzten und der vorletzten Silbe. So kann man aus der einsilbigen Form *Schuh* nicht direkt ableiten, dass ein *h* auftritt, wohl aber aus der zweisilbigen Pluralform *Schuhe*, der sog. Explizit- oder Langform. Langformen sind die Grundlage vieler Regularitäten in der Orthographie des Kernwortschatzes.

Silbische Schreibungen spielen für die Orthographie des deutschen Kernwortschatzes eine bedeutende Rolle. Die phonographische Schreibung ist dabei vorausgesetzt. Silbische Schreibregulariäten verändern phonographische so, dass sie zu korrekten Schreibungen werden.

Aber das ist noch nicht alles. Die Wortformen *ruhst, ruht, ruhten, geruht* usw. haben ebenfalls ein stummes *h*, obwohl die silbischen Bedingungen für sein Auftreten nicht erfüllt sind. Das *h* steht ja nicht zwischen Vokalbuchstaben, sondern zwischen einem Vokal- und einem Konsonantbuchstaben. Hier greift das morphologische Prinzip. Es sorgt dafür, dass ein und derselbe Stamm im Geschriebenen immer dieselbe oder fast dieselbe Form hat. Das morphologische Prinzip setzt die silbischen Schreibungen voraus. Es bewahrt die Schreibungen, die sich phonographisch und silbisch ergeben, macht die Stämme formal stabil und gibt der geschriebenen Form von Kernwörtern einen ganzheitlichen, logographischen Zug. Ein derart weitgehend konstantes Wortbild ist insbesondere für das Lesen von Vorteil.

Das Zusammenwirken von phonographischen, silbischen und morphologischen Regularitäten verleiht der Orthographie des Kernwortschatzes ein hohes Maß an Regelmäßigkeit, Transparenz und Eleganz. Es funktioniert so gut, weil im Kernwortschatz fast immer klar ist, wie ein gesprochenes Wort in Silben einerseits und Morpheme andererseits gegliedert ist. Das ist bei anderen Sprachen und insbesondere bei den Geberspachen von Fremdwörtern ebenso der Fall, aber die Verhältnisse liegen in den Einzelheiten anders als im Deutschen. Der Silbenbau des Französischen und des Englischen stimmt mit dem des Deutschen in vielerlei Hinsicht nicht überein, das Verhältnis von Silbe und Morphem ebenso wenig. Dazu kommt, dass die Orthographien dieser und anderer Sprachen nicht nach denselben Prinzipien arbeiten wie die des Deutschen, insbesondere ist das Verhältnis von phonographischen, silbischen und morphologischen Schreibungen jeweils ein anderes. Man modelliert diese Verhältnisse mithilfe des Begriffs der Tiefe von Alphabetschriften. Bei Entlehnungen und Fremdwortbildungen haben wir es teilweise mit Wörtern zu tun, die nach anderen Prinzipien als die Wörter des Kernwortschatzes geschrieben sind. Das macht den Integrationsprozess gelegentlich lang, umständlich oder unmöglich. Zur Demonstration sehen wir uns jeweils ein Beispiel aus dem Englischen und Französischen an und beziehen sie auf den Parameter der Tiefe.

Tiefe und flache Orthographien

Sprachen, die dasselbe Alphabet für ihre Orthographie verwenden, verfügen zum Schreiben zwar über ein weitgehend identisches Inventar von Grundzeichen, eben die Buchstaben des Alphabets, sie wandeln dieses Alphabet aber für ihre jeweiligen Zwecke ab. Dazu verwenden sie Akzentzeichen, Diakritika (beispielsweise für Umlautschreibungen) und ganz neue Buchstaben wie das *ß* des Deutschen. Darüber hinaus gibt es Unterschiede im Gebrauch der Buchstaben selbst, die den Bezug auf die Beschreibungsebenen des Sprachsystems betreffen, d.h. den Bezug auf das Lautssystem, das System des Silbenbaus und der Akzente sowie das morphologische System. Sprachwissenschaftlich korrekt spricht man dann auch vom Schriftsystem einer Sprache und nicht von ihrer Orthographie oder Rechtschreibung, weil diese beiden Begriffe eher den Normaspekt als den systematischen Aspekt in den Vordergrund stellen. Wir lassen es bei diesem Hinweis auf eine ausgedehnte Diskussion und sprechen meist von einer Orthographie, nur gelegentlich auch vom Schriftsystem einer Sprache (dazu die Beiträge in Eisenberg/Günther Hg. 1989).

Reichen die Buchstaben des Alphabets für die Orthographie einer Sprache nicht aus, dann kann sie außer der Erfindung neuer Buchstaben auch sog. Mehrgraphen bilden, das sind feste Verbindungen von Buchstaben, die sich auf einzelne Laute beziehen wie im Deutschen das *sch* mit dem Bezug auf den Laut [ʃ]. Das *sch* gehört wie *ch, ä, ö, ü* und einige weitere Abweichungen vom lateinischen Alphabet zu den Grundzeichen der deutschen Orthographie. Um zu verdeutlichen, dass das Inventar von Grundzeichen über das eigentliche Alphabet hinausgeht, spricht man deshalb nicht von den Buchstaben als den Grundzeichen, sondern von Graphemen. Auch diese Redeweise dient dazu, begriffliche Verwirrung zu vermeiden und deutlich zu machen, wovon jeweils die Rede ist. Es ändert aber natürlich nichts daran, dass das Deutsche eine Alphabetschrift hat.

Das Grapheminventar wird nun in manchen Sprachen so verwendet, dass es in weitgehend eineindeutiger Beziehung zum Lautsystem steht, die Sprache hat dann eine phonologische oder phonetische Orthographie. Man schreibt, was man hört, und spricht beim lauten Lesen, was man Segment für Segment sieht. Solche Orthographien heißen oberflächenorientiert oder flach. In reiner Form gibt es sie nicht, das Spanische kommt dem vergleichsweise nahe.

Andre Orthographien beziehen sich stärker auf Silbisches, wie es oben an einem stummen *h* (*ruhen, rohes, Rehe*) im Deutschen illustriert wurde. Die Wörter können nicht mehr Lautsegment für Lautsegment geschrieben werden, die Orthographie ist in diesem Sinn lautferner und weniger flach oder eben tiefer als die spanische. Noch tiefer wird sie, wenn morphologische Bezüge von Bedeutung für das richtige Schreiben sind. Sie wird dann abermals lautferner und weniger ‚alphabetisch' im Grundverständnis dieses Begriffs. Die deutsche Orthographie hat ausgesprochen starke morphologische Züge, bleibt in dieser Hinsicht aber etwa hinter der französischen zurück. Das Französische gilt als Sprache mit einer Orthographie großer Tiefe, während dem Deutschen eine mittlere Tiefe zugeschrieben wird. Dabei ist noch zu unterscheiden, ob man mit dem Morphologischen etwas meint, das sich eher auf die Gegenwartssprache bezieht oder etwas, das eher historisch-morphologisch wirkt. Die Schreibung *flugs* [flʊks] beispielsweise erinnert an den Bezug auf *Flug*, sie ist nur historisch zu deuten, sonst müsste *fluks* geschrieben werden. Die etymologische Komponente ist in der deutschen Orthographie stark, aber viel weniger stark als beispielsweise im Englischen (zu den Gründen 2.2).

Typologische Einordnungen von Orthographien mithilfe des Parameters der Tiefe wurden zuerst von Trudel Meisenburg (1996) für romanische Sprachen ausführlich beschrieben und begründet (zum Erwerbsaspekt Seymour u.a. 2003, zum Deutschen Eisenberg 1996). Für ein Verständnis der Fremdwortschreibung hilft die typologische Einordnung weiter, weil die Schreibung der Fremdwörter mindestens zu einem Teil von der Orthographie der jeweiligen Gebersprache geprägt ist. Sehen wir uns dazu an, wie die Pluralformen von Substantiven des Englischen und des Französischen im gesprochenen und geschriebenen Wort aussehen.

Im Englischen wird der Plural von Substantiven weitaus überwiegend mit *s* gebildet (*book – books, tree – trees, house – houses*). Dieses *s* erscheint im gesprochenen Wort als [s], [z] oder mit dem *e* wie in *houses* als [ɪz]. Besteht die Gefahr, dass man es bei bestimmten Stammauslauten nicht hört, wird es in einer zusätzlichen Silbe hörbar gemacht, was auch eine weitere Schreibsilbe nach sich zieht (*gas – gases, box – boxes*). Das Englische ist an diesem Punkt oberflächennah. Was morphologisch geschieht, ist sowohl zu sehen als auch zu hören.

Im Französischen ist *s* ebenfalls das unmarkierte Pluralmorphem, wenn auch weniger konsequent als im Englischen. Ganz anders ist das Verhältnis des geschriebenen zum gesprochenen Wort geregelt. Normalerweise hört man das Plural-*s* nicht, z.B. nicht in *le livre – les livres, la maison – des maisons, un homme – deux hommes.* Bei Liaison vor Vokal oder dem *h* muet hört man es als [z] (*un livre utile – des livres utiles*) (4.3). Ähnlich verhält es sich mit dem *s* am Ende von Artikel und Adjektiv. Die Pluralform einer NGr wie *une femme polie* beispielsweise ist *des femmes polies* (‚nette Frauen'), in der man keins der drei *s* hört. Die französische Orthographie ist an dieser Stelle morphologisch orientiert, sie ist tief.

Bei der Schreibung von Pluralformen ist das Deutsche dem Englischen näher als dem Französischen. Zwar hat das Deutsche ein wesentlich komplexeres System von Pluralendungen (5.2), aber was sichtbar ist, ist auch hörbar und umgekehrt.

Zur weiteren Behandlung der Wortschreibung besprechen wir im folgenden Abschnitt 7.2 das Verhältnis von Lauten und Buchstaben, wie es im Kernwortschatz einerseits und im Fremdwortschatz andererseits vorzufinden ist. In Abschnitt 7.3 werden die silbischen und morphologischen Bezüge der Fremdwortschreibungen gemeinsam behandelt. Damit tragen wir der Tatsache Rechnung, dass Silbisches und Morphologisches nicht in derselben Weise analytisch getrennt werden kann wie im Kernwortschatz. Vielfach hat man beides gleichzeitig in den Blick zu nehmen. Gelegentlich bleibt sogar offen, ob eine Erscheinung im Fremdwortschatz des Deutschen eher als silbisch oder als morphologisch fundiert anzusehen ist.

7.2 Laute und Buchstaben

Korrespondenzen im Kernwortschatz

Wie die grundlegenden Beziehungen zwischen Lauten und Buchstaben bzw. Phonemen und Graphemen im Kernwortschatz aussehen, lernt man zum großen Teil im elementaren Schreibunterricht als ‚lautierendes Schreiben'. Die Wörter werden in expliziter Standardlautung gesprochen und Laut für Laut geschrieben. Jedenfalls ist dies das Bild, das sich der Normalsprecher von seiner Alphabetschrift macht. 1 bringt eine entsprechende Liste, wie sie häufig für die Schreibung des Kernwortschatzes angesetzt wird und wie man sie braucht, wenn man von den Besonderheiten der Fremdwortschreibung sprechen möchte (zum Lautbestand 4.1.1). Beziehungen, wie sie in 1 niedergelegt sind, werden auch Graphem-Phonem-Korrespondenzregeln (GPK-Regeln) genannt.

(1) Phonographische Schreibung, Kernwortschatz

a. Konsonantgrapheme

Laute	Buchst.	Beispiele	Laute	Buchst.	Beispiele
[p]	*p*	*Kiepe*	[h]	*h*	*Hose*
[t]	*t*	*Bote*	[m]	*m*	*Rampe*
[k]	*k*	*Luke*	[n]	*n*	*Rinde*
[b]	*b*	*Liebe*	[l]	*l*	*Kälte*
[d]	*d*	*Bude*	[ʀ]	*r*	*Würde*
[g]	*g*	*Lage*	[ts]	*z*	*Kerze*
[f]	*f*	*Stufe*	[ŋ]	*ng*	*Klinge*
[s]	*ß*	*Straße*	[kv]	*qu*	*Quelle*
[z]	*s*	*Wiese*	[ç,x]	*ch*	*Küche*
[v]	*w*	*Möwe*	[ʃ]	*sch*	*Dusche*
[ʝ]	*j*	*Boje*			

b. Vokal- und Diphthonggrapheme

Laute	Buchst.	Beispiele	Laute	Buchst.	Beispiele
[ɑː,a]	*a*	*Rat, Rand*	[ɛː,ɛ]	*ä*	*Häme, Lärm*
[eː,ɛ]	*e*	*Hefe, Heft*	[øː,œ]	*ö*	*Möwe, Börde*
[ə]	*e*	*Gabe*	[yː,ʏ]	*ü*	*Tür, Küche*
[iː]	*ie*	*Dieb*	[ai]	*ei*	*Wein*
[ɪ]	*i*	*Kind*	[au]	*au*	*Bau*
[oː,ɔ]	*o*	*Soße, Gold*	[ɔi]	*eu*	*Scheune*
[uː,ʊ]	*u*	*Buße, Bund*			

Nicht durchgängig entspricht einem Laut ein Buchstabe, sondern es gibt auch Mehrgraphen wie *ng, ch* oder *sch.* Nach dem jeweiligen Lautbezug können Gruppen von Graphemen gebildet werden wie Konsonantgraphem und Vokalgraphem, aber auch solche wie Sonorantgraphem (*m, n, l, r, ng*) oder Diphthonggraphem (*ei, au, eu*). Man ist hier terminologisch frei, nur sollte jeweils klar sein, ob man von Einheiten des gesprochenen Wortes (Lauten, Phonemen) oder des geschriebenen Wortes (Buchstaben, Graphemen) spricht.

Die für den Kernwortschatz konzipierten Korrespondenzen in 1a,b reichen auch zur Schreibung zahlreicher Fremdwörter aus. So benötigt man etwa für *Hegemonie, Diktatur, skeptisch* oder *transportieren* keine neuen Korrespondenzregeln. Diese Wörter sind zwar fremd, aber nicht wegen ihrer phonographischen Eigenschaften, sondern etwa wegen des Akzents, der Mehrsilbigkeit des Stammes oder einer Lautfolge wie [sk] im Silbenanfangsrand.

Das ist anders bei *Ketchup, Routine, Typ, ästhetisch, kultivieren.* Sie enthalten Schreibungen, die im Kernwortschatz nicht vorkommen oder dort zumindest einen Sonderfall darstellen. Wären die Wörter phonographisch vollständig integriert, würden wir schreiben *Ketschap, Rutiene, Tüp, estetisch, kultiwieren* oder sogar *kultiewieren.* Dass wir sie nicht so schreiben, beruht eben auf Phonem-Graphem-Korrespondenzen, die typisch für Fremdwörter sind. Dabei kann Fremdheit prinzipiell auf zweierlei Weise begründet sein. Einmal damit, dass fremde Laute wie das englische [ʒ] in *Jet* geschrieben werden, zweitens aber auch damit, dass native Laute anders als im Kernwortschatz geschrieben werden, z.B. das [ai] in *Website.*

Wir betrachten im Folgenden die wichtigsten, häufig vorkommenden fremden Laut-Buchstaben-Beziehungen getrennt nach Konsonanten und Vokalen und dabei wieder, wie schon in anderen Zusammenhängen, zunächst für Anglizismen und Gallizismen, danach für Gräzismen und Latinismen. (Heller 1981; Munske 1997; Wahrig 2000; Duden 2007a. Die Beispiele sind teilweise aus Eisenberg 2007 übernommen).

Fremde Schreibungen: Konsonanten

Bei den fremden Konsonantschreibungen gibt es für die Anglizismen und die Gallizismen erhebliche Überschneidungen. Sie werden deshalb in einer gemeinsamen Tabelle zusammengefasst.

(2) Konsonantschreibung, Anglizismen und Gallizismen

Laute	Buchst.	Beisp. Anglizismus	Beisp. Gallizismus
[k]	*c*	*Crew, Camping*	*Coup, Courage*
[ɫ]	*l*	*Level, Baseball*	
[nj]	*gn*		*Champignon, Vignette*
[ɹ]	*r*	*Racket, Random*	
[s]	*c, ce*	*Center, Service*	*Citoyen, Nuance*
[ʃ]	*ch*	*Match, Ketchup*	*Chiffre, Branche*
[ʃ]	*sh*	*Shop, Finish*	
[tʃ]	*ch*	*Chip, Couch*	
[θ]	*th*	*Thriller, Cloth*	
[ʋ]	*w*	*Wellness, Windows*	
[v]	*v*	*Vamp, Caravan*	*Vanille, Vignette*

[ʒ]	*g*		*Genie, Garage*
[ʒ]	*j*		*Jargon, Jalousie*
[dʒ]	*g*	*Gin, Teenager*	
[dʒ]	*j*	*Jeans, Job*	

Einen gemeinsamen fremden Konsonanten haben Anglizismen und Gallizismen mit dem [ʒ]. Die entsprechenden Laut-Buchstaben-Beziehungen sind fremd, unabhängig davon, welche Schreibung dem fremden Laut entspricht. Aber auch wenn der Laut zu [ʃ] integriert wird, bleiben die Korrespondenzen fremd. Dasselbe gilt für die lautlich fremden [θ] und [dʒ] in Anglizismen. Auch sie werden häufig lautlich integriert, ohne dass dies zu graphematischer Integration führt.

Anders verhält es sich bei [ɫ], [ɹ] und [ʋ]. Sie sind als Laute fremd und werden teilweise auch so gesprochen. Aber häufig werden sie zu [l], [ʀ] und [v] integriert (4.2), ihre Schreibung ist dann ebenfalls dem Kernsystem angepasst. Die graphematische Integration folgt der lautlichen, sie wird nicht etwa durch Änderungen der Schreibweise erreicht.

In anderen Fällen führt lautliche Anpassung nicht gleichzeitig zu graphematischer. Wird z.B. [tʃ] zu [ʃ] integriert, bleibt die Schreibung fremd, solange wir *Chip* und nicht **Schip* schreiben. Die Übernahme der *sch*-Schreibung in Anglizismen und Gallizismen kommt generell selten vor, bei *ch* ebenso selten wie bei *sh*. Offenbar nimmt das typisch deutsche *sch* wie in **Ketschup* oder **Schiffre* den Wörtern jeden Scharm des Fremden.

Die übrigen in 2 angeführten Laut-Buchstaben-Beziehungen scheinen recht stabil zu sein, egal ob sie lautlich oder graphematisch fremd sind.

Für Tabelle 2 und die folgenden Tabellen ist ein genereller Vorbehalt zu formulieren: Was hier erscheint, ist nicht im selben Maß kontextunabhängig wie die meisten Korrespondenzen des Kernwortschatzes. Letztere sind im Prinzip und in der Regel allgemein und kontextunabhängig gültig. Der Laut [p] wird im Kernwortschatz als Buchstabe *p* geschrieben, egal in welchem Wort und in welcher Position innerhalb des Wortes er auftritt. Ausnahmen und bestimmte systematische Beschränkungen ändern an diesem Prinzip nichts.

Bei den Fremdwörtern sind die Korrespondenzen im Allgemeinen beschränkt. Sie treten in Einheiten bestimmter Herkunft oder in Wörtern mit spezifischen Gebrauchsbedingungen auf und sind häufig an einzelne Positionen im Wort oder überhaupt an nur wenige Einheiten gebunden. Sie kodieren damit vielerlei unterschiedliche Eigenschaften ihrer Wörter, die ganz oder teilweise aufgegeben werden, wenn man die fremden Schreibungen beseitigt. Zu einem guten Teil gehören die fremden gar nicht ausschließlich der Ebene der Phonem-Graphem- Korrespondenzen an, sondern sind gleichzeitig silben- oder morphembezogen, wie das etwa für das [nj] *ng* in Gallizismen oder das [dʒ] *j* in Anglizismen gilt. Eine genauere Analyse der Schreibung von Fremdwörtern zeigt, wie vielfältig und fein verästelt Kontextbeziehungen sein können (Neef 2005; 7.3). Was die Tabellen enthalten, ist typisch für bestimmte Gruppen von Fremdwörtern und gibt wohl auch die Intuition der Schreiber über diese Gruppen wieder. Das gilt auch für die Konsonantschreibungen der Gräzismen und Latinismen, denen wir uns jetzt zuwenden.

(3) Konsonantschreibung, Gräzismen/Latinismen

Laute	Buchst.	Beispiele
[t]	*th*	*Thema, Pathos*
[ts]	*c*	*Caesium, Penicillin*
[ts]	*t*	*Aktie, Tertiär*
[k]	*c*	*Corpus, codieren*
[k]	*ch*	*Chrom, Chaos*
[ks]	*x*	*Xylophon, toxisch*
[f]	*ph*	*Phase, Graphik*
[v]	*v*	*Verb, zivil*
[ʀ]	*rh*	*Rhema, Rhythmus*

Die Liste enthält ausschließlich Laute und Lautfolgen, die auch im Kernwortschatz vorkommen. So kann jede der Korrespondenzen für sich durch eine der Kerngrammatik ersetzt werden und durch diesen Integrationsschritt verschwinden. Schreibungen wie *circa, Corpus* oder *Delphin* werden integriert zu *zirka, Korpus* und *Delfin.*

Zu den verbreitetsten unter den fremden Korrespondenzen gehört das *x* für [ks], das in zahlreichen Latinismen und vor allem Gräzismen wie *Praxis, Flexion, Xenie, komplex* vorkommt und wenig Integrationsneigung zeigt. Es kommt ja auch in Wörtern vor, deren Fremdheitsstatus unsicher ist, z.B. *Hexe* und *boxen.* Ebenfalls charakteristisch für Latinismen ist das *v* für [v] wie in *Verb, Visum, Virus, Kurve, Salve.* Hier liegt auch die Quelle für entsprechende Schreibungen in Anglizismen und Gallizismen (2 oben). Der Buchstabe *v* kann generell wenn nicht als fremd, so doch als im Kernwortschatz markiert gelten, denn er tritt dort nicht allgemein für [f], sondern nur in wenigen, teilweise allerdings hochfrequenten Wörtern auf, z.B. in *viel, vor, von, Vogel,* dazu im Präfix *ver.*

Die Digraphen *th, ch, ph* und *rh* gehen in zahlreichen Fällen auf die Wiedergabe der griechischen Buchstaben ϑ (Theta), χ (Chi), φ (Phi) und ρ (Rho) im Lateinischen zurück. Sie sind auf diese Weise (wie teilweise auch das *x* für den griechischen Buchstaben ξ (Ksi)) zu Kennzeichen für Gräzismen geworden und einem mehr oder weniger starken Anpassungsdruck ausgesetzt. Allerdings erweist sich der direkte Bezug auf das Griechische als teilweise ziemlich resistent gegen Integration. Beispielsweise fand sich das *ch* für [k] früher auch in Wörtern wie *Charwoche* und *Churfürst*, wobei letztere auf eine altdeutsche Schreibung zurückgeht. In *Chrom*, *Chronik* und zahlreichen weiteren Gräzismen scheint es stabil zu sein. Ähnlich beim *th*. Viele *th*-Schreibungen wurden bei der Normfestsetzung im Jahre 1901 beseitigt, z.B *Thal, Thür, thun* (Regelwerk 1901, § 7). Auch bei Gräzismen, in denen das *th* nicht auf ϑ zurückgeht wie in *Kathode* (von gr. *káta hodón* ‚den Weg hinab, weg'), wird eher zu *Katode* integriert als etwa in *Theater, Theologie* oder *Pathos*. Wohl auch deshalb, weil *Anode* (von gr. *ana hodon* ‚den Weg hinauf, hin') oder auch *Synode* seit langem ohne *h* geschrieben werden. Eine Besonderheit sind die Schreibungen *auth* (*authentisch, Authentizität*) und *aut* (*autistisch, Automat, Automobil*). Sie gehen auf einen Stamm zurück, der schon im Griechischen zwei Schreibweisen hatte, eine mit ϑ und eine mit τ (Tau). Auch beim *rh* sind einige Gräzismen wie *Rhythmus, Rheuma, Rhetorik* oder *Rhema* ziemlich stabil, während *Katarrh* und *Myrrhe* bezüglich des *rh* jetzt zu *Katarr* und *Myrre* integriert werden können.

In Alltagstexten wird das *ph* immer häufiger durch *f* ersetzt. Die Neuregelung der Orthographie lässt generell *fon, fot* und *graf* für diese verbreiteten Wortbestandteile zu. Tatsächlich tauchen sie in Wörtern der Alltagssprache häufiger auf als in Fachwortschätzen und im Bildungswortschatz. So haben wir einerseits durchaus *Mikrofon, Foto, Grafik*, andererseits aber viel eher Schreibungen wie *Phonem, Photon* oder *Paleographie*.

Die Schreibung *ts* für [t] steht vor [i̯] (geschrieben als *i*) und folgendem Vokal, wobei dieser meist Bestandteil eines Suffixes ist, z.B. *Lektion, Tertiär, prätentiös, initial, partiell*. Eine Integration durch Schreibung mit *z* ist vorgezeichnet, wenn es Wörter mit *z* gibt, die als morphologische Basis der Schreibung dienen können. Die Neuregelung lässt beide Schreibungen zu, wenn beide eine morphologische Basis haben, also z.B. *existentiell* wegen *existent* und *existenziell* wegen *Existenz*.

Der zuletzt besprochene Fall führt wieder vor Augen, dass fremde Laut-Buchstaben-Beziehungen einen anderen Status im System haben als die heimischen. Die Schreibung *t* für [ts] etwa erscheint regelmäßig vor einer morphologischen Grenze, wir haben *Nat+ion, tendent+iell*. Sie ist kontextgebunden (weiter 7.3).

Fremde Schreibungen: Vokale

Bei den Vokalschreibungen unterscheiden sich die Charakteristika der Anglizismen erheblich von denen der Gallizismen. Silbenkerne werden in beiden Sprachen nach unterschiedlichen Prinzipien geschrieben. Wir präsentieren sie deshalb getrennt (4 und 5).

(4) Vokalschreibung, Anglizismen

Langvokale			Kurzvokale		
Laute	Buchst.	Beispiele	Laute	Buchst.	Beispiele
[iː]	*ea*	*Team, Jeans*	[i]	*y*	*Baby, easy*
[iː]	*ee*	*Teen, Jeep*			
			[æ]	*a*	*Fan, Gag*
			[a]	*u*	*Cup, Slum*
[ɔː]	*a*	*Call, Mall*			
[uː]	*oo*	*Boom, cool*			

Diphthonge

Laute	Buchst.	Beispiele
[ei]	*ay*	*Spray, okay*
[ei]	*ai*	*Claim, Trainer*
[ei]	*ea*	*Break, Steak*
[ai]	*igh*	*Light, high*
[au]	*ou*	*Sound, Account*
[au]	*ow*	*Knowhow, down*
[ɔi]	*oi*	*Joint, Pointer*
[ou]	*oa*	*Coach, Coat*
[ou]	*ow*	*Show, Knowhow*

Bei den einfachen Vokalen sind in 4 nur [ɔː] und [æ] fremd. Ersterer passt mit dem Gegenstück [ɔ] (*Sonne*) gut ins Kernsystem des Deutschen, letzterer wird leicht zu [ɛ] assimiliert. Bei den übrigen Vokalen liegt von vornherein nur graphematische Fremdheit vor. Die in Korrespondenztabellen für Anglizismen gelegentlich auftauchende Schreibung des [ɜː] wie in *Burger, Burn-out, Girl* sehen wir als eine Form der *r*-Artikulation an (4.2).

Von den Diphthongen sind [ei] und [ou] im Kernwortschatz nicht vertreten, während die übrigen drei vorhanden sind, also lediglich fremde Schreibungen haben. Eine im Kernwortschatz des Deutschen nicht bekannte Erscheinung der englischen Orthographie ist, dass eine Korrespondenz mit Langvokal oder Diphthong erst durch ein später stehendes ‚stummes *e*' ausgelöst wird. Bei Anglizismen ist dies vor allem für Diphthongschreibungen von Bedeutung. So haben wir [ei] in *Base, Shake, Take*; [ai] in *Life, Byte,*

Hype (Anglizismenindex: ‚Medienrummel'); und [ou] in *Coke, Dope, Mode* (‚Art und Weise'). Die geschriebene Form der Wörter ist zweisilbig, die gesprochene enthält in der einzigen Silbe einen Diphthong. Als Graphem-Phonem-Korrespondenz ist so ein ‚diskontinuierlicher' Zusammenhang nur mit einigem Aufwand darstellbar. Wir lassen es bei dem Hinweis bewenden.

Insgesamt sind die Laut-Buchstaben-Beziehungen im Englischen und damit bei den Anglizismen vielfältig, zumal diese ja auch noch integrierte Schreibungen enthalten können. Wie sich das auf die Schreibmöglichkeiten auswirken kann, zeigt schön der Anglizismus mit der Bedeutung ‚Haarwaschmittel'.

Shampoo. Das Wort wurde im 19. Jhdt. aus dem Englischen entlehnt und bedeutete dort wie zunächst auch im Deutschen ‚Körpermassage'. Heute hat es auch im Englischen die Bedeutung ‚Haarwaschmittel'. Die Schreibung *Shampoo* ist weit verbreitet, aber sie ist keineswegs die einzige. Und noch zahlreicher sind die Aussprachevarianten des Wortes, sodass sich insgesamt ein geradezu phantastisch vielfältiges Verhältnis von Lautung und Schreibung ergibt. Gustav Muthmann stellt seine Beschreibung an den Anfang des Buches ‚Doppelformen in der deutschen Sprache der Gegenwart' (Muthmann 1994), um zu zeigen, was im Extremfall an Variation möglich ist. Allein die Auswertung der Aussprachewörterbücher Duden 1974, Duden 1990 und Krech/Stötzer 1982 ergibt folgende Schreib- und Ausspracheformen (Muthmann 1994: 2).

Schampon	[ˈʃampɔn]
Schampun	[ˈʃampuːn]
	[ʃamˈpuːn]
Shampoo	[ˈʃampu]
	[ˈʃamˈpuː]
	[ˈʃampo]
	[ʃæmˈpuː]
	[ʃɛmˈpuː]
Shampoon	[ˈʃampoːn]
	[ʃamˈpoːn]
	[ʃɛmˈpoːn]
	[ʃɛmˈpuːn]

Es wäre reizvoll, sich ein paar Gedanken über Umfang und Art der Integriertheit der Varianten zu machen, wobei allerdings auch ihre regionale Verteilung zu berücksichtigen wäre.

Von großer Vielfalt sind die Vokalschreibungen bei den Gallizismen. Nach dem jeweiligen Vorkommen unterscheiden wir drei Gruppen (5a-c).

(5) Vokalschreibung, Gallizismen

Langvokale			Kurzvokale		
Laute	Buchst.	Beispiele	Laute	Buchst.	Beispiele
a.					
[yː]	*u*	*Jury, Parfum*	[y]	*u*	*Budget, Plumeau*
[ɛː]	*ai*	*Baisse, Chaise*	[ɛ]	*ai*	*Plaisir, Drainage*
[ɑ̃ː]	*an*	*Branche, Orange*	[ɑ̃]	*an*	*lancieren, Orangeade*
[õː]	*on*	*Annonce, Balkon*	[õ]	*on*	*broncieren, Monteur*
[oː]	*au*	*Hausse, Sauce*	[ɔ]	*au*	*Chauffeur, Chaussee*
[uː]	*ou*	*Tour, Route*	[u]	*ou*	*Tourist, Journalist*
b.					
[eː]	*ee, é*	*Exposee, Exposé*			
[eː]	*er*	*Kollier, Atelier*			
[øː]	*eu*	*Milieu, Friseur*			
[ɑ̃ː]	*ant*	*Pendant, vivant*			
[ɑ̃ː]	*ent*	*Moment, urgent*			
			[ɑ̃]	*en*	*Empire, Entree*
[oː]	*eau*	*Niveau, Plateau*			
c.					
[yː]	*üt*	*Debüt*	[y]	*ü*	*debütieren, Debütant*
[eː]	*et*	*Filet, Budget*	[ɛ]	*e*	*filetieren, budgetieren*
[ɛː]	*ät*	*Porträt*	[ɛ]	*ä*	*porträtieren, malträtieren*
[ɑː]	*at*	*Etat, Eklat*	[a]	*a*	*etatisieren, eklatant*
[oː]	*ot*	*Trikot, Depot*	[o]	*o*	*Trikotage, deponieren*
[uː]	*out*	*Gout, Ragout*	[u]	*ou*	*degoutant, Boutique*

In 5a geht es um ‚normale' Phonem-Graphem-Korrespondenzen, das sind hier solche, die in einfachen Wortstämmen vorkommen. Charakteristisch ist, dass wie bei Kernwörtern Lang- und Kurzvokale auf dieselbe Weise geschrieben werden. Fremd gegenüber dem Kernwortschatz sind natürlich in erster Linie die Nasalvokale. Auch hier gibt es bei der graphematischen Integration interessante Verwerfungen. So kann *der Bon* mit Nasalvokal, aber auch mit velarem Nasal gesprochen werden wie *der Gong, der Ring.* Zu diesen gibt es Verbformen wie *gegongt, beringt.* Zu *Bon* haben wir ebenfalls nur *gebongt* und nicht **gebont*. Der morphologische Zusammenhang ist aufgegeben.

In 5b sind Fälle zusammengestellt, in denen – außer bei *en* – der Hauptakzent des Wortes nicht auf dem Stammvokal, sondern auf einem Affix oder einer affixähnlichen Einheit liegt. Es handelt sich also um spezifische Affixschreibungen und nicht um allgemeine Phonem-Graphem-Korrespondenzen. Wir führen sie an dieser Stelle auf, weil für viele Sprecher des Deutschen der Morphemcharakter des betonten Bestandteils unsichtbar bleiben dürfte. Manche solcher Gallizismen werden nicht als morphologisch komplex wahrgenommen. Für die verbreitetste Schreibung dieser Art, das *ee*, lassen sich rein strukturell drei Fälle unterscheiden (6a-c).

(6) a. *Allee, Armee, Exposee, Gelee, Komitee, Kommunikee, Kupee, Püree, Varietee, Matinee, Soiree*
b. *Kaffee, Kanapee, Porree, Frottee, Tee*
c. *Fee, Klee, Schnee, See, Idee, Moschee, Kaktee*

Als typische Gallizismen mit Bezug auf eine partizipiale Form können die meisten der Wörter in 6a gelten (z.B. Inf. *exposer*, Part. masc. *exposé*, Part. fem. *exposée*). Die Vereinheitlichung der Schreibung durch die Neuregelung (statt ausschließlich *Varieté* jetzt auch *Varietee*) dürfte diesen Bezug eher verwischen. Ein Wortbildungssuffix ist am Werk in *Matinee, Soiree*. So ist möglich, alle Wörter in 6a als morphologisch komplex anzusehen, aber unklar, wie weit dies tatsächlich geschieht.

Die Mehrsilber in 6b haben den Akzent nicht oder nicht notwendigerweise auf der letzten Silbe. Alle haben den *s*-Plural. Die Endung *ee* ist nicht als Morphem zu analysieren.

In 6c finden sich weitgehend integrierte und teilweise (*Klee, Schnee, See*) bis auf das Germanische zurückgehende Simplizia. Sie haben einen silbischen Plural, der im Geschriebenen einer Reduktion um ein *e* unterworfen wird (z.B. *der See – die *Seeen – die Seen*). Einige von ihnen bleiben fremd durch Mehrsilbigkeit (*Idee, Moschee, Kaktee*). Sieht man von morphologischer Komplexität ab, dann können diejenigen aus 6a zu dieser Gruppe gezählt werden, die ebenfalls einen silbischen Plural bilden (z.B. *die Alleen, die Matineen*).

Zurück zu 5. Fremdheit ist bei den Wörtern in 5c für Sprecher des Deutschen von prinzipieller Art und ähnlich charakteristisch für Gallizismen wie die Nasalvokale. In den Beispielen der rechten Spalte hat der Kurzvokal einen auch sonst vorkommenden Buchstabenbezug, das ihm folgende [t] ebenfalls. Der Kurzvokal ist unbetont. Auch hier wird der Vokal unter Betonung lang, wobei das *t* am Wortende stumm ist und wie ein Längenzeichen wirkt (Beispiele in der linken Spalte). Mit dem *t* wird der Wortstamm immer auf dieselbe Weise geschrieben, eine Wirkung des morphologischen Prinzips. Man kann also die Formen in der rechten Spalte als einen Typ von Explizitformen ansehen.

Nun noch kurz zu den Vokalschreibungen der traditionellen Fremdwörter. Sie sind nicht sehr zahlreich, eine Tabelle zur Übersicht erübrigt sich. Generell von Bedeutung ist, dass gespannte und ungespannte Vokale wie im Kernwortschatz mit demselben Buchstaben korrespondieren, unabhängig davon, ob der Vokal betont ist oder nicht. Sogar beim [i], [iː] und [ɪ] ist das der Fall, wo wir ja im Kernwortschatz die klare Unterscheidung von [iː] (*Biene*) und [ɪ] (*binden*) haben. In den Fremdwörtern wird regelmäßig *i* geschrieben, z.B. unbetont in [biˈnæːʀ] (*binär*) und [pɪsˈtaːtsi̯ə] (*Pistazie*), betont in [ˈplɪntə] (*Plinthe*, ‚quadratische oder rechteckige Platte unter Säule, Pfeiler oder Statue') und [ˈpiːɔn] (*Pion*, ‚Elementarteilchen aus der Gruppe der Mesonen'). Lediglich innerhalb betonter Suffixe kommt regelmäßig ein *ie* zur Geltung, z.B. *Magie, regieren.*

Eine sehr alte Besonderheit der Vokalschreibung im traditionellen Fremdwortschatz ist das *y*, das ebenfalls mit langem, gespanntem [yː] (*Mythos, Psyche, Asyl*) oder mit kurzem ungespanntem [ʏ] (*System, synchron, kryptisch*) korrespondiert, wiederum unabhängig von der Betontheit. Das *y* war schon im Lateinischen ein Fremdgraphem und charakteristisch für Gräzismen. Es hat diesen Status in vielen Schriftsystemen europäischer Sprachen behalten. Verbreitet im traditionellen Fremdwortschatz ist schließlich das *ä* für [ɛː] (*Äther, anämisch*) oder [ɛ] (*Gräzismus, präzise*), das keine Umlautschreibung ist. Anders als im Kernwortschatz gibt es im Allgemeinen keine verwandten Formen mit *a.*

7.3 Dehnung, Schärfung und morphologische Schreibung

Dehnung und Schärfung

Die wichtigsten silbenbezogenen Regularitäten der deutschen Orthographie betreffen den Silbenschnitt. Der prototypische Zweisilber des Kernwortschatzes (sei er morphologisch einfach oder Langform innerhalb eines Flexionsparadigmas) kann, was den betonten Kernvokal betrifft, sanften oder scharfen Schnitt aufweisen (4.1). Beim sanften Schnitt wie in [noːnə] (*None*) oder [ʃoːtə] (*Schote*) ist der betonte lange Kernvokal oder Diphthong durch ein Decrescendo gekennzeichnet, er klingt vor dem folgenden Konsonanten aus. Beim scharfen Schnitt wie in [nɔnə] (*Nonne*) oder [ʃɔtə] (*Schotte*) läuft der kurze, betonte Kernvokal sozusagen in den folgenden Konsonanten hinein und wird von ihm gebremst.

Die Graphem-Phonem-Korrespondenzen führen für beide Formen zur selben Schreibung, nämlich zu *None* und *Schote*. Homographien dieser Art sind für das Gesamtsystem natürlich disfunktional. Das Beispiel zeigt aber schon, wie das Deutsche diese Ambiguität der geschriebenen Form beseitigt. Im allgemeinen Fall wird Schärfung besonders angezeigt, meistens durch Verdoppelung (Gemination) des dem Vokalbuchstaben folgenden Konsonantbuchstabens. Es ergeben sich die Schreibungen *Nonne* und *Schotte*. Dehnung kann unbezeichnet bleiben. Es genügt ja, wenn die Formen überhaupt unterschieden sind.

Im Kernwortschatz des Deutschen wird nun aus verschiedenen guten Gründen nicht durchgängig nach diesem Muster verfahren. Die Grundregel lautet, dass Schärfung angezeigt werden **muss**, Dehnung angezeigt werden **kann** (Maas 1989; Eisenberg 1993). Die Beispielliste in 1 demonstriert dieses Verhältnis.

(1) Markierung von Dehnung und Schärfung Kernwortschatz

a. Dehnung nicht markiert	b. Dehnung markiert
Rate – Ratte	*Aase – Asse*
Bake – Backe	*Bahre – Barre*
Mate – Matte	*Beete – Bette*
Fete – Fette	*Kehle – Kelle*
Schote – Schotte	*Speere – Sperre*
None – Nonne	*Riese – Risse*
Krume – Krumme	*Höhle – Hölle*
Buße – Busse	*Buhle – Bulle*

Bei den Formpaaren in 1a wird nur Schärfung besonders markiert, bei denen in 1b ist auch die Dehnung markiert. Etwas durchaus Vergleichbares findet sich in großen Gruppen von Fremdwörtern. Allerdings sind die Dehnungsschreibungen gegenüber dem Kernwortschatz noch weiter reduziert und Schreibungen wie die Verdoppelung von Konsonantbuchstaben sind teilweise nicht wie im Kernwortschatz durch Schärfung motiviert. Wir kommen darauf zurück und betrachten zunächst die Haupttypen von Dehnungsgraphien, um zu verdeutlichen, warum sie nicht oder nur in reduzierter Form im Fremdwortschatz auftreten. Danach folgt die Besprechung der Schärfungsgraphien, einschließlich verschiedener Typen der Gemination von Konsonantbuchstaben.

Dehnungsgraphien

Die regelmäßigste Dehnungsgraphie des Kernwortschatzes ist das silbenöffnende *h* wie in *Rahe*, *Zehe*, *Höhe*, *Ruhe* (7.1). Es tritt immer dann auf, wenn im phonologischen Wort der Kern einer Reduktionssilbe unmittelbar auf einen betonten, gespannten Vokal folgt (['ʀɑːə], ['tseːə] usw.). In Abschnitt 4.4 wurde gezeigt, dass dies eine Form von Hiat ist, die phonologisch nicht überbrückt wird. Eine Markierung durch das silbenöffnende *h* ist funktional, weil sie visuell schlecht analysierbaren graphematischen Wörtern wie **Rae*, **Zee* als *Rahe* und *Zehe* ein gut analysierbares (lesbares) Profil gibt. Ganz allgemein steht das *h* am Beginn der zweiten Silbe des graphematischen Wortes (*Ra-he*, *Ze-he*). Aus dieser Position gewinnt es seine Funktion und seine Bezeichnung als silbenöffnend.

Vergleichbare phonologische Wortformen gibt es bei den Fremdwörtern nicht oder fast nicht. Am nächsten verwandt sind Wörter wie *Chaos*, *Neon*, *Duo*, bei denen der Hiat wie eben dem betonten, gespannten Vokal folgt. Aber zum einen hat die unbetonte Silbe nicht einen Reduktions-, sondern einen Vollvokal. Der entsprechende Vokalbuchstabe wird viel leichter als Kern einer eigenen Silbe erkannt als beim *e* für Schwa. Darüber hinaus kann der Akzent bei Wörtern derselben Wortfamilie in Ableitungen nach rechts verschoben werden, z.B. *Cháos – chaótisch*, *Dúo – Duál*. Damit liegt eine grundsätzlich andere Struktur vor, eine, die das silbenöffnende *h* nicht verträgt. Schreibungen wie **Chahos*, **Nehon*, **Duho* wären disfunktionale graphematische Integrationen, die zudem die Herkunft der Wörter verdunkeln und ihren Status als Internationalismen beeinträchtigen würden.

Noch einfacher liegen die Verhältnisse beim silbenschließenden oder Dehnungs-*h*. Im prototypischen Zweisilber des Kernwortschatzes kann es vor einfachem Sonorantgraphem stehen wie in *Sahne*, *Ehre*, *Bohle*, *Muhme*, aber es geht in solchen Kontexten auch ohne Dehnungs-*h*, vgl. *Schere*, *Träne*, *Dole*, *Krume*. Etwa in der Hälfte der möglichen Fälle steht ein Dehnungs-*h*, in der anderen Hälfte steht es nicht. Diese Dehnungsmarkierung ist trotzdem nicht einfach funktionslos und Ausdruck von Willkür (dazu z.B. Maas 1992; Primus 2000; Neef/Primus 2001). Aber selbst wenn man gute Gründe dafür nennen kann, dass ein Dehnungs-*h* nur in den genannten Kontexten vorkommt, ist es nicht zwingend. Dies allein dürfte ausreichen, das Dehnungs-*h* in fremden Wörtern mit den entsprechenden Eigenschaften nicht zu verwenden und beispielsweise *Garnele*, *Finale*, *Parole* oder *Sirene*, *Soutane*, *Kanone* zu **Garnehle*, **Sirehne* usw. zu integrieren. Solche Schreibungen wären willkürlich, eine Funktionalität ist nicht erkennbar.

Etwas anders liegen die Verhältnisse beim *ie* und den Verdoppelungen von Vokalgraphemen. Das in Stämmen des Kernwortschatzes regelmäßig auftretende *ie* für betonten, gespannten Vokal (*Biene, Friede, Miete*) kommt in vergleichbaren fremden Stämmen so gut wie nicht vor (*Maschine, Ägide, Termite*). Dagegen kommt es sehr wohl in Suffixen, vor allem in *ie* (*Anatomie, Utopie, Batterie*) und *ier* mit seinen Varianten (*quittieren, fanatisieren, modifizieren*) vor. Hier hat sogar eine graphematische Integration stattgefunden. Noch Fontane schrieb *quittiren*. Die Integration kann man möglicherweise damit erklären, dass Fremdsuffixe der genannten Art vom Wortende her gesehen manche Eigenschaften mit heimischen Stämmen teilen. Eins der hervorstechenden Merkmale ist ja ihre Betontheit. Deshalb gibt es vom Wortende her beispielsweise keinerlei Unterschied bei der Bildung der Personalformen zwischen *gieren* und *stieren* einerseits sowie *dirigieren* und *investieren* andererseits (5.4). Wir kommen auf diesen Vergleich zwischen nativen Stämmen und Fremdsuffixen unten bei den Schärfungsgraphien zurück.

Ähnlich reduziert ist bei Fremdwörtern die Verdoppelung von Vokalgraphemen. Während im Kernwortschatz immerhin *aa* (*Haar*), *oo* (*Moor*) und *ee* (*Speer*) in Stämmen auftreten, kommt als Dehnungsgraphie mit entsprechender Aussprache in Fremdwörtern vor allem *ee* als Suffix vor (*Allee, Komitee, Püree*, dazu die Beispiele in 6, Abschnitt 7.2). Insgesamt lässt sich feststellen, dass wir in den Fremdwörtern Dehnungsgraphien vor allem bei einigen Derivationssuffixen vorfinden. Von den Dehnungsgraphien des Kernwortschatzes geht kaum ein Integrationsdruck aus. Sehr viel differenzierter ist die Situation bei den Schärfungsgraphien, denen wir uns jetzt zuwenden (das Folgende stützt sich vor allem auf August 1987 und Eisenberg 2002; s.a. Sternefeld 2000; Neef 2002).

Schärfungsgraphien: Gelenkschreibung in einfachen Wörtern

Im Kernwortschatz wird scharfer Silbenschnitt im geschriebenen Wort dann markiert, wenn das gesprochene Wort einen ambisilbischen Konsonanten (Silbengelenk, 4.1.1) enthält. Beim Prototyp tritt das Gelenk als einzelner Konsonant zwischen betontem, ungespanntem Vokal und Schwa auf. In der phonologischen Form [ˈkanə] gehört das [n] zu beiden Silben, d.h. die Form besteht aus den Silben [kan] und [nə], wobei das [n] eben ambisilbisch ist. Das graphematische Wort enthält an dieser Stelle eine Geminate (*Kanne*). Gemination ist die verbreitetste Schärfungsgraphie im Kernwortschatz (2a), aber es gibt auch andere Formen (2b). Allen gemeinsam ist, dass einem Gelenk mehrere Buchstaben entsprechen. Für die Gelenkschreibung macht es keinen Unterschied, ob das Gelenk in der Grundform (*Kanne, Hammer*) oder erst in einer Flexionsform, der sog. Explizitform, erscheint (*des Balles, die Herren*).

(2) Gelenkschreibungen Kernwortschatz
  a. *Klappe, Ratte, Robbe, Kladde, Dogge, Affe, Masse, Memme, Kanne, Kralle, Karre*
  b. *Backe, Bache, Masche, Wange, Katze*

Die Gelenkschreibungen aus 2 kommen prinzipiell auch in Fremdwörtern vor, wenn die entsprechende Wortstruktur vorliegt. 3a,b gibt je ein Beispiel analog zu 2a,b. Fälle wie die in 3b sind allerdings selten. Weitere Gelenkschreibungen in Fremdwörtern finden sich in 3c,d. Auch sie sind selten. Insgesamt kann man sagen, dass im Wesentlichen nach den Regeln der Kerngrammatik verfahren wird. Im Vergleich zum Kern enthalten Fremdwörter lediglich einige offenbar aus anderen Sprachen übernommene Schärfungsgraphien. Gelegentlich kommen auch Einzelbuchstaben in Gelenkposition, aber nur, wenn sie einen markierten Status im Gesamtsystem haben (z.B. *Mixer, Cover*).

(3) Gelenkschreibungen Fremdwörter
  a. *Xanthippe, Rabatte, jobben, Shredder, Pirogge, Karaffe, Melasse, Kaschemme, Antenne, Koralle, Zigarre*
  b. *Baracke, Epoche, Gamasche, Diphthonge, Haubitze*
  c. *Kokke, Skizze*
  d. *Smashe* (Pl von *Smash*), *Flashe* (Pl von *Flash*), *Mestize, Matrize*

Betrachten wir jetzt noch einmal den wichtigsten Fall von Gelenkschreibung, die Gemination von Konsonantbuchstaben, getrennt nach Hauptwortarten. 4a,b enthält Substantive, 4c,d Adjektive und 4e Verben.

(4) Gemination in Substantiven, Adjektiven und Verben
  a. *Etappe, Xanthippe, Marotte, Kalotte, Pantoffel, Antenne, Pastille, Kontrolle, Zigarre, Gitarre*
  b. *Galoppes, Skelette, Fagottes, Kompottes, Prozesse, Kolosse, Tyrannen, Appelle, Metalle, Vasallen, Modelle, Rebellen, Atolle*
  c. *saloppes, violettes, kaputtes, komplettes, bigottes, bizarres*
  d. *hippes, toppes, fittes, hottes*
  e. *steppen, jobben, jetten, cutten, chatten, jazzen, puzzeln, killen*

Alle Geminationen in 4 entsprechen der Kerngrammatik, er handelt sich um echte Gelenkschreibungen. Die Substantivstämme in 4a enden auf Trochäus; die in 4b sind endbetont, aber sie haben silbische Flexionsendungen und damit ebenfalls auslautende Trochäen im Flexionsparadigma (*Skelett – Skellettes – Skelette* usw.). Die Geminationsregel der Kerngrammatik ist so stark, dass sie unabhängig von der Schreibung in der Gebersprache greift. Im Französischen schreibt man beispielsweise *étape, guitare, banquet, métal* und auch unter Bezug auf das Lateinische, Griechische oder Englische kommt man meist nicht weiter. Die Wörter werden, wenn erforderlich, ins deutsche Kernsystem integriert. Dass Gelenkschreibung ausschlaggebend ist, sieht man auch umgekehrt an Wörtern, die nicht integriert werden. Die Substantive in 5 sind endbetont, sie haben aber keine silbische Flexionsendung (*Hotel – Hotels*). Gemination ist deshalb nicht möglich (s.a. 5.2).

(5) Vermeidung von Gemination
Hotel, April, Madam, Karbid, Relief, Lampas (ein Damastgewebe), *Graphit, Habit*

Im Allgemeinen gilt also: Eine Integration in das Flexionssystem mit silbischen Flexionssuffixen geht, was die Gelenkschreibung betrifft, Hand in Hand mit graphematischer Integration.

Ganz vergleichbar verhalten sich die Adjektive des traditionellen Fremdwortschatzes in 4d. Wenn erforderlich wird integriert, etwa bezüglich französischer Schreibungen wie *violet* (féminin *violette*), *complet, bigot*. Und einmal integriert, werden alle Formen einschließlich der Kurzform mit Geminate geschrieben. Genau in diesem Punkt gibt es einen prinzipiellen Unterschied zu den Anglizismen in 4d. Adjektive wie *fit* oder *hot* kommen ohne Geminate aus dem Englischen und werden zunächst auch so (d.h. prädikativ und vielleicht adverbial) verwendet: *Die Mannschaft ist fit*; *Er war hot, als jeder cool sein wollte* (Carstensen/Busse 1996: 682). Wird ein solches Wort flektiert, dann muss auch geminiert werden (*die fitte Manschaft*; *der hotte Tip*; *ein hipper Typ*), aber die Gemination wird nicht auf die Kurzform ausgedehnt. Sie bleibt wie sie ist und sie bleibt damit auf das Englische bezogen. Die Geminationsregel wirkt nur, wo es unvermeidlich ist. Die Orthographie bleibt an dieser Stelle flach. Um Missverständnisse zu vermeiden, fügen wir hinzu: es wird nicht behauptet, dass *ein hipper Typ* besonders gutes Deutsch sei. Es geht nur um die Geminationsregel.

Wie die Adjektive so sind auch die anglizistischen Verben in 4e nicht von solchen des Kernwortschatzes zu unterscheiden, was die Silbenzahl betrifft. Den typisch fremden Mehrsilber wie bei den traditionellen Fremdwörtern gibt es bei den morphologisch einfachen Verbstämmen kaum. Da der einsilbige Verbstamm immer zweisilbige Formen mit Schwasilbe im Flexionsparadigma hat, muss auch immer geminiert werden (*step+ – wir steppen, job+ – jobben* usw.).

Beim Vergleich eines Verbstamms mit einem verwandten Substantivstamm zeigt sich nun, dass der Stamm in einigen Fällen wie im Kernwortschatz immer die Geminate aufweist, in anderen Fällen aber nicht. 6a bringt einige Beispiele aus dem Kernwortschatz, 6b entsprechende Anglizismen. In 6c wird im Verbstamm geminiert, im Substantivstamm aber nicht; 6d bringt weitere Beispiele für Substantive ohne Geminate.

(6) Gemination, Anglizismen

a. *schleppen – Schlepp, fetten – Fett, treffen – Treff, hassen – Hass, spannen – Spann, kämmen – Kamm, quellen – Quell, narren – Narr*

b. *stoppen – Stopp, stressen – Stress, jazzen – Jazz, bluffen – Bluff, grillen – Grill*

c. *flippen – Flip, steppen – Step, shoppen – Shop, jobben – Job, mobben – Mob, cutten – Cut, chatten – Chat, jetten – Jet*

d. *Chip, Flip, Clip, Trip, Hip, Slip, Pep, Web, Flap, Cap, Tap, Flop, Top, Pop, Snob, Kob, Pub, Club, Hit, Bit, Kid, Net, Pad, Pot, Slot, Spot, Bag, Tag, Rag, Mac, Smog, Drug, Jam, Drum, Slum, Run, Fun*

Die Schreibungen in 6b entsprechen zwar denen des Kernwortschatzes, sind aber eher untypisch für Anglizismen. Sie kommen dadurch zustande, dass aus irgendwelchen Gründen schon im Englischen Gemination vorliegt oder dass die Orthographiereform wie bei *Stopp* und *Tipp* willkürlich Schreibungen verändert hat. Viel häufiger ist der Fall 6c. Das Substantiv ist flexionsmäßig nicht vollständig integriert, es folgt der *s*-Flexion und hat damit keine silbischen Flexionssuffixe (z.B. *der Job – des Jobs/*Jobbes, – die Jobs/*Jobbe*). Dasselbe gilt für die große Zahl von Substantiven des Typs 6d. Für einige gibt es verwandte Wörter mit Gelenkschreibung, für andere nicht. Für die Schreibung des einsilbigen Substantivs ist das ohne Belang. Man sieht hier wieder, wie die Integration von Schreibung und Flexion aneinander gebunden sind. Ein Übergang zur starken Flexion mit *es* in *Gen Sg* und *e* im Pl würde etwa für *Job* unweigerlich zur Schreibung *Jobb* führen (dazu weiter Neef 2003: 113ff.). So aber bleibt ein Zug der flachen Orthographie des Englischen im Deutschen erhalten.

Fassen wir zusammen. Gelenkschreibungen allgemein und die Verdoppelung von einfachen Konsonantgraphemen im Besonderen werden in morphologisch einfachen Fremdwörtern im Wesentlichen nach den Regeln der Kerngrammatik realisiert. Domäne für das morphologische Prinzip (Konstantschreibung von Stämmen) ist in der Regel das Flexionsparadigma.

Gemination in einfachen und suffigierten Wörtern

Im Kernwortschatz gibt es eine Reihe von Einheiten, die wie Suffixe aussehen und auch manche ihrer Eigenschaften haben, die aber keine Suffixe sind. Einige von ihnen haben einen Vollvokal und sind, wie native Suffixe generell, betonungsneutral. Zu ihnen gehören *ich* und *ig*, beide mit ungespanntem [ɪ]. Folgen sie einer geeigneten Stammsilbe, so wird geminiert (7a, b).

(7) Gemination in Zweisilbern, Kernwörter
   a. *Bottich, Drillich, Lattich, Rettich, Sittich, Teppich*
   b. *Essig, Pfennig, billig, knorrig, mollig, ruppig, struppig, üppig*
   c. *pappig, fettig, massig, griffig, stimmig, sinnig, wollig, sperrig*

In 7c finden sich Wörter, die, anders als in 7b, das Derivationssuffix *ig* enthalten. Für die Gemination entsteht dadurch keine neue Situation. Alle Wörter in 7 kommen dem Prototyp in 2 nahe. Etwas anderes als Gemination kommt nicht in Frage.

Unter den Wörtern, die fremd oder möglicherweise fremd sind, gibt es mehrere Typen mit ähnlicher Struktur. Die wichtigsten zeigt 8.

(8) Gemination in Zweisilbern, fremde Wörter
   a. *Mokka, Pizza, Villa*
   b. *Gummi, Brummi, Molli, Rolli, Tussi*
   c. *Cello, Lasso, Sakko*
   d. *Akku*
   e. *Buggy, Bunny, Hobby, Lobby, Paddy, Teddy*
   f. *Mobbing, Pudding, Shopping, Setting*

Morphologisch haben die Wörter einen ganz unterschiedlichen Status. So wird man das *i* in *Brummi* als Derivationssuffix (6.2.1) und das Wort möglicherweise als nicht fremd ansehen wollen, nicht aber das in *Gummi*. Ähnlich bei *Mobbing* vs. *Pudding* (6.2.2). *Akku* ist ein Kurzwort, *Villa* dagegen als ganzes Wort entlehnt. Solche Unterschiede sind für die Schreibung ohne Belang: Sind die strukturellen Bedingungen erfüllt, dann wird geminiert. Auch solche Wörter kommen dem nativen Prototyp in 2 nahe.

Betrachten wir nun die Gemination in Suffixen und suffixähnlichen Einheiten selbst. Unter den nativen, betonungsneutralen gibt es einige, für die Gemination schon wegen ihrer graphematischen Substanz nicht infrage kommt. Dazu gehören etwa *isch* (*kindisches*), *lich* (*freundliches*) und *ung* (*Neigungen*), die mit einem Mehrgraphen enden. Das ist anders bei *in* und *nis*. Beide haben wie die übrigen genannten einen ungespannten Vokal, aber danach nur **einen** Konsonantbuchstaben. Im prototypischen Vorkommen tragen sie einen Nebenakzent. Folgt ihnen unmittelbar ein weiterer unbetonter Vokal, so befindet sich der auslautende Konsonant in Gelenkposition und es wird geminiert: *Léhrerìnnen, Híndernìsse* (9a, b). Nach ihrem Muster verhält sich auch eine Reihe von Fremdwörtern (9c,d).

(9) Gemination nach Suffixen und suffixähnlichen Einheiten
   a. *Énkelin – Énkelìnnen, Rússin – Rússinnen*
   b. *Erfórdernis – Erfórdernìsse, Zeúgnis – Zéugnisse*

c. *Ánanas – Ánanàsse, Álbatros – Álbatròsse, Fídibus – Fídibùsse, Ómnibus – Ómnibùsse*
d. *Átlas – Átlasse, Íltis – Íltisse, Glóbus – Glóbusse,*

Die Grundform solcher Wörter hat die Struktur des prototypischen Mehrsilbers im Kernwortschatz, analog sind etwa *Russen – Russin, Wagner – Zeugnis* usw. Bei silbischen Flexionssuffixen muß dagegen geminiert werden. Ein Wort wie **Enkelinen* würde mit gespanntem [i] und eines wie **Erfordernise* außerdem mit stimmhaftem [z] gelesen. Deshalb wird bei [s] im Auslaut auch dann geminiert, wenn das Wort nicht auf Trochäus endet (9c). Das morphologische Prinzip der Schreibung ist, was Gemination betrifft, aufgegeben. Offenbar möchte das System betonungsneutrale Suffixe mit Geminaten vermeiden, sodass sie im Kernsystem den Stämmen vorbehalten bleibt. Einen Sonderfall, der aber ebenfalls seine Logik hat, stellt *Bus – Busse* als Kurzwort auf Basis der letzten Silbe von *Omnibus* dar.

Als letzte Gruppe von nativen Derivationssuffixen ist die mit Gespanntheitswechsel des Vokals zu nennen. Dazu gehören *tum, sam* und das schon erwähnte *ig.* Alle drei enden mit genau einem Konsonanten. Im Wortauslaut können oder müssen sie mit ungespanntem Vokal gesprochen werden, d.h. wir können sagen [ʔainzɑm] oder [ʔainzam] (*einsam*). Ähnlich bei *tum,* und bei *ig* ist der Vokal immer ungespannt: [ʔainɪç] (*einig*). Hängen wir nun ein silbisches Flexionssuffix an solche Formen, dann ist der Vokal in *tum, sam* und *ig* immer gespannt (10a). Anders als in 9 haben wir gerade keine Gelenkposition des Konsonanten, Gemination ist ausgeschlossen. Ähnlich bei den Kurzwörtern in 10b. Im Gegensatz zu 8 ist Gespanntheit neuralisiert, man hört [ˈtʀɑːfo] wie [ˈtʀafo] (*Trafo*), Gemination ist ausgeschlossen.

(10) Gespanntheitsneutralisierung
a. *Eigentum – Eigentumes, einsam – einsames, einig – einiges*
b. *Trafo, Krimi*
c. *Kredite, Semiten, Leviten, Parasiten, Institute, Statuten, Rekruten, Kritiken, Domestiken*

Auch einige weitere Gruppen von fremden Wörtern verhalten sich so (10c), und das, obwohl ihre suffixähnlichen Bestandteile wie *it, ut* und *ik* betont sind. Aber ob es sich um Suffixe handelt, ist unklar. Die Einheiten haben einen Zwischenstatus, der darin zum Ausdruck kommt, dass auch ihre Aussprache schwankt. Wir hören [kʀɛˈdɪtə] wie [kʀɛˈditə] (*Kredite*). Mit der Möglichkeit, den Vokal als gespannten zu artikulieren, ist Gemination in dieser Position ausgeschlossen. Es scheint auch keine Integrationsbewegung in Richtung *Kreditte, Institutte, Fabricken* analog der für 4 festgestellten zu geben.

Für die bis jetzt behandelten Positionen eines Konsonanten zwischen der letzten und der vorletzten Silbe des Wortes ergibt sich insgesamt: Nimmt der Konsonant eine Gelenkposition ein, dann entspricht ihm im graphematischen Wort eine Gelenkschreibung. Eine Gelenkposition ist die zwischen einer betonten und unbetonten Silbe. Die betonte Silbe kann den Hauptakzent des Wortes, aber sie kann auch einen Nebenakzent tragen. Gelenkschreibungen zwischen zwei prinzipiell unbetonten Silben sind uns bisher außer bei auslautendem [s] nicht begegnet.

Betrachten wir nun das Verhalten der echten Fremdsuffixe, das sind solche, deren Suffixstatus außer Zweifel steht und die den Hauptakzent des Wortes tragen, wenn sie am Wortende stehen. Zwei Hauptgruppen lassen sich unterscheiden.

(11) Gemination betonte Fremdsuffixe
  a. *al* (*globales*), *ial* (*bronchiales*), *ar* (*Archivare*), *är* (*Funktionäre*), *at* (*Diplomat*), *ion* (*Rebellionen*), *ität* (*Raritäten*), *iv* (*aktives*), *os* (*dubioses*), *ös* (*ruinöses*), *ual* (*prozentuales*), *ur* (*Professuren*)
  b. *ell* (*funktionelles*), *iell* (*prinzipielles*), *uell* (*aktuelles*), *ett* (*Etiketten*), *ette* (*Zigarette*), *ess* (*Hostessen*), *esse* (*Delikatesse*)

Das morphologische Verhalten solcher Suffixe wurde in Abschnitt 6.2.4 behandelt, im Augenblick geht es nur um die Schreibung. Beide Gruppen in 11 enthalten, wie zu erwarten, Adjektivsuffixe und Substantivsuffixe, wobei die Silbenschnitteigenschaften eindeutig geregelt sind. In 11a liegt sanfter Schnitt und keine Gelenkschreibung, in 11b scharfer Schnitt und Gelenkschreibung vor. Eine Gespannheitsneutralisierung der einen oder anderen Art gibt es nicht. Die strukturellen Bedingungen des Prototyps 2 sind in 11b erfüllt. Alle Suffixe in 11 sind graphematisch integriert mit durchgängiger Geltung des morphologischen Prinzips. Anders gesagt: Diese Suffixe verhalten sich flexionsmorphologisch und graphematisch wie native Adjektiv- und Substantivstämme, sie werfen keine Probleme auf und wir kommen zur Gemination bei Wörtern mit systematischer Vokalschwächung.

Vokalschwächung und morphologische Geminate

In Abschnitt 4.4 ist ausführlich besprochen worden, wie die Gespanntheit von Vokalen im vortonigen Bereich neutralisiert wird. 12 bringt die beiden Haupttypen in Erinnerung.

(12) Vortonige Vokalschwächung
dirékt – dìrektív
genétisch – gèneréll
modérn – mòderát

Die erste Silbe der links stehenden Wörter geht dem Hauptakzent unmittelbar voraus. Ihr Vokal kann gespannt oder ungespannt artikuliert werden ([i-ɪ, e-ɛ, o-ɔ]). Dabei gilt der gespannte Vokal als der unmarkierte, der ungespannte geht durch Schwächung aus ihm hervor (vortoniges Laxing). Bei den morphologisch jeweils verwandten rechts stehenden Wörtern findet eine vollständige Veränderung der Akzentverhältnisse statt. Die unbetonte erste Silbe ist jetzt nebenbetont, die hauptakzentuierte zweite ist unbetont und die dritte (letzte) trägt den Hauptakzent. Bei der nebenbetonten ersten kann wieder Vokalschwächung eintreten. Insgesamt kommt die Schwächung also ganz systematisch in unbetonten wie in nebenbetonten Silben vor. Dabei treten in nebenbetonten ambisilbische Konsonanten auf, aber das führt natürlich nicht zu Gemination. Schreibungen wie *dirrektiv* und in der morphologischen Folge gar *dirrekt* widersprechen der Logik des Systems, sie würden die Aussprache mit gespanntem Vokal ausschließen. Der mit 12 illustrierte Zusammenhang ist bei einer großen Zahl von Adjektiven und Substantiven zu beobachten.

13 zeigt nun, dass es zahlreiche Wörter mit der phonologischen Struktur von 12 gibt, die dennoch Geminaten enthalten. Die Verdoppelung ist vorhanden, obwohl die erste Silbe mit gespanntem und ungespanntem Vokal gesprochen werden kann.

(13) *Rabbiner, Mettage, Ottilie, Makkaroni, Mammalia, Mannit, Zinnober, Milliarde, Mellotron, Ballast, Terrasse, Barrikade, Borreliose, Kurrende*

Die Stämme in 13 werden mit Geminate geschrieben, weil sie so entlehnt wurden. Das Bemerkenswerte ist deshalb weniger die Geminate selbst als die Tatsache, dass sie trotz Geminate der Schwächung vom gespannten Vokal her und damit einem phonologischen Integrationsprozess unterworfen werden. Ihre Schreibung ist im Deutschen systemwidrig, wenn man die Wörter in Isolierung betrachtet. Bei vielen von ihnen wird sie einfach dadurch stabilisiert, dass ihre Stämme als Internationalismen fungieren (*Makkaroni, Milliarde*). Bei anderen kommen verwandte Wörter mit Silbengelenken hinzu (*Rabbiner – Rabbi, Ottilie – Otto, Terrasse – Terra*). Aber natürlich bleiben solche Strukturen auch graphematisch einem gewissen Integrationsdruck ausgesetzt und werden oft genug tatsächlich integriert. Beispiele sind *Pomade, Barett, Perücke, Sonett* aus frz. *pommade* (‚Salbe mit dem Apisapfel als Bestandteil'), *barrette, perruque, sonnet.* Hier behält also Phonologisches die Oberhand, während bei den Schreibungen mit Geminate das Morphologische und Etymologische den Ausschlag gibt.

Der letzte, ebenfalls verbreitete Typ von Geminate steht strukturell am weitesten links im Wort, nämlich an der Grenze zwischen einem Präfix und dem Stamm. Die meisten der Präfixe sind von griechischen oder lateinischen Präpositionen mit genau einem Konsonanten im Auslaut abgeleitet, z.B. *ad* und *in*. Eine Verdoppelung kommt auf zweierlei Weise zustande. Einmal können Auslaut und Anlaut übereinstimmen (*Ad+dition*, *Ad+duktion*). Noch häufiger ist der Fall, dass der Auslaut des Präfixes dem Anlaut des Stammes assimimliert wird, z.B. *Ad+firmation* > *Affirmation*, *Ad+similation* > *Assimilation*. 14 stellt die wichtigsten Bildungstypen zusammen.

(14) Präfixgemination

ab	*Abbreviation*	
ad	*Adduktion*	*Affirmation*
dis	*Dissimilation*	*Differenz*
in	*Innovation*	*Illustration*
kon	*Konnotation*	*Kollokation*
ob		*Okkupation*
sub	*Subboreal*	*Suggestion*
syn		*Symmetrie*

Die linke Spalte enthält Beispiele für einfache Präfigierung, die rechte solche mit Assimilation des Präfixes. Nicht alle Felder sind besetzt. Einige der hier wirksamen Regularitäten wurden im Rahmen der Wortbildung besprochen (6.3).

Alle Präfixe haben einen ungespannten Vokal. Insofern ist die Gemination nicht nur als morphologische Erscheinung anzusehen, sondern sie ist auch mit den phonologischen Verhältnissen verträglich. Das Präfix kann weit in den Stamm integriert werden. Insbesondere bei Assimilation kann es dazu kommen, dass ein Präfix nicht mehr erkannt wird, die Wörter werden dann wahrgenommen wie die in 13. Das könnte etwa der Fall sein bei *Dissens, illuster, Kolleg, okkult, suffigieren.* In der Folge kommt es manchmal zum Gegenteil von Vokalschwächung. Wie in 13 spricht man die erste Silbe mit gespanntem Vokal, obwohl eine Geminate vorhanden ist und diese auch noch an einer morphologischen Grenze liegt. Lautungen wie [koˈleːgə] (*Kollege*) oder [ʔoˈkʊlt] (*okkult*) sind keineswegs ausgeschlossen. Die morphologische Funktion der Fuge geht damit verloren, aber die morphologisch ‚richtige' Segmentierung vieler Fremdwörter ist ja auch in vielen anderen Zusammenhängen ziemlich bedeutungslos. Wie oben setzt sich ein phonologisches Muster gegenüber einem morphologischen durch.

Fassen wir zusammen. Gelenkschreibung und insbesondere die Verdoppelung von Konsonantbuchstaben folgt in wesentlichen Teilen der Geminationsregel für die Kerngrammatik. Vor allem am Wortende in morphologisch einfachen Stämmen wie in betonten Suffixen kommt sie zum Tragen und entfaltet eine erhebliche integrative Kraft. Je weiter man im Wort nach links fortschreitet, desto wichtiger wird die morphologische Funktion der Geminate. Vokalschwächung ist gemeinsam mit den Mechanismen zur Akzentverschiebung dafür verantwortlich, dass Gelenkschreibungen nicht vorkommen bzw. entlehnte Gelenkschreibungen beseitigt werden. Die integrative Kraft der nativen Geminationsregel nimmt von rechts nach links ab. Wie in anderen Zusammenhängen (Wortakzent, Flexion, Derivation durch Affixe, aber nicht Komposition) erweist sich das Deutsche als Sprache, die ihre Wortformen und Wörter von rechts nach links strukturiert.

7.4 Silbentrennung

Trennungsregeln

Die Silbentrennung ist im Deutschen durch ein spezielles Verhältnis zur geschriebenen wie zur gesprochenen Form von Wörtern gekennzeichnet. Ihre Grundlage findet sie in folgender Formulierung des amtlichen Regelwerks (Regelwerk 2006: 105): „Mehrsilbige Wörter kann man am Ende einer Zeile trennen. Dabei stimmen die Grenzen der Silben, in die man die geschriebenen Wörter beim langsamen Vorlesen zerlegen kann, gewöhnlich mit den Trennstellen überein." Vorlesen führt zweifellos zu mündlichen Äußerungen, aber diese sind nicht nur schriftnah, sondern geben Geschriebenes wieder. Man spricht nicht wie gedruckt, sondern Gedrucktes. Bei den meisten Sprechern führt das dazu, dass sie auch anders artikulieren, als wenn sie beispielsweise langsam und deutlich sprechen, ohne etwas vorzulesen. Gerade dieser Unterschied ist in einigen Fällen für die Zerlegung der Formen in Schreibsilben verantwortlich, die bei Silbentrennung erfolgt.

Für den Kernwortschatz lässt sich die zitierte Beschreibung in zwei Hauptregeln wie 1 und 2 bündig in Trennanweisungen überführen. Das amtliche Regelwerk benötigt etwas mehr Regeln, sagt aber damit dasselbe. Die im Folgenden angegebenen Trennmöglichkeiten stützen sich, wenn nichts anderes gesagt wird, auf Duden 2009 und Wahrig 2009.

(1) Morphologische Trennungsregel
  a. Komposita und Wortformen mit Präfixen oder Verbpartikeln können an der entsprechenden morphologischen Grenze getrennt werden.
  b. *Back-blech, Stuhl-lehne, Bett-tuch, Hoch-bett-leiter, be-gleiten, ent-sagen, ver-leimen, durch-trennen, durch-sagen, um-kehren, nach-beten, durch-ge-trennt, not-ge-landet, ge-staub-saugt, staub-ge-saugt, Fahndungs-er-folgs-ge-heimnis*

Die Regel erfasst nur Fälle, in denen die Silbengrenze mit einer morphologischen Grenze zusammenfällt. Sie ist insofern interpretationsbedürftig: Getrennt werden kann nicht, weil eine morphologische Grenze vorhanden ist, sondern weil diese in den genannten Fällen am selben Ort liegt wie eine Silbengrenze. Die Beispiele in 1b zeigen nicht alle, sondern nur die Trennstellen, die sich aus 1a ergeben. Die übrigen ergeben sich aus 2a.

(2) Ein-Graphem-Regel

a. Für alle Wortformen, deren Trennung nicht durch 1a geregelt ist, gilt: Zwischen zwei Vokalgraphemen, die unmittelbar aufeinander folgen und zu verschiedenen Silben gehören, kann getrennt werden. Stehen zwischen ihnen Konsonantgrapheme, dann kommt das jeweils letzte zur zweiten Silbe.

b. Vokalgrapheme folgen unmittelbar aufeinander: *Feu-er, kau-en, Knäu-el, Trau-ung*
Ein Konsonantgraphem zwischen ihnen: *Bu-de, Hü-te, lie-gen, lie-ge, ge-hen, Kü-che, Du-sche, trau-rig, Deh-nung, Neu-heit*
Zwei Konsonantgrapheme zwischen ihnen: *Kin-der, Boh-ne, Kummer, Kat-ze, Ker-ze, Kir-che, sin-ge, tran-ken, leg-te, neb-lig, Reichtum*
Drei Konsonantgrapheme zwischen ihnen: *Gins-ter, Karp-fen, wank-te, wünsch-te, freund-lich, dehn-bar, Herr-schaft*

Auch die zweite Regel nimmt nicht direkt Bezug auf Lautliches. Mit dem in Abschnitt 7.1 etablierten Graphembegriff bleibt man ganz bei den geschriebenen Wortformen. Zur Bestimmung der Trennstellen werden Grapheme abgezählt. Das führt so lange nicht zu Problemen, wie ein Konsonantgraphem sich auch auf einen Konsonanten bezieht. Das ist bei den Fremdwörtern nicht immer der Fall, und daraus ergeben sich Schwierigkeiten (s.u. 4).

Im Folgenden sprechen wir der Einfachheit halber für 1a von der morphologischen und für 2a von der silbischen Trennungsregel. Beide Regeln zusammen führen fast immer zu Ergebnissen, die mit dem Sprachwissen des normalen Schreibers und Lesers zumindest einigermaßen verträglich sind. Damit ist gemeint, dass die Syllabierung der gesprochenen (vorgelesenen) Form zur Silbentrennung der geschriebenen Form passt. Unverträglich sind beide etwa dann, wenn die Struktur eines Kompositums nicht mehr ohne Weiteres erkennbar ist wie in *Kleinod*. Um jeden Konflikt zu vermeiden, lässt das amtliche Regelwerk sowohl morphologisch-historische Trennung (*Klein-od*) als auch silbische Trennung zu (*Klei-nod*). Dasselbe gilt für Pronominaladverbien und Fragepronomina des Typs *her-auf/he-rauf, dar-an/da-ran, war-um/wa-rum* sowie einige andere Pronomina. Was als die ‚korrekte‘

morphologische Analyse anzusehen sei, ist hier gelegentlich schwer zu beantworten. Das amtliche Regelwerk geht der Schwierigkeit aus dem Weg, indem es mit einer Toleranzregel den subjektiven Faktor ins Spiel bringt (nach Regelwerk 2006: 107).

(3) Toleranzregel
Sowohl morphologisch als auch silbisch können solche Wortformen getrennt werden, „die sprachhistorisch oder von der Herkunftssprache her gesehen Zusammensetzungen oder Präfigierungen sind, aber nicht mehr als solche empfunden oder erkannt werden, …"

Es kommt nicht darauf an, was der Fall ist, sondern was empfunden oder erkannt wird. So etwas ist zweifellos eine normative Regelung besonderer Art.

Die drei Regeln sollen so weit wie möglich auch für die Silbentrennung bei Fremdwörtern herangezogen werden. Dabei gewinnt die Toleranzregel herausragende Bedeutung, aber auch die silbische Trennung führt in zahlreichen Fällen zu Schwierigkeiten. Beginnen wir mit letzterer.

Silbische Trennung bei Fremdwörtern

Wie zu erwarten funktioniert die silbische Trennung im größten Teil des Fremdwortschatzes problemlos. Formen wie *Dä-mo-nen, Fre-gat-te, Fa-kul-tät, Ban-king, Man-ne-quin, Kon-voi, stor-nie-ren, me-di-zi-nisch, punk-tu-el-les* trennt man intuitiv richtig. Auch die Verwendung fremder Grapheme (7.2) fügt sich im Allgemeinen der Regel, wir trennen *Gra-phik, Pa-thos, My-thos, Rhyth-mus, to-xisch, Chan-ce, Re-gie* usw. Unproblematisch sind auch Fälle, in denen die geschriebene Form zweisilbig, die gesprochene nur einsilbig ist. Anglizismen wie *Shake, Byte, Dope* sind nicht trennbar (7.2). Probleme treten auf, wenn die Silbifizierung bei gesprochenen fremden Mehrsilbern nicht in derselben Weise wie bei Kernwörtern auf die geschriebene Form bezogen werden kann. Einige Fälle dieser Art zeigt 4.

(4) Silbische Trennung, Fremdwörter
a. *Power, Tower, Chewing, Drawing*
b. *Dossier, Mission, Pension, jovial, sozial, kapriziös, eventuell*
c. *Potential, potentiell, Nation, Station, Aktie, infektiös*
d. *Kampagne, Lasagne, Champignon, Medaille*
e. *Zyklus, Stagnation, Publikum, Recycling, Magnet, Signal*
f. *Arthrose, Hydrant, Nitrat, Porträt, Kastrat, monströs, konkret*

Die silbische Trennung von *Power* führt beim Anglizismus zu *Po-wer*, während im Englischen *pow-er* gilt. Duden 2009 lässt *Po-wer* und *Pow-er* zu, d.h. er berücksichtigt sowohl die Schreibweise als auch die Aussprache. Wahrig

2009 hat nur *Pow-er*. Dem *w* entspricht im Englischen der Approximant [ʋ] (4.2), im Anglizismus wird *ow* zum Diphthong [au]. Lautlich befindet sich weder im Englischen noch im Deutschen ein Konsonant zwischen den Vokalen, aber die eine Silbentrennung des Duden und die einzige des Wahrig tun so, als sei dies der Fall. Bei *Chewing* lassen Duden und Wahrig beide Trennungen zu, also *Che-wing/Chew-ing*. Das Problem bleibt dasselbe. Nur die eine Trennung passt zur Regel 2a.

Bei 4b liegen die Verhältnisse umgekehrt. Die Wörter enthalten ein *i*, das im Deutschen konsonantisch als Frikativ [ʝ] wie in [dɔs.ˈʝeː] (*Dossier*) oder als [v] wie in [ʔe.vɛn.ˈtvɛl] (*eventuell*) gesprochen wird oder das den Kern einer eigenen Silbe bildet. Wieder wird nur die Schreibweise berücksichtigt, der Duden trennt nach Schreibsilben *Dos-si-er, even-tu-ell*, Wahrig wieder eher nach Sprechsilben *Dos-sier*, aber dann ebenfalls *even-tu-ell*. Ähnlich beim Duden in *Me-di-en, Gro-bi-an* und vergleichbaren Fällen. Der normalen Aussprache entspricht das nicht.

In 4c kommt hinzu, dass der dem *i* vorausgehende Buchstabe *t* im gegebenen Kontext als [ts] gelesen wird, wir sagen nomalerweise [nats.ˈʝoːn] (*Nation*). Dieser Aussprache entspricht beim Duden keine Trennung, es gibt nur *Na-ti-on*, was sich auf eine mögliche, aber seltene Aussprache mit drei Silben beziehen lässt.

Die Wörter in 4d haben die Buchstabenfolge *gn*, die als [nʝ] gesprochen wird. In der Literatur wird so etwas gelegentlich als Linearitätsproblem diskutiert (z.B. Neef 2002: 10), womit gemeint ist, dass die Reihenfolge der Laute nicht der Reihenfolge der Buchstaben entspricht. Im Duden finden sich die Trennungen *Kam-pag-ne* und *Kam-pa-gne*. Die erste ergibt sich durch mechanische Anwendung von 2a. Die zweite erhält man, wenn das *ng* als genau ein Graphem angesehen wird. Das kann man durchaus erwägen (7.2). Ganz mechanisch erfolgt die Anwendung der silbischen Trennung bei *Me-dail-le*. Auf die Aussprache ist diese Syllabierung wiederum nur schwer beziehbar.

Die bisher besprochenen Fälle werden häufig der Regel 2a unterworfen, auch wenn das Ergebnis nicht zur gesprochenen Form passt. Dadurch entstehen fremde Trennungen. Bei Formen wie denen in 4e und 4f hat man den Konflikt nicht auf sich beruhen lassen, sondern eine spezielle Regel für Fremdwörter formuliert. Sie besagt, dass „die Verbindungen aus Buchstaben für einen Konsonanten + *l, n,* oder *r*" entweder nach der Ein-Graphem-Regel getrennt werden können oder zusammen zur folgenden Silbe kommen (Regelwerk 2006: 107). Es darf getrennt werden *Zyk-lus/Zy-klus, Arth-rose/Ar-throse* usw. Dass die Regel gerade die drei Sonorantgrapheme *l, n* und *r* betrifft, ist damit erklärlich, dass die zugehörigen Konsonanten aufgrund hoher Sonorität anlehnungsbedürftig sind (4.1). Dass dies besonders bei Fremdwörtern zum Tragen kommt, liegt an der Variabilität der Silbenstruktur in mehrsilbigen Stämmen.

Ein wenig Willkür steckt trotzdem in der Regel, denn man kann sich fragen, warum Kernwörter wie *knusprig* oder *widrig* nicht *knus-prig* und *wi-drig* getrennt werden dürfen. Wie dem auch sei, bleibt ein deutlicher Unterschied zwischen 4e einerseits und 4f andererseits bestehen. Während man in 4e mit der Ein-Graphem-Regel gut zurechtkommt, ist das in 4f nicht der Fall. Trennungen wie *Arth-rose, Hyd-rant, monst-rös* gehen wohl den meisten Schreibern und Lesern gegen den Strich. Das höchstsonore [ʀ] will sich anlehnen und die vorausgehenden Silben *Ar, Hy* und *mons* sind auch in dieser Form, d.h. ohne das dem *r* unmittelbar vorausgehende Konsonantgraphem, vollständig und wohlgeformt. Wahrscheinlich hätte man die Sonderregel auf 4f beschränken können.

Trotz dieses Hinweises ist die Thematisierung von Trennschwierigkeiten bei Fremdwörtern nicht in erster Linie als Kritik an den geltenden Regeln zu verstehen. Die meisten Schwierigkeiten liegen in der Sache und sind nicht mit einem Federstrich zu beheben. Das gilt in noch größerem Umfang für die Konflikte zwischen morphologischer und silbischer Trennung bei Präfigierungen und Komposita.

Morphologische und silbische Trennung bei Fremdwörtern

Zu erwarten ist, dass von der Toleranzregel am ehesten dann Gebrauch gemacht wird, wenn wenig bekannte Ausdrücke ins Spiel kommen. Zu diesen zählt sicher das Präfix *kata* aus dem Griechischen, das ‚herab, abwärts' bedeutet und eine Transliteration der Buchstabenfolge (ohne Akzent) von gr. κατα ist. Betrachten wir dazu die Trennung von Wörtern mit *kat*, die teilweise dieses Präfix enthalten.

(5) a. *Ka-ta-kombe, Ka-ta-rakt, Ka-ta-strophe, Ka-te-chismus, Ka-te-gorie*
b. *Ka-tharsis, Ka-theder, Ka-thedrale, Ka-thete, Ka-thode, Ka-tholik*

In 5a wird silbisch getrennt. Das führt teilweise zur Abtrennung des Präfixes, z.B. in *Katarakt* (‚niedriger Wasserfall'), nicht dagegen in *Katechismus.* Dieses Wort enthält den Stamm des Verbs *echein*, eine morphologische Trennung wäre *Kat-echismus.* Noch schwieriger wird es für die Morphologie bei einigen Wörtern in 5b. Das *th* sieht aus, als entspreche es gr. ϑ (Theta), dem Buchstaben für aspiriertes [t^h]. Das ist etwa bei *Katharsis* (‚Reinigung') und *Kathete* (‚Seite eines rechten Winkels im Dreieck') auch der Fall, nicht aber bei *Katheder, Katholik* und anderen. Bei ihnen ist das [a] der zweiten Silbe des Präfixes aus prosodischen Gründen synkopiert (weggelassen), es bleibt als Präfixrest *kat.* Das *h* stammt vom Anlaut des folgenden Stammes, sodass die morphologische Trennung *Kat-heder, Kat-holik* wäre. Diese ist aber gar nicht zugelassen.

Bekannter als *kata* ist sicher das Präfix *syn*, das ebenfalls aus dem Griechischen stammt und bedeutet ‚mit, zusammen mit'.

(6) a. *Syn-chronie, Syn-drom, Syn-kope, Syn-kretismus, Syn-tax, Syn-these*
b. *Sy-n-agoge, Sy-n-apse, Sy-n-ergie, Sy-n-ode, Sy-n-opse, Sy-n-özie* (‚Symbiose mehrerer Organismen ohne Schädigung des Wirtstieres')

Bei konsonantischem Anlaut des Stammes (6a) kann so getrennt werden, dass silbische und morphologische Trennung zusammenfallen. Bei wörtlicher Regelanwendung sind allerdings auch **Synch-ronie*, **Synd-rom* usw. möglich, es sei denn, man schließt sie morphologisch aus: Jeder wisse doch, dass *syn* ein Präfix sei und für sich abgetrennt werden müsse. Das sollte dann aber auch für 6b gelten. Bei Wörtern mit vokalischem Stammanlaut ist mit *Sy-nagoge/Syn-agoge* jedoch sowohl silbische als auch morphologische Trennung möglich. In 6b darf etwas empfunden werden, in 6a muss etwas gewusst werden. Was bei *syn* verboten ist, darf bei *in* wieder geschehen. So haben wir *In-trige/Int-rige* (von lat *intricare* ‚verwirren'), aber nur *in-transitiv* und nicht **int-ransitiv*, weil hier *in* offenbar als Präfix erkannt werden soll. Genug der Präfixe.

In Abschnitt 6.4 wurde gezeigt, dass die Gräzismen im traditionellen Fremdwortschatz einen hohen Anteil an den Komposita stellen. Das führt meist nicht zu Trennproblemen. In Wörtern wie *Auto-graph, Demo-skopie, Mikro-phon, Poly-gamie* oder *Toxiko-logie* ergibt sich die Hauptfuge zwanglos als Trennstelle. Oft genug treten aber wieder etymologisch-morphologisches Wissen und silbische Trennung als Alternativen in Erscheinung und in Konkurrenz. Im Prinzip ergibt sich wenig Neues, wir geben nur Hinweise auf einige bekannte Fälle.

Das Wort *Hektar* bedeutet ‚hundert Ar' (10.000 qm) und hat als morphologische Trennung *Hekt-ar*, darf aber auch silbisch als *Hek-tar* getrennt werden. Ein Pädagoge ist von der etymologischen Bedeutung her ein ‚Kinderführer' und wird unter Berücksichtigung der Kompositionsfuge getrennt als *Päd-ago-ge*, silbisch als *Pä-da-go-ge*. Der früher sehr bekannte Fußbodenbelag Linoleum enthält als einen Hauptbestandteil Leinöl und wird so als *Lin-ole-um* getrennt, silbisch als *Li-no-le-um*.

Die Angabe der Trennmöglichkeiten ist gerade bei Gräzismen (wie einigen anderen Gruppen von Fremdwörtern) ein Alptraum und Albtraum für Wörterbuchmacher. Auch bei größtem Bemühen können sie es nicht jedermann recht machen. Leute, die sich mit Eulenspiegeleien wie *Kast-rat, Urin-stinkt, Frust-ration, Anal-phabet, Tee-nager* usw. die Zeit vertreiben, sollten einmal den Versuch unternehmen, ein umfassendes Regelwerk zur Trennung von Fremdwörtern zu entwerfen. Die Regeln sollten von jedermann ohne große Schwierigkeiten verwendbar sein und gleichzeitig dem Sprachwissen mindestens der Griechisch-, Latein-, Französisch- und Englischkenner Genüge tun. Falls sich jemand dazu in der Lage erweist, sehen wir weiter.

8. Zum Schluss: Nähe und Distanz fremder Wörter

Was sollte am Schluss zum Gesamtthema Fremdwort besonders herausgestellt werden? Setzen wir am vorausgehenden Kapitel an. Die Fremdwortschreibung zeigt, wie unterschiedlich das Verhältnis einzelner Gruppen von Fremdwörtern zum Kernwortschatz sein kann. Dessen Orthographie ist im produktiven Bereich konsistent, Schreibregularitäten sind aufeinander bezogen, bauen aufeinander auf und bilden ein transparentes Gesamtsystem. Bei den Fremdwörtern ist das anders. Ihre Schreibung ist nicht regellos, aber die Regeln, nach denen in einzelnen Bereichen geschrieben wird, sind uneinheitlich und werden verständlich erst durch den jeweils spezifischen Bezug zum Kernsystem. Man kann diese Feststellung auf die Grammatik der Fremdwörter verallgemeinern, auch in ihrer Phonologie und Morphologie findet sich eine vergleichbare Disparatheit. Aber die Disparatheit geht darüber hinaus, betrifft auch den Gebrauch von Fremdwörtern und ihre Verteilung auf Varietäten des Deutschen. Aber wie weit ist diese Uneinheitlichkeit eine einheitliche Erscheinung? Und wie lassen sich System und Gebrauch aufeinander beziehen?

Es soll ein Versuch zur Bearbeitung dieser Fragen unternommen werden, nicht im Sinn eines Resümees, sondern im Sinn eines fokussierten Blicks auf das Gesamtthema. Zum Ausgangspunkt machen wir die These, der Kernwortschatz sei unter einer bestimmten Perspektive varietätenlinguistisch prinzipiell als einheitlich, der Fremdwortschatz prinzipiell als uneinheitlich zu kennzeichnen. Um den Unterschied auf einen Begriff zu bringen, stützen wir uns auf das in der Varietätenlinguistik gut etablierte Modell von Nähe- und Distanzkommununikation.

Nähe und Distanz

Der Prototyp von Nähekommunikation zeichnet sich dadurch aus, dass Sprecher und Adressat sich in einer gegebenen Situation unmittelbar verständigen. Man weiß, mit wem man spricht, kennt sich vielleicht, kann sich auf die Sprechsituation beziehen, nachfragen, korrigieren und unterbrechen. Als sprachliche Mittel erscheint, was die Gesprächspartner verwenden und verstehen können: dialektale oder soziolektale Formen sind ebenso möglich wie Wörter mit speziellen Bedeutungen, auf vollständige Sätze kommt es gar nicht an und wer etwas Unverständliches sagt, kann es erläutern. Denn er stellt auf vielerlei Weise fest, ob er verstanden wird.

Distanzkommunikation spielt sich in ihrer reinen Form ab, wo Sprecher oder Schreiber und Adressat nicht unmittelbar kommunizieren. Der Sprecher oder Schreiber muss wissen oder sich vorzustellen versuchen, was der Adressat versteht. Er kann sich nicht auf die Situation beziehen, ohne diese näher zu kennzeichnen. Wenn er den oder die Adressaten nicht kennt, wird er eher das Standarddeutsche als einen Dialekt verwenden und sich so ausdrücken, dass er dabei an einen Adressatentyp und nicht eine bestimmte Person denkt. Seine Sprache wird explizit und allgemeinverständlich.

Ein entscheidender Zug in der neueren Diskussion über Nähe- und Distanzkommunikation besteht darin, Nähe mit Mündlichkeit und Distanz mit Schriftlichkeit in Zusammenhang zu bringen, aber nicht mit ihnen gleichzusetzen. Nähekommunikation wie am Stamm- oder Familientisch findet prototypisch im Gesprochenen statt, kann sich aber auch der Schriftform bedienen, beispielsweise beim Briefschreiben. Distanzkommunikation wie im wissenschaftlichen Austausch oder öffentlichen Sachdiskurs findet meist im Geschriebenen statt, kann sich aber auch des Gesprochenen bedienen. Um beides systematisch zu trennen, unterscheidet man bei der Beschreibung kommunikativer Prozesse einen konzeptionellen Parameter (Nähe – Distanz) von einem medialen (mündlich – schriftlich oder phonisch – graphisch) und kann nun verschiedenen Kommunikationstypen und ihnen zugehörige sprachliche Varietäten in einem Schema der folgenden Art ihren Platz zuweisen.

(1) Konzeptionell und medial gebundene Kommunikation

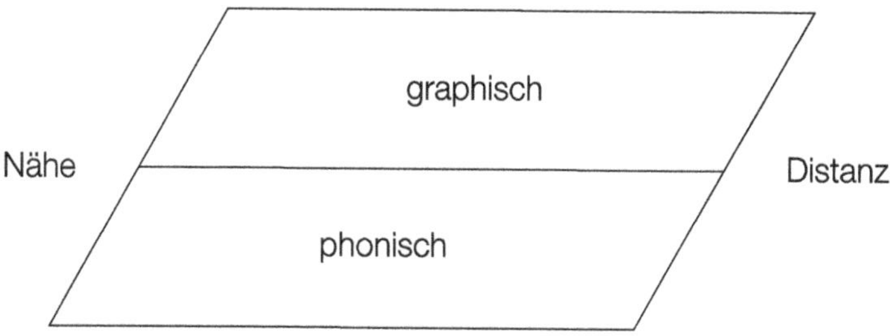

Sprachformen in der unteren Hälfte des Diagramms sind medial mündlich (gesprochen), in der oberen Hälfte medial schriftlich (geschrieben). Liegt eine Sprachform am linken Rand des Diagramms, dann dient sie der Nähekommunikation, liegt sie rechts, dann dient sie der Distanzkommunikation. Der Übergang ist fließend, d.h. eine Sprachform kann mehr oder weniger auf Nähe- oder Distanzkommunikation ausgerichtet sein. Mit der Parallelogrammform wird angezeigt, dass sich echte Nähekommunikation eher mündlich, echte Distanzkommunikation eher schriftlich vollzieht. Links unten ist man bei konzeptioneller und medialer Mündlichkeit, rechts oben bei konzeptioneller und medialer Schriftlichkeit.

Dieses Modell zur Erfassung von Kommunikationstypen und darauf bezogenen Varietäten wurde seit Koch/Österreicher 1985 in einer umfangreichen Literatur ausgefaltet (Koch/Österreicher 1994; 2007; Ágel/Hennig 2010). So besteht seine Bedeutung etwa für die Schriftlichkeitsforschung in der Unterscheidung von Verschriftung (mediale Umsetzung des Gesprochenen in das Geschriebene) und Verschriftlichung (Übergang zu für das Geschriebene charakteristischer Distanzkommunikation). Dabei kann das Ergebnis von Verschriftung, also bei Alphabetschriften der Typ von erreichter Orthographie, selbst als Anzeichen für eine mehr oder weniger weitgehende Verschriftlichung gelten. Wir kommen darauf zurück. Was die Grammatik betrifft, haben beispielsweise Scheerer 1993, Fabricius-Hansen 2003 und Ágel/Hennig 2007 gezeigt, welche Art von Konstruktionen sich bei geschriebener Distanzkommunikation herausbildet.

In einer neuen Arbeit legt Koch (2010) am Beispiel des Lateinischen, Französischen und Deutschen dar, wie sich sprachhistorische Veränderungen mit den Parametern Nähe/Distanz und phonisch/graphisch modellieren lassen. Dabei geht es einmal um die Entwicklung von Einzelsprachen je für sich, aber es geht auch um das Verhältnis von Sprachvarietäten zueinander und um Kontakte zwischen Sprachen. Kochs Darstellung bezieht sich nicht direkt auf Entlehnungsvorgänge, lässt sich aber so lesen. Im Folgenden werden wichtige Stationen der Geschichte des Deutschen aus diesem Blickwinkel rekapituliert (aus der umfangreichen Literatur wird weiter verwiesen auf Knoop 1994; Grubmüller 1998; Polenz 2000: 114ff., 159ff. sowie auf das Kapitel ‚Geschriebene Sprache: Verschriftung und Schriftlichkeit im Deutschen von den Anfängen bis heute' aus Besch/Wolf 2009). Unter derselbsen Perspektive kommen wir dann auf den Status von Entlehnungen aus dem Lateinischen, Französischen und Englischen einschließlich ihrer strukturellen Folgen zu sprechen.

Die Sprachgeschichtsschreibung erzählt das Vordringen einer Sprache in den Distanzbereich und insbesondere in den Bereich konzeptioneller Schriftlichkeit allgemein als Erfolgsgeschichte, auch wenn man sich sonst bewusst jeder Teleologie in Hinsicht auf Sprachentwicklungen enthält (Koch 2010: 180). Die Universalität von Verwendungen ‚moderner Kultursprachen' ist eine ebenso selbstverständliche wie unabdingbare Voraussetzung für unser kulturelles Selbstverständnis, die wir nur feiern können.

Schon deshalb ist auch von Belang, wie diese Sprachfunktionalität im Detail geregelt ist. Um einige solcher Details soll es gehen.

Deutsch als ausgebaute Nähe- und Distanzsprache

Wie alle Sprachen beginnt das Deutsche bei ausgeprägter konzeptioneller Mündlichkeit. Eine Verschriftung deutscher Dialekte tritt zuerst in Form von Runeninschriften in Erscheinung. Auch in ihrer Spätzeit des 6. bis 8. Jhdts. bleiben diese konzeptionell weitgehend ohne Entwicklung. Das gilt nicht für erste Phase der Produktion geschriebener Texte im Althochdeutschen, die in der zweiten Hälfte des 8. Jhdts. beginnt und vor allem Übersetzungen und Nachdichtungen lateinischer Werke, dazu einiges an Prosa und Dichtung umfasst. Es ergeben sich Ansätze zur Verschriftlichung. Jedoch bleiben sie weitgehend polyzentrisch, d.h. ohne Vereinheitlichung, und versiegen in der Zeit der Ottonen während des 10. Jhdts. zu einem guten Teil.

Die mittelhochdeutsche Periode bringt ab der Mitte des 11. Jhdts. geschriebene Texte in breitem Spektrum hervor, zu denen religiöse ebenso wie weltliche gehören. Lyrik, Dramen, Epik, Sammlungen von Rechtstexten, erste Fachtexte und vielerlei Urkunden gehören dazu. Im deutschen Sprachgebiet gibt es mehrere Schreibzentren, die zu einem extensiven und intensiven Ausbau der Sprache beitragen. Mit extensivem Ausbau ist gemeint, dass neue Verwendungsdomänen zugänglich werden. Mit intensivem Ausbau ist gemeint, dass die sprachlichen Mittel in Wortschatz und Grammatik bereitgestellt werden, die zur Verwendung der Sprache in den neuen Domänen erforderlich sind. Von ‚dem Deutschen' als Sprache des gesamten Sprachgebiets kann noch nicht die Rede sein. Wichtige Schreibzentren wie Regensburg, Wien und der Stauferhof verbinden sich wenig. Insbesondere die Sprache der Urkunden bleibt regional gebunden, stärker jedenfalls als die Sprache der Literatur. Einfluss und Vorbild des Lateinischen und jetzt auch des Französischen bleiben erheblich. Damit sind die Sprachen als Ganze gemeint, nicht nur in ihrer Rolle als Gebersprachen von Entlehnungen.

Während des Spätmittelalters und im Übergang zum Frühneuhochdeutschen bilden sich, nicht zuletzt unter dem Einfluss städtischer Kanzleien, unterschiedliche Schreibsprachen mit größeren Überdachungsräumen heraus. Von Überdachung spricht man, wenn eine Sprachvarietät zur gemeinsamen Verkehrsprache mehrerer anderer, vor allem regionaler Varietäten wird, ohne dass diese zunächst verschwinden. Führende Überdachungsvarietäten sind ab der zweiten Hälfte des 14. Jhdts. das Prager Kanzleideutsch und das von Wien ausgehende sog. Gemeine Deutsch, dazu die südwestdeutsche, die Kölner und die Meißner (ostmitteldeutsche) Schreibsprache der Wettiner Kanzlei. Große Bedeutung in Nordeuropa gewinnt die vom Rest des deutschen Sprachgebiets weitgehend getrennte mittelniederdeutsche Schreibsprache als Sprache der Hanse.

Die damit eingeleitete Tendenz zu größeren Schreibsprachen erhält einen entscheidenden Impuls durch Luthers Bibelübersetzung ab 1522 im Verein mit den technischen Möglichkeiten der heraufziehenden ‚Gutenberg-Galaxis'. Luthers Text war auf der Basis des Meißnischen verfasst. Er verbreitete sich schnell, schon zu Luthers Lebzeiten gab es eine halbe Million Exemplare seiner Bibel. Der Text wurde in anderen Schreibsprachen im Sinne der dominanten Sprachentwicklung verändert und von Luther unter deren Einfluss neu bearbeitet. Nicht zuletzt durch diesen intensiven Ausbau der Luthersprache entwickelte sich ihre gewaltige Kraft zur Überdachung. Sie führte zur Aufgabe anderer Schreibsprachen und befand sich damit auf dem Weg zur überregionalen Standardvarietät.

Nach Krisen im 17. Jhdt. erreicht der extensive und intensive Ausbau des Deutschen im 18. Jhdt. einen Höhepunkt als Literatursprache und mit einiger Verzögerung als Wissenschaftssprache. Beide sind nicht mehr voneinander zu trennen. Je weiter der Ausbau voranschreitet, desto weniger ist man im deutschen Sprachgebiet auf die Verwendung des Französischen und vor allem des Lateinischen angewiesen. Dies wird häufig auch als objektive Grundlage für den Kampf gegen Fremdwörter verstanden, wie er insbesondere seit Ende des 18. Jhdts. tobt (3.2; 3.3). Der Kampf beruht mindestens teilweise auf einem Missverständnis, denn Fremdwörter sind Wörter des Deutschen und haben mit der Verwendung anderer Sprachen im deutschen Sprachgebiet erst einmal nichts zu tun (s.u.).

Der Ausbau einer Standardvarietät ging seit dem 17. Jhdt. mit intensiven Bemühungen zur Kodifizierung einher. Eine sog. implizite Kodifizierung war schon früh durch den Vorbildcharakter des Bibeltextes und vergleichbarer anderer Texte gegeben. Die Lutherbibel blieb über 300 Jahre fast unverändert. Ihre normsetzende Kraft kann bis weit ins 18. Jhdt. als progressiv angesehen werden, danach wurde sie zum Hemmnis. Grammatiker, Wörterbuchmacher und Sprachgesellschaften arbeiteten gleichzeitig auch an einer expliziten Kodifizierung, d.h. an Regeln zur Orthographie und Grammatik, die das Deutsche stabilisieren, vereinheitlichen und weiter ausbauen sollten. In dieser Hinsicht stellen die Arbeiten von Adelung einen Meilenstein dar. Grammatik und Orthographie werden auf ostmitteldeutscher Basis fixiert und geben zunächst auch die Grundlage für eine Orthoepie der Leitvarietät ab. Diese verschiebt sich im 19. Jhdt. zu einer ‚norddeutschen' Aussprache als Standardlautung.

Gegen Ende des 18. Jhdts. ist dem Deutschen das gesamte Feld medial variabler Nähe- und Distanzkommunikation zugänglich. Das 19. Jhdt. bringt in dieser Hinsicht viel weniger Neues als das 18., es ist aber die Zeit der sprachlichen Standardisierung, nicht zuletzt durch fortschreitende Alphabetisierung mit Durchsetzung der allgemeinen Schulpflicht. Aber auch diese Entwicklung bleibt mit Einschränkungen behaftet, wie sie sich beispielsweise aus der Sprachpolitik nach der Reichsgründung von 1871 herleiten.

Die oben verwendete Formulierung „Je weiter der Ausbau voranschreitet, desto weniger ist das Deutsche auf die Verwendung des Französischen und vor allem des Lateinischen angewiesen" bezieht sich im 19. Jhdt. erneut auf die Verwendung des Französischen und Lateinischen als Sprachen, nicht auf Entlehnungen. Was den Kernwortschatz betrifft, steht hier nicht seine universelle Tauglichkeit zur Debatte, sondern die oben formulierte These von seiner prinzipiellen Einheitlichkeit im Standarddeutschen der Gegenwart. Der Kernwortschatz enthält Wörter jeder Art und aus dem begrenzten Inventar an Stämmen und Affixen lassen sich im produktiven Bereich Wörter jeder Art bilden. Es gibt alltägliche, gehobene, ordinäre, veraltete, wissenschaftliche, distinguierte, poetische, bürokratische und viele andere Gruppen von Wörtern, die man teilweise als typisch für Nähe- und teilweise als typisch für Distanzkommunikation ansehen kann. Ausgenommen den sog. lexikalischen Nahbereich (1.3.1), die Interjektionen und vielleicht noch bestimmte Gruppen von Partikeln lässt sich aber keine systematische Klassifizierung in dieser Hinsicht vornehmen, wie das möglicherweise bei den Fremdwörtern der Fall ist. Das Inventar an Stämmen und Affixen des Kernwortschatzes kann weitgehend unabhängig von seinen phonologischen und morphologischen Eigenschaften für Zwecke jeder Art verwendet werden. Darin besteht seine Einheitlichkeit.

Betrachten wir unter diesem Blickwinkel zunächst die Latinismen im Sinne von Entlehnungen und Fremdwortbildungen.

Latinismen: Sprache der Distanz

Die in Abschnitt 2.6 beschriebenen drei großen Entlehnungswellen aus dem Lateinischen haben im Deutschen ganz unterschiedliche Wirkung, was den Weg zur Distanzkommunikation betrifft. Die erste zur Zeit des Nachbarschaftskontaktes von Germanen und Römern in den Grenzregionen des Römischen Reiches führt zu erheblicher Wortschatzerweiterung in den beteiligten Dialekten und langfristig im Deutschen überhaupt. Die entlehnten Wörter werden überwiegend vollständig integriert. Strukturelle Folgen, die als Schritte weg von der Nähesprache anzusehen sind, gibt es jedenfalls nicht in größerem Umfang.

Der Einfluss des mittelalterlichen Latein ist von anderer Art. Zwar wird auch aus dem Mittellatein viel entlehnt, daneben geht es aber vor allem um Adaptionen des Lateinischen mit Mitteln, die im Deutschen vorhanden sind. So werden religiöse Texte ausgelegt, erläutert und übersetzt, wozu man auch Wörterbücher und Glossare erstellt. Dominant ist die Suche nach Wörtern im vorhandenen Wortschatz, mit denen man die neue, teilweise sehr abstrakte religiöse Begrifflichkeit erfassen kann. Insofern das nur näherungsweise möglich ist, entstehen Wörter mit Lehnbedeutungen. Daneben werden auch eigene Wortbildungsmittel eingesetzt, insbesondere das der Lehnübersetzung mit Komposita. In Abschnitt 2.5 wurde darauf hingewiesen, dass dieses Mittel dem Lateinischen nur rudimentär zur Verfügung steht, aber dem Deutschen und Griechischen gemeinsam ist. „Fast alles, was wir aus der deutschen Frühzeit an Texten besitzen, ist im Blick auf diese Sprache (Latein) und in ständiger Auseinandersetzung mit ihr entstanden." (Besch/Wolf 2009: 43). Das führt aber gerade nicht zu einem größeren Schub in Richtung Distanzkommunikation. Diese bleibt, wie oben beschrieben, lokal und funktional begrenzt.

Ganz neue Verhältnisse ergeben sich mit dem Kontakt zum Neulatein der Humanisten ab dem 14. Jhdt. Das betrifft das Lateinische selbst, das nun am klassischen Latein orientiert ist. Durch Mehrsprachigkeit der Gebildeten, die häufig das Griechische und auch das Hebräische einschloss, kam ein erweitertes Inventar zur Geltung, was den Wortschatz selbst, aber auch strukturelle Gegebenheiten in Syntax und Morphologie (hier vor allem wieder die Möglichkeit zur Bildung von Komposita) betrifft. Das Deutsche war zu dieser Zeit selbst auf dem Weg, seine Gebrauchsdomänen zu erweitern und hatte einen riesigen Benennungsbedarf. Auch wenn es müßig wäre, hier über Ursache und Wirkung zu streiten, besteht die klassische Konstellation, dass es „angeregt durch die kulturell ... höher stehende Sprachform ... und ihre Schrift ... zu einer medialen und sprachlichen Akkulturation" kommt (Koch 2010: 165). Neben massenhaften Entlehnungen tritt der seltene Fall von hybrider Verwendung des Lateinischen und Deutschen auf, berühmt geworden etwa in den Mischtexten von Luther. Auch sie sind Ausdruck von Diglossie und werden verwendet, obwohl sie besonders weit von den Idealsprachen Latein und Deutsch entfernt sind. Inhaltlich ist das neue Vokabular an Latinismen weitgehend auf den Wortschatz von Bildung und Wissenschaft beschränkt. Natürlich kann es gesprochen werden, wie das Neulatein selbst ja auch. Aber das ändert nichts daran, dass es vorwiegend einer Distanzkommunikation dient und das Deutsche in dieser Richtung vorantreibt.

Die Wirkung des Neulateinischen mit seinen griechischen Bestandteilen ist anhaltend und geht, was den Wortschatz betrifft, weit über die Verwendung des Lateinischen hinaus. Der mit dem Ausbau des Deutschen unmittelbar einsetzende allmähliche Rückgang des Latein ist von der Menge der Latinismen im Deutschen weitgehend abgekoppelt. Bis in die Gegenwartssprache hinein tragen die Latinismen dazu bei, dass das Deutsche den gesamten Raum konzeptioneller Schriftlichkeit ausfüllt. Gleichzeitig tragen sie dazu bei, dass das Deutsche am Wortschatz des Eurolatein partizipiert. Die Grammatik der Latinismen hat in beiderlei Hinsicht unverwechselbare Merkmale: Diese bleiben einerseits dem Lateinischen ähnlich und als Latinismen erkennbar. Sie bleiben andererseits dem Kernwortschatz des Deutschen fremd. Weder dem Kernwortschatz des Lateinischen noch dem des Deutschen sind sie vollständig angepasst.

Die Aussprache der Latinismen ist als Leseaussprache fest geregelt, aber in vielen Punkten unabhängig vom klassischen Latein und dem Kernwortschatz nach Lautbestand, Silbenbau und Prosodie fremd (4.4). In der Flexion haben sich insbesondere bei den Substativen mit Stammflexion fremde charakteristische Merkmale erhalten, die etwa dazu führen, dass ein Latinismus wie *Firma* mit dem Plural *Firmen* klar von einem strukturgleichen Nichtlatinismen wie *Polka/Polkas* unterschieden ist (5.2.2). In der Orthographie gibt es ähnlich wie in der Lautung feststehende Verhältnisse, etwa was die Laut-Buchstaben-Korrespondenzen und die Schreibung von Dehnung/Schärfung betrifft (7.2; 7.3). Eindeutig liegen die Verhältnisse in der Wortbildung. Bis heute verfügt das Deutsche über produktive Wortbildungsmuster für Latinismen. Dabei spielen gebundene Stämme und Konfixe eine besondere Rolle, die mit spezifischen Analyse- und Verstehensproblemen verbunden sind und in großem Umfang eher im Bildungswortschatz zum Tragen kommen können (6.2.4; 6.4).

Es gibt auch Bereiche, in denen Latinismen in besonderer Weise an Nähekommunikation gebunden sind (z.B. den Typus *super, mini*, 2.6). Sie entfalten gerade als Abkömmlinge des Bildungswortschatzes ihre besondere Wirkung und ändern schon deshalb nichts am Hang der Latinismen zur Distanzkommunkation.

Gallizismen: geschlossene Gesellschaft

Seine Beschreibung des deutsch-französischen Lehnwortaustauschs aus dem Jahr 1968 fasst Bernd Kratz (1968: 468) so zusammen: „Es ist nicht zu übersehen, daß die französischen Wörter sehr oft vornehmer, anspruchsvoller sind als die deutschen oder eine vornehmere, anspruchsvollere Variante des Gegenstandes bezeichnen." Mit französischen Wörtern sind deutsche Gallizismen gemeint. Dass sie im Gegenwartsdeutschen einen anderen Status haben als die Latinismen, zeigt auch ihre Grammatik. Das beginnt bei der Aussprache, deren Verhältnis zur Standardlautung in weiten Bereichen ungeklärt ist. Einerseits wird die Aussprache kräftig integriert, andererseits neigen deutsche Französischsprecher dazu, ihre Sprachkenntnis als Merkmal sozialer Distinktion durch die Originalaussprache zu demonstrieren. Das gilt selbst für gängige Wörter wie *Balkon, Saison, Pendant, Restaurant* und führt dazu, dass Aussprachewörterbücher durchaus unterschiedliche Angaben machen (4.3).

In der Flexion gibt es kaum Probleme. Besondere Pluralformen wie bei der Stammflexion sind praktisch ohne Bedeutung, die Schwankungen bei der *s*-Flexion gut erklärbar (5.2.2). Orthographisch wird einerseits weit integriert, andererseits bleiben viele Gallizismen an ihrer Schreibweise erkennbar. Auffällig sind allerdings die Probleme bei der Abgrenzung phonographischer und morphologischer Schreibung (7.2). Dazu passt der eindeutig gallizistische Charakter von Derivationssuffixen wie *eur, age, ier, ös.* Eine größere Zahl von ihnen ist im Gegenwartsdeutschen aktiv, wirklich produktiv sind sie nicht mehr (6.2.3). Die Gallizismen bilden eine ziemlich geschlossene Klasse von Wörtern, deren Aussprache teilweise unsicher, deren Grammatik sonst aber gegenüber dem Kern wenig widerständig ist.

Die weiteste Verbreitung im deutschen Sprachgebiet und den stärksten Einfluss auf das Deutsche hatte das Französische im 18. Jhdt. Gesellschaftlich führende Schichten sprachen diese Sprache, mit ihrem Deutsch war es – nicht nur bei Friedrich dem Großen – häufig nicht weit her. Gerade weil sich das Französische gegenüber der Alamodezeit des 17. und frühen 18. Jhdts. jetzt konsequent auch zur Sprache von Politik und Wissenschaft entwickelt, kann es in echte Konkurrenz zum Latein treten. Wie bei anderen europäischen Sprachen scheint der Weg in Richtung konzeptionelle Schriftlichkeit des Deutschen sogar bedroht zu sein. Die Stärke des Französischen wird aber gleichzeitig zur Schwäche, beispielsweise insofern es Fremdsuffixe wie den Substantivierer *ität* oder den Verbalisierer *ier* liefert, mit denen das Deutsche nicht in erster Linie Gallizismen, sondern Latinismen bildet (2.3).

Anders als die Eliten in England nach der normannischen Eroberung sind die französischsprechenden Eliten in Deutschland keine Franzosen, ihre Muttersprache bleibt Deutsch. Der Status des Französischen konnte sich deshalb mit den politischen Verhältnissen schnell verändern, wie das seit Beginn des 19. Jhdts. auch geschah. Entlehnungen und Fremdwortbildungen werden seltener und beschränken sich mehr und mehr auf Wörter, die etwas mit der Frankreich zugeschriebenen Lebenskunst zu tun haben. Frankophilie wird zum Kennzeichen einer sich kulturell identifizierenden Elite, die ihren spezifischen Wortschatz in einer an sie gebundenen Nähekommunikation verwendet. Das ist stark verkürzt und vereinfacht. Man liegt aber wohl nicht ganz falsch mit der Feststellung, dass der historische Beitrag des Französischen zur Entwicklung konzeptioneller Schriftlichkeit im Deutschen erheblich ist, dies aber nur noch wenig mit dem Status der Gallizismen im Gegenwartsdeutschen zu tun hat. Das macht den Hauptunterschied zu den Latinismen aus.

Anglizismen von nah und fern

Mit Beginn des 19. Jhdts. fängt das Deutsche an, in größerem Umfang aus dem Englischen zu entlehnen. Anglizismen aus den Bereichen Technik, Verkehr, Wirtschaft und Politik gehören zwar der Distanzsprache an, tragen aber kaum noch etwas zur Entwicklung konzeptioneller Schriftlichkeit im Deutschen bei. Diese Entwicklung war weitgehend abgeschlossen. Auch der zeitliche Zusammenfall des Entlehnungsschubs nach 1871 mit der Blüte und Verbreitung deutscher Wissenschaftssprache haben wenig miteinander zu tun.

Nimmt man die in Abschnitt 2.2 beschriebene Entwicklung des Anglizismenbestandes im 20. Jhdt. hinzu, dann klärt sich das Bild insofern, als der Einfluss des Englischen auf den Wortschatz des Deutschen umfassend wird und allein aus diesem Grund keinen spezifischen Einfluss auf Nähe- oder Distanzkommunikation hat. Schon innerhalb des Bereichs medialer Schriftlichkeit wird mithilfe von Anglizismen die konzeptionelle Schriftlichkeit systematisch verlassen. Bereits seit den 1950er Jahren gibt es Untersuchungen zu Themen wie ‚Anglizismen in Bravo' oder anderen Druckerzeugnissen für die junge Generation, seit einigen Jahren ist das Feld mit vielfältigen Themen in der Jugendsprachforschung dicht besetzt (z.B. die Beiträge in Neuland Hg. 2003; Moraldo Hg. 2008; Kaiser Hg. 2009 sowie Schlobinski/Heins 1998; Paul/Wittenberg 2009). Androutsopoulos 1998 bringt mit seiner Untersuchung zur Sprache von Musikmagazinen, die von Fans hergestellt und für Fans bestimmt sind (‚Fanzines'), das Verhältnis einer medial schriftlichen und konzeptionell mündlichen Textsorte der Jugendsprache nicht nur was ihre Nähe/Distanz-Eigenschaften, sondern auch was ihr Verhältnis zum Standarddeutschen betrifft, auf den Punkt.

Bei den Anglizismen wird das Verhältnis von Gesprochenem und Geschriebenem auch unter verschiedenen anderen Gesichtspunkten thematisiert. Über die Sprache der Werbung (Kupper 2007) heißt es schon früh bei Siegfried Grosse (1966: 92): „Die Sprache der Werbung hat keine Sprechwirklichkeit. In einem umso krasseren Gegensatz stehen ihre weite Verbreitung und ihr großes Einflußvermögen." Dem widerspricht Hermann

Fink (1976: 381) gerade auch für Anglizismen: „Daß sowohl das Verständnis als auch Assoziationen mit englischen Sprachbestandteilen von der Sprechwirklichkeit abhängen können, haben inzwischen unsere Untersuchungen ergeben." Was in Abschnitt 3.1 über die Sprache des Spiegel ausgeführt wird, zeigt ebenfalls, in welchem Ausmaß Anglizismen für Formen der Nähekommunikation bei medialer Schriftlichkeit eingespannt werden. Man schreibt, aber man schreibt informell und möchte sich seinen Lesern mit sprechenden Augenblicksbildungen annähern wenn nicht anbiedern. Mehrere Formen auch beliebig hybrider Kombinationen von Wortbestandteilen, die vor allem bestimmten Adressatenkreisen geläufig sind, haben sich etabliert.

Im Anglizismenwörterbuch (1993: 27f.) liest man: „Dringend erforderlich sind daher Untersuchungen, die sich nicht auf die geschriebene, sondern auf die gesprochene Sprache konzentrieren – dies nicht nur, um konkretere Angaben über die Aussprache von Anglizismen machen zu können, sondern auch, weil viele englische Wörter und Wendungen nur oder vornehmlich in mündlicher Verwendung in Fach- und Sondersprachen vorkommen; besonders in deren Werkstatt-Jargon zeigt sich Englisches, das kaum in gedruckter Form, sondern allenfalls in Benutzungsanleitungen erscheint." Auch das Gesprochene kann man rein morphologisch untersuchen (Hunt 2011). Es bleibt dabei: Nach wie vor weist die Aussprache von Anglizismen im Allgemeinen mehr Unsicherheiten auf als die jeder anderen Gruppe von Fremdwörtern. Und eine Forderung, man solle doch bitte die Mündlichkeit von Latinismen systematisch untersuchen, wird kaum jemand erheben, und wenn doch, dann mit anderer Begründung als bei den Anglizismen.

Selbst wenn wie im Anglizismenwörterbuch nur Wörter der geschriebenen Sprache berücksichtigt werden, zeigt sich der spezielle Status von Anglizismen unmittelbar in ihrer Grammatik. Der Kontakt zum Englischen bleibt derart eng und intensiv, dass Rückbezüge der fremden Wörter auf die Gebersprache unvermeidlich sind und bleiben. Andererseits wird rigoros in Richtung Kerngrammatik integriert. Das Besondere bei der Aussprache besteht – trotz der Normierungstendenzen in Krech u.a. 2009 – nicht allein in einer Unsicherheit bezüglich der Frage, wie eine Standardlautung aussehen sollte. Vielmehr steht das Integrationskonzept überhaupt in Frage. Wird innerhalb sprachkritischer Diskurse eine Integration der Anglizismen gefordert, dann bleibt die Aussprache in aller Regel ausgespart. ‚Deutsche' Aussprache von Anglizismen ist das Letzte, was man sich wünscht (4.2).

Die Schreibweise von Entlehnungen aus dem Englischen ändert sich bei morphologisch einfachen Wörtern langsam, bleibt träge am Englischen orientiert. Integrationsschritte bei der Schreibung werden aber häufig morphologisch erzwungen, etwa wenn aus *Papier ist recycled* bei Flexion des partizipialen Adjektivs *recyceltes Papier* wird. Fälle dieser Art sind einerseits Legion, konservativ englische Schreibweisen erweisen sich andererseits systematisch als Integrationshemmer (7.2; 7.3).

Die Flexion von Adjektiven und Verben folgt im Allgemeinen ohne viele Umschweife den Regeln der Kerngrammatik. Mit dem Umweg über die Genuszuweisung gilt das auch für Substantive, selbst wenn die *s*-Flexion hier etwas stärker als strukturell erforderlich bleibt (5.2.2).

Eindrucksvoll ist erneut die Wortbildung. Ein Derivationssuffix wie *ing* passt so gut ins Deutsche, dass wir Schwierigkeiten haben, zwischen Entlehnung und Fremdwortbildung zu unterscheiden. Noch unübersichtlicher wird es beim ebenfalls hochproduktiven *er*, das in beiden Sprachen ähnliche Funktion hat. Andererseits bewahren etwa Angloromanismen ihre Fremdheit in erster Linie deshalb, weil sie fremden Wortbildungsmustern folgen (6.2.2). Je weiter man hier in Einzelheiten geht, desto offensichtlicher werden Gespaltenheit und Doppelcharakter der Anglizismen im Deutschen.

Der gerade vorgeschlagene Weg, die großen Gruppen von Fremdwörtern unter der Perspektive von Mündlichkeit und Schriftlichkeit medial wie konzeptionell untereinander und mit dem Kernwortschatz zu vergleichen, versteht sich als weiterer Versuch, die Disparatheit des Fremdwortschatzes nicht einfach festzustellen, sondern begrifflich über **einen** Leisten zu schlagen. Vielleicht lässt sich der Versuch ausbauen. Damit würde wohl noch deutlicher, warum es ‚den Fremdwortdiskurs' wie er ist nicht geben sollte.

Was Fremdwörter im vorgeschlagenen Sinn verbindet, sind fremde Eigenschaften. In ihrer Vielfalt, Wirksamkeit, Herkunft und Leistung entziehen sich diese von vornherein jeder einheitlichen Bewertung. Wirft man sie in einen Topf, weil man die Vielfalt nicht sehen möchte, bleibt es letztlich bei einer Bewertung des Fremden an sich. Aber zu der möchte sich kaum jemand offen bekennen. Dasselbe gilt ausdrücklich auch für die Anglizismen allein. Keine andere Gruppe von Fremdwörtern baut einen vergleichbar hochstrukturierten und gleichzeitig offenen Mikrokosmos auf.

Der Wortschatz des Gegenwartsdeutschen ist von einer Reihe ebenso freundschaftlicher, unterschiedlicher wie unvermeidlicher Sprachkontakte geprägt. Man darf erwarten, dass sich daran für eine absehbare Zukunft wenig ändern wird. Ändern kann sich allerdings die Rolle einzelner Gebersprachen. Wie einst das übermächtige Latein und später ein erdrückendes, fremdes Französisch, so könnte auch das Englische eines Tages seine Rolle als universelle Gebersprache und einzige Lingua franca einbüßen. Und fixieren wir unseren Fremdwortdiskurs auf die Anglizismen, dann entspricht das weder ihrem Anteil am Wortschatz noch ihrer Bedeutung für die Wortgrammatik des Deutschen.

9. Literatur

Adams, Valerie (2001): Complex Words in English. Harlow.

Adelung, Johann Christoph (1793/1801): Grammatisch-kritisches Wörterbuch der Hochdeutschen Mundart mit beständiger Vergleichung der übrigen Mundarten. Leipzig. 3 Bde. Nachdruck Hildesheim 1970.

Adler, Manuela (2004): Form und Häufigkeit der Verwendung von Anglizismen in deutschen und schwedischen Massenmedien. Jena.

Adorno, Theodor W. (1965): Wörter aus der Fremde. In: Adorno, Theodor W.: Noten zur Literatur II. Frankfurt/M., 110–130. Wieder in: Braun, Peter (Hg. 1979), 198–211.

Adrados, Francisco R. (2001): Geschichte der griechischen Sprache von den Anfängen bis heute. Tübingen/Basel.

Ágel, Vilmos/Hennig, Mathilde (2007): Überlegungen zur Theorie und Praxis des Nähe- und Distanzsprechens. In: Ágel, Vilmos/Hennig, Mathilde (Hg. 2007): Zugänge zur Grammatik der gesprochenen Sprache. Tübingen, 179–214.

Ágel, Vilmos/Hennig, Mathilde (2010): Einleitung. In: Ágel, Vilmos/Hennig, Mathilde (Hg. 2010), 1–22.

Ágel, Vilmos/Hennig, Mathilde (Hg. 2010): Nähe und Distanz im Kontext variationslinguistischer Forschung. Berlin/New York.

Ahn, Miran (2003): Wortartenzugehörigkeit der Kardinalzahlwörter im Sprachvergleich. Frankfurt/M. usw.

Ahrens, Gerhard (1973): Naturwissenschaftliches und medizinisches Latein. Leipzig. 4. Aufl.

Aitchison, Joan (1997): Wörter im Kopf. Eine Einführung in das mentale Lexikon. Tübingen (Engl. Erstausgabe 1987).

Albrecht, Friedrich (1999): Sprachwissenschaftliche Erkenntnisse im markenrechtlichen Registerverfahren. Münster usw.

Alex, Jürgen (2007): Zur Entstehung des Computers – von Alfred Tarski bis Konrad Zuse. Düsseldorf.

Allen, Sidney W. (1978): Vox Latina. a guide to the pronunciation of classical Latin. Cambridge. 2. Aufl.

Allen, Sidney W. (1987): Vox Graeca. A guide to the pronunciation of classical Greek. Cambridge. 3. Aufl.

Allenbacher, Peter (1999): Anglizismen in der Fachlexik: unter besonderer Berücksichtigung mündlichen Belegmaterials in der Fachsprache des Fernsehens. Frankfurt/M. usw.

Althaus, Hans Peter (1995): Zocker, Zoff & Zores. Zur Integration von Jiddismen ins Deutsche. Trier.

Althaus, Hans Peter (2002): Mauscheln. Ein Wort als Waffe. Berlin/New York.

Althaus, Hans Peter (2004): Chuzpe, Schmus und Tacheles. Jiddische Wortgeschichten. München.

Althaus, Hans Peter (2009): Deutsche Wörter jüdischer Herkunft. Ein Lexikon. München.

Altleitner, Margret (2007): Der Wellness-Effekt. Die Bedeutung von Anglizismen aus der Perspektive der kognitiven Linguistik. Frankfurt/M. usw.

Altmann, Hans (2008): Formale Aspekte bei Wortneubildungen und Probleme bei ihrer Beschreibung. In: Eichinger, Ludwig M. u.a. (Hg. 2008), 17–37.

Ammon, Ulrich (1991): Die internationale Stellung der deutschen Sprache. Berlin/New York.

Ammon, Ulrich (2004): German as an international language of the sciences – recent past and present. In: Gardt, Andreas/Hüppauf, Bernd (Hg. 2004), 157–172.

Ammon, Ulrich (2008): Fremdsprachengebrauch und -bedarf unter den Bedingungen der Globalisierung. Zeitschrift für Angewandte Linguistik 48, 3–27.

Ammon, Ulrich (2009): Wird die deutsche Sprache (von anderen Sprachen, vor allem Englisch) verdrängt? Der Deutschunterricht 61, H. 5, 14–21.

Ammon, Ulrich u.a. (2004): Variantenwörterbuch des Deutschen. Die Standardsprache in Österreich, der Schweiz und Deutschland sowie in Liechtenstein, Luxemburg, Ostbelgien und Südtirol. Berlin/New York.

Androutsopulos, Jannis K. (1998): Deutsche Jugendsprache: Untersuchungen zu ihren Strukturen und Funktionen. Frankfurt/M. usw.

Androutsopoulos, Jannis K./Runkehl, Jens/Schlobinski, Peter/Siever, Torsten (2006): Neuere Entwicklungen in der linguistischen Internetforschung. Hildesheim.

Anglizismenindex → Junker Hg. 2009.

Anglizismenwörterbuch → Carstensen/Busse 1993/1996.

Arntz, Reiner/Picht, Heribert/Mayer, Felix (2009): Einführung in die Terminologiearbeit. Hildeseim. 6. Aufl.

Asbach-Schnitker, Brigitte/Roggenhofer, Johannes (Hg. 1987): Neuere Forschungen zur Wortbildung und Historiographie der Linguistik. Festgabe für Herbert Ernst Brekle zum 50. Geburtstag. Tübingen.

Augst, Gerhard (1975): Untersuchungen zum Morpheminventar der deutschen Gegenwartssprache. Tübingen.

Augst, Gerhard (1986): Zur Struktur komplexer Wörter. Zeitschrift für germanistische Linguistik 14, 309–320.

Augst, Gerhard (1987): zur graphischen Bezeichnung der Vokalquantität bei Fremdwörtern. In: Zabel, Hermann (Hg.): Fremdwortorthographie. Beiträge zu historischen und systematischen Fragestellungen. Tübingen, 94–110.

Augst, Gerhard (1992): Die orthograpische Integration von zusammengesetzten Anglizismen. Sprachwissenschaft 17, 45–61.

Augst, Gerhard (1995): Einfacher und doppelter Konsonant in Anglizismen. In: Sommerfeldt, Karl-Ernst/Ewald, Petra (Hg. 1995): Probleme der Schriftlinguistik. Frankfurt/M. usw., 27–38.

Baayen, R. Harald (1992): Quantitative aspects of morphological productivity. In: Booij, Geert/van Marle, Jaap (Hg. 1992): Yearbook of Morphology 1991. Dordrecht, 109–149.

Bahlow, Hans (1980): Deutsches Namenlexiokon. Familien- und Vornamen nach Ursprung und Sinn erklärt. Frankfurt/M. 5. Aufl.

Bär, Joachim A. (2001): Fremdwortprobleme. Sprachsystematische und historische Aspekte. Der Sprachdienst 45, 121–133 und 169–182.

Bartsch, Silke/Diehler, Kristin (2003): Klonen. In: Stötzel, Georg/Eitz, Thorsten (Hg. 2003), 206–212.

Bartzsch, Rudolf/Pogarell, Reiner/Schröder, Markus (Hg. 2003): Wörterbuch überflüssiger Anglizismen. Paderborn. 5. Aufl.

Barz, Irmhild (2008): Englisches in der deutschen Wortbildung. In: Eichinger, Ludwig M. (Hg. 2008), 39–60.

Baselt, Bernd (1995): Deutsche Vortragsbezeichnungen bei Georg Philipp Telemann. In: Zur Aufführungspraxis und Interpretation der Vokalmusik Georg Philipp Telemanns – ein Beitrag zum 225. Todestag. Michaelstein/Blankenburg, 86–93.

Bauer, Laurie (1983): English Word-formation. Cambridge.

Baugh, Albert/Cable, Thomas (2002): A History of the English Language. London.

Becker, Thomas (1998): Das Vokalsystem der deutschen Standardsprache. Frankfurt/M.

Belkoula, Karim (1993): Rule-based grapheme-to-phoneme conversion of names. In: Proc. of the European Conf. on Speech Communication and Technology. Berlin, Bd. 2, 881–884.

Bellmann, Günter (2004): Slawisch/Deutsch. In: Besch, Werner u.a. (Hg. 2004), 3229–3259.

Bense, Elisabeth/Eisenberg, Peter/Haberland, Hartmut (Hg. 1976): Beschreibungsmethoden des amerikanischen Strukturalismus. München.

Benware, Wilbur A. (1980): Zum Fremdwortakzent im Deutschen. Zeitschrift für Dialektologie und Linguistik 47, 289–312.

Beöthy, Erzsebet/Altmann, Gabriel (1972): Das Piotrowski-Gesetz und der Lehnwortschatz. Zeitschrift für Sprachwissenschaft 1, 171–178.

Berg, Thomas (1997): Lexical stress differences in English and German: the special status of proper names. Linguistische Berichte 167, 3–22.

Bergerfurth, Wolfgang (1993): Sprachbewußtsein und Sprachwechsel in der französisch-reformierten Gemeinde Berlins ab dem Ende des 18. Jahrhunderts. In: Dahmen, Wolfgang u.a. (Hg. 1993), 83–119.

Bergmann, Rudolf (1995): ‚Europäismen' und ‚Internationalismen'. Zur lexikologischen Terminologie. Sprachwissenschaft 20, 239–277.

Besch, Werner/Betten, Anne/Reichmann, Oskar/Sonderegger, Stefan (Hg. 1998–2004): Sprachgeschichte. Ein Handbuch zur Geschichte der deutschen Sprache und ihrer Erforschung. 4 Bde. Berlin/New York. 2. Aufl.

Besch Werner/Wolf, Richard (2009): Geschichte der deutschen Sprache. Längsschnitte – Zeitstufen – Linguistische Studien. Berlin.

Best, Karl-Heinz (2003): Anglizismen – quantitativ. In: Göttinger Beiträge zur Sprachwissenschaft. H. 8, 7–23.

Best, Karl-Heinz (2008): Deutsche Entlehnungen im Englischen. Glottometrica 13, 66–72.

Betten, Anne/Mauser, Peter (2002): Deutsche Wörter im Exil. In: Ágel, Vilmos/Gardt, Andreas/Haß-Zumkehr, Ulrike/Roelcke, Thorsten (Hg. 2002): Das Wort. Seine strukturelle und kulturelle Dimension. Festschrift für Oskar Reichmann zum 65. Geburtstag. Tübingen, 183–199.

Betz, Werner (1974): Lehnwörter und Lehnprägungen im Vor- und Frühneuhochdeutschen. In: Maurer, Friedrich/Rupp, Heinrich (Hg. 1974): Deutsche Wortgeschichte. Berlin/New York, Bd. 1, 135–163. 3. Aufl.

Bielfeldt, Hans Holm (1965): Die Entlehnungen aus den verschiedenen slawischen Sprachen in den Wortschatz der heuhochdeutschen Schriftsprache. Berlin.

Beiswanger, Markus (2004): German influence on Australian English. Heidelberg.

Bittermann, Klaus/Henschel, Gerhard (Hg. 1994): Das Wörterbuch der Gutmenschen. Zur Kritik der moralisch korrekten Schaumsprache. Berlin.

Bittner, Andreas (1996): Starke ‚schwache' und schwache ‚starke' Verben. Deutsche Verbflexion und Natürlichkeit. Tübingen.

Bittner, Dagmar (1987): Die sogenannten schwachen Maskulina im Deutschen – ihre besondere Stellung im nhd. Flexionssystem. In: Wurzel, Wolfgang Ulrich (Hg. 1987): Studien zur Morphologie und Phonologie II. Berlin, 33–53.

Bittner, Dagmar (1994): Die Bedeutung der Genusklassifikation für die Organisation der deutschen Substantivflexion. In: Köpcke, Klaus-Michael (Hg. 1994), 65–80.

Blatz, Friedrich (1900): Neuhochdeutsche Grammatik mit Berücksichtigung der historischen Entwicklung der deutschen Sprache. Erster Band. Einleitung, Lautlehre, Wortlehre. Karlsruhe. 3. Aufl.

Böhm, Manuela (2011): „Ein Pyrrhussieg für die Germanistik". Walter Boehlichs Kritik an der Grimmschen Philologie. In: Peitsch, Helmut/Thein, Helen (Hg. 2011): Walter Boehlich, Kritiker. Berlin, 115–129.

Booij, Gert/Lehmann, Christian/Mugdan, Joachim (Hg. 2000): Morphologie. Ein Handbuch zur Flexion und Wortbildung. 1. Halbband. Berlin/New York.

Bornschein, Matthias/Butt, Matthias (1987): Zum Status des *s*-Plurals im gegenwärtigen Deutsch. In: Abraham, Werner/Århammer, Ritva (Hg. 1987): Linguistik in Deutschland. Tübingen, 135–153.

Braselmann, Petra (1999): Sprachpolitik und Sprachbewusstsein in Frankreich heute. Tübingen.

Bratschi, Rebecca (2005): Xenismen in der Werbung. Die Instrumentalisierung des Fremden. Frankfurt/M. usw.

Braun, Peter (Hg. 1979): Fremdwort-Diskussion. München.

Braun, Peter/Schaeder, Burkhard/Volmert, Johannes (Hg. 1990): Internationalismen. Studien zur interlingualen Lexikologie und Lexikographie. Tübingen.

Braun, Peter/Schaeder, Burkhard/Volmert, Johannes (Hg. 2003): Internationalismen II. Studien zur interlingualen Lexikologie und Lexikographie. Tübingen.

Breindl, Eva/Gunkel, Lutz/Strecker, Bruno (Hg. 2006): Grammatische Untersuchungen, Analysen und Reflexionen. Festschrift für Gisela Zifonun. Tübingen.

Brincat, Joseph/Boeder, Winfried/Stolz, Thomas (Hg. 2003): Purism in minor languages, endangered languages, mixed languages. Papers from the conference 'Purism in the Age of Globalisation'. Bremen, September 2001. Bochum.

Brugmann, Karl (1891): Zur Frage der Entstehung des grammatischen Geschlechts. Beiträge zur Geschichte der deutschen Sprache und Literatur (Tüb) 15, 523–531.

Brunt, Richard James (1983): The influence of the French language on the German vocabulary (1649–1735). Berlin/New York.

Burkart, Günter (2007): Handymail. Wie das Mobiltelefon unser Leben verändert. Frankfurt/M./New York.

Burkhardt, Armin (2010): Abseits, Kipper, Tiqui-taca. Zur Geschichte der Fußballsprache in Deutschland. Der Deutschunterricht 62, H. 3, 2–16.

Burmasova, Svetlana (2009): Empirische Untersuchung der Anglizismen im Deutschen am Material der Zeitung DIE WELT (Jahrgänge 1994 und 2004). Diss. Universität Bamberg.

Busch, Albert (2000): Die tropische Konstruktion von Wirklichkeit. Metaphern und Metonymien als gemeinsprachliches Veranschaulichungsgerüst des Computerdiskurses in Printmedien. In: Busch, Albert/Wichter, Sigurd (Hg. 2000), 125–203.

Busch, Albert/Wichter, Sigurd (Hg. 2000): Computerdiskurs und Wortschatz. Corpusanalysen und Auswahlbibliographie. Frankfurt/M. usw.

Busse, Ulrich (1993): Anglizismen im Duden. Eine Untersuchung zur Darstellung des englischen Wortguts in den Ausgaben des Rechtschreibdudens von 1880–1986. Tübingen.

Busse, Ulrich (2001): Typen von Anglizismen: von *der heilago geist* bis *Extremsparing* – aufgezeigt anhand ausgewählter lexikographischer Kategorisierungen. In: Stickel, Gerhard (Hg. 2001), 131–155.

Busse, Ulrich (2003): Beobachtungen und Überlegungen zur Aussprache englischer Wörter im Deutschen und ihrer Repräsentation in ausgewählten Wörterbüchern. Ms. Univ. Halle.

Busse, Ulrich (2005): *Toll Collect* ['tɔl…, *engl.* 'təʊl… *oder* 'to:l…] – ein Fall fürs Tollhaus oder den Duden? Standard und Variation bei der Aussprache von Anglizismen im Deutschen. In: Eichinger, Ludwig M./Kallmeyer, Werner (Hg. 2005): Standardvariation. Wie viel Variation verträgt die deutsche Sprache? Berlin/New York, 207–230.

Busse, Ulrich (2008): Anglizismen im Deutschen. Entwicklung, Zahlen, Einstellungen. In: Moraldo, Sandro M. (Hg. 2008), 37–68.

Busse, Ulrich (2011): Anglizismen – Versuch einer Bestandsaufnahme. Aptum 7, 98–120.

Busse, Ulrich/Görlach, Manfred (2002): German. In: Görlach, Manfred/Busse, Ulrich (Hg. 2002): English in Europe. Oxford, 13–36.

Bußmann, Hadumod (Hg. 2002): Lexikon der Sprachwissenschaft. Stuttgart. 3. Aufl.

Butt, Matthias (1992): Sonority and the Explanation of Syllable Structure. Linguistische Berichte 137, 45–67.

Bybee, Joan (1985): Morphology. A Study of the Relation Between Meaning and Form. Amsterdam/Philadelphia.

Campe, Joachim Heinrich (1813): Wörterbuch zur Erklärung und Verdeutschung der unserer Sprache aufgedrungenen fremden Ausdrücke. Braunschweig. Nachdruck Hildeheim 1999.

Campe, Joachim Heinrich (1813a): Grundsätze, Regeln und Grenzen der Verdeutschung. Eine von dem königlichen Gelehrtenverein zu Berlin gekrönte Preisschrift. In: Campe, Joachim Heinrich 1813, 3–70.

Carstensen, Broder (1980): Das Genus englischer Fremd- und Lehnwörter im Deutschen. In: Viereck, Wolfgang (Hg. 1980), 27–76.

Carstensen, Broder/Busse, Ulrich (1993–1996): Anglizismenwörterbuch. Der Einfluß des Englischen auf den deutschen Wortschatz nach 1945. 3 Bde. Berlin/New York.

Chan, Sze-Mun (2005): Genusintegration. Eine systematische Untersuchung zur Genuszuweisung englischer Entlehnungen in der deutschen Sprache. München.

Clahsen, Harald (1999): Lexical entries and rules of language: A multidisciplinary study of German. Behavioral and Brain Sciences 22, 991–1060.

Clyne, Michael (1996): Sprache, Sprachbenutzer und Sprachbereich. In: Goebl, Hans u.a. (Hg. 1996), 12–22.

Coetsem, Frans van (1988): Loan Phonology and the Two Transfer Types in Language Contact. Dordrecht/Providence.

Crystal, David (1988): The English Language. Harmondsworth.

Dahmen, Wolfgang/Holtus, Günther, Kramer, Johannes (Hg. 1993): Das Französische in den deutschsprachigen Ländern. Tübingen.

Dalcher, Peter (2000): Über Anglizismen im Schweizerdeutschen. Sprachspiegel 56, 197–204.

Daneš, František (1966): The Relation of Centre and Periphery as a Language Universal. Travaux linguistiques de Prague 2, 9–21.

Daniels, Karlheinz (1959): Erfolg und Misserfolg der Fremdwortverdeutschung. Schicksal der Verdeutschungen von Joachim Heinrich Campe. Muttersprache 69, 46–54, 105–114, 141–146. Wieder in: Braun, Peter (Hg. 1979), 145–181.

Darski, Józef (1999): Bildung der Verbformen im Standarddeutschen. Tübingen.

Deutsches Fremdwörterbuch (1913): Deutsches Fremdwörterbuch. Erster Band. Straßburg. Photomechanischer Nachdruck Berlin/New York 1975.

Deutsches Fremdwörterbuch (1981): Deutsches Fremdwörterbuch. Fünfter Band. T. Berlin/New York.

Deutsches Fremdwörterbuch (1988): Deutsches Fremdwörterbuch. Siebenter Band. Quellenverzeichnis, Wortregister, Nachwort. Berlin/New York.

Deutsches Fremdwörterbuch (1995–2010): Deutsches Fremdwörterbuch. Bisher 7 Bde. Berlin/New York. 2. Aufl.

Deutsches Wörterbuch von Jacob und Wilhelm Grimm I – XVI. Leipzig 1854–1960. Nachdruck 33 Bde. München 1984.

Deutsche Wortbildung (1975): Deutsche Wortbildung. Typen und Tendenzen in der Gegenwartssprache. 2. Hauptteil: Das Substantiv. Düsseldorf.

Deutsche Wortbildung (1978): Deutsche Wortbildung. Typen und Tendenzen in der Gegenwartssprache. 3. Hauptteil: Das Adjektiv. Düsseldorf.

Dieckmann, Walther (1967): Kritische Bemerkungen zum sprachlichen Ost-West-Problem. Zeitschrift für Germanistik 23, 136–165. Wieder in: Hellmann, Manfred M./Schröder, Marianne (Hg. 2008), 177–209.

Dieckmann, Walther (Hg. 1988): Reichthum und Armut deutscher Sprache. Berlin/New York.

Diehle, Kristin (2003): Embryonale Stammzellen-Forschung. In: Stötzel, Georg/Eitz, Thorsten (Hg. 2003), 135–142.

Dieter, Hermann H. (2004): Does ‚Denglish' Dedifferentiate our Perception of Nature? In: Gardt, Andreas/Hüppauf, Bernd (Hg. 2004), 139–154.

Di Meola, Claudio (2000): Die Grammatikalisierung deutscher Präpositionen. Tübingen.

Dirim, Inci/Auer, Peter (2004): Türkisch sprechen nicht nur die Türken. Über die Unschärfebeziehung zwischen Sprache und Ethnie in Deutschland. Berlin/New York.

Dittmer, Ernst (1983): Form und Distribution der Fremdwortsuffixe im Neuhochdeutschen. Sprachwissenschaft 8, 385–398. Wieder in: Müller, Peter O. (Hg. 2005), 77–90.

Donalies, Elke (2000): Das Konfix. Zur Definition einer zentralen Einheit der deutschen Wortbildung. Deutsche Sprache 28, 144–159.

Donalies, Elke (2005): Die Wortbildung des Deutschen. Ein Überblick. Tübingen. 2. Aufl.

Donalies, Elke (2009): *Stiefliches Geofaszintainment* – Über Konfixtheorien. In: Müller, Peter O. (Hg. 2009), 41–64.

Duden (1974/1990): Aussprachewörterbuch. Wörterbuch der deutschen Standardaussprache. Mannheim usw. 3. und 5. Aufl.

Duden (1983/1996/2007c): Deutsches Universalwörterbuch. Mannheim usw. 1., 3. und 6. Aufl.

Duden (1997/2007a): Das Fremdwörterbuch. Mannheim usw. 6. und 9. Aufl.

Duden (1998): Grammatik der deutschen Gegenwartssprache. Mannheim usw. 5. Aufl.

Duden (2006/2009): Die deutsche Rechtschreibung. Mannheim usw. 24. und 25. Aufl.

Duden (2007): Richtiges und gutes deutsch. Wörterbuch der sprachlichen Zweifelsfälle. Mannheim usw. 6. Aufl.

Duden (2007b): Das große Fremdwörterbuch. Mannheim usw. 4. Aufl.

Duden (2009a): Die Grammatik. Unentbehrlich für richtiges Deutsch. Mannheim usw. 7. Aufl.

Dunger, Hermann (1882): Wörterbuch von Verdeutschungen entbehrlicher Fremdwörter mit besonderer Berücksichtigung der von dem großen Generalstabe, im Postwesen und in der Reichsgesetzgebung angenommenen Verdeutschungen. Leipzig.

Durrell, Martin (2011): Deutsch und Englisch in Europa: Die Probleme der ‚alten' Nationalsprache und der ‚neuen' Globalsprache. Aptum 7, 177–192

Ehlich, Konrad/Heller, Dorothee (Hg. 2006): Die Wissenschaft und ihre Sprachen. Frankfurt/M. usw.

Ehmann, Hermann (2001): *Voll konkret.* Das neueste Lexikon der Jugendsprache. München.

Eichhoff-Cyrus, Karin M./Schlobinski, Peter (2009): Sprachgesellschaften und Sprachvereine. Der Deutschunterricht 61, H. 5, 63–71.

Eichinger, Ludwig M. (1987): Die Adjektive auf *-isch* und die Serialisierungsregeln in deutschen Nominalgruppen. In: Asbach-Schnittger, Brigitte/Roggenhfer, Johannes (Hg. 1987), 155–176.

Eichinger, Ludwig M. (2000): Deutsche Wortbildung. Eine Einführung. Tübingen.

Eichinger, Ludwig M. (2008): Anglizismen im Deutschen meiden – warum das nicht so leicht ist. In: Moraldo, Sandro M. (Hg. 2008), 37–68.

Eichinger, Ludwig M./Meliss, Meike/Domínguez Vázquez, María José (Hg. 2008): Wortbildung heute. Tendenzen und Kontraste in der deutschen Gegenwartssprache. Tübingen.

Eichinger, Ludwig M. u.a. (2009): Aktuelle Spracheinstellungen in Deutschland. Erste Ergebnisse einer bundesweiten Umfrage. Mannheim (IDS Mannheim).

Eick, Jan (2010): DDR-Deutsch. Eine entschwundene Sprache. Berlin.

Eins, Wieland (2008): Muster und Konstituenten der Lehnwortbildung. Das Konfix-Konzept und seine Grenzen. Hildesheim.

Eins, Wieland (2009): Alter Wein in neuen Schläuchen? Zum Konfix. In: Müller, Peter O. (Hg. 2009), 65–90.

Eins, Wieland (2009a): Implizite morphologische Köpfe. In: Eins, Wieland/Schmöe, Friederike (Hg. 2009), 161–173.

Eins, Wieland/Schmöe, Friederike (Hg. 2009): Wie wir sprechen und schreiben. Festschrift für Helmut Glück zum 60. Geburtstag. Wiesbaden.

Eisenberg, Peter (1981). Substantiv oder Eigenname? Über die Prinzipien unserer Regeln zur Groß- und Kleinschreibung. Linguistische Berichte 72, 77–101.

Eisenberg, Peter (1991): Integration einer fremden Struktur. Die Gemination von Konsonantgraphemen in deutschen Anglizismen. In: Iwasaki, Eijiro (Hg. 1991): Begegnung mit dem ‚Fremden'. Grenzen – Traditionen – Vergleiche. München, 341–347.

Eisenberg, Peter (1992): Suffixreanalyse und Syllabierung. Zum Verhältnis von phonologischer und morphologischer Segmentierung. Folia Linguistica Historica 13, 93–113.

Eisenberg, Peter (1993): Linguistische Fundierung orthographischer Regeln. Umrisse einer Wortgraphematik des Deutschen. In: Baurmann, Jürgen/Günther, Hartmut/Knoop, Ulrich (Hg. 1993): homo scribens. Perspektiven der Schriftlichkeitsforschung. Tübingen, 67–93.

Eisenberg, Peter (1996): Zur Typologie der Alphabetschriften. Das Deutsche und die Reform seiner Orthographie. In: Lang, Ewald/Zifonun, Gisela (Hg. 1996): Deutsch – typologisch. Berlin/New York, 615–631.

Eisenberg, Peter (1999): Stirbt das Deutsche an den Internationalismen? Zur Integration von Computerwörtern. Der Deutschunterricht 51, H. 2, 17–24.

Eisenberg, Peter (1999a): Vokallängenbezeichnung als Problem. Linguistische Berichte 179, 343–349.

Eisenberg, Peter (2000): Das vierte Genus? Über die natürliche Kategorisierung der deutschen Substantive. In: Bittner, Andreas/Bittner, Dagmar/Köpcke, Klaus-Michael (Hg. 2000): Angemessene Strukturen. Systemorganisation in Phonologie, Morphologie und Syntax. Hildesheim, 91–105.

Eisenberg, Peter (2000a). Ohne Beinkleider zu gehen, soll Leuten sehr dienlich sein, die sich verändern wollen. Georg Christoph Lichtenberg und die neue Ortokrafi. In: Habermann, Mechthild/Naumann, Bernd/ Müller, Peter O. (Hg. 2000): Wortschatz und Orthographie in Geschichte und Gegenwart. Festschrift für Horst Haider Munske zum 65. Geburtstag. Tübingen, 59–68.

Eisenberg, Peter (2001): Die grammatische Integration von Fremdwörtern. Was fängt das Deutsche mit seinen Latinismen und Anglizismen an? In: Stickel, Gerhard (Hg. 2001), 183–209.

Eisenberg, Peter (2002): Ansätze zur systematischen Beschreibung der Fremdwortorthographie. Die Gemination von Konsonantbuchstaben. In: Bommes, Michael/Noack, Christina/Tophinke, Doris (Hg. 2002): Sprache als Form. Festschrift für Utz Maas zum 60. Geburtstag. Wiesbaden, 121–136.

Eisenberg, Peter (2004): German as an Endangered Language? In: Gardt, Andreas/Hüppauf, Bernd (Hg. 2004), 121–137.

Eisenberg, Peter (2006): Grundriss der deutschen Grammatik. Band 1: Das Wort. Stuttgart/Weimar 3. Aufl.

Eisenberg, Peter (2006a): Grundriss der deutschen Grammatik. Band 2: Der Satz. Stuttgart/Weimar. 3. Aufl.

Eisenberg, Peter (2007): Grundregeln der deutschen Rechtschreibung. Gütersloh/München.

Eisenberg, Peter (2009): Schweigt stille, plaudert nicht. Der öffentliche Diskurs über die deutsche Sprache. In: Konopka, Marek/Strecker, Bruno (Hg. 2009), 70–87.

Eisenberg, Peter/Baurmann, Jürgen (1984): Fremdwörter – fremde Wörter. Praxis Deutsch 67, 15–26.

Eisenberg, Peter/Günther, Hartmut (Hg. 1989): Schriftsystem und Orthographie. Tübingen.

Eisenberg, Peter/Sayatz, Ulrike (2004): Left of number. Animacy and plurality in German nouns. In: Gunkel, Lutz/Müller, Gereon/Zifonun/Gisela (Hg. 2004): Exploration in Nominal Inflection. Berlin/New York, 97–120.

Eisenberg, Peter/Smith, George (2002): Der einfache Genitiv. Eigennamen als Attribute. In: Peschel, Corinna (Hg. 2002): Grammatik und Grammatikvermittlung. Frankfurt/M. usw., 113–126.

Eisenberg, Peter/Wiese Bernd (1995): Bibliographie zur deutschen Grammatik 1985–1994. Tübingen. 2. Aufl.

Ekklund, Robert/Lindström, Andreas (2001): Xenophones: An investigation of phone set expansion in Swedish and implications for speech recognition and speech synthesis. Speech Communication 35, 81–102.

Elmentaler, Michael (Hg. 2010): Deutsch und seine Nachbarn. Frankfurt/M. usw.

Engel, Eduard (1888): Eisenbahnreform. Jena.

Engel, Eduard (1917): Sprich Deutsch! Ein Buch zur Entwelschung. Leipzig.

Engel, Eduard (1918). Entwelschung. Verdeutschungswörterbuch für Amt, Schule, Haus, Leben. Leipzig.

Engel, Eduard/Mackensen, Lutz (1955): Verdeutschungswörterbuch. Lüneburg.

Engelberg, Stefan/Lemnitzer, Lothar (2009): Lexikographie und Wörterbuchbenutzung. Tübingen. 4. Aufl.

Engels, Barbara (1976): Gebrauchsanstieg der lexikalischen und semantischen Amerikanismen in zwei Jahrgängen der WELT (1954 und 1964): eine vergleichende computerlinguistische Studie zur qualitativen Entwicklung amerikanischen Einflusses auf die deutsche Zeitungssprache. Frankfurt/M.

Erben, Johannes (1993/2006): Einführung in die deutsche Wortbildungslehre. Berlin. 3. und 5. Aufl.

Eroms, Hans-Werner (2006): Gallizismen in der Konkurrenz zu Anglizismen im Deutschen. In: Breindl, Eva u.a. (Hg. 2006), 473–492.

Etymologisches Wörterbuch → Pfeifer 1989.

Fabricius-Hansen, Cathrine (2003): Deutsch – eine ‚reife' Sprache. Ein Plädoyer für die Komplexität. In: Stickel, Gerhard (Hg. 2003): Deutsch von außen. Berlin/New York, 99–113.

Field, Frederic W. (2002): Linguistic Borrowing in Bilingual Contexts. Amsterdam/Philadelphia.

Fink, Hermann (1968): Amerikanismen im Wortschatz der deutschen Tagespresse dargestellt am Beispiel dreier überregionaler Zeitungen (Süddeutsche Zeitung, Frankfurter Allgemeine Zeitung, Die Welt). Mainz.

Fink, Hermann (1976): Ein ‚Starangebot'. Englisches im Versandhauskatalog. Muttersprache 86, 368–382. Wieder in: Braun, Peter (Hg. 1979), 339–359.

Fink, Hermann (1980): *Superhit* oder *Spitzenschlager* – Ein Versuch zur Häufigkeit und Funktion von Anglizismen und ‚Werbeanglizismen' in deutschen Jugendzeitschriften. In: Viereck, Wolfgang (Hg. 1980), 185–212.

Fink, Hermann (1980a): Zur Aussprache von Angloamerikanismen im Deutschen. In: Viereck, Wolfgang (Hg. 1980), 109–183.

Fink, Hermann (1997): Von ‚Kuh-Look' bis ‚Fit for Fun': Anglizismen in der heutigen Allgemein- und Werbesprache. Frankfurt/M. usw.

Fink, Hermann/Fijas, Liane/Schons, Danielle (1997): Anglizismen in der Sprache der neuen Bundesländer. Frankfurt/M. usw.

Flasch, Kurt (2005): Latein und Volgare. Ein historischer Präzedenzfall. In: Pörksen, Uwe (Hg. 2005): Die Wissenschaft spricht Englisch? Versuch einer Standortbestimmung. Göttingen, 41–45.

Fleischer, Wolfgang (1975): Wortbildung der deutschen Gegenwartssprache. Tübingen. 4. Aufl.

Fleischer, Wolfgang (1995): Konfixe. In: Pol, Inge/Eckardt, Horst (Hg. 1995): Wort und Wortschatz. Beiträge zur Lexikologie. Tübingen, 61–68.

Fleischer, Wolfgang (1997): Zum Status des Fremdelements *-ier-* in der Wortbildung der deutschen Gegenwartssprache. In: Keßler, Cristine/Sommerfeldt, Karl-Ernst (Hg. 1999): Sprachsystem – Text – Stil. Frankfurt/M. usw., 75–87. Wieder in: Müller, Peter O. (Hg. 2005), 435–445.

Fleischer, Wolfgang (Hg.) (1987): Wortschatz der deutschen Sprache in der DDR. Fragen seines Aufbaus und seiner Verwendungsweise. Leipzig.

Fleischer, Wolfgang/Barz, Irmhild (1992): Wortbildung der deutschen Gegenwartssprache. Unter Mitarbeit von Marianne Schröder. Tübingen. 4. Aufl. 2012.

Fluck, Hans-Rüdiger (1997): Fachdeutsch in Naturwissenschaft und Technik. Heidelberg. 2. Aufl.

Fluck, Hans-Rüdiger (1997a): Fachsprachen. Einführung und Bibliographie. Tübingen. 5. Aufl.

Földes, Csaba (2002): Kontaktsprache Deutsch: Das Deutsche im Sprachen- und Kulturenkontakt. In: Haß-Zumkehr, Ulrike/Kallmeyer, Werner/Zifonun, Gisela (Hg. 2002): Ansichten der deutschen Sprache. Festschrift für Gerhard Stickel zum 65. Geburtstag. Tübingen, 347–370.

Frank-Cyrus, Karin M. u.a. (1999): Förderung der Sprachkultur in Deutschland. Eine Bestandsaufnahme. Wiesbaden.

Fritz, Gerd (2005): Einführung in die historische Semantik. Tübingen.

Fritz, Matthias (1998): Die urindogermanischen *s*-Stämme und die Genese des dritten Genus. In: Meid, Wolfgang (Hg. 1998): Sprache und Kultur der Indogermanen. Akten der X. Fachtagung der Indogermanischen Gesellschaft. Innsbruck, 255–264.

Fuchs, Volker (2010): Gelungen – missraten. Strategien des Umgangs mit fremdem Wortgut. Aptum 5, 211–235.

Fuhrhop, Nanna (1998): Grenzfälle morphologischer Einheiten. Tübingen.

Fuhrhop, Nanna (2000): Zeigen Fugenelemente die Morphologisierung von Komposita an? In: Thieroff, Rolf u.a. (Hg. 2000), 201–213.

Fuhrhop, Nanna (2007): Zwischen Wort und Syntagma. Zur grammatischen Fundierung der Getrennt- und Zusammenschreibung. Tübingen.

Fuhrhop, Nanna (2009): Orthographie. Heidelberg. 3. Aufl.

Gallmann, Peter/Neef, Martin (Hg. 2005): Eigennamen. Themenheft Zeitschrift für Sprachwissenschaft 24, H. 1.

Gamillscheg, Ernst (1969): Etymologisches Wörterbuch der französischen Sprache. Studienausgabe. 2 Bde. Heidelberg. Titelausgabe der 2. Aufl. von 1969.

Gardt, Andreas (2001). Das Fremde und das Eigene. Versuch einer Systematik des Fremdwortbegriffs in der deutschen Sprachgeschichte. In: Stickel, Gerhard (Hg. 2001), 30–58.

Gardt, Andreas/Hüppauf, Bernd (Hg. 2004): Globalization and the Future of German. Berlin/New York.

Gelderen, Elly von (2006): A History of the English Language. Amsterdam.

Georges, Karl Ernst (1969): Ausführliches lateinisch-deutsches Handwörterbuch. Ausgearbeitet von Karl Ernst Georges. Nachdruck der achten verbesserten und vermehrten Auflage von Heinrich Georges. Erster Band A – H. Zweiter Band I – Z. Hannover. 12. Aufl.

Gerstenkorn, Alfred/Hums, Lothar/Schmidt, Armin (Hg. 2006): Die Sprache der Bahn. Zur deutschen Eisenbahnsprache im europäischen Kontext. Frankfurt/M.

Gester, Silke (2001): Anglizismen im Tschechischen und Deutschen: Bestandsaufnahmen und empirische Analyse. Frankfurt/M.

Gesellschaft für deutsche Sprache (Hg. 2001): Wörter, die Geschichte machten. Schlüsselbegriffe des 20. Jahrhunderts. Gütersloh/München.

Giegerich, Heinz (1985): Metrical Phonology and Phonological Structure. German and English. Cambridge.
Glahn, Richard (2000): Der Einfluß des Englischen auf gesprochene deutsche Gegenwartssprache. Eine Analyse öffentlich gesprochener Sprache am Beispiel von ‚Fernsehdeutsch'. Frankfurt/M. usw. 2. Aufl.
Glaser, Hermann (2010): Kulturgeschichte der Deutschen Eisenbahn. Gunzenhausen.
Glück, Helmut (2002): Wie haben die Hugenotten Deutsch gelernt? Deutsch als Fremdsprache. Zeitschrift zur Theorie und Praxis des Deutschunterrichts für Ausländer 39, H. 3, 172–177.
Glück, Helmut (2004): Wieviel Englisch verträgt das Deutsche? In: Munske, Horst Haider (Hg. 2004), 141–153.
Glück, Helmut (Hg. 2005): Metzler Lexikon Sprache. Stuttgart/Weimar. 3. Aufl.
Glück, Helmut (2009): Deutsch als Wissenschaftssprache. Osnabrücker Beiträge zur Sprachtheorie OBST 74, 55–63.
Goebl, Hans/Nelde, Peter H./Starý, Zdenek/Wölck, Wolfgang (Hg. 1996/1997): Kontaktlinguistik. Ein internationales Handbuch zeitgenössischer Forschung. 2 Bde. Berlin/New York.
Görlach, Manfred (1999): Morphological Problems of Integration: English Loanwords Ending *-er* and *-ing* in Selected European Languages. In: Form, Function and Variation in English: Studies in Honour of Klaus Hansen. Frankfurt/M., 117–125.
Götz, Heinrich (1999): Lateinisch-althochdeutsch-neuhochdeutsches Wörterbuch. Berlin.
Gregor, Bernd (1983): Genuszuordnung. Das Genus englischer Lehnwörter im Deutschen. Tübingen.
Greule, Albrecht (2009): ‚Pflege und Erforschung der deutschen Gegenwartssprache'. Die Gesellschaft für deutsche Sprache. Der Deutschunterricht 61, H. 5, 73–76.
Grimm → Deutsches Wörterbuch von Jacob und Wilhelm Grimm.
Grosse, Siegfried (1966): Reklamedeutsch. Wirkendes Wort 16, 89–104.
Grote, Andrea/Schütte, Daniela (2000): Entlehnung und Wortbildung im Computerwortschatz – neue Wörter für eine neue Technologie. In: Busch, Albert/Wichter, Sigurd (Hg. 2000), 27–124.
Grubmüller, Klaus (1998): Sprache und ihre Verschriftlichung in der Geschichte des Deutschen. In: Besch, Werner u.a. (Hg. 1998), 300–310.
Grundzüge → Heidolph, Karl-Erich u.a. 1981.
Grzega, Joachim (2004): Bezeichnungswandel. Wie, Warum, Wozu? Heidelberg.
Grzega, Joachim (2006): EuroLinguisischer Parcours: Kernwissen zur europäischen Sprachkultur. Frankfurt/M.
Günther, Hartmut (2000): Zur grammatischen Basis der Getrennt-/Zusammenschreibung. In: Dürscheid, Christa/Ramers, Karl-Heinz/Schwarz, Monika (Hg. 2000): Sprache im Fokus. Festschrift für Heinz Vater zum 65. Geburtstag. Tübingen, 3–16.
Günther, Hartmut/Ludwig, Otto (Hg. 1994/1996): Schrift und Schriftlichkeit. Ein interdisziplinäres Handbuch internationaler Forschung. 2 Bde. Berlin/New York.
Haarmann, Harald (2002): Englisch, Network Society und europäische Identität. In: Hoberg, Rudolf (Hg. 2002): Deutsch – Englisch – Europäisch: Impulse für eine neue Sprachpolitik. Mannheim usw., 152–170.
Haas, Walter (2008): „ON SCHADEN VERWANDLET" Über den Umgang der frühen Nachdrucker mit Luthers Verdeutschung des Neuen Testaments. In: Besch, Werner/Klein, Thomas (Hg. 2008): Der Schreiber als Dolmetsch. Zeitschrift für deutsche Philologie 127, Sonderheft, 119–149.
Haberland, Hartmut (2009): English – The Language of Globalism? Rask (Odense) 30, 3–31.
Habermann, Mechthild (1994): Verbale Wortbildung um 1500. Eine historisch-synchrone Untersuchung anhand von Texten Albrecht Dürers, Heinrich Deichslers und Veit Dietrichs. Berlin/New York.

Habermann, Mechthild/Müller, Peter O./Munske, Horst Haider (Hg. 2002): Historische Wortbildung des Deutschen. Tübingen.
Hall, Tracy A. (2000): Phonologie. Eise Einführung. Berlin/New York.
Hall, Tracy A, (2008): German Glide Formation and the Suffix *-esk*. Folia Linguistica 42, 307–329.
Hall, Tracy A./Hamann, Silke (2003): Loanword Nativization. Zeitschrift für Sprachwissenschaft 22, 56–85.
Harndt, Ewald (1983): Französisch im Berliner Jargon. Berlin. 6. Aufl.
Harnisch, Rüdiger (2001): Grundform- und Stamm-Prinzip in der Substantivmorphologie des Deutschen. Synchronische und diachronische Untersuchung eines typologischen Parameters. Heidelberg.
Harras, Gisela (Hg. 1995): Die Ordnung der Wörter. Kognitive und lexikalische Strukturen. Berlin/New York.
Harweg, Roland (1989): Schrift und sprachliche Identität. Zur konnotativen Funktion von Schriftzeichen und Orthographie. In: Eisenberg, Peter/Günther, Hartmut (Hg. 1989): Schriftsystem und Orthographie. Tübingen, 137–162.
Haspelmath, Martin/Tadmor, Uri (Hg. 2009): Loanwords in the World's Languages: A Comparative Handbook. Berlin/New York.
Haß-Zumkehr, Ulrike (1995): Daniel Sanders. Aufgeklärte Germanistik im 19. Jahrhundert. Berlin/New York.
Haß-Zumkehr, Ulrike (2001): Deutsche Wörterbücher – Brennpunkt von Sprach- und Kulturgeschichte. Berlin/New York.
Haugen, Einar (1970): The analysis of linguistic borrowings. Language 26, 210–231.
Hauskeller, Christine (2002): Sprache und Diskursstruktur. Ethische Implikationen und gesellschaftliche Kontexte des Forschungsfeldes humane Stammzellen. In: Oduncu, Fuat/Schroth, Ulrich/Vossenkuhl, Wilhelm (Hg. 2002): Stammzellenforschung und therapeutisches Klonen. Göttingen, 103–119.
Hausmann, Franz Josef/Reichmann, Oskar/Wiegand, Herbert Ernst/Zgusta, Ladislav (Hg. 1989–1991): Wörterbücher. Ein internationales Handbuch zur Lexikologie. 3 Bde. Berlin/New York.
Heidolph, Karl Erich/Flämig, Walter/Motsch, Wolfgang u.a. (1981): Grundzüge einer deutschen Grammatik. Berlin.
Helfrich, Uta (1990): Sprachliche Galanterie?! Französisch-deutsche Sprachmischung als Kennzeichen der ‚Alamodesprache' im 17. Jahrhundert. In: Kramer, Johannes/Winkelmann, Otto (Hg. 1990), 77–88.
Heller, Klaus (1981): Untersuchungen zur Begriffsbestimmung des Fremdwortes und zu seiner Schreibung in der deutschen Gegenwartssprache. Diss. A, Universität Leipzig.
Hellwig, Gerhard (1991): Fremdwörterlexikon. Über 20.000 Fremdwörter von Abakus bis Zytotoxin. Herrsching.
Hellmann, Manfred/Schröder, Marianne (Hg. 2008): Sprache und Kommunikation in Deutschland Ost und West. Hildesheim.
Hemme, Tanja (2004): Die schöne neue Welt der Worte. Analyse und Kreation von Markennamen. Sprachreport 20, H. 1, 22–27.
Henne, Helmut (2010): Schlag nach bei Mackensen! Er führt dich, wohin du nicht willst … Sprachreport 26, H. 4, 2–6.
Henne, Helmut/Mentrup, Wolfgang (Hg. 1983): Wortschatz und Verständigungsprobleme. Was sind ‚schwere Wörter' im Deutschen? Düsseldorf.
Henkel, Nikolaus (2004): Lateinisch/Deutsch. In: Besch, Werner u.a. (Hg. 2004), 3171–3182.
Hentschel, Elke/Vogel, Petra M. (Hg. 2009): Deutsche Morphologie. Berlin/New York.
Hentschel, Gerd/Vincenz, Andrzej de (2010): Wörterbuch der deutschen Lehnwörter in der polnischen Schrift- und Standardsprache. Von den Anfängen des polnischen Schrifttums bis in die Mitte des 20. Jahrhunderts. Begonnen, konzipiert und grund-

legend redigiert von Andrzej de Vincenz. Zu Ende geführt von Gerd Hentschel. www/bkge.de/46701.html
Herberg, Dieter (2001) Neologismen der Neunzigerjahre. In: Stickel, Gerhard (Hg. 2001), 89–104.
Herberg, Dieter/Kinne, Michael/Steffens, Doris/Tellenbach, Elke/al-Wadi, Doris (Hg. 2004): Neuer Wortschatz. Neologismen der 90er Jahre im Deutschen. Berlin/New York.
Heyse, Johann Christian August (1922): Allgemeines verdeutschendes und erklärendes Fremdwörterbuch mit Bezeichnung der Aussprache und Betonung der Wörter nebst genauer Angabe ihrer Abstammung und Bildung. Hannover. 21. Aufl. (1. Aufl. 1804), Nachdruck Hildesheim 1978.
Hoffer, Bates L. (1996): Borrowing. In: Goebl, Hans u.a. (Hg. 1996), 541–549.
Hoffmann, Ludger (Hg. 2007): Handbuch der deutschen Wortarten. Berlin/New York.
Holden, Kyril (1976): Assimilation Rats of Borrowings and Phonological Productivity. Language 52, 131–147.
Hollander, Eva (1990): Das tägliche Fremdwort. Stuttgart.
Holzberg, Niklas (1996): Neugriechisch und Eurolatein. In: Munske, Horst Haider/Kirkness, Alan (Hg. 1996), 1–11.
Holzberg, Niklas (2004): Griechisch/Deutsch. In: Besch, Werner u.a. (Hg. 2004), 3183–3192.
Hoppe, Gabriele/Kirkness, Alan/Link, Elisabeth u.a. (1987): Deutsche Lehnwortbildung. Beiträge zur Erforschung der Wortbildung mit entlehnten WB-Einheiten im Deutschen. Tübingen.
Hums, Lothar (2006): Zur Genese der Fachsprache der Eisenbahn. In: Gerstenkorn, Alfred u.a. (Hg. 2006), 91–109.
Hums, Lothar (2006a): Die Rezeption des englisch-französischen Eisenbahn-Fachwortschatzes durch die deutsche Fachöffentlichkeit des 19. Jahrhunderts zwischen Eindeutschung und Akzeptanz. In: Gerstenkorn, Alfred u.a. (Hg. 2006), 111–128.
Hunt, Jaime (2011): The impact of nominal anglicismes on the morphology of modern spoken German. Diss. Univ. of Newcastle (Australien), http://hdl.handle.net/1959.13/921483.
IDS-Grammatik → Zifonun, Gisela u.a. 1997.
Iluk, Jan (1977): Zum Eindeutschungsprozeß französischer Fremdwörter. Germanica Wratislaviensia 24, 3–12.
IPA (1999): Handbook of the International Phonetic Association. A guide to the use of the Internatinal Phonetic Alphabet. Cambridge.
Irlbeck, Thomas (1995): Computer-Englisch. Englisch – Deutsch. Deutsch – Englisch. Fachbegriffe übersetzt und erläutert. München. 2. Aufl.
Irlbeck, Thomas/Langenau, Frank (2002): Computer-Lexikon: die umfassende Enzyklopädie. München. 4. Aufl.
Jacobs, Haike/Gussenhoven, Carlos (2000): Loan Phonology: Salience, the Lexicon and OT. In: Dekkers, Joost u.a. (Hg. 2000): Optimality Theory. Phonology, Syntax and Acquisition. Oxford, 193–210.
Jacobs, Joachim (2005): Spatien. Zum System der Getrennt- und Zusammenschreibung im heutigen Deutsch. Berlin/New York.
Janich, Nina (2005): Werbesprache. Ein Arbeitsbuch. Tübingen. 4. Aufl.
Jannedy, Stefanie/Möbius, Bernd (1997): Name pronunciation in German text-to-speech synthesis. In: Proc. of the Fifth Conf. on Applied Natural Language Processing. Washington, 49–56.
Jones, Daniel (2002): English Pronounciation Dictionary. Cambridge. 3. Aufl.
Jones, Daniel/Gimson, Ac/Ramsaran, Susan (1988): English Pronouncing Dictionary. London. 14. Aufl.

Joos, Martin (Hg. 1957): Reading in Linguistics. The Development of Descriptive Linguistics in America, 1925–56. Chicago.
Jorgensen, Peter A./Moraco, Donna Anglin (1984): The categorization of English loan words in German. In: Moelleken, Wolfgang W. (Hg. 1984): Dialectology, linguistics, literature. Festschrift for Carrol E. Read. Göppingen, 104–114.
Jung, Matthias (1995): Amerikanismen, ausländische Wörter, Deutsch in der Welt. Sprachdiskussion als Bewältigung der Vergangenheit und Gegenwart. In: Stötzel, Georg/Wengeler, Martin (Hg. 1995), 245–283.
Junker, Gerhard H. (Hg. 2009): Der Anglizismen-Index, Gewinn oder Zumutung. Paderborn.
Kählbrandt, Roland (1999): Deutsch für Eliten. Ein Sprachführer. Stuttgart.
Kaiser, Marika (Hg. 2009): Generation Handy – wortreich sprachlos :–(?). Mailand.
Kastovsky, Dieter (2002): Einheimische und entlehnte Morphemik in der deutschen Wortbildung – synchron/diachron. In: Habermann, Mechthild u.a. (Hg. 2002), 439–454.
Keller, Claudia (1999): Neue Germanismen in Time 1999. Der Sprachdienst 44, H. 5, 173–176.
Keller, Rudi/Kirschbaum, Ilja (2003): Bedeutungswandel. Eine Einführung. Berlin/New York.
Kempcke, Günther (1989): Probleme der Beschreibung fachsprachlicher Lexik im allgemeinen einsprachigen Wörterbuch. In: Hausmann, Franz Josef u.a. (Hg. 1989), 842–849.
Kettemann, Bernhard (2004): Anglizismen allgemein und konkret: Der Einfluss des Englischen auf europäische Sprachen zur Jahrtausendwende. In: Muhr, Rudolf/Kettemann, Bernhard (Hg. 2004), 55–86.
Kienpointer, Manfred (2010): Latein – Deutsch kontrastiv. Vom Phonem zum Text. Tübingen.
Kiesler, Reinhard (2006): Einführung in die Problematik des Vulgärlateins. Tübingen.
Kinne, Michael (2000): Die Präfixe *post-*, *prä-* und *neo-*. Beiträge zur Lehn-Wortbildung. Tübingen.
Kirkness, Alan (1975): Zur Sprachreinigung in Deutschland 1789–1871. Eine historische Dokumentation. 2 Teile. Tübingen.
Kirkness, Alan (1980): Geschichte des Deutschen Wörterbuchs. Dokumente zu den Lexikographen Grimm: 1838–1863. Stuttgart.
Kirkness, Alan (1984): Zur germanistischen Fremdwortlexikographie im 19./20. Jh.: Bibliographie der Fremd- und Verdeutschungswörterbücher 1800–1945. In: Wiegand, Herbert Ernst (Hg. 1984): Studien zur neuhochdeutschen Lexikographie IV. Hildesheim, 113–174.
Kirkness, Alan (1988): Die nationalpolitische Bedeutung der Germanistik im 19. Jh.: Ersetzt statt erforscht – Thesen zu Lehndeutsch, Purismus und Sprachgermanistik. In: Wimmer, Rainer (Hg. 1991), 294–306.
Kirkness, Alan (1990): Das Fremdwörterbuch. In: Hausmann, Franz Josef u.a. (Hg. 1990), 1168–1178.
Kirkness, Alan (1998): Das Phänomen des Purismus in der Geschichte des Deutschen. In: Besch, Werner u.a. (Hg. 1998), 407–416.
Kirkness, Alan (2001): Europäismen/Internationalismen im heutigen deutschen Wortschatz. Eine lexikographische Pilotstudie. In: Stickel, Gerhard (Hg. 2001), 105–130.
Kirkness, Alan (2007): Deutsches Fremdwörterbuch R – Z: Rückblick und Ausblick. In: Kämper, Heidrun/Eichinger, Ludwig. M. (Hg. 2007): Sprach-Perspekiven. Germanistische Linguistik und das Institut für Deutsche Sprache. Tübingen, 133–149.
Kirkness, Alan/Woolford, Melanie (2002): Zur Zukunft der Anglizismen im Deutschen. In: Hoberg, Rudolf (Hg. 2002): Deutsch – Englisch – Europäisch: Impulse für eine neue Sprachpolitik. Mannheim usw., 199–219.

Klappenbach, Ruth/Steinitz, Wolfgang (Hg. 1961–1977): Wörterbuch der deutschen Gegenwartssprache. 6 Bde. Berlin.

Klein, Hans-Wilhelm (1975): Schwierigkeiten des deutsch-französischen Wortschatzes. Germanismen – Faux Amis. Stuttgart.

Klein, Wolf Peter (2011): Deutsch statt Latein! Zur Entwicklung der Wissenschaftssprachen in der frühen Neuzeit. In: Eins, Wieland/Glück, Helmut/Pretscher, Sabine (Hg.): Wissen schaffen – Wissen kommunizieren. Wissenschaftssprachen in Geschichte und Gegenwart. Wiesbaden, 35–47.

Klein, Wolf Peter (2011a): Die deutsche Sprache in der Gelehrsamkeit der frühen Neuzeit. Von der *lingua barbarica* zur *HaubtSprache*. In: Jaumann, Herbert (Hg.): Diskurse der Gelehrtenkultur in der Frühen Neuzeit. Berlin/New York, 465–516.

Kleinpaul, Rudolf (1905): Das Fremdwort im Deutschen. Leipzig. 3. Aufl.

Klosa, Annetta (1996): Negierende Lehnpräfixe des Gegenwartsdeutschen. Heidelberg.

Kluge, Friedrich (1975/2002): Etymologisches Wörterbuch der deutschen Sprache. Bearbeitet von Elmar Seebold. 21., 23. und 24. Aufl. Berlin/New York.

Knobloch, Clemens (2005): „Volkhafte Sprachforschung". Studien zum Umbau der Sprachwissenschaft in Deutschland zwischen 1918 und 1945. Tübingen.

Knoop, Ulrich (1994): Entwicklung von Literalität und Alphabetisierung in Deutschland. In: Günther, Hartmut/Ludwig, Otto (Hg. 1994), 859–872.

Kobler-Trill, Dorothea (1994): Das Kurzwort im Deutschen. Eine Untersuchung zu Definition, Typologie und Entwicklung. Tübingen.

Koch, Peter (2010): Sprachgeschichte zwischen Nähe und Distanz. In: Ágel, Vilmos/Hennig, Mathilde (Hg. 2010), 155–206.

Koch, Peter/Österreicher, Wulf (1985): Sprache der Nähe – Sprache der Distanz. Mündlichkeit und Schriftlichkeit im Spannungsfeld von Sprachtheorie und Sprachgeschichte. Romanisches Jahrbuch 36, 15–43.

Koch, Peter/Österreicher, Wulf (1994): Schriftlichkeit und Sprache. In: Günther, Hartmut/Ludwig, Otto (Hg. 1994), 587–604.

Koch, Peter/Österreicher, Wulf (2007): Schriftlichkeit und kommunikative Distanz. Zeitschrift für germanistische Linguistik 35, 346–375.

Koefoed, Gert/Marle, Jaap van (2000): Productivity. In: Booij, Gert u.a. (Hg. 2000): Morphologie. Ein internationales Handbuch zur Flexion und Wortbildung. 1. Halbband. Berlin/New York, 303–311.

König, Ekkehard/Gast, Volker (2007): Understanding English-German Contrasts. Berlin.

Konopka, Marek/Strecker, Bruno (Hg. 2009): Deutsche Grammatik – Regeln, Normen, Sprachgebrauch. Berlin/New York.

Köpcke, Klaus-Michael (1993): Schemata bei der Pluralbildung im Deutschen. Tübingen.

Köpcke, Klaus-Michael (Hg. 1994): Funktionale Untersuchungen zur deutschen Nominal- und Verbalmorphologie. Tübingen.

Köpcke, Klaus-Michael (1995): Die Klassifikation der schwachen Maskulina in der deutschen Gegenwartssprache. Zeitschrift für Sprachwissenschaft 14, 159–180.

Köpcke, Klaus-Michael (1998): Prototypisch starke und schwache Verben in der deutschen Gegenwartssprache. Germanistische Linguistik 141/142, 45–60.

Köpcke-Klaus Michael (2000): Chaos und Ordnung – Zur semantischen Remotivierung einer Deklinationsklasse im Übergang vom Mhd. zum Nhd. In: Köpcke, Klaus-Michael (Hg. 2000), 107–122.

Köpche, Klaus-Michael (Hg. 2000): Studien zur natürlichen Morphologie. Hildesheim.

Köpcke, Klaus-Michael (2003): Die sogenannte *i*-Derivation in der deutschen Gegenwartssprache – ein Fall für outputorientierte Wortbildung. Zeitschrift für germanistische Linguistik 30, 293–309.

Körner, Helle (2004): Zur Entwicklung des deutschen (Lehn-)wortschatzes. Glottometrics 7, 25–49.

Kortmann, Bernd u.a. (Hg. 2004): A Handbook of Varieties of English. Volume 2: Morphology and Syntax. Berlin/New York.

Koß, Gerhard (1996): Warennamen. In: Eichler, Ernst u.a. (Hg. 1996): Namenforschung. Ein internationales Handbuch zur Onomastik. Berlin/New York, Bd. 2, 1642–1648.

Kovtum. Oxana (2000): Wirtschaftsanglizismen. Zur Integration nicht-indigener Ausdrücke in die deutsche Sprache. Münster.

Kowallik, Sabine (1993): Zur Typologie französischer Lehnübersetzungen im Deutschen. In: Dahmen, Wolfgang u.a. (Hg. 1993), 18–24.

Kramer, Johannes (1992). Das Französische in Deutschland. Stuttgart.

Kramer, Johannes/Winkelmann, Otto (Hg. 1990): Das Galloromanische in Deutschland. Wilhelmsfeld.

Krämer, Sybille (1997): Vom Mythos ‚Künstliche Intelligenz' zum Mythos ‚Künstliche Kommunikation' oder: Ist eine nicht-anthropomorphe Beschreibung von Internet-Kommunikation möglich? In: Münker, Stefan (Hg. 1997): Mythos Internet. Frankfurt/M. usw., 88–107.

Krämer, Walter (2000): Modern Talking auf deutsch. Ein populäres Lexikon. München/Zürich.

Kratz, Bernd (1968): Deutsch-französischer Lehnwortaustausch. In: Mitzka, Walther (Hg. 1968), 445–487.

Krech, Hans/Krech, Eva-Maria u.a. (Hg. 1967): Wörterbuch der deutschen Aussprache. Leipzig. 2. Aufl.

Krech, Eva-Maria/Stötzer, Ursula u.a. (Hg. 1982): Großes Wörterbuch der deutschen Aussprache. Leipzig.

Krech, Eva-Maria/Stock, Eberhard/Hirschfeld, Ursula/Lutz, Christian (2009): Deutsches Aussprachewörterbuch. Berlin/New York.

Kresse, Oskar (1915): Verdeutschung entbehrlicher Fremdwörter. Berlin.

Kunze, Konrad/Nübling, Damaris (Hg. 2009). Deutscher Familiennamenatlas. Band 1: Graphematik/Phonematik der Familiennamen I. Vokalismus. Berlin/New York.

Kupper, Sabine (2007): Anglizismen in deutschen Werbeanzeigen. Eine empirische Studie zur stilistischen und ökonomischen Motivation von Anglizismen. Frankfurt/M. usw.

Ladefoged, Peter (1993): A Course in Phonetics. London. 3. Aufl. (1. Aufl. 1975).

Lang, Ewald (1995): Das Spektrum der Antonymie. In: Harras, Gisela (Hg. 1995), 30–98.

Langner, Heidemarie (1995): Die Schreibung englischer Entlehnungen im Deutschen. Eine Untersuchung von Anglizismen in den letzten hundert Jahren, dargestellt anhand des Dudens. Frankfurt/M. usw.

Langner, Helmut (1986): Angloamerikanismen im Sprachgebrauch der DDR. Zeitschrift für Germanistik 7, 402–419.

Lasch, Agathe (1928): ‚Berlinisch'. Eine berlinische Sprachgeschichte. Berlin.

Lee, Duk Ho (2005): Rückläufiges Wörterbuch der deutschen Sprache. Berlin/New York.

Lehnert, Martin (1971): Rückläufiges Wörterbuch der englischen Gegenwartssprache. Leipzig.

Lemnitzer, Lothar (2007): Von Aldianer bis Zauselquote. Neue deutsche Wörter. Wo sie herkommen und wofür wir sie brauchen. Tübingen.

Leroy, Sarah (2010): Orality, a new phase in the linguistic study of proper names? In: Pepin, Nicolas/Stefani, Elwys De (Hg. 2010), 88–97.

Lilienkamp, Marc (2001): Angloamerikanismus und Popkultur. Untersuchungen zur Sprache in französischen, deutschen und spanischen Musikmagazinen. Frankfurt/M. usw.

Limbach, Jutta (Hg. 2009): Ausgewanderte Wörter. Reinbek. 2. Aufl.

Link, Elisabeth (1983): Fremdwörter – der Deutschen liebste schwere Wörter? Deutsche Sprache 11, 47–77.

Link, Elisabeth (2009): Über Tutoren, Tutanten und Tutanden. Ein Beispiel aus dem Bereich der Lehnwortbildung. Sprachreport 25, H. 2, 7–14.
Lipczuk, Ryszard (2007): Geschichte und Gegenwart des Fremdwortpurismus in Deutschland und Polen. Frankfurt/M. usw.
Loskant, Sebastian (1998): Das neue Trendwörter Lexikon. Das Buch der neuen Wörter. Gütersloh.
Lüdtke, Helmut (2011): Vom Mythos des Vulgärlatein. In: Anderwald, Lieselotte (Hg. 2011): Sprachmythen – Fiktion oder Wirklichkeit? Frankfurt/M. usw., 67–81.
Lühr, Rosemarie (2004): Lehnwörter im Althochdeutschen. Incontri Linguistici 27, 107–120.
Lutz, Angelika (2002): Sprachmischung in der englischen und deutschen Wortbildung. In: Habermann, Mechthild u.a. (Hg. 2002), 407–437.
Lutz, Angelika (2008): Types and Degrees of Mixing: A Comparative Assessment of Latin and French Influences on English and German Word Formation. Interdisciplinary Journal for Germanic Linguistics and Semiotic Analysis 13, H. 2, 131–165.
Maas, Utz (1984): Als der Geist der Gemeinschaft eine Sprache fand. Sprache im Nationalsozialismus. Opladen.
Maas, Utz (1989): Dehnung und Schärfung in der deutschen Orthographie. In: Eisenberg, Peter/Günther, Hartmut (Hg. 1989), 229–249.
Maas, Utz (1992): Grundzüge der deutschen Orthographie. Tübingen.
Mackensen, Lutz (1988): Das moderne Fremdwörter-Lexikon. München.
Mangold, Max (1972): Deutsche Vokale und Gymnasialaussprache. In: Höffe, Wilhelm L./Jesch, Jörg (Hg. 1972): Sprechwissenschaft und Kommunikation. Ratingen, 79–92.
Mangold, Max (1973): Phonetik und Phonologie des Lateinischen in der Schulgrammatik. In: Strunk, Klaus (Hg. 1973): Probleme der lateinischen Grammatik. Darmstadt, 55–71.
Marchand, Hans (1969): The Categories and Types of Present-Day English Word-Formation. A Synchronic-Diachronic Approach. München. 2. Aufl.
Mater, Erich (1983): Rückläufiges Wörterbuch der deutschen Gegenwartssprache. Oberursel. 4. Aufl.
Mattheier, Klaus J. (2000): Die Durchsetzung der deutschen Hochsprache im 19. und beginnenden 20. Jahrhundert: sprachgeographisch, sprachsoziologisch. In: Besch, Werner u.a. (Hg. 2000), 1951–1966.
Meisenbeurg, Trudel (1996): Romanische Schriftsysteme im Vergleich. Tübingen.
Menge, Hermann (1991): Großwörterbuch Griechisch Deutsch. Berlin usw. 27. Aufl.
Michel, Sascha (2009): Das Konfix zwischen Langue und Parole. Ansätze zu einer sprachgebrauchsbezogenen Definition und Typologie. In: Müller, Peter O. (Hg. 2009), 91–140.
Miller, George A. (1995): Streifzüge durch die Psycholinguistik. Frankfurt/M.
Mitzka, Walther (Hg. 1968): Wortgeographie und Gesellschaft. Berlin.
Mollay, Karl/Bassola, Peter (2004): Ungarisch/Deutsch. In: Besch, Werner u.a. (Hg. 2004), 3218–3299.
Moraldo, Sandro M. (2008): Sprachkontakt und Mehrsprachigkeit. Zur Anglizismendiskussion in Deutschland, Österreich und der Schweiz – Editorial. In: Moraldo, Sandro M. (Hg. 2008), 9–36.
Moraldo, Sandro M. (Hg. 2008): Sprachkontakt und Mehrsprachigkeit. Zur Anglizismendiskussion in Deutschland, Österreich und der Schweiz. Heidelberg.
Moser, Hugo (1961): Die Sprache im geteilten Deutschland. Wirkendes Wort 11, H. 1, 1–21. Wieder in: Hellmann, Manfred W./Schröder, Marianne (Hg. 2008), 85–111.
Moser, Hugo (Hg. 1962): Das Ringen um eine neue deutsche Grammatik. Darmstadt.
Motsch, Wolfgang (1999): Deutsche Wortbildung in Grundzügen. Berlin/New York.
Moulton, William G. (1962): The sounds of English and German. Chicago.

Muhr, Rudolf (2004): Anglizismen als Problem der Linguistik und Sprachpflege in Österreich und Deutschland zum Beginn des 21. Jahrhunderts. In: Muhr, Rudolf/Kettemann, Bernhard (Hg. 2004), 9–54.
Muhr, Rudolf (2008): Pseudoanglizismen und Lehnfremdbildungen im Österreichischen Deutsch. In: Moraldo, Sandro M. (Hg. 2008), 135–150.
Muhr, Rudolf (2009): Anglizismen und Pseudoanglizismen im Österreichischen Deutsch: 1945–2008. Ein Bericht. In: Pfalzgraf, Falco (Hg. 2009), 123–169.
Muhr, Rudolf/Kettemann, Bernhard (Hg. 2004): Eurospeak. Der Einfluss des Englischen auf europäische Sprachen der Jahrtausendwende. Frankfurt/M. usw. 2. Aufl.
Müller, Klaus (1995): Slawisches im deutschen Wortschatz. Berlin.
Müller, Peter O. (1993): Substantiv-Derivationen in den Schriften Albecht Dürers. Ein Beitrag zur Methodik historisch-synchroner Wortbildungsanalysen. Berlin/New York.
Müller, Peter O. (2000): Deutsche Fremdwortbildung. Probleme der Analyse und Kategorisierung. In: Habermann, Mechthild u.a. (Hg. 2000), 115–134.
Müller, Peter O. Einführung. In: Müller, Peter O. (Hg. 2005), 11–45.
Müller, Peter O. (Hg. 2005): Fremdwortbildung. Theorie und Praxis in Geschichte und Gegenwart. Frankfurt/M. usw.
Müller, Peter O. (2009): Fremdwortbildung. Eine Einführung in diesen Band. In: Müller, Peter O. (Hg. 2009), 1–17.
Müller, Peter O. (Hg. 2009): Studien zur Fremdwortbildung. Hildesheim.
Müller-Hasemann, Wolfgang (1983): Das Eindringen englischer Wörter ins Deutsche ab 1945. In: Best, Karl-Heinz/Kohlhase, Jörg (Hg. 1083): Exakte Sprachwandelforschung. Göttingen, 143–160.
Munske, Horst Haider (1984): French Transferences with Nasal Vowels in the Graphemics and Phonology of the Germanic Languages. In: Ureland, Sture P./Clarkson, Jain (Hg. 1984): Scandinavian Language Contacts. Cambridge, 231–280.
Munske, Harst Haider (1988): Ist das Deutsche eine Mischsprache? Zur Stellung der Fremdwörter im deutschen Sprachsystem. In: Munske, Horst Haider u.a. (Hg. 1988), 46–74.
Munske, Horst Haider (1996): Eurolatein im Deutschen. Überlegungen und Beobachtungen. In: Munske, Horst Haider/Kirkness, Alan (Hg. 1996), 82–105.
Munske, Horst Haider (1997): Fremdwortorthographie. In: Munske, Horst Haider (1997b), 75–163.
Munske, Horst Haider (1997a): Fremdgrapheme im deutschen Wortschatz. Eine Häufigkeitsanalyse anhand der Mannheimer Korpora. In: Munske, Horst Haider (1997b), 109–148.
Munske, Horst Haider (1997b): Orthographie als Sprachkultur. Frankfurt/M. usw.
Munske, Horst Haider (2000): Zur Neubearbeitung des Deutschen Fremdwörterbuchs. In: Beiträge zur Geschichte der deutschen Sprache und Literatur 122, H. 3, 412–426.
Munske, Horst Haider (2001): Fremdwörter in deutscher Sprachgeschichte: Integration oder Stigmatisierung? In: Stickel, Gerhard (Hg. 2001), 7–29.
Munske, Horst Haider (2004): Englisches im Deutschen. Analysen zum Anglizismenwörterbuch. In: Munske, Horst Haider (Hg. 2004), 155–174.
Munske, Horst Haider (Hg. 2004): Deutsch im Kontakt mit germanischen Sprachen. Tübingen
Munske, Horst Haider (2009): Was sind eigentlich ‚hybride' Wortbildungen? In: Müller, Peter O. (Hg. 2009), 223–260.
Munske, Horst Haider (2010): *o.k.* [o'keː] und *k.o.* [ka'oː]. Zur lautlichen und graphischen Integration von Anglizismen im Deutschen. In: Scherer, Carmen/Holler, Anke (Hg. 2010), 31–49.
Munske, Horst Haider/Kirkness, Alan (Hg. 1996): Eurolatein. Das griechische und lateinische Erbe in den europäischen Sprachen. Tübingen.

Munske, Horst Haider/Polenz, Peter von/Reichmann, Oskar/Hildebrandt, Reiner (Hg. 1988): Deutscher Wortschatz. Lexikologische Studien, L.E. Schmidt zum 80. Geburtstag von seinen Marburger Schülern. Berlin/New York.

Muthmann, Gustav (1988/1991): Rückläufiges deutsches Wörterbuch. Handbuch der Wortausgänge im Deutschen mit Beachtung der Wort- und Lautstruktur. Tübingen. 1. und 2. Aufl.

Muthmann, Gustav (1994): Doppelformen in der deutschen Sprache der Gegenwart. Studien zu den Varianten in Aussprache, Schreibung, Wortbildung und Flexion. Tübingen.

Muthmann, Gustav (1999): Reverse English Dictionary. Based on Phonological and Morphological Principles. Berlin/New York.

Neef, Martin (2003): Graphematische Beschränkungen und Fremdwortintegration im Deutschen. Estudios Filologicos Alemanes 2, 95–119.

Neef, Martin (2005): Die Graphematik des Deutschen. Tübingen.

Neef, Martin/Primus, Beatrice (2001): Stumme Zeugen der Autonomie – Eine Replik auf Ossner. Linguistische Berichte 187, 353–378.

Neologismenwörterbuch → Quasthoff Hg. 2007.

Nettemann-Multanowska, Kinga (2003): English Loanwords in Polish and German after 1945. Orthography and Morphology. Frankfurt/M. usw.

Neuland, Eva (Hg. 2003): Jugendsprachen – Spiegel der Zeit. Internationale Fachkonferenz 2001 an der Bergischen Universität Wuppertal. Frankfurt/M. usw.

Niehr, Thomas (2002): Linguistische Anmerkungen zu einer populären Anglizismen-Kritik. Sprachreport 18, H. 4, 4–10.

Nortmeyer, Isolde (2000): Die Präfixe *inter-* und *trans-*. Beiträge zur Lehn-Wortbildung. Tübingen.

Nübling, Damaris (2000): Auf der Suche nach dem idealen Eigennamen. Beiträge zu Namenforschung 35, H. 3, 275–302.

Nübling, Damaris (2000a): The semiotic and morphological structure of German toponyms. Different strategies to indicate propriality. In: Doleschal, Ursula/Thornton, Anna M. (Hg. 2000): Extragrammatical and Marginal Morphology. LINCOM München, 127–137.

Nübling, Damaris (2000b): Prinzipien der Irregularisierung. Eine kontrastive Analyse von zehn Verben in zehn germanischen Sprachen. Tübingen.

Nübling, Damaris (2009). Von *Horst* und *Helga* zu *Leon* und *Leonie*. Werden die Rufnamen immer androgyner? Der Deutschunterricht 61, H. 5, 77–83.

Nübling, Damaris/Szczepaniak, Renata (2009): *Religion+s+freiheit, Stabilität+s+pakt* und *Subjekt+s+pronomen*: Fugenelemente als Marker phonologischer Wortgrenzen. In: Müller, Peter O. (Hg. 2009), 195–222.

O'Halloran, Edel (2002): Gallizismen und Anglizismen in der deutschen Mode- und Gemeinsprache im 20. Jahrhundert. Deutsche Sprache 30, 50–66.

Öhmann, Emil (1967): Suffixstudien III. Das deutsche Suffix *-(i)tät*. Neuphilologische Mitteilungen 68, 242–249 und 72, 540. Wieder in: Müller, Peter O. (Hg. 2005), 251–256.

Öhmann, Emil (1970). Suffixstudien VI: Das deutsche Suffix *-ieren*. Neuphilologische Mitteilungen 71, 337–357. Wieder in: Müller, Peter O. (Hg. 2005), 263–281.

Olschansky, Heike (1996): Volksetymologie. Tübingen.

Olschansky, Heike (2004): Täuschende Wörter. Kleines Lexikon der Volksetymologien. Stuttgart.

Onomastica (1995): Onomastica Interlanguage Pronunciation Lexicon. In: Proc. of ESCA, Eurospeech 1995. Madrid, 829–832.

Onysko, Alexander (2007): Anglicisms in German. Borrowing, Lexical Productivity, and Written Codeswitching. Berlin/New York.

Onysko, Alexander (2009): Divergence with a cause? The systemic integration of anglicisms in German as an indication of the intensity of language contact. In: Pfalzgraf, Falco (Hg. 2009), 53–74.
Optiz, Kurt (1990): Formen und Probleme der Datenerhebung III: Fachwörterbücher. In: Hausmann, Franz Josef u.a. (Hg. 1990), 1625–1631.
Orgeldinger, Sibylle (1999): Standardisierung und Purismus bei Joachim Heinrich Campe. Berlin/New York.
Osman, Nabil (Hg. 2002): Kleines Lexikon deutscher Wörter arabischer Herkunft. München. 6. Aufl.
Paradis, Carola/La Charité, Darlene (2001): Guttural deletion in loanwords. Phonology 18, H. 2, 255–300.
Paul, Hermann (1917): Deutsche Grammatik. Band II, Teil III: Flexionslehre. Halle.
Paul. Hermann (1920): Deutsche Grammatik. Band V, Teil IV: Wortbildungslehre. Halle.
Paul, Hermann (1975): Prinzipien der Sprachgeschichte. Tübingen. 9. Aufl. (1. Aufl. 1880).
Paul, Hermann (2002): Deutsches Wörterbuch. Bedeutungsgeschichte und Aufbau unseres Wortschatzes. Von Helmut Henne, Heidrun Kämper und Georg Objartel. Tübingen. 10. Aufl.
Paul, Kerstin/Wittenberg, Eva (2009): „Askim, Baby, Schatz …" Anglizismen in einer multiethnischen Jugendsprache. In: Pfalzgraf, Falco (Hg. 2009), 95–122.
Pavlov, Vladimir (2009): Deutsche Wortbildung zwischen Lexikon und Syntax, Synchronie und Diachronie. Frankfurt/M. usw.
Pepin, Nicolas/Stefani, Elwys De (Hg. 2010): Eigennamen in der gesprochenen Sprache. Tübingen.
Petersen, Wibke (2000): Ein elektronisches Corpus als Datengrundlage für die Untersuchung des Computerdiskurses. In: Busch, Albert/Wichter, Sigurd (Hg. 2000), 15–26.
Pfalzgraf, Falco (2006): Neopurismus in Deutschland nach der Wende. Frankfurt/M. usw.
Pfalzgraf, Falco (2008): Bestrebungen zu Einführung eines Sprachschutzgesetzes seit der deutschen Vereinigung. German Life and Letters 61, H. 4, 451–469.
Pfalzgraf, Falco (Hg. 2009): Englischer Sprachkontakt in den Varietäten des Deutschen. Frankfurt/M. usw.
Pfalzgraf, Falco (2011): Anglizismen als Thema der Sprachwissenschaft und Sprachkritik. Aptum 7, 160–176.
Pfeifer, Wolfgang (1989): Etymologisches Wörterbuch des Deutschen erarbeitet von einem Autorenkollektiv des Zentralinstituts für Sprachwissenschaft unter Leitung von Wolfgang Pfeifer. 3 Bde. Berlin.
Pflug, Günther (1986): Die GfdS – das ‚sprachliche Ohr der Nation'. Der Sprachdienst 30, 65–68.
Phillip, Marthe (1974): Phonologie des Deutschen. Stuttgart.
Pinker, Stefen (2000). Wörter und Regeln. Aus dem Englischen übersetzt von Martina Wiese. Heidelberg.
Pirojkov, Alexandre (2002): Russismen im Deutschen der Gegenwart: Bestand, Zustand und Entwicklungstendenzen. Berlin.
Plag, Ingo (2003): Word-Formation in English. Cambridge.
Plank, Frans (1981): Morphologische (Ir-)Regularitäten. Aspekte der Wortstrukturtheorie. Tübingen.
Polenz, Peter von (1967): Sprachpurismus und Nationalsozialismus. Die ‚Fremdwort'-Frage gestern und heute. In: Germanistik – eine deutsche Wissenschaft. Beiträge von Eberhard Lämmert, Walter Killy, Karl Otto Conrady und Peter von Polenz. Frankfurt/M., 111–165.
Polenz, Peter von (1967a): Fremdwort und Lehnwort sprachwissenschaftlich betrachtet. Muttersprache 77, 65–80. Wieder in: Braun, Peter (Hg. 1979), 9–31.
Polenz, Peter von (1994): Deutsche Sprachgeschichte vom Spätmittelalter bis zur Gegenwart. Band II. 17. und 18. Jahrhundert. Berlin/New York.

Polenz, Peter von (1999): Deutsche Sprachgeschichte vom Spätmittelalter bis zur Gegenwart. Band III. 19. und 20. Jahrhundert. Berlin/New York.

Polenz, Peter von (2000): Deutsche Sprachgeschichte vom Spätmittelalter bis zur Gegenwart. Band I. Einführung · Grundbegriffe · 14. bis 16. Jahrhundert. Berlin/New York. 2. Aufl.

Pons (2007): Großwörterbuch Englisch – Deutsch, Deutsch – Englisch. Neubearbeitung. Stuttgart.

Pörksen, Uwe (2008): Latein – Französisch – Englisch. Sprachberührungen in der Geschichte des Deutschen. In: Deutsche Akademie für Sprache und Dichtung. Jahrbuch 2007. Göttingen, 121–130.

Praninskas, Jean (1968): Trade Name Creation. Den Haag.

Primus. Beatrice (2000): Suprasegmentale Grapheme und Phonologie: Die Dehnungszeichen im Deutschen. Linguistische Berichte 181, 9–34.

Pschyrembel (2007): Klinisches Wörterbuch. Berlin/New York. 261. Aufl.

Quasthoff, Uwe (Hg. 2008): Deutsches Neologismenwörterbuch. Neue Wörter und Wortbedeutungen der Gegenwartssprache. Berlin/New York.

Raffelsiefen, Renate (1995): Conditions für stability. Düsseldorf (SFB 282).

Raffelsiefen, Renate (1998): Semantic stability in derivationally related words. In: Hogg, Richard/van Bergen, Linda (Hg. 1998): Historical Linguistics 1995. Amsterdam/Philadelphia, 247–267.

Raffelsiefen, Renate (2000): Evidence for word-internal phonological words in German. In: Thieroff, Rolf u.a. (Hg. 2000), 43–56.

Rash, Felicity (2009): "Englisch ist cool": The Influence of English on Swiss German. In: Pfalzgraf, Falco (Hg. 2009), 171–183.

Regelwerk (1902): Regeln für die deutsche Rechtschreibung nebst Wörterverzeichnis. Herausgegeben im Auftrage des Königlich Preußischen Ministeriums der geistlichen, Unterrichts- und Medizinal-Angelegenheiten. Berlin. Wieder in: Nerius, Dieter/ Scharnhorst, Jürgen (Hg. 1980): Theoretische Probleme der deutschen Orthographie. Berlin, 351–371.

Regelwerk (2006): Deutsche Rechtschreibung, Regeln und Wörterverzeichnis. Amtliche Regelung. Herausgegeben vom Rat für deutsche Rechtschreibung. Tübingen.

Reichmann, Oskar (1989): Geschichte lexikographischer Programme in Deutschland. In: Hausmann, Franz Josef u.a. (Hg. 1989), 230–246.

Reinbothe, Roswitha (2006): Deusch als internationale Wissenschaftssprache und der Boykott nach dem Ersten Weltkrieg. Frankfurt/M. usw.

Roelcke, Thorsten (1998): Die Periodisierung der deutschen Sprachgeschichte. In: Besch, Werner u.a. (Hg. 1998), 798–815.

Röhl, Ernst (o.J. [2000]): Das große deutsche blabla. Warum ich Freiheit und Demokratie voll cool finde, von den Menschenrechten ganz zu schweigen. Berlin.

Ronneberger-Sibold, Elke (2009): *Thermodur, Blen-a-med, Sivitex.* Konfixe in deutschen Markennamen. Typen – Geschichte – Funktion. In: Müller, Peter O. (Hg. 2009), 141–193.

Rosten, Leo (2007): Jiddisch. Eine kleine Enzyklopädie. München.

Roth, Simon (1571): Ein Teutscher Dictionarius publiciert durch Simon Roten. Augsburg. Neuruck unter dem Titel: Simon Rots Fremdwörterbuch. In: Mémoires de la Siciété Néophilologique de Helsinki 11 (1936), 225–370.

Sanders, Daniel (1860–1865): Wörterbuch der deutschen Sprache. Mit Belegen von Luther bis auf die Gegenwart. 3 Bde. Leipzig. Nachdruck der 2. Aufl. von 1876: Hildesheim 1969.

Sanders, Daniel (1871): Fremdwörterbuch. 2 Bde. Leipzig.

Sanders, Daniel (1884): Verdeutschungswörterbuch. Leipzig.

Sarcher, Walburga (2001): Das deutsche Lehngut im Französischen als Zeugnis für den Wissenstransfer im 20. Jahrhundert. Hamburg.

Sarrazin, Otto (1886): Verdeutschungs-Wörterbuch. Berlin.

Sarrazin, Otto (1898): Zu dem Ausdruck ‚Abteil'. Zeitschrift des Allgemeinen Deutschen Sprachvereins 13, Sp. 102–103.

Sarrazin, Otto (1920): Der oder das Abteil? Zeitschrift des Allgemeinen Deutschen Sprachvereins 35, Sp. 205–206.

Satz → Eisenberg 2006a.

Sauer, Wolfgang W. (1988): Der ‚Duden'. Geschichte und Aktualität eines ‚Volkswörterbuchs'. Stuttgart.

Saussure, Ferdinand de (1967): Grundfragen der Allgemeinen Sprachwissenschaft. Berlin. 2. Aufl. (Frz. Erstausgabe 1916).

Sauter, Anke (2000): Eduard Engel. Literaturhistoriker, Stillehrer, Sprachreiniger. Bamberg.

Schaden, Stefan (2003): Ein erweiterter Graphem-zu-Phonem-Umsetzer zur Modellierung nicht-muttersprachlicher Aussprachevarianten. In: Fortschritte der Akustik DAGA 2002, 650–651.

Schank, Gerd (1974): Vorschlag zur Erarbeitung einer operationalen Fremdwortdefinition. Deutsche Sprache 4, H. 2, 67–88. Wieder in: Braun, Peter (Hg. 1979), 32–58.

Scheerer, Eckart (1993): Mündlichkeit und Schriftlichkeit – Implikationen für die Modellierung kognitiver Prozesse. In: Baurmann, Jürgen u.a. (Hg. 1993): homo scribens. Perspektiven der Schriftlichkeitsforschung. Tübingen, 141–176.

Scherer, Carmen/Holler, Anke (Hg. 2010): Strategien der Isolation und Integration nichtnativer Einheiten und Strukturen. Berlin/New York.

Schiewe, Jürgen (1988): Joachim Heinrich Campes Verdeutschungsprogramm. Überlegungen zu einer Neuinterpretation des Purismus um 1800. Deutsche Sprache 16, 17–33.

Schiewe, Jürgen (1998): Die Macht der Sprache. Eine Geschichte der Sprachkritik von der Antike bis zur Gegenwart. München.

Schiewe, Jürgen (2001): Aktuelle wortbezogene Sprachkritik in Deutschland. In: Stickel, Gerhard (Hg. 2001), 280–296.

Schildt, Joachim/Schmidt, Hartmut (Hg. 1986): Berlinisch. Geschichtliche Einführung in die Sprache einer Stadt. Berlin.

Schivelbusch, Wolfgang (1974): Geschichte der Eisenbahnreise. Zur Industrialisierung von Raum und Zeit im 19. Jahrhundert. Frankfurt/M. usw.

Schlobinski, Peter (2001): Anglizismen im Internet. In: Stickel, Gerhard (Hg. 2001), 239–257.

Schlobinski, Peter/Heins, Niels Christian (1998): Jugendliche und ‚ihre' Sprache. Sprachregister, Jugendkulturen und Wertesysteme. Empirische Studien. Opladen/Wiesbaden.

Schlösser, Rainer (1990): Französisch in Berlin. In: Kramer, Johannes/Winkelmann, Otto (Hg. 1990), 205–214.

Schmid, Hans Ulrich (2009): Einführung in die deutsche Sprachgeschichte. Stuttgart/Weimar.

Schmidt, Günter Dietrich (1987): Das Kombinem. Vorschläge zur Erweiterung des Begriffsfeldes und der Terminologie im Bereich der Lehnwortbildung. In: Hoppe, Gabriele u.a. (1987): Deutsche Lehnwortbildung. Beiträge zur Erforschung der Wortbildung mit entlehnten WB-Einheiten im Deutschen. Tübingen, 37–52.

Schmidt, Hartmut (1986): Die sprachliche Entwicklung Berlins vom 13. bis zum 19. Jahrhundert. In: Schildt, Joachim/Schmidt, Hartmut (Hg. 1986), 100–172.

Schmidt, Hartmut (1996): Lehnpräpositionen aus dem Lateinischen in der deutschen Gegenwartssprache. In: Munske, Horst Haider/Kirkness, Alan (Hg. 1996), 65–81.

Schmidt, Hartmut (2007): „Auferstanden aus Ruinen" – Sprachliche Erbstücke aus schwierigen Zeiten. Sprachreport 23, H. 3, 2–11.

Schmidt, Marc/Fitt, Sue/Scott, Tina/Jack, Marvin (1993): Phonetic Transcription Standards for European Names (Onomastica). In: EUROSPEECH' 93, 279–282.
Schmidt, Wilhelm (2007): Geschichte der deutschen Sprache. Ein Lehrbuch für das germanistische Studium. Erarbeitet unter der Leitung von Helmut Langner und Norbert Richard Wolf. Stuttgart. 10. Aufl.
Schmöe, Friederike (1998): Italianismen im Gegenwartsdeutschen unter besonderer Berücksichtigung der Entlehnungen nach 1950. Bamberg.
Schmöe, Friederike (Hg. 2002): Das Adverb – Zentrum und Peripherie einer Wortklasse. Wien.
Schneider, Edgar W. u.a. (Hg. 2004): A Handbook of Varieties of English. Volume 1: Phonology, Volume 2: Morphology and Syntax. Berlin/New York.
Schneider, Jan Georg (2008): ‚Macht das Sinn?' – Überlegungen zur Anglizismenkritik im Zusammenhang mit der populären Sprachkritik. Muttersprache 118, H. 1, 56–71.
Schnerrer, Rosemarie (1998): ‚Globalisierung'. Woher kommt der Ausdruck und was bedeutet er? Sprachreport 14, H. 3, 23–25.
Schönfeld, Helmut (1986): Die berlinische Umgangssprache im 19. und 20. Jahrhundert. In: Schildt, Joachim/Schmidt, Hartmut (Hg. 1986), 214–298.
Schubert, Rudolf/Wagner, Günter (2000): Botanisches Wörterbuch. Pflanzennamen und botanische Fachwörter. Stuttgart.
Schulte-Beckhausen, Marion (2002): Genusschwankung bei englischen, französischen, italienischen und spanischen Lehnwörtern im Deutschen. Eine Untersuchung auf der Grundlage deutscher Wörterbücher seit 1945. Frankfurt/M. usw.
Schütz, Walter J. (1996): Vielfalt oder Einfalt? Zur Entwicklung der Presse in Deutschland 1945–1996. In: Landeszentrale für politische Bildung Baden Württemberg (Hg. 1996): ‚Man muß daran glauben'. Politik und Publizistik. Dokumentation 5.
Schwitalla, Johannes (2010): Kommunikative Funktionen von Sprecher- und Adressatennamen in Gesprächen. In: Pepin, Nicolas/Stefani, Elwys De (Hg. 2010), 179–199.
Seiffert, Anja (2008): Autonomie und Isonomie fremder und indigener Wortbildung am Beispiel ausgewählter numerativer Wortbildungseinheiten. Berlin.
Seiler, Friedrich (1921–1925): Die Entwicklung der deutschen Kultur im Spiegel des deutschen Lehnworts. 6 Bde. Halle. Reprint Hildesheim 2007.
Seymour, Philip H.K./Aro, M./Erskine, J.M. (2003): Foundation literacy acquisition in European orthographies. British Journal of Psychology 94, H. 2, 143–174.
Siebs, Theodor (1969): Deutsche Aussprache. Reine und gemäßigte Hochlautung mit Aussprachewörterbuch. Herausgegeben von Helmut de Boor, Hugo Moser und Christian Winkler. Berlin. 19. Aufl. (Erste Ausgabe 1898).
Siedenberg, Sven (2009): Besservisser beim Kaffeeklatsching. Deutsche Wörter im Ausland. Ein Lexikon. München.
Siekmeyer, Anne (2007): Form und Gebrauch komplexer englischer Lehnverben im Deutschen: eine empirische Untersuchung. Bochum.
Simon, Gerd (1982): Zündschnur zum Sprengstoff. Leo Weisgerbers keltologische Forschungen und seine Tätigkeit als Zensuroffizier in Rennes während des Zweiten Weltkriegs. Linguistische Berichte 79, 30–52.
Simon, Gerd (1986): Hundert Jahre ‚Muttersprache'. Die Ideen eines Museumsdirektors und ihre Folgen. Der Deutschunterricht 38, 83–98.
Spitzer, Leo (1918): Fremdwörterhatz und Fremdvölkerhaß. Eine Streitschrift gegen die Sprachreinigung. Wien.
Spitzmüller, Jürgen (2005): Metasprachdiskurse. Einstellungen zu Anglizismen und ihre wissenschaftliche Rezeption. Berlin.
Stanforth, Anthony W. (1996): Deutsche Einflüsse auf den englischen Wortschatz in Geschichte und Gegenwart. Mit einem Beitrag zum Amerikanischen Englisch von Jürgen Eichhoff. Tübingen.

Stanforth, Anthony W. (2009): The Influence of High German on the English Language. In: Pfalzgraf, Falco (Hg. 2009), 35–51.

Stefani, Elwys De/Pepin, Nicolas (Hg. 2010): Eigennamen in der gesprochenen Sprache. Eine Einführung. In: Pepin, Nicolas/Stefani, Elwys De (Hg. 2010), 1–34.

Steffens, Doris (2000): *Tigerentenkoalition* – schon gehört? Zum neuen Wortschatz im Deutschen. Sprachreport 26, H. 1, 2–8.

Stern, Heidi (2000): Wörterbuch zum jiddischen Lehnwortschatz in deutschen Dialekten. Tübingen.

Sternefeld, Wolfgang (2000): Schreibgeminaten im Deutschen: ein Fall für die Optimalitätstheorie. Linguistische Berichte 181, 35–54.

Stetter, Christian (1990): Die Groß- und Kleinschreibung im Deutschen. Zur sprachanalytischen Begründung einer Theorie der Orthographie. In: Stetter, Christian (Hg. 1990): Zu einer Theorie der Orthographie. Interdisziplinäre Aspekte gegenwärtiger Schrift- und Orthographieforschung. Tübingen, 196–220.

Stiberc, Andrea (1999): Sauerkraut, Weltschmerz, Kindergarten und Co. Deutsche Wörter in der Welt. Freiburg.

Stickel, Gerhard (1984): Einstellungen zu Anglizismen. In: Besch, Werner u.a. (Hg. 1984): Festschrift für Siegfried Grosse zum 60. Geburtstag. Göppingen, 279–310.

Stickel, Gerhard (1999): Zur Sprachbefindlichkeit der Deutschen. Erste Ergebnisse einer Repräsentativumfrage. In: Stickel, Gerhard (Hg. 1999): Sprache, Sprachwissenschaft, Öffentlichkeit. Berlin/New York, 16–44.

Stickel, Gerhard (Hg. 2001): Neues und Fremdes im deutschen Wortschatz. Aktueller lexikalischer Wandel. Berlin/New York.

Stiller, Heinz (Hg. 1986): Der angloamerikanische Einfluß auf die deutsche Sprache der DDR. Berlin.

Stöber, Rudolf (2005): Deutsche Pressegeschichte. Konstanz.

Stoll, Kai-Uwe (1999): Markennamen. Sprachliche Strukturen, Ähnlichkeit und Verwechselbarkeit. Ein Beitrag zur forensischen Linguistik des Markenrechts. Frankfurt/M. usw.

Stötzel, Georg/Eitz, Thorsten (Hg. 2003): Zeitgeschichtliches Wörterbuch der deutschen Gegenwartssprache. Hildesheim. 2. Aufl.

Stötzel, Georg/Wengeler, Martin (Hg. 1995): Kontroverse Begriffe. Geschichte des öffentlichen Sprachgebrauchs in der Bundesrepublik Deutschland. Berlin/New York.

Stowasser (1963): Der kleine Stowasser. Lateinisch-deutsches Schulwörterbuch. München.

Straßner, Erich (1994): Deutsche Presse und Pressesprache nach 1945. In: Löffler, Heinrich (Hg. 1994): Texttyp, Sprechergruppe, Kommunikationsbereich. Berlin, 225–260.

Strauß, Gerhard/Haß, Ulrike/Harras, Gisela (1989): Brisante Wörter von Agitation bis Zeitgeist. Ein Lexikon zum öffentlichen Sprachgebrauch. Berlin/New York.

Strauß, Gerhard/Zifonun, Gisela (1985): Die Semantik schwerer Wörter im Deutschen. Teil 1. Lexikologie schwerer Wörter. Teil 2: Typologie und Lexikographie schwerer Wörter. Tübingen.

Tazi, Raja (1998): Arabismen im Deutschen. Lexikalische Transferenzen vom Arabischen ins Deutsche. Berlin/New York.

Telling, Rudolf (1987): Französisch im deutschen Wortschatz. Lehn- und Fremdwörter aus acht Jahrhunderten. Berlin.

Tesch, Gerd (1978): Linguale Interferenz. Theoretische, terminologische und methodische Grundfragen zu ihrer Erforschung. Tübingen.

Tewes, Michael (2009): Chat-/Lingubots im Internet. Sprachlich-kommunikative Herausforderungen (nicht nur für Jugendliche) in der Mensch-Maschine-Kommunikation. In: Kaiser, Marita (Hg. 2009), 63–81.

Textor, A. M. (2008): Sag es auf Deutsch. Das Fremdwörterlexikon. Reinbek.

Thiele, Johannes (1993): Die Schichtung französischen Wortguts im Deutschen. Ein Streifzug durch die Geschichte der deutschen Sprache. In: Dahmen, Wolfgang u.a. (Hg. 1993), 3–17.

Thielmann, Winfried (2009): Deutsche und englische Wissenschaftssprache im Vergleich: Hinführen – Verknüpfen – Benennen. Heidelberg.

Thieroff, Rolf (2001): Morphosyntax nominaler Einheiten im Deutschen. Habilschrift Universität Bonn.

Thieroff, Rolf (2009): Über den Pluralumlaut beim Substantiv. In: Eins, Wieland/Schmöe, Friederike (Hg. 2009), 29–43.

Thieroff, Rolf/Tamrat, Matthias/Fuhrhop, Nanna/Teuber, Oliver (Hg. 2000): Deutsche Grammatik in Theorie und Praxis. Tübingen.

Thieroff, Rolf/Vogel, Petra M. (2009). Flexion. Heidelberg.

Trendbüro (Hg. 2009). Wörterbuch der Szenesprache. Mannheim usw.

Trenina, Olga (2004): Zum Russlanddeutschen im Mittleren Ural. Sprachreport 20, H. 1, 9–14.

Treps, Marie (2003): Les mots voyageurs. Petite histoire du Français venu d'ailleurs. Paris.

Unger, Andreas (2007): Von Algebra bis Zucker. Arabische Wörter im Deutschen. Stuttgart.

Vachek, Josef (1966): On the Integration of the Peripheral Elements into the System of Language. Travaux linguistiques de Prague 2, 23–37.

Vater, Heinz (1965): Eigennamen und Gattungsbezeichnungen. Muttersprache 75, 207–213.

Vater, Heinz (2008): Zur morphologischen Integration von Anglizismen im Deutschen. Deutschunterricht für Ungarn 23, H. 1–2, 13–40.

Vennemann, Theo (1982): Zur Silbenstruktur der deutschen Standardsprache. In: Vennemann, Theo (Hg. 1982): Silben, Segmente, Akzente. Tübingen, 261–305.

Vennemann, Theo (1991): Syllable structure and syllable cut prosodies in Modern Standard German. In: Bertinetto, Pietro u.a. (Hg. 1991): Certamen Phonologicum II. Turin, 211–243.

Vennemann, Theo (1991a): Skizze der deutschen Wortprosodie. Zeitschrift für Sprachwissenschaft 10, 86–111.

Vennemann, Theo (2000): Zur Entstehung des Germanischen. Sprachwissenschaft 25, 233–269.

Viereck, Wolfgang (1980): Empirische Untersuchungen insbesondere zum Verständnis und Gebrauch von Anglizismen im Deutschen. In: Viereck, Wolfgang (Hg. 1980), 237–322.

Viereck, Wolfgang (Hg. 1980). Studien zum Einfluß der englischen Sprache auf das Deutsche. Tübingen.

Viereck, Wolfgang (2004): Britisches Englisch und amerikanisches Englisch/Deutsch. In: Besch, Werner u.a. (Hg. 2004), 3317–3330.

Vogel, Petra M./Comrie, Bernard (Hg. 2000): Approaches to the Typology of Word Classes. Berlin/New York.

Voigt, Gerhard (1981): Bezeichnungen für Kunststoffe im heutigen Deutsch. Hamburg.

Voigt, Gerhard (1985): Zur Bestimmung des Markennamens. In: Kürschner, Wilfried/Vogt, Rüdiger (Hg. 1985): Grammatik, Semantik, Textlinguistik. Tübingen. Bd. 1, 123–131.

Volland, Brigitte (1986): Französische Entlehnungen im Deutschen. Transferenz und Integration auf phonologischer, graphematischer, morphologischer und lexikalisch-semantischer Ebene. Tübingen.

Wahrig (2000/2004): Fremdwörterlexikon. Gütersloh/München. 2. und 5. Aufl.

Wahrig (2006): Deutsches Wörterbuch. Gütersloh/München. 8. Aufl.

Wahrig (2006a/2009): Die deutsche Rechtschreibung. Gütersloh/München. Neuausgaben 2006 und 2009.

Wahrig (2009a): Herkunftswörterbuch. Gütersloh/München. Neubearbeitung 2009.
Wahrig, Gerhard (1966): Deutsches Wörterbuch. Hg. in Zusammenarbeit mit zahlreichen Wissenschaftlern und anderen Fachleuten. Gütersloh usw.
Walde, A./Hofmann, J.B. (1982): Lateinisches etymologisches Wörterbuch. 2 Bde. Heidelberg. 5. Aufl.
Wawrzyniak, Udo (1985): Das Genus französischer Lehnwörter im Deutschen. Zeitschrift für Sprachwissenschaft 4, 201–217.
Wegener, Heide (1999): Die Pluralbildung im Deutschen – ein Versuch im Rahmen der Optimalitätstheorie. Linguistik online 4, 3.
Wegener, Heide, (2002): Aufbau von markierten Pluralklassen im Deutschen – eine Herausforderung für die Markiertheitstheorie. Folia Linguistica 34, 261–295.
Wegener, Heide (2003): Entstehung und Funktion der Fugenelemente im Deutschen – oder: Warum wir keine *Autosbahn haben. Linguistische Berichte 196, 425–457.
Wegener, Heide (2010): Fremde Wörter – fremde Strukturen. Durch Fremdwörter bedingte strukturelle Veränderungen im Deutschen. In: Scherer, Carmen/Holler, Anke (Hg. 2010), 87–104.
Wegera, Klaus-Peter/Prell, Heinz-Peter (2000): Wortbildung des Frühneuhochdeutschen. In: Besch, Werner u.a. (Hg. 2000), 1594–1605.
Weigand, Friedrich Ludwig (1909/1910): Deutsches Wörterbuch. Gießen. 5. Aufl. Neudruck Berlin 1968.
Weinreich, Uriel (1977). Sprachen im Kontakt. Ergebnisse und Probleme der Zweisprachigkeitsforschng. München.
Weinrich, Harald (1993): Textgrammatik der deutschen Sprache. Mannheim usw.
Weisgerber, Leo (1969): Sprachfragen der Datenverarbeitung. Muttersprache 79, 67–79.
Wellmann, Hans (1969): Zur Problematik der wissenschaftlichen Sprachpflege: Die ‚Ismen'. In: Engel, Ulrich/Grebe, Paul (Hg. 1969): Neue Beiträge zur deutschen Grammatik. Mannheim usw., 113–128. Wieder in: Müller, Peter O. (Hg. 2005), 325–343.
Wellmann, Hans (1975): Fremdwörter des Lexikons oder systemgebundene Ableitungen? Über die Integration der Adjektive auf *-esk* (und *-oid*). In: Engel, Ulrich/Grebe, Paul (Hg. 1975): Sprachsystem und Sprachgebrauch. Teil 2. Düsseldorf, 409–431. Wieder in: Müller, Peter O. (Hg. 2005), 345–365.
Werner, Jürgen (1980): Zum ‚-ismus'. Zeitschrift für Phonetik, Sprachwissenschaft und Kommunikationsforschung 33, 488–496.
Wichter, Sigurd (1994): Experten- und Laienwortschätze. Umriß einer Lexikologie der Vertikalität. Tübingen.
Wiegand, Herbert Ernst (1990): Die deutsche Lexikographie der Gegenwart. In: Hausmann, Franz Josef u.a. (Hg. 1990), 2100–2246.
Wiegand, Herbert Ernst (1997): Über die gesellschaftliche Verantwortung der wissenschaftlichen Lexikographie. Hermes, Journal of Linguistics 18, 177–202.
Wiegand, Herbert Ernst (1998): Historische Lexikographie. In: Besch, Werner u.a. (Hg. 1998), 643–715.
Wiegand, Herbert Ernst (2001): Fremdwörterbücher und Sprachwirklichkeit. In: Stickel, Gerhard (Hg. 2001), 59–88.
Wiese, Bernd (2008): Form and function of verbal ablaut in Contemporary Standard German. In: Sackmann, Robin (Hg. 2008): Explorations in Integrational Linguistics. Amsterdam/Philadelphia, 97–151.
Wiese, Heike (1997): Zahl und Numerale. Eine Untersuchung zur Korrelation konzeptueller und sprachlicher Strukturen. Berlin.
Wiese, Heike (2009): Grammatical innovation in multiethnic urban Europe: New linguistic practices among adolescents. Lingua 119, 782–806.
Wiese, Richard (1996): The Phonology of German. Oxford.

Wilhelm, Eva-Maria (2010): Italianismen in der Handelssprache im Deutschen und Französischen. Eine diachrone Spurensuche. Mitteilungen des Sonderforschungsbereichs 573 ‚Pluralisierung und Autorität in der Frühen Neuzeit. 15. – 17. Jahrhundert'. H. 1/2010, 14–23.

Wilke, Jürgen (1984): Nachrichtenauswahl und Medienrealität in vier Jahrhunderten. Berlin/New York.

Wilmanns, Wilhelm (1896): Deutsche Grammatik. Gotisch, Alt-, Mittel- und Neuhochdeutsch. II. Abteilung: Wortbildung. Straßburg. 2. Aufl.

Wilss, Wolfram (1999): *inter-* – Zur Wortbildung in der deutschen Gegenwartssprache. Muttersprache 105, 124–135.

Wimmer, Rainer (Hg. 1988): Das 19. Jahrhundert. Sprachgeschichtliche Wurzeln des heutigen Deutsch. Berlin/New York.

Wimmer, Rainer (1995): Eigennamen im Rahmen einer allgemeinen Sprach- und Zeichentheorie. In: Eichler, Ernst u.a. (Hg. 1995): Namenforschung. Ein internationales Handbuch zur Onomastik. 1. Teilband. Berlin/New York, 372–379.

Wohlgemuth, Jan (2009): A Typology of Verbal Borrowings. Berlin/New York.

Wolf, Birgit (2000): Sprache in der DDR. Ein Wörterbuch. Berlin/New York.

Wolf, Norbert Richard (1981): Geschichte der deutschen Sprache. Bd. 1. Althochdeutsch – Mittelhochdeutsch. Heidelberg.

Wort → Eisenberg 2006.

Wörterbuch überflüssiger Anglizismen → Bartzsch, Rudolf u.a. Hg. 2003.

Wunderlich, Dieter (1984): Zur Syntax der Präpositionalphrase im Deutschen. Zeitschrift für Sprachwissenschaft 3, 65–99.

Wurzel, Wolfgang Ullrich (1980): Der deutsche Wortakzent. Fakten – Regeln – Prinzipien. Zeitschrift für Germanistik 1, 299–318.

Wurzel, Wolfgang Ullrich (1981): Phonologie: Segmentale Struktur. In: Heidolph, Karl-Erich u.a. (1981), 898–990.

Wurzel, Wolfgang Ullrich (1984): Flexionsmorphologie und Natürlichkeit. Ein Beitrag zur morphologischen Theoriebildung. Berlin.

Wüster, Eugen (1991): Einführung in die allgemeine Terminologielehre und terminologische Lexikographie. Bonn. 3. Aufl.

Yang, Wenliang (1990): Anglizismen im Deutschen: Am Beispiel des Nachrichtenmagazins *Der Spiegel*. Tübingen.

Zifonun, Gisela (2010): Von *Bush administration* zu *Kohl-Regierung*: Englische Einflüsse auf deutsche Nominalkonstruktionen? In: Scherer, Carmen/Holler, Anke (Hg. 2010), 165–182.

Zifonun, Gisela/Hoffmann, Ludger/Strecker, Bruno u.a. (1997): Grammatik der deutschen Sprache. 3 Bde. Berlin/New York.

Zimmer, Dieter E. (1997): Neuanglodeutsch. In: Zimmer, Dieter E. (1997): Deutsch und anders. Die Sprache im Modernisierungsfieber. Reinbek, 7–85.

Zimmerer, Vitor (2006): Herrschaft durch Sprachherrschaft? Was uns die Psycholinguistik über die ‚Macht des Wortes' sagen kann. Aptum 2, 137–156.

Zindler, Horst (1959): Anglizismen in der deutschen Presse nach 1945. Kiel.

Zollna, Isabel (2004): Französisch und Provencalisch/Deutsch. In: Besch, Werner u.a. (Hg. 2004), 3192–3202.

Zürn, Alexandra (2001): Anglizismen im Deutschen: Eine Untersuchung zur Häufigkeit von Anglizismen und deren Inkorporiertheit im Deutschen am Beispiel dreier deutschsprachiger Nachrichtenmagazine. Karlsruhe.

Sachregister

Wort- und Affixregister

Rückläufiges Wortregister

www.ingramcontent.com/pod-product-compliance
Lightning Source LLC
Chambersburg PA
CBHW030312100426
42812CB00002B/667

* 9 7 8 3 1 1 0 2 8 8 4 1 4 *